Robert Schändlinger
Erfahrungsbilder
Visuelle Soziologie und dokumentarischer Film

Band 8 der Reihe:
CLOSE UP
Schriften aus dem Haus des Dokumentarfilms

Europäisches Medienforum, Stuttgart
Herausgegeben von
Rolf M. Bäumer, Kurt Stenzel, Rainer C.M. Wagner

Das Erscheinen dieses Bandes wurde ermöglicht durch die freundliche Unterstützung der Hans-Böckler-Stiftung, Düsseldorf.

Die Deutsche Bibliothek – CIP-Einheitsaufnahme

Schändlinger, Robert :
Erfahrungsbilder : visuelle Soziologie und dokumentarischer Film / Robert Schändlinger. - Konstanz : UVK Medien, 1998
  (Band ... der Reihe: Close up ; Bd. 8)
Zugl.: Frankfurt (Main), Univ., Diss., 1995 u.d.T.: Schändlinger, Robert: Dokumentarfilm und Sozialwissenschaften
ISBN 3-89669-214-3

ISSN 1433-7673
ISBN 3-89669-214-3

Manuskript: Lucia Jans, Stuttgart
Satz: Suitbert Schönleber, Ingolstadt
Umschlaggestaltung: Bettina Tabel, Stuttgart
Druck: Legoprint, Lavis

© 1998 UVK Medien
   Verlagsgesellschaft mbH, Konstanz

   Schützenstraße 24
   D-78462 Konstanz
   Telefon: (0 75 31) 90 53-0
   Telefax: (0 75 31) 90 53-98

Alle Rechte vorbehalten.

Inhalt

Vorwort 9

1. Beiträge zu einer visuellen Soziologie 15
1.1. Visuelle Soziologie – ein Literaturbericht 15
1.1.1. Die aktuelle Praxis der visuellen Soziologie als Ethnomethodologie 15
1.1.2. Historischer Überblick 20

1.2. Historische Perspektiven. 25
1.2.1. Sozialdokumentarische Fotografie
im Auftrag der Farm Security Administration 25
1.2.2. Das soziologische Selbstverständnis
der britischen Dokumentarfilmschule. 35
1.2.3. Der Beitrag von Humphrey Jennings
zum Projekt der »Mass Observation«....................... 39

1.3. Visuelle Soziologie als Soziologie aus der Erfahrung des
dokumentarischen Films.
Literaturübersicht und Präzisierung der Fragestellung. 44

2. Das Beispiel des ethnographischen Films 57
2.1. Film und Realität – eine großartige Verwechslung. 57
2.2. Kinematographie als Bewegungsdokumentation 64
2.3. Kriterien der Wissenschaftlichkeit 75
2.4. David MacDougalls Auseinandersetzung mit Darstellungskonventionen des ethnographischen Dokumentarfilms 88

2.5.	Eine Stilgeschichte der Kameratechnik	102
2.5.1.	Die Erschließung der filmischen Erzählung	106
2.5.2.	Die Montage als Ausdrucksmittel des Films	121
2.5.3.	Der Ton und die 16mm-Kamera	131
2.6.	Zusammenfassung und Ausblick	140
3.	**Zur Tiefenstruktur filmdokumentarischer und sozialwissenschaftlicher Erfahrungsbildung**	143
3.1.	Ausgangslage	143
3.1.1.	Beispiele für die Übertragung sozialwissenschaftlicher Terminologie in die Dokumentarfilmdiskussion	143
3.1.1.1.	Teilnehmende Beobachtung – eine Klärung der Verfahrensweise	150
3.1.2.	Die Kreimeier-Wildenhahn-Debatte – neu betrachtet	156
3.2.	Historisch-deskriptive Rekonstruktion eines diskursiven Entstehungszusammenhangs dokumentarischer Verfahren	161
3.2.1.	Roman und Dokumentarfilm als Medien gesellschaftlicher Erfahrung	161
3.2.2.	Der ideengeschichtliche Einfluß der Romantik	167
3.2.3.	Elemente eines umfassenden Begriffs der Erfahrungsbildung	174
3.3.	Der Dokumentarfilm als Diskurs	191
3.3.1.	Diskursmodi des dokumentarischen Films im Kontext der Geschichte des Genres	194
3.3.2.	Die Diskursmodi des dokumentarischen Films im Kontext der Ethnographie	215
4.	**Video und Fernsehen. Veränderungen des Dokumentarfilmgenres unter dem Einfluß technischer Entwicklungen**	223
4.1.	Video	223
4.1.1.	Die Praxis mit Video – zwischen visueller Soziologie und alternativer Medienarbeit	223

4.1.2.	Technische Aspekte	234
4.1.3.	Film und Video – Mediale Reflexionen	242
4.2.	Fernsehen	254
4.2.1.	Fernsehen und Wirklichkeit	254
4.2.1.1.	Rumänien, Dezember 1989 – *Videogramme einer Revolution*	254
4.2.1.2.	Der Golfkrieg als Fernsehereignis	260
4.2.2.	Realitätsillusion als Simulation der Teilnahme. Strukturmerkmale des Fernsehens	265
4.2.3.	Beispiele dokumentarischen Fernsehens	281
4.2.3.1.	Die *Zeichen – der – Zeit*-Serie als Beispiel für kritischen Fernsehdokumentarismus	281
4.2.3.2.	*Berlin – Ecke Bundesplatz*. Das Dokument zur *Lindenstraße*	291
4.3.	Abschlußbemerkung zu Video und Fernsehen	297
5.	Dokumentarisierende Lektüre als Kontextualisierung. Organisation, Durchführung und Auswertung von Filmveranstaltungen zur sozialwissenschaftlichen Erfahrungsbildung	301
5.1.	Theorien des Filmverstehens	301
5.2.	Exkurs – Beispiele für filmische Strategien der Dokumentarisierung	311
5.3.	Definitionsversuche: Was ein ethnographischer/dokumentarischer Film ist – oder: den Film dokumentarisierend lesen	318
5.4.	Dokumentarisierende Lektüre als Kontextualisierung	331
5.5.	Der Film zwischen Leinwand und Monitor. Filmwissenschaft oder Erfahrungsbildung mit Film	349
5.6.	Dokumentarisierende Lektüre als Kontextualisierung. Erfahrungsbildung mit Film im Rahmen eines Unterrichtsprojekts	359

Für eine visuelle Soziologie – statt einer Zusammenfassung .. 391

Anmerkungen	395
zu: 1. Beiträge ...	395
zu: 2. Das Beispiel ...	400
zu: 3. Zur Tiefenstruktur ...	412
zu: 4. Video und Fernsehen. ...	419
zu: 5. Dokumentarisierende Lektüre ...	428
Abkürzungen	437
Abbildungsnachweis	438
Literaturverzeichnis	439
1. Film- und medientheoretische Literatur	439
1.1. Allgemein (Nachschlagewerke, historische Darstellungen, Filmtheorie, -analyse und -pädagogik)	439
1.2. Dokumentarfilm	449
1.3. Video und Fernsehen	459
1.4. Ethnographischer Film	465
2. Sozialwissenschaftliche Literatur	470
2.1. Allgemein (Soziologie, Ethnologie, Anthropologie)	470
2.2. Visuelle Soziologie	475
3. Literatur-, Fotografie-, Kunst- und Kulturgeschichte/-theorie	480
Personenregister	485
Filmregister	489
Sachregister	511

Vorwort

Als visuelle Soziologie hat sich seit etwa 1960 eine Fachrichtung entwickelt, die visuellen Quellen, Verfahrens- und Darstellungsweisen eine zentrale Bedeutung zumißt. Die Beschränkung auf diesen präzise abgegrenzten und überschaubar kurzen Zeitraum kann aus der Sicht einer akademischen Disziplin gerechtfertigt sein. Für die vorliegende Untersuchung würde es sich um eine Verkürzung ihrer historischen Perspektive handeln. Denn das Ziel dieser Untersuchung ist nicht eine Erweiterung des Methodenrepertoires der Sozialwissenschaften um technikgestützte dokumentarische Verfahren, sondern sie thematisiert die ästhetische Qualität von Fotografien und Filmen als Gegenstand soziologischer Reflexion und Erfahrungsbildung (Kapitel 1).

Zwar suggerieren die reproduktive Kapazität der Kamera sowie die technisch-automatische, quasi selbsttätige Aufzeichnung der Realität ein Höchstmaß an Präzision der Wirklichkeitsdarstellung durch die Eliminierung subjektiver Anteile daran. Aber diese Objektivität trifft nicht den Kern dokumentarischer Erfahrungsbildung. Vielmehr wird in Auseinandersetzung mit der Praxis des ethnographischen Films gezeigt, daß dieser kaum über den Status eines Mittels der Illustration und des Beweises hinausgekommen ist, weil im Kontext des fachwissenschaftlichen Diskurses einseitig die wirklichkeitskonservierenden Eigenschaften der Technik hervorgehoben wurden. Erst in den letzten Jahren erreicht die ethnographische Filmpraxis durch den Einfluß von Filmemachern wie David MacDougall ein Reflexionsniveau, das den Standards der Filmtheorie entspricht und den ethnographischen Film als eine Form der eigenständigen Erfahrungsbildung konzeptualisiert (Kapitel 2).

Geschrieben wurde die Untersuchung als ein Plädoyer für die Arbeit mit dem dokumentarischen Film in allen seinen Formen zu einem Zeitpunkt, in dem die Beschäftigung mit dem Film und dem Kino immer mehr zum Teil einer umfassenderen Medienwissenschaft wird. Diese thematisiert den Film und das Kino vor allem als historische Durchgangsstadien eines universellen audiovisuellen Diskurses. Während der Film und das Kino sowie die ihnen zugrundeliegende fotomechanische Basistechnik beim Übergang vom 19. zum 20. Jahrhundert die Grundlagen einer medialen Realitätsaneignung und -darstellung schufen, mit deren Hilfe sich die Menschen von sich und ihrer Realität ein Bild machten, erfüllen nach übereinstimmender Meinung einer vornehmlich technikgeschichtlich orientierten Medienwissenschaft Film und Kino am Ende des 20. Jahrhunderts schon nicht mehr diese zentrale Funktion für die Erfahrungsbildung. Diese Entwicklung wird nicht nur durch die historische Perspektive auf den dokumentarischen Film berücksichtigt, sondern vor allem durch die Auseinandersetzung mit dem genreverändernden Einfluß der elektronischen Medien Video und Fernsehen (Kapitel 4). Das Fernsehen ist nicht allein deswegen zu berücksichtigen, weil es heute als Produktions- und Distributionsort dokumentarischer Filme eine fast monopolistische Stellung einnimmt, sondern vor allem weil es im Alltag des Publikums so präsent ist, daß es nach Reichweite und Wirkungsintensität das gesellschaftliche Leitmedium der Wirklichkeitsaneignung ist. Als solches verändert es die Strategien der Produzenten und die Erwartungshaltung der Rezipienten in einer Weise, die bisher in der Theoriediskussion des dokumentarischen Films wie in seiner Geschichtsschreibung nicht adäquat berücksichtigt werden.

Der zunehmend synonyme Gebrauch von Film und Video entspricht zwar der Praxis, daß immer mehr dokumentarische Filme auf Video produziert werden und diese selbstverständlicher Bestandteil traditioneller Dokumentarfilmfestivals sind. Aber so sehr dieser Sprachgebrauch durch die Praxis gerechtfertigt scheint, verdeckt er eher die Veränderung des Genres durch die Möglichkeiten elektronischer Bildspeicherung, als zu deren Verständnis beizutragen. Die Möglichkeiten der Speicherung und Bearbeitung des elektronischen Bildes sind in einem solchen Umfang größer als die des filmisch aufgezeichneten, daß jenes als völlig unabhängig von der Wirklichkeit erscheinen kann. Mit dem Übergang zur digitalen Bildspeicherung steht die Dokumentqualität des Bildes selbst in Frage. Wenn das elektronische Bild die Wirklichkeit überhaupt noch zitiert, dann mehr zur Auratisierung seiner Authentizität, aber nicht weil sich mit ihm die emphatische Vorstellung von der »Errettung der äußeren Wirklichkeit« verbindet.

Selbstverständlich hat man es im Bereich der elektronischen Medien Video und Fernsehen mit technischen Entwicklungen von hoher Komplexität und äußerst schnellem Tempo zu tun, so daß Reflexionen über die sozioökonomische und -kulturelle Implementierung und Distribution notwendig prognostischen Charakter haben. Vielleicht wird selbst die Einschätzung, daß die Virtualität computergenerierter Realität jenseits einer Filmtheorie liegt, widerlegt werden. Trotzdem markiert die Veränderung des Verhältnisses von Original, Abbild und Kopie durch die digitalisierte Bildspeicherung und -bearbeitung eine technikgeschichtliche Grenze, über die hinaus eine Theorie des dokumentarischen Films neu entwickelt werden müßte.

In historisch retrospektiver Sicht wird eine Erfahrungsbildung rekonstruiert, die nicht anders denn als dokumentarisch bezeichnet werden kann (Kapitel 3). Es handelt sich um eine Form der Erfahrungsbildung mit prekärem Status. So verschwommen und unüberschaubar die Realität erscheint, verlangt sie die äußerste Präzision in der Behandlung. Techikgestützte Verfahren der Dokumentation sind dabei nicht als solche im Vorteil. Ein Film ist nicht deshalb wissenschaftlich, weil sein Produzent behauptet, daß die Wirklichkeit ohne gestaltenden Eingriff und unmittelbar wiedergegeben wird. Auch die Übereinstimmung der Gestaltung eines Films mit den diesem externen Maßstäben einer Fachwissenschaft ist kein Kriterium für seine Wissenschaftlichkeit. Die Relevanz des dokumentarischen Films für die Sozialwissenschaften ist weder mit der inhaltlich-thematischen Verwandtschaft einzelner Sujets noch mit der suggestiven Authentizität der Darstellung gesellschaftlicher Realität umfassend zu begründen. Vielmehr ist die Erörterung einer tiefenstrukturellen Affinität zwischen sozialwissenschaftlicher und filmdokumentarischer Erfahrungsbildung die Voraussetzung dafür, die Möglichkeit einer Soziologie aus der Erfahrung des dokumentarischen Films zu reflektieren. Die spezifische Qualität einer solchen Soziologie besteht darin, daß die dokumentarische Erfahrung exakt an der Schnittstelle entsteht, an der subjektive Empfindungen und Eindrücke transformiert und symbolisch dargestellt werden. Die ästhetische Gestaltung dokumentarischer Filme vergegenständlicht diesen Prozeß und macht ihn der Reflexion des Rezipienten zugänglich. Wenn die mathematisch-statistischen und die begrifflich-typologisierenden Verfahren die Komplexität der Realität auf operationalisierbare Strukturmerkmale reduzieren, um eine größerer Verallgemeinerbarkeit ihrer Ergebnisse und Beherrschbarkeit der Realität zu erreichen, dann bleiben die dokumentarischen Verfahren bei größerer Anschaulichkeit und bevorzugen gegenüber methodisch-systematischer Geschlossenheit die Genauigkeit der Darstellung und Beschreibung.

Die Entwicklung des dokumentarischen Films als einem Medium der Realitätsaneignung kann nicht auf technik-, stil- oder genregeschichtliche Aspekte reduziert werden, sondern muß im Kontext eines Literatur, Wissenschaft, Politik, Kunst und Zeitgeschichte integrierenden Diskurses rekonstruiert werden. Der dokumentarische Film selbst wird als ein Diskurs über die Realität aufgefaßt, der sich dadurch auszeichnet, daß er über den Wirklichkeitseindruck als technischer Eigenschaft des filmischen (fotografischen) Bildes hinaus für den Zuschauer einen Überschuß an Authentizität und vorfilmischer Referentialität erkennen läßt. Dieser Überschuß ist konstruiert. Die historisch konkreten Gestaltungsweisen der Filme repräsentieren diese Konstruktion als Modi der Darstellung und Strategien der Authentisierung. Diese Modi und Strategien sind genretypisch, weil sie die Arbeit der Produzenten einerseits und die Erwartung der Rezipienten andererseits steuern, indem sie einen mehr oder weniger gemeinsamen Erfahrungsschatz zwischen ihnen, eine Kenntnis von abschätzbaren Spielräumen für Konstanten und Varianten, von strukturellen, historisch sich entwickelnden Zusammenhängen zwischen bestimmten Formen, Motiven und Intentionen voraussetzen und in einer historisch-systematischen Typologie beschrieben werden können.

Diese Typologie darf aber nicht stilanalytisch als ein beliebig verfügbares System von Zeichen und Strategien verstanden werden. Der dokumentarische Film wird nicht als ein zufälliger Gegenstand für die Erprobung universell anwendbarer Methoden und Grundlagentheorien erörtert, sondern als ein Diskurs, der auf Normen, Werte, moralische und politische Orientierungen sowie Emotionen wirkt. Der dokumentarische Wert eines Films hängt nicht von der Erfüllung normativer stilistischer und thematischer Standards bei seiner Gestaltung, sondern von seinem Gebrauch ab. Ob ein Film dokumentarisch wahrgenommen wird, resultiert aus der Haltung des Zuschauers. Deswegen wird die dokumentarische Qualität von Filmen am Beispiel eines Unterrichtsprojekts rezipientenorientiert erörtert (Kapitel 5).

Das Buch ist die überarbeitete Fassung meiner Dissertation, die 1994 vom Fachbereich Gesellschaftswissenschaften der Universität Frankfurt/M unter dem Titel »Dokumentarfilm und Sozialwissenschaften. Der filmdokumentarische Blick als sozialwissenschaftlicher Empirietyp« angenommen wurde. Dieter Prokop und Heinz Steinert übernahmen die Aufgabe der Gutachter.

Ursprünglich angeregt wurde die Dissertation durch das in seiner Art einmalige Projekt einer filmdokumentarischen Langzeitbeobachtung, das Winfried Junge 1961/62 in Golzow im Bezirk Frankfurt/Oder begonnen hat. Über einen Zeitraum von mittlerweile mehr als drei Jahrzehnten hat Junge die filmdokumentarische Beobachtung von Menschen fortgesetzt, die zum Beginn des Projekts gemeinsam in einer Klasse eingeschult worden waren. Entstanden sind mehrere kurze und lange dokumentarische Filme. Nachdem die ehemaligen Schülerinnen und Schüler einer Klasse längst über das Gebiet der damaligen DDR verstreut lebten, drängte das Porträt der Gruppe zur Gestaltung individueller Lebensläufe. So entstand der Film *Lebensläufe*, der in neun jeweils etwa halbstündigen Porträts und einem Prolog einzelne Biographien vorstellte.

In einer erziehungswissenschaftlichen Diplomarbeit erörterte ich die *Lebensläufe* unter biographietheoretischen Gesichtspunkten mit dem Schwerpunkt der Schulkarrieren. Das bot sich deswegen an, weil Junge selbst die Realisierung des egalitären Anspruchs des DDR-Schulwesens zeigen wollte. Das gelang ihm nicht. Vielmehr ließ das Material erkennen, daß die Chancenungleichheit einer hochgradig komplex, arbeitsteilig und hierarchisch organisierten Gesellschaft durch die Schule nicht ausgeglichen werden kann. Der Schulerfolg und die berufliche Karriere hingen von außerschulischen Bedingungen, wie in der Familie erworbenen und entwickelten Fähigkeiten, in weit größerem Maß ab, als sie durch die Schule beeinflußt werden konnten. Der Film verlor dadurch nichts von seiner Faszination, daß das Material der erklärten Absicht des Autors widersprach. Im Gegenteil war die Spannung zwischen den dokumentierten Lebensläufen und den Ambitionen des Autors Junge eine weitere Quelle der Faszination. Der Film war nicht im Sinn einer wissenschaftlichen Hypothese widerlegt und erledigt, sondern enthielt unabhängig von den Annahmen und Absichten des Autors Erfahrungsmöglichkeiten.

Winfried Junge hat die Auseinandersetzung mit seinen Filmen nicht nur mit Interesse verfolgt, sondern durch kommentierende Briefe und Gespräche in einem

Umfang und mit einem Engagement gefördert, die weit über die akademische Routine hinausgingen. Begünstigt durch die Veränderung der politischen Situation seit 1989, war es möglich, im Herbst 1994 den Regisseur und die damals letzte Arbeit aus der Golzow-Chronik (*Das Leben des Jürgen von Golzow*) mit Langzeitbeobachtungen von Volker Koepp und Andreas Voigt im Filmforum Höchst der Volkshochschule der Stadt Frankfurt/Main vorzustellen.

Dieses kommunale Kino bietet mir seit mehr als zehn Jahren die mittlerweile sehr selten gewordenen Rahmenbedingungen für die Präsentation nicht nur einzelner dokumentarischer Filme, sondern von zusammenhängenden Programmreihen. Darüber hinaus stellt dieses Volkshochschulkino ein Forum der kontroversen und anregenden Diskussion mit dem Publikum und dem Kinoteam dar. Die Erfahrungen aus der nicht immer einfachen Arbeit, ein Programm zu gestalten, das nicht nur den Ansprüchen der Mitarbeiterinnen und Mitarbeiter gerecht wird, sondern auch eine Resonanz beim Publikum findet, sind auf eine mehr oder weniger identifizierbare Weise mit der Entwicklung meiner eigenen Gedanken zum Dokumentarfilm verschmolzen. Wahrscheinlich hat der Einfluß von Klaus-Peter Roth ein wenig mehr Gewicht als der der anderen.

Identifizierbar bleibt Rita Fenzls peinlich genaue Korrektur einzelner Abschnitte selbst erster Entwürfe. Sie hat diese Tätigkeit neben den Belastungen durch ihre berufliche Arbeit und im privaten Bereich erledigt. Diese Abschnitte deuten an, was die Arbeit insgesamt an Klarheit und Stilsicherheit hätte gewinnen können, wenn eine kontinuierliche Zusammenarbeit mit dieser Korrektorin möglich gewesen wäre. Da es mittlerweile zum selbstverständlichen Standard geworden ist, wissenschaftliche Arbeiten auf einem Personalcomputer zu erledigen, will ich Josef Fenzl ausdrücklich danken, ohne den ich im Umgang mit diesem Werkzeug bisweilen ziemlich hilflos gewesen wäre.

Die Hans-Böckler-Stiftung hat die Dissertation mit einem Stipendium und die Buchveröffentlichung mit einem unbürokratisch gewährten Zuschuß unterstützt. Dem Haus des Dokumentarfilms sowie seinen Mitarbeiterinnen und Mitarbeitern danke ich für die Aufnahme der Arbeit in die CLOSE UP-Reihe und die damit verbundene Unterstützung.

1. Beiträge zu einer visuellen Soziologie

> Documentary is
> anthropology on film.
> *Robert Edmonds*

1.1. Visuelle Soziologie – ein Literaturbericht

1.1.1. Die aktuelle Praxis der visuellen Soziologie als Ethnomethodologie

Nach einzelnen Ansätzen scheint bis heute der Beitrag von Margot Berghaus in dem 1989 von Endruweit und Trommsdorff herausgegebenen »Wörterbuch der Soziologie« im deutschsprachigen Raum der einzige an repräsentativer Stelle veröffentlichte Beitrag zum Stichwort »visuelle Soziologie« zu sein.[1] Visuelle Soziologie wird von Berghaus als ein Forschungsansatz beschrieben, der visuellen Quellen, Methoden und Darstellungsweisen in Abgrenzung zu ausschließlich sprachlichem Material zentrale Bedeutung einräumt. Der Terminus wurde ursprünglich aus dem Amerikanischen übernommen. Allerdings ist er auch dort nicht so gebräuchlich und eindeutig definiert, wie Berghaus suggeriert. Vielmehr herrscht gerade in den Ansätzen einer visuellen Fachrichtung innerhalb der amerikanischen Soziologie eine schwer überschaubare Vielfalt und Heterogenität von Konzepten, Methoden und Praktiken.

Die visuelle Dimension in der sozialwissenschaftlichen Forschung betrifft entweder die Arbeit mit Abbildungen und Darstellungen wie Fotografien, Filmen und Videoaufnahmen oder die sichtbaren Manifestationen sozialer Tatbestände und Ereignisse als etwas der Anschauung Zugängliches und Abbildbares. Berghaus unterscheidet mit der Verwendung visueller Daten, der Anwendung visueller Methoden und der Theoriediskussion um die Implikationen visueller versus verbaler Träger drei Ebenen, auf denen die visuelle Dimension in die Soziologie eingeführt wird.

Visuelle Daten, vom Forscher selbst hergestellt oder als Auswertung vorhandener Zeugnisse, können als Informationsquelle, zur Dokumentation, Ergebnisdarstellung oder Kommentierung verwendet werden. Berghaus setzt für die Verwendung solcher Daten eine gewisse »visuelle Ergiebigkeit« des Themas voraus. Im einzelnen zählt sie neben der Beschäftigung mit Randgruppen, die sich durch ihr abweichendes Verhalten, durch eine extreme soziale Situation oder als ethnische Minderheiten auszeichnen, die Auswertung von Familienfotografien zur Untersuchung des Wandels familiärer Rituale, der Geschlechterrollen und Generationenbeziehungen in der Familiensoziologie, die Analyse urbaner Entwicklungen mit Hilfe von Stadtansichten, Luft- und Archivbildmaterial in der Stadt-, Gemeinde- und Landsoziologie auf. Schließlich nennt Berghaus die umfangreiche Studie Goffmans zur Geschlechterrollendarstellung in der amerikanischen Werbung als ein Beispiel für eine Soziologie, die sich mit visuellem Material beschäftigt. Wahrscheinlich ist dieser Ansatz, der Produkte der Massenkommunikation auf ihre sozialindikativen Gehalte hin untersucht, in der Soziologie am wenigsten umstritten, so daß er in die akademische Forschungspraxis ohne größere Schwierigkeiten integrierbar ist.

Die visuelle Ergiebigkeit von Randgruppenthemen wie die Aufnahmen von Gefängnisinsassen, Landstreichern, Alkoholikern, pauperisierter oder extrem reicher Schichten als Voraussetzung für eine soziologische Untersuchung muß zumindest dann vorsichtiger beurteilt werden, wenn der Forscher oder die Forscherin selbst fotografieren oder filmen. In diesem Fall handelt es sich um Feldstudien, die unter den Aspekten des Feldzugangs, der Rollenfindung, der Verwendung des Materials in methodologischer und forschungspraktischer Hinsicht äußerst komplex sind und differenziert beurteilt werden müssen.

Douglas Harpers Feldforschungen im Milieu der amerikanischen Wanderarbeiter, Tramps und Hobos machen die Schwierigkeiten solcher Studien deutlich. Über einen Zeitraum von etwa einem Jahr hatte Harper durch teilnehmende Beobachtung und informelle Interviews das Leben von Hobos einer amerikanischen Großstadt untersucht und eine Reihe von Fotografien aufgenommen. Nach seiner Darstellung war er mit den Aufnahmen unter ästhetischen Gesichtspunkten zufrieden. Er hatte jedoch über die Lebenswelt der Hobos nur wenig mehr erfahren, als er aus den allgemein zugänglichen Studien und illustrierten Reportagen nicht ohnenhin schon kannte. Erst als er in einer zweiten Phase seines Projekts mit den Hobos Tausende von Meilen auf Güterzügen durch die USA reiste, kam er zu befriedigenden Ergebnissen. Dabei machte er allerdings die Erfahrung, daß der Fotoapparat eher hinderlich als nützlich war.[2]

Die Anwendung von Verfahren zur visuellen Aufzeichnung stellt für Berghaus neben der Auswertung visuellen Materials eine zweite Ebene der Einführung visueller Aspekte in die sozialwissenschaftliche Forschung dar. Eine auf Aufzeichnungsgeräte gestützte Forschungspraxis eignet sich aber, wie die Erfahrungen von Harper verdeutlichten, nicht für alle Milieus. Weniger problematisch war eine Untersuchung, die in einer als Modell konzipierten Wohnstadt durchgeführt wurde. Es sollte herausgefunden werden, wie die Gestaltung des Raums durch die Stadtplanung und die Architektur mit der Entwicklung sozialer Strukturen zusammenhängt. Die Wahrnehmungen des räumlichen Zusammenhangs durch eine nach Kriterien wie Alter, Geschlecht, Ethnie und Einkommen differenzierte Gruppe von Bewohnern sollten erforscht werden. Methodologisch stand die Entwicklung von Fragen im Vordergrund, die die Antworten der Bewohner nicht allzu sehr im vorhinein strukturieren sollten.[3] Voruntersuchungen hatten ergeben, daß Fotografien zu solchen Antworten anregten. Darum wurde der ausgewählten Bewohnergruppe eine Serie von Fotografien vorgelegt, die verschiedene Typen von Häusern, Verkehrsschildern, öffentlich zugänglichen und allgemein genutzten Plätzen und Räumen wie Bushaltestellen, Restaurants, Recyclingsammelstellen darstellten, um in Kombination mit sehr einfachen Fragen Kommentare über Eindrücke, Gefühle und Erfahrungen in der neuen Stadt zu stimulieren.[4]

Von Forschungsprojekten, in denen in ähnlicher Weise die visuellen Dokumente als Stimuli in narrativen Interviews verwendet wurden, wird wiederholt berichtet. Im Vordergrund stehen ein interaktiver Zugang zum Untersuchungsfeld und die Beteiligung der Personen, die von den Untersuchungen betroffen sind, am Forschungsprozeß. Die fotografischen Aufzeichnungen sind in diesem Fall Mittel, um mit den dargestellten Personen ins Gespräch zu kommen. So fotografierte Douglas Harper einen Allround-Mechaniker bei der Arbeit. Bei den nächsten Besuchen dienten die Fotografien als Grundlage für ausführliche und wenig strukturierte Interviews über die Arbeit des Mechanikers. Auf diese Weise wurden Themen angesprochen, deren Bedeutung dem Interviewer bei der unmittelbaren Beobachtung gar nicht bewußt war.

Auf den pragmatischen Nutzen von Fotografien hat John Collier bereits in seinem zuerst 1967 erschienen Standardwek »Visual Anthropology« hingewiesen. Collier schildert die Situation zu Beginn einer qualitativen Studie über die Arbeit auf einem Hochseefischerboot in ihrer explorativen Phase. Der Forscher ist mit der Schwierigkeit konfrontiert, sich mit den Fischern über deren Arbeit verständigen zu wollen, ohne die sehr spezielle Sprache zu kennen, mit denen Arbeitsvorgänge und -geräte präzise beschrieben werden. In dieser Situation eignen sich Fotografien, die aufgenommen werden können, ohne die Arbeitsabläufe durch ständige Nachfragen zu stören. Der Forscher hält Ereignisse fotografisch fest, die er sich nachträglich erläutern lassen kann. Collier betont den sozialen und kommunikativen Aspekt der fotografischen Recherche. Er geht davon aus, daß die Aufgenommenen selbst ein Interesse haben, die Fotografien in ihrem privaten Familien- und Freundeskreis sowie in ihrer Gemeinde zu zeigen. Vielleicht allzu optimistisch rechnet Collier damit, daß die Fotografien dem Feldforscher einen Zugang zu fremden Untersuchungsfeldern und -milieus erschließen.

Die Merkmale der beschriebenen Projekte sollten ausreichen, um sie einem ethnomethodologischen Forschungskonzept zuordnen zu können, wenn man darunter unter dem Aspekt größtmöglicher Allgemeingültigkeit eine Gegenpraxis zu den herkömmlichen Verfahren der empirischen Sozialforschung versteht. Gegenüber diesen versucht die Ethnomethodologie durch teilnehmende Beobachtung und vor allem durch Hinzuziehung des Wissens, das die Beteiligten selbst von ihren Handlungen haben, die Methoden aufzudecken, die den Alltagshandlungen bestimmter kultureller und sozialer Gruppen zugrunde liegen.[5]

Nicht nur die Herstellung visueller Daten, sondern auch die Auswertung vorgefundenen Materials weist Berührungspunkte mit dem ethnomethodologischen Ansatz auf. Um beispielsweise bei der Auswertung von Familienfotografien über die statistische Zählung der Häufigkeit bestimmter Bildelemente hinauszukommen und auch qualitativ etwas über die Fotos sagen zu können, ist es notwendig, die Fotografen selbst und die Benutzer der Fotografien zu befragen. Denn die Produktion und Verwendung der Fotos sind ein konventionalisierter sozialer Prozeß und ein Medium für Beziehungen. Zur Beschreibung der Fotos müssen soziale, kommunikative technische und ästhetische Aspekte ihrer Produktion und ihres Gebrauchs erfaßt werden. Im einzelnen sind die Anlässe, zu denen Fotos gemacht werden, der Vorgang der Aufnahme, das Verhalten vor und hinter der Kamera während der Aufnahme, die Techniken der Entwicklung, die Art der Aufbewahrung sowie des Zeigens und Ausstellens, die an der Aufnahme beteiligten Personen, die Aufnahmeorte, Themen und Aktivitäten und der Stil der Fotos zu berücksichtigen.[6]

Ein vielseitig verwendbares Konzept zur Auswertung audiovisuellen Materials wurde von Richard Chalfen entwickelt. Dieser analysierte Filme, die er mit Gruppen von Jugendlichen gemacht hatte. Die Gruppen waren nach Alter, Geschlecht, Schichtzugehörigkeit und Ethnie unterschiedlich zusammengesetzt und realisierten in Erzählstil, Inhalt, Gestaltung, Konzept und Durchführung unterschiedliche Filme und Formen der Arbeitsorganisation. Chalfen fand heraus, daß ein gesetzmäßiger Zusammenhang zwischen den Filmen und den sozialen Erfahrungen der Jugendlichen bestand.[7] Chalfen verstand seine Untersuchungen als Fortsetzungen und Erweiterungen der Forschungen von Sol Worth und John Adair. Diese führten eine Gruppe von Navajo-Indianerinnen und -indianern in die technische Handhabung von Filmgeräten ein und regten sie an, Filme zu beliebigen Themen aus dem Alltag herzustellen. In der Gestaltung der Filme erkannten Worth und Adair signifikante Unterschiede der Raum-, Zeit- und Wirklichkeitswahrnehmung im Vergleich zu den Filmen weißer Amerikaner. Chalfens Erweiterung dieser Untersuchung bestand vor allem darin, die Ergebnisse von Worth und Adair für die Untersuchung visueller Produkte von Gruppen anzuwenden, die sich primär nicht nach ethnischen, sondern sozialen Gesichtspunkten und nach dem Geschlecht unterschieden.

Die Arbeiten von Worth, Adair und Chalfen gehen über die Auswertung visuellen Materials oder die Anwendung von Verfahren der visuellen Aufzeichnung in der Forschung hinaus. Während diese Arbeiten methodologische Fragen der Materialauswertung und Feldforschungspraxis berühren, stellen die Arbeiten von Worth, Adair und Chalfen Beiträge zu einer Theorie der visuellen Kommunikation dar, die Berghaus als dritte Ebene der Einführung einer visuellen Dimension in die Soziologie aufgezählt hat. Die Theorie der visuellen Kommunikation versucht, semiotische und semiologische Konzepte aus ihrer linguistischen Fixierung auf die Sprache herauszulösen und auf visuelle Kommunikation als einem Teilgebiet von Kommunikation überhaupt anzuwenden. Auf diese Weise werden neben den audiovisuellen Medien wie Film, Fotografie, Fernsehen auch Kleidung, Mode, Mimik und Gestik untersucht, die als regelhafte Zeichensysteme wie eine Sprache behandelt werden, ohne damit gleichgesetzt zu werden.[8]

Selbstverständlich ist dieser Ansatz einer visuellen Soziologie weder auf den Gebrauch bestimmter Medien noch auf einen klar definierten Zeitabschnitt zu begrenzen. Er beschäftigt sich mit der prähistorischen Höhlenmalerei gleichermaßen wie mit der Entwicklung der Zentralperspektive in der abendländischen Malerei, technikgeschichtlichen Aspekten der Fotografie oder einzelnen Filmen. Umfang und Heterogenität der Beiträge zu den »Studies in the Anthropology of Visual Communications«, die seit 1975 von Sol Worth herausgegeben wurden und seit 1980 als »Studies in Visual Communication« erscheinen, lassen die Komplexität und die bis zur Konturlosigkeit erweiterte Unüberschaubarkeit der methodischen und thematischen Vielfalt einer Theorie der visuellen Kommunikation erkennen.

Um so überraschender, ja geradezu paradox muß es erscheinen, wenn die Darstellungen der historischen Perspektiven einer visuellen Fachrichtung innerhalb der Soziologie nicht mehr als die letzten drei Jahrzehnte seit etwa 1960 berücksichtigen. Berghaus beschränkt sich in ihrem Lexikonbeitrag auf diesen Zeitraum mit den Argumenten, daß seit diesem Zeitpunkt sowohl der Mediengebrauch allgemein als auch das Bewußtsein seines Einflusses auf die öffentliche Meinungsbildung zugenommen habe. Ausdrücklich weist Berghaus in ihrem Lexikonbeitrag auf die Erfahrung des meinungsbildenden Einflusses der Berichterstattung über den Vietnamkrieg als entscheidendem Impuls für die Entwicklung einer visuellen Soziologie hin.

1.1.2. Historischer Überblick

Einen historischen Überblick über die Geschichte einer visuellen Soziologie gibt Timothy J. Curry. Curry beginnt zwar mit einem kurzen Hinweis auf die sozialdokumentarische Fotografie aus den neunziger Jahren des 19. Jahrhunderts. Namentlich werden Jacob Riis und Lewis Hine erwähnt, deren fotografische Arbeit im Dienst sozialer Reformprojekte beschrieben wird. Insbesondere Hine verstand seine Tätigkeit als Skandalisierung unhaltbarer Mißstände.[9] Als Ausgangspunkt seiner historischen Darstellung wählt Curry jedoch das Jahr 1972, in dem zum ersten Mal die Zeitschrift »Videosociology« erschien und die »Society for the Anthropology of Visual Communication« (SAVICOM) gegründet wurde. Seit 1974 hat diese Gesellschaft die Zeitschrift »Studies in the Anthropology of Visual Communication« herausgegeben. Während »Videosociology« sein Erscheinen bald wieder einstellen mußte, übertraf die Entwicklung der »Studies« die enthusiastischsten Erwartungen. Die anspruchsvoll auf Hochglanzpapier gestaltete Zeitschrift repräsentierte seit Mitte der siebziger Jahre hinsichtlich drucktechnischer Gestaltung, Kontinuität und Qualität der Beiträge die Entwicklung einer visuellen Anthropologie.

Curry zeichnet eine Geschichte der visuellen Soziologie nach, die sehr stark mit seiner eigenen Wissenschaftsbiographie verbunden ist. Er beschreibt die Entwicklung eines visuellen Fachgebiets vor allem unter dem Aspekt seiner akademischen Institutionalisierung und Etablierung, die er an der Bildung von Vereinigungen, Veröffentlichungen von Zeitschriften und Büchern sowie der Durchführung von Konferenzen zu Themen der visuellen Soziologie mißt. Die Kontinuität in der Reflexion bestimmter Problem- und Fragestellungen entwickelt er dagegen nicht.

Bild 1: Baumwollspinnerei in Carolina, 1908. Im Auftrag des National Child Labor Committee erstellte Lewis Hine Fotostudien, die die Öffentlichkeit gegen die Kinderarbeit mobilisieren sollten.

Seine Darstellung bleibt auf die eigene Person und deren Erfahrungen zentriert. In dieser Hinsicht unterscheiden sich Currys Ausführungen nicht von den meisten Beiträgen zu einer visuellen Soziologie. Diese berichten nicht selten von einem gerade aktuellen Forschungsprojekt des Autors, das aber nicht grundlegend wissenschafts- und medientheoretisch reflektiert wird.[10] Nicht zuletzt in dieser Personen- und Projektbezogenheit sehe ich einen Grund für die Kurzatmigkeit vieler Initiativen und Anregungen für eine visuelle Soziologie.

Eine historische Perspektive, die über den Zeitraum der letzten Jahrzehnte hinausgeht, ist selten. Ein Aufsatz wie der von Clarice Stasz, in dem sie Ergebnisse einer Auswertung der Jahrgänge 1896 bis 1916 des »American Journal of Sociology« vorstellt, ist eine Ausnahme. Nach der Darstellung von Stasz wurden während des genannten Zeitraums in zahlreichen Artikeln Fotografien als Beweismittel und zur Illustration verwendet.[11] Für Stasz repräsentieren diese Artikel frühe Vorläufer einer gegenwärtigen visuellen Soziologie. Nach 1916 erschienen keine illustrierten Artikel mehr. Stasz interpretiert die Eliminierung visuell ergänzter Artikel als Resultat einer Kontroverse um das Selbstverständnis der Soziologie. Während die fotografisch ergänzten Artikel einem sozialreformerischen und anwendungsorientierten Wissenschaftsverständnis zugeordnet werden können, setzte sich in der Veröffentlichungsstrategie der für das Selbstverständnis der Wissenschaft repräsentativen Zeitschrift ein Konzept der Soziologie als »reiner« Wissenschaft durch. Die Affinität dieser Soziologie zu mathematisch-statistischen Verfahren schloß die Veröffentlichung illustrierter und anwendungsorientierter Beiträge aus.[12]

Sicher sähe die Soziologie heute anders aus, wenn die Tradition der visuellen Praxis fortgesetzt worden wäre. Die Einschätzung, daß eine solche visuelle Soziologie weniger leicht für positivistische Tendenzen anfällig gewesen wäre, begründet Stasz jedoch nicht. Die enge Verbindung, die jene frühen Veröffentlichungen mit den sozialreformerischen Ansätzen eingegangen waren, verhinderten wahrscheinlich, daß sie als visuelle Beobachtungs- und Beschreibungsverfahren sozialwissenschaftlicher Forschung stil- und traditionsbildend hätten wirken können. Denn von den sozialreformerischen Ansätzen grenzten sich nicht nur mathematisch-statistisch orientierte Soziologen ab, sondern auch die Chicagoer Soziologen um Robert Park, in deren Konzept einer urbanen Anthropologie, das journalistische mit ethnographischen Vorgehensweisen kombinierte, visuelle Verfahren methodisch und konzeptuell integrierbar gewesen wären.[13] So bleibt es bei der Feststellung, daß sich die fotografische Technik und die Soziologie als akademische Disziplin seit dem Beginn des 19. Jahrhunderts parallel entwickelten, ohne sich gegenseitig zu beeinflussen oder voneinander Kenntnis zu nehmen. Aus dieser getrennten Entwicklung resultieren der hohe Grad der jeweiligen Spezialisierung der Fotografie und der Soziologie sowie das Fehlen gemeinsamer Theoriekonzepte als Schwierigkeiten der grundlagentheoretischen Begründung einer visuellen Soziologie.

Aus diesem Grund bekommt der Leser in einem Artikel mit dem Titel »Visual Sociology«[14] keine Darstellung der Geschichte einer visuellen Fachrichtung in der Soziologie, sondern eine Auseinandersetzung mit zentralen Begriffen der Wissenschaftstheorie wie Reliabilität und Validität. Die Autoren weisen darauf hin, daß im Unterschied zur Selbstdarstellung sozialwissenschaftlicher Konzepte die Begründungen für diese Begriffe meist zirkulär sind. Ihrerseits plädieren sie für eine Revision des Gebrauchs dieser Begriffe und für eine Verwendung im ursprünglichen Sinn. Nach diesem fungierten Reliabilität und Validität nicht als Kriterien eines unangemessenen Objektivitätsstandards von Forschungsergebnissen, sondern bedeuteten, daß die Verfahren eines Forschungsprozesses offen dargelegt werden. Die Argumentation läuft darauf hinaus, daß die wissenschaftstheoretischen Fragen einer visuellen Fachrichtung nicht grundsätzlich verschieden von denen anderer soziologischer Teildisziplinen sind.[15]

Eine umfassende und systematische Geschichte der Verwendung des Begriffs einer visuellen Soziologie und ihrer Praxis gibt es bis heute nicht. Die Perspektive der meisten Darstellungen zur Geschichte einer visuellen Soziologie bleibt auf die Entwicklung des Fachs nach etwa 1970 beschränkt. Diese Darstellungen sind deswegen unbefriedigend, weil sie eher pauschal die Entwicklung visueller Fachrichtungen mit Tendenzen wie dem allgemein erweiterten Mediengebrauch begründen. Damit sind offensichtlich in erster Linie Fernsehen und Video gemeint, ohne daß dies ausdrücklich erwähnt und medientheoretisch reflektiert wird. Unklar bleibt bei der Beschreibung der illustrierten Beiträge zum »American Journal of Sociology«, ob deren Autoren sich als visuelle Soziologen verstanden haben und in welchem Sinn. Sie scheinen in jedem Fall von der bewußtseinsbildenden und die öffentliche Meinung beeinflussenden Wirkung der Bilder überzeugt gewesen zu sein, von der sie die Förderung und Unterstützung ihrer Reformprojekte erwarteten. Vielleicht sind sie in dieser Hinsicht tatsächlich traditionsbildend für die aktuellen Diskussionen um eine visuelle Soziologie, in denen Fragen der politisch-moralischen Verantwortung der Wissenschaft und der Wirkung von Bildern auf die Öffentlichkeit einen breiten Raum einnehmen.

Für ein umfassendes Studium der Tradition einer visuellen Soziologie sollte man sich weniger auf die Selbstdarstellung des Fachs und seiner Vertreter verlassen, sondern selbst in der Geschichte der Fotografie und des Films nach Vorläufern suchen. Dabei geht es nicht darum, einen historischen Zeitpunkt zu bestimmen, von dem aus die Entwicklung einer visuellen Fachrichtung in den Sozialwissenschaften möglichst bruchlos bis zur Gegenwart verfolgt werden könnte. Vielmehr geht es darum, an historischen Beispielen herauszufinden, wie Fotografie, Film und Sozi-

Bild 2:
Straßenreklame. Aus John Thomson; Adolphe Smith »Street Life of London«, 1877. (Soziologische Abhandlung mit sechsunddreißig Fotografien).

alwissenschaften konzeptuell aufeinander bezogen wurden. Deswegen hat es keine Bedeutung, ob frühere Dokumente einer visuellen Soziologie gefunden werden können als die 1877 erschienene Abhandlung »Street Life in London« von John Thomson und Adolphe Smith. Entscheidend ist vielmehr, daß Thomson und Smith im Vorwort ihres Berichts die Verwendung fotografischer Illustrationen mit deren Präzision zur Veranschaulichung ihres Gegenstandes begründen: »Die unzweifelhafte Genauigkeit dieser Zeugnisse macht es uns möglich, wahre Charaktere der armen Leute vorzustellen, und schützt uns vor dem Vorwurf, wir hätten die individuellen Eigentümlichkeiten der äußeren Erscheinung unterschätzt oder übertrieben.«[16]

Thomson und Smith wollten das Leben der armen Bevölkerung Londons darstellen. Die bevorzugte Beschäftigung der Ansätze einer visuellen Fachrichtung in den Sozialwissenschaften mit den Verarmten, Unterdrückten und Ausgebeuteten der Gesellschaft ist so auffällig, daß Margot Berghaus in ihrem Lexikonbeitrag von der »visuellen Ergiebigkeit« der Themen als einer Voraussetzung des Fachs sprach.

Ob sie es wollen oder nicht, beuten die Fotografen einseitig die Exotik ihrer Themen ästhetisch aus. Die Absicht, zur Verbesserung der dokumentierten Zustände beizutragen, ist offensichtlich legitimatorisch.[17] Ob angemessener von Ausbeutung oder Opferbildung zu reden ist, und welche Strategien der Rechtfertigung für die Wahl eines Themas sowie seine adäquate Behandlung als akzeptabel erscheinen, kann nur am konkreten Fall entschieden werden. Historisch ist ein Zusammenhang zwischen sozialen Krisenerscheinungen und ihrer dokumentarischen Darstellung offensichtlich.[18]

1.2. Historische Perspektiven

1.2.1. Sozialdokumentarische Fotografie im Auftrag der Farm Security Administration

Von einer »Bildersoziologie« hat vielleicht das erste Mal Alfred Döblin in einem zeitgenössischen Vorwort zu August Sanders »Antlitz dieser Zeit« gesprochen. In dem 1929 erschienenen Buch versuchte Sander, durch einen Zyklus berufsstandsorientierter Porträtfotografien und die Systematik ihrer Zuordnung seine Sicht des Gesellschaftsaufbaus der Weimarer Republik darzustellen.[19] Sanders Arbeit hat weit über Deutschland hinaus Aufmerksamkeit gefunden. In einer 1931 in den USA erschienenen Sammelrezension von Neuerscheinungen besprach Walker Evans den Fotoband unter dem programmatischen Titel »The Reappearance of Photography«. Nach einer Zeit eher kunstgewerblich und für den privaten Gebrauch orientierter Fotografie knüpfte insbesondere Sander an den ursprünglich dokumentarischen Charakter der Fotografie von Atget an. Evans nannte Sanders fotografische Praxis in dieser Hinsicht vorbildlich und fragte sich, am Ende seiner Rezension, warum ein solches Projekt der fotografischen Dokumentation einer Gesellschaft noch nirgendwo sonst in Angriff genommen worden sei. Nur wenig später arbeitete Evans mit enormem Einfluß als Fotograf unter der Ägide einer Behörde mit dem Namen Farm Security Administration (FSA), die dem Landwirtschaftsministerium der Vereinigten Staaten zugeordnet war, an der Entstehung eines nach Anlage und Umfang vielleicht einmaligen Projekts sozialdokumentarischer Fotografie mit.

Gleich zu Beginn ihrer Amtszeit richtete die Roosevelt-Regierung zur Bekämpfung der katastrophalen Auswirkungen der ökonomischen Krise und der technisch-industriellen Entwicklung insbesondere auf die Landwirtschaft eine Behörde mit dem Namen Resettlement Administration ein. Unter der Leitung des Wirtschaftswissenschaftlers Rexford G. Tugwell sollte diese Behörde existenzsichernde Maßnahmen für die kleineren Landwirtschaftsbetriebe einleiten. Diese Maßnahmen waren entweder nicht erfolgreich oder in der amerikanischen Gesellschaft als dirigistische Eingriffe in die Wirtschaft umstritten. Ab 1937 setzte die Behörde ihre Arbeit unter dem Namen Farm Security Administration fort. Zu ihrer Unterstützung wurde eine Abteilung für Öffentlichkeitsarbeit eingerichtet. Einer Unterabteilung stand Roy Stryker vor. Seine Aufgabe bestand darin, einen Stab von Wirtschaftswissenschaftlern, Soziologen, Reportern und Fotografen zusammenzustellen, die die Aktivitäten der Resettlement Administration und deren Auswirkungen dokumentieren sollten.[20]

Stryker hatte bereits in den zwanziger Jahren als Assistent Tugwells an der Columbia University gearbeitet. Zusammen gaben Stryker und Tugwell 1925 das soziologisch-wirtschaftliche Lehrbuch »American Economic Life« heraus. Das Buch entstand zu Lehrzwecken für ein neu eingerichtetes interdisziplinäres Fach mit dem Namen »Contemporary Civilization«. Lehrende aus verschiedenen Fachbereichen wie Ökonomie, Geschichte, Literatur und Erziehungswissenschaft waren an der Konzeptualisierung des Fachs beteiligt, dessen Ziel es war, die Studierenden anschaulich in Themen wie städtische und ländliche Armut, Arbeitgeber-Arbeitnehmer-Beziehungen, Produktion und Distribution von Gütern einzuführen. Als schwierig erwies sich die Auswahl von Texten und Quellenmaterial. Diesem Mangel sollte das Lehrbuch abhelfen. Es war Strykers Aufgabe, für das Buch Bildmaterial zusammenzustellen. In der zeitgenössischen Fotografie fand er keine für seine Zwecke brauchbaren Aufnahmen. Aber die teilweise schon zwanzig Jahre früher entstandenen Aufnahmen von Lewis Hine erschienen ihm geeignet. Etwa ein Drittel der knapp über zweihundert Fotografien waren von Hine. Mit appellativen Unterschriften versehen, illustrierten die Aufnahmen den Text.

Als Leiter der historischen Abteilung der Farm Security Administration suchte Stryker die Zusammenarbeit mit Sozialwissenschaftlern. Den Fotografen empfahl er zur Vorbereitung ihrer Feldstudien die Lektüre sozialwissenschaftlicher Literatur, um sich mit der Geschichte und Ökonomie der Region vertraut zu machen, in der sie arbeiteten. Es entstanden auf diese Weise auch Fotografien zur Illustration sozialwissenschaftlicher Veröffentlichungen.[21] Grundlegend für das Selbstverständnis der von Stryker geleiteten Abteilung wurde die von Robert Park und William Thomas an der soziologischen Fakultät der Universität von Chicago entwickelte teilnehmende Beobachtung. Auch ohne umfassende methodologische Reflexion und wissenschaftstheoretische Konzeptualisierung kamen die Verfahrensweisen dieser Soziologen der dokumentarfotografischen Arbeit insofern entgegen, als sie wie diese soziale Realität am Einzelfall anschaulich zu machen versuchten.[22]

In seinem Buch »Thirties America and Documentary Expressions« untersuchte William Stott die vielfältigen und komplexen Beziehungen zwischen Sozialwissenschaften, Fotografie, Reportage, Literatur und Politik während der dreißiger Jahre in den USA. Stott diagnostizierte einen dokumentarischen Trend in allen Bereichen der künstlerisch-wissenschaftlichen Produktion, der Publizistik und der politischen Öffentlichkeit. Als »documentary expression« beschrieb Stott das Lebensgefühl einer Epoche auf der Suche nach direkter Erfahrung und unmittelbarer Anschauung. Alle nicht quantitativ-statistisch verfahrenden Ansätze der Sozialwissenschaften in den dreißiger Jahren faßt Stott pauschal als »dokumentarisch« zusammen und zählt im einzelnen eine Reihe von nicht weniger als etwa dreißig sozialwissenschaftlichen Studien auf, die nach seinem Verständnis dokumentarisch sind.[23]

Stellvertretend für andere Beispiele wird die Kontroverse um Paul Taylors und Dorothea Langes 1939 publiziertes Buch »An American Exodus« skizziert. Taylor und Lange stellten die durch die ökonomische Krise ausgelöste innerkontinentale Wanderung der Bevölkerung in westlicher Richtung nach Kalifornien dar. Unter thematischen Gesichtspunkten sind in dem Buch Fotografien von Dorothea Lange mit Texten montiert, die als Zitate der dargestellten Personen oder als Zeitungsausschnitte ausgewiesen sind. Taylor verteidigte das Buch gegen Einwände, daß es lediglich Beschreibungen ohne statistisches Material enthalte, mit einem emphatischen Bekenntnis für die dokumentarische Methode. Taylor rechtfertigte das eigene, auf direkte Beobachtung gestützte Verfahren nicht nur als Sicherung von Dokumenten für künftige sozialgeschichtliche Forschungen, sondern wies die Statistiker polemisch darauf hin, daß sie über ihren Zahlen den Sinn und die Aufmerksamkeit für die reale historische Entwicklung verlieren.[24]

Bild 3:
Dorothea Lange »Migrant Mother«, 1936.
»Dokumentarphotographie bewahrt das Umfeld unserer Zeit. Sie spiegelt die Gegenwart und dokumentiert für die Zukunft. Ihr Thema ist der Mensch in seinem Verhältnis zur Menschheit. Sie zeichnet seine Verhaltensweisen bei der Arbeit, im Krieg, beim Spiel auf, seine Aktivitäten während der vierundzwanzig Stunden des Tages, den Zyklus der Jahreszeiten, die Spanne eines Lebens. Dokumentarphotographie porträtiert die Institutionen – Familie, Kirche, Regierung, politische Organisationen... Sie zeigt nicht nur ihre Fassaden, sondern versucht, ihre Funktionsweisen aufzudecken... «
Dorothea Lange, 1940.

Auf die sozialdokumentarische Fotografie der FSA hatte vor allem Walker Evans einen vielleicht nicht nach dem Umfang seiner fotografischen Produktion, in jedem Fall aber konzeptionell kaum zu überschätzenden Einfluß. Differenzen mit Stryker, die durch Äußerungen von Evans belegt sind, waren offensichtlich vor allem politisch begründet. Während die Initiative zu dem ganzen Projekt von der Roosevelt-Regierung ausging und von dieser protegiert wurde, suchte Evans jeden Anschein zu vermeiden, im Auftrag der Regierung, vielleicht sogar als Propagandist eines politischen Programms, zu agieren. Hinsichtlich des dokumentarischen Selbstverständnisses der Fotografie kann dagegen weitgehende Übereinstimmung zwischen Stryker und Evans angenommen werden. Im Bericht über seine erste Fotoarbeit, die er für die historische Sektion der Farm Security Administration in Pennsylvania, dem Tal des Ohio und in den südöstlichen Staaten unternahm, spricht Evans von der »general sociological nature« der Fotografie.[25] Weit darüber hinaus lassen sich viele Übereinstimmungen mit Stryker, vor allem hinsichtlich der Konzeptualisierung der dokumentarischen Arbeit der Fotografen der FSA, belegen.

In einem Brief von 1934 skizzierte Evans stichwortartig ein soziographisch orientiertes Konzept für die systematische fotografische Dokumentation einer Kleinstadt:

> »People, all classes, surrounded by bunches of the new down-and-out.
> Automobiles and the automobile landscape.
> Architecture, American urban taste, commerce, small scale, large scale, the city street atmosphere, the street smell, the hateful stuff, women's clubs, fake culture, bad education, religion in decay.
> The movies.
> Evidence of what the people of the city read, eat, see for amusement, do for relaxation and do not get it.«[26]

Ein Beleg dafür, daß das von Evans informell mitgeteilte Konzept zum Vorbild für die Leitfäden wurde, mit denen Stryker die Arbeit der Fotografen zu systematisieren versuchte, ließ sich nicht finden. Die Zufälligkeit der Ähnlichkeit und der Übereinstimmung, mit der Evans und Stryker die dokumentarische Fotografie als Quelle sozialen Wissens systematisch zu erschließen versuchten, erscheint jedoch um so überzeugender als Ausdruck für eine »documentary expression« als epochentypische Tendenz der Organisation der Erfahrungsbildung, wenn sie ohne

Abstimmung zwischen Stryker und Evans zustande kam. Die Fotografen arbeiteten in der Regel in bestimmten Regionen mit einem thematischen Schwerpunkt, aber doch ohne direkte Kontrolle durch die Behörde. Um die Tätigkeit der Fotografen zu koordinieren und zu systematisieren, verfaßte Stryker »shooting scripts«. Eines dieser Fotodrehbücher, das mit dem Vermerk »an alle Fotografen« versehen ist, schrieb Stryker nach einem Gespräch mit Robert Lynd im Frühjahr 1936 auf.[27]

Stryker leitet seine Notizen mit einem Hinweis darauf ein, daß die Vorschläge des Skripts auf Robert Lynd zurückgehen. Lynd war zu diesem Zeitpunkt als Autor einer Studie bekannt, die er 1929 zusammen mit seiner Frau veröffentlicht hatte. Am Beispiel einer Stadt mittlerer Größe, in der sie sich selbst ansiedelten, untersuchten Robert und Helen Lynd pars pro toto die Veränderungen der Lebensbedingungen in den USA unter dem Eindruck der Wirtschaftskrise. Zum Vergleich mit den aktuellen Veränderungen verfolgten sie durch die Auswertung von Zeitungen, Verwaltungsakten und Interviews mit Einwohnern die Entwicklung einige Jahrzehnte in die Zeit vor den Beginn ihrer Studie zurück. Die Middletown-Studie ist für einen bestimmten Typus empirischer sozialwissenschaftlicher Forschung zum paradigmatischen Vorbild geworden, der sich durch teilnehmende Beobachtung, Fallstudien und informelle Gespräche auszeichnet. Hinsichtlich Anlage und Verfahren repräsentiert die Middletown-Studie der Lynds ein Beispiel für die von Stott als dokumentarisch charakterisierte Sozialwissenschaft. Vor allem die Gliederung nach Kapiteln wie Arbeit, Freizeit, Religion und Erziehung erschien als übertragbares Muster für die Konzeptualisierung ähnlicher, auf systematische Beobachtung sozialer Gebilde ausgerichteter Forschungen. Die Darstellung der Ergebnisse in Beschreibungen, deren Kategorien sich am Alltag und der Lebenswelt der Beobachteten orientieren, ist charakteristisch für diesen Typ von Forschung. »Statt in abstrakten Zahlen wollte man die unter dem ökonomischen Druck vonstattengehende Transformation der Gesellschaft in *human terms* erfassen.«[28]

In dieser Hinsicht kam die Vorgehensweise von Lynd der fotodokumentarischen Arbeit entgegen, weil die soziale Realität am Einzelfall und anschaulich dargestellt wurde. Trotzdem wird man Strykers Hinweis auf Lynd weniger im Sinn der Übernahme einer stringenten Methode verstehen können als vielmehr argumentationsstrategisch. Indem er das »shooting script« einleitend als einen Vorschlag Robert Lynds ausweist, sichert Stryker dem Konzept eine besondere Dignität und Autorität. In den Ausführungen des Skripts versucht Stryker deutlich zu machen, was als »american background« fotografiert werden soll. Die Grobgliederung des Skripts orientiert sich am Aufbau und der Gliederung der Middletown-Studie, deren Kapitel spiegeln die Hauptaktivitäten der Bewohner der Stadt und tragen Überschriften wie »Getting a living«, »Making a home«, »Training the young«, »Using leisure in various forms of play, art, and so on«, »Engaging in religious practices«, »Engaging in community activities«. Entsprechend weist Stryker die Fotografen an, Aufnahmen von der Freizeit, den religiösen Aktivitäten, dem gesellschaftlichen Leben in Clubs und Vereinen zu machen. Als Motive werden wenig zwanglose Kleidung, Radio hören, Bridge, die Kleidung von Stadt- und Landbevölkerung im Vergleich, der Empfang von Gästen als eine Freizeitaktivität aufgezählt.

Die Aufzählungen der aufzunehmenden Motive wirken nicht gerade willkürlich, genügen aber auf keinen Fall den Kriterien systematischer wissenschaftlicher Beschreibung und sollen offensichtlich weniger normativ verbindlich als vielmehr evokativ und stimulierend für die Tätigkeit der Fotografen sein. Soziale Differenzierungen werden eingeführt. Die Fotografien sollen deutlich machen, wie unterschiedliche Einkommensgruppen ihren Feierabend verbringen oder ihr gesellschaftliches Leben gestalten: »Das gleiche Problem auf Frauen bezogen. Haben Frauen so viele Treffpunkt-Möglichkeiten wie Männer? Wahrscheinlich haben die Frauen aus niedrigeren Einkommensschichten weniger Gelegenheiten, sich mit anderen Frauen zu treffen als die Frauen der höheren Einkommensstufen.«[29]

Offensichtlich handelt es sich bei den Motivaufzählungen, Einteilungen und Gliederungen um Aspekte des sozialen Lebens, die eher unspezifisch und allgemein in Form vager Vermutungen und Einschätzungen mit dem gesunden Menschenverstand erschließbar sind. Sie setzen keine besondere wissenschaftliche Methode oder Systematik voraus. Mit direkten Fragen, die als »sokratische Methode« charakterisiert wurden,[30] versucht Stryker, das recherchierende Verhalten der Fotografen suggestiv zu induzieren: »Wie viele Leute kennen Sie?«, sollen die Fotografen die Personen fragen, die sie aufnehmen. Mit der Frage »Was sieht man durch das Küchenfenster?« wird auf scheinbar nebensächliche Details des Alltags, Motive und Sujets aufmerksam gemacht. Den common sense des Mannes auf der Straße paraphrasierend, wird auf die Normalität und Alltäglichkeit als Themen hingewiesen: »Ich sehe meine Straße hinunter«, »Das paßt zu unsereinem«. Darüber hinaus lenken diese Paraphrasen die Aufmerksamkeit der Fotografen nicht nur auf den

Alltag und die Lebenswelt als Themen, sondern lassen auch eine Perspektive erkennen, aus der heraus beobachtet wird. Es ist die der Aufgenommenen selbst. Die Aufnahmen werden nicht nur nach der Schichtzugehörigkeit und dem Geschlecht differenziert, sondern auch nach geographischen Gesichtspunkten. Stryker vermutet, daß in den großen Industriegebieten auch die ärmeren Schichten mehr Wert auf gepflegtes Äußeres legen als vergleichbare oder sogar höherstehende Gruppen in den weniger dichtbesiedelten Gebieten. Die Beziehung zwischen Zeit und Arbeit sollen Aufnahmen von denselben Menschen in Abständen von zehn Jahren darstellen, um zu zeigen, wie sie bei der Arbeit altern.

Offensichtlich lenken die »shooting scripts« die Aufmerksamkeit der Fotografen auf die visuelle Darstellbarkeit sozialer Phänomene. Nicht methodische oder wissenschaftstheoretische Stringenz ist angestrebt, sondern im Mittelpunkt steht die Frage, wie sich welche Themen fotografisch dokumentieren lassen. Stryker suchte die Aufmerksamkeit der Fotografen auf das signifikante Detail zu lenken, das einen Forscher in einhundert Jahren interessieren könnte.[31] Auf diese Weise entfernte sich die von Stryker geleitete Abteilung der FSA zunehmend von ihrem ursprünglichen Auftrag, lediglich die Folgen der Wirtschaftskrise zu dokumentieren und die Maßnahmen der staatlichen Behörden zur Krisenintervention zu propagieren. Vielmehr kristallisierte sich als Strykers Hauptinteresse die enzyklopädische Dokumentation des ländlichen Amerika heraus.[32]

Die soziologische Orientierung der FSA-Fotografie wurde von der zeitgenössischen Rezeption bemerkt und fand nicht nur Zustimmung. Anselm Adams sprach von der Gruppe der FSA-Fotografen als »bunch of sociologists«.[33] Differenzierter setzte sich Beaumont Newhall in einem 1938 veröffentlichten Essay mit der Frage auseinander, wie die im Auftrag der FSA hergestellten Fotografien zugleich von sozialwissenschaftlicher und künstlerischer Relevanz sein können. Newhall betonte, daß die Fotografen, ohne je ihren soziologischen Auftrag aus dem Auge zu verlieren, Fotografien von höchstem künstlerischem Standard herstellten. Als dokumentarische Fotos, deren Darstellungen auf die Wirklichkeit verweisen, könnten sie jedoch nicht allein unter künstlerischen Gesichtspunkten rezipiert werden, sondern müßten zur sozialen Erfahrung ihres Betrachters in Beziehung gesetzt werden. Eine Identifikation von Ort und Zeit könnte dafür genügen, meinte Newhall. Besser wären jedoch ausführlichere Beschriftungen zur Orientierung des Betrachters. Die Anordnung in Serien, bei denen sich die Aufnahmen gegenseitig erklären, hielt Newhall für die beste Lösung, um die sozialdokumentarische Bedeutung der Fotos zur Geltung zu bringen.[34]

Die Frage, wie durch die sozialdokumentarischen Fotografien soziale Erfahrung gebildet werden könnte, stellte sich intensiver und ganz praktisch, als Paul Vanderbilt ab 1942 damit beauftragt war, die weit über einhunderttausend Fotografien, die in der Mehrzahl im Auftrag der FSA hergestellt worden waren, zu archivieren und zu katalogisieren. Vanderbilt verwandte die größte Aufmerksamkeit darauf, in welcher Beziehung die Fotografien zur Realität stehen und wie sie zur Erkenntnis dieser Realität beitragen.[35]

Vanderbilt suchte eine Lösung, indem er die Fotografien in Serien anordnete. Da die für die FSA tätigen Fotografen ihre Fotografien nach thematischen oder geographischen Schwerpunkten hergestellt hatten, lag ein Archivierungskonzept nahe, das diese thematischen Gesichtspunkte berücksichtigte. Die Zuordnung zu sechs nach geopolitischen Gesichtspunkten definierten Regionen ergab sich als weiterer Gliederungsaspekt. Vanderbilts Interesse ging jedoch über diese naheliegenden und formalen Gliederungsaspekte weit hinaus. Als Hauptziel seiner Tätigkeit beschrieb er die Entwicklung eines Konzepts von Ordnungskategorien, das analog zu einem Forschungsprozeß in der Beschäftigung mit den Fotografien neue Erfahrungen ermöglichen sollte.[36]

Beeinflußt von linguistischen Vorstellungen ging Vanderbilt davon aus, daß die Fotografien ähnlich wie Worte immer neu zusammengestellt werden könnten und auf diese Weise immer neue Erfahrungen und Erkenntnisse ermöglichten. Vanderbilt beanspruchte, daß die Zuordnung der Bilder nach strengen inhaltlichen Aspekten ausschließlich auf der Grundlage der dargestellten Themen und Ereignisse erfolgen und nicht konnotativ oder assoziativ beeinflußt sein sollte, um dem zukünftigen Betrachter den größtmöglichen Erfahrungsraum für eigene Entdeckungen zu eröffnen.[37] Es ergaben sich folgende Kategorien:

>»14 The Land – the background of civilization
> 2 Cities and Towns – as background
> 3 People as Such – without emphasis on their activity
> 4 Homes and Living Conditions
> 5–52 Transportation
> 53–65 Work – agriculture, commerce, manufacturing

> 66–69 Organized Society – for security, justice, regulation, and assistance
> 7 War
> 8–83 Medicine and Health
> 84–85 Religion
> 86–88 Intellectual and Creative Activity
> 89–94 Social and Personal Activity
> 96 Alphabetical Section.«[38]

Analog zu den Entwürfen von Evans und Stryker für die fotodokumentarische Arbeit sowie von Lynd für die sozialwissenschaftliche Beobachtung und Beschreibung von »Middletown« orientierte sich Vanderbilts Gliederung am Alltag und der Lebenswelt der Beobachteten. Vanderbilt nutzte umgangssprachlich inspirierte Schemata von Oberbegriffen, die in Untergruppen weiter ausdifferenziert wurden und die ihr Ordnungsprinzip auf nichts anderes als den augenscheinlichen Bildinhalt selbst gründen sollten. Für die Oberbegriffe »Homes and Living Conditions« sieht diese weitergehende Differenzierung folgendermaßen aus:

> »4 Homes and living conditions
> 41–43 Houses, rooms, furniture, people at home, visiting, hobbies
> 44–447 Life in tents, shacks, rooming houses, hobo jungles
> 448–46 Personal care and habits, housework, cooking, eating, sewing, sleeping
> 47–48 Parks, yards, gardens, servants.«[39]

Auch wenn Vanderbilt beanspruchte, die Fotografien ausschließlich nach inhaltlich-thematischen Gesichtspunkten zu ordnen, die ihm unmittelbar, eindeutig und zweifelsfrei evident erscheinen mußten, so kann doch ein Klassifizierungsschema niemals neutral, die Beziehung zwischen den einzelnen Begriffen des Schemas niemals frei von Assoziationen und die Struktur der Beziehungen zwischen diesen Begriffen niemals ohne Interpretationen sein. Bei dem Versuch, die ideologisch-weltanschaulichen Komponenten, die das dem Klassifikationsschema zugrunde liegende Geschichts- und Gesellschaftsbild Vanderbilts beeinflußten, im einzelnen zu identifizieren, wurden besonders die Konzepte der zeitgenössischen Sozialwissenschaft in Verbindung mit christlich-eschatologischen Motiven hervorgehoben.[40] Wahrscheinlich verhinderte auch dieses »Amalgam von Sozialwissenschaft (Geographie, Ethnographie, Soziologie), New Deal Politik und liberalem Reformismus«[41] eine Rezeption der sozialdokumentarischen FSA-Fotografie, die für eine visuelle Soziologie traditionsbildend hätte wirken können. Vordergründig verhinderte jedoch der Eintritt der USA in den Zweiten Weltkrieg die Weiterführung des Projekts. Ab 1943 waren die Fotografen unter der Ägide des Office of War Information tätig, um ihre fotografische Arbeit mit veränderter Zielsetzung fortzusetzen. Dokumentiert wurden weniger die krisenhaften Veränderungen des Landes unter dem Einfluß technisch-industrieller und ökonomischer Entwicklungen, sondern die dokumentarische Fotografie sollte ein Beitrag zu den gesamten propagandistischen kriegsbegleitenden und -unterstützenden Maßnahmen sein.

Stryker ließ keinen Zweifel an der Neuorientierung der fotodokumentarischen Arbeit und schrieb 1942 in einem Memorandum an seine Mitarbeiter: »*Wir brauchen sofort:* Bilder von Männern, Frauen und Kindern, die so aussehen, als glaubten sie wirklich an die Vereinigten Staaten. Treibt Leute mit etwas Gemeinsinn auf. Zu viele in unserer Sammlung erwecken jetzt den Eindruck, als wären die Vereinigten Staaten ein Altersheim und als sei fast jeder zu alt zum Arbeiten und zu unterernährt, um sich darum zu kümmern, was geschieht ...«[42] Als die Fotos in den sechziger und siebziger Jahren wiederentdeckt wurden, wurden sie meist als einzelne, isolierte Kunstwerke gesehen. Der ursprüngliche Zusammenhang, in dem die Fotografien hergestellt und verwendet worden waren, war verlorengegangen.[43]

1.2.2. Das soziologische Selbstverständnis der britischen Dokumentarfilmschule

Zwar gilt John Grierson als derjenige, der als erster in einer am 8. Februar 1926 in einer New Yorker Zeitung pseudonym veröffentlichten Besprechung von Flahertys *Moana* den Begriff »documentary« auf den Film anwandte.[44] Aber sein Interesse am Dokumentarfilm begründete Grierson von Anfang an nicht filmtheoretisch, sondern soziologisch und pädagogisch.[45] Definitiv rückten schließlich durch die Auseinandersetzung mit dem Faschismus gesellschaftliche und politische Fragestellungen zum fast ausschließlichen Interesse in den Vordergund der theoretischen Beschäftigung Griesrons mit dem Dokumentarfilm. In offensiver Auseinandersetzung mit den Propagandakonzepten des nationalsozialistischen und des sowjetischen Films entwickelte Grierson ein Konzept des pädagogischen Dokumentarfilms, für das Erziehung und Propaganda keine Gegensätze darstellten. Propaganda erschien Grierson vielmehr als eine Form der Erziehung und als Aufgabe des Staates.[46]

Das ursprüngliche, soziologisch begründete Interesse am Dokumentarfilm führte Grierson selbst auf den Einfluß des amerikanischen Publizistikwissenschaftlers Walter Lippmann zurück. Grierson hatte sich mit Lippmann während eines Studienaufenthalts in den USA in den zwanziger Jahren beschäftigt. Lippmann ging davon aus, daß in einer durch die technologische Entwicklung immer komplizierteren und weniger durchschaubaren Welt keine Demokratie mehr möglich sei. Denn diese setze einen Bürger voraus, der in der Lage sei, sich über die Angelegenheiten des öffentlichen Lebens eine kompetente Meinung zu bilden. Aus dieser Diagnose leitete Grierson den pädagogischen Auftrag des Radios und des Films ab. Als eben erst sich entwickelnde Massenkommunikationsmittel mit der größten Reichweite sollten sie die unüberschaubar komplizierte Welt dem Staatsbürger anschaulich darstellen.[47]

Die quasi ethnographische Erforschung der unbekannten und gegeneinander isolierten Bereiche der eigenen Gesellschaft wurde zum Programm. Der Blick des Bürgers sollte auf die alltäglichen Ereignisse in seiner Umgebung gelenkt werden. In ausdrücklicher Abgrenzung gegen die Tendenz des dominierenden amerikanischen Films, das Außergewöhnliche zu dramatisieren, forderte Grierson die Dramatisierung des Alltäglichen.[48] Aus dieser Zielsetzung resultierte die mehrfach variierte Definition des Dokumentarfilms als »creative treatment of actuality« oder »dramatization of actual material«.[49] Paul Rotha, neben Grierson der publizistisch produktivste Vertreter der britischen Dokumentarfilmschule, beschrieb als Aufgabe des Dokumentaristen, Themen von öffentlichem Interesse aufzugreifen und durch die filmische Darstellung eine Basis für die Diskussion herzustellen. Indem sie zeigen, wie die Menschen leben und wie die staatlichen Einrichtungen arbeiten, erfüllen die Filme einen staatsbürgerlichen Zweck und tragen zum besseren Verständnis des öffentlichen Lebens bei.[50]

Man darf sich Griersons und Rothas umfangreiche publizistische Tätigkeit nicht als die kontinuierliche und systematische Ausarbeitung einer Dokumentarfilmtheorie vorstellen, sondern als Kommentar und nachträgliche Interpretation der praktischen Filmarbeit. Als solche hatte sie zwar kaum konzeptionellen Einfluß auf die Filmarbeit selbst, drückte aber um so unmittelbarer das Realitäts- und Realismusverständnis der englischen Dokumentarfilmschule aus.[51] Aus diesem Grund konnte aus den Texten von Grierson und Rotha zu Recht herausgearbeitet werden, daß sich das oft betonte soziale Interesse der britischen Dokumentarfilmschule auf eine positive

Interpretation der zeitgenössischen strukturellen Veränderungen in der bürgerlich-kapitalistischen Gesellschaft beschränkte. Gesellschafts- und sozialkritisch war die Position der britischen Dokumentarfilmschule nicht. Weder die kommentierenden Veröffentlichungen noch die Filme machten die Machtverhältnisse durchschaubar, zeigten die Ursachen für soziale Mißstände auf oder griffen sie gar an.[52] Allein schon die Abhängigkeit der Produktionsstruktur der britischen Dokumentarfilme von staatlichen und halbstaatlichen Organisationen und privaten Großkonzernen ließ einen grundsätzlichen Widerspruch zum bürgerlichen Staat und der privaten Organisation der Wirtschaft kaum zu.[53]

Der Widerspruch zwischen der Einsicht in die Notwendigkeit von Reformen einerseits und der Konsequenz andererseits, mit der diese gefordert wurden, kann auch an den Filmen wie *Housing Problems, Workers and Jobs* und *Enough to Eat* herausgearbeitet werden.[54] Während sich die aufgezählten Filmen mit sozialen Mißständen wie der Verslumung von Arbeiterwohnvierteln oder der mangelhaften Versorgung großer Teile der Bevölkerung mit Lebensmitteln beschäftigen, darf der Zuschauer bei Filmen mit Titeln wie *Coal Face, Night Mail, Song of Ceylon* oder *Industrial Britain* keine realistischen Darstellungen der Arbeit im Untertagebergbau, in einem Nachtpostzug, der Produktion und Vermarktung von Tee oder der britischen Industrie erwarten. Vielmehr handelt es sich um visuell und akustisch durch Kameraführung, Bildaufbau, Montage, lyrisch-musikalischen Kommentar ästhetisch stilisierte Filme. Sollten sie einen sozialen Wert haben, so liegt er in erster Linie darin, daß die dargestellten Tätigkeiten durch die ästhetische Gestaltung aufgewertet werden.

Faßt man Reemtsens materialreiche Untersuchung zusammen, so war die britische Dokumentarfilmproduktion in den dreißiger Jahren Vorstellungen von einem harmonistischen Gesellschaftsmodell verpflichtet, das antagonistische Gegensätze ausschloß. Im historischen Kontext der dreißiger Jahre plädierten die britischen Dokumentarfilme für behutsame Sozialreformen, die sich mit der technologisch-industriellen Entwicklung vereinbaren ließen. Die staatlich gestützte Institutionalisierung der Dokumentarfilmproduktion reagierte auf Krisenerscheinungen, die radikal und fundamental die bürgerlich-privatkapitalistische Gesellschaftsordnung in Frage stellten. Indem die staatliche Förderung die dokumentarische Bewegung vereinnahmte, verhinderte sie deren radikalere Entwicklung.

Entsprechend skeptisch muß man die Wirkung der britischen Filme einschätzen. Während Grierson den Film für seine pädagogischen Absichten als geeignet ansah, weil er in ihm neben dem Radio das Massenkommunikationsmittel mit der größten Reichweite und Breitenwirkung sah, waren von den Filmen der britischen Dokumentarfilmschule entgegen dem ursprünglichen Konzept lediglich *Drifters* und *Song of Ceylon* in bescheidenem Umfang kommerziell erfolgreich. Vielmehr mußte nach dem Vorbild des Canadian Gouvernment Motion Picture Bureau, das die eigenen Produktionen gegen die übermächtige amerikanische Konkurrenz zu schützen hatte, in Großbritannien ein alternatives, nicht-kommerzielles und subventioniertes Distributionsnetz unter staatlicher Protektion aufgebaut werden. Die Mehrzahl der britischen Dokumentarfilme fand ihre größte Verbreitung als Schul- und Unterrichtsfilme.[55]

Trotz den Vorbehalten gegen das soziologische Selbstverständnis der britischen Dokumentarfilmproduktion und trotz der Diskrepanz zwischen der anvisierten Reichweite und Wirkung der Filme auf ein Massenpublikum einerseits und der realisierten Distribution andererseits sollte man den Einfluß der britischen Dokumentarfilmschule und insbesondere ihres theoretischen Selbstverständnisses nicht unterschätzen. Vor allem die politisch-moralische Sichtweise des dokumentarischen Films hat die Vorstellungen von diesem Genre im allgemeinen sowie das Selbstverständnis und die Praxis der Filmemacher im besonderen bis zur Gegenwart beeinflußt.

Darüber hinaus ist Griersons Überzeugung von der besonderen Wirkung des Bildes im Zeitalter der Massenkommunikation nach wie vor virulent. Die Einschätzungen Walter Lippmanns, daß die Komplexität der technologischen und gesellschaftlichen Entwicklung immer weniger überschaubar und erfahrbar ist sowie zu einer Partikularisierung von Erfahrungsbereichen führt, tauchte in modifizierter Form in der Dokumentarfilmdiskussion auf. Der Kameramann und Dokumentarist Richard Leacock hat, ohne Lippmann ausdrücklich zu erwähnen, diese Einschätzung als Argument für den Dokumentarfilm verwendet. Leacock beschreibt das Paradox, daß er selbst, wie die Mehrheit der Bürger, eine Vorstellung vom Ablauf eines Gerichtsverfahrens habe, ohne je an einem solchen teilgenommen zu haben. Es sind also über Gerichtsverfahren Vorstellungen im Umlauf, die nach Leacock nicht unwesentlich von Filmen geprägt sind. Seine eigene dokumentarische Filmarbeit bestimmte Leacock als Versuch authentischer Darstellung solcher Wirklichkeitssegmente, die der individuellen Erfahrung weitgehend unbekannt sind. Dieses Selbstverständnis, mit dokumentarischen Filmen zu einer identitätsstiftenden »shared experience« beitragen zu können, prägte die Entwicklung des amerikanischen Fernsehens sowie die eng daran geknüpfte Dokumentarfilmbewegung.[56] Schließlich trug Grierson der Entwicklung, daß nach dem Zweiten Weltkrieg das Fernsehen hinsichtlich Reichweite und Wirkungsintensität den Film als gesellschaftliches Leitmedium abzulösen begann, Rechnung, indem er von der Film- zur Fernsehproduktion wechselte, um seine volkspädagogischen Absichten zu realisieren.

1.2.3. Der Beitrag von Humphrey Jennings zum Projekt der »Mass Observation«

Im Januar 1937 wurden mit einem Brief in dem für die britische Sozialforschung repräsentativen »New Statesman« die konzeptuellen Umrisse eines Projekts skizziert, das über mehrere Jahre die britische Gesellschaft als Gegenstand umfassender Beobachtungen und Untersuchungen thematisieren sollte. Mitte 1937 wurde das Projekt in Form eines Handzettels präsentiert, der unter den Namen von Tom Harrisson und Charles Madge veröffentlicht wurde. Julien Huxley hatte ein Vorwort geschrieben und Humphrey Jennings ein Cover entworfen. Das Projekt lud zu einer Beobachtung des Alltags ein. Das Besondere daran war, daß nicht nur ausgebildete Wissenschaftler, sondern auch Laien angesprochen wurden. Das Projekt trug den Titel »Mass Observation« und erklärte die Erforschung kollektiver Verhaltensweisen zu seinem Ziel.[57]

Die Rolle der Beobachter von »Mass Observation« verglichen Harrisson und Madge mit der Recherche des Detektivs, dessen Erkenntnisinteresse sich allerdings ausschließlich auf die Aufdeckung eines Delikts richtet, während »Mass Observation« an der Beobachtung aller Alltagsereignisse interessiert war. Als »Masse« sollten die sich mit der Industrialisierung wandelnden sozialen Bedingungen, die die Mehrheit der Bevölkerung betrafen, untersucht werden. »Der Mann von der Straße« war sowohl als Beobachteter und Mitarbeiter des Projekts wie auch als Adressat der Ergebnisse angesprochen. Die Sammlung und Organisation des Materials bedurfte eigener Strategien. Die Arbeit kristallisierte sich um zwei Zentren. Während Harrisson mit einer Gruppe von Mitarbeitern in einem Arbeiterviertel lebte und Beobachtungen aus dem Alltag seiner Bewohner aufzeichnete, sammelte

Madge in London aus dem ganzen Land eingehende Berichte, die er unter chronologischen oder thematischen Gesichtspunkten zusammenstellte.

1940 verließ Madge das Projekt mit der Begründung, daß die Forschungsergebnisse für die kriegsunterstützenden Maßnahmen der Regierung ausgewertet würden. Zwischen Madge und Harrisson bestanden allerdings seit längerer Zeit Differenzen, die die unterschiedlichen Vorgehensweisen bei der Sammlung und Veröffentlichung des Beobachtungsmaterials betrafen sowie aus verschiedenen beruflichen, biographischen und politischen Erfahrungen resultierten. Während Harrisson als Anthropologe sich durch lange stationäre Feldaufenthalte in das untersuchte Milieu vertiefte und sich mit ihm vertraut machte, kritisierte Madge die distanzlose Nähe zum untersuchten Feld und problematisierte die Konstitution der Erfahrungsbildung sowie die Formen ihrer Darstellung. Insbesondere in dieser Hinsicht wird eine Affinität zu zeitgenössischen Diskussionen der literarischen und künstlerischen Avantgarde und ein Einfluß von Humphrey Jennings deutlich. Madge hatte eine Ausbildung als Naturwissenschaftler begonnen, die er aber zugunsten literarisch-journalistischer Tätigkeiten aufgab. Jennings hatte eine vielseitige geisteswissenschaftliche Ausbildung und war gleichermaßen literarisch wie künstlerisch in einem Grenzbereich zwischen Literatur und historischer Wissenschaft tätig. Besonders trat er als Vermittler der surrealistischen Bewegung in Großbritannien auf. Es kann angenommen werden, daß Madge besonders von der Aufmerksamkeit des Surrealismus für vorgefundene Objekte der Populärkultur fasziniert war. Madge selbst veröffentlichte 1935 einen aus Zeitungsberichten montierten Text, in dem die Schlagzeilen von Skandalen und die Wort-Bild-Collagen als eine Mythologie populärer Erfahrung die konventionellen Formen der Erzählung und des Berichts überlagerten.[58]

In gemeinsam veröffentlichten Artikeln konzeptualisierten Jennings und Madge die scheinbar einfache Alltagsbeobachtung als literarische Tätigkeit, die nicht von einem privilegierten Beobachter, sondern in Form einer Ko-Autorenschaft der Beteiligten ausgeführt wird. Unter dem programmatischen Titel »They Speak for Themselves: Mass Observation and Social Narrative« reflektierten Madge und Jennings den Zusammenhang zwischen der Beobachtung sozialer Ereignisse und ihrer Beschreibung. Angestrebt wurde die Erforschung kollektiver sozialer Erfahrungen, wie sie in individuellen sprachlichen Äußerungen repräsentiert werden. Im

Ergebnis sollte eine Form von Alltagsjournalismus entstehen, die fortlaufend soziale Ereignisse notiert.

Konzeptuell hat die Vorgehensweise von Madge und Jennings Ähnlichkeit mit Walter Benjamins Beschreibung des »Autors als Produzent«. Orientiert an der literarischen Praxis von Sergej Tretjakov hatte Benjamin eine Theorie des Autors entworfen, dessen Tätigkeit im Zusammenhang des gesamtgesellschaftlichen Produktionsprozesses keinen bevorzugten Rang mehr einnehmen kann. Vielmehr werden in einer komplex arbeitsteilig organisierten Gesellschaft die Produzenten als Experten ihrer Tätigkeit und Erfahrungen potentielle Autoren. Die Autorität zu schreiben, ist nicht mehr ein Privileg, das eine spezielle Ausbildung voraussetzt, sondern wird tendenziell zum Gemeingut. Der Autor als Produzent wird der gesellschaftlichen Entwicklung nur gerecht, indem er sich selbst als Beobachter und als Arrangeur der sprachlichen Manifestationen der vielfältigen individuellen Erfahrungen begreift. Zum Vorbild der Autorentätigkeit wird die erfahrungsbildende Funktion der sowjetischen Presse.

Madge griff die progressiven Implikationen des Massenjournalismus unter den speziellen Bedingungen eines kapitalistischen Landes auf. Auch wenn die Presse keine unter sozialen und politischen Aspekten relevanten Informationen vermittle, sondern willkürlich Nachrichten mit möglichst hohem Sensationswert zusammenstelle, so konstituiere sie doch eine Form kollektiven Bewußtseins oder kollektiver Phantasie, die die individuelle Erfahrung beeinflusse. Die Affinität der literarischen Tätigkeit von Madge mit der künstlerischen Avantgarde besteht darin, daß er Nachrichten und Informationen des Massenjournalismus nicht als Fakten hinsichtlich ihrer Übereinstimmung mit der Realität untersuchte, sondern danach, wie sie als Bericht über Realität gemacht sind und welche Wirkung sie erzielen. Die traditionellen Formen der Darstellung und des Berichts werden als obsolet empfunden. Insbesondere konventionelle Formen des wirklichkeitsabbildenden Realismus wurden von der Avantgarde als unbrauchbar für die authentische Darstellung von Erfahrung betrachtet. Stattdessen wurden neue Formen der Darstellung gesucht. Weil sie den gängigen Rezeptionsgewohnheiten nicht entsprachen, stellte sich für diese Darstellungsformen das Verhältnis von Autor und Publikum als besonders problematisch dar.

Der unmittelbare Einfluß von Humphrey Jennings auf das Projekt der Mass Observation ist nur schwer zu bestimmen. Jennings schränkte seine Mitarbeit bereits 1938 sehr ein. Ab diesem Zeitpunkt nahm der Einfluß künstlerischer dokumentarischer Konzepte auf das Projekt ab. Als unmittelbarer Beitrag zum Projekt ist der Film *Spare Time* zu sehen, in dem Jennings verschiedene Freizeitaktivitäten englischer Arbeiter in den dreißiger Jahren nach dem surrealistischen Prinzip der zufälligen objets trouvés beobachtete und montierte. Der Film beginnt mit einem Kommentar, in dem die Zeit zwischen Arbeit und Schlaf als die eigene Zeit der Menschen beschrieben wird. Die Kamera schwenkt bei diesen Worten von einem Lebensmittelgeschäft zu einem Wohnhaus, und in der Mitte, zwischen dem Geschäft und dem Wohnhaus, ist eine Fabrik zu sehen. Danach sind die Dinge zu sehen, mit denen sich die Menschen in ihrer Freizeit beschäftigen. Der Film wertet die einzelnen Aktivitäten nicht und stellt keine Hierarchie zwischen ihnen her. Der Zuschauer muß entscheiden, wie er die dargestellten Aktivitäten einschätzt.

Die Reflexionen über den Autor und über die Beschäftigung mit den Manifestationen der Populärkultur als der Vergegenständlichung kollektiver Phantasien und Dispositionen führen zu zentralen Aspekten sowohl des Dokumentarfilms als auch der sozialwissenschaftlichen Erfahrungsbildung. Im Vorwort zu seinem Interviewbericht »Die Kinder von Sanchez«, in dem die sozioökonomischen Veränderungen in einem Entwicklungsland am Beispiel einer in die Vorstädte von Mexico City zugewanderten Familie dargestellt werden, konstatiert Oscar Lewis einen Zusammenhang zwischen den Möglichkeiten technikgestützter Dokumentation einerseits und den Verfahrensweisen und Themen der Sozialwissenschaften andererseits. Wenn die Verwendung technikgestützter Dokumentationsverfahren in den Sozialwissenschaften häufig mit der Objektivität und Präzision der Aufzeichnung begründet wird, steht für Lewis ein anderer Aspekt im Vordergrund. Das Tonbandgerät erscheint ihm als Voraussetzung dafür, daß »Menschen, die keinerlei Ausbildung genossen haben, ja sogar Analphabeten, von sich selbst sprechen und ihre Beobachtungen und Erfahrungen ungehemmt und ungezwungen wiedergeben« können.[59]

Der von Lewis thematisierte Zusammenhang zwischen Dokumentationstechnik und sozialwissenschaftlichen Verfahren besteht nicht nur für die Tonbandaufzeichnung, sondern selbstverständlich auch für die fotografische und filmische Dokumentation. Die Relevanz des filmischen Dokuments für das öffentliche Leben und das Bewußtsein der Zeitgenossen wurde gerade darin gesehen, daß die Raum und

Zeit überwindende kinematographische Technik alles Leben so eng miteinander verbunden hat, »daß die entferntesten wie die allernächsten ›Tatsachen‹ Bedeutung für das Leben des Einzelnen gewonnen haben.«[60] Auf diese Weise hat die Kinematographie bewirkt, daß das Dokument sowohl in das Gebiet der philosophischen Geschichtsschreibung wie in das des künstlerischen Gefühlsausdrucks eindringt, so daß alles dokumentarisch erscheint.[61]

Lewis beschrieb, daß seine Tätigkeit darin bestand, die mit dem Tonband aufgezeichneten Äußerungen der Personen so zu arrangieren, daß sie für sich selbst sprechen. Weil Lewis jedoch seine eigene Tätigkeit als Autor nicht reflektierte, sondern lediglich ausklammerte, erscheint die dokumentarische Darstellung als eine Eigenschaft der Aufzeichnungstechnik und nicht der Gestaltung des Materials. Aber die dokumentarische Darstellung ist kein Resultat der Aufzeichnungstechnik, sondern ein besonderer Kunstgriff des Autors, durch den er sich zurückzieht und verbirgt, um eine objektive Wirklichkeit vorzutäuschen.[62] So betrachtet, ist die dokumentarische Darstellung nicht die abbildgenaue Wiedergabe der Realität. Sie verweist auf jene reflexiv.

Die Bedeutung des Dokumentarfilms für die Gesellschaftswissenschaften ist also weder inhaltlich-thematisch noch mit der suggestiven Authentizität der Darstellung gesellschaftlicher Realität zu begründen, sondern mit der Art des Verweises auf die Realität. Das ist keine Definition des dokumentarischen Films und sagt vor allem über den ontologischen Status der Filmbilder im Sinn einer Abgrenzung zwischen dokumentarisch und fiktional nichts aus. Vielmehr werden die Modi des Verweises auf die Realität als Möglichkeit der dokumentarischen Erfahrungsbildung thematisiert. Als dokumentarisch gilt ein Film, der die dargestellte Realität dem Publikum in einer für es relevanten Perspektive zeigt. Der Zusammenhang von auf die Realität verweisender filmischer Darstellung und ihrer für das Publikum erkennbaren Gestaltung wird als Möglichkeit einer Soziologie aus der Erfahrung des dokumentarischen Films erörtert.

1.3. Visuelle Soziologie als Soziologie aus der Erfahrung des dokumentarischen Films.
Literaturübersicht und Präzisierung der Fragestellung

Sieht man sich die Veröffentlichungen an, die seit Mitte der siebziger Jahre zum Thema visuelle Soziologie erschienen sind, so fällt auf, daß der klassische Dokumentarfilm darin nur selten eine Rolle spielt. Jean Rouch hat in einem grundlegenden Artikel zur anthropologischen und ethnographischen Filmarbeit Dziga Vertov und Robert Flaherty zu den Begründern der heutigen visuellen Anthropologie bzw. Soziologie erklärt: »Zu dieser Zeit arbeiteten zwei Vorläufer unserer Disziplin: der eine ein futuristischer Poet, der andere ein Geograph und Forscher. Beide waren Filmemacher, die sich mit den Möglichkeiten der Vermittlung von Realität beschäftigten. Der sowjetische (ursprünglich polnische) Dziga Wertow war Soziologe, ohne es zu wissen, und der Amerikaner Robert Flaherty war Ethnograph, ebenfalls ohne es zu wissen. Sie begegneten einander nie und hatten keinerlei Kontakt zu Ethnologen oder Soziologen, die gerade mit der Entwicklung ihrer jungen Wissenschaften beschäftigt waren, offensichtlich ohne auch nur die Existenz dieser unermüdlichen Beobachter zur Kenntnis zu nehmen. Und dennoch sind es gerade diese beiden Filmemacher, denen wir all das, womit wir uns heute beschäftigen, verdanken.«[63]

Rouch hat nicht sehr genau ausgeführt, wie der futuristische Poet Vertov und der Geograph Flaherty Vorläufer einer visuellen Fachrichtung sein können. Immerhin kann man Flahertys lange vorbereitende Aufenthalte am Ort seiner Dreharbeiten als eine Form des stationären Feldaufenthalts und der teilnehmenden Beobachtung interpretieren. Und unter diesem Aspekt wird Flaherty selbst von Theoretikern des Ethnodokumentarfilms, die ansonsten seine Methode der Inszenierung und Dramatisierung ablehnen, als vorbildlich anerkannt. Wenn es ausreicht, den Ethnologen über sein exotisches Thema und den Soziologen darüber zu definieren, daß er sich mit der eigenen Gesellschaft beschäftigt, dann kann man Flaherty und Vertov als Ethnologen und Soziologen begreifen. Entscheidend für das Selbstverständnis einer visuellen Fachrichtung ist allerdings, sich mit den Möglichkeiten filmischer Realitätsaneignung und -vermittlung als einer spezifischen Form der Erfahrungsbildung zu beschäftigen. In dieser Hinsicht bleibt Rouch zu ungenau. Sein Artikel umreißt die Fluchtlinien und die entscheidenden Fragestellungen einer visuellen

Fachrichtung in historischer Perspektive. Darüber hinaus ist die Anlage seiner Darstellung vorbildlich, weil Rouch die Entwicklung filmtechnischer, -ästhetischer und -ökonomischer Aspekte im Zusammenhang beschreibt. So wird nicht der zuletzt erreichte filmtechnische Standard der Realitätsaufzeichnung oder eine individuelle ästhetische Praxis zum normativen Maßstab dokumentarischer Beobachtung und Gestaltung, sondern die Filme werden als Ergebnisse einer sich entwickelnden und ständig differenzierenden Filmpraxis verstanden. Insgesamt bleibt Rouchs Aufsatz aber eher ergänzungsbedürftiges und auszuführendes Programm als Konzept oder Fundament einer visuellen Soziologie, für das er mit seiner eigenen Filmarbeit einstehen kann.[64]

In einem 1979 herausgegebenen Seminarbericht vergleicht ein Autorenteam *Borinage* von Joris Ivens und Henri Storck mit *Die Liebe zum Land* von Klaus Wildenhahn unter soziologischen Gesichtspunkten. *Borinage* entstand 1933 im gleichnamigen belgischen Bergbaugebiet. Der Film stellt in parteilich-agitatorischer Form die desolate soziale Situation der Minenarbeiter und ihrer Familien dar. Berühmt ist die für den Film nachgestellte Demonstration, in der ein mitgeführtes Bild von Karl Marx einen realen Polizeieinsatz provozierte. Die Arbeiter schützten Ivens und die Kamera, so daß das aufgenommene Material gerettet werden konnte. Der Film wurde strengen Zensurmaßnahmen unterworfen und begründete den Ruf von Ivens, der bis zu diesem Zeitpunkt lyrisch-experimentelle Filme wie *De Brug* und *Regen* oder Auftragsarbeiten für die Industrie hergestellt hatte, als einem klassenkämpferischen Filmemacher. Wildenhahns *Die Liebe zum Land* entstand 1973/74 in Norddeutschland als zweiteilige Dokumentation über die alltäglichen Schwierigkeiten eines mittelgroßen Milchbauernbetriebs und über die Situation von Lohnarbeitern in der Landwirtschaft. Während längerer Aufenthalte dokumentierte Wildenhahn als teilnehmender Beobachter mit einer 16mm-Kamera und Originalsynchronton die Arbeit der Bauern. Während sich die beiden Filme aufnahmetechnisch und gestaltungskonzeptuell unterscheiden, werden sie von dem Autorenteam vor allem unter dem Aspekt des Standpunkts von Ivens und Wildenhahn sowie deren Verhältnis zu den dargestellten Personen verglichen. Einseitig wird für den Vergleich der Autorenstandpunkt als politisch-moralisches Engagement für die dargestellten Personen hervorgehoben, während Aspekte der ästhetischen Gestaltung der Filme weitgehend unberücksichtigt bleiben.[65]

In einem anderen Beitrag zu dem Seminarbericht wird ein Zusammenhang zwischen der filmdokumentarischen Beobachtung und der erkenntnistheoretischen Konstitution der Subjekt-Objekt-Beziehung in den Sozialwissenschaften hergestellt. Auf diese Weise wird eine grundlagentheoretisch begründete Affinität zwischen dem dokumentarischen Film und der empirischen Praxis der Sozialwissenschaften angedeutet. Allerdings bleibt die Erörterung der Filme von Vertov, der britischen Dokumentarfilmschule und des *Cinéma Vérité* als Formen teilnehmender Beobachtung insgesamt oberflächlich. Weder wissenschafts- noch filmtheoretisch oder -historisch werden die eingeführten Begriffe ausreichend geklärt, so daß nicht plausibel wird, was die genannten Dokumentarfilme unter dem Aspekt der teilnehmenden Beobachtung gemeinsam haben. Denn filmische Beobachtung bedeutet unter den Bedingungen einer auf das Stativ montierten 35mm-Kamera mit nachträglicher Tonaufnahme im Studio etwas völlig anderes als unter den Bedingungen einer aus der Hand geführten 16mm-Kamera mit quarzgesteuerter Synchrontonaufnahme. Auch wenn die Übertragung von Begriffen sozialwissenschaftlicher Provenienz in die Filmtheorie ohne Reflexion ihrer methodologischen und forschungslogischen Konsequenz kurzschlüssig wirkt, deutet sie vielleicht doch auf eine tiefenstrukturelle Affinität zwischen beiden Bereichen hin.

Das gilt entsprechend für den Beitrag, in dem die Filme *Warum ist Frau B. glücklich?* und *Rettet Eisenheim* als bio- und soziographische Filme vorgestellt werden. Während Erika Runges 1968 entstandenes Porträt, in dem eine Arbeiterfrau ihr Leben erzählt, gewissermaßen ein Prototyp der Filme ist, in denen mit dem Selbstverständnis der Gegengeschichtsschreibung und in deutlicher Nähe zur Oral History Minderheiten und Außenseiter sowie Frauen und Arbeiter aus ihrer Sicht historische Ereignisse darstellen, handelt es sich bei *Rettet Eisenheim* um einen von Studenten und Professoren hergestellten Film zur Unterstützung des Kampfes der Bewohner eines Viertels um den Erhalt ihrer Wohnungen im Stil der Aktionsforschung und auf der Grundlage eines operativ eingreifenden Medienkonzepts.[66]

Nach Anlage und Umfang entsprechen die aufgezählten Beiträge zu Video und Film in den Sozialwissenschaften Seminar- und Projektberichten, die keine grundlegende wissenschaftstheoretische Bedeutung beanspruchen können. Offensichtlich sind sie auch ohne größere Resonanz geblieben und haben keine Fortsetzung gefunden. Das gilt auch für die Arbeiten von Leonard Henny. Dieser hat über einen längeren Zeitraum am soziologischen Institut der Universität Utrecht Veranstaltungen zu

Themen der visuellen Soziologie durchgeführt, bevor diese Angebote Etatkürzungen zum Opfer fielen.[67] Soweit sich das aus den Veröffentlichungen rekonstruieren läßt, scheint der Schwerpunkt der Ausbildung in Utrecht darin bestanden zu haben, daß die Studenten selbst Filme zu gesellschaftspolitischen Themen hergestellt haben. Darüber hinaus hat Henny kleinere Beiträge zu methodologischen und wissenschaftstheoretischen Fragen der Forschungspraxis mit visuellen Medien veröffentlicht. Einen größeren Raum nehmen schließlich empirische Untersuchungen zur Durchführung von Filmveranstaltungen ein. Dabei wurde besonders der Zusammenhang von Filmgestaltung und Filmwirkung untersucht. Der klassische Dokumentarfilm wird von Henny dagegen nur sporadisch berücksichtigt.

Wirkung, Verbreitung und Einfluß der Arbeiten von Henny sind nur schwer zu beurteilen. Seine Veröffentlichungen sind in Form hektographierter und fotokopierter Hefte sowie als Beiträge zu Sammelbänden zugänglich. Diese informelle Diskussionsform entspricht dem insgesamt schwer konturierbaren grundlagen-, wissenschafts- und methodentheoretischen Diskussionsstand einer visuellen Fachrichtung in der Soziologie. Mit der Absicht, dem unzulänglichen Diskussionsstand des Fachs entgegenzuarbeiten, wurde seit 1983 das »International Journal of Visual Sociology« als ein Forum zur Bündelung der international geführten Diskussion um eine visuelle Soziologie herausgegeben. Henny war einer der Mitherausgeber. Die Zeitschrift stellte allerdings ihr Erscheinen nach nur drei Jahrgängen wieder ein. Entgegen der erklärten Absicht erschien während dieser Zeit keine einzige Filmbesprechung. Lediglich die von verschiedenen Hochschulen und Ausbildungseinrichtungen eingesandten Curricula der Studiengänge in visueller Anthropologie und Soziologie berücksichtigten theoretische und praktische Übungen zur Filmarbeit.[68]

Die Beiträge zu einer visuellen Soziologie aus der Erfahrung des dokumentarischen Films sind vereinzelt und verstreut zu einzelnen Filmen veröffentlicht. So viele Filme es im einzelnen gibt, die Material für die soziologische Theoriebildung enthalten und das fachwissenschaftliche Interesse suggestiv herausfordern, ist die Beschäftigung mit dem dokumentarischen Film unter soziologischen Aspekten insgesamt sporadisch und kommt immer wieder auf die gleichen Filme und ähnliche Fragestellungen zurück. Beispielhaft dafür ist die Auseinandersetzung mit dem Film *Chronique d'un Eté*. Jean Rouch, der bis dahin ausschließlich als Autor ethnodokumentarischer Filme bekannt war, und der Soziologe Edgar Morin nennen ihren 1961 erschienen Film *Chronique d'un Eté* im Vorspann ein soziologisches

Experiment. Während der Zuschauer den Eingang zu einer Metrostation sieht, macht ein Kommentar darauf aufmerksam, daß in dem folgenden Film wirkliche Menschen über sich, ihr Leben, ihre Arbeit berichten werden. Der Film beginnt mit einer Sequenz, in der Rouch und Morin mit Marceline Loridan zusammensitzen und in ein Gespräch zu kommen versuchen. Das gelingt nicht richtig, weil Loridan sich vor der Kamera gehemmt fühlt. Die Filmemacher weisen sie darauf hin, daß gerade die Anwesenheit der Kamera dafür kein Grund sein sollte. Denn was aufgenommen wurde, wird nicht automatisch veröffentlicht, sondern kann in der Bearbeitung herausgeschnitten werden.

Der Zuschauer erfährt von Loridan, daß sie ohne große Lust in einem soziologischen Institut an der Auswertung empirischer Untersuchungen arbeitet. Die Filmemacher fragen Loridan, ob sie mit dem Tonband eine Befragung von Passanten auf der Straße durchführen würde. Loridan ist einverstanden. Sie wird aufgenommen, während sie Vorbeikommende fragt, ob sie glücklich sind. Die Befragungen werden mit Bekannten und Freunden fortgesetzt und entwickeln sich zu längeren Interviews und intensiveren Gesprächen mit starker emotionaler und psychodramatischer Wirkung. Quasi experimentell werden Gesprächssituationen zwischen den einzelnen Leuten arrangiert. Sie sitzen beim Essen, während Fragen über die französische Politik und den Algerienkrieg lanciert werden. Der Afrikaner Landry, den Rouch aus seiner Arbeit in Afrika kannte, wird eingeführt, als betrachte er die französische Gesellschaft wie ein Ethnograph. Die Arrangements, die ihn mit dem Renault-Arbeiter und mit Loridans KZ-Vergangenheit konfrontieren, gehören zu den ambivalentesten des Films, während der Blick auf die mondäne und oberflächliche Schickeria in Saint Tropez eher verspielt wirkt. Die Aufnahmen für den Film werden am Mittelmeer während der Urlaubszeit abgeschlossen. Der Film schließt aber damit, daß die über den Sommer entstandenen Aufnahmen den Beteiligten vorgeführt werden. Nach der Vorstellung diskutieren sie über den Film und ihr eigenes Verhalten. Danach sieht der Zuschauer Rouch und Morin im Musée de l'Homme auf und ab gehen, wobei sie die Erfahrungen aus der Arbeit mit den Verfahren des *Cinéma Vérité* erörtern.

Als exemplarisch wird an *Chronique d'un Eté* immer wieder die Form der Selbstreflexivität hervorgehoben. Die Filmemacher versuchen nicht nur, ihre Eingriffe in die aufgenommenen Ereignisse und die Entwicklung des Gesamtkonzepts darzustellen. Vielmehr akzentuieren und forcieren sie die stimulierenden Möglichkeiten der Kamerapräsenz sowie verschiedene Formen der psychodramatischen Inszenierung und Selbstinszenierung. Die Filmaufnahmen werden als sozialer und kommunikativer Prozeß dargestellt und die Rolle der Filmemacher bewußt gezeigt. Voraussetzung für diese Praxis waren damals neue technische Entwicklungen der Kamera und vor allem der synchronen Tonaufnahme. Bei den Aufnahmen wurde mit 16mm-Kameras gearbeitet, deren Operativität und Aufnahmekapazität es zuließen, Personen in Bewegung und Aktion sowie bei der Entwicklung von Gedanken in Gesprächen und Interviews und nicht nur bei vorbereiteten Reden zu beobachten.

Es war wohl mehr Morin als Rouch, der für *Chronique d'un Eté* den Begriff *Cinéma Vérité* reklamiert und einige Verwirrung damit angerichtet hat. Sollte das so zu verstehen sein, daß in dem Film das Leben gezeigt wird, wie es wirklich ist? Die Einleitung der Autoren, daß es sich bei dem Film um ein soziologisches Experiment mit wirklichen Menschen handle, legt diese Bedeutung fast suggestiv nahe. Aber weder die Auswahl der Personen noch das Vorgehen kann im soziologischen Sinn Repräsentativität beanspruchen. Und es ist offensichtlich, daß nicht Paris, Frankreich als Ganzes, noch nicht einmal einzelne Aspekte der französischen Gesellschaft und Politik wie der Algerienkrieg, der Kolonialismus oder die angedeuteten Klassenauseinandersetzungen systematisch und umfassend dargestellt werden. Oder sollte sich der Wahrheitsanspruch auf das Medium selbst beziehen, auf die authentische Darstellung der Ereignisse im Film? Aber die Diskussion der an dem Projekt beteiligten Personen nach der Vorstellung der Filmaufnahmen und die Reflexionen der Filmemacher machen dem Zuschauer demonstrativ bewußt, daß die filmische Darstellung der Wirklichkeit nicht die unmittelbare Widerspiegelung oder die direkte Abbildung der Wirklichkeit ist, sondern ambivalent bleibt und eine Vielzahl von Deutungen ermöglicht.

Der Begriff des *Cinéma Vérité* bezieht sich zwar auf die filmische Wirklichkeitsdarstellung, aber nicht im Sinn eines abbildenden Realismus. Die begriffsgeschichtliche Tradition reicht zu Dziga Vertov zurück. *Cinéma Vérité* ist die wörtliche Übersetzung von Vertovs *Kinopravda,* der den Begriff in Anlehnung an das Parteiorgan gleichen Namens bildete. Zwischen 1922 und 1925 erschien *Kinopravda* in mehreren Folgen und stellte in Form von Wochenschaufilmen die aktuelle Entwicklung der Sowjetunion dar. Kennzeichnend sind Aufnahmen des Alltags, von Straßenverkehr, Märkten, Fabriken in sehr gezielt ausgewählten, bisweilen ungewöhnlichen Kameraperspektiven, wie sie aus der avantgardistischen Fotografie bekannt sind. Gezielt experimentierte Vertov mit der Leistungsfähigkeit der Filmkamera. Die Kamera wird nicht nur als grundsätzlich verschieden vom menschlichen Auge gesehen, sondern auch als ihm überlegen. Neben der Eigengesetzlichkeit und Leistungsfähigkeit der Kamera spielte die Montage in Vertovs Filmkonzept eine entscheidende Rolle. Entsprechend reklamiert Morin auf der Basis veränderter technischer Bedingungen als spezifischen Erkenntnis- und Wahrheitsanspruch des *Cinéma Vérité* nicht die analoge Abbildung der Realität, sondern die interaktiven Aspekte der Aufnahmesituation selbst, bei denen die katalysatorische Funktion der Kamera etwas zutage fördert, das ohne ihre Präsenz nicht sichtbar würde.[69]

Durch die neue Technik veränderten sich die Dokumentarfilmpraxis und die auf das Genre bezogene Authentizitätserwartung so grundlegend, daß man von einem Paradigmenwechsel des dokumentarischen Films sprechen kann. Die Assoziation zu Kuhns Konzept der Wissenschaftsgeschichte ist um so plausibler, als nach der Einführung der neuen Techniken die auf den Dokumentarfilm bezogenen Vorstellungen der Wirklichkeitsaneignung und -darstellung mehr an der wissenschaftlichen Beobachtung oder journalistischen Recherche als an genregeschichtlichen Vorbildern orientiert sind.

Das wird an einer Form des Dokumentarfilms deutlich, die die 16mm-Kamera mit der tonsynchronen Aufnahme, wie sie in *Chronique d'un Eté* verwendet wurde, völlig anders einsetzt. Im Vordergrund steht nicht die katalysatorische Wirkung der Kamera, sondern im Gegenteil die möglichst unauffällige Beobachtung der Ereignisse. Im Film sollen die Ereignisse so dargestellt werden, als hätten sie sich auch ohne die Kamera so abgespielt, wie sie im Film erscheinen. In der Auseinandersetzung mit diesen Filmen werden bevorzugt Fragen wie das Verhältnis von Beobachtung und Realität oder die Aussagekraft der Beobachtungen erörtert. Beispielhaft dafür ist die Beschäftigung mit den Filmen von Frederick Wiseman. Die Filme Wisemans fordern auch aus thematischen Gründen eine sozialwissenschaftliche Rezeption heraus. Seit fast drei Jahrzehnten macht Wiseman systematisch Filme in und über Institutionen wie psychiatrische Gefängnisse (*Titicut Follies*), militärische Ausbildungszentren (*Basic Training*), Schulen (*High School*), Polizei (*Law and Order*), Wohlfahrtseinrichtungen, Krankenhäuser und Pflegestationen (*Hospital*). Wisemans Filme zeichnen sich dadurch aus, daß sie mit rigoroser Konsequenz auf sprachliche Kommentierungen oder Interviews verzichten. Der 1971 veröffentlichte *Basic Training* ist Wisemans fünfter Film und stellt die Ausbildung von Rekruten dar, die auf einen Einsatz im Vietnamkrieg vorbereitet werden.

Josefine Carls und Heinz Steinert erörtern am Beispiel von *Basic Training* Fragen, die für die filmdokumentarische Darstellung von grundsätzlicher Bedeutung sind. Sie beginnen ihren Aufsatz mit einem Abschnitt, in dem sie nach ihren Worten »Wisemans Soziologie« darstellen.[70] Wiseman selbst reklamiert für sich ein institutionenkritisches Selbstverständnis. Carls und Steinert weisen auf dessen Ähnlichkeit mit den Untersuchungen Foucaults hin, der wiederholt Schule, Militär und Gefängnis als strukturell ähnliche Zwangsinstitutionen beschrieben hat.

Das Militär gehört zu den gesellschaftlichen Institutionen, die sich durch eine ausgeprägte Diskrepanz zwischen ihrer öffentlich inszenierten Fassade und ihrer in der Regel verborgenen internen Funktionsweise auszeichnen. Die Fassade des Militärs ist seine Selbstdarstellung mit Musik und Marsch in glänzenden Uniformen und eindrucksvoller Waffentechnik. Die interne Funktionsweise ist die Zurichtung des einzelnen Rekruten zum Soldaten, der Prozeß seiner Entindividualisierung, der ihn erst in Reih' und Glied marschieren läßt, die Banalität der Ausbildung und des Drills. Einerseits erschweren das Interesse des Militärs an seiner Selbstinszenierung und die Perfektion derselben dem Dokumentaristen eine kritisch aufklärende Darstellung, andererseits erleichtert die Diskrepanz zwischen Fassade und interner Funktionsweise seine Aufgabe, weil er nur zeigen muß, wie es sich hinter der Fassade wirklich verhält.

Carls und Steinert versuchen nachzuweisen, daß Wisemans Film sowohl in der Kameraführung, -perspektive und Wahl des Bildausschnitts als auch in der Montage die Selbstinszenierung des Militärs, die festgefügten Hierarchien, die Rituale der Verwandlung der Zivilisten in Soldaten nicht nur nicht hinterfragt, sondern sogar bekräftigt. Als einen strukturellen Mangel des dokumentarischen Vorgehens beschreiben die Autorin und der Autor, daß durch die bloße Reproduktion der Fakten diese zur Ideologie verfälscht werden. Damit stellen sie ihre Erörterung von *Basic Training* in abbildungs- und realismustheoretische Kontroversen, deren grundlegende Positionen bereits in den zwanziger Jahren entwickelt wurden.[71] Innerhalb der Dokumentarfilmdiskussion werden jedoch Fragen der Wirklichkeitsabbildung gegenüber allen anderen Aspekten der Gestaltung erst in dem Moment dominant, als nach 1960 die technischen Möglichkeiten einer unauffälligen, distanziert-neutralen Beobachtung zur ästhetischen Norm des Dokumentarfilms erhoben werden. Abbildungs- und realismustheoretische Fragestellungen im Zusammenhang mit dem Modus des beobachtenden Films dominieren die Dokumentarfilmdiskussion bisweilen so ausschließlich, daß der beobachtende Film als der einzig legitime Maßstab des Dokumentarfilms erscheint.

Demgegenüber deuten Carls und Steinert mit dem Hinweis auf den Film *Soldier Girls,* der am Beispiel einer Gruppe junger Berufssoldatinnen ebenfalls die Grundausbildung thematisiert, die Möglichkeit alternativer dokumentarischer Strategien an. Diese bestehen im wesentlichen darin, daß es gespielte Szenen gibt und der Blick hinter die Fassade auf die individuelle Verarbeitung der Drillmaßnahmen gerichtet wird. Offensichtlich gibt es eine Vielfalt filmdokumentarischer Darstellungsmöglichkeiten. Diese sind nicht auf den Modus der Beobachtung beschränkt.[72] Vorbildhaft ist ihre Auseinandersetzung mit *Basic Training,* weil sich Carls und Steinert nicht auf thematisch-inhaltliche Aspekte beschränken, sondern sich auf die filmspezifischen Darstellungsstrategien, insbesondere die argumentative Struktur des Bildaufbaus, der Kameraführung und der Montage einlassen. Die Grenze ihres Ansatzes liegt dort, wo die soziologische Fragestellung sich in der Erörterung der Übereinstimmung zwischen dem institutionenkritischen Anspruch Wisemans mit der filmischen Darstellung erschöpft. Widerlegt die Diskrepanz zwischen Wisemans Anspruch und dem Film dessen Relevanz für die soziologische Erfahrungsbildung? Worin könnte diese Relevanz bestehen und wie müßte der Prozeß der Erfahrungsbildung organisiert sein? Würden sich angesichts der beschriebenen Schwierigkeiten, hinter die Fassade der Selbstdarstellung des Militärs zu blicken, fiktionale Darstellungen besser eignen, weil sie nicht den gleichen aufnahmetechnischen Beschränkungen wie dokumentarische Filme unterliegen? Können darüber hinaus konzeptuelle Vorstellungen wie die Diskrepanz zwischen der Selbstdarstellung einer Institution einerseits und ihre aus der Binnenperspektive betrachtete Funktionsweise andererseits im fiktionalen Film nicht auch dramaturgisch viel besser entwickelt werden?[73] Sind fiktionale Filme weniger glaubwürdig, weil sie inszeniert sind? Worin besteht die Qualität der dokumentarischen Darstellung?

Eine Möglichkeit der Auseinandersetzung mit diesen Fragen, die die spezifische Qualität der dokumentarischen Darstellung in Verbindung mit ihrer Rezeption betreffen, deutet Robert Aibels Aufsatz über Georges Rouquiers *Farrebique ou Les Quatres Saisons* an. Rouquiers Filmaufnahmen entstanden zwischen Dezember

1944 und Herbst 1945 auf einem Bauernhof in der Auvergne. Der Film stellt Arbeit, Leben, Brauchtum und Alltag der Menschen in dem die landwirtschaftliche Produktionsweise dominierenden jahreszeitlichen Zyklus dar. Bemerkenswerterweise konsultierte Rouquier während der Arbeit an dem Film den Anthropologen Maget, der in Frankreich als erster auf die Bedeutung von Gemeindestudien hingewiesen und selbst solche durchgeführt haben soll. Maget hatte zwar weder auf die Dreharbeiten noch auf die Gestaltung des Films einen wesentlichen Einfluß, doch wurde er vom Produzenten eingeladen, sich ungeschnittene Proben aus dem Film anzusehen, um die Übereinstimmung mit dem damaligen Stand der anthropologischen Forschung zu überprüfen. Nach dem Interview, das Aibel mit Maget führte, hatte dieser keine Einwände und bestätigte *Farrebique ou Les Quatres Saisons* als »reasonably accurate picture of that culture«.[74] Maget betonte zwar den Unterschied zwischen einer wissenschaftlichen Untersuchung und einem künstlerischen Dokumentarfilm, hob aber den eigenständigen Wert des Films von Rouquier durch einen Vergleich mit zwanzig Monographien und mit der Perspektive eines Forschers aus dem Jahr 4000 hervor, für den der Film wichtiger sein könnte als alle wissenschaftlichen Bücher. Magets Hinweis ist also weniger ein Vorbehalt gegenüber dem Film, als vielmehr ein Plädoyer für eine konsequente filmische Gestaltung und Durcharbeitung des Themas. Indem er *Farrebique ou Les Quatres Saisons* als »einen wahren und glaubwürdigen Film« ausdrücklich gegen einen wissenschaftlichen Film abgrenzt, deutet Maget an, daß die Qualität eines Films und die Kriterien seiner Gestaltung nicht an wissenschaftlichen Normen und Maßstäben gemessen werden können.[75]

Deswegen konnte sich Rouch mit gutem Grund und zu Recht auf Flaherty und Vertov als Vorläufer einer visuellen Anthropologie berufen. Nicht weil ihre Filme mit zeitgenössischen Konzepten der Ethnologie oder Soziologie übereinstimmen. Weder wegen einer thematischen noch wegen einer methodischen Affinität mit den Fachdisziplinen sind die Filme von Flaherty und Vertov von sozialwissenschaftlicher Relevanz, sondern weil die ästhetische Gestaltung die Bedingungen der Produktion und Rezeption der Filme enthält. Die soziologische Erfahrungsbildung mit dem dokumentarischen Film besteht darin, die Form der Filme als Gestaltung einer konkreten sozialhistorischen Erfahrung zu dechiffrieren. Dazu müssen die Bedingungen sowohl der Produktion und als auch der Rezeption reflektiert werden. Aibel thematisiert diese Bedingungen, indem er zwischen dem Film als einem Dokument über eine Kultur (record about culture) und dem Film als Dokument einer Kultur (record of culture) unterscheidet. Als »record about culture« verweist der Film im konventionellen Sinn des Dokumentarischen auf die dargestellte Lebenswelt. *Farrebique ou Les Quatres Saisons* repräsentiert in diesem Fall einen Film, der mit der Absicht gemacht wurde, die Lebensbedingungen auf einem französischen Bauernhof um 1945 darzustellen. Als »record of culture« repräsentiert der Film *Farrebique ou Les Quatres Saisons* das dokumentarische Konzept des Regisseurs, die Ästhetik seiner Zeit und Einflüsse, die ihn prägten und bestimmten, ohne daß er sich dessen bewußt sein mußte.

Es handelt sich bei der Unterscheidung zwischen dem Film als einem Dokument über eine Kultur und dem Film als dem Dokument einer Kultur um unterschiedliche Gebrauchsweisen eines Films, die sich in der Rezeption realisieren. Ein Film kann unmittelbar als das rezipiert werden, was er vor dem Hintergrund eines historischen Stands der technischen Entwicklung und ihrer konzeptuellen Umsetzung in der Gestaltung repräsentieren soll. In diesem Fall repräsentieren die Darstellungen des Films *Farrebique ou Les Quatres Saisons* das Leben auf einem Bauernhof in der Auvergne, wie es zum Zeitpunkt der Filmaufnahmen vorgefunden oder als authentisch empfunden, ja vielleicht inszeniert wurde. Ein Film kann aber auch als ein Dokument des Produktions- und Rezeptionszusammenhangs rezipiert werden, in dem er entstanden ist. In diesem Fall ist *Farrebique ou Les Quatres Saisons* nicht nur ein Ausdruck der Vorstellungswelt seines Regisseurs. Vielmehr wird in diesem Fall die Gestaltung des Films so dechiffriert, daß sie den Anspruch eines sozialhistorisch konkretisierbaren Publikums, das eine authentische Darstellung erwartet, erkennen läßt. Der Regisseur muß sich an dieser Erwartung des Publikums orientieren, wenn er einen Film mit einem dokumentarischen Anspruch machen will. Er kann nicht beliebig verfahren, sondern muß eine mehr oder weniger gemeinsame Erfahrung aus vorangegangenen Produktionen ebenso berücksichtigen wie einen abschätzbaren Spielraum von sich entwickelnden Zusammenhängen zwischen bestimmten Formen und Motiven, Inhalten und Intentionen. Bezogen auf die Erfahrungsbildung mit dem Dokumentarfilm bedeutet das, daß die dokumentarische Qualität von Filmen nicht durch einen wie auch immer ontologisch begründbaren Wirklichkeitsgehalt der Bilder oder durch die Übereinstimmung der Filme mit der dargestellten Realität entschieden werden kann, sondern rezipientenorientiert erörtert werden muß.

Damit sind mit dem kursorischen Blick über die Literatur zum Thema Dokumentarfilm und Sozialwissenschaften die Fragen der folgenden Erörterungen umrissen und vorgezeichnet. Sie führen über den Versuch einer historisch-deskriptiven Rekonstruktion des diskursiven Zusammenhangs, in dem die dokumentarischen Verfahren als erfahrungsverarbeitende Strategien in Wissenschaft, Literatur, Fotografie und Film entstanden sind, zur Thematisierung der Gestaltung dokumentarischer Filme. Die Unterscheidung zwischen dem selbstreflexiven Stil von *Chronique d'un Eté* einerseits, dem beobachtenden Stil der Filme von Wiseman andererseits sowie die Möglichkeit der Integration fiktionaler und dokumentarischer Elemente deuten die filmischen Gestaltungsmöglichkeiten an, die als Diskursmodi des Dokumentarfilms beschrieben werden. Als diskursiver Modus eines dokumentarischen Films wird dabei thematisiert, wie ein Film den Zuschauer anspricht. Auf diese Weise geraten Fragen der Rezeption ins Zentrum des theoretischen Interesses, so daß diese abschließend als Bedingungen der Organisation und Steuerung der Erfahrungsbildung mit Filmen an einem Projektbeispiel behandelt werden. Dabei werden Gebrauchsweisen eines Films als Verfahren einer dokumentarisierenden Lektüre konzeptualisiert.

Als Einstieg bietet sich die Beschäftigung mit dem ethnographischen Film an. Seine Tradition reicht bis zur Entwicklung fotografischer und filmischer Aufnahmetechniken zurück. Film- sowie wissenschaftstheoretische Fragen, die sich im Zusammenhang mit dem ethnographischen Film stellen, sind für die Sozialwissenschaften verallgemeinerbar. Kann der ethnographische Film einer visuellen Fachrichtung der Soziologie ein Vorbild sein? Was ist aus der Geschichte des ethnographischen Films für die Entwicklung visueller Fachrichtungen in den Sozialwissenschaften zu lernen?

2. Das Beispiel des ethnographischen Films

2.1. Film und Realität – eine großartige Verwechslung

> Das Wesen der Fotografie
> lebt in dem des Films fort.
> *Siegfried Kracauer*

Nicéphore Niépce, der seit Anfang des 19. Jahrhunderts in Chalon-sur-Saône mit der fotochemischen Konservierung von Bildern auf lichtempfindlichem Trägermaterial experimentierte, berichtete in einem Brief mit dem Datum 2.–4.Dezember 1827 an seinen Sohn vom Besuch eines Dioramas von Daguerre in Paris: »Ich habe hier nichts gesehen, was mich mehr beeindruckt und mehr entzückt hätte, als das Diorama ... Ganz unübertroffen sind die beiden Ansichten, die M. Daguerre gemalt hat; eine von Edinburgh im Mondlicht während eines Brandes; eine andere von einem Schweizer Dorf: im Vordergrund eine breite Straße, dahinter ein Gebirge von ungeheurer Höhe, bedeckt mit ewigem Schnee. Bis in die winzigsten Einzelheiten sind diese Darstellungen so wirklich, daß man tatsächlich die ländliche, wilde Natur zu sehen glaubt, in all dem Glanz, den ihr die Anmut der Farben und der Zauber des Helldunkel verleihen können. So groß ist die Illusion, daß man versucht ist, seinen Platz zu verlassen, und hinaus ins Freie zu wandern, um den Gipfel des Berges zu ersteigen.«[76]

Es handelte sich bei den Dioramen um Theater, die eigens zur Vorführung mehrere Quadratmeter großer Gemälde gebaut worden waren. Außer durch ihre riesige Größe erzielten diese Gemälde vor allem durch korrekte perspektivische Darstellung die von Niépce beschriebene illusionistische Wirkung. Um sich der präzisen zentralperspektivischen Darstellung zu vergewissern, wurden die Dioramen mit Hilfe der Camera obscura hergestellt, deren Prinzip seit der Renaissance bekannt war. Es beruht darauf, daß Licht, das durch ein kleines Loch als der einzigen

Bild 4: Diorama-Vorführung. Darstellung einer Diorama-Vorführung, 1848. Seilwinden lassen Wolken aufziehen oder versenken Schiffe. Durch Lichteffekte bricht der Ätna aus und das ruhige Meer verwandelt sich in tosende See.

Öffnung einer dunklen Kammer fällt, auf einer dieser Öffnung gegenüberliegenden Wand ein zentralperspektivisch exaktes Abbild der äußeren Realität ergibt.[77] Die illusionistische Wirkung der Dioramen beruhte aber nicht allein auf der perspektivischen Täuschung ihrer Darstellungen, sondern war wesentlich Resultat einer räumlichen Anordnung, die den Betrachter so zu der dargestellten Realität in Beziehung setzte, daß er diese ohne Möglichkeit eines Vergleichs mit seiner sinnlichen Erfahrung von einem bestimmten Punkt im Raum wahrnehmen mußte, aber subjektiv ein Gefühl der Verfügbarkeit darüber empfinden konnte.[78] Mit der zentralperspektivischen Darstellung der Realität ist ein Prinzip der Fotografie definiert. Als neue Entdeckung trat im 19. Jahrhundert die selbsttätige fotochemische Fixierung der durch die Camera obscura erzeugten Bilder auf einer lichtempfindlichen Platte hinzu. Erst dieser Entwicklungsschritt zeichnet die Fotografie gegenüber allen anderen Bemühungen abbildender Darstellung als qualitativ neu aus. Das Licht selbst sollte das Bild in der Kamera festhalten, ohne daß es mit der Hand gezeichnet werden mußte.

Am 2. Februar 1839 wurde in der »Literary Gazette« ein Artikel von William Henry Fox Talbott veröffentlicht, in dem er den Stand seiner Versuche, die in der Camera obscura erzeugten Bilder mechanisch auf lichtempfindlichem Trägermaterial zu fixieren, beschrieb. »... verschiedene Bilder, die die Architektur meines Hauses auf dem Lande darstellen; diese alle im Sommer 1835 gemacht. Und dies ist, wie ich glaube, der erste überlieferte Fall eines Hauses, das sein eigenes Porträt gemalt hat.«[79]

Am 31. Januar 1839 trug Talbott vor der Royal Society einen Bericht vor, dessen Titel »Some Account of the Art of Photogenic Drawing, or, The Process by which natural objects may be made to delineate themselves without the Aid of the Artist's Pencil« den für ihn entscheidenden Aspekt an seinen Versuchen hervorhob.[80] Auch der Titel des Buches, das zwischen Juni 1844 und April 1846 in sechs Lieferungen in London erschien, und in dem Talbott seine Versuche beschrieb, hob den Aspekt der Selbsttätigkeit der naturgetreuen Abbildung hervor: »Pencil of the Nature«.[81]

Die mechanisch erzeugten Realitätsabbildungen beeindruckten vor allem wegen ihrer Perfektion: »Eine tote Spinne, durch ein Sonnenmikroskop aufgenommen, erscheint auf der Zeichnung so in allen Einzelheiten, daß man ihre Anatomie wie in der Natur studieren kann – ob mit oder ohne Vergrößerungsglas; keine Faser, kein Gewebegang, so dünn er auch sein mag, der sich nicht verfolgen oder untersuchen ließe.«[82]

Unter Zuhilfenahme optisch-mechanischer Mittel schienen diese Realitätsabbildungen die Wahrnehmungsleistungen des menschlichen Auges zu übertreffen. Es waren nicht nur die flüchtigsten Zufallswirkungen der Sonne, jede Einzelheit, die zartesten Dinge, die Kieselsteine unter dem Wasser, die verschiedenen Grade von Durchsichtigkeit mit unglaublicher Genauigkeit wiedergegeben, sondern »die Verblüffung wuchs indessen noch erheblich, als bei Hinzuziehung eines Mikroskops eine ungeheure Menge Details von solcher Feinheit entdeckt wurde, daß sie auch bei bestem Sehvermögen vom unbewaffneten Auge nicht erfaßt werden konnten – zumal im Blätterwerk der Bäume.«[83]

Mit der gleichen Begeisterung berichtete der amerikanische Maler und Erfinder F. B. Morse aus Paris über die Bekanntgabe von Einzelheiten des Daguerrotypie-Verfahrens in einem Brief an seinen Bruder: »Auf einer Straßenansicht erkennt man in der Ferne ein Ladenschild, und das Auge kann noch gerade erkennen, daß sich

Linien von Buchstaben darauf befinden, aber so fein, daß sie mit unbewaffnetem Auge nicht zu lesen sind. Mit Hilfe einer starken Lupe von fünfzigfacher Vergrößerung wurde jeder Buchstabe klar und deutlich lesbar, und ebenso die winzigsten Risse und Sprünge in den Mauern der Häuser sowie die Pflastersteine der Straße. Die Wirkung der Lupe über dem Bild war ganz ähnlich der eines Teleskops in der Natur.«[84]

Bald wurden die fotografischen Techniken[85] mit staatlicher Unterstützung zur Dokumentation von Baudenkmälern, Landschaften und traditionellen Lebensformen eingesetzt, deren Existenz als von der fortschreitenden Industrialisierung bedroht angesehen wurde.[86] Aber nicht allein die konservierende Eigenschaft der fotografischen Technik wurde als Vorteil gesehen. Angesichts einer Kalotypie des Portals der Kathedrale von Reims meinte ein Kritiker, »das Tympana lasse sich auf der Fotografie besser studieren als vor Ort, wo das Auge durch die gewaltigen Dimensionen des Baus und die Fülle der Einzelheiten überwältigt werde.«[87] Diese für das 19. Jahrhundert übereinstimmende Überzeugung, daß das fotografische Bild die sichtbare Realität mit einer Vollkommenheit wiedergibt, die der Natur selbst gleichkommt, und daß die mit dem Auge wahrgenommenen Ereignisse mit mathematischer Genauigkeit enthüllt werden, nimmt Siegfried Kracauer zum Ausgangspunkt seiner »Theorie des Films«, die er als »Errettung der äußeren Wirklichkeit« konzeptualisiert.

»Die Erkenntnis von der Fähigkeit der Kamera zu sachlicher Feststellung ging Hand in Hand mit der Einsicht in ihre aufdeckende Kraft … Der amerikanische Schriftsteller und Arzt Oliver Wendell Holmes war einer der ersten, die die wissenschaftlichen Möglichkeiten der Kamera auswerteten. Zu Beginn der sechziger Jahre überzeugte er sich davon, daß menschliche Gehbewegungen, wie Momentaufnahmen sie ihm zeigten, sich ganz erheblich von den Vorstellungen unterscheiden, die sich Künstler davon gemacht hatten; und auf Grund seiner Beobachtungen wies er dann auf die Fehlerhaftigkeit der Beinprothesen hin, die damals für den amerikanischen Bürgerkrieg hergestellt wurden.«[88]

Am berühmtesten wurden die Momentaufnahmen von Bewegungen, die Etienne Jules Marey und Eadweard Muybridge im letzten Drittel des 19. Jahrhunderts hergestellt hatten. Beide scheuten die Verwendung aufwendigster und kostspieliger Arrangements nicht, um Serien von Fotografien von Menschen und Tieren in

Bild 5: Zeichnungen nach Momentaufnahmen zur Illustration eines Artikels von Oliver Wendell Holmes über die menschliche Fortbewegung, 1863.

Bewegung aufnehmen zu können. Muybridge bespannte Teststrecken mit Schnüren, die bei Berührung den fotografischen Mechanismus mehrerer Kameras auslösten, um mit zwölf Bildern in etwa einer halben Sekunde die Phasen der Bewegung eines galoppierenden Pferdes zu dokumentieren. Es gelang Muybridge, die für eine Aufnahme notwendige Belichtungszeit bis auf 1/6000 Sekunde zu verkürzen. Marey entwickelte für den gleichen Zweck eine fotografische Flinte, in deren Trommel sich ein Magazin mit Fotoplatten befand. Die Aufnahmekapazität des von Marey entwickelten Chronophotographen betrug einhundert Bilder in der Sekunde.[89]

Während für Marey die fotografischen Arbeiten in engem Zusammenhang mit seiner wissenschaftlichen Arbeit standen, sollen Muybridges Aufnahmen des galoppierenden Pferdes auf eine Wette des kalifornischen Gouverneurs zurückgehen, bei der entschieden werden sollte, ob das Tier wenigstens für einige Momente mit allen Beinen in der Luft wäre und den Boden nicht berührte. Entscheidend ist die übereinstimmende Überzeugung, daß den fotografischen Aufnahmen eine größere Beweiskraft als der unmittelbaren Wahrnehmung mit dem bloßen Auge zugestanden wurde.

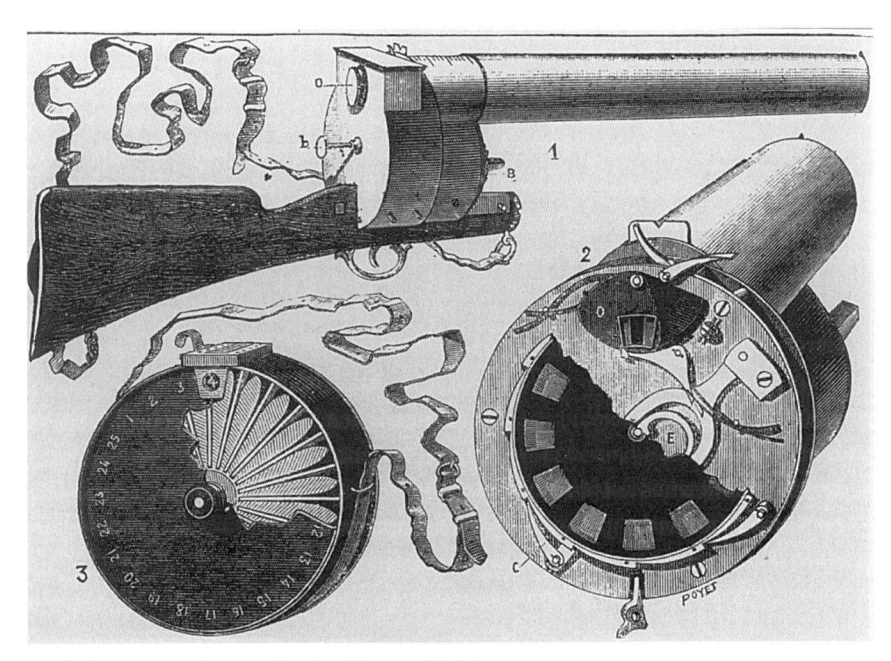

Bild 6: Mareys fotografische Flinte, 1882.

Kracauer sieht Mareys und Muybridges Fotografien als unmittelbare Vorläufer des Films.[90] Nicht nur die Anordnung der Fotografien von Bewegungsabläufen in Serien von Einzelbildern, zwischen denen wie bei den Bildern auf einem Film eine minimale Differenz besteht, legt diese Interpretation nahe, sondern vor allem die Versuche Muybridges, die Einzelbilder mit Hilfe einer Vorrichtung wiederzubeleben, die er Zoopraxiskop nannte. Dessen Prinzip beruhte auf einer runden Scheibe mit Sehschlitzen, durch die die Einzelbilder auf der bewegten Scheibe betrachtet werden können. Dabei nutzte Muybridge das als stroboskopischer Effekt bekannte Phänomen, daß eine Reihe von Einzelbildern, die mit einer bestimmten Geschwindigkeit vorgeführt werden, als ein Dauerbild mit kontinuierlicher Bewegung wahrgenommen wird. Das Prinzip hat sich bis heute nicht verändert. Der Film, der aus einer Anzahl von Einzelbildern besteht, stellt die Bewegung als Illusion und Sinnestäuschung dar. Verändert hat sich die Frequenz, mit der Bilder pro Sekunde vorgeführt werden, um als Bewegungsdarstellung zu erscheinen.

Den Film als die Fortsetzung der Fotografie zu sehen, ist vor allem unter dem technischen Aspekt der abbildenden Fixierung wahrnehmbarer Erscheinungen auf lichtempfindlichem Trägermaterial plausibel. Der Realitätseindruck des Films kann jedoch nur zum Teil auf der wirklichkeitskonservierenden Qualität des fotografischen Bildes beruhen. Jedenfalls gibt es keinen Bericht davon, daß eine Fotografie eine ähnliche Wirkung ausgelöst hätte wie die ersten Filmvorführungen. Glaubt man den Berichten, die von den Vorführungen von Lumières Film *Arrivée d'un Train en Gare de La Ciotat* überliefert sind, so fürchteten die Zuschauer, von dem in den Bahnhof einfahrenden Zug, der aus einer Perspektive aufgenommen worden war, als ob er sich aus der Tiefe des Bildes vergrößernd auf das Publikum zubewegte, überrollt zu werden.[91] Die illusionistische Verwechslung von Realität und Film wurde für so selbstverständlich genommen, daß die Konventionen der bildhaften Realitätsdarstellung und ihrer Rezeption als kulturgeschichtliche Voraussetzungen dieser Verwechslung gar nicht reflektiert wurden. Um so deutlicher ist die Überraschung und Irritation in dem Bericht des Afrikanisten John Wilson über Versuche, die in der Fachliteratur auch als Experiment von Ombredane bekannt sind, daß die filmische Darstellung von dem mit dem Medium unerfahrenen afrikanischen Publikum nicht als analoges Abbild der Realität wahrgenommen wurde. Nach seiner Darstellung verwandte Wilson Fotografien und Filme im Leseunterricht mit Erwachsenen, die einer Schriftsprache nicht mächtig waren, zur Darstellung von Dingen, die die Afrikaner nicht aus eigener Anschauung kannten. Am Beispiel eines Films, der zur Hygieneerziehung eingesetzt werden sollte, wird der Mißerfolg der Bemühungen anschaulich geschildert.

»Wir zeigten diesen Film einem Zuschauerkreis und fragten die Leute, was sie gesehen hätten, und sie sagten, sie hätten ein Huhn gesehen, und dabei wußten wir gar nicht einmal, daß im Film ein Huhn vorkam! So suchten wir ein Filmbild nach dem anderen sorgfältig nach diesem Huhn ab, und tatsächlich ging, ungefähr eine Sekunde lang, ein Huhn über die Ecke des Bildrahmens … aber das wirklich Interessante war, daß sie hinter dem Ganzen keine Geschichte sahen, und tatsächlich entdeckten wir nachher, daß sie kein Gesamtbild gesehen hatten – sie hatten das Bild auf Einzelheiten hin angeschaut.«[92]

Wilson zieht aus dem beschriebenen Versuch die Schlußfolgerung, daß die Fähigkeit, fotografische und filmische Darstellungen der Wirklichkeit als solche wahrnehmen zu können, individuell erlernt werden muß wie Lesen und Schreiben.

Darüber hinaus hat Marshall McLuhan die weiterreichende Konsequenz gezogen, daß nur Alphabetisierte die im fotografischen Bild zweidimensional codifizierte Darstellung der dreidimensionalen Realität erkennen können. Dabei muß man allerdings berücksichtigen, daß die Afrikaner den Film so genau sahen, daß sie ein Detail wahrnahmen, von dem ihre Zivilisatoren nicht einmal wußten, daß es im Film ist. Man darf annehmen, daß sich die Autoren, die die wirklichkeitskonservierende Qualität des fotografischen Bildes enthusiastisch im Interesse der Wissenschaft begrüßten, nicht den Forscher beim Einzelbildstudium auf der Suche nach einem Huhn vorstellten, das sie gar nicht wahrgenommen hatten.

Eine ähnliche Verwechslung von Film und Realität passiert in Godards Film *Les Carabiniers*, als ein armer und einfacher Bauer das erste Mal in seinem Leben ins Kino geht. Kurioserweise sieht er Lumières *Arrivé d'un Train en Gare de La Ciotat*. Wie das Premierenpublikum fürchtet Godards Held, von dem Zug überfahren zu werden. Offensichtlich unterscheidet er nicht zwischen Film und Realität. Er lernt den Unterschied schnell. Im nächsten Film sieht er eine junge Frau in der Badewanne. Beim Versuch in die Badewanne zu steigen, zerstört Godards Held die Leinwand, so daß der Film auf die dunkle Wand und ihn selbst projiziert wird. Die Episode zeigt, daß der Realitätseindruck des Films nicht allein auf der Abbildqualität des fotografischen Bildes beruht. Ein großer Teil der Literatur zum ethnowissenschaftlichen Dokumentationsfilm schien das lange Zeit nicht zu berücksichtigen.

2.2. Kinematographie als Bewegungsdokumentation

Gotthard Wolf leitet seine Beschreibung des Instituts für den Wissenschaftlichen Film (IWF) mit der Bemerkung ein, daß der Spielfilm ein Nebenprodukt der Bemühungen um eine wissenschaftliche Kinematographie zur methodischen Fixierung von Bewegungsabläufen sei.[93] Das Selbstverständnis des Instituts stellt Wolf in die Tradition der Entschließung des International Ethnographic Congress von 1900, in der umfassende kinematographische Dokumentationen ethnographisch relevanter Themen gefordert wurden. Namentlich werden Muybridge, Marey und vor allem Regnault als Vorbilder genannt.[94]

Muybridge arbeitete zeitweise im Auftrag und mit Unterstützung der Universität von Pennsylvania. Vor allem seine Studien zur »Fortbewegung der Tiere« und zur »Menschlichen Gestalt in Bewegung« lassen ihn als Vorläufer der wissenschaftlichen Bewegungsdokumentation erscheinen. Der Eindruck, daß es sich um fortlaufende Bewegungen handelt, wird vor allem durch die suggestive Anordnung der Fotografien erweckt. Diese entspricht aber nicht notwendig der Chronologie der Aufnahmen. Vielmehr weisen die Fotografien Unregelmäßigkeiten auf, die darauf hindeuten, daß die Serien nicht in der durch die Anordnung nahegelegten Reihenfolge aufgenommen, sondern nachträglich arrangiert worden sind.

Im Unterschied zu Mareys Aufnahmen tragen Muybridges Fotoserien Bildunterschriften, die die dargestellte Handlung auf eine Pointe bringen. Muybridge anony-

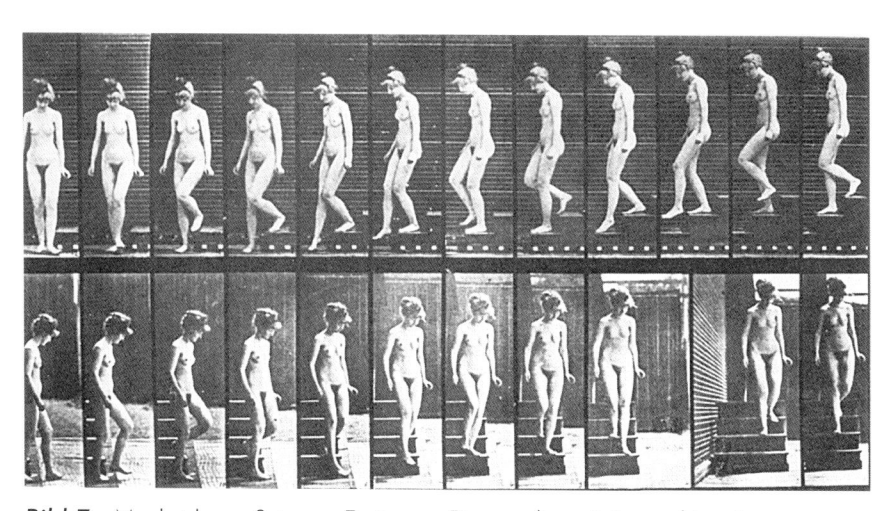

Bild 7: Muybridges »Science Fiction«: »Descending stairs and turning around«. Muybridge fotografierte meist nackte Menschen bei natürlichen Bewegungsabläufen. Der Eindruck einer fortlaufenden Bewegung entsteht durch die geschickte Anordnung der Aufnahmen in Reihen, die nicht selten nachträglich arrangiert wurden. Für die Veröffentlichung wählte Muybridge die besten Aufnahmen aus und schnitt die Negative nach den Erfordernissen der Seitenformate in den Publikationen in einheitlicher Größe zurecht. Die zweite und dritte Aufnahme unten rechts aus der Serie »Descending stairs« sind größer als die anderen. Die Zusammenstellung der Serie täuscht darüber hinweg, daß im Vergleich mit der oberen Reihe eine Aufnahme fehlt.

65

misiert die aufgenommenen Menschen nicht wie Marey durch optische Tricks zu Trägern von Bewegungen. Viele Aufnahmen zeigen durchtrainierte Männer und meist füllige Frauen mit kleinen Brüsten. Aber auch Abnormitäten sind dokumentiert: eine 340 Pfund schwere Frau, die mühsam aufzustehen versucht, künstlich ausgelöste Krämpfe bei Geisteskranken oder die Geschicklichkeit Amputierter. Die einzelnen Personen sind individuell erkennbar und als Typen identifiziert. Muybridge selbst erscheint in einer der Serien nackt als »Ehemaliger Athlet, etwa 60 Jahre alt«. Die demonstrativ neutralen Hintergründe der Aufnahmen von Muybridge, deren gleichförmige Rasterung die Zeitmessung erleichtern, heben nicht nur die fotografierten Menschen besonders gut hervor, sondern signalisieren wissenschaftliche Exaktheit und Objektivität in einem Maß, die die Aufmerksamkeit eines Betrachters von den erwähnten Unregelmäßigkeiten ablenkt. Darüber hinaus entsprechen einige der Darstellungen meist nackter Menschen Mustern der zeitgenössischen erotischen Fotografie, so daß neben wissenschaftlichem Erkenntnisinteresse in gleichem Maß voyeuristische Schaulust als Motiv der Aufnahmen unterstellt werden kann. Die Absicht wissenschaftlicher Demonstration allein erklärt in der Tat kaum die Besessenheit und Enormität, mit denen Muybridge Tausende von Sequenzen anfertigte, in denen Menschen bei alltäglichen Verrichtungen oder gymnastischen Übungen sowie Tiere in Bewegung enzyklopädisch dokumentiert sind.

Mit dem Titel ihres Aufsatzes »Muybridge's Scientific Fictions« deutet Marta Braun den ambivalenten Charakter der Studien Muybridges an. Die Autorin beschreibt die Entstehung der Bewegungsaufnahmen, mit denen Muybridge immer wieder als ein Vorläufer der wissenschaftlichen Kinematographie zitiert wird, als eine Notlösung in einer beruflich und finanziell prekären Lage. Die abenteuerliche und exzentrische Biographie Muybridges liefert umfangreichen Stoff für Anekdoten und Spekulationen. Zu diesen wird man auch die Wette zählen müssen, die abgeschlossen worden sein soll, um mit fotografischen Aufnahmen zu beweisen, daß ein im vollen Lauf befindliches Pferd in einer Bewegungsphase überhaupt nicht den Boden berührt. Muybridge war jedoch zum Zeitpunkt, als die ersten »nicht beweiskräftigen« Aufnahmen 1872 gemacht wurden, über vierzig Jahre alt und durch großformatige Aufnahmen aus dem Yosemite Park als Fotograf weltberühmt. Im Auftrag der amerikanischen Regierung hatte er die Pazifikküste fotografiert und eine Alaskaexpedition begleitet.

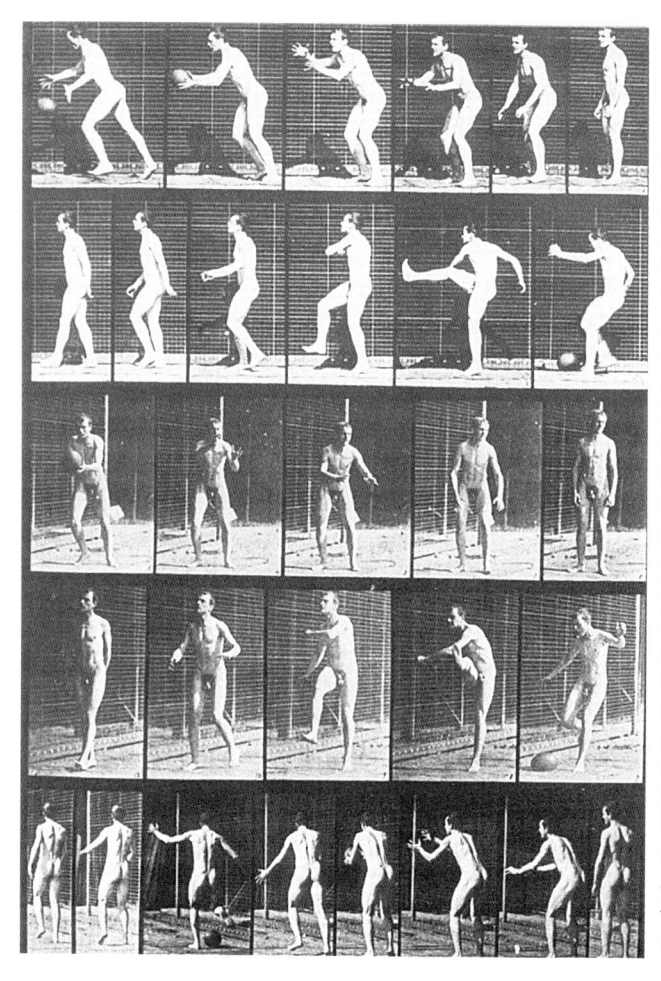

Bild 8:
Muybridges
»Science Fiction«:
»Football, drop
kick«.
Weder die Reihe
der von vorn noch
die der von hinten
aufgenommenen
Bilder ist komplett.
Die unterschied-
lichen Formate
und die Anord-
nung der ersten,
umfangreichsten
Serie in zwei Rei-
hen erschweren ei-
nen Vergleich der
abgebildeten Be-
wegungsphasen.
Der Betrachter
neigt dazu, die
Kontinuität der
Bewegungsdar-
stellung in der
ersten Serie auch
für die anderen zu
unterstellen.

Muybridge selbst unternahm ausgedehnte Vortragsreisen in Amerika und Europa, auf denen er über »Die Wissenschaft von der Bewegung und ihr Verhältnis zur künstlerischen Darstellung« sprach. Aber selbst wenn Muybridges Ambitionen mehr künstlerischer als wissenschaftlicher Art gewesen sein sollten, so wirken die in isolierten Einzelphasen aufgereihten Aufnahmen im Vergleich mit den Raum- und Bewegungsdarstellungen der künstlerischen Avantgarde, in denen die Geschwindigkeit und Dynamik der Bewegung durch die Überlagerung von »Einstellungen« und Multiperspektivität simuliert werden, wahrnehmungsgeschichtlich überholt. Die Darstellungskonzepte der Avantgarde schienen dagegen direkt von den Aufnahmen Mareys beeinflußt. Das ist paradox, weil die Systematik der fotografischen Experimente von Marey in engem Zusammenhang mit seiner wissenschaftlichen Arbeit standen.

Marey war Mediziner und Physiologe. Sein wissenschaftliches Erkenntnisinteresse galt der Sichtbarmachung physiologischer Vorgänge. Die ab 1882 aufgenommenen Fotografien zur Dokumentation von Bewegung sind die konsequente Fortsetzung der früheren Versuche, Apparate zur Aufzeichnung dem menschlichen Auge nicht sichtbarer physiologischer Vorgänge zu entwickeln.[95] Die fotografische Technik erscheint als Instrument erweiterter sinnlicher Wahrnehmung, die die Wirklichkeit

Bild 9 und 10: Chronophotographie von E. J. Marey und »Akt, eine Treppe herabsteigend« (1912) von Marcel Duchamp.
In einem Interview mit Beaumont Newhall hat Duchamp ausdrücklich bekundet, daß zur Zeit der Entstehung seines Bildes die Künstlerkreise in Paris durch die mit extrem kurzen Verschlußzeiten gemachten Mehrfachbelichtungen stimuliert wurden, die Marey für seine physiologischen Studien aufgenommen hatte.

direkt als »the language of life itself« konserviert.⁹⁶ Analog zu der durch die Zentralperspektive ermöglichten Vermessung des Raums kann man Mareys Versuche der Bewegungsaufzeichnung als Reduktion der Zeit auf eine quantifizierbare Größe verstehen. Man muß diese Versuche wissenschaftsgeschichtlich im Kontext der »empirischen Wende« nach dem Vorbild der Naturwissenschaften sehen.⁹⁷ Die Verwendung von Fotografie und Kinematographie zur Bewegungsdokumentation sollte das Material einer empirischen Praxis der Medizin und der sich als akademische Disziplin gerade erst konstituierenden Physiologie liefern. Konstitutiv waren

Bild 11 und 12: Zur besseren Sichtbarkeit der kinetischen Aufnahmen reduzierte Marey seine Versuchspersonen zu Trägern von Bewegungen, indem er sie in weißer Kleidung vor schwarzem Hintergrund oder aber in schwarze Trikots mit weißen Streifen und Knöpfen kleidete. Auf diese Weise wird die natürliche Bewegung zu einer abstrakten Grafik.

distanzierte und neutrale Beobachtungs- und Aufzeichnungsverfahren, die frei von verzerrenden Einflüssen der Subjektivität und der Situation erschienen. Die Ergebnisse mußten nach naturwissenschaftlichem und technischem Vorbild methematisch-statistisch verfügbar, reproduzierbar und experimentell überprüfbar sein.[98]

Nach Muybridge und Marey als den Vorläufern wird in den meisten historischen Darstellungen als der eigentliche Begründer des ethnographischen Films Regnault genannt. Dieser hatte 1895 auf der Exposition Ethnographique de l'Afrique Occidentale mit einer von Marey entwickelten Kamera eine töpfernde Wolof-Frau aufgenommen. Wenig später führte Regnault zur vergleichenden Analyse filmische Aufnahmen von den Ruhestellungen der Angehörigen verschiedener Ethnien vor. Zwischen 1895 und 1900 stellte er eine Reihe ähnlicher Aufnahmen her, deren ethnographische Bedeutung heute eher relativiert wird. Denn viele Aufnahmen sind, wie die der töpfernden Frau, nicht im Feld, sondern unter den künstlichen Bedingungen einer Kolonialausstellung entstanden.[99] Trotz solchen Vorbehalten beeinflußte Regnaults umfangreiche publizistische Tätigkeit die Vorstellungen von einem wissenschaftlichen Film noch über Jahrzehnte. In zahlreichen Artikeln setzte sich Regnault bis 1931 für die systematische Nutzung der Kinematographie in der Ethnologie ein. Auf dem International Ethnographic Congress in Paris im Jahr 1900 wurde auf seine Initiative hin eine Resolution veröffentlicht, in der unter anderem programmatisch die filmische Dokumentation zur Veranschaulichung des Gebrauchs von ethnographischen Sammlungs- und Ausstellungsstücken in Museen gefordert wurde.[100]

Auch in der deutschen Völkerkunde wurden Fotografie und Film sowohl zur Aufzeichnung und Dokumentation im Feld als auch zu didaktischen Zwecken hoch geschätzt, wenn auch wenig angewandt. Bereits 1911 nennt Oskar Polimanti den Kinematographen ein unentbehrliches Mittel für den Naturforscher, den Forschungsreisenden und den Biologen, wenn diese bei ihrer Rückkehr Beweise für das mitbringen wollen, was sie gesehen haben. Vor allem für den Zeitpunkt, in dem die beobachteten Gebräuche und Gewohnheiten von Völkern und Tiere verschwunden sein werden, sollten sie filmisch konserviert werden. Nur knapp zehn Jahre später sieht Polimanti die Bedeutung der Kinematographie darin, daß diese überhaupt erst die Grundlage für eine systematische und wissenschaftlichen Ansprüchen genügende Ethnologie schafft.

»Der Ethnograph gibt mit Hilfe der Reihenbilder das Leben wilder Völker nach Belieben wieder. Er wohnt mit der Kamera ihren Festen, ihren religiösen und bürgerlichen Zeremonien bei; studiert ihre Tänze, ihre Kämpfe, die Art und Weise, wie sie Handel treiben, essen, ausruhen, usw. Zuverlässige Urkunden werden die Erzählungen der Reisenden ersetzen: diese vergessen eine große Menge von Einzelheiten, deren Wichtigkeit sie, wenn auch momentan, nicht würdigen; und wenn sie auch noch so wahrheitsgetreu berichten wollen, sie werden nie die Tatsachen, die Eindruck machten, vollkommen erzählen können. Besitzt man eine genügende Anzahl von Filmen, so kann man Vergleiche anstellen. Man wird zu allgemeinen Vorstellungen und Gesetzen gelangen; aus der Ethnographie wird die Ethnologie entstehen.«[101]

Die 1952 unter dem Namen »Encyclopaedia Cinematographica« (EC) gegründete und dem Institut für den Wissenschaftlichen Film angegliederte Sammlung von Filmen aus den verschiedensten Disziplinen zur »systematischen filmischen Bewegungsdokumentation«[102] steht in der Tradition des über dreißig Jahre früher formulierten Programms. An erster Stelle wird die überlegene Beweiskraft kinematographischer Aufzeichnungen genannt. Sie übertrifft mündliche oder schriftliche Berichte. Diese erscheinen im Vergleich mit den kinematographischen Aufzeichnungen ungenau, unzuverlässig und unvollständig. Von herausragender Bedeutung ist auch die Verfügbarkeit der Bilder zur wiederholten Vorführung unter quasi experimentellen und laborhaften Bedingungen, so daß sich der Forscher frei von störenden Einflüssen der Umgebung ausschließlich auf das Studium der Aufzeichnungen konzentrieren kann.

Kennzeichnend für die »Encyclopaedia Cinematographica« ist, daß sie für die Sektionen Biologie, technische Wissenschaften und Ethnologie das gleiche Konzept des wissenschaftlichen Films zugrunde legt.[103] Nach diesem Konzept ist der Film ein Bewegungsdauerpräparat, das dem Forscher in einer Art zweiter Realität als Ersatz für die empirische Forschung dienen kann. Technische Möglichkeiten, die quantifizierende und messende Verfahren erlauben, wie Einzelbilduntersuchungen, Vergrößerungen von Bildausschnitten, Zeitlupen- und -rafferaufnahmen begünstigen die Vorstellung vom Film als einem Instrument zur Perfektionierung der Beobachtung und Aufzeichnung von Bewegung. Vor allem aber wird auch von Wolf die ethnographische Filmdokumentation mit den Aufgaben der zukünftigen Forschung begründet und angesichts der vom Aussterben bedrohten Kulturen mit moralischen und humanitären Argumenten legitimiert, so daß man sich den zukünftigen Ethnologen als einen Filmarchivar vorstellen muß, dem das reale Objekt seines Studiums fehlt.

»Besonderes Gewicht bekommt der Gedanke einer völkerkundlichen Enzyklopädie mit der Schaffung ethnographischer systematischer Forschungsfilme dadurch, daß viele der primitiven Kulturen kurzfristig zum Untergang bestimmt sind und die betreffenden Bildstreifen in kurzer Zeit zu wissenschaftlichen Dokumenten von unersetzlichem Wert werden, die auch nach dem Erlöschen jener Kulturen immer wieder für bestimmte Wissenschaften vergleichend herangezogen werden können ... Alle Lebensäußerungen der materiellen oder immateriellen Kulturen, soweit sie Bewegungsvorgänge umfassen, sind für den völkerkundlichen Film von Bedeutung.«[104]

Von einem erkenntnistheoretischen Ansatz aus kritisierte Koloß die Vorstellung, Film könne zum Ausgangspunkt späterer Forschungen werden. Der Mangel erkenntnistheoretischer Begründung führt nach Koloß zu falschen Vorstellungen vom Film als wissenschaftlichem Instrument. Gegenüber den in der »Encyclopaedia Cinematographica« umgesetzten Prinzipien wissenschaftlicher Filmarbeit betont Koloß die Subjektivität der Filmaufzeichnungen aus aufnahmetechnischen und forschungslogischen Gründen. Im einzelnen zählt er die durch die Wahl von Bildausschnitt, Perspektive und Einstellungsgröße selektive Realitätsaufzeichnung sowie die Interessengebundenheit des Forschungsprozesses auf. Auf der Grundlage von Kants Unterscheidung der Erkenntnisvermögen in Anschauung und Verstand weist Koloß dem Film die Aufgabe zu, Belege und Anschauungen für die Wissenschaft zu liefern. Im Unterschied zu der aktiven und spontanen Tätigkeit des Verstandes, der die Umwelt strukturiere und ihr seine eigenen Gesetze vorschreibe, sei die Filmaufnahme ausschließlich rezeptiv und zeichne neutral auf. Während die mechanische Aufzeichnung der Kamera die Objektivität der Beobachtung zu garantieren scheint, verhindert sie nach Koloß, daß der Film ein eigenständiges Ausdrucksmittel des wissenschaftlichen Diskurses wird.[105]

Die Kameraaufzeichnung bezeichnet Koloß als total, was er als Gegensatz von abstrakt definiert. Mit diesem Gegensatz beschreibt Koloß den Unterschied zwischen der Beobachtung mit dem bloßen Auge und der auf die Kamera gestützten. Während die Beobachtung mit dem Auge bereits im Vorgang der Beobachtung selektiert, zeichnet die Kamera alles vor ihrem Objektiv Befindliche vollständig auf, ohne beispielsweise zwischen Wichtigem und Unwichtigem zu unterscheiden.[106] Die Kamera hält neben der manuellen Tätigkeit des Töpferns, der das Interesse des Ethnographen gilt, auch die Kleidung des Töpfers und die Ausstattung des Arbeitsplatzes fest. Aber diese Vielfalt und Detailgenauigkeit der filmischen Aufzeichnung wird von Koloß nicht als spezifische Qualität des wissenschaftlichen Films konzeptualisiert. Vielmehr ist dessen wichtigste Eigenschaft die Reproduktion der Wirklichkeit, und als solche ist der Film nicht nur Quelle und Illustration, sondern vor allem Beweismaterial.[107]

Auch wenn Koloß die Vorstellung vom Film als Wirklichkeitskonserve ablehnt, kommt seine erkenntnistheoretisch begründete Konzeptualisierung des wissenschaftlichen Films über die ursprünglichen Abbildungsvorstellungen der wissenschaftlichen Bewegungsdokumentation nicht hinaus. Der Film hat keine grundsätzlich andere Funktion als die der Realitätsabbildung. Diese Funktion wird von Koloß nur anders, nicht im naiven Glauben an die Objektivität der Aufzeichnungstechnik, sondern erkenntnistheoretisch begründet. Nicht anders als bei Marey erscheint der Film als Instrument, dessen Funktion in Analogie zum Mikroskop, Teleskop oder Oszillographen, darin besteht, die Wahrnehmung zu erweitern. Als solches hat der Film seine Funktion als rezeptives Instrument bei der Datengewinnung.

Die Geschichte des ethnowissenschaftlichen Dokumentationsfilms wird dominiert von Erörterungen der Aufzeichnungsqualität des Films. Dadurch daß Koloß nicht nur eine bestimmte Praxis der Arbeit mit Film beschreibt, sondern seine Ansichten erkenntnistheoretisch begründet, haben seine Ausführungen den Vorteil, daß das ihnen zugrunde liegende Wissenschafts- und Realitätsverständnis besonders deutlich wird. Nirgends kommt die Wissenschaftskonzeption von Koloß deutlicher zum Ausdruck als in seiner Definition des Wahrheits- und Objektivitätsbegriffs. Koloß differenziert zwischen dem formalen Wahrheitsbegriff der Logik und Mathematik einerseits und dem faktischen der empirischen Forschung andererseits. Nicht nur die Objektivität und Wahrheit der wissenschaftlichen Filmdokumentation, sondern der empirischen Forschung überhaupt wird am Grad ihrer Übereinstimmung mit der Realität gemessen. Indem sie lediglich abbildet und reproduziert, muß die Filmaufzeichnung in besonderem Maß als geeignet erscheinen, Beweise für die empirische Forschung zu liefern, weil sie die Realität ohne Einflußnahme und Interpretation des Forschers zeigt.

Versucht man, das Konzept des Films als Forschungsmittel von Koloß wissenschaftstheoretisch zu interpretieren, so wird hinter der Verwendung des Films als einem der Anschauung und der Illustration dienenden, rezeptiven und total aufzeichnenden Medium ein Empirieverständnis deutlich, das sich durch instrumentelle Aspekte auszeichnet. Als empirisch gesicherte Fakten gelten diesem Realitäts- und Empirieverständnis die Phänomene, die apparativ sichtbar gemacht werden können. Der Film eignet sich nach diesem Wissenschaftsverständnis als Instrument der Wirklichkeitsaufzeichnung, weil die filmische Abbildung und Reproduktion der Realität diese als verfügbar und erforschbar voraussetzt, ohne ihre Konstitution im Akt der Wahrnehmung problematisieren zu müssen.[108]

Schließlich ist bei der Konzeptualisierung des Films als einem Mittel der Anschauung zu berücksichtigen, daß Koloß auf der Grundlage von Kants Kritik der Erkenntnisvermögen eine strikte und hierarchische Trennung des Verstandes und der Anschauung vollzieht, um den wissenschaftstheoretischen Status des Dokumentationsfilms zu bestimmen. Mit der in der »Kritik der reinen Vernunft« an verschiedenen Stellen wiederholten Formulierung, daß Begriffe ohne Anschauung leer und Anschauungen ohne Begriffe blind sind, beschreibt Kant die gegenseitige Abhängigkeit des Verstandes und der Sinnlichkeit als Erkenntnisvermögen. Kants Formulierungen legen eine Gleichberechtigung der Erkenntnisvermögen nahe. Koloß dagegen beruft sich auf Kant, um zwischen Anschauung und Begriff, Sinnlichkeit und Verstand ein hierarchisches Verhältnis zu begründen, innerhalb dessen dem Film eine zwar erkenntnistheoretisch legitimierte, aber einseitige Funktion zugewiesen wird. Als Mittel der Anschauung kann der Film keine eigenständige Erkenntnis hervorbringen, weil Erkenntnis an den Begriff gebunden bleibt.

Die Beweiskraft des fotografischen Bildes bedeutet also keinesfalls, daß die Fotografie oder der Film im Forschungsprozeß als Mittel der Erkenntnis aufgewertet und anerkannt werden. Vielmehr werden der Realitätseindruck des fotografischen Bildes, der durch den mechanischen Aufzeichnungsprozeß entsteht, und die Möglichkeit, über das Bild oder den Film ganz im Interesse des Forschers verfügen zu können, als Beweismittel genutzt. Kaum etwas anderes läßt die inferiore Bedeutung des Films oder der Fotografie besser erkennen als die gebetsmühlenhafte Wiederholung in den Veröffentlichungen zum ethnowissenschaftlichen Dokumentationsfilm, daß der Film nicht für sich allein stehen kann, sondern erst durch einen schriftlichen Begleittext zu einer wissenschaftlichen Publikation wird. Dabei wird geflissentlich übergangen, daß ein Film auch sprachlich gestaltet werden kann. Fragen der Erfahrungsbildung während der Filmaufnahme oder bei der -rezeption werden in den Publikationen zum ethnowissenschaftlichen Dokumentationsfilm kaum angesprochen. Stattdessen werden Fragen der wissenschaftlichen Arbeit mit Film reduziert auf die richtige Aufnahme. Der erkenntnistheoretische Fortschritt bei Koloß liegt darin, daß die Aufnahme nicht mehr naiv als die Realität selbst verstanden wird. Trotzdem hält Koloß an der Vorstellung fest, daß die filmische Aufzeichnung abbildhaft mit der Realität übereinstimmt. Die Theorie des ethnowissenschaftlichen Dokumentationsfilms hat damit den Schritt von Godards Held aus *Les Carabiniers* nachvollzogen, der begriffen hat, daß er von dem im Film dargestellten einfahrenden Zug nicht überfahren werden kann. Man darf gespannt sein, wann der Versuch folgt, zu der Frau in die Badewanne zu steigen.

2.3. Kriterien der Wissenschaftlichkeit

Indem Koloß die Übereinstimmung von filmischer Darstellung und Realität als den für die empirische Forschungspraxis entscheidenden Wahrheitsbegriff bestimmt, manövriert er sich in ein Dilemma. Obwohl Koloß anerkennt, daß die Auswahl des Bildausschnitts, der Einstellungsgröße und der Perspektive zur Selektivität und Subjektivität der Filmaufnahme führen, soll die wissenschaftliche Wahrheit der Darstellung am Grad der Übereinstimmung mit der Realität gemessen werden. Was sind die Kriterien, nach denen die Übereinstimmung der filmischen Darstellung mit der Wirklichkeit beurteilt werden können?

In den 1959 veröffentlichten und von den – nach ihrem eigenen Selbstverständnis – führenden Vertretern ihres Fachs unterzeichneten »Leitlinien zur völkerkundlichen und volkskundlichen Filmarbeit« werden die Kriterien der wissenschaftlichen Filmarbeit verbindlich beschrieben.[109] Wichtigstes Kriterium, dem alle anderen untergeordnet werden, ist der Wirklichkeitsgehalt des Films. Diesen gilt es bei der Aufzeichnung und Gestaltung eines Films auf ein Maximum zu steigern.

»Der Forschungsfilm steht und fällt mit dem Wirklichkeitsgehalt der Aufnahmen. Damit ist mehr oder weniger zwangsläufig die Aufgabe gegeben, alle diejenigen Faktoren, die in technisch-wissenschaftlicher, physiologischer und psychologischer Richtung den Wirklichkeitsgehalt begrenzen, verändern oder beeinflussen, kennenzulernen, sie einzuordnen und zu werten, der Durchführung von Aufnahmen zugrunde zu legen und bei deren Auswertung zu berücksichtigen.«[110]

Da die Kamera nach dem an der Bewegungsdokumentation orientierten Konzept des wissenschaftlichen Films die Realität vor dem Objektiv abbildet und reproduziert, versuchen die Filme der vom Institut für den Wissenschaftlichen Film zusammengestellten »Encyclopaedia Cinematographica«, den Wirklichkeitsgehalt dadurch zu steigern, daß jeder die Kameraaufzeichnung störende Einfluß reduziert oder strengster Kontrolle unterworfen wird. Die »Leitlinien« weisen den Filmemacher an, neben manipulativen Eingriffen in die aufgezeichneten Vorgänge technische Daten des Aufnahmegeräts wie Objektivbrennweite und Blende, Länge der Einstellungen und Zeitangaben zu protokollieren.

Diese Aufnahmestrategie liegt der Anlage der gesamten Filmenzyklopädie zugrunde, die neben der Völkerkunde noch eine Reihe anderer akademischer Disziplinen, vor allem aus dem technisch-naturwissenschaftlichen Bereich nach den gleichen Standards mit Filmen bedient. Die völkerkundliche Sektion erschließt für den interkulturellen Vergleich alle Filme unter zwei Aspekten: erstens nach Ethnie und Region und zweitens nach der dargestellten Tätigkeit als kleinsten thematischen Einheiten. Diese muß man sich als einzelne, abgrenzbare Vorgänge vorstellen. Aufgezeichnet werden Tätigkeiten des Handwerks, der Technik, manuelle Fertigkeiten aus der materiellen Kultur sowie Tänze, Feste und Bräuche aus der geistigen Kultur einer Ethnie. Kurze, überschau- und auswertbare Filmeinheiten werden vom Töpfern, Schmieden, Weben, von einem Hochzeitsfest oder einer Begräbniszeremonie und ähnlichen Ereignissen aufgenommen. Von den beobachteten Ereignissen werden für die filmische Aufzeichnung und Darstellung lediglich die wesentlichen Merkmale erfaßt, um sie besonders hervorzuheben und als signifikant beobachten zu können.

Die thematisch-systematische Anlage der Enzyklopädiefilme kann auf den Einfluß der Kulturkreislehre zurückgeführt werden. Deren Ausarbeitung war eine Reaktion auf den Vorwurf, daß die Ethnographie ihre Theorien abgehoben von empirischer Forschung spekulativ entwickelt. Die Kulturkreislehre geht von der Annahme aus, durch den Vergleich der für eine Kultur als konstitutiv erachteten Objektivationen die Verwandtschaft verschiedener Kulturen und ihren gegenseitigen Einfluß belegen zu können. Diese Objektivationen können aus dem materiellen, geistigen und sozialen Bereich einer Kultur stammen. In jedem Fall handelt es sich um unmittelbar zu beobachtende Einzelphänome.[111] Auf die Aufzeichnung solcher Phänomene in repräsentativen und aussagekräftigen Ausschnitten zum Zweck ihres Vergleichs beschränkt sich das Ziel der filmischen Dokumentation und die Systematik ihrer Archivierung. Das wissenschaftliche Konzept dominiert die filmische Darstellung vollständig, wovon die ausführliche Beschreibung eines 1967 erschienen Enzyklopädiefilms einen Eindruck vermittelt.

Der Titel des Films informiert über die Dogon als Ethnie, den Westsudan und den mittleren Niger als Region sowie das Herstellen eines Seils als die Tätigkeit, die als kleinste thematische Einheit dargestellt wird.[112] Nach dem Titelvorspann beginnt der Film mit einer Aufnahme in der Totalen. Mit einem starken Ast über der Schulter betritt ein Mann eine Wiese. Er lehnt den Ast als Leiter gegen einen Baum. Die nächste Einstellung zeigt den Mann in einer Halbtotalen. Er klettert den Baumstamm empor und schlägt mit einer Hacke in die Rinde. In einer halbnahen Einstellung ist der Mann von hinten zu sehen, während er die Rinde in Streifen abreißt. Eine Einstellung in amerikanischer Größe zeigt den Mann seitlich links im Bild Streifen abreißen und zu Boden werfen. Der Mann steigt die Leiter hinunter und legt sie an einen anderen Baum an. Der beschriebene Arbeitsvorgang wird wiederholt. Schließlich beginnt der Mann, gegen einen Baum gelehnt, die Rinden in mehrere dünne Streifen zu zerreißen. Die Kamera nimmt ihn bei dieser Tätigkeit zuerst in einer halbnahen, dann in einer nahen und schließlich in einer Großeinstellung auf. In einer Detailaufnahme werden die arbeitenden Hände gezeigt. In weiteren Einstellungen wird gezeigt, wie der Mann die Streifen zureißt und verschnürt. In einer Totalaufnahme ist ein Dorfplatz zu sehen. Hütten umstehen den leeren Platz. Der Mann betritt den Platz im Vordergrund des Bildes. Die nächste Einstellung zeigt ihn in einer Halbtotalen, mit gespreizten Beinen sitzend, die Rindenstreifen mit einem Werkzeug bearbeiten. Zwei Detailaufnahmen aus verschiedenen Perspektiven heben seine Hände hervor. In einer Naheinstellung ist der kopflose Oberkörper des Mannes zu sehen, der weiter die Rinden in dünne Streifen teilt. Eine weitere Detailaufnahme der Hände zeigt den gleichen Arbeitsvorgang. In der folgenden Halbtotalen ist zu sehen, wie der Mann Bündel von feinen Streifen umschnürt und vor sich auf dem Boden auslegt. Er beginnt, ein weiteres Rindenstück mit dem Werkzeug zu bearbeiten. In einer Großaufnahme sind die geordneten

Bündel zu sehen, zu denen ein weiteres dazugelegt wird. Es folgt eine Totalaufnahme des Dorfes. Der Mann betritt mit einer Kalebasse die Szene und hockt sich frontal vor die Kamera. In einer Naheinstellung ist der Mann zu sehen, während er einen Schluck aus der Kalebasse nimmt, ein Rindenbündel bespuckt und beginnt, es zu bearbeiten. Eine Detailaufnahme der Hände von der Seite demonstriert, wie die Streifen verflochten werden. Im Wechsel von mehreren Detail- und Nahaufnahmen wird die Flechtarbeit bis zur Fertigstellung einer Schnur dargestellt. Eine halbnahe Einstellung zeigt den Mann mit der Kalebasse und einem Knäuel, das er mit Wasser bespuckt und begießt. Eine Detailaufnahme der Zehen lenkt die Aufmerksamkeit darauf, wie die Schnur zwischen ihnen gehalten wird. Mit Hilfe eines Stocks beginnt der Mann, die Fasern zu verknoten. In Nah- und Detaileinstellungen werden die arbeitenden Gliedmaßen, isoliert vom Körper, gezeigt. Die Kamera schwenkt von der arbeitenden Hand zum Fuß, der das Seil hält. In zwei Detailaufnahmen sind die arbeitende Hand und der Fuß groß zu sehen. In der nächsten Einstellung schwenkt die Kamera von den Füßen zu einem Stab, von dem der Rest des Seils abgenommen und verknotet wird. Der Film endet mit einer Einstellung in halbtotaler Größe. Der Mann geht aus dem Bild, nachdem er das Seil und die Kalebasse aufgenommen hat.

Weil weder ein Kameramann noch ein Feldforscher zu sehen sind, scheint sich das Ereignis ohne Anweisungen von außen selbst zu inszenieren. Der Selbstinszenierungscharakter des dargestellten Ereignisses wird dadurch forciert, daß der arbeitende Mann nie in die Kamera blickt und auf diese Weise demonstrativ deutlich den Eindruck erweckt, sich von der Anwesenheit der Kamera unbeeinflußt zu verhalten. Der Film ist stumm. Weder der arbeitende Mann noch ein Feldforscher oder ein Kommentator erläutern den Vorgang, der sich so abzuspielen scheint, wie er sich auch ohne die Anwesenheit der Kamera ereignet hätte. Die Eingriffe eines Kamerateams sind auf die vermeintlich optimale Darstellung des Vorgangs reduziert.

Dramaturgisch ist der Film in drei Sequenzen gegliedert, die jeweils durch eine überblickartige Totalaufnahme eingeleitet werden. In der Wahl und Variation der Einstellungsgrößen hält sich die Gestaltung des Films an die Anweisung der »Leitlinien«, nach Totalaufnahmen der Handlungsorte kleinere und auf das Detail ausgerichtete Einstellungsgrößen zu verwenden, wenn der Arbeitsvorgang gezeigt wird, der auf diese Weise in den Mittelpunkt gerückt wird.

Gerade diese Konzentration auf die manuelle Tätigkeit und deren isolierte Darstellung sind aber als eine wissenschaftliche Abstraktion in der Struktur des Films erkennbar, indem sie die realen historischen und sozialen Zusammenhänge der dokumentierten Ereignisse zerstören. Die Konzentration auf ein handwerkliches Einzelphänomen und die Gestaltung seiner Darstellung wirken in hohem Grad artifiziell und inszeniert. Die Menschenleere läßt ebenso auf eine solche Inszenierung schließen wie die Präsenz der Kamera auf der Wiese und dem Dorfplatz vor dem Auftritt des Mannes.

Die filmische Darstellung verzichtet nicht nur auf jede Erläuterung des historischen oder sozialen Kontextes des gezeigten Vorgangs, sondern ebensowenig begründet ein wissenschaftlicher Kommentar die Auswahl des Ereignisses oder erklärt seine Bedeutung. Die für den sozialen und interaktiven Kontext der Aufnahme relevanten Informationen sind nicht dem Film selbst, sondern der Begleitpublikation zu entnehmen. Diese enthält neben ethnographischen Informationen über die Dogon einige Angaben zu den Filmaufnahmen selbst, in denen der im Film dargestellte Mann als Amadou, der vierunddreißig Jahre alt, verheiratet und Vater von drei Kindern ist, vorgestellt wird. Die exakten historisch-geographischen und biographischen Details scheinen die Authentizität der filmischen Darstellung zusätzlich zu verbürgen. Nur nebenbei und wie versehentlich läßt die Begleitpublikation jedoch auch erkennen, wie die Erfordernisse der Aufnahme die soziale Realität noch über den Grad der im Film erkennbaren Inszenierung hinaus dominierten.

»Das Seil, dessen Herstellung im Film gezeigt wird, wurde auf einer Felsplatte in der Nähe seines Gehöftes am 22. Februar 1966, spätnachmittags gedreht. Amadou stand während der Arbeit unter Zeitdruck, da er bei einer gleichzeitig stattfindenden Totenfeier als Trommler benötigt wurde. Hinzu kam noch, daß ihm die Zuschauer seine Arbeit erschwerten, da er aus filmtechnischen Gründen mehrere Arbeitsvorgänge wiederholen mußte und solche Wiederholungen als handwerkliche Schwächen ausgelegt wurden.«[113]

Von dem in seiner filmischen Darstellung auf partikulare Einzelphasen reduzierten Vorgang kann sich der Zuschauer nur schwer eine der Realität entsprechende Vorstellung als räumlich-zeitlich ausgedehntem Handlungsverlauf bilden. Um dem Zuschauer eine Vorstellung von der räumlichen und zeitlichen Ausdehnung einer Handlung zu geben, müßte der Film selbst einen imaginären raum-zeitlichen

Zusammenhang herstellen, innerhalb dessen sich die filmisch dargestellten Ereignisse abspielen. Dieser Zusammenhang wird mit einem aus der Poetik übernommenen Begriff als Diegese bezeichnet. Der Begriff markiert einen Aspekt der Transformation von realem Raum und realer Zeit in filmischen Raum und filmische Zeit. Der Begriff beschreibt gewissermaßen den über die Leinwand hinaus erweiterten imaginären Rahmen eines Films, innerhalb dessen die filmische Darstellung als sinnvoll eingeordnet werden kann. Die Diegese ist nicht identisch mit dem Realitätseindruck des fotografischen Bildes. Sie schließt durch die Imagination des Zuschauers auch die Realitätsaspekte ein, die nicht sichtbar oder hörbar Teil der filmischen Darstellung sind, die aber als Ereignisse außerhalb der filmischen Darstellung diese selbst erklären.[114] Die diegetisch richtige Darstellung ist für das Verständnis selbst einfachster Vorgänge von großer Bedeutung. Die diegetisch falsche Darstellung bedeutet in dem beschriebenen Beispiel, daß die Verdichtung realer Zeit zu filmischer Zeit durch das sprunghafte Anwachsen eines Rindenbündels, das durch Schnitte zwischen den sich ständig wiederholenden Arbeitsvorgängen gezeigt wird, über den realen Zeitaufwand für seine Herstellung überhaupt nichts aussagt, weil sich der Zuschauer weder durch einen Vergleich mit der eigenen Erfahrung noch durch die Erzählzeit des Films eine Vorstellung von der zeitlichen Dimension des Vorgangs machen kann.

Die Diegese hat mit dem Wirklichkeitsgehalt als Kriterium der Wissenschaftlichkeit eines Films nichts zu tun, weil sie nichts über die Übereinstimmung von filmischer Darstellung und nichtfilmischer Wirklichkeit sagt. Vielmehr bezieht sich der mit der Diegese beschriebene Sachverhalt darauf, wie die filmische Darstellung ein eigenes Raum-Zeit-Kontinuum konstituiert. Während mit dem Begriff des Wirklichkeitsgehalts Vorstellungen von einer im Film konservierten Realität verbunden sind, macht der Begriff der Diegese bewußt, daß Realität weder stückweise noch graduell filmisch konserviert werden kann. Die mit dem Begriff der Diegese beschriebene Umwandlung von Realzeit in Filmzeit verhindert die Möglichkeit einer totalen Wirklichkeitsabbildung im Sinn der Wirklichkeitskonservierung oder des Wirklichkeitsgehalts.[115] Film kann überhaupt nur einen Eindruck von Realität wiedergeben, nicht aber diese selbst. Die Verwendung geeigneter Stilmittel kann allerdings den Realitätseindruck der Darstellungen im Sinn größtmöglicher Analogie von filmischer Darstellung und dargestelltem Ereignis verstärken, so daß die diegetisch richtige Gestaltung der filmischen Ereignisse eine Voraussetzung des Realitätseindrucks ist.[116]

In den Erörterungen zur wissenschaftlichen Dokumentation dominieren Fragen der Aufzeichnungsqualität der Kamera und des Films. Ziel dieser Erörterungen ist es, Filmaufnahmen so zu gestalten, daß sie der Kulturkreislehre als Beweis- und Illustrationsmittel dienen können. Inszenierung und Gestaltung dieser Filme sind Teil einer wissenschaftlichen Praxis, deren Maßstäbe die distanzierte Neutralität gegenüber der beobachteten Realität und deren Reduktion auf die der Beobachtung zugänglichen Phänomene sind. Als Objekte ihres Interesses isoliert und präpariert diese wissenschaftliche Praxis die beobachteten Phänomene, um sie ohne Störung durch die Handelnden untersuchen zu können. Diese Konstitution des Phänomens als wissenschaftliches Faktum blendet der Film aus, indem das dargestellte Ereignis als ein sich selbst inszenierendes gezeigt wird. Weil die Filme als Beweis- und Illustrationsmittel hergestellt werden, ist aus ihnen wenig mehr zu erfahren, als der wissenschaftliche Zuschauer nicht ohnehin wüßte. Wahrscheinlich ist dies neben ihrer mangelhaften filmisch-visuellen Gestaltung der Hauptgrund, warum die Filme der Enzyklopädie im Forschungsprozeß so gut wie gar nicht verwendet werden.[117]

Die ungenügende sozialhistorische Lokalisierung und Kontextualisierung der filmisch dargestellten Ereignisse sind das Resultat einer Filmkonzeption, die kulturelle Objektivationen isoliert, um sie gemäß dem eigenen wissenschaftlichen Verständnis als Beleg zu dokumentieren. Demgegenüber sieht Karl Heider die spezifische Qualität der filmischen Aufzeichnung im Gegensatz zum Konzept der Enzyklopädie-Filme darin, daß sehr viele Aspekte gleichzeitig und in komplexer Beziehung zueinander aufgezeichnet werden können.

Die Wissenschaftlichkeit eines Films bestimmt Heider nicht als dessen Wirklichkeitsgehalt, sondern als dessen Ethnographizität (ethnographicness). Deren Kriterien sind an den Prinzipien ethnographischer Feldforschung orientiert. Neben der wissenschaftlichen Anlage der Beschreibung und Analyse, langer und intensiver Feldarbeit, Konzentration auf die sichtbaren Erscheinungen und Manifestationen einer Kultur, dem wissenschaftlichen Wahrheitsanspruch nennt Heider Holismus als eines der wichtigsten Merkmale ethnographischer Arbeit. Darunter versteht er die möglichst ganzheitliche Darstellung eines Ereignisses oder einer Person sowie deren umfassende Kontextualisierung.

Aus diesem Grund fordert Heider, daß ganze Körper gezeigt werden, weil diese an der Interaktion beteiligt sind. Dagegen enthalten Großaufnahmen einzelner Körperteile oder Schnitte dem Zuschauer wichtige Informationen einer Interaktion vor. Den holistischen Prinzipien gemäß und den Darstellungsmöglichkeiten des Films entsprechend verlangt Heider, daß nicht anonyme und unüberschaubare Personengruppen, sondern einzelne Individuen beobachtet und von diesen ganzheitliche Porträts gegeben werden. Von Handlungen dürfen nicht nur die auffälligsten und herausragenden Augenblicke dargestellt werden, sondern es müssen auch deren Vorbereitungen und Auswirkungen berücksichtigt werden.[118]

Heider entwickelt sehr weitreichende normative Anforderungen für die Gestaltung ethnographischer Filme, die sowohl Einzelheiten des Bildausschnitts, der Kameraführung, des Schnitts und der Montage festlegen als auch den Stil des ethnographischen Films insgesamt als realistisch charakterisieren. Diese Vorstellungen von der Gestaltung ethnographischer Filme entsprechen weitgehend den Standards des beobachtenden Films. Vor allem die Rolle des Filmemachers wird als die eines unauffälligen, zurückhaltenden, distanziert neutralen Beobachters bestimmt, der nicht in die Ereignisse eingreift und seinen Einfluß auch in der filmischen Gestaltung so weit wie möglich zu reduzieren versucht. Solche filmische Beobachtungen setzen entsprechende technische Möglichkeiten voraus, insbesondere die Mobilität einer Kamera, die ohne Stativ aus der Hand bedient werden kann, um dem Verlauf von Handlungen und der Tätigkeit von Personen folgen zu können. Darüber hinaus erfordert die umfassende Beobachtung von Handlungsverläufen eine relativ große Aufnahmekapazität der Filmkassetten und ein batteriebetriebenes Kameralaufwerk. Diese technischen Innovationen werden mit zeitlicher Verzögerung zwischen 1950 und 1960 eingeführt und bis etwa 1960 zu ästhetischen Standards der Dokumentarfilmproduktion entwickelt. Konsequent beginnt für Heider eine systematische Beziehung zwischen Film und Ethnographie erst nach dem Zweiten Weltkrieg.[119]

Vor allem David MacDougall hat auf die methodisch-konzeptuelle Affinität des beobachtenden Films mit Vorstellungen von Neutralität und Objektivität wissenschaftlicher Beobachtung hingewiesen.[120] MacDougalls eigene Filmarbeit wird von Heider als beispielhaft in der Umsetzung der Kriterien der Ethnographizität beschrieben.[121] MacDougall setzte sich jedoch in seinem Aufsatz mit dem programmatischen Titel »Beyond Observational Cinema« kritisch mit dem Konzept des beobachtenden Films auseinander und entwickelte ein verändertes und erweitertes Konzept des ethnodokumentarischen Films. Dagegen macht Heider die wissenschaftliche Beobachtung zum Maßstab des Films.[122] Reflektieren die Kriterien der

»ethnographicness« die filmischen Beobachtungs-, Darstellungs- und Ausdrucksmöglichkeiten angemessen oder nutzen sie auf verändertem technischem Niveau den Realitätseindruck filmischer Darstellungen ähnlich wie die Enzyklopädie-Filme, um die Konstitution des Dargestellten als Objekt wissenschaftlicher Erkenntnis zu eliminieren, indem es in der filmischen Darstellung als faktisch erscheint?

Auf einer vom Institut für den Wissenschaftlichen Film (IWF) veranstalteten Tagung wurde zwischen Hans-Ulrich Schlumpf und Irenäus Eibl-Eibesfeldt eine Kontroverse ausgetragen, in der es um die Kriterien des wissenschaftlichen Films ging. Die von beiden Kontrahenten vertretenen Positionen sind von fundamentaler Bedeutung für die Konzeptualisierung einer wissenschaftlichen Filmarbeit. Schlumpf präsentierte auf der Tagung seinen Film *Guber – Arbeit im Stein*. Der Film schildert die Arbeit in einem Steinbruch in den Voralpen, in dem Arbeiter verschiedener Nationalität in archaischer Technik Pflastersteine herstellen.[123] Nach der Vorführung erfuhr Schlumpf nach eigener Darstellung viel Zustimmung, aber auch harte Ablehnung. Besonders der Verhaltensforscher Irenäus Eibl-Eibesfeldt anerkannte zwar die gestalterische Qualität des Films, bestritt aber dessen Wissenschaftlichkeit. Eibl-Eibesfeldt selbst hat mit dem und für das IWF umfangreiche Filmdokumentationen angefertigt, in denen er versucht, seine Theorien der Humanethologie durch Beobachtungen und Dokumentationen bei den Eipo auf Indonesien zu bestätigen.[124]

Es handelt sich bei der von Eibl-Eibesfeldt vertretenen Humanethologie um einen Ansatz in der Nähe der Verhaltensforschung, deren Ziel es ist, Konstanten menschlichen Verhaltens in verschiedenen Situationen des Alltagslebens zu beschreiben. Um die beobachtete Situation möglichst wenig zu stören, täuscht Eibl-Eibesfeldt die aufgenommenen Menschen, indem er Knickoptiken und Spiegelobjektive verwendet, so daß das Kameraobjektiv nicht in die Aufnahmerichtung zeigt. Darüber hinaus bedient sich Eibl-Eibesfeldt bei seinen filmgestützten Beobachtungen vor allem des Zooms. Mit dieser Technik können Einstellungsgröße und Bildausschnitt ohne Wechsel des Kamerastandorts verändert werden, indem die Brennweite des Objektivs durch bewegliche Linsen zwischen dem Weitwinkel- und Telebereich stufenlos variabel gestaltet wird. Die stufenlose Veränderung der Objektivbrennweiten simuliert eine Kamerabewegung auf das Objekt zu oder von diesem weg von einem fixierten Beobachterstandpunkt aus. Weder muß sich die Kamera bewegen noch muß zwischen den Einstellungen geschnitten werden. Auf diese Weise erweitert die Zoomtechnik bei entsprechender Aufnahmekapazität der Filmkassette und des Kameralaufwerks die Möglichkeiten der kontinuierlichen Beobachtung in langen ungeschnittenen Einstellungen.

Gegen Eibl-Eibesfeldts Vorgehen wendet Schlumpf ein, daß die Anwesenheit des Forschers und erst recht der Kamera bereits Eingriffe in den Ablauf der Ereignisse sind, die auch durch den Einsatz technischer Tricks nicht völlig ausgeschaltet werden können. Abgesehen von den ethischen Problemen und sozialen Schranken, die sich bei einer solchermaßen distanzierten Beobachtung stellen, konzediert Schlumpf die Brauchbarkeit des Films als Aufzeichnungsapparat und die Suggestivität des Realitätseindrucks der filmischen Aufzeichnung, die sie als wissenschaftliches Beweismittel in besonderer Weise glaubwürdig macht. Grundsätzlich anders als bei der filmischen Aufzeichnung von biologisch-physiologischen Bewegungsvorgängen verhält es sich jedoch, wenn mit dem Film versucht wird, komplexe soziale Sachverhalte wie Tanz, Ritual, Arbeitsablauf – Schlumpf orientiert sich mit der Themenwahl an den von Eibl-Eibesfeldt auf der Tagung vorgestellten Filmen – darzustellen.

»In diesem Falle gelten andere Gesetze als die der ›Datenerhebung‹ und der ›Sample-Technik‹, dann gelten die Gesetze der *Filmsprache*, die ihr eigenes Vokabular, ihre eigene Grammatik und Syntax hat, und die wie jede lebendige Sprache historisch gewachsen ist und sich dauernd weiterentwickelt. Die Wissenschaftlichkeit solcher Filme ist deshalb auch an anderen Kriterien zu prüfen.«[125]

Schlumpfs Argumentation geht davon aus, daß der Film eine vom menschlichen Auge und von der menschlichen Wahrnehmung verschiedene räumlich-zeitliche Realität konstituiert. Insbesondere an der von Eibl-Eibesfeldt bevorzugten Verwendung der Zoomtechnik weist Schlumpf das fundamentale Mißverständnis einer filmischen Beobachtung und Darstellung nach, die den Film analog zur Beobachtung mit dem bloßen Auge als Instrument ausdauernder und unbestechlicher Beobachtung konzeptualisiert. Weil sie einen fließenden Übergang zwischen verschiedenen Bildausschnitten und Einstellungsgrößen ohne Veränderung des Kamerastandpunkts und ohne Wechsel des Objektivs erlaubt, simuliert die Verwendung des Zooms eine ununterbrochene und authentische Beobachtung. Der Realitätseindruck der filmischen Darstellungen wird gesteigert, indem der Schnitt zwischen den Einstellungen eliminiert wird.

Jeder Schnitt bedeutet aber einen Zeitsprung, und technisch wird ein Schnitt mindestens durch das Ende einer Filmkassette oder eines mechanisch bzw. elektrisch betriebenen Kameraaufwerks erzwungen, was Schlumpf eine Kameraeinstellung (das in der Kamera belichtete Material) nennt. Im fertigen Film wird eine Einstellung jedoch nur selten durch die Kapazität der Aufnahmetechnik bestimmt. Vielmehr ist die Verknüpfung von Einstellungen das Resultat einer bewußten Montage zeitlich, räumlich und/oder inhaltlich disparater Teile. Wechsel verschiedener Einstellungsgrößen oder perspektivisch verschiedener Aufnahmen desselben Gegenstandes werden zur Dramatisierung der Darstellung oder zur Steuerung der Aufmerksamkeit genutzt. Der Zuschauer setzt diese verschiedenen Einstellungen gemäß seinen historisch und individuell entwickelten Rezeptionserfahrungen assoziativ, emotional und/oder logisch zueinander in Beziehung. Anschaulich demonstriert Schlumpf, wie allein durch die Möglichkeiten der Kameraeinstellung, die die Chronologie der Ereignisse noch gar nicht verändert, sondern lediglich selektiv aufnimmt, Geschichten erzählt werden können.

»Der in Einstellungen gedrehte sowie der fertig geschnittene Film baut sich also von Schnitt zu Schnitt, von Einstellung zu Einstellung auf. Wie wir gesehen haben, ist jeder Schnitt
       ein Schluß,
       eine Folgerung,
       eine Assoziation,
       eine Behauptung,
       eine Geschichte,
und damit Teil jener Fiktion, die sich der Macher oder die Macherin des Films erdacht haben. Was wir am Schluß auf der Leinwand oder am Bildschirm sehen, ist genauso ein Konstrukt wie im Spielfilm, *im besten Falle eine Rekonstruktion der Wirklichkeit.*«[126]

Schlumpfs Formulierung vom Film als Rekonstruktion der Wirklichkeit ist irreführend, wenn sie nahelegt, daß die Qualität eines wissenschaftlichen oder dokumentarischen Films an dessen Grad der Übereinstimmung mit der Realität gemessen wird. Jeder Film konstruiert eine eigene filmische Wirklichkeit. Wenn der Film ein eigenständiges raum-zeitliches Kontinuum konstituiert, ist die Frage nach seiner Wissenschaftlichkeit nicht anhand des Grads der Übereinstimmung mit der Realität zu beantworten. Vielmehr muß untersucht werden, wie der Film seine eigene

Realität konstruiert und wie der Film auf die außer-/vorfilmische Realität verweist. Nachdem er die Differenz zwischen einer Kamera- und Filmeinstellung zur direkten zeitlichen Wahrnehmung demonstriert hat, vergleicht Schlumpf die direkte Raumwahrnehmung mit der filmischen Raumdarstellung. Die Unterschiede zwischen der Raumwahrnehmung mit dem menschlichen Auge und mit einem Kameraobjektiv sind offensichtlich und fundamental.

»Das Bild der Welt, welches die Kamera produziert ... ist im Gegensatz zu unserem Hirnbild der Welt *eindimensional und unidirektional.* Es ist nicht mehrdimensional kugelförmig, sondern viereckig. Natürlich ist die *Viereckigkeit des Bildes* wiederum eine menschliche Wahl, die optische, vor allem kulturhistorische Gründe hat.«[127]

Schlumpfs Formulierungen könnten so verstanden werden, als handle es sich bei den technischen Möglichkeiten des Kameraobjektivs um eine im Vergleich mit dem Auge reduzierte Raumwahrnehmung. Tatsächlich handelt es sich um einen Vorgang der Transformation direkter Raum-Zeit-Wahrnehmung in ein filmisches Raum-Zeit-Kontinuum und die räumliche Wahrnehmung durch das Kameraobjektiv ist von der des menschlichen Auges verschieden. Mit einer didaktischen Anschaulichkeit und Simplizität, die auf jeden eigenen weiterreichenden Theorieanspruch verzichten kann, widerlegt Schlumpf die Voraussetzungen eines Konzepts des wissenschaftlichen Films als einem technikgestützten Abbild der Realität, indem er die realitätsstrukturierenden und -konstituierenden Funktionen der filmischen Technik selbst nachweist.

Wenn die Funktionsweisen der filmischen Technik dazu führen, daß die Realität nicht direkt abgebildet werden kann, sondern bei der Aufzeichnung den Gesetzen dieser Technik entsprechend strukturiert wird, dann kann der Grad der Analogie oder Übereinstimmung der filmischen Darstellung mit dem außer- oder nichtfilmischen Ereignis kein Kriterium der Wahrheit oder Wissenschaftlichkeit des Films sein. Weil sowohl das Konzept des Wirklichkeitsgehalts als auch das der »ethnographicness« die Übereinstimmung der filmischen Darstellung mit dem außer- oder nichtfilmischen Ereignis zum Kriterium der Wissenschaftlichkeit des Films machen, reflektiert keines von beiden die Kriterien der Wissenschaftlichkeit gemäß den Bedingungen der filmischen Technik. Vielmehr stellt für beide Konzepte die Eliminierung aller als störend und verzerrend empfundener Eingriffe während der Aufnahme und bei der Bearbeitung des Materials der Maßstab der Wissenschaftlichkeit dar, weil auf diese Weise die von der Kamera aufgezeichneten Phänomene als wissenschaftliche Fakten erscheinen. Aber die Kamera zeichnet im fiktionalen Film in genau der gleichen Weise die vor ihr befindlichen Motive und Menschen auf wie im dokumentarischen Film. Die Bilder haben im fiktionalen und dokumentarischen Film die gleiche visuelle Präsenz und Evidenz. Auch eine wissenschaftliche Dokumentation ist ein Film, der die Realität entsprechend den Regeln und Gesetzen der filmischen Darstellung repräsentiert. Der Unterschied zwischen einem fiktionalen und einem dokumentarischen Film kann höchstens darin bestehen, wie der Film auf die außer- und vorfilmische Realität verweist. Das gilt auch für die wissenschaftliche Dokumentation.

Die Ablehnung aufnahme- und montagetechnischer Gestaltung erhöht nicht die Objektivität, den Wirklichkeitsgehalt oder die Wissenschaftlichkeit des Films. Vielmehr ist sie selbst ein Element der Sprache des Films, dessen Funktion darin besteht, die Konstitution der filmischen Darstellung als Repräsentation der Realität ebenso wie die Konstitution des wissenschaftlichen Objekts als reales Faktum durch die filmische Darstellung unsichtbar zu machen. Wissenschaftstheoretisch formuliert, bedeutet Schlumpfs Argumentation, daß die filmische Repräsentation der Wirklichkeit ihr Objekt ebenso konstituiert wie die Wissenschaft.[128]

Als strukturierte Realitätsaneignung und -darstellung ist der Film kein Abbild der Realität, sondern ein Medium der Kommunikation. Entsprechend muß der Film als eine Form der Kommunikation beschrieben und analysiert werden. Darauf macht Schlumpf aufmerksam, indem er den Film eine Sprache mit eigenen Gesetzen, eigenem Vokabular, eigener Grammatik und Syntax nennt. Um den Unterschied zu dem Konzept eines wissenschaftlichen Films, das diesen zu nichts anderem als zur Aufzeichnung von Daten verwenden will, hervorzuheben, ist die Analogie zwischen Film und Sprache angemessen. Diese Analogie macht bewußt, daß der Film Realität regelhaft repräsentiert und intentional als Äußerung eines Autors oder Sprechers in einem sozialen und interaktiven Kontext zu verstehen ist.[129]

Der Film unterscheidet sich jedoch auch von der Sprache in wesentlichen Aspekten. Ein (Film-)Bild sagt nicht: »Ein Mann geht über die Straße«, sondern es zeigt, wie er geht, wie er gekleidet ist, ob er groß oder klein ist, es zeigt die Straße, Fahrzeuge, Gebäude, den Himmel, das Wetter, Dinge, die mit dem Gehen, auf das es einer ethologischen Beobachtung vielleicht allein ankommt, nichts zu tun haben. Das

(Film-)Bild besteht gegenüber der Sprache aus einer Vielzahl von konkreten Einzel- und Detailbestimmungen, die einerseits eine sprachlich kaum erreichbare Präzision und Komplexität der Beschreibung erreichen, aber andererseits nahezu unendlicher symbolischer Deutung offenstehen.

Fragwürdig ist die Analogie von Film und Sprache, wenn sie durch die Übernahme linguistischer Begriffe wie Grammatik oder Syntax suggeriert, daß es für den richtigen Aufbau eines Films normativ gültige Regeln wie für die Sprache gibt. Das ist jedoch allenfalls für stark standardisierte Produkte der Fall, zu denen die nach verbindlichen Leitlinien hergestellten Enzyklopädie-Filme des IWF gezählt werden können. Normative Regeln gelten aber für den dokumentarischen Film höchstens als Konventionalisierung bestimmter Darstellungsverfahren und Gestaltungsregeln, die so weit verbreitet sind, daß sie die Erfahrung eines Publikums als dessen Rezeptionserwartung und Filmwahrnehmung steuern. Die konventionalisierten Standards der Darstellung und Gestaltung hat für den ethnographischen Film vor allem David MacDougall in Texten reflektiert, die seine eigene Filmarbeit seit etwa 1970 kommentierend begleiten.

2.4. David MacDougalls Auseinandersetzung mit Darstellungskonventionen des ethnographischen Dokumentarfilms

Entwicklungen wie die leichte, aus der Hand zu bedienende 16mm-Kamera in Verbindung mit der tonsynchronen Aufnahme veränderten durch die große Mobilität der Aufnahmetechnik sowie den vergleichsweise kleinen und unauffälligen technisch-apparativen Aufwand die Möglichkeiten filmdokumentarischer Beobachtung. Im Ergebnis führten diese Entwicklungen hinsichtlich des Authentizitätsanspruchs zu einem paradigmatischen Wechsel im Dokumentarfilmverständnis, das sich konzeptuell mehr an den Standards wissenschaftlicher Beobachtung als an der eigenen Gattungsgeschichte orientierte. Die technischen Innovationen erschienen als Perfektionierung authentischer Realitätsabbildung, weil sie die Störung der beobachteten Ereignisse durch die Aufnahme reduzierten. Neben anderen hat vor allem David MacDougall die Strategien des beobachtenden Films für die Ethnographie adaptiert. Eine besondere Bedeutung für die Diskussion des ethnographischen Dokumentarfilms hat MacDougall jedoch auch, weil er den Film als eigenständige Diskursform versteht. In seinen Texten reflektiert MacDougall nicht nur seine eigene Filmpraxis, sondern Grundlagen des ethnographischen Films.

In seinem 1975 erschienenen Aufsatz mit dem programmatischen Titel »Beyond Observational Cinema« setzt sich MacDougall mit einer Form des Dokumentarfilms, die durch die ästhetische Konzeptualisierung der technischen Innovationen vor allem in Nordamerika und von ihm selbst praktiziert wurde, kritisch auseinander. Zunächst resümiert er die charakteristischen Merkmale und die historische Entwicklung des beobachtenden Dokumentarfilms. MacDougall beschreibt, daß das Konzept des beobachtenden Dokumentarfilms als Imitation von Spielfilmen entwickelt wurde, die als besonders realistisch empfunden wurden. Ausdrücklich erwähnt er die Vorbildfunktion des italienischen Neorealismus. Während in der Tradition des Dokumentarfilmgenres, wie sie vor allem durch die britischen Filme sowie die sie begleitenden Veröffentlichungen von Grierson und Rotha repräsentiert wurde, die ästhetische Sensibilität und Kreativität des Künstlers bei der Gestaltung des Materials (»creative treatment of actuality«) zum Zuge kamen, strebten die neuen Filme eine Beobachtung der Realität an, bei der der Einfluß und Eingriff des Dokumentaristen so weit wie möglich reduziert werden sollte, indem sich dieser so unauffällig wie »die Fliege an der Wand verhält«.[130] Im Film selbst sollen die dargestellten Ereignisse so erscheinen, als wären sie auch ohne die Anwesenheit der Kamera in der dargestellten Weise abgelaufen. Der beobachtende Film verzichtet nach Möglichkeit auf einen erklärenden Kommentar und auf Interviews. Der Filmemacher greift nicht ein, er zieht sich vollständig auf die Rolle als Beobachter zurück. Die beobachteten Personen werden nie gebeten, etwas Bestimmtes zu tun. Was er aufzuzeichnen verpaßt hat, läßt der Filmemacher nie wiederholen. MacDougall verweist darauf, daß die Eliminierung des Filmemachers als Subjekt des Handelns und der Kommunikation eine große Ähnlichkeit mit Objektivitätsvorstellungen der distanzierten und neutralen Beobachtung wissenschaftlicher Verfahren aufweist.[131] Die Absicht, die als vorbildlich empfundene Beobachtung des fiktionalen Films auch in der Beobachtung der Realität anwenden zu können, hat dazu geführt, die filmtechnischen Möglichkeiten dokumentarfilmästhetisch als Stil der Beobachtung zu konzeptualisieren. Die technischen Möglichkeiten waren jedoch nicht mehr als notwendige Voraussetzungen, haben aber in keinem Fall den beobachtenden Film hervorgebracht. Die Technik determiniert nicht einen dokumentarischen Stil. Sie kann auch ganz anders als im beobachtenden Film verwendet werden.

Die Alternative zum beobachtenden Film beschreibt MacDougall als »participatory cinema«. Die Strukturmerkmale und die Vorgehensweise dieses Ansatzes entwickelt MacDougall am Beispiel des Films *Chronique d'un Eté* von Jean Rouch und Edgar Morin. Das »participatory cinema« zeichnet sich vor allem dadurch aus, daß die Präsenz des Filmemachers und der Kamera als katalysatorische Wirkung auf die beobachteten Ereignisse und dargestellten Personen gezielt genutzt wird. Partizipation wird sowohl in dem Sinn verstanden, daß der Filmemacher zum Handelnden in der Lebenswelt der Dargestellten wird, als auch in dem, daß die im Film Dargestellten selbst die Entstehung und Gestaltung des Films beeinflussen.[132] Indem Rouch und Morin nicht nur ihren Eingriff während der Aufnahme und in der Entwicklung des Gesamtkonzepts des Films darstellen, sondern die stimulierenden Möglichkeiten der Kamerapräsenz und spezifische Formen der psychodramatischen Inszenierung und Selbstinszenierung forcieren, werden die Filmaufnahmen als ein sozialer und kommunikativer Prozeß reflektiert. *Chronique d'un Eté* repräsentiert eine zum beobachtenden Film alternative Variante der Verwendung der innovativen Aufnahmetechniken, um den Prozeß der Entstehung des Films, die Filmemacher in der Interaktion mit den dargestellten Personen sowie unterschiedliche Perspektiven und Wahrnehmungen der Ereignisse darstellen zu können.

In seinem 1984 auf Deutsch erschienenen Aufsatz »Ein nichtprivilegierter Kamerastil« entwickelt MacDougall seine Forderung nach einem »participatory cinema« für die Kameraarbeit weiter. Am Beispiel der Aufnahme eines Gesprächs für seinen 1968 in Uganda entstandenen Film *To Live with Herds* beschreibt MacDougall, wie er den Traditionen und Konventionen des Spielfilms verpflichtet ist, ohne sich dessen bewußt zu sein. Zunächst nahm er das Gespräch aus verschiedenen Blickwinkeln auf, die im fertigen Film abwechselnd montiert werden sollten. Genau diese Montage wurde aber verworfen. Denn »durch das Zusammenschneiden verschiedener Kameraeinstellungen hätten wir nach unserem Empfinden dem gefilmten Geschehen seine Unmittelbarkeit genommen und stattdessen die Illusion eines fiktionalen Films vermittelt, was sich mit der Vorstellung von wirklichen Menschen, die sich in einer Siedlung aufhalten und reale andere Menschen filmen, nicht vereinbaren läßt.«[133]

Den Kamerastil des Spielfilms nennt MacDougall privilegiert und meint damit Perspektiven, Bewegungen, Blickrichtungen und Ansichten, die in der alltäglichen Seherfahrung nicht vorkommen. »… zum Beispiel ein aus einem Kamin durch die Flammen hindurch aufgenommenes Bild oder ein Blick durch einen Spiegel oder eine Wand oder vielleicht eine verzerrte oder surrealistische Aufnahme, wie beispielsweise die Einstellung vom Schoß eines dicken Mannes aus mit Blickrichtung auf seine Nasenlöcher.«[134]

Privilegiert ist aber auch der Authentizitätseindruck einer Beobachtung durch eine allwissende und allgegenwärtige Kamera, die der beobachtende Film vom Spielfilm als Vorbild übernimmt. Durch die Identifikation mit dieser Kameraperspektive scheint sich der Zuschauer wie ein unsichtbarer Beobachter ohne Grenzen in Zeit und Raum bewegen und ohne Rücksicht auf soziale Konventionen Einblick in das Leben der dargestellten Menschen bekommen zu können. Diese scheinen mit der Kamera und dem Filmemacher nicht zu kommunizieren. Die Ereignisse werden nicht aus der Perspektive von beteiligten Menschen dargestellt, sondern aus der Perspektive eines idealen freibeweglichen Beobachters.

Offensichtlich geht es beim Konzept des nichtprivilegierten Kamerastils nicht in erster Linie um einzelne ästhetische Stilisierungen von Kameraeinstellungen oder Perspektiven, sondern darum, wie der Filmemacher im Film selbst präsent ist. Hervorgegangen aus der Auseinandersetzung mit dem Realitäts- und Authentizitätseindruck des beobachtenden Films will MacDougall mit dem nichtprivilegierten Kamerastil den Film als ein artifizielles Produkt der sozialen und physischen Auseinandersetzung des Filmemachers mit seinem Stoff kenntlich machen. So läßt der nichtprivilegierte Kamerastil erkennen, »daß Filmemacher menschlich fehlbar, im physischen Raum und in der Gesellschaft verwurzelt sind, vom Zufall gelenkt und von begrenzter Wahrnehmung – und daß man Filme in diesem Bewußtsein entschlüsseln muß.«[135]

MacDougalls Formulierungen zum nichtprivilegierten Kamerastil schließen das Mißverständnis nicht aus, daß der Zuschauer in das gleiche unmittelbare Verhältnis zum Dargestellten gebracht werden soll wie der Filmemacher bei der Aufnahme.[136] Eva Hohenberger hat daraus die Schlußfolgerung gezogen, daß MacDougall die grundlegende filmische Illusion, den Effekt des »So ist das Leben«, nicht in Frage stellt. Hohenberger entwickelt ihre Kritik ausgehend von einer Textstelle, in der

MacDougall den Film *Celso and Cora*, der sich mit zwei Straßenverkäufern gleichen Namens in Manila beschäftigt, als gelungenes Beispiel eines nichtprivilegierten Kamerastils zitiert. Außer der Kameraführung selbst, die Perspektiven vermeidet, die den dargestellten Personen nicht zugänglich sind, weist MacDougall auf die Verwendung von Schwarzfilm zwischen den Einstellungen als Merkmal des nichtprivilegierten Kamerastils hin. Für MacDougall ist diese Verwendung von Schwarzfilm ein Merkmal des nichtprivilegierten Kamerastils, weil die Illusion eines kontinuierlichen Zeitflusses zerstört wird.[137] Für Hohenberger zeigt diese Einschätzung der Wirkung des Schwarzfilms zwischen den Einstellungen, wie sehr MacDougall die imaginative Kraft des Films unterschätzt. Denn nach ihrer Ansicht wirkt die Verwendung des Schwarzfilms genau umgekehrt, als Steigerung des Realitäts- und Authentizitätseindrucks, weil sich der Zuschauer zwischen den Einstellungen entweder den Wechsel des Films in der Kamera vorstellt oder den Verlauf der vorangegangenen Einstellung ergänzt, »bis sich sozusagen der Vorhang vor dem Realen, hinter dem es die ganze Zeit gewartet hat, wieder erhebt.«[138]

Hohenberger hat sicher recht, wenn sie MacDougalls Vergleich der Verwendung des Schwarzfilms mit den Zwischentiteln des Stummfilms für falsch hält, weil der Schwarzfilm nicht zur Diegese des Films beiträgt. Allerdings spricht die von Hohenberger unterstellte Wirkung des Schwarzfilms als Steigerung des Authentizitätseffekts gegen die ausdrückliche Intention von MacDougall. Hohenberger kann MacDougall also einen naiven Umgang mit den filmischen Mitteln der Reflexion des Realitätseindrucks vorwerfen, aber nicht dessen erklärte Absicht in Frage stellen, nach Mitteln zu suchen, die den Film als Kunstprodukt kenntlich machen und den Realitätseindruck des kontinuierlichen Zeitflusses vermeiden. Hohenbergers Einwand gegen die Verwendung von Schwarzfilm zur Vermeidung der filmischen Realitätsillusion verdeutlicht vor allem, daß die Gestaltungs- und Darstellungsstrategien zur Reflexion des filmischen Realitätseindrucks historisch betrachtet werden müssen. Nur im Zusammenhang von erreichtem Stand der Filmtechnik, genrebezogenen Darstellungskonventionen und Rezeptionserwartungen sowie im Kontext von Medienerfahrung und -nutzung der Rezipienten können zuverlässige Aussagen über die Wirkung einzelner Aspekte der Filmgestaltung getroffen werden. Dafür scheint Hohenbergers eigenes Modell der Filmwahrnehmung insbesondere durch ahistorische und formalistische Einflüsse ihrer an Lacan orientierten Theorie nicht flexibel genug. Tendenziell geht sie von einer globalen illusionistischen Wirkung filmischer Darstellungen aus und scheint zu unterstellen, daß der Zuschauer durch technisch-apparative Blickzuweisungen mit mechanischer Konsequenz die filmische Darstellung eines Ereignisses mit der Realität verwechselt. Weil sie weder historisch konkrete Rezeptionsweisen noch die aktiven, selbsttätigen und spontanen Anteile des Zuschauers bei der Filmwahrnehmung berücksichtigt, ist die von Hohenberger unterstellte Wirkung der Verwendung des Schwarzfilms nicht überzeugender als die von MacDougall angenommene.[139]

Vor allem MacDougalls Formulierungen zur Sequenzeinstellung als bevorzugtem stilistischem Mittel des nichtprivilegierten Kamerastils provozierten das Mißverständnis, der Filmzuschauer werde in das gleiche unmittelbare Verhältnis zur dargestellten Realität gesetzt wie der Filmbeobachter bei der Aufnahme. Am Beispiel der Filme, die John Marshall in den fünfziger Jahren mit einer mechanisch aufziehbaren Kamera von den Kung in der Kalahari aufgenommen hat, begründet MacDougall den Vorzug der langen und ungeschnittenen Sequenzeinstellung mit dem Argument, daß dieses Stilmittel dem Zuschauer einen der Kontinuität der Wahrnehmung eines Beobachters ähnlichen Eindruck vermittelt.

Der Ethnologe und Filmemacher Ivo Strecker hat dieses Plädoyer MacDougalls für die Sequenzeinstellung in der Auseinandersetzung mit eigenen Filmen adaptiert. Strecker versucht, unmittelbar einen Zusammenhang zwischen kamera- und montagetechnischen Gestaltungsprinzipien einerseits sowie der Feldforschung und wissenschaftstheoretischen Fragen andererseits herzustellen. Strecker knüpft an MacDougalls Überlegung an, daß der nichtprivilegierte Kamerastil der Feldforschungssituation des ethnographischen Beobachters entspricht. Denn dieser kann sich nicht frei und allwissend über zeitlich-räumliche und soziale Schranken hinwegsetzen, sondern ist auf die Kooperation derer angewiesen, bei denen er forscht und filmt.

Die Spannung zwischen Nähe und Distanz, wie sie aus der teilnehmenden Beobachtung des Ethnographen resultiert, sieht Strecker als den wissenschaftstheoretischen Kontext des ethnographischen Films. Der Ethnograph strebt einerseits an, sich in die Kultur oder das soziale Gefüge zu integrieren, die er beobachtet. Dazu muß der Feldforscher die ihm fremden Zielsetzungen und Konventionen der Handelnden respektieren. Als Beobachter bleibt der Feldforscher außerhalb des Zusammenhangs der Handelnden. Der Aufenthalt des Ethnographen in der ihm fremden Welt ist transitorisch. Als seine wahre Bezugsgruppe versteht der Feldforscher die

Wissenschaftsgemeinschaft. Strecker fragt sich, wie diese soziale Distanz im ethnographischen Film dargestellt werden kann, und wie sie sich zu anderen Distanzproblemen, etwa dem von Raum und Zeit zwischen dem Ethnographen und dem Zuschauer des Films, verhält.

Aus der Sicht des Zuschauers geht es Strecker um die Orientierung im ethnographischen Film. Während dem Zuschauer bei Darstellungen seiner eigenen Gesellschaft allenfalls einzelne Elemente eines ansonsten als bekannt vorausgesetzten sozialen Zusamenhangs fremd sind, sieht Strecker die besondere Schwierigkeit des ethnographischen Films darin, daß die darzustellende Situation dem Filmemacher als Beobachter und den Zuschauern insgesamt fremd ist. Daraus leiten sich seiner Ansicht nach besondere Anforderungen an die Strukturierung der filmischen Beobachtung und des Filmmaterials ab. Strecker führt zur Lösung der Problematik der sozialen und räumlich-zeitlichen Distanz im ethnographischen Film den von Karl Bühler entlehnten Begriff der Deixis ein und wendet ihn auf den Film als eine Form der Kommunikation an.

»Im Idealfall gelingt es einem Film, den Zuschauer Schritt für Schritt in das Leben einer fremden Gesellschaft einzuführen, ohne dabei jemals anhaltende Desorientierung hervorzurufen. Er würde die Orts-, Zeit- und Handlungsdimensionen der beobachteten Situation auf solche Weise erfassen, daß sich deiktische Leitfäden ergeben würden, die es dem Zuschauer ermöglichen, sich in den Bildern des Films zurechtzufinden und dem Geschehen zu folgen. Eine deiktisch gute Abfolge von Bildsequenzen würde bei dem Zuschauer eine Urteilsfähigkeit erzeugen, die es ihm erlaubte, über das Gesehene eigene Schlußfolgerungen zu ziehen. Das heißt, die Zuschauer könnten über die im Film gezeigten Sachverhalte zu Schlußfolgerungen kommen, die nicht notwendig mit den Vorstellungen der im Film Dargestellten und/oder den Vorstellungen der Filmenden übereinstimmen.«[140]

Die Sprache dient als Modell, aus dem die Struktur menschlicher Kommunikation erschlossen wird. Das Modell nimmt Sprache als ein System von Zeichen an, das nur von den gemeinsam an einer Sprechsituation Beteiligten verstanden werden kann. Die sprachliche Kommunikation wird als ein Zeigen verstanden. Zeigen bedeutet aber, sich in einem Zeigfeld zu orientieren. Nur wenn das Zeichen in einem vom Zeigenden und Zeichen Empfangenden gemeinsam geteilten Zeigfeld richtig angebracht ist, erfüllt das Zeichen seinen Zweck. »Zeighandlung und Zeigfeld gehören also zusammen und der Zeigende sowie derjenige, dem gezeigt wird, teilen ein gemeinsames Wissen über das Zeigfeld.«[141]

Während dies allgemein von deiktischen Zeichen wie Gesten gilt, wird das Zeigfeld der menschlichen Sprache durch die Zeigwörter »ich«, »hier« und »jetzt« repräsentiert, die eine Kommunikation von Personen beschreiben, die an einer gemeinsamen Sprechsituation beteiligt sind. Schwierig an den deiktischen oder Zeigwörtern ist, daß das, worauf sie sich beziehen, nicht objektiv definierbar ist, sondern in der Kommunikation selbst sich ändert. Diese Bezüge der Zeigwörter sind ausreichend definiert, wenn die kommunizierenden Personen präsent sind. Schrift und Film lösen aber das Gezeigte vom Sichtbaren bzw. Anwesenden ab. Das Zeigen funktioniert trotzdem nicht grundsätzlich anders. Wenn das Gezeigte in Wirklichkeit nicht anwesend ist, so werden die Erfahrungen und Techniken des Zeigens am Anwesenden auf das Abwesende übertragen.

Die Möglichkeit der Imagination des Abwesenden wird am Beispiel einer Theateraufführung erläutert, in der die Schauspieler so handeln, als ob sie eine Schlacht in einer Landschaft mit einem von einer Brücke überspannten Fluß schlagen. Im Unterschied zu solcher Imagination des Abwesenden versetzen Epos und Film den Leser bzw. Zuschauer an den fremden Ort. »Man ist dabei, man wird versetzt in das Innere eines Jie-Gehöfts, auf einen Hof, der ›wie ein geschlossener Raum ohne Dach mit einem sauber gefegten Lehmfußboden‹ ist.«[142]

Streckers Formulierungen legen die Vermutung nahe, daß der Zuschauer durch die Identifikation mit dem Filmenden oder mit der Kamera in gleicher Weise wie der Filmemacher in ein unmittelbares Verhältnis zur dargestellten Realität versetzt wird. Strecker unterstellt die Möglichkeit der Identifikation mit dem ursprünglichen Blick, den der Filmemacher im Feld durch die Kamera wirft. Die deiktischen Möglichkeiten des Films sollen als Identifikation des Zuschauerblicks mit dem Blick des Filmenden durch die Kamera realisiert werden. MacDougalls Texte schließen die Vorstellung nicht explizit aus, den Zuschauer in ein unmittelbares Verhältnis zu den beobachteten Ereignissen zu bringen, entwickeln sie aber auch nicht systematisch als Theorie des ethnographischen Films. Strecker geht in dieser Hinsicht über das von MacDougall anvisierte Dokumentarfilmkonzept hinaus. Das wird insbesondere dann deutlich, wenn Strecker den Begriff des nichtprivilegierten Kamerastils selbstkritisch für die Analyse eines eigenen Films anwendet.

Zur ersten Einstellung seines Films *Der Herr der Ziegen*, die trotz aller Länge nicht lang genug ist, schreibt Strecker: »Die erste Einstellung sollte eindeutig und unverwechselbar die Tageszeit und die örtlichen Strukturen deutlich machen. Durch die unbewegliche, feste Kamera wollte ich bei den Zuschauern eine deiktische Verankerung erzeugen. Die Betrachter sollten die Möglichkeit haben, ihr ›ich‹ nach jenem Gehöft in Südäthiopien zu versetzen und in jenen Morgen hinein. Ich hätte auch mit einer beweglichen Kamera beginnen können, mit Fahrten, Schwenks und Zooms, aber dies hätte nicht unserer eigenen Situation entsprochen, die mehr einem Erwachen und Augenaufschlagen in Dambaiti glich. Denn wir, die Filmenden, waren ja bereits seit langem in Dambaiti, als wir mit dem Filmen begannen. *Der Herr der Ziegen* könnte darum auch heißen: *Wieder einmal ein Tag in Dambaiti*.«[143]

Es ist aber nicht das reale »Ich« des Zuschauers, das nach Südäthiopien gebracht wird, sondern ein in der Imagination des Zuschauers bewegtes »Ich«. Der Zuschauer befindet sich nicht in Äthiopien, sondern ihm wird im Kino ein Bild des Gehöfts gezeigt. Die deiktische Verankerung des Zuschauers kann nicht als Simulation der ursprünglichen Kommunikation gemeint sein, wie sie der Filmemacher als Feldforscher erlebt hat, sondern nur als Konstruktion einer Diegese, die als imaginativer Rahmen dem Zuschauer eine Vorstellung von dem Gezeigten gibt. Diese wird aber nicht durch Simulation der ursprünglichen Felderfahrung des Filmemachers erreicht, sondern sie ist eine Leistung der Gestaltung des Films.

Auch wenn MacDougall immer wieder als ein Vertreter des beobachtenden Films zitiert wird, der sich durch die Reduktion des Eingriffs des Filmemachers in die Aufnahmesituation und das aufgenommene Material auszeichnet, sind seine Filme äußerst komplex und bewußt gestaltet. Weder aus den Texten MacDougalls noch aus seinen Filmen lassen sich Gestaltungskriterien mit solcher Verbindlichkeit ableiten, wie es Strecker suggeriert. Wenn Streckers Ausführungen den Eindruck erwecken, daß die lange ungeschnittene Einstellung die beste Eröffnung eines ethnographischen Films ist, weil sie mit der Feldforschungssituation des Film-Beobachters übereinstimmt, so kann er sich bei dieser Kanonisierung eines Stilmittels nicht auf MacDougall berufen.

Eva Hohenberger hat in einer Analyse des Einstellungsprofils von MacDougalls *The Wedding Camels*, in dem es um Hochzeitsgespräche bei den Turkana in Kenia geht, und der Verwendung von Sprache und Schrift nachgewiesen, wie die Aufmerksamkeit des Zuschauers durch die filmische Gestaltung gesteuert wird. Ein Einstellungsprofil setzt Größe und zeitliche Dauer von Einstellungen zueinander in Bezug. Man kommt dabei zu inhaltlichen Aussagen, indem man den Einstellungsgrößen und ihrer Dauer wahrnehmungspsychologisch begründete Aussagefunktionen zuschreibt. Das ist äußerst fragwürdig, und selbst von Wissenschaftlern, die damit operieren (Wember, Kuchenbuch), wird das Verfahren mit der Einschränkung angewandt, daß für die einzelnen Einstellungsgrößen wie Groß-, Detail-, Normal- und Totalaufnahme nur annäherungsweise Bedeutungen bestimmt werden können. Dazwischenliegende Einstellungsgrößen können wegen undeutlicher Abgrenzung erst gar nicht berücksichtigt werden. Im vorliegenden Fall kann man sich jedoch auf das Verfahren deswegen stützen, weil die Theoretiker des ethnographischen Films bestimmte Einstellungsgrößen und Aufnahmedauern normativ als Stilmittel der Wissenschaftlichkeit bzw. der »ethnographicness« definiert haben. Man kann also mit einem Einstellungsprofil überprüfen, ob die Filme den geforderten Normen entsprechen und wie durch die Filme Diegese und Deixis konstruiert werden, die dem Zuschauer eine Vorstellung von der dargestellten Realität ermöglichen.

Der erste Teil von *The Wedding Camels* ist als Exposition angelegt und führt in das Weltbild der Turkana ein. Die an der Hochzeit beteiligten Personen und die betreffenden Gespräche werden funktional, ohne Rücksicht auf die real ablaufende Zeit, aufeinander bezogen. Die gestaltenden Eingriffe der Filmemacher in das Material sind offensichtlich. Größe und Länge der Einstellungen sind variabel. Einstellungen kleiner Größe verdeutlichen die Konzentration auf Personen und Gespräche für die Kamera. Es wird mehr geschnitten als gezoomt. In dem auf die Exposition folgenden Teil des Films dominieren Einstellungen langer Dauer und größeren Blickfelds. Zwischentitel sind seltener. Der Eingriff der Autoren als gestaltender Instanz ist im ersten Teil erkennbar größer als im zweiten. In diesem entspricht er den Konventionen nicht-eingreifender Filmarbeit, wenn die Schärfe während der Aufnahme nachgestellt oder einem Akteur hinterhergeschwenkt wird.[144]

Während der Beginn des Films als Einführung und Exposition für den Zuschauer erkennbar auf komplexe Weise gestaltet ist, wird er nur in den mittleren Teilen des Films in eine Position vermeintlich direkter Anwesenheit beim Ereignis gebracht. Die Darstellungskonventionen des ethnographischen Films schaffen einen imaginären Raum, in dem sich sowohl die dargestellten Ereignisse abspielen als auch der

Zuschauer aufhält. Erst die Strukturierung des aufgenommenen Materials ermöglicht die Mitteilung der Erfahrung, die der Film-Beobachter gemacht hat. Auch wenn der strukturierende Eingriff in das Material reduziert wird, kann der Zuschauer nicht in das gleiche unmittelbare Verhältnis zur Wirklichkeit gesetzt werden wie der Filmemacher. Der Zuschauer sieht einen Film und hat kein Felderlebnis. Im Bewußtsein von der Bedeutung der Gestaltung des Films spricht MacDougall von der Komplizität der filmischen Darstellung mit der Rezeptionserwartung des Zuschauers. Die Filmrezeption kann zwar zum Ersatz des Felderlebnisses werden, sie erfolgt aber trotzdem nach eigenen und anderen Regeln.[145]

Strecker scheint dagegen mit dem Film die Simulation des ursprünglichen Filmerlebnisses anzustreben. Das zeigt sich besonders deutlich, wenn er nicht nur die Aufnahme während der Beobachtung im Feld, sondern darüber hinaus die Gestaltung des aufgenommen Materials in seine Überlegungen einbezieht. Mit der Montage strebt Strecker eine weitestgehende Rekonstruktion bzw. Entsprechung des originären Erlebnisses des Filmers an. Entsprechend der erklärten Absicht, Realität möglichst authentisch abzubilden, diskutiert Strecker die Montage nicht als filmspezifisches Gestaltungsmittel, sondern in ihrem Verhältnis zur Realität.

»Besonders schlecht gelungen sind die Übergänge von Aufnahme 5 zu 6, zu 7 und 17 zu 18. Richtiger wäre es gewesen, von der in Einstellung 5 gezeigten Position … auf die Landschaft im Vordergrund und dann auf die Ostpforte zu blicken, und dann anschließend den Kuhkraal zu betreten. Dies hätte auf die einfachste Weise der Art entsprochen, in der ich mich gewöhnlich morgens in Dambaiti von den Kuhhäuten vor unserem Haus erhebe, zu Baldambe und seinen Brüdern links vor dem Gehöft schlendere, mit ihnen den Himmel und die aufgehende Sonne betrachte, dann in die Viehgehege gehe, um den Zustand der Herden zur Kenntnis zu nehmen, und danach ins Dunkel einer der Hütten zu tauchen, um dort eine oder sogar zwei Stunden mit unseren Hamarfreunden beim Kaffee zu verbringen.«[146]

Um MacDougalls Ausführungen zum nichtprivilegierten Kamerastil angemessen beurteilen zu können, darf man sie nicht als Anleitung zum Filmen verstehen. Vielmehr muß man berücksichtigen, daß diese Ausführungen im Kontext der Auseinandersetzung mit einem Konzept des beobachtenden Dokumentarfilms entstanden sind. Die Gestaltung des beobachtenden Films täuscht dem Zuschauer nach dem Vorbild des Spielfilms eine weder durch soziale Konventionen noch durch

Raum und Zeit beschränkte Beweglichkeit vor. Die Kamera des beobachtenden Films suggeriert einen unsichtbaren, allwissenden und frei beweglichen Beobachter. Auf diese Weise wird der soziale Zusammenhang, in dem ein Film entstanden ist, zerstört. In ausdrücklicher Abgrenzung gegen diese Kamerastrategien vertritt MacDougall die Ansicht, daß die langen und ungeschnittenen Einstellungen dem Zuschauer den Eindruck der Kontinuität einer authentischen Wahrnehmung des unmittelbaren Beobachters vermitteln können. Die Kanonisierung der langen Einstellung als bevorzugtes stilistisches Mittel des ethnographischen Films läßt sich daraus jedoch nicht ableiten.

Es handelt sich bei den Texten von MacDougall nicht um eine systematisch entwickelte Theorie des ethnographischen Films, aus denen normative Ansprüche abgeleitet werden können, sondern um selbstreflexive Kommentare zur eigenen Filmarbeit, in denen die Möglichkeiten der filmischen Wirklichkeitsdarstellung als wissenschaftliche Diskursform erörtert werden. Die Darstellungskonventionen des ethnographischen Films sieht MacDougall im Kontext der Tradition des europäischen und amerikanischen realistischen Kinos. Dessen Formen eignen sich nicht für die Darstellung jeder Kultur und nicht für alle Aspekte einer Kultur in gleicher Weise. Vielmehr sind es vor allem Ereignisse, deren Verlauf nach den Mustern des Dramas konflikt- und krisenhaft zwischen Individuen verlaufen. Vorausgesetzt wird, daß Krisen und Konflikte die signifikanten Aspekte einer Kultur für die Kamera registrierbar zur Erscheinung bringen. Das ist aber nach MacDougalls eigener Erfahrung mit der Filmarbeit in verschiedenen Kulturen nicht selbstverständlich. Aus diesen Erfahrungen folgt MacDougall nicht nur, daß die Repräsentation verschiedener Kulturen unterschiedliche filmische Verfahren erfordert, sondern er leitet daraus vor allem eine generelle Skepsis gegen die Darstellungs- und Ausdrucksmöglichkeiten des realistischen Kinos ab.

Mac Dougall weist darauf hin, daß sich die Konventionen und Strategien der Exposition, Charakterentwicklung und Dramaturgie des Kinos im wesentlichen aus literarischen und dramatischen Vorbildern entwickelt haben. Dabei vertrauen die Filme vor allem auf das, was die Hauptpersonen in Dialogen äußern und im Verhalten zeigen. Die Aufnahme- und Schnitttechniken haben sich um die Erfordernisse der dramatischen Charakterexposition herum entwickelt. Sowohl die sowjetische Montage als auch der auf Kontinuität ausgerichtete Schnitt verdichten signifikante Handlungselemente und Dialogszenen, um dem Zuschauer die Verhaltensweisen und Gespräche der Personen nahezubringen. Im Dokumentarfilm kommen das Interview oder der in die Kamera gesprochene Monolog als expositorische Techniken hinzu. Daß die Individuen in entscheidungträchtigen Situationen gezeigt werden, begünstigt die Äußerung von Gefühlen und handlungsleitenden Werten. Großaufnahmen, reaction shots und subjektive Kameraeinstellungen vermitteln im gleichen Maß Informationen über die Personen wie sie zur Identifikation mit diesen einladen.[147]

Vom filmtheoretischen und -historischen Standpunkt aus betrachtet, ist MacDougalls Gleichsetzung der Montage Eisensteins mit dem unauffälligen Schnitt, die beide nach Funktion, Intention und Wirkung diametral entgegengesetzt sind, viel zu undifferenziert. Historisch ungenau ist auch MacDougalls Darstellung, wie sich die Krisen- und Konfliktstruktur als Darstellungskonventionen etablieren. Auch wenn diese auf dramaturgische Muster des 19. Jahrhunderts aufbauen, so setzen sich die Regeln des klassischen Dramas im Film erst mit den ökonomischen Forderungen einer industriellen Filmproduktion und vor allem mit dem Tonfilm als dominant durch.[148] Als konstitutives Moment der Dramaturgie des realistischen und des beobachtenden Films hat die Krisen- und Konfliktstruktur jedoch fiktionalisierenden Charakter. Das wird an den Filmen des *Direct Cinema* deutlich, die als dokumentarisches Genre unmittelbar stilbildend den beobachtenden ethnographischen Film beeinflußt haben.

Ein krisenhaftes Ereignis mit starkem Selbstinszenierungscharakter lieferte den Filmen des *Direct Cinema* ein dramaturgisches Muster, das der klassischen Erzählkonstruktion mit einer Exposition, einem Höhepunkt und einer Auflösung des Konflikts folgte. Dieses Muster eignet sich für den beobachtenden Film, weil der Zuschauer sich an dem ihm nicht selten bekannten Ereignisablauf ohne zusätzliche Information in Form eines Kommentars oder von Zwischen- oder Untertiteln orientieren kann. Darüber hinaus nehmen die krisenhaften Ereignisse die Aufmerksamkeit der beteiligten Leute so sehr in Anspruch, daß sie die Anwesenheit eines Filmteams vergessen. Dadurch wird der angestrebte Eindruck gesteigert, daß die beobachteten Ereignisse sich auch ohne die Anwesenheit der Kamera so abgespielt hätten. Leacock und andere Filmemacher des *Direct Cinema* forcierten diese Krisenstruktur, arrangierten sie bisweilen und brachten sie im fertigen Film durch das Schnittkonzept zur Geltung.

Als stilbildendes Vorbild für die konzeptuelle Inauguration der technischen Möglichkeiten im Sinn des *Direct Cinema* wird häufig *Primary* zitiert. Der Film beobachtet einen Vorwahlkampf um die Präsidentschaftskandidatur zwischen John F. Kennedy und Hubert Humphrey. Dramaturgischer Höhepunkt ist das nervöse Warten in Kennedys Wahlkampfbüro auf die sukzessive eingehenden Wahlergebnisse. Der Aufbau des Films wird dominiert von der Parallelmontage. In aufnahmetechnischer und gestaltungskonzeptueller Hinsicht am aufschlußreichsten ist die Sequenz, in der die Kamera den im Wagen ankommenden Kennedy aufnimmt, ihm durch das Spalier seiner Anhänger und die hinteren Bühnenräume des Saales bis auf das Podium folgt. Wenn der Zuschauer die Sequenz genau betrachtet, so bemerkt er, daß der Authentizitätseindruck nicht durch die Beweglichkeit der Kamera allein erzeugt wird. Offensichtlich wurden mit mehreren Kameras Aufnahmen gemacht, die später so geschnitten wurden, daß sie den Eindruck einer durchgängigen Beobachtung erwecken. Trotzdem sind die Sprünge im Vergleich mit dem durch den Spielfilm konventionalisierten unsichtbaren Schnitt deutlich wahrnehmbar, und man muß nicht den Kameramann sehen, aus dessen Perspektive eine Sequenz fortgesetzt wird, um den Schnitt zu bemerken. Aber die Sequenz war so ungewöhnlich, daß in der zeitgenössischen Rezeption kaum bemerkt wurde, in welchem Maß sie gestellt war, um die Strategie und Leistungsfähigkeit des *Direct Cinema* zu demonstrieren. Entgegen dem Eindruck ist der Ton in dieser Sequenz nicht synchron zum Bild aufgenommen. Streng genommen läuft die Asynchronität des Tons als Eingriff in das Material dem Anspruch des *Direct Cinema* ebenso zuwider wie der Wechsel der Kamerastandpunkte.[144] Aber vor allem die Parallelmontage, die eine Konvergenz und Kollision verschiedener Handlungsabläufe konstruiert, ist deutlich als fiktionalisierendes Moment der Gestaltung erkennbar. Die Parallelmontage stellt nicht nur den unterschiedlichen Wahlkampfstil der beiden Politiker kontrastiv dar, sondern erzeugt vor allem Spannung. Die Parallelmontage ist die visuelle Analogie der Konfliktstruktur als Muster der Wahrnehmung sozialer Realität, entspricht aber nicht ihrer unmittelbaren Erfahrung.

Strecker favorisierte die lange ungeschnittene Einstellung als Mittel des nichtprivilegierten Kamerastils, weil dieses Stilmittel der Wahrnehmung des im Feld beobachtenden Ethnographen entspricht. Kurz bevor Strecker MacDougalls Konzept des nichtprivilegierten Kamerastils adaptiert hatte, äußerte er sich unter dem Titel »Die kurze Einstellung« noch ganz anders zu der Möglichkeit filmischer Beobachtung und Wirklichkeitsdarstellung. Strecker vertritt nicht nur die Ansicht, daß sich die kurze Einstellung für die Darstellung standardisierter, normierter und ritualisierter Abläufe eigne. Vielmehr sieht er den Vorteil der kurzen Einstellung in der intensiveren vorfilmischen Beobachtung und Konzeptualisierung der Filmarbeit, um die zu konservierenden repräsentativen Wirklichkeitsausschnitte auszuwählen. Vergleicht man beide Aufsätze, so scheinen sich Streckers Ansichten ins Gegenteil verkehrt zu haben. Allerdings ist die Entscheidung für die lange oder kurze Einstellung nicht durch eine veränderte Auffassung vom Film als Forschungsmittel motiviert. An der Dominanz der vorfilmischen Realität, die der Film abbildgetreu aufzeichnet, hat sich nichts geändert. Die lange Sequenzeinstellung ist für Strecker vor allem deswegen interessant, weil sie den Realitäts- und Authentizitätseindruck des Gezeigten zu steigern und die Filmrezeption als unmittelbare Wiederholung der visuellen Erfahrung des Filmenden für den Zuschauer zu ermöglichen scheint. Immerhin verweist Strecker darauf, daß die Entscheidung zwischen der langen beobachtenden Sequenz und der kurzen Einstellung nicht nur von der Intention des Filmemachers, sondern auch von der zur Verfügung stehenden Technik abhängt. Ihr gilt deshalb der letzte Abschnitt der Untersuchung des ethnographischen Films.

2.5. Eine Stilgeschichte der Kameratechnik

> Jeder Kamerastil
> enthält implizit
> eine Erkenntnistheorie.
> *David MacDougall*

In den Diskussionen über den ethnographischen Film dominierten technische Fragen in dem Sinn, daß die Kamera als Apparat der Wirklichkeitsaufzeichnung betrachtet wurde. Der Realitätseindruck der mit der Kamera aufgezeichneten Ereignisse ist so groß, daß die Aufzeichnung als Wiedergabe der Realität mit wissenschaftlicher Beweiskraft erscheinen konnte. Da die Ethnographen sich nun einmal mit der Wirklichkeit beschäftigen, interessiert sie am Film die Realitätsaufzeichnung und -wiedergabe, und der ethnographische Film ist selbstverständlich ein realistischer Film.[150] Wenn Heider darüber hinaus zwischen einem »descriptive film« und einem »interpretative film« unterscheidet, so handelt es sich um eine

Binnendifferenzierung innerhalb des filmischen Realismus. Heider bezieht seine Unterscheidung darauf, welchen Einfluß ein theoretisches Konzept auf einen Film hat, jedoch nicht darauf, wie ein Film gestaltet ist. Der beschreibende Film ist dadurch gekennzeichnet, daß der Filmemacher die dargestellten Dinge für sich selbst sprechen läßt. Heider nennt als Beispiele für diese Richtung Konzepte der filmischen Beobachtung, bei der der Filmemacher nicht in die Ereignisse eingreift, sondern sich auf die Rolle eines unauffälligen Beobachters mit der Kamera beschränkt. Der fertige Film soll den Eindruck erwecken, daß die Kamera alles so aufgezeichnet hat, wie es sich auch ohne ihre Anwesenheit ereignet hätte. Konsequenterweise gibt es in einem solchen beobachtenden und nicht eingreifenden Film auch kein Interview, und die Bedeutung des Kommentars wird zu reduzieren versucht. Zum beschreibenden Film zählt Heider auch das »participatory cinema«, bei dem entweder die dargestellten Personen an der Entstehung des Films beteiligt sind oder die Anwesenheit des Filmemachers selbst für den Zuschauer erkennbar dargestellt wird.

Der interpretierende Film berücksichtigt nach Heiders Darstellung im Vergleich mit dem beschreibenden Film den theoretisch-konzeptuellen Einfluß des Ethnographen und Filmemachers bei der Herstellung des Films. Der interpretierende Ansatz trägt auf diese Weise dem Umstand Rechnung, daß eine neutrale Einstellung gegenüber der Realität nicht möglich ist. So wie die Kamera durch Bildausschnitt, Perspektive und Einstellungsdauer selektiv wahrnimmt, strukturieren wissenschaftliche Erklärungsmuster und Interpretationen die Gesamtanlage des Films ebenso wie die Beobachtung einzelner Ereignisse und ihre filmische Darstellung.

Nach Heiders Ansicht tendiert der ethnographische Film insgesamt zum interpretierenden Realismus. Bemerkenswert ist, daß nach Heider die Evidenz der filmischen Darstellungen im Gegensatz zur Tragfähigkeit ihrer theoretischen Basis stehen kann. So war John Marshall bei den Aufnahmen zu seinem Film *The Hunters* davon ausgegangen, daß das Buschleutevolk der San in Südwestafrika zum Aussterben verurteilt sei, weil ihm zunehmend die Reproduktionsbasis entzogen werde. Diese Prämisse habe sich als falsch erwiesen, weil die San Strategien entwickelt hätten, die ihnen das Überleben in einer Umwelt mit knapperen Ressourcen ermöglichen. Obwohl sich die theoretische Annahme des Films als falsch erwiesen habe, behalte der Film seine ethnographische Qualität, weil Marshalls Aufnahmen den Kriterien möglichst großer »ethnographicness« entsprechen. Durch lange Einstellungen und Weitwinkelaufnahmen habe Marshall die Prinzipien holistischer Darstellung, nämlich ganze Körper, einzelne Personen und ganze Handlungsverläufe aufzuzeichnen, optimal erfüllt. Dies sichere dem Film ethnographische Qualität, auch wenn seine theoretische Prämisse widerlegt worden sei.

Die Gegenposition eines nicht-realistischen Films wird von Heider nicht mit gleicher Präzision beschrieben. Als Repräsentanten zitiert er Eisenstein und Pudovkin. Unter Berufung auf Kracauer und Bazin weist Heider darauf hin, daß Theorieansätze des realistischen Films den Wirklichkeitsbezug betonen, während die Theorie des nicht-realistischen Films das Verhältnis des Teils zum Ganzen, die Strukturierung der Aufnahmen und die Montage in den Mittelpunkt stellt. Heider versucht, die Stilrichtungen mit verschiedenen Kamera- und Gestaltungsstilen zu identifizieren. Während der realistische Film lange Einstellungen, Weitwinkelaufnahmen und Aufnahmen mit großer Schärfentiefe benutzt, ist der nicht-realistische – Heider spricht von impressionistischem Film – durch Montage, Nahaufnahmen sowie Aufnahmen mit geringer Schärfentiefe gekennzeichnet.[151]

Heider entwickelt seine Argumentation für die als nicht-realistisch empfundene Nahaufnahme am Beispiel des berühmten Kuleshov-Experiments. Kuleshov hatte die immer gleiche Aufnahme eines Schauspielers mit neutralem Gesichtsausdruck in unterschiedliche Zusammenhänge gestellt. Je nachdem, ob die Aufnahme des Gesichts zwischen die Aufnahmen von einem Mädchen, einem Sarg oder einem Brot geschnitten war, meinten die Zuschauer Freundlichkeit, Trauer oder Hunger zu sehen und lobten das ausdrucksstarke Spiel des Schauspielers. Während das Experiment in der Filmliteratur meist als Beispiel für die Wirkung und Ausdrucksmöglichkeiten der Montage zitiert wird, leitet Heider daraus ein Argument gegen die Großaufnahme im ethnographischen Film ab. Denn Voraussetzung der Illusion ist, daß in den einzelnen Einstellungen die dargestellten Dinge und Personen durch Großaufnahme nur minimal kontextualisiert und nicht ganzheitlich zu sehen sind.[152]

Da der ethnographische Film größtmögliche Kontextualisierung der dargestellten Ereignisse anstrebt, um den Darstellungen einen eindeutigen Sinn zu geben, lehnt Heider die Stilmittel des nicht-realistischen Films insgesamt ab. Zur Bestätigung seiner Ansicht, mit welchen Stilmitteln der Eindruck größtmöglicher Objektivität der filmischen Darstellung zu erreichen sei, zitiert Heider eine Untersuchung über die Strategien des Objektivitätseindrucks von Fernsehnachrichtenfilmen. Bevorzugt werden Aufnahmen in Realzeit, eine feste Perspektive in Augenhöhe und eine mittlere Objektivbrennweite. Dagegen werden Zeitraffer und -lupe, Vogel- und Froschperspektive sowie frei bewegliche Kamerafahrten abgelehnt.[153]

Heider präzisiert und schränkt die Bedeutung von Kontextualisierung im Sinn von Objektivität ein. Die Kontextualisierung der filmisch dargestellten Ereignisse soll wissenschaftliche Objektivität garantieren. Darum unterscheidet sich Heiders Argumentation sowohl im Ergebnis wie in ihrer Intention von MacDougalls Ausführungen über den nicht-privilegierten Kamerastil, mit denen sie bis zur Ablehnung und Bevorzugung bestimmter filmischer Strategien übereinzustimmen scheint. Die Begründung ist allerdings eine völlig andere. Die Frage der Kameratechnik wird bei Heider reduziert auf den richtigen Umgang mit dem technischen Apparat und in Analogie zum Feldforschungsverhalten erörtert. Technische und stilistische Entwicklungen erscheinen allenfalls als Annäherungen oder Entfernungen von einem Ideal ethnographischer Darstellung, das für Heider ohnehin mit dem des dokumentarischen Films identisch ist.[154] Vor allem die Entwicklung der technischen Apparatur kann lediglich als kontinuierliche Perfektionierung der mechanischen Aufzeichnung verstanden werden.

Diese Auffassung ändert jedoch nichts daran, daß jeder Film reale Zeit und realen Raum in filmische Zeit und filmischen Raum umwandelt, wie Schlumpf in der Auseinandersetzung mit Eibl-Eibesfeldt deutlich gemacht hat. Schlumpfs Argumentation richtete sich gegen die Vorstellung, daß sich die Wissenschaftlichkeit eines Films am Grad der Neutralität und Zurückhaltung des Filmemachers gegenüber der dargestellten Realität messen läßt. Gemäß dieser Vorstellung müßte ein Film, der reale Zeit als filmische in einem Maßstab 1:1 abbildet, in hohem Maß wissenschaftlich erscheinen. Schlumpf hat gezeigt, daß gerade eine solche Abbildung kamera- und aufnahmetechnisch erhebliche Eingriffe in die beobachtete Realität notwendig macht.[155] Es kann also bei der Erörterung der Kameratechnik nicht darum gehen, wie ein imaginäres Ziel wissenschaftlicher und dokumentarischer Objektivität zu erreichen ist. Vielmehr müssen die Strategien der Transformation realer Raum-Zeit-Zusammenhänge in filmische beschrieben werden, um am »WIE der Gestaltung eines Films die Kriterien seiner Wissenschaftlichkeit« (Schlumpf) zu gewinnen.

Wenn die folgende Darstellung der Kameratechnik ungefähr der Chronologie der technischen und ästhetischen Entwicklungen folgt, so wird damit nicht ein Modell stetigen Fortschritts und der Perfektionierung unterstellt. Vielmehr sollen gegenseitige Einflüsse und Anregungen als Ausdifferenzierung filmischer Darstellungsmöglichkeiten historisch rekonstruiert werden. Weil die Kamera aufzeichnet, was sich vor dem Objektiv befindet, und die Darstellungs- und Ausdrucksmöglichkeiten des Films nicht von der Seite der vor- und außerfilmischen Realität eingeschränkt werden sollen, wird nicht zwischen fiktionalen und dokumentarischen Formen unterschieden. Allein aus der Charakterisierung von Filmen als realistisch oder dokumentarisch, ethnographisch oder wissenschaftlich kann kein Kriterium der filmischen Gestaltung abgeleitet werden. Fragen der Umwandlung von Real- in Filmerfahrung betreffen die Ausdrucks- und Darstellungsmöglichkeiten sowohl des dokumentarischen als auch des fiktionalen Films. Die Beschreibung kann weder in historischer noch systematischer Hinsicht vollständig sein. Angestrebt wird, daß sie exemplarisch ist.

2.5.1. Die Erschließung der filmischen Erzählung

Glaubt man den historischen Darstellungen der frühen Kinematographie, so ging die größte Faszination für das Publikum von der Aufnahme und Wiedergabe alltäglicher Ereignisse in bewegten Bildern aus. Gegenüber dem Wirklichkeitseindruck der bewegten Bilder scheint der Unterschied zwischen dokumentarisch-authentischen und fiktional-inszenierten Aufnahmen im Selbstverständnis der Produzenten und Rezipienten nicht die gleiche Rolle gespielt zu haben wie heute. Sieht man sich die Filme von Auguste und Louis Lumière an, so muß man annehmen, daß der Realitätseindruck der Bilder auf der detailgenauen Abbildung der dargestellten Ereignisse beruht. Unter Berufung auf Georges Sadoul wird berichtet, daß die Zuschauer des Films *Le Déjeuner de Bébé* von den sich im Wind wiegenden Blättern im Hintergrund nicht weniger beeindruckt und fasziniert waren als von der Tischszene selbst.[156] Mit Begeisterung sprach der Journalist Henri de Parville vom »Zittern der im Winde sich regenden Blätter« und definierte das Hauptthema der Filme Lumières mit den Worten »Natur auf frischer Tat ertappt«.[157]

Wie bei diesem handelt es sich bei den anderen Filmen von Auguste und Louis Lumière um Aufnahmen von alltäglichen Ereignissen wie dem Ende der Arbeit in einer Fabrik (*Sortie d' Usine*), der Einfahrt eines Zuges in den Bahnhof (*Arrivée d'un Train en Gare de La Ciotat*), der Zerstörung einer Mauer (*Démolition d'un Mur*), der Bewässerung eines Blumenbeets (*L'Arroseur Arrosé*). Die Kamera ist frontal zu den aufgenommenen Ereignissen aufgestellt. Die Einstellungsgröße liegt, auf den menschlichen Körper bezogen, zwischen der Normalen und der Halbtotalen, so daß Gesichtsausdruck, Mienenspiel und Gesten der dargestellten Personen sowie das Ereignis selbst gut zu sehen sind.

Während es sich bei den meisten Filmen um Aufnahmen handelt, die dokumentarisch ohne erkennbaren Eingriff aufgezeichnet scheinen, ist *L'Arroseur Arrosé* offensichtlich im Stil eines Sketches inszeniert. Dadurch wird das Kameraprinzip aller Aufnahmen besonders deutlich. Vom rechten Bildrand schleicht sich ein Junge an einen Mann, der mit einem Schlauch Pflanzen wässert. Hinter dem Rücken des Gärtners staut der Junge das Wasser im Schlauch. Nachdem er entdeckt wurde, versucht er, sich vor dem Gärtner in Sicherheit zu bringen, indem er nach links davonrennt. Kurz bevor der Junge aus dem Bild verschwindet, erwischt ihn der Gärtner und zerrt ihn vor die Kamera zurück. Die starr auf dem Stativ installierte Kamera, die für alle Filme Lumières typisch ist, erzeugt den Eindruck des Guckkasteneffekts einer Theaterbühne. Ein Schwenk der Kamera mit dem flüchtenden Jungen und dem ihn verfolgenden Gärtner war technisch wahrscheinlich nicht möglich und wurde konzeptuell durch die Inszenierung vermieden. Die Kamera verfolgt nicht die aus dem Bild verschwindenden Personen, sondern diese kehren vor die Kamera wie auf die Bühne zurück.

Bemerkenswert ist die Verwendung eines Tricks in dem Film *Démolition d'un Mur*. Nachdem die Mauer eingerissen ist, wird sie durch den rückwärts projizierten Film wieder aufgerichtet. Nur in diesem Film stimmt die Realzeit nicht mit der Filmzeit als der Dauer des dargestellten Ereignisses überein. Lumière nutzte in diesem Fall die technischen Bedingungen des Apparats für einen einfachen Trick. Allerdings entwickelte Lumière ähnliche technisch mögliche Verfahren nicht systematisch, so daß man kaum davon sprechen kann, daß er die Differenz von Real- und Filmzeit entdeckt hat. Im Gegenteil wird erzählt, daß Lumière sich geweigert haben soll, die von ihm entwickelte kinematographische Technik an Méliès zu verkaufen. Er begründete seine Weigerung damit, daß die Technik ausschließlich wissenschaftlichen Zwecken dienen sollte.[158] Méliès besorgte sich die Technik woanders und stellte ab 1896 über ein Jahrzehnt lang in einem eigenen Studio sehr erfolgreich

Filme mit verblüffenden Trickaufnahmen her. Seither wird der Gegensatz von dokumentarischem und fiktionalem Film auf Lumière und Méliès zurückgeführt.[159]

Diese vereinfachende Sicht der kinematographischen Entwicklung ist so populär geworden, daß ihre Wirkung als filmhistorisches Paradigma nicht ohne weiteres außer Kraft gesetzt werden kann, zumal sie vordergründig dadurch bestätigt wird, daß Méliès vor allem durch die Entwicklung von Kameratricks sowie durch die Übertragung der Dramaturgie und Raumgestaltung des Theaters auf den Film bekannt wurde. Gegen diese Sichtweise betrachte ich die Filme von Méliès mehr unter dem Aspekt der Erweiterung und Differenzierung kinematographischer Ausdrucks- und Gestaltungsmöglichkeiten als unter dem der Gattungskonstitution.[160]

Durch einen zufälligen kameratechnischen Defekt soll Méliès den Stopptrick entdeckt haben. Die Anekdote erzählt, daß der Künstler bei der Vorführung eines Films, den er auf der Place de l'Opéra aufgenommen hatte, die Wirkung bemerkte, die dadurch entstand, daß der Film während der Aufnahme vorübergehend festgeklemmt war: weil der Verkehr nicht stillstand, hatte sich ein Omnibus in einen Leichenwagen verwandelt. Ab diesem Zeitpunkt soll Méliès anstatt Bühnentricks abzufilmen, Tricks mit und auf dem Film gemacht haben.[161]

Ab 1897 arbeitete Méliès in einem eigens für Filmaufnahmen hergestellten Atelier und entwickelte eine ganze Reihe weiterer Tricks wie zusammengesetzte Fotografien, Doppel- und Mehrfachbelichtungen, mit denen er geisterhaft-magische Effekte erzielte. Diese Trickverfahren, die seither zu Elementen der Kinotechnik geworden sind, wurden bei Méliès nicht im eigentlichen Sinn als filmische Ausdrucksmittel genutzt, sondern waren Selbstzweck. Das Kinokonzept von Méliès bestand im wesentlichen darin, Ausstattung, Dramaturgie und Raumgestaltung des Theaters in den Film zu transformieren. Méliès hielt an dem Prinzip fest, daß die Aufnahmeachse der Kamera senkrecht zur Handlungsachse auf der Bühne stand. Diese Handhabung der Kamera durch Méliès vergleicht Sadoul mit einem unbeweglich in seinem Sessel sitzenden Zuschauer und hebt hervor, daß Méliès »als Gefangener der Theaterästhetik« niemals den Schnitt als Veränderung des Aufnahmewinkels und der Gesichtspunkte verwendete.[162] Méliès übernahm mit dem Raumkonzept des Theaters ein bekanntes Schema, nach dem der Zuschauer sich bei der Verknüpfung von Einstellungen orientieren konnte. Der Anwendbarkeit dieses Schemas als filmischem Konzept der Realitätsdarstellung sind aber dann Grenzen gesetzt, wenn sich die Personen nicht mehr nach den Gesetzen des Theaters im rechten Winkel zur Blickachse des Zuschauers oder zur Aufnahmeachse der Kamera bewegen, sondern in alle Richtungen.[163]

Den Durchbruch als Filmemacher schaffte Méliès 1902 mit dem Film *Le Voyage dans la Lune*. Nach seinen eigenen Angaben kostete die Herstellung so viel, daß das in den Film investierte Kapital nur durch den Verkauf auf dem internationalen Markt amortisiert werden konnte. Sehr erfolgreich verkaufte Méliès seine Filme vor allem in den USA, wo er ein eigenes Büro unterhielt. Nachweisbar beeinflußte *Le Voyage dans la Lune* Edwin S. Porter. Porter sah den Film im Herbst 1902.[164] Durch das Aufeinanderfolgen einer Totalen, in der die Rakete von der Erde aus betrachtet ins Auge des Manns im Mond trifft und einer halbnahen Einstellung, in der das gleiche Ereignis der Mondlandung noch einmal von einem Standpunkt auf dem Mond aus gezeigt wird, entsteht zwischen den Szenen eine eigene Relation von Raum und Zeit, die Porter gezielt als Ausdrucksmöglichkeit des Films zu nutzen suchte.

Porter war ab 1898 einige Zeit als Filmvorführer tätig. Seine Aufgabe bestand darin, Aufnahmen des Kameramanns William Paley aus dem spanisch-amerikanischen Krieg zu kurzen Dokumentarfilmprogrammen zu montieren. Nach dem gleichen Prinzip waren Aufnahmen verschiedener Ereignisse von Kameramännern, die im Auftrag Lumières tätig waren, zu Wochenschauen und Reportagen zusammengefaßt worden. Als es die technische Verbesserung der Vorführapparate erlaubte, wurden von Lumière vier Filme von jeweils einer Minute Länge über das Leben der Feuerwehr zu einem einzigen Film zusammengeklebt. Nach Sadouls Beschreibung resultierte die Entwicklung des Schnitts aus den Anforderungen der Reportage, in verschiedenen Bildausschnitten ein Ereignis in seinen hauptsächlichen Episoden zu erzählen. Als historisch erstes Beispiel erwähnt Sadoul *Le Couronnement du Tsar Nicolas II* von 1896.[165]

Die Darstellung zeitgeschichtlicher Ereignisse kann als eine qualitative Veränderung des dokumentarischen Films beschrieben werden. Was das Publikum interessiert, ist nicht mehr nur die Reproduktion alltäglicher Ereignisse wie das Herausströmen der Arbeiter aus der Fabrik, sondern die Raum und Zeit überwindende kinematographische Technik »hat alles Leben so eng miteinander verbunden, daß die entferntesten wie die allernächsten ›Tatsachen‹ Bedeutung für das Leben des Einzelnen gewonnen haben.«[166]

Porters Tätigkeit wirkte vor allem innovativ für die Entwicklung neuer Konzepte der Verknüpfung räumlich und zeitlich disparat aufgenommener Filme, die für die Darstellung der zeitgeschichtlichen Tatsachen erforderlich war. Ab 1900 war Porter Kameramann bei der Edison Company und drehte kurze Filme in einer Einstellung, die von anderen Mitarbeitern der Company zu komplexeren Sequenzen oder Programmen zusammengefaßt wurden. Um mehr Kontrolle über seine Arbeiten ausüben zu können, begann Porter, die Montage in seine Aufnahmen zu integrieren. *Terrible Teddy, The Grizzly King*, Porters satirische Darstellung von Theodore Roosevelt und seinen Versuchen, die Medien zu manipulieren, besteht aus zwei Einstellungen. Die erste Szene zeigt den Politiker in Begleitung von zwei Männern, die Plakate mit der Aufschrift »Mein Presseagent«, »Mein Photograph« tragen. Roosevelt pirscht sich an einen Baum, schießt in die Luft. Eine tote Katze fällt herunter. Roosevelt zieht ein Messer und sticht mehrmals auf das tote Tier ein. Schließlich präsentiert er sich in Siegerpose. Der Fotograf macht ein Foto, der Journalist notiert sich das Abenteuer. In der zweiten Szene kommt Roosevelt in einem Troß auf einem Pferd.

Nicht so willkürlich und sprunghaft wie die Verknüpfung zwischen den beiden Szenen der Roosevelt-Satire wirkt *The Sampson-Schley Controversy*. Der Film verarbeitet ein Ereignis, das im Spätsommer und Frühherbst 1901 fast täglich die Schlagzeilen der Presse beherrschte. Die Kontroverse entzündete sich an den Handlungsweisen zweier Marineoffiziere, die in die Seeschlacht vor Santiago verwickelt waren. In seinem Film zeigt Porter, wie Schley sein Leben aufs Spiel setzt, während sich sein Vorgesetzter, Sampson, auf einer Teegesellschaft aufhält. Indem gleichzeitige Ereignisse im Film hintereinander gezeigt werden, läßt *The Sampson-Schley Controversy* eine sehr bewußt konzeptualisierte Handhabung der montierenden Verknüpfung von Raum und Zeit erkennen.

In der Konstruktion eines komplexen filmischen Raums ging Porters Film *The Execution of Czolgosz with Panorama of Auburn State Prison* weiter. Am 6. September 1901 war Präsident McKinley angeschossen worden und starb wenig später an den Verletzungen. Als Attentäter wurde Leon Czolgosz verurteilt und hingerichtet. Porter drehte am Tag der Hinrichtung einige Panoramaansichten des Gefängnisses, in dem Czolgosz eingesessen hatte. Anschließend drehte er weitere Szenen, in denen das Gefängnis von innen und schließlich der Raum der Hinrichtung »getreu nach einer Beschreibung eines Augenzeugen« im Studio rekonstruiert wurden. Die Konstruktion des filmischen Raums verband nicht nur innen und außen, sondern auch Authentisches mit Inszeniertem, ein Verfahren, das Porter in *The Life of an American Fireman* weiterentwickelte.

Im Archiv fand Porter Aufnahmen der mit Pferdegespann zum Einsatz ausfahrenden Feuerwehren. Die Rettung einer mit ihrem Kind in den Flammen eingeschlossenen Mutter in letzter Minute durch die Feuerwehr war das zentrale Ereignis, um das Porter seinen Film aufbaute. Zu Beginn des Films sieht der Zuschauer einen Feuerwehrmann, der in einem Sessel schläft. In einer Traumblase hat der Schlafende eine Vision von der mit dem Kind im brennenden Haus eingeschlossenen Frau. Die nächste Einstellung zeigt eine Hand, die eine Alarmglocke betätigt. Die Feuerwehrleute schlüpfen in ihre Uniformen und eilen zur Brandstelle. Nach Ankunft der Feuerwehrwagen werden Schläuche ausgerollt, Pumpen in Betrieb gesetzt, Leitern zu den Fenstern ausgefahren. Auf dem dramaturgischen Höhepunkt der Sequenz blendet der Film ins Innere des Gebäudes über. Ein Zimmer, in dem die Mutter mit ihrem Kind eingeschlossen ist, ist zu sehen. Verzweifelt sucht sie einen Ausweg und fällt wie ohnmächtig aufs Bett. Mit der Axt dringt ein Feuerwehrmann durch die verschlossene Tür, nimmt die ohnmächtige Frau über die Schulter und ruft seine Kollegen um eine Leiter an. Der Zuschauer sieht das brennende Haus wieder von außen. Der Feuerwehrmann klettert mit der Frau über der Schulter hinunter. Sie kommt wieder zu sich und fleht, das Kind zu retten. Ein Freiwilliger wird gesucht. Derselbe Feuerwehrmann, der die Frau gerettet hat, steigt noch einmal in das brennende Haus, verschwindet für lange Augenblicke hinter dem eingeschlagenen Fenster, bis er mit dem Kind im Arm erscheint und über die Leiter festen Boden erreicht.[167] Die Ereignisse des Films werden nicht in einzelnen in sich abgeschlossenen Abschnitten, die durch Zwischentitel verbunden sind, sondern von Einstellung zu Einstellung dargestellt. So entsteht der Eindruck einer kontinuierlichen Entwicklung.

»Porter gelang es dadurch, ein räumlich und zeitlich kompliziertes Ereignis ohne die holprige Eins-nach-dem-andern-Erzählweise der Méliès-Filme darzustellen. Diese neue Methode läßt dem Regisseur nicht nur die fast grenzenlose Freiheit der Bewegung, er kann einen Vorgang auch in allerkleinste Einheiten aufteilen. Auf dem Höhepunkt von *The Life of an American Fireman* kombiniert Porter zwei bis dahin völlig verschiedene Stile des Filmemachens: Er schneidet eine Dokumentaraufnahme mit einer im Studio gedrehten Aufnahme zusammen, ohne dabei den Handlungsablauf zu unterbrechen.«[168]

Die Verbindung dokumentarischer Aufnahmen mit inszenierten gelingt nur, weil Porter sich vom Raumkonzept der Bühne löst und die Möglichkeiten der Konstitution filmischer Raum-Zeit nutzt. Aus heutiger Sicht fällt an der beschriebenen Sequenz auf, daß Porter beim Umschnitt von innen nach außen die gleiche Handlungsphase nicht weiterentwickelt, sondern sie noch einmal aus anderer Perspektive zeigt. Ähnlich hatte Méliès in *Le Voyage dans la Lune* beim Umschnitt von der Totalen auf die halbnahe Einstellung die Mondlandung so dargestellt, wie das Ereignis sich Betrachtern aus verschiedener Entfernung dargeboten hätte, ohne daß beim Schnitt die Handlung zeitlich weiterentwickelt worden war.

Bemerkenswert erscheint aber auch, daß die Verbindung dokumentarischer mit inszenierten Aufnahmen die Konzeptualisierung eines eigenständigen Raum-Zeit-Kontinuums des Films nahelegte. Während für die Zeit nach seiner Konstitution als Gattung angenommen wird, daß der Dokumentarfilm auf Entwicklungen des fiktionalen Films reagierte,[169] läßt das Verfahren Porters erkennen, daß die Integration dokumentarischer und fiktionaler Aufnahmen für die Entwicklung der filmischen Gestaltungs- und Ausdrucksmöglichkeiten innovativ wirkte, weil sie zur Lösung von Darstellungsproblemen beitrug, die sich aus der Unbeweglichkeit der Aufnahmetechnik oder der Unzugänglichkeit der Aufnahmeorte ergaben.[170]

Nach *The Life of an American Fireman* ist vor allem *The Great Train Robbery* der Film, der Porters Suche nach den spezifischen Ausdrucksmöglichkeiten durch die Montage und die flexiblere Gestaltung der Handlung im Raum erkennen läßt. In vierzehn durchlaufenden, ungeschnittenen Sequenzen werden der Überfall auf einen Zug, die Beraubung der Passagiere, die Verfolgung und Überwältigung der Banditen erzählt. Vor allem die Außenaufnahmen beim Überfall des Zugs und bei der Flucht der Banditen lassen die flexible Handhabung des Verhältnisses von Aufnahme- und Handlungsachse als dominierendes Konzept der Raumgestaltung erkennen. Im einzelnen fallen Wiederholungen von Einstellungen, die den fahrenden Zug in einer Diagonalbewegung zeigen, die Überwältigung des Heizers, die vom Tender aus in Fahrtrichtung aufgenommen ist, und die mit einem Schwenk verfolgte Flucht der Banditen als filmspezifische Formen der Raumgestaltung auf. Darüber hinaus ist die Freiheit der räumlichen Bewegung zwischen den einzelnen Szenen das hervorstechendste Kennzeichen des Films. Anders als in *The Life of an American Fireman* werden Einstellungen verknüpft, zwischen denen kein direkter räumlicher Zusammenhang besteht.

Waren ursprünglich die Funktionen des Kameramanns, des Regisseurs oder Aufnahmeleiters und des Cutters in Personalunion vereinigt, und wurde insbesondere der Schnitt zunächst ohne spezielle technische Ausrüstung ausgeführt, so entwickelte sich mit dem Verständnis für die Möglichkeiten des Schnitts als filmischem Gestaltungsmittel der Umwandlung von Real- in Filmzeit und der Verknüpfung räumlich getrennter Ereignisse eine differenzierte Arbeitsteilung. Vor allem aber die kommerzielle Auswertung des Films forcierte die Entwicklung einer arbeitsteilig rationalisierten Produktion.[171]

Symptomatisch für die Entwicklung kehrt sich zwischen 1900 und 1910 das Verhältnis der Anzahl von dokumentarischen zu fiktionalen Filmen um. Waren um 1900 über 80 Prozent der Filme in dem Sinn dokumentarisch, daß sie Ereignisse aufzeichneten, die sich an öffentlichen Plätzen ohne Schauspieler abspielten, so sank der Anteil dieser Filme bis 1910 bei einer Zunahme der Gesamtproduktion an Filmen auf unter 10 Prozent.[172] Im gleichen Zeitraum nahm die Zahl der Filme, die aus mehreren Einstellungen bestehen, sowohl absolut als auch proportional im Verhältnis zur Gesamtproduktion zu. So unsicher exakte Zahlenangaben sind, läßt sich doch mit ausreichender Deutlichkeit die Tendenz erkennen, daß für die Verwendung verschiedener Einstellungsgrößen mit der Verbindlichkeit von Regeln Formen der kinematographischen Gestaltung formuliert wurden.

Zwar enthält bereits Lumières *Arrivé d'un Train en Gare de La Ciotat* sämtliche Einstellungsgrößen, von der Totalaufnahme des leeren Bahnsteigs und des am Horizont auftauchenden Zuges, der sich mit rascher Fahrt auf die Kamera zubewegt und als Großaufnahme fast das ganze Bild einnimmt. Allerdings wurden die Einstellungen nicht durch einen Schnitt getrennt, sondern die Einfahrt des aus der Tiefenperspektive des Bildraumes herannahenden Zuges wurde, wie die anderen Ereignisse auch, in einer einzigen ungeschnittenen Einstellung aufgenommen, und nicht die Kamera bewegte sich, sondern das aufgenommene Objekt.

Im Unterschied zu der Aufnahme von Lumière beschreibt die »rule of three« eine Folge von drei Einstellungen, mit der die Kamera sich von der Totalen über eine Medium-Einstellung zur Großaufnahme an ein Objekt annähert. Diese Einstellungsfolge kann für eine physische Annäherung des Beobachters an das Objekt, die Steuerung der Aufmerksamkeit des Zuschauers oder eine progressive Kontextveränderung des Objekts stehen.[173]

Ein frühes Dokument des Verfahrens der Verknüpfung von Einstellungen verschiedener Größe und Bildausschnitte ist Guido Seebers um 1900 aufgenommene *Ausfahrt der Chinakrieger*. Einschiffung und Abfahrt der Soldaten werden in fünf Einstellungen aufgelöst, die von verschiedenen Kamerastandpunkten aus aufgenommen sind. Die Kontinuität des Ereignisses ist aufgelöst, Realzeit wird auf diese Weise zu Filmzeit. Eine der Einstellungen ist eine Schwenkaufnahme. Die körperliche Mühe dieser Kamerabewegung, einem bewegten Objekt in gleichmäßiger Geschwindigkeit zu folgen, vermittelt sich durch die ruckartige Aufnahme als visueller Eindruck. Während er mit der einen Hand die Kurbel in möglichst gleichmäßiger Bewegung zur Belichtung des Films bediente, mußte der Kameramann gleichzeitig die auf einem Stativ befestigte Kamera weiterbewegen.

Buster Keatons Film *The Cameraman* vermittelt davon eine Vorstellung. Buster will seine Sache als Kameramann besonders gut machen. Aber schon beim Verlassen der Agentur, von der er zu Aufnahmen nach Chinatown geschickt wird, zerstört er die Glastür mit der über die Schulter getragenen Kamera. Sie scheint nicht leicht zu sein. Denn offensichtlich hat Buster Schwierigkeiten, das Gleichgewicht zu halten. Auf der Straße erweist sich die auf dem Stativ befestigte Kamera als Hindernis für Fußgänger und Verkehr. Von einem Straßengaukler wird Buster gezwungen, einen Affen, den er mit der Kamera erschlagen zu haben scheint, zu kaufen. Den Kadaver muß er mitnehmen. Wenig später stellt sich heraus, daß der Affe gar nicht tot ist. Kaum ist der schwerfällige Apparat an einer für die Aufnahme eines festlichen Umzugs günstigen Position aufgestellt, beginnt eine chaotische Schießerei. Buster läßt sich nicht verdrießen. Nachdem die Stativbeine zerschossen sind, dreht der Kameramann auf dem Boden liegend weiter. Die Schießerei wird immer turbulenter. In den Wirren der Straßenschlacht zwischen rivalisierenden Gruppen der Chinatown bringt der Affe die Kassetten mit dem belichteten Filmmaterial in Sicherheit. Später wird der Affe zum Glücksbringer, als er durch mechanische Betätigung der Kurbel eine heldenhafte Rettungsaktion Busters dokumentiert. Mit dem Material wird Buster zum gefeierten Reporter.

Ähnlich müßte es dem Kameramann ergangen sein, der die Kampfszenen in dem britischen Film *The Battle of the Somme* aufgenommen haben soll. Tatsächlich wird in zeitgenössischen Berichten ein düsteres Bild von den Arbeitsbedingungen der Kameramänner gezeichnet.[174] Aus größtmöglicher Nähe, die ihre Ausrüstung erlaubte, hielten die Kameramänner tote und verwundete Soldaten, die öden Landschaften, die unter Wasser stehenden Schützengräben fest. Der Film wurde in England als eine schockierende Enthüllung des Krieges rezipiert. Als Höhepunkt enthält *The Battle of the Somme* Aufnahmen von britischen Truppen, die aus Gräben klettern, zum Angriff vorstürmen und scheinbar vor laufender Kamera den Tod finden. Die Szene beginnt mit einer Minenexplosion, vor der ein Zwischentitel den Angriff ankündigt. In einer Anweisung für das Orchester wird empfohlen, nur die Trommel mit einem leisen Wirbel zu schlagen und mit einem lauten Schlag im Augenblick der Explosion aufzuhören.[174] Die Kamera steht im Rücken der Soldaten im Graben. Die feindlichen Truppen sind nicht auszumachen. Da die Kamera keinen privilegierten Standpunkt einnehmen konnte, muß man annehmen, daß der mit der Kamera auf dem Stativ ausgestattete Kameramann eine ideale Zielscheibe gewesen wäre. Tatsächlich zu sehen sind lediglich undeutliche Feindbewegungen. Nicht allein das gespielte Verhalten der Soldaten weckt Zweifel an der Authentizität der Aufnahmen, sondern vor allem auch der Kamerastandpunkt und der Bildaufbau. Für den Zuschauer sind die beschriebenen Kampfhandlungen kaum sichtbar. Stattdessen erklären Zwischentitel die Schlachtereignisse.

Es liegt nahe, mit Kenntnis der filmtechnischen Entwicklung die Authentizität der Schlachtszenen aus der Zeit des Ersten Weltkriegs anzuzweifeln. Wie Porter gezwungen war, die Ereignisse im Gefängnis nachzustellen, zu denen er keinen Zugang hatte, so muß man zur Klärung der Authentizität von Filmaufnahmen neben sozialen und rechtlichen Beschränkungen technische Grenzen des Aufnahmegeräts berücksichtigen.[176] Widerlegt man aber dadurch den dokumentarischen Anspruch der Filme, indem man die Inszenierung einzelner Sequenzen nachweist? Worin besteht dieser Anspruch und bis zu welchem Grad läßt er Eingriffe zu? Wie wird der Autenthizitätseindruck des dokumentarischen Films erzeugt? Während das Militär[177] die technischen Möglichkeiten des Films für seine Zwecke und die staatliche Propaganda[178] die Massenwirksamkeit des Films gezielt zu nutzen versuchten, wurden dramaturgische Muster und technische Entwicklungen zur Erweiterung und Differenzierung filmischer Darstellungsmöglichkeiten genutzt.

Ein stilbildendes Vorbild, das unter Fachwissenschaftlern und Dokumentaristen so umstritten wie einflußreich ist, stellt *Nanook* dar. Um die bereits zum Zeitpunkt der Filmaufnahmen historische Lebensweise der Eskimos vor ihrer Berührung mit der zivilisatorischen Technik darstellen zu können, vereinbarte Flaherty mit dem Hauptdarsteller seines Films, daß er für die Filmaufnahmen noch einmal in der

Bild 13:
Dreharbeiten zu *Im Westen nichts Neues*, 1930. Die Aufnahmen sind so realistisch, daß sie in Kompilationen zum Ersten Weltkrieg verwendet werden, wo sie ohne Angabe der Quelle authentisch wirken.

gleichen Weise wie seine Vorfahren auf die Jagd gehen und sein Leben einrichten sollte. So kam es auch zu dem bereits unüblich gewordenen Iglubau. Der Zuschauer sieht Nanook nach Abschluß des Baus ein Loch in die Eiswand schneiden, das er mit einem Eisblock füllt. In der nächsten Einstellung sind Innenaufnahmen aus dem Iglu zu sehen. Da ein Zwischentitel ausdrücklich auf Nanooks Tätigkeit hinweist, muß der Zuschauer den Eindruck bekommen, daß durch das Eisfenster ausreichend Licht für die Filmaufnahmen dringt. Es ist jedoch bekannt, daß das Iglu für die Filmaufnahmen geöffnet wurde. Weder die Lichtempfindlichkeit des Filmmaterials noch die Lichtstärke der Objektive erlaubten zum Zeitpunkt der Aufnahmen um 1920, in einem geschlossenen Iglu zu filmen. Der Eindruck einer unmittelbaren Abbildung entsteht durch die Montage zweier Einstellungen, deren Bildausschnitt das notwendige Arrangement nicht erkennen läßt, und durch den Zwischentitel, der suggestiv auf das Fenster als mögliche Lichtquelle verweist.

Zwischentitel beschreiben nicht nur die Bilder, sondern haben eine dramaturgische Funktion, indem sie disparate Einstellungen verbinden, für die weder kamera- noch montagetechnisch ein Übergang gefunden werden kann. So tragen die Zwischentitel zur Logik der Anschlüsse von Einstellungen bei und dienen der Orientierung des Zuschauers in Raum und Zeit. Die erzählende und gliedernde Funktion der Zwischentitel beeinflußt den Aufbau der filmischen Diegese als Handlungsrahmen, der seinerseits den Authentizitätseindruck des Films beim Zuschauer erzeugt. Während der Realitätseindruck eines Films das Resultat seiner technischen Aufzeichnungsqualität ist, wird der Authentizitätseindruck in der Vorstellung des Zuschauers durch eine erzählende oder diskursive Konstruktion erzeugt. Die Wirkung der filmischen Wirklichkeitsdarstellung ist nicht das Resultat der mechanischen Aufzeichnung, sondern der Gestaltung der Aufnahme und des Materials.

Besonders souverän und effektiv nutzte Flaherty in *Nanook* die Wechsel verschiedener Objektivbrennweiten, Kamerastandpunkte und Einstellungsgrößen zur Dramatisierung der Ereignisse. Als Grundthema seines Films wählte Flaherty den Überlebenskampf der Menschen in einer extrem lebensfeindlichen Natur, so daß die dargestellten Ereignisse in sich ausgeprägte dramaturgische Abläufe und starke diegetische Elemente tragen. Flaherty vertraute aber nicht allein auf die filmische Aufzeichnung dramatischer Ereignisse, sondern setzte geschickt die zur Verfügung stehenden technischen Mittel ein.

Der Zuschauer sieht die Walroßherde am Ufer liegen. Die Tiere füllen die Mitte des Bildes aus. Nanook schleicht sich vom unteren Bildrand an die Herde an. Die Dramatik der Ereignisse wird dadurch besonders forciert, daß die Walrösser mit der Harpune gejagt werden. Zwischentitel informieren über den Ablauf der Jagd und verbinden wechselnde Kamerastandpunkte und Einstellungsgrößen, die der Zuschauer als zu große Sprünge empfinden könnte. In dramatisierendem Rhythmus wird zwischen verschiedenen Einstellungsgrößen gewechselt. Von einer Totalaufnahme des Ereignisses wird in eine Nahaufnahme geschnitten und von dieser zurück in die Totalaufnahme. Das Ereignis wird von verschiedenen Seiten aufgenommen. Zwar bekommt der Zuschauer keine Information in Form einer exakten oder auch nur ungefähren Zeitangabe, wie lange der Kampf mit dem harpunierten Tier dauert. Real- und Filmzeit müssen nicht übereinstimmen, damit der Zuschauer eine Vorstellung von der Dramatik und Anstrengung des Kampfes mit einem harpunierten Walroß bekommt. Diese resultiert vielmehr daraus, daß die filmische Darstellung der Jagd in eine komplexe Montagesequenz aufgelöst wurde.

Bei der Verbindung verschiedener Einstellungen kann nicht willkürlich verfahren werden. Die Gestaltung einer einzelnen Sequenz muß, wie im beschriebenen Beispiel aus *Nanook*, Vorstellungen und Erwartungen des Zuschauers von der Kontinuität und dem Ablauf eines Ereignisses berücksichtigen. Die sequenzübergreifende Montage muß darüber hinaus in einem für den Zuschauer erkennbaren Zusammenhang des gesamten Films stehen. Besonders geeignet erscheinen einfache und klar strukturierte, dem Zuschauer bekannte Ereignisse. Sie erzeugen in seiner Vorstellung Geschichten, die als konstruktives Moment der Strukturierung der Aufnahmen und der Bearbeitung des Materials verwendet werden können. Als ein erzählendes Prinzip mit stark inszenatorischem Charakter wirkt bereits die Auswahl eines Hauptdarstellers oder einer überschaubaren Anzahl von Einzelpersonen, die in ein einfach erkennbares dramaturgisches Muster wie eine Jagd, den Ablauf eines Tages, einer Reise, eines Kampfes gestellt werden. Flaherty hat Varianten dieses Erzählprinzips in fast allen seinen Filmen angewandt.

Ein exotisches Ereignis von hohem dramatischen Schauwert hat der Film *Grass* als Thema. Während Marguerite Harrison, Merian C. Cooper und Ernest Schoedsack 1924/25 durch Kleinasien reisten, hörten sie von einem »vergessenen Volk«. Es handelte sich dabei um die Bakhtiari, die im südlichen Iran leben. Ohne genaue geographische, ethnologische oder politische Kenntnisse machten sie sich auf die Suche nach diesem Volk und fanden den Stamm beim Aufbruch zum jährlichen Zug zu den Sommerweiden. Der ganze Stamm mit einigen tausend Menschen und zehntausenden Stück Vieh begab sich auf einen gefährlichen und abenteuerlichen Weg, durch reißende Flüsse und über schneebedeckte Gebirgspässe. Es handelt sich um eine Form jährlich wiederkehrenden Nomadisierens, das in der ethnographischen Fachliteratur als Transhumanz beschrieben wird. In der Darstellung des Films erscheint das Geschehen jedoch als einmaliges Abenteuer.[179] Am Beginn des Films *Grass* wird die Geschichte einer Frau erzählt, die ziemlich planlos und ohne geeignetes Equipment auf puren Verdacht nach dem »vergessenen Volk« sucht. Die Handlungen dieser Frau motivieren die Darstellung der Ereignisse und erleichtern dem Zuschauer die Orientierung in der erzählten Geschichte. Nachdem die Frau den Stamm gefunden hat, wird sie durch den Sohn des Häuptlings, der die Expedition führt, als Handlungsträger abgelöst.

Die Dramaturgie der realen Ereignisse wird für die filmische Darstellung geschickt genutzt. Besonders dramatische Ereignisse – wie die Überquerung eines Flusses und des höchsten Passes – sind in verschiedene Kameraeinstellungen in unterschiedlicher Einstellungsgröße aufgelöst. Die verschiedenen Kamerapositionen, die als zu große Sprünge empfunden werden könnten, werden durch Zwischentitel verbunden. Zwar gelten diese Zwischentitel in der ethnologischen Fachliteratur als romantischer und melodramatischer Unsinn.[180] Sie sind jedoch offensichtlich nicht zur ethnologischen Information der Zuschauer eingeführt worden, sondern erfüllen eine erzählerische Funktion oder werden zur Dramatisierung verwendet. Dynamisch vergrößert erscheint das »Nearer« aus dem Mittelpunkt der Leinwand, bis es sie ganz ausfüllt, während sich Menschen und Tiere dem Gipfel des Passes entgegenarbeiten. Totalaufnahmen mit dynamischen Diagonalen, in denen sich der Zug von Menschen und Tieren den Paß emporarbeitet, vermitteln einen Eindruck von der Beschwerlichkeit des Aufstiegs. Die Anschlüsse der einzelnen Einstellungen vom Aufstieg innerhalb dieser Sequenz vermitteln vor allem diese Beschwerlichkeit und Mühe. Weder im Sinn akademischer Bewegungsabbildung noch kamera- und montagetechnisch sind die Aufnahmen vom Aufstieg auf den Paß korrekt. Um dem Zuschauer die Kontinuität einer Handlung zu suggerieren sowie die Orientierung in Raum und Zeit zu erleichtern, setzte sich ab etwa 1917 eine Praxis der Montage einzelner Einstellungen durch, die später als 180-Grad-Prinzip bezeichnet wird.

»Das 180-Grad-Prinzip – auch (Handlungs-) Achsenschema genannt – besagt, daß der Zuschauer auf einer Seite der Handlung bleibt, ähnlich wie beim Proszenium im Theater. Die Handlungsachse, center line, wird zum imaginären Vektor der Handlungsbewegung, der Anordnung der Darsteller und der Blickrichtung der Zuschauer.«[181]

Obwohl bei der Darstellung des Aufstiegs auf den Paß Sprünge über die Handlungsachse vorkommen, fühlt sich der Zuschauer von der Darstellung des Ereignisablaufs nicht irritiert. Schnitt und Montage folgen dem Prinzip, die Ereignisse atmosphärisch und dramatisch stimmig darzustellen. Abgemildert dadurch, daß es in der Sequenz des Aufstiegs auf den Paß keine individuell agierenden Handlungsträger gibt, toleriert der Zuschauer im Interesse einer atmosphärisch stimmigen Darstellung die Achsensprünge, wenn er sie überhaupt bemerkt. Der Zuschauer toleriert solche darstellungslogischen Irritationen nicht nur bei Sequenzen mit dynamischer

Handlung, die in kurze Einstellungen verschiedener Größe aufgelöst werden, um die Dramatik eines Ereignisses zu steigern, sondern auch in ruhigen Sequenzen, in denen durch lange Einstellungen die Atmosphäre eines Ortes dargestellt wird.

In seinem Buch zur Montage hat Karel Reisz diese Gestaltung am Beispiel zweier Sequenzen aus *Louisiana Story* von Flaherty beschrieben. Der Film schildert die Konfrontation eines Jungen, der mit seinen Eltern abgeschieden im Sumpfgebiet des Mississippi lebt, mit der modernen Zivilisation. Diese wird von einem Trupp Arbeiter repräsentiert, der mit beeindruckender technischer Ausrüstung auf der Suche nach Öl ist. Die Ereignisse werden aus der Sicht des Jungen dargestellt. Am Beginn des Films führen gleitende Kamerabewegungen, die die Bewegung von Dingen wie die eines fallenden Blattes verfolgen oder die ruhige Fahrt des Jungen in seinem Kanu simulieren, in die Atmosphäre und Stimmung der urwaldartigen Umgebung ein. Reisz interpretiert das völlige Eintauchen in die Atmosphäre als das Ergebnis der Schnittfolge, in der es keinen Überblick über den Wald gibt. Als zweites Beispiel beschreibt Reisz ausführlich die Ölbohr-Sequenz, in der der Junge sich zögernd-skeptisch und fasziniert-neugierig zum Bohrkran begibt. Die Prinzipien der Gestaltung hat die Cutterin Helen van Dongen beschrieben.

»Die Kontinuität der Szenen wird weder nur durch die äußere Erscheinung der verschiedenen Bilder aufgebaut, noch durch ein technisches Detail oder eine spezifisch rhythmisch-räumliche Bewegung. Stattdessen beruht sie auf dem Gesamteindruck oder dem ›feeling‹ der Aufnahmen, was wiederum die Summe aller Elemente ist.«[182]

Entscheidend ist, daß die Montage als eine Funktion der Atmosphäre und Stimmung gestaltet wird. Die Cutterin Helen van Dongen betont die strukturelle Ähnlichkeit ihrer Schnittarbeit bei so verschiedenen Filmen wie *Louisiana Story* von Flaherty und *Spanish Earth* von Ivens, besonders hinsichtlich der Gestaltung einer imaginativen Bildfolge für eine Erzählung, deren Ziel darin besteht, dem Zuschauer einen Eindruck von der Stimmung und Atmosphäre der dargestellten Ereignisse zu vermitteln.[183]

2.5.2. Die Montage als Ausdrucksmittel des Films

Als wäre es programmatisch gegen die bevorzugten Themen und Drehorte der bisher dargestellten Filme gerichtet, vermerkt Aleksandr Rodcenko 1927 in seinem Tagebuch: »Es ist großartig, in den Norden oder nach Afrika auf Expedition zu gehen, dort neue Leute zu photographieren und neue Dinge, eine neue Natur. Aber was machen sie? Sie photographieren mit den verräucherten Augen eines Corot und Rembrandt, mit Museumsaugen, mit den Augen der ganzen Kunstgeschichte ... Überhaupt Afrika. Bleibe zuhause und versuche hier etwas vollständig Neues zu finden.«[184]

Aber die programmatische Abgrenzung betrifft nicht allein die Exotik der Themen, sondern vor allem ihre an literarischen Vorbildern orientierte Form der erzählenden Darstellung. Eine mit Zirkel und Lineal ausgeführte Schwarzweiß-Grafik Rodcenkos setzte der Herausgeber der Zeitschrift »Kinofot« über den 1922 veröffentlichten Artikel Dziga Vertovs »Wir. Variante eines Manifests«. »Wir säubern die Filmsache von allem, was sich einschleicht, von der Musik, der Literatur und dem Theater; wir suchen ihren nirgendwo gestohlenen Rhythmus und finden ihn in den Bewegungen der Dinge.«[185] Ausdrücklich wird der Mensch zeitweise als Objekt der Filmaufnahme ausgeschlossen, »weil er unfähig ist, sich von seinen Bewegungen leiten zu lassen«.[186]

Rodcenkos typographische Gestaltung des Manifests lenkt den Leser durch Vertovs mit revolutionärem Pathos formuliertes Programm.[187] Auf den Beschluß des »Rats der Drei« (das sind neben Vertov selbst seine Frau Elizaveta Swilowa und sein Bruder Michail Kaufman) veröffentlicht Vertov Auszüge aus dem Buch »Kinoki – Umsturz«. Die Kinoki fällen das Todesurteil über ausnahmslos alle Filme im Namen der Befreiung der Kamera, »die der bedauerlichen Sklaverei des *unvollkommenen* und beschränkten menschlichen Auges unterworfen ist.«[188] Gefordert wird die filmische Wahrnehmung der Welt: »... die Nutzung der Kamera als Kinoglaz, das vollkommener ist als das menschliche Auge, zur Erforschung des Chaos von visuellen Erscheinungen, die den Raum füllen.«[189] Die Montage der Filmaufnahmen verknüpft nicht möglichst kontinuierlich und unmerklich disparate raum-zeitliche Wirklichkeitssegmente zu einer Erzählung oder Handlung, sondern konstruiert sichtbar eine eigene filmische Realität.

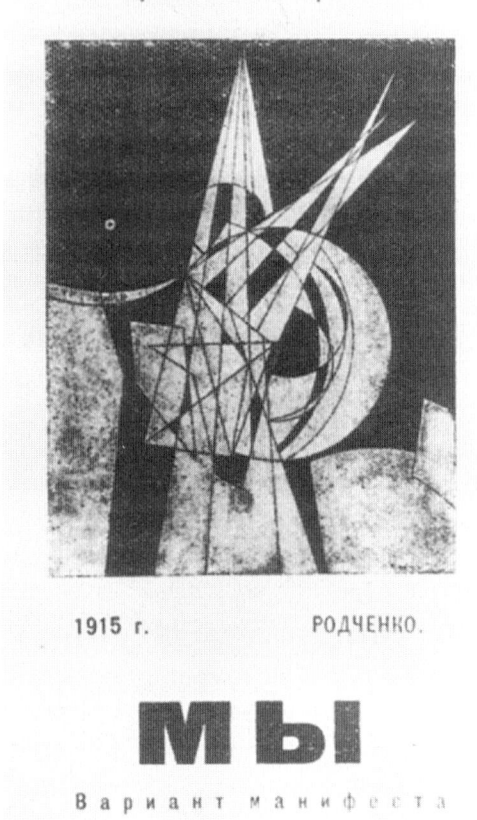

Bild 14:
Rodcenko: Zeichnung mit Zirkel und Lineal, 1915 (aus: KINOFOT, 1922, Heft 1). »Es lebe die dynamische Geometrie, es leben die Abläufe der Punkte, Linien, Flächen, Volumina.« (Vertov).

»... Ich bin Kinoglaz. Ich bin ein Baumeister. Ich habe dich, heute von mir geschaffen, in die wunderbarste, bis zu diesem Augenblick nicht existierende und ebenfalls von mir geschaffene Kammer gesetzt.
Diese Kammer hat zwölf Wände, die ich in verschiedenen Teilen der Welt aufgenommen habe.
Indem ich die Aufnahmen der Wände und der Details untereinander verbunden habe ist es mir gelungen sie in eine Ordnung zu bringen, die dir gefällt, ist es mir gelungen auf den Intervallen fehlerlos eine Kino-phrase zu konstruieren, die nichts anderes als diese Kammer ist.«[190]

Erkärtes Ziel der Kinoki ist eine neue Konzeption der Filmchronik, eine »echte kinokische Chronik – *eine jagende Übersicht VISUELLER Ereignisse*«,[191] die »die visuelle Vorstellung von der Welt durch das menschliche Auge anficht und [ein] eigenes ›Ich sehe!‹ anbietet«.[192] In Vertovs Film *Der Mann mit der Kamera* sieht der Zuschauer einen Mann mit einer solchen umständlichen Apparatur ausgerüstet wie in Buster Keatons *The Cameraman*. Aber ganz anders als diesen, sieht der Zuschauer den Mann mit der Kamera in Vertovs Film nicht auf der Suche nach sensationellen Aufnahmen, sondern mitten im Alltag bei der Arbeit. Aufnahmen des Straßenlebens, der Freizeitvergnügungen und der Arbeit wechseln sich mit spiele-

Bild 15: Rodcenko: Plakat zu Vertovs Film *Kinoglaz* (Dt.: *Kino-Auge. Erster Film aus der Serie Das überrumpelte Leben*), 1924. Visualisierung der Idee des Film-Auges: über Kameras treffen sich die Sehbahnen der Jungen in einer vergrößerten Pupille. Diese sieht mehr und besser als das menschliche Sehorgan. Die zwischengeschalteten Kameras potenzieren die Sehkraft.

risch gesuchten ungewöhnlichen Perspektiven ab, die einen dynamischen Blick auf die Realität, einen Blick sich ständig verändernder Standorte betonen.

»Ich bin Kinoglaz. Ich bin ein mechanisches Auge. Ich, die Maschine, zeige euch die Welt, so wie nur ich sie sehen kann. Von heute an und in alle Zukunft befreie ich mich von der menschlichen Unbeweglichkeit. *Ich bin in ununterbrochener Bewegung.* Ich nähere mich Gegenständen und ich entferne mich von ihnen, ich krieche unter sie, ich klettere auf sie, ich bewege mich neben dem Maul eines galoppierenden Pferdes, ich rase in voller Fahrt in die Menge, ich renne vor angreifenden Soldaten her, ich werfe mich auf den Rücken, ich erhebe mich zusammen mit Flugzeugen, ich falle und steige zusammen mit fallenden und aufsteigenden Körpern.«[193]

Entscheidend ist jedoch nicht allein die Aufnahme, sondern vor allem die Bearbeitung des aufgenommenen Materials. Vertov nutzt das gesamte Repertoire an optischen Tricks wie Doppelbelichtungen, mit Hilfe verschiedener Masken ineinander montierte Aufnahmen, gesplittete Bildaufteilung, um die Leistungsfähigkeit der Kamera zu demonstrieren. Zumindest nach Vertovs Selbstverständnis handelt es sich nicht um eine formalistische Spielerei. In einem Arbeitsbericht schreibt er zu *Der Mann mit der Kamera*: »Im Prozeß der Beobachtung und Aufnahme klärt sich nach und nach das Chaos des Lebens. Nichts ist zufällig. Alles ist gesetzmäßig und erklärbar.«[194] Die Kamera zeigt also nicht nur das Leben. Vielmehr sind im Chaos der mit dem bloßen Auge nicht wahrnehmbaren Erscheinungen allein mit der Kamera Gesetzmäßigkeit und Struktur zu erkennen. Der Kameramann zeichnet die Erscheinungen nicht nur auf, sondern er ist »ein Organisator des sichtbaren Lebens«.[195]

Das überrumpelte Leben nannte Vertov einen Zyklus von Filmen, der mit *Kinoglaz* eröffnet wurde und in Wochenschauform über die Vorgänge in der neu entstehenden Sowjetunion berichtete. Damit deutet Vertov an, daß die Aufzeichnungen der Kamera geordnet und strukturiert werden müssen. Denn »würde man alles, was das Auge gesehen hat, auf einen Film aufnehmen, käme natürlich Tohuwabohu heraus.«[196] Die Beobachtungen des mechanischen Auges müssen organisiert und vom Gehirn gelenkt und gesteuert werden. Entsprechend ist die Montage der Filmaufnahmen eine eigene Ausdrucksform mit einer bewußt kalkulierten Wirkung auf den Zuschauer. In der Einschätzung der Bedeutung der Montage als filmischem Ausdrucksmittel stimmten Eisenstein und Vertov im übrigen überein. Deswegen wird zunächst Eisensteins Montageverfahren an zwei Sequenzen aus *Oktober* dargestellt, um im Anschluß daran die Unterschiede zu Vertov zu skizzieren. In der ersten Sequenz wird das Innere des Winterpalais gezeigt. Kerenskij, Chef der provisorischen Regierung, geht langsam, begleitet von zwei Adjutanten, einen langen Korridor entlang. Während er eine Treppe emporsteigt, sind in diesen Vorgang Aufnahmen des stolzen Kerenskij in Zeitlupe und Zwischentitel, die seine Titel nennen, hineingeschnitten. Es folgt eine Nahaufnahme einer der Statuen im Palast, die eine Girlande hält. Eine Halbtotale zeigt die Statue in voller Größe. Eine Nahaufnahme, die der ersten gleicht, folgt. Ein Zwischentitel: »Hoffnung seines Landes und der Revolution«. Die Aufnahme einer anderen Statue aus der Froschperspektive erweckt den Eindruck, als ob sie mit der Girlande Kerenskijs Kopf schmücken will. Zwischentitel: »Alexander Fjodorowitsch Kerenskij«. Eine Einstellung zeigt von sehr nah Kerenskijs ruhiges und gefaßtes Gesicht. In der folgenden Nahaufnahme wird die Girlande in den Händen der Statue hervorgehoben. In einer sehr nahen Einstellung entspannt sich Kerenskijs Gesicht. Kerenskij beginnt zu lächeln. Die Nahaufnahme der Girlande schließt die Sequenz ab. Eisenstein beschrieb die Absicht, die er mit dieser Montagesequenz verfolgte:

»Kerenskij gelangte nach dem Aufstand im Juli 1917 zur Macht und wurde Diktator. Ein komischer Effekt sollte durch die Zwischentitel erreicht werden, die seine regulären, immer höher aufsteigenden Ränge (Diktator, Generalissimo, Marine- und Kriegsminister etc.) nannten – geschnitten zwischen die fünf oder sechs Einstellungen, in denen er die Treppe zum Winterpalais hinaufsteigt, alles in exakt gleichem Tempo. Der Widerspruch zwischen dem Geschwätz über seine Karriere und dem Helden, der die immer gleiche Treppe in gleichmäßigem Trott emporsteigt, ergibt ein intellektuelles Resultat: Kerenskijs typische Aufgeblasenheit wird satirisch deutlich. So haben wir den Kontrapunkt der schriftlich ausgedrückten, konventionellen Vorstellung vom Aufstieg und der bildhaften Aktion einer Person, die ihrer zunehmenden Verantwortung nicht gewachsen ist. Die Nichtübereinstimmung dieser beiden Faktoren verursacht beim Zuschauer eine rein intellektuelle Entscheidung zuungunsten dieser Person.«[197]

In den folgenden Einstellungen macht sich Eisenstein weiter über Kerenskij lustig. Großaufnahmen von Handschuhen, Stiefeln, Türklinken, einem Pfau werden ohne jeden dramaturgisch begründeten Handlungszusammenhang zu einer charakterisie-

Bild 16–20:
Montagesequenz aus Oktober.

Bild 16: Kerenskij an seinem Schreibtisch.

Bild 17: Einstellung von der obersten Palasttreppe, der sich Kerenskij nähert.

renden Beschreibung mit deutlich ironischem Unterton montiert, bis Kerenskijs Machtgelüste durch den Vergleich einer Aufnahme in einer Pose mit verschränkten Armen mit der Aufnahme einer Napoleonbüste in entsprechender Pose der Lächerlichkeit preisgegeben werden.

Mit dem Zwischentitel »Für Gott und Vaterland« wird die zweite der ausgewählten Montagesequenzen eingeführt. Durch eine Montage, in der die Symbole der christlichen Religion in einer Reihe mit immer archaischeren Götter- und Götzendarstellungen erscheinen, werden die Motive der Bourgeoisie und Kirche desavouiert. Nach dem ersten Zwischentitel erscheinen nacheinander in einzelnen Titeln die Wörter »Für« und »Gott«. Darauf folgen die Aufnahme einer Kirchenkuppel, die Nahaufnahme einer Ikone, die um etwa 45° nach links geneigte Aufnahme einer Kirchturmspitze, die gleiche Aufnahme nach rechts geneigt. Dann folgt eine Sequenz mit Aufnahmen grotesker religiöser Bilder, Buddhas, afrikanischer Masken. In einzelnen Tafeln werden die Zwischentitel »Für« und »das Vaterland« gezeigt. Nach Einstellungen von Orden, Uniformen und Offiziers-Epauletten in Nahaufnahmen erscheint mehrfach der Zwischentitel »Hurra«, unterbrochen von einer im ersten Filmakt niedergerissenen Zarenstatue, deren Einzelteile sich wieder zusammensetzen. Kurze Einstellungen zeigen religiöse Bildnisse, die vorher schon zu sehen waren und nun zu lächeln scheinen. Die Bruchstücke der Zarenstatue, setzen sich vollständig zusammen, bis schließlich der Kopf zurückspringt. Es folgen Einstellungen von Kirchturmspitzen, von denen eine auf den Kopf gestellt wird. In einzelnen Einstellungen sind Weihrauchfässer und ein Priester mit einem Kreuz zu sehen. General Kornilow, Anführer der konterrevolutionären Truppen, die gegen Petrograd marschieren, wird durch eine Pose mit Napoleon verglichen. Zwischentitel: »Zwei Bonapartes«. Ein nach links und ein nach rechts blickender Napoleon erscheinen nacheinander, schließlich gleichzeitig auf der Leinwand. Zwei groteske religiöse Figuren sind im Wechsel mit den Aufnahmen der Napoleonköpfe zu sehen.

Es ist offensichtlich, daß es Eisenstein nicht um die authentische Rekonstruktion eines historischen Ereignisses geht. Aber auch die Konventionen filmischer Erzählung sind nahezu vollständig aufgelöst. Der zeitliche und räumliche Zusammenhang der einzelnen Einstellungen wird nicht erkennbar. Die Charaktere werden nicht durch dramaturgisch motivierte Handlungen vorgeführt, son-

Bild 18: Ein Diener beobachtet Kerenskij.

Bild 19: Wie Napoleon die Hände in den Ausschnitt der Jacke gesteckt und den Kopf nach vorne geneigt, steigt Kerenskij bedächtig die Treppe nach oben.

Bild 20: Eine Statuette Napoleons in der gleichen Haltung.

dern durch Zuschreibung einzelner Ereignisse und Attribute, die immer wieder die Inkompetenz, Lächerlichkeit und Machtgier der Personen veranschaulichen.

»Kornilows Marsch auf Petrograd geschah unter dem Banner ›Für Gott und Vaterland‹. Wir versuchen hier, den religiösen Hintergrund dieser Episode rationalistisch aufzudecken. Eine Reihe von religiösen Bildern, angefangen von einer prächtigen Barockstatue Jesu bis hin zu einem Eskimo-Gott, wurden zusammengeschnitten. Der Widerspruch bestand in diesem Fall zwischen der Idee von Gott und seiner Symbolisierung. Während bei der zuerst gezeigten Statue Idee und Bild vollkommen identisch erscheinen, entfernen sich die beiden Elemente mit jedem weiteren Bild immer mehr voneinander. Indem wir die Bezeichnung ›Gott‹ weiter aufrechterhalten, entfernen sich die Bilder zunehmend von unserer Vorstellung von Gott, so daß dies unweigerlich zu eigenen Rückschlüssen über die wahre Natur von Gottheiten führen muß. In diesem Fall versucht eine Kette von Bildern eine rein intellektuelle Schlußfolgerung zu erzeugen. Sie ergibt sich nach und nach aus dem Konflikt einer bestimmten Vorstellung (von Gott) mit ihrer allmählichen Diskreditierung.«[198]

Löst die in einem ethnologischen Museum aufgenommene Abfolge von Götterstatuen notwendig den von Eisenstein intendierten Erkenntnisprozeß aus? Eisenstein stellte seine Filme in der Absicht her, einem breiten Publikum mit den Mitteln des Films direkt politische, wissenschaftliche und philosophische Begriffe zu vermitteln. Dabei kam es allerdings vor, daß er sich in der beabsichtigten Wirkung täuschte. Eisenstein hat die Problematik selbst erkannt. Anläßlich der Vorführung des Films *Streik* in einem Arbeiterbezirk berichtet Eisenstein von einer völlig unerwarteten Reaktion des Publikums auf die Schlußsequenz, in der die Niedermetzelung von Arbeitern mit der Schlachtung von Vieh parallel montiert ist.

»Gerade das zum Entsetzen erstarrte Blut des Finales kam nicht an. Ich war über diesen Reinfall verblüfft, bis ich mir klar machte, daß ein ›Schlachthof‹ keinesfalls nur als Metapher rezipiert werden mußte. Der Schlachthof kann auch als ein Ort rezipiert werden, wo Lebensmittel, Fleisch zubereitet werden. Obwohl die ›Simonovka‹ ein Arbeiterbezirk war, hatte sie sich doch noch einen vorstädtisch-landwirtschaftlichen Charakter bewahrt. Das Abschlachten eines Schweinchens oder Kälbchens war eine ganz normale Sache … Die Ströme von Blut und das Zusammenzucken der Lebewesen unter dem Messer des Schlächters, die dem

Filmpublikum im Stadtzentrum eisige Schauer über den Rücken jagen, wurden im Außenbezirk in produktions- und wirtschaftsbezogener Weise rezipiert. Das Betrachten dieser Filmstücke weckte weniger Assoziationen an Tod und Blut, als vielmehr an Rindfleisch und Koteletts ...«[199]

Die Assoziation zwischen einer Montagesequenz und ihrer Wirkung darf also nicht mechanistisch vorgestellt werden. Vielmehr erkennt Eisenstein einen Zusammenhang zwischen der Rezeption eines Films und der ideologisch-kulturellen Erfahrung des Publikums. Bei der Gestaltung der Filme muß dieser Zusammenhang berücksichtigt werden, um Unverständlichkeit und Mißverständnisse zu vermeiden.[200]

Eisenstein hat sich in der »Frage eines materialistischen Zugangs zur Form« polemisch mit Vertov auseinandergesetzt und ihn einen Impressionisten genannt, der lediglich dasjenige zeigt, was ihn beeindruckt. Statt eines »Filmauges«, des Symbols des Betrachtens, fordert Eisenstein eine Filmfaust, die zuschneidet.[201] Aber die Annahme eines prinzipiellen Gegensatzes zwischen Eisenstein und Vertov hält einer historisch-kritischen Betrachtung ihrer Argumente nicht stand. Vielmehr stimmen Intention und Tendenz der Konzepte Eisensteins und Vertovs im historischen Kontext durchaus überein. Die beiderseits polemisch angemeldete Differenz kann als Mißverständnis interpretiert werden, das sich auf Tendenzen der jeweils ersten Werke und den unterschiedlichen Zugang zum Film zurückführen läßt. Während Vertov in Eisenstein einen Repräsentanten der bekämpften Spielfilmform sah, mißverstand Eisenstein das Konzept des Filmauges von Vertov als positivistisches Wirklichkeitsprotokoll. Einen prinzipiellen Unterschied kann man dagegen am jeweils anderen Rezeptionsbegriff festmachen.

»Während sich Vertov auf eine Einsichten produzierende Dechiffrierung der Wirklichkeit mit Hilfe experimenteller Kameraführung (und teilweise mit bewußtem Einsatz von Zwischentiteln konzentriert), operiert Eisenstein (vor allem in den Filmen nach *Streik*) mit einer Inszenierung von quasi-dokumentarischem Material, das mit seiner auf allen Ebenen der Filmform angelegten Juxtaposition und Konfliktsteigerung dem Zuschauer durch Emotionsakkumulation aktivierende Einsichten vermitteln soll.«[202]

Die Frage, ob die Filme Eisensteins und Vertovs tatsächlich in der beabsichtigten Weise rezipiert wurden, wäre Gegenstand einer eigenen Untersuchung. Tatsächlich läßt Walter Benjamins 1927 veröffentlichter Reisebericht »Zur Lage der russischen Filmkunst« berechtigte Zweifel zu. Konstatiert Benjamin doch insbesondere beim ländlichen Publikum eine Unfähigkeit, auch nur zwei parallel montierte Handlungsstränge zu verfolgen.[203] Und Béla Balázs leitet sein 1930 erschienenes Buch »Der Geist des Films« mit der Geschichte von dem russischen Gutsverwalter ein, der die Handlung einer Filmdarstellung nicht begreifen konnte. »Denn es war eine neue Sprache gewesen, die allen Städtern geläufig war und die er, der hochgebildete Intellektuelle noch nicht verstanden hatte.«[204]

Zieht man darüber hinaus Passagen aus Eisensteins Memoiren heran, in denen er sich mit Vorwürfen des Formalismus auseinandersetzt, so wird man die kunstpolitischen Debatten, die in der Sowjetunion in den zwanziger Jahren im Ergebnis zu einer Zurückdrängung der Montage führten, auch als Schwierigkeiten des Publikums mit der Montagepraxis und den damit verbundenen wirkungsästhetischen Ansprüchen dechiffrieren können. Noch deutlicher sind die Vorbehalte nicht nur des Massenpublikums, sondern der maßgeblichen Funktionäre von Staat und Partei gegen die radikalen Montagekonzepte aus den Polemiken Vertovs herauszulesen, deren rhetorisches Pathos die legitimatorischen Absichten kaum verdeckt.

Im Zusammenhang mit den Schwierigkeiten des Publikums mit den Filmen berichtet Benjamin von der beabsichtigten Gründung eines »Instituts zum Studium des Zuschauers«, »in dem man experimentell und theoretisch Reaktionen des Publikums zu erforschen sucht.«[205] Das könnte ein interessanter Ansatzpunkt sein für eine empirisch gesicherte Theorie der Filmrezeption auf der Basis »eines der großartigsten völkerpsychologischen Experimente, die in dem Riesenlaboratorium Rußland jetzt angestellt werden.«[206] Im Zusammenhang mit der Stilgeschichte der Kameratechnik interessierte mich jedoch vor allem die konsequente Konzeptualisierung der Montage als Möglichkeit der spezifischen Erfahrungs- und Erkenntnisbildung durch den Film. Bei Vertov und Eisenstein ist diese Möglichkeit an die Voraussetzung geknüpft, daß der Film unabhängig von literarischen Vorbildern seine Ausdrucksmöglichkeiten entwickelt. Zumindest in ihrer Ausprägung während der zwanziger Jahre erscheint diese Montagekonzeption als Abkehr von narrativen Mustern, in deren Mittelpunkt die dramatische Darstellung von Ereignissen und Handlungen steht.[207]

2.5.3. Der Ton und die 16mm-Kamera

Während seines Aufenthalts in den USA zwischen 1924 und 1927 setzte sich John Grierson mit den frühen Filmen Eisensteins auseinander. Für *Panzerkreuzer Potemkin* übersetzte er die Untertitel. Aus den USA zurückgekehrt, stellte Grierson eine Reihe mit Filmen für das Empire Marketing Board, das sich im Auftrag der Regierung mit Öffentlichkeitsarbeit beschäftigte, zusammen. Als Leiter staatlich geförderter Filmproduktionsabteilungen entwickelte Grierson die Aufgaben des dokumentarischen Films in direkter Auseinandersetzung mit der sowjetischen und nationalsozialistischen Filmproduktion und übernahm den Begriff der Propaganda, um damit die volkspädagogische Aufgabe des Staates zu bezeichnen.

In den meisten britischen Dokumentarfilmen wird eine ideologische Position vertreten, die die Grundlagen der britischen Gesellschaft, ihrer Ökonomie und des Kolonialismus nicht in Frage stellt. Die Abhängigkeit von staatlichen oder halbstaatlichen Aufträgen und von großen Industrieunternehmen, die bis zum Beginn des Zweiten Weltkrieges für die Produktionsstruktur der britischen Filme bestimmend blieb, ließ eine grundsätzliche Gesellschaftskritik nicht zu. Entgegen der Selbsteinschätzung der Dokumentaristen schildern die Filme nicht einmal die Arbeits- und sozialen Verhältnisse realistisch, sondern sie ästhetisieren sie.[208] Die ideologische Basis dafür ist eine die politisch-ökonomischen Interessensgegensätze harmonisierende Gesellschaftskonzeption auf Seiten der Filmemacher. Unter dem Eindruck der Kriegsereignisse und der Überführung der Filmproduktion in die unmittelbar regierungsabhängige Produktionsgesellschaft Crown Film Unit zur Unterstützung der Kriegsziele gewannen harmonistische Gesellschaftsvorstellungen endgültig die Oberhand. Man wird den britischen Filmen jedoch nicht gerecht, wenn man sie nur als Ausdruck einer Ideologie ansieht, ohne ihren Beitrag zur Entwicklung der filmdokumentarischen Ausdrucksmöglichkeiten anzuerkennen.

Neben Grierson hatte Alberto Cavalcanti großen Einfluß auf das Selbstverständnis der Dokumentarfilmer und die ästhetische Gestaltung der Filme gewonnen. Während Grierson an der Dokumentarfilmproduktion die propagandistisch-pädagogischen Aspekte hervorhob, werden Cavalcanti vor allem technisch-ästhetische Innovationen zugeschrieben. Besondere Sorgfalt wurde auf die Gestaltung des Tons verwandt. Bekannte Literaten und Musiker wurden für die Kommentar- und

Musikgestaltung gewonnen. Sowohl für *Coal Face* als auch für *Night Mail* waren W. H. Auden als Autor und Benjamin Britten als Komponist tätig.

Zu den Bildern von *Coal Face* tragen menschliche Stimmen in einem Sprechgesang, bisweilen rhythmisch begleitet vom Schlagzeug, Berichte von Bergwerksunglücken und Reihen von Fachausdrücken der Kohleförderung vor. Vielleicht rührt es den heutigen Zuschauer komisch an, wenn während der Darstellung des Untertagebergbaus stark rhythmisch betonte Lyrik, einem Sprechgesang nahe, intoniert wird. Eine realistische Darstellung der Arbeit im Kohlebergbau war aber offensichtlich gar nicht intendiert, sondern die Aufwertung und gesellschaftliche Anerkennung dieser Arbeit durch ihre Ästhetisierung.[209] Das gilt entsprechend für *Night Mail*, in dem die Fahrt eines Nachtzuges von London nach Schottland geschildert wird. Wie bei *Coal Face* arbeiteten die Filmregisseure Basil Wright und Harry Watt mit Cavalcanti, Auden und Britten als Tonregisseuren und dem Cutter McNaughton zusammen. Aus der Beschreibung des Produktionsprozesses geht insbesondere die subtile Abstimmung von Bild und Ton hervor.

»1. Der Kommentar wurde erörtert, geschrieben und aufgenommen. Bei der Aufnahme der 1.Stimme nahm man ein optisches Metronom zur Hilfe, um einen gleichmäßigen Takt beim Lesen zu erreichen.
2. Der Bildrhythmus wurde dem Wortrhythmus angepaßt.
3. Nachdem Britten den Film gesehen hatte, schrieb er die Partitur; bei der Musikaufnahme hörte er über Kopfhörer den Kommentar mit.
4. Bild und Sprachband wurden etwas nachgeschnitten, um mit der Musik vollkommen übereinzustimmen.«[210]

Auch dort, wo das gesprochene Wort im Vordergrund oder gleichberechtigt neben den Bildern und ihrer Gestaltung steht, handelt es sich nicht um einen erklärenden oder gar allwissenden Kommentar. Eines der eindrucksvollsten Beispiele für die Verwendung der Sprache ist der Film *Diary for Timothy* von Humphrey Jennings. Der Film reflektiert in Form eines fiktiven Tagebuches für ein neugeborenes Kind die letzten Monate des Zweiten Weltkriegs. Am Sieg der Alliierten über das nationalsozialistische Deutschland ist nicht mehr zu zweifeln. Resigniert stellt der Sprecher fest, daß der Krieg zwar entschieden ist, bis Weihnachten aber nicht beendet sein wird. Aus allen Teilen Großbritanniens treffen verschiedene Berichte ein, die vom Autor des Tagebuchs zu einer komplexen Reflexion verknüpft werden, die weniger den Charakter einer Erklärung als den eines monologisierenden Räsonnements hat.

In einer Parallelmontage wird eine Szene aus dem »Hamlet« mit einer Kantinendiskussion zwischen Männern, die über die Bedrohung durch die feindliche Technik reden, alternierend dargestellt. Die Sequenz beginnt mit einer Aufnahme von einem Theater in London, auf dessen Giebel für »Hamlet« geworben wird. Zu diesem Bild ist ein Gespräch zwischen Hamlet und einem Totengräber zu hören. Es folgt als Totale eine Aufnahme der Bühne von den Kulissen aus. Hamlet und der Totengräber setzen ihr Gespräch fort. Als das Gelächter in dieser Einstellung verklingt, folgt die Aufnahme von einem Mann, der über einer Tasse Tee in der Kantine mit genauer Kenntnis technischer Details wie Aufstiegswinkel, Flughöhe und -geschwindigkeit Berechnungen über die Bedrohung durch die deutschen Raketen anstellt. Eine zweite Aufnahme aus der Kantine endet mit der Frage des Mannes an seine Gesprächspartner, ob sie wissen, wie lange es dauert bis die Rakete ihr Ziel erreicht. »Nein, das weiß ich nicht«, scheint Hamlet in der nächsten Einstellung zu antworten. Ähnlich ist der Übergang von dieser Theaterszene zur nächsten Aufnahme in der Kantine gestaltet. Hamlet bedauert den armen Yorick, den toten Spaßmacher, und nach einem Schnitt scheint der Mann in der Kantine zu antworten: »Ich mußte den ganzen Weg zu Fuß nach Hause gehen.« Zu diesem Satz sind Explosionsgeräusche zu hören, die Hamlet, den Totenschädel in seiner Hand ansprechend, zu kommentieren scheint.

Die Wirkung der beschriebenen Sequenz entsteht nicht wie bei Eisenstein durch den Zusammenprall zweier Einstellungen, sondern vor allem durch das Unterschneiden der Szenen mit einer Erzählfolge, die den Ton über den Bildschnitt hinaus fortsetzt. Originalgeräusche werden in den Filmen von Jennings häufig durch einen sehr persönlichen Kommentar ergänzt, der sich mit komplizierten Ideen beschäftigt. Dieser Kommentar von Jennings »beschreibt aber weniger das, was auf der Leinwand passiert, als daß er über die Bedeutung und Nebenbedeutungen der Bilder nachdenkt. ... Unerwartete visuelle Assoziationen ... , die für sich genommen völlig sinnlos erscheinen, enthüllen auf einmal durch einen Hinweis im Kommentar ihren Sinn.«[211]

Filme wie *Coal Face*, *Night Mail* und *Diary for Timothy* widerlegen, daß vor der technischen Entwicklung der Synchrontonaufnahme in Verbindung mit der 16mm-

Kamera der allwissende Kommentar das bevorzugte Gestaltungsmittel des dokumentarischen Films gewesen ist. Weder das gesprochene Wort noch die Musik erklären in den erwähnten Filmen das Bild. Originalgeräusche werden nicht zur Steigerung des Realitätseindrucks der Aufnahmen verwendet. Bild und Ton werden völlig eigenständig behandelt und so durchgearbeitet, daß erst in der Verbindung aller visuellen und akustischen Elemente die Filme ihre Wirkung erzielen.[212] Für die Durchsetzung der 16mm-Kameras als professsioneller Aufnahmetechnik war allerdings die Verbindung mit dem Synchronton entscheidend, die es den Leuten vor der Kamera ermöglichte, für sich selbst zu sprechen. Verfügbar war die Kameratechnik schon länger.

Die 16mm-Kameras waren seit den zwanziger Jahren im Handel. Die bis zu diesem Zeitpunkt angebotene Technik war wegen der hohen Kosten der Kameras und des Filmmaterials sowie wegen der Schwerfälligkeit der Apparatur für Laien praktisch nicht verfügbar. Die Situation änderte sich mit den leichter handzuhabenden und billigeren Kameras, die im Amateur- und semiprofessionellen Bereich auch angewandt wurden. Es handelte sich dabei um federwerkgetriebene Handkameras. Die Federwerke zogen allerdings immer nur für einige Sekunden Filmmaterial durch die Kamera. Dadurch wurden die Einstellungen kürzer und die Bilder unruhiger, auch deswegen weil die Kamera nicht auf dem Stativ, sondern aus der Hand geführt wurde. Es ist vor allem diese größere Beweglichkeit der aus der Hand geführten Kamera mit Federwerk, die eine neue Ästhetik des Dokumentarischen ermöglichte. Joris Ivens berichtete in der Februar-Ausgabe des Jahrgangs 1929 der Zeitschrift für Filmamateure »Film für Alle« von seinen Dreharbeiten zu dem Film *De Brug* anschaulich von den Vorteilen der hohen Operativität der kleinen aus der Hand geführten Kameras.

»Als Aufnahmeapparate benutzte ich, da ich keinen großen Berufsapparat zur Verfügung hatte, den Kinamo und die De Vry- Kamera. Die Vorteile, die diese handlichen automatischen Apparate bieten, habe ich dabei nach Möglichkeit auszubeuten versucht: insbesondere, wo die Freiheit in der Wahl des Aufnahmestandpunktes mir Gelegenheit dazu gab. Sehr gewissenhaft wählte ich jede Bildeinstellung. Immer suchend, habe ich mein Opfer beschlichen. Dennoch muß man aber hierbei maßzuhalten wissen, denn die Spontanität darf im Moment der Aufnahme nicht verlorengehen. Oft muß das Objekt bei der Aufnahme sozusagen überrumpelt werden. …

... Ich brauchte für die Eisenbahnfahrt Großaufnahmen am fahrenden Zuge. Ich fuhr eines Tages nach Rotterdam und saß ganz allein im letzten Wagen. Im Gang sah ich plötzlich, wie das harmonikaartige Verbindungsstück zwischen meinem Wagen und dem vorhergehenden sich etwas gelöst hatte, und ich konnte durch eine kleine Öffnung ein herrliches Gegenspiel von zwei Puffern beobachten. Große Chance! Ich löste schnell die ganze Verriegelung des Verbindungsstückes, setzte mich in offener Luft zwischen die beiden Wagen und machte verschiedene Nahaufnahmen der Pufferbewegung. ... 25m gelungener Aufnahmen in der Kamera.«[213]

Angesichts der hohen Operativität dieser Technik ist es um so erstaunlicher, daß sie im professionellen Bereich nur sehr zögernd übernommen und kaum angewandt wurde.[214] Während in den zwanziger Jahren das 16mm-Format nur eines von einer ganzen Reihe kleinerer Filmformate war, setzte es sich nach 1933 durch und wurde insbesondere in der Kriegsberichterstattung verwendet. Anscheinend führten erst die besonderen Erfordernisse authentischer Aufnahmen von der Front unter Kriegsbedingungen zum endgültigen Durchbruch dieses Formats im professionellen Bereich. Von einer Batterie gespeist, wurde häufig die Arriflex-Kamera für die Kriegsberichterstattung verwendet. Speziell für Reportagezwecke war die Arriflex 16BL konzipiert worden. Die Kamera war mit drei Objektiven ausgestattet, die auf einem Revolverkopf montiert waren. Auf diese Weise konnten die Objektive und die Bildausschnitte verändert werden, ohne daß der Kamerastandpunkt geändert werden mußte. Das Weitwinkel-, Normal- und Teleobjektiv enthalten die ganze »Grammatik des Films«: »Weitwinkel für den Schauplatz des Krieges, die Halbtotale für den Kampf Mann gegen Mann, Menschen von Kopf bis Fuß, die Nahaufnahme, um den unbekannten Soldaten aus dem Geschehen herauszupräparieren.«[215]

Die Kameramänner an der Front arbeiteten nach ihrer eigenen Darstellung weitgehend autonom und ohne genaue Anweisungen. Sie nahmen auf, was ihnen attraktiv erschien. Das an der Front im 16mm-Format von verschiedenen Kameramännern aufgenommene Material wurde weggeschickt, zentral in Berlin montiert und für die Kinoprojektion auf 35mm aufgeblasen. Auf diese Weise wurden nicht nur Wochenschauen über den Kriegsverlauf und die Kampfhandlungen hergestellt, sondern vor allem auch Filme wie *Feuertaufe* und *Sieg im Westen*. Die Darstellung der Feldzüge gegen Polen und Frankreich wurde zur Demonstration der militärtechnischen Überlegenheit der deutschen Wehrmacht und zur Einschüchterung möglicher Gegner genutzt. Tatsächlich erzielen die Filme ihre stärkste Wirkung nicht allein durch die Authentizität der Aufnahmen, sondern durch die nach formalen Gesichtspunkten montierten Bilder einer unaufhaltsam vorwärtsstrebenden Maschinerie von Panzern, Flugzeugen und marschierenden Truppen.[216]

Da das 16mm-Format seit Jahrzehnten zur Verfügung stand und seine Vorteile bekannt waren, kann es allein als technische Voraussetzung die Veränderung des Dokumentarfilmverständnisses um 1960 nicht ausreichend erklären. Vielmehr führte neben einer ganzen Reihe zusätzlicher technischer Entwicklungen wie der des Zooms (als Gummilinse oder Transfokator ebenfalls seit den dreißiger Jahren verfügbar), lichtstarker Objektive, hochlichtempfindlichen Filmmaterials vor allem die synchrone Aufnahme des Originaltons zu den neuen Konzepten des *Direct Cinema* und *Cinéma Vérité*. Zwar setzten diese Bewegungen neue Standards in der internationalen Dokumentarfilmproduktion durch, indem sie die technischen Entwicklungen ästhetisch konzeptualisierten. Ohne Vorläufer sind jedoch auch diese Dokumentarfilmbewegungen nicht, so daß die Einteilung der Geschichte des Dokumentarfilms in eine Epoche vor und eine seit 1960 fragwürdig erscheinen muß.[217]

Neuerdings hat Carsten Diercks sowohl das Ersterfindungsrecht für die technischen Innovationen als auch für deren ästhetische Konzeptualisierung für sich und Rüdiger Proske reklamiert. Diercks als Kameramann und Proske als Redakteur waren beide in den fünfziger Jahren für den Nordwestdeutschen Rundfunk (NWDR) tätig und haben mit dem Pilotton ein Verfahren der lippensynchronen Tonaufnahme angewandt. Bis vor kurzem hatten weder Filmhistoriker noch Cineasten und letztlich nicht einmal die Historiker des Fernsehens die Hamburger Pionierarbeit angemessen gewürdigt. Das lag auch daran, daß Proske, Diercks und ihre Mitarbeiter in ihrer eigenen Sendeanstalt auf Skepsis stießen. Die Intendanz definierte Fernsehen als Live-Medium. 16mm-Film wurde als Amateurformat und für das Fernsehen völlig ungeeignet abgelehnt.[218]

Die Durchsetzung der synchronen Originaltonaufnahme als technisch-ästhetischer Standard macht deutlich, daß technische Entwicklungen allein keine ausreichende Basis für die Geschichte des dokumentarischen Films darstellen. Erst das Zusammenspiel technischer Innovationen mit konzeptuellen Überlegungen zu ihrer ästhetischen Umsetzung und mit den Erwartungen der Zuschauer gibt Kriterien für eine Geschichte des dokumentarischen Films als einem Genre. Das ist für die Entwicklung der 16mm-Kamera nicht anders als für die Tonaufnahmetechnik. Die technischen Möglichkeiten interessieren in diesem Zusammenhang vor allem als Grundlagen und materiale Träger von Ausdrucks- und Darstellungsmöglichkeiten auf Seiten der Produzierenden und der Erwartungshaltung auf Seiten der Rezipienten.[219] Offensichtlich ist, daß die Orientierung am Ton, insbesondere am gesprochenen Wort zu neuen Kontinuitätserwartungen führt, die, wie insbesondere der Interviewfilm, eine größere Affinität mit Konzepten journalistischer Recherche als mit dokumentarfilmgeschichtlichen Vorbildern aufweisen. Vor allem ist eine Abnahme der Montage und des Bildaufbaus als gestaltenden Mitteln in dokumentarischen Filmen zu beobachten. Die Kamera konzentriert sich auf die sprechenden Personen. Beim Schnitt und der Montage werden unterbrechende Eingriffe in die Rede vermieden. Statt Montagen werden lange ununterbrochene Beobachtungssequenzen oder Aufnahmen von sprechenden Menschen typisch.

Vor der Entwicklung des Tonbands und seiner synchronen Kopplung mit der Kamera waren Tonaufnahmen an Originalschauplätzen nur mit einem technischen Apparat in der Dimension eines ganzen »Tonwagens« möglich.[220] Das bedeutet, daß synchrone Originaltonaufnahmen für den dokumentarischen Film so gut wie ausgeschlossen waren. Ein frühes Beispiel für die Verwendung von Originalton im dokumentarischen Film ist *Housing Problems* von Edgar Anstey und Harry Watt. Es handelt sich um einen Interviewfilm, in dem sich die Bewohner von Slums zu ihrer Wohnsituation äußern. Die ästhetische Gestaltung des 1935 entstandenen Films ist im Vergleich mit den zeitgenössischen Filmen der britischen Schule rudimentär und besteht in wenig mehr als den Porträts der Sprechenden sowie gelegentlichen Aufnahmen von dem, wovon sie sprechen. Die Statik und Unflexibilität der Aufnahme ist vor allem ein Resultat der Schwerfälligkeit der Technik. Die Kamera ließ für eine Beobachtung kaum eine andere Bewegung als den Schwenk zu und die aufgenommenen Personen mußten sich sehr knapp äußern. Die Aufnahme einer unvorbereiteten Rede oder eines improvisierten Gesprächs war dagegen kaum möglich.

Das Pilot-Ton-Verfahren, mit dem Diercks und Proske arbeiteten, koppelte lippensynchron eine handliche kleine Filmkamera mit einem tragbaren Tonbandgerät. Der Pilot-Ton ist ein von der Kamera abgegebenes Niedrigfrequenzsignal im Bereich von etwa 50 Hz, das die Laufgeschwindigkeit des Tonaufnahmegeräts steuert und auf diese Weise die Synchronität zwischen beiden garantiert. Wie die

Kameras wurde auch der Recorder zunächst durch ein von Hand aufzuziehendes Federwerk angetrieben. Ab 1960 waren batterie- und netzstrombetriebene Tonaufnahmegeräte auf dem Markt. Verschiedene Hersteller verbilligten und verkleinerten die anfangs immer noch handkoffergroßen und mehrere Kilogramm schweren Geräte. Die Laufgeschwindigkeit von Kamera und Tonaufnahmegerät wurde über ein verbindendes Kabel synchronisiert, so daß beide in enger räumlicher Abhängigkeit voneinander agieren mußten. Die entscheidende Weiterentwicklung war die quarzgesteuerte Synchronisierung von Kamera und Tonaufnahme. Diese Technik ermöglicht nach einer einmaligen Abstimmung der quarzgesteuerten Laufwerkfrequenzen eine autonome Aufnahme von Bild und Ton, deren Synchronität im Laufe eines Tages nur um ein Bild auseinanderläuft. Schließlich garantiert die seit Mitte der achtziger Jahre mögliche digitale Tonaufnahme ständige Synchronität.

Eine weitere Entwicklung der Tontechnik ist die stereophone Aufnahme. Dabei handelt es sich um ein Verfahren, das mit größerer Ähnlichkeit das richtungsorientierte Hören des menschlichen Ohres simuliert. Das Verfahren basiert auf der Zeit- und Intensitätsdifferenz, mit der der Schall auf die Ohren trifft, wodurch eine Vorstellung von der räumlichen Lage der Schallquelle entsteht. Die stereophone Tonaufnahme gibt nicht nur den Ton besser wieder, sondern sie ermöglicht die Aufnahme und Wiedergabe von mehr Informationen. Nicht nur die Verständlichkeit der Sprechenden wird verbessert, sondern auch die Geräusche im Raum außerhalb des Bildausschnitts werden durch die Stereophonie besser aufgenommen. Das bedeutet, daß die menschliche Wahrnehmung durch das Zusammenspiel von Gehör und Auge als raum-zeitliche Orientierung mit größerer Ähnlichkeit simuliert wird als mit herkömmlichen Aufnahmeverfahren. Während die Stereophonie tonaufnahmetechnisch kein Problem darstellt und im Amateurbereich des Video selbstverständlich ist, führt das Verfahren dazu, daß schnitt- und montagetechnisch bestimmte Regeln berücksicht werden müssen. Voraussetzung dafür, daß die Stereophonie in dem beschriebenen Sinn als Simulation der menschlichen Wahrnehmung funktioniert, ist, daß Kamera und Tonaufnahme nicht nur zeitlich synchron, sondern räumlich parallel ausgerichtet aufnehmen. Dreht man beispielsweise das Mikrophon, so daß es auf dem Kopf steht, dann vertauschen sich die Seiten der auf dem Bild Sprechenden. Man hat es gewissermaßen mit einem akustischen Achsensprung zu tun.

Es ist also die Frage, ob nicht Bild und Ton an Eigenständigkeit verlieren. Im Zusammenhang damit steht die Frage, was der Film an Ausdrucksmöglichkeiten durch die technische Innovation der Stereophonie gewinnt. Die Stereophonie gewährleistet einerseits zwar einen besseren Ton und vergrößert vor allem die Informationsmenge der audiovisuellen Realitätsvermittlung. Andererseits schränkt aber die Steigerung der Realitätssimulation als Ziel der technischen Entwicklung die Freiheit der Montage ein. »Nur eine kontrapunktische Verwendung des Tons in Beziehung zum visuellen Montage-Bestandteil wird neue Möglichkeiten der Montage-Entwicklung und Montage-Perfektion erlauben«, schrieben Eisenstein, Pudovkin und Alexandrow in einem »Manifest zum Tonfilm«.[221] Sie forderten nicht bloß, den stummen Film zu ergänzen und naturähnlicher zu machen, »sondern an die Natur von einer ganz anderen Seite heranzugehen. Die Forderung ist, eine neue Sphäre des Erlebens zu erschließen.«[222]

Um die größere »Naturnähe« der Aufnahme und Wiedergabe geht es vor allem bei der Entwicklung der neuen Technologien für das Fernsehen. Durch die Einführung von größeren und am Breitwandformat des Kinos orientierten Bildschirmen, die das ausgefüllte Gesichtsfeld erheblich erweitern, soll der Zuschauer das Gefühl gewinnen, die übertragenen Bilder als Realität vor sich zu sehen. Dabei spielen synästhetische Effekte eine besondere Rolle. Die Ergebnisse empirischer Untersuchungen lassen sich dahingehend zusammenfassen, »daß starke akustische Reize die Sehschwelle erhöhen, schwache aber die Sehschwelle herabsetzen.«[223] Die Auswertung eines Versuchs, bei dem fünf Personen durcheinander sprechen, sollen eine eindeutige Tendenz in der Steigerung der Verständlichkeit bei der sukzessiven Zunahme von Informationskanälen belegen.

»Eine Erweiterung des Informationskanals … erfolgte dadurch, daß man einem akustischen Kanal einen optischen Kanal hinzufügte. Am Ort des Hörers wurde also neben einem Mikrofon auch die Kamera plaziert, die auf die Signalquellen gerichtet war. Diese Anordnung entspricht dem heutigen Fernsehsystem: monophone elektroakustische Übertragung mit einem Bildkanal. Nach der Ermittlung der Verständlichkeit des akustischen Kanals in monophoner Übertragung mit Bildunterstützung erfolgte nun die Zuschaltung des zweiten akustischen Signals, so daß eine stereophone Übertragung mit Bildunterstützung möglich war.«[224]

Die stereophone Tonaufnahme und -wiedergabe ist also im Kontext einer technischen Entwicklung zu sehen, deren Ziel in der Simulation der menschlichen Wahrnehmung als Form der medialen Vermittlung von Realität besteht. Bildlich wird die Steigerung der Realitätssimulation durch die neue Technologie damit beschrieben, daß das konventionelle Fernsehen der Blick durch ein Fenster auf die Realität war, während die neuen Technologien ein Schritt auf den Balkon sind.[225] Demgegenüber muß man betonen, daß es sich immer um eine Vermittlung der Realität und nicht um diese selbst handelt. Der Zuschauer ist nicht in das dargestellte Geschehen involviert. Während die Gleichzeitigkeit der Rezeption mit den dargestellten Ereignissen bereits heute eine spezifische Möglichkeit des Live-Mediums Fernsehen ist, ändert sich an der räumlichen Distanz zwischen dem Zuschauer und den dargestellten Ereignissen durch die beschriebenen Entwicklungen nichts. Allenfalls an der Erlebnisintensität, mit der die Übertragungen rezipiert werden.

Die Telepräsenz als der Schritt auf den Balkon ist ein Schritt in die Richtung der »virtuellen Realität«.[226] An diesem Punkt der Entwicklung wird die Technik nicht nur unüberschaubar komplex, sondern ist ihre weitere Distribution und Nutzung nur äußerst spekulativ zu prognostizieren. Ohne die Entwicklung spezifischer ästhetischer Formen und vor allem neuer Rückkopplungsmöglichkeiten zwischen Produzent, Überträger, Rezipient und dargestellter Realität sehe ich gegenüber den Verfahren filmdokumentarischer Realitätsaneignung und -darstellung keinen Gewinn. Immerhin deutet sich an, daß die elektronischen Medien die klassischen Vorstellungen vom Film als der »Errettung der äußeren Wirklichkeit«, die auf den Abbildcharakter des fotografischen Bildes rekurrieren, liquidieren, wenn denn das Ziel der technischen Entwicklung jener Medien möglichst perfekte Simulation der Realität sein sollte.

2.6. Zusammenfassung und Ausblick

Entgegen dem Eindruck, der am Ende dieses Kapitels entstehen könnte, war die Frage, ob der ethnographische Film für eine visuelle Fachrichtung der Soziologie vorbildhaft sein kann, nicht rhetorisch gemeint. Die Auseinandersetzung mit den erkenntnis- und wissenschaftstheoretischen Grundlagen der wissenschaftlichen Filmdokumentation, hat vor allem gezeigt, daß die filmische Repräsentation der Wirklichkeit analog der Wissenschaft die Realität als Objekt konstituiert. Die Problematik ist komplizierter, als sie erscheint. Der Hinweis darauf, daß ein durchschnittliches Publikum sehr wohl zwischen der Realität und ihrer filmischen Darstellung unterscheiden kann, erklärt noch nicht die Beweiskraft, die dem fotografischen Bild als Wirklichkeitsdarstellung zuerkannt wird. Diese Beweiskraft ist nicht einfach eine Täuschung, sondern Resultat eines Realitätseindrucks des fotografischen Bildes, der im wesentlichen dadurch entsteht, daß die Kamera die Realität ohne Eingriff selbsttätig aufzeichnet. Darüber hinaus wird die Beweiskraft des fotografischen Bildes gesteigert, indem es die Wirklichkeitsaufzeichnung quasi laborhaft-experimentell verfügbar macht. Damit scheint die fotografische Aufzeichnung optimal den Anforderungen einer Beobachtung zu genügen, deren Wissenschaftlichkeit und Wahrheit am Grad der Distanziertheit und Neutralität des Beobachters sowie der Überprüfbarkeit der Ergebnisse durch Wiederholung gemessen werden. Dieser Auffassung erscheint ein Film dann um so wissenschaftlicher, je weniger der Film-Beobachter auf die Phänomene und ihre Darstellung Einfluß nimmt. Die filmische Darstellung scheint in diesem Fall den Betrachter zur dargestellten Realität in die Position eines optimalen Beobachters in Beziehung zu setzen.

Aber auch die wissenschaftliche Filmdokumentation transformiert unmittelbar erfahrenen Raum und unmittelbar erfahrene Zeit in filmischen Raum und filmische Zeit. Aus diesem Grund sind die Kriterien der Wissenschaftlichkeit eines Films nicht am Grad der Übereinstimmung mit der Realität, sondern an der Form der Gestaltung eines Films zu entwickeln. Für die Erörterung dieser Kriterien eignete sich die Auseinandersetzung mit den Texten David MacDougalls zum ethnographischen Film und deren Rezeption im Kontext der Theoriediskussion des ethnodokumentarischen Films. MacDougalls Texte stellen keine systematisch entwickelte Theorie des ethnodokumentarischen Films dar. Vielmehr reflektiert MacDougall kritisch seine Filmarbeit mit dem Ziel, Filme durch ihre Gestaltung als Kunstprodukte der Auseinandersetzung des Filmemachers mit der Realität kenntlich zu machen. MacDougalls Skepsis gegen alle Mittel der filmischen Darstellung und vor allem gegen die Kanonisierung bestimmter Mittel als besonders wissenschaftlich regten die umfassende Auseinandersetzung mit der Entwicklung filmischer Darstellungs- und Ausdrucksmittel an. Diese Auseinandersetzung wurde als Stilgeschichte der Kameratechnik geführt. Der Begriff der Technik wurde dabei nicht in dem engen Sinn der Aufnahmeapparatur allein verwandt. Gerade darin bestand der Fehler der Ansätze einer wissenschaftlichen Filmdokumentation, daß die Aufzeichnungs- und Reproduktionsqualität der Aufnahmeapparatur isoliert betrachtet wurde. Demgegenüber habe ich den Begriff der Technik sowohl im Sinn der Entwicklung der Aufnahmeapparatur als auch ihrer konzeptuellen Handhabung gebraucht.

Damit ist der weitere Fortgang der Arbeit vorgezeichnet. Wenn es sich bei einer visuellen Fachrichtung innerhalb der Soziologie nicht um die Herstellung möglichst beweiskräftiger Wirklichkeitsreproduktionen handeln kann, sondern um eine eigene Form der Realitätsaneignung, dann muß versucht werden, nicht allein die technikgeschichtliche Entwicklung fotografischer und filmdokumentarischer Verfahren, sondern vor allem den dirkursiven Zusammenhang ihres konzeptuellen Gebrauchs historisch-deskriptiv zu rekonstruieren. Das bedeutet nichts Geringeres, als die filmdokumentarischen Verfahren als eine Form der Erfahrungsbildung in Beziehung zu alltagsweltlichen, wissenschaftlichen und literarisch-künstlerischen Formen der Erfahrungsbildung in Beziehung zu setzen.

Während dieser Versuch einer historisch-deskriptiven Rekonstruktion des Entstehungszusammenhangs filmdokumentarischer Verfahren unmittelbar im Anschluß im nächsten Kapitel (Kapitel 3) unternommen wird, deuten die neuesten technischen Entwicklungen, wie sie sich im Bereich der elektronischen Medien abzeichnen, an, daß sich unter dem Einfluß dieser Entwicklungen das Genre des Dokumentarfilms selbst verändert. Während die Realitätsillusion des Films darin bestand, daß dem Filmzuschauer suggeriert wird, die dargestellte Realität in der optimalen Position eines idealen Beobachters betrachten zu können, besteht die Realitätsillusion des Fernsehens darin, daß die unmittelbare Teilnahme des Zuschauers an den Darstellungen simuliert wird. Diese Entwicklungen wirken auf das Genre des dokumentarischen Films verändernd ein und müssen gesondert untersucht werden (Kapitel 4).

3. Zur Tiefenstruktur filmdokumentarischer und sozialwissenschaftlicher Erfahrungsbildung

> Der Rohstoff der Wirklichkeit
> ist verschwommen, aber ihre
> Reaktion ist unbestechlich,
> und die Poesie, der sie sich
> fügt, verlangt die äußerste
> Präzision.
>
> *Adolf Muschg*

3.1. Ausgangslage

3.1.1. Beispiele für die Übertragung sozialwissenschaftlicher Terminologie in die Dokumentarfilmdiskussion

Mit deutlich vernehmbarer Ironie berichtet der Filmjournalist Egon Netenjakob von einer Sichtungsveranstaltung, die am 31. Mai 1976 im Norddeutschen Rundfunk stattfand. Vorgeführt wurden Filme von Klaus Wildenhahn und Gisela Tuchtenhagen. Über einen Zeitraum von mehreren Monaten hatten Tuchtenhagen als Kamerafrau und Wildenhahn als Regisseur die Auseinandersetzung um die angekündigte Schließung des VW-Werks in Emden sowie deren Auswirkungen auf einzelne Familien und die Region beobachtet und filmisch dargestellt. Sie konzentrierten sich dabei auf Personen aus der mittleren Führungsebene der IG Metall und auf Vertrauensleute aus dem Werk. Neben Tuchtenhagen und Wildenhahn sowie Netenjakob, der das Filmprojekt beobachtend und protokollierend begleitet hatte, nahmen Horst Königstein als Redakteur der Rundfunkanstalt und Ulrich Gregor als Leiter des Internationalen Forums des jungen Films an der Veranstaltung teil.

»Gregor stellte sogleich die großen Zusammenhänge her. Auf dem diesjährigen Forum will er einige Filme aus der China-Serie Joris Ivens' zeigen und mehrere Filme des Kanadiers Arthur Lamothe über die Indianer der Region Quebeck. Horst Königstein, ganz auf dem laufenden, hat für diese Tendenz bedeutender Dokumentarfilmer zur langandauernden, systematischen, fast wissenschaftlichen Beobachtung ihrer Hauptfiguren gleich die passenden Bezeichnungen parat, die neuen Anthropologen, ethnographischer sowie ethnologischer Dokumentarfilm.«[227]

Die Ironie gilt dem Fernsehredakteur als Meinungsmacher, der die Vielfalt der internationalen Dokumentarfilmproduktion schnell auf einen Begriff bringt und einen Trend diagnostiziert. Die Übertragung von Begriffen sozialwissenschaftlicher Provenienz in die feuilletonistische Dokumentarfilmdiskussion ist jedoch nicht singulär, sondern symptomatisch. In seinem 1982 erschienenen Buch über den »Dokumentarfilm seit 1960« stellte Wilhelm Roth einen Trend zum langfristig beobachtenden Dokumentarfilm fest. Roth sprach von der Methode der Alltagsbeobachtung sowie dem Typus der Langzeitbeobachtung.[228] Darüber hinaus verwandte er in der Kapiteleinteilung seines Buches neben filmhistorischen und -technischen, zeitgeschichtlichen und geographischen Begriffen auch solche wie Gegengeschichtsschreibung und Oral History, exemplarische Biographien, Topographie, ethnographischer Film. Die wissenschaftliche Provenienz dieser Begriffe suggeriert eine methodische Einheitlichkeit und Reflektiertheit, die die mit diesen Begriffen beschriebenen Filme nicht erkennen lassen.

Merkwürdigerweise angesichts des Umfangs der Produktion fehlt bei Roth die Kategorie des Interviewfilms als eigenes Genre. Sowohl in der Abgrenzung nach außen gegen andere dokumentarische Genres als auch in einer Binnendifferenzierung verschiedener Interviewfilme müßte sich diese Kategorie als äußerst produktiv erweisen. Allein eine beliebige Aufzählung interviewzentrierter Filme von Fechner, Ophuls, Lanzmann und de Antonio deutet dies an. Einzelne Filme dieser Autoren gleichen sich vor allem hinsichtlich der monumentalen Länge, unterscheiden sich aber sonst fast in jeder Hinsicht der Gesprächsführung und Präsenz des Autors, der Kameratechnik, des Schnitts und der Montage, der Ergänzung durch Kompilation von Archivmaterial, der Verwendung von Kommentar und Musik.

Die besondere Qualität des Filminterviews besteht in der Visualisierung und Aufzeichnung von Gestik, Mimik und Intonation, die die Rede begleiten und die auch durch eine Transkription immer nur unvollkommen beschrieben werden können. Da das Trägermaterial relativ teuer ist, ist das Filminterview auch aus Kostengründen häufig sehr viel kürzer als eine Tonbandaufzeichnung. Jedenfalls entschieden sich Christoph Hübner und Gabriele Voss für die Arbeit mit Video, als sie 1977 damit begannen, die *Lebensgeschichte des Bergarbeiters Alphons S.* aufzunehmen, weil mit dieser Technik sehr viel billiger produziert werden kann als mit Film. Alphons Stiller, zum Zeitpunkt der Aufnahmen weit über 70 Jahre alt, erzählt sein Leben in einer Reihe von acht Filmen, die der Chronologie seiner Biographie und der historischen Ereignisse folgen. Der Schwerpunkt wird auf die historischen Ereignisse gelegt. Der Erste Weltkrieg, der Kapp-Putsch, die Ruhrbesetzung durch die Franzosen geben den einzelnen Filmen der Serie nicht nur die gliedernden Titel, sondern sind mit der persönlichen Geschichte so eng verknüpft, daß diese kaum eigenes Gewicht bekommt. Das didaktische Interesse der Autorin und des Autors, aus der Geschichte durch die Reflexion persönlicher Erlebnisse als historische Erfahrung zu lernen, ist offensichtlich. Sie nennen ihren Film ein Bio-Interview und zitieren als Vorbild Sergej Tretjakov, der als Lehrer am russischen Seminar der Nationaluniversität in Peking über ein halbes Jahr lang täglich vier- bis sechsstündige Interviews mit einem seiner Studenten führte, um dessen Lebensgeschichte in Romanform zu veröffentlichen.[229]

Hübner und Voss hatten vor der Herstellung der *Lebensgeschichte des Bergarbeiters Alphons S.* den Spielfilm *Huckinger März* über einen Streik in einem Werk der Stahlproduktion gemacht. Sie beschrieben die Entstehung des Interviewdokumentarfilms mit Alphons Stiller als konsequente Fortsetzung der Spielfilmarbeit. Über die Darstellung einer Ausnahmesituation hinaus, wollten sie sich der Alltagssituation und der Geschichte einer Region annähern. 1978 zogen die Filmemacher ins Ruhrgebiet und gründeten dort das RuhrFilmZentrum. Als eine kollektive Arbeit mit einem größeren Stab von Mitarbeiterinnen und -arbeitern entstand ein Filmzyklus über eine Zeche und die Siedlung der dort beschäftigten Bergleute.

Konstitutiv für den Ansatz des RuhrFilmZentrums ist, daß die Filmemacher am Ort ihrer Arbeit leben oder sich langfristig dort einrichten. Die Affinität dieses Ansatzes zu den stationären Feldaufenthalten in der ethno-anthropologischen Forschung thematisierte Gabriele Voss. In einem Tagebuch reflektierte sie das Verhältnis von Distanz und Nähe zwischen den Filmemachern und den Personen, deren Geschichte, Lebens- und Arbeitswelt jene darstellen wollen, anhand ethnologischer Feldforschungsberichte.[230] Ziel des RuhrFilmZentrums war nicht nur die Produktion von Filmen, sondern auch deren Verleih und Vorführung. Veranstaltungen wurden durchgeführt mit René Vautier und der Londoner Filmkooperative Cinema Action, die in der Bretagne und in Großbritannien eine ähnlich im Alltag einer Region verankerte Filmarbeit in enger Zusammenarbeit mit den dargestellten Personen praktizierten.

In einer singulären radikalen Konsequenz repräsentieren die Filme der Ogawa Productions aus Japan den Typus der langfristig an einen Ort und einen überschaubaren sozialen Zusammenhang gebundenen Filmarbeit. In einem Nachruf auf den 1991 gestorbenen Shinsuke Ogawa schrieb Ulrich Gregor: »Ogawas Filme sind so einmalig, weil sie die Intensität der filmischen Beobachtung und der filmischen Sprache verbinden mit einem totalen Eintauchen in das Thema und die Welt, die er filmt, die vollkommene Identifikation mit den Personen, die vor seiner Kamera stehen, und mit ihrer Geschichte.«[231]

Shinsuke Ogawa leitete Ende der sechziger und Anfang der siebziger Jahre, zum Zeitpunkt der jahrelangen Auseinandersetzungen um den Bau des Großflughafens Narita bei Tokyo, ein Kollektiv, das mit seinen Filmen den Kampf der Bauern gegen den Flughafenbau dokumentieren und unterstützen wollte. Nach den Auseinandersetzungen, die mit dem Bau des Flughafens endeten, wurde Ogawa von den Bauern einer Region, in der seine Filme gezeigt worden waren, eingeladen, im Dorf Magino zu leben. Ogawa schildert die Schwierigkeit des Filmteams, sich im Dorf anzusiedeln und sich an die vom Reisanbau sowie von religiösen Traditionen bestimmte Produktions- und Lebensweise der Bauern zu gewöhnen. Entstanden sind die Filme *Japan – Das Dörfchen Furuyashiki* und *Geschichten aus dem Dorf Magino. Die Sonnenuhr mit tausendjähriger Einheit.*

Mit der Kamera wird der Reisanbau als die den Arbeits- und Lebensrhythmus in Magino bestimmende Produktionsform erforscht. Entsprechend stehen die Pflanze und ihr Anbau im Mittelpunkt des Films. Gleich die ersten Einstellungen des Films *Geschichten aus dem Dorf Magino* zeigen zwei Männer mit einer Filmkamera in einem Reisfeld. Eine Stimme aus dem Off, mit der sich der Erzähler als Shinsuke Ogawa vorstellt, erklärt, daß die Männer jedes Jahr das Aufbrechen der Reisblüte filmen. Durch eine mikroskopische Vergrößerung werden die Vorgänge in der Reispflanze gezeigt. Während der Reis angepflanzt wird, bewegt sich die Kamera in Höhe der Pflanzen, knapp über dem schlammigen Boden. Während die Maschinen als Hilfsmittel der Feldarbeit in Groß- oder Detailaufnahmen gezeigt werden, kommen von den Menschen zunächst nur die Hände und Füße, die den Boden bearbeiten, in den Blick. In einem Interview sagte Ogawa, daß er die japanische Kultur verstehen wollte, indem er sich mit dem Anbau des Reises auseinandersetzte. Die Empfindlichkeit der Pflanze und die Sorgfalt, mit der sie gepflegt werden muß, werden visuell zu vermitteln versucht. Die Kamera wurde über das Reisfeld von den Filmemachern bewußt immer nach der Wetterseite ausgerichtet. Eine Reihe von Aufnahmen sind im Zeitraffer gemacht, um den Zeitrhythmus einer nur sechs Monate lebenden Reispflanze zu simulieren. Später sieht der Zuschauer die Mitglieder des Filmteams bei der Diskussion über die schwierige Trockenlegung des Feldes, und wie sie mit technischen Hilfsmitteln durchgeführt wird. Der Zuschauer sieht, wie sich das Team die Kenntnisse des Reisanbaus aneignet und von der Bearbeitung des Bodens bis zum Verkauf des Ernteertrags den gesamten Vorgang plant.

Die bisher skizzierten Projekte filmdokumentarischer Langzeitbeobachtung, die sich durch eine langfristige Annäherung an die lokalen und regionalen Milieus und durch Formen kooperativer Zusammenarbeit mit den dargestellten Menschen auszeichnen, verstanden sich ausdrücklich politisch. In ähnlicher Weise verbindet der größte Teil der seit etwa 1960 international bekannt gewordenen lateinamerikanischen Dokumentarfilmproduktion gesellschaftspolitische mit soziologischen Interessen der Filmemacher.

Durch die politischen Entwicklungen begünstigt, kehrte Fernando Birri 1956 aus Italien nach Argentinien mit der Absicht zurück, eine am italienischen Neorealismus orientierte nationale Filmproduktion anzuregen. Aus Seminarveranstaltungen, die am soziologischen Institut der Universität von Santa Fé durchgeführt worden waren, entstanden als erste Filme *Tiré dié* und *Los Inundados*. Birri hatte über einhundert Studenten beauftragt, ihre Stadt mit der Fotokamera und dem Tonbandgerät zur Aufzeichnung von Interviews zu erkunden. Das auf diese Weise zusammengetragene Material bildete die Grundlage für die beiden Filme, die Birri selbst als »social survey-Filme« bezeichnete.

Tiré dié schildert die Situation eines übervölkerten Viertels an der Großstadtperipherie, durch das die Eisenbahnzüge im Schrittempo fahren, so daß die Kinder bettelnd neben den Zügen her rennen können. Der Film entstand mit nur geringen Mitteln über einen Zeitraum von mehreren Jahren und wurde vor seiner endgültigen Fertigstellung den Bewohnern des Viertels und Universitätsangehörigen vorgeführt. Die Probleme eines Armutsviertels schildert *Los Inundados* in Spielfilmform. Die Aufnahmen an Originalschauplätzen, die episodische Erzählstruktur, der Einsatz wenig bekannter Schauspieler steigern den Authentizitätseindruck des Films und lassen die Orientierung am Neorealismus erkennen.

Birris Beispiel beeinflußte die lateinamerikanische Filmproduktion in kaum zu überschätzendem Umfang. Aber auch unabhängig von seinem Vorbild entstanden Filme, die ein soziologisches mit einem politisch-agitatorischen Interesse verbanden. Jorge Sanjinés in Bolivien sowie Martha Rodriguez und Jorge Silva in Kolumbien beschreiben ihre Filmarbeit seit Ende der sechziger Jahre in ähnlicher Weise wie Birri, ohne sich ausdrücklich auf diesen zu beziehen. Eine besondere Rolle bei ihrer Filmherstellung spielt immer die intensive Zusammenarbeit mit den dargestellten Bevölkerungsgruppen. Die kulturellen und sozialen Unterschiede zwischen den Filmemachern und den dargestellten Bevölkerungsgruppen sind in den lateinamerikanischen Ländern offensichtlich so groß, daß jede Zusammenarbeit wie das forschende Lernen der Ethnologen und Anthropologen beim Feldaufenthalt erscheint. Außerdem suchen die Filmemacher, ähnlich den Feldforschern, nach Ausdrucksmitteln, die die darzustellenden Phänomene angemessen und verständlich repräsentieren können. Das läßt sich an dem kolumbianischen Film *Nuestra Voz de Tierra, Memoria y Futuro* von Martha Rodriguez und Jorge Silva besonders gut zeigen.

Der Film schildert den Kampf der Indios um ihr Land, das sie als »Wurzel ihrer Kultur« begreifen. Rodriguez und Silva sagen, daß die Indios mit der Rückgewinnung des Landes beginnen, »die Vergangenheit politisch und die Gegenwart historisch zu sehen«. Entstanden ist *Nuestra Voz de Tierra, Memoria y Futuro* in einem Zeitraum von etwa sieben Jahren in enger Zusammenarbeit mit den indianischen Bewohnern eines Dorfes. Der langwierige Entstehungsprozeß ist nicht zuletzt auf die schwierige Suche nach einer den kulturellen und sozialen Phänomenen angemessenen filmischen Darstellung zurückzuführen. »Wir wollten ja zunächst einen ganz traditionellen Dokumentarfilm machen, merkten jedoch bald, daß diese naturalistische Form unserem Thema nicht entsprach, und so suchten wir nach neuen

Möglichkeiten, die magische Welt in all ihrer Komplexität und Schönheit darzustellen.«[232]

Rodriguez und Silva entwarfen einzelne Figuren des Films wie den Großgrundbesitzer in Gesprächen mit den Indios. Diese waren auch an der Gestaltung der Erzählstruktur beteiligt. Eine von der Gemeinde gewählte Delegation diskutierte mit den Filmemachern über Dramaturgie, Montage und Einstellungsgrößen. *Nuestra Voz de Tierra, Memoria y Futuro* weist eine komplizierte Montage- und Erzählstruktur sowie viele ungewöhnliche und stilisierte Einstellungen auf. Silva reklamiert zwar, daß die Gestaltung des Films die Wirklichkeitsvorstellung der Indios nachzuvollziehen versuchte, aber die Form der Darstellung war den Indios fremd geblieben. So lösten Einstellungen, die einen Mann isoliert von der Gruppe zeigten, zu der er sprach, in der Indiogemeinde Irritationen aus.

Der Vergleich der beschriebenen Filme mit der Ethnologie ist unter zwei Aspekten gerechtfertigt. Erstens erinnert der Prozeß ihrer Entstehung durch die intensive und langfristige Beschäftigung mit einer Gruppe von Menschen, die ethnisch, sozial, geographisch oder kulturell definiert ist, an die stationären Feldaufenthalte der Ethnologen. Zweitens thematisiert die Suche nach einer Filmgestaltung, die die Erfahrungen dieser Arbeit zum Ausdruck bringt, ein grundlegendes Problem ethnographischer Beschreibung.

Das Problem der filmischen Darstellung stellt sich jedoch nicht nur in exotischen Situationen und fremden Kulturen, sondern auch bei der Darstellung einer Diskussion unter Betriebsräten und Gewerkschaftsfunktionären im ostfriesischen Zweigwerk eines internationalen Automobilkonzerns. Egon Netenjakob schildert seinen Eindruck von der Vorführung der Filmaufnahmen, die eine kontroverse Diskussion zeigen, und vergleicht die filmische Darstellung mit seinen Erinnerungen an die dargestellte Situation.

»Als mich diese dramatische Auseinandersetzung unter Kollegen beim Sehen des fertigen Films mitreißt, muß ich mich fast mühsam daran erinnern, daß ich ja selber dabei war, als sie real stattgefunden hat. Es war das etwas langwierige und umständlich ablaufende Formulieren eines Informationsblattes, das die Kollegen über den Stand der Dinge – Zweigwerk in den USA, vermutliche Folgen für Emden – bekannt machen und zur Gegenwehr (Kundgebung) aufrufen sollte. In Wirklichkeit, im Emdener Gewerkschaftshaus am 5. August 1975, habe ich sie als weit

weniger dramatisch erlebt. Ich bin auch sicher, bei einer der üblichen Filmaufnahmen, wie sie etwa für die aktuellen Fernsehmagazine gemacht werden, wäre wohl kaum etwas Vorzeigbares herausgekommen.
Es ist Giselas in dieser Situation hochgespanntes Interesse an der Person und am Verhalten von Ferdinand, das hier zu intensiven Bildern führt. In Ferdinands Gesicht werden die unter der scheinbaren Normalität verborgenen Emotionen aufgespürt und in sensiblen Großaufnahmen betont.«[233]

Weil das Vorgehen der beschriebenen filmdokumentarischen Arbeitsweise als teilnehmende Beobachtung und das Resultat als ethnologischer Film bezeichnet wurden, muß die Verwendung einiger wissenschaftlicher Begriffe im Kontext der Dokumentarfilmdiskussion geklärt werden.

3.1.1.1. Teilnehmende Beobachtung – eine Klärung der Verfahrensweise

Wenn sie die Andersartigkeit der sogenannten Naturvölker, Farbigen, Barbaren, Wilden, Primitiven erforschen wollen, befinden sich Ethnologen und Anthropologen in einem erkenntnistheoretischen Dilemma. Denn diese Andersartigkeit, die sie am meisten interessiert, bleibt den Forschern nicht deswegen fremd, weil sie mit Mißtrauen von jenen Völkern empfangen werden. Vielmehr ist das eigentliche Hindernis der Forscher selbst samt seiner Wissenschaft. Der Blick des Forschers, seine Normen und Vorurteile, seine Sprache stellen sich zwischen ihn und das, was er zu untersuchen wünscht. Allein seine Anwesenheit bedeutet einen gravierenden Eingriff von unberechenbarer Größe in die beobachteten Gesellschaften.

Ein Ausweg aus diesem erkenntnistheoretischen Dilemma könnte ein konsequenter Relativismus sein, der die Gleichberechtigung aller menschlichen Gesellschaften postuliert und jedes Gemeinwesen aus sich heraus zu verstehen und zu beurteilen versucht. Allerdings merzt ein solcher Relativismus nicht nur die persönlichen Vorurteile des Forschers aus, sondern stellt den Erklärungs- und Wahrheitsanspruch der Wissenschaft selbst in Frage. Als existentielle Variante eines Auswegs aus dem beschriebenen Dilemma könnte ein Identitätswandel des Forschers erscheinen. Der Forscher versuchte, eine vorgefundene Lebensweise zu verstehen, indem er sich dieser anpaßt. »He goes native« ist der aus dem Kolonialenglisch in den sozialwissenschaftlichen Jargon übernommene Ausdruck für diese Form des Identitätswechsels, der in der sozialwissenschaftlichen Methodenliteratur mit äußerster Skepsis behandelt wird.[234] Das Grundproblem dieser Variante besteht darin, daß es sich bei der Assimilation des Forschers an das beobachtete Milieu um einen vorübergehenden Status handelt. Den Forscher trennt von seinen Gastgebern, daß der Zustand für ihn transitorisch ist.

In älteren ethnographischen Abhandlungen ist den Autoren die Schwierigkeit, die Welt der beschriebenen Völker zu begreifen, durchaus bewußt. Meist handelte es sich bei den Autoren dieser Abhandlungen nicht um akademisch ausgebildete Fachwissenschaftler, sondern um Missionare, Kolonialbeamte, Händler oder Reisende. Ihre Berichte trugen keine Deutungshypothese vor, sondern waren kompilierende, eklektische Datensammlungen und anspruchslose Verallgemeinerungen, die von den Autoren im Bewußtsein der Unvollständigkeit ihres Wissens abgefaßt wurden, obwohl diese Veröffentlichungen nicht selten aus jahrzehntelanger Zusammenarbeit mit indigenen Gewährsleuten und Übersetzern sowie einer außerordentlich guten Kenntnis der fremden Sprache resultierten. Diese Beschreibungen waren die materiale Grundlage der Interpretationen und Kulturtheorien von Soziologen und Anthropologen, die selbst keine Feldforschungen unternehmen mußten, um sich als Experten auszuweisen. Der Status des Ethnographen als bestem Interpreten des Materials, das er selbst gesammelt hatte, war dagegen durch keine speziellen Kenntnisse abgesichert.

Gegen diese Arbeitsteilung setzte sich die teilnehmende Beobachtung als spezifisches Verfahren der Ethnologie seit etwa 1900 durch. Als Verfahren zeichnet sich die teilnehmende Beobachtung dadurch aus, daß die akademisch ausgebildeten Spezialisten des Fachs in stationären Feldaufenthalten selbst die Daten sammeln, die sie zur Erklärung und zum Verständnis einer fremden Kultur brauchen. Eine Vorstellung von der bis zu diesem Zeitpunkt üblichen Vorgehensweise der Anthropologie und den neuen, mit der Feldforschung verbundenen Ansprüchen gibt Malinowskis 1926 veröffentlichte Polemik gegen die »rocking-chair-anthropology«.

»Der Anthropologe muß seine bequeme Position im Liegestuhl auf der Veranda des Missionsgeländes, der Regierungsstation oder des Farmerbungalows aufgeben, wo er, mit Bleistift und Notizblock und manchmal mit einem Whisky-Soda bewaffnet, gewöhnt war, Berichte von Informanten zu sammeln, Geschichten niederzuschreiben und viele Seiten Papier mit Texten der Primitiven zu füllen. Er muß hinaus in die Dörfer gehen und den Eingeborenen bei der Arbeit in den Pflanzungen, am Strand und im Dschungel zusehen; er muß mit ihnen zu entfernten Sandbänken und zu fremden Stämmen fahren und sie beim Fischen, Handeln und bei zeremoniellen Übersee-Expeditionen beobachten.«[235]

Die teilnehmende Beobachtung als Verfahren und die auf ihr basierende Kulturbeschreibung waren mit institutionellen und methodologischen Veränderungen verbunden, welche die Hindernisse umgehen halfen, die sich dem raschen Kennenlernen anderer Kulturen entgegenstellten und mit denen sich die Vertreter der älteren Ethnographie aufhalten mußten. Im einzelnen handelte es sich darum, daß die Figur des Feldforschers aufgewertet wurde. Ausgebildet in den neuesten Methoden der wissenschaftlichen Untersuchung und Erklärung sowie durch eine selbst auferlegte relativistische Haltung gegenüber der anderen Kultur, grenzte sich der Feldforscher neuen Typs als Experte vom Missionar oder Verwaltungsbeamten ab. Zu den normativen Standards der Feldforschung gehörte zwar, daß der Forscher im Dorf der »Eingeborenen« zu leben und die dort gebräuchliche Sprache zu sprechen hatte. Aber die während der nicht genau spezifizierten Zeitspanne des als notwendig erachteten Aufenthalts erreichbaren Ergebnisse waren dadurch eingeschränkt, daß die Feldforscher die »Eingeborenensprachen« benutzten, ohne sie zu beherrschen. So sollten die erworbenen Sprachkenntnisse ausreichen, damit sich der Forscher einerseits ohne Dolmetscher in der fremden Kultur zurechtfinden, Fragen stellen und Kontakte aufrecht erhalten konnte, und damit er andererseits auf sehr speziellen Untersuchungsgebieten wichtige Ergebnisse erzielen konnte. Dies sollte möglich sein, indem die Beobachtung als Verfahren der Datenerhebung mit besonderer Autorität ausgestattet wurde, weil sie sich praktizieren ließ, ohne daß sich der Forscher in das Geschehen einmischt. Dabei wurde Kultur als ein Ensemble charakteristischer Verhaltensweisen, Zeremonien und Gesten unterstellt, die beobachtet und gedeutet werden können. Angestrebt wurden nicht enzyklopädische Inventarisierungen kultureller Phänomene oder deren vollständige Beschreibungen, sondern wirkungsvolle theoretische Abstraktionen, in denen das Typische und Charakteristische einer Kultur erfaßt werden sollte. Zu diesem Zweck wurden die Untersuchungen thematisch auf besondere Institutionen oder Aspekte konzentriert, die als repräsentativ oder symptomatisch für die gesamte Kultur betrachtet wurden.

Die Durchsetzung der teilnehmenden Beobachtung als dem dominanten Paradigma der Ethnologie ist vor allem mit den Forschungen von Malinowski, Radcliffe-

Brown und Mead verbunden. Kennzeichnend für diesen Wissenschaftstyp ist, daß die selektive Konzentration auf bestimmte, bevorzugt beobachtete Aspekte einer Kultur und die Darstellung der Forschungsergebnisse mit dem Hinweis auf die Erfahrung und Kenntnis des Feldforschers autorisiert werden.

In der Regel wird die zentrale Bedeutung der Feldforschung sowie ihrer Methode der teilnehmenden Beobachtung als das wichtigste unterscheidende Merkmal der Ethnologie und Anthropologie gegenüber der Soziologie gesehen.[236] Begriff und Verfahren werden auf diese Weise aber in einen zu engen und exklusiven Zusammenhang mit der Ethnographie und Anthropologie gebracht, der wissenschaftsgeschichtlich nicht begründet ist. Malinowskis epochale Feldforschungsstudie »Argonauten des westlichen Pazifiks«, die mit der Inauguration der teilnehmenden Beobachtung gleichgesetzt wird, erschien zuerst 1922. Bereits 1915 war in einer ersten Fassung im »American Journal of Sociology« unter dem Titel »The City: Suggestions for the Investigation of Human Behavior in the City Environment« ein Artikel von Robert E. Park erschienen. Mit seinem »Reichtum an empirischen Fragestellungen«[237] formulierte der Aufsatz programmatisch das Selbstverständnis eines Typs von soziologischer Großstadtforschung, wie er von Park und seinen Mitarbeitern in den zwanziger Jahren an der Universität von Chicago zu einem methodisch und thematisch relativ homogenen Konzept entwickelt wurde. Als kennzeichnend für die in diesem Kontext entstandenen Forschungen wurde beschrieben, daß sie »den Zusammenhang von Stadtraum und Verhaltensmustern ganzheitlich erschließen«.[238] Auf diese Weise machten die Arbeiten der Chicagoer Schule mit dem ethnographischen Anspruch, »menschliches Verhalten in einer sich wandelnden großstädtischen Umwelt zu untersuchen«, ernst.[239]

In einer revidierten Fassung erschien Parks Aufsatz 1925 in einem Sammelband unter dem Titel »Urban Environment«. In diese Fassung ist eine Passage eingefügt, in der das Programm einer urbanen Soziologie mit einem Hinweis auf die Anthropologie begründet wird. Park überlegt, ob nicht die gleichen Vorgehensweisen und Methoden der Beobachtung, wie sie angewandt worden waren, um das Leben der nordamerikanischen Indianer zu studieren, auch, und vielleicht mit größerem Gewinn für die Erforschung von Sitten, sozialem Verhalten oder Lebensentwürfen in Little Italy an der Lower North Side von Chicago oder für die Beschreibung der Lebensgewohnheiten in Greenwich Village oder am Washington Square praktiziert werden könnten.[240]

Während die von Park in seinen Aufsatz eingefügte Passage häufig als Beleg dafür interpretiert wird, daß die soziologische Feldforschung ihre Verfahren aus der Ethnologie entlehnte, hält Lindner die Hinweise auf die Anthropologie für eine Argumentationsstrategie, die vor allem der Soziologie und ihren Verfahren wissenschaftliche Dignität sichern sollte. Lindner sieht die in die zweite Fassung eingefügte Passage als eine Legitimationsfigur, »die die Nähe der soziologischen Feldforschung zur ethnologischen Feldarbeit in den Vordergrund rückt, um die erheblich prestigeschwächere Verwandtschaft mit der journalistischen Recherche zu verdecken.«[241]

Nach Lindner gilt Parks Hauptinteresse nicht einer präzisen und systematisch begründeten Forschungsmethode, sondern einer sozialwissenschaftlichen Sicht der Wirklichkeit, »die auf dem Grundsatz beruht, menschliches Verhalten und soziale Prozesse vor Ort zu beobachten.«[242] Die direkte Beobachtung, das Insistieren auf Anschauung, die Forderung, den sozialen Tatsachen unvoreingenommen entgegenzutreten und Selbstverständlichkeiten in Frage zu stellen, erklärt Lindner nicht als Übernahme ethnologischer Methoden der Feldforschung, sondern als Transformation der journalistischen Recherche in die sozialwissenschaftliche Forschung.

Lindner stützt seine These vor allem auf Parks langjährige berufliche Tätigkeit als Reporter sowie dessen Interesse an stilistischen und editorischen Fragen sozialwissenschaftlicher Arbeiten. Auf diese Weise interpretiert Lindner die berufliche Rolle des Reporters als einen Typus der Erfahrungsverarbeitung, der eine besondere Affinität zur sozialwissenschaftlichen Forschung aufweist. Kennzeichnend für diese Erfahrungsverarbeitung ist, daß sie nicht abschließend und endgültig formalisiert und zur außerwissenschaftlichen Erfahrungsbildung nicht eindeutig abgegrenzt werden kann.

Für die Interpretation der mit einem bestimmten Sozialcharakter oder -typ verbundenen Form der Erfahrungsverarbeitung verweist Lindner selbst auf Georg Simmel und Walter Benjamin als Vorbilder. Simmel leitete aus dem peripheren und ephemeren Aufenthalt des Fremden in Gruppen das spezifische Vermögen ab, soziale Phänomene frei von Bindungen verwandtschaftlicher, lokaler oder beruflicher Art wahrnehmen zu können.[243] Walter Benjamin beschrieb am Beispiel der Person und der literarischen Produktion Baudelaires die Figur des Flaneurs als eine Form der Erfahrungsbildung, die auf die Veränderungen sinnlicher Wahrnehmung in den unüberschaubar werdenden Großstädten reagierte.[244]

In Analogie zur erkenntnis- und wahrnehmungstheoretischen Interpretation verschiedener Sozialcharaktere und -typen wird der Dokumentarfilm als eine Form der Erfahrungsverarbeitung aufgefaßt. Wenn sozialwissenschaftliche Begriffe seit den siebziger Jahren in der Dokumentarfilmdiskussion verwandt werden, so geht es nicht um die Umsetzung der mit jenen Begriffen verbundenen Konzepte. Von Interesse für eine Soziologie aus der Erfahrung des dokumentarischen Films ist nicht, ob und in welchem Grad die dokumentarischen Filme die teilnehmende Beobachtung als kodifiziertes wissenschaftliches Vorgehen adaptieren. Es soll nicht der Eindruck entstehen, daß die Feldforschung und ihre Verfahren die richtige oder bessere Methode der Sozialforschung sind. Die Transformation sozialwissenschaftlicher Begriffe in die Dokumentarfilmdiskussion wird nicht hinsichtlich der Übereinstimmung mit ihrem fachwissenschaftlichen Gebrauch und der methodischen Stringenz der Filme untersucht. Vielmehr geht es um die Rekonstruktion eines diskursiven Zusammenhangs, in dem die Äußerungen von Fachwissenschaftlern, Literaten, Kulturhistorikern, Filmemachern und Fotografen weniger durch disziplinäre Abgrenzungen gegeneinander definiert werden, als vielmehr durch gegenseitige Beeinflussung auf eine Affinität von Formen der Erfahrungsbildung in den einzelnen Disziplinen hinweisen.

In diesem Sinn ist Erik Barnouw in seiner Geschichte des nicht-fiktionalen Films verfahren, wenn er den erfahrungsverarbeitenden Modus bekannter sozialer Rollen für eine Typologie des dokumentarischen Films genutzt hat. Die Kapitel seines Buches tragen Überschriften wie »Explorer«, »Reporter«, »Painter«, »Advocate«, »Prosecutor«, »Poet«, »Chronicler«, »Promoter«, »Observer« »Guerilla«, »Discoverer«. Barnouw beschreibt also die Tätigkeit der Dokumentaristen in Analogie zu sozialen Rollen, die dem Publikum bekannt sind. Problematisch ist Barnouws Vorgehensweise aber vor allem deswegen, weil er die von ihm verwendeten Begriffe nicht nur stilistisch, sondern auch chronologisch zur Periodisierung der Dokumentarfilmgeschichte verwendet. Das ist nicht plausibel. Denn die an alltagsweltlichen Rollenmustern orientierten Formen filmdokumentarischer Erfahrungsverarbeitung sind keinesfalls historisch überholt, sondern entsprechen immer noch auch dem aktuellen Selbstverständnis der Filmemacher.

3.1.2. Die Kreimeier-Wildenhahn-Debatte – neu betrachtet

Mit der Verwendung von Untersuchungsmethoden wie verschiedenen Interviews, Befragungen auf der Straße und einer Art psychodramatischer Interaktion der Personen vor und hinter der Kamera gab während der siebziger Jahre ein großer Teil der bundesrepublikanischen Dokumentarfilme das soziologische Interesse seiner Produzenten zu erkennen. Das gilt auch für Helga Reidemeisters Film *Von wegen Schicksal*, der darüber hinaus durch die um ihn geführte Debatte bekannt wurde. Der Film porträtiert die Arbeiterfrau Irene Rakowitz in beobachteten Szenen ihres Alltags und in Gesprächen. Bevor sie an der Deutschen Film- und Fernsehakademie in Berlin studierte, war die Regisseurin als Sozialarbeiterin im Märkischen Viertel in Berlin tätig, wo der Film entstand. Nach ihrer eigenen Darstellung war Reidemeister von Irene Rakowitz aufgefordert worden, das Leben im Viertel zu dokumentieren.[245]

Auf dem Festival 1979 in Duisburg löste *Von wegen Schicksal* heftige und erregte Diskussionen aus, die in schriftlicher Form fortgesetzt wurden. Nach den Namen der beiden Initiatoren wurde die Kontroverse als Kreimeier-Wildenhahn-Debatte bekannt. Als sich die beiden Hauptkontrahenten 1991 offiziell versöhnten, war die Debatte längst beendet, ohne daß sie in der Dokumentarfilmtheorie oder -produktion zu greifbaren Ergebnissen geführt hätte. Das Protokoll der Diskussion, die im Anschluß an die Vorführung des Films *Von wegen Schicksal* in Duisburg stattfand, notiert die kontroversen Positionen zu diesem Film.

Die Befürworter des Films lobten, daß die katalysatorische Wirkung der Kamerapräsenz die latenten Konflikte in der Familie und die emanzipatorischen Ansprüche von Irene Rakowitz hervorgebracht und aufgezeichnet habe. Die Ablehnung des Films durch einen Teil der Zuschauer müsse als Ablehnung der im Film dargestellten Realität reflektiert werden.[246] Die gegen den Film erhobenen Einwände betrafen die einseitige Parteilichkeit der Filmemacherin für Irene Rakowitz. Die Filmemacherin dokumentiere nicht die bestehenden Widersprüche, sondern ergreife Partei. Für das intensive Verhältnis zwischen beiden Frauen sei die gewählte Form der Darstellung nicht angemessen. Eine Form des Dialogs zwischen Irene Rakowitz und der Filmemacherin wäre besser geeignet gewesen, das Verhältnis der beiden Frauen zueinander darzustellen.[247]

Später schrieb Klaus Kreimeier, der sich bereits in Duisburg für den Film eingesetzt hatte, in seinem Festivalbericht für die »Frankfurter Rundschau«, daß dieser Film als der mit Abstand radikalste und mutigste Dokumentarfilm der Festivalwoche rüden Anwürfen ausgesetzt wäre, »weil er die Konflikte in einer zerrütteten proletarischen Familie in ihrer unerträglichen Spannung vor Augen führt – und weil die Autorin nicht davor zurückscheut, in die Verhältnisse vor der Kamera einzugreifen, sie unter Einbeziehung des Mediums kritisch zu reflektieren.«[248] Unklar bleibt allerdings, was unter Einbeziehung des Mediums kritisch reflektiert wurde. Kreimeiers Formulierung legt den Verdacht nahe, daß er nicht in erster Linie die Reflexion der Eingriffe durch die Filmemacherin in die Realität und die Reflexion ihres eigenen Interesses am Thema und den dargestellten Personen sowie des Verhältnisses zu ihnen meint, sondern eine durch die Intervention der Filmemacherin angeregte Reflexion der dargestellten Personen über sich und ihre Situation.

Gerade in dieser Hinsicht ist die von Kreimeier als Beispiel eines medienspezifischen Verfahrens hervorgehobene Vorführung der Interviews mit der Tochter Carmen, die es ablehnte, mit der Mutter zu reden, nicht eindeutig als filmische Strategie einzuordnen. Der durch die filmische Aufzeichnung mögliche imaginäre Dialog zwischen Mutter und Tochter am Schneidetisch initiiert einen Prozeß, der ohne den Film gar nicht zustande gekommen wäre. Aber werden auf diese Weise wirklich die Verhältnisse vor der Kamera kritisch reflektiert? Man muß die Strategie der Filmemacherin nicht – wie im Protokoll der Diskussion festgehalten – als pädagogisch und therapeutisch beschreiben, um die Problematik zu erkennen. Überschreitet die Filmemacherin nicht ihre Kompetenz, wenn sie interaktive und soziale Prozesse initiiert, die in die Privatsphäre der dargestellten Personen eingreifen? Berücksichtigt die Regisseurin, daß sie die Personen nach den Filmarbeiten wieder allein läßt und die weitere Entwicklung nicht verfolgt? Werden nicht die dargestellten Personen gleich mehrfach zu Objekten gemacht, indem sie als Opfer irgendwelcher abstrakter Verhältnisse, als lebende, anschauliche Beispiele spätkapitalistischer Herrschafts- und Ausbeutungsstrukturen gezeigt werden? So sehr sie es sind, entspricht das wahrscheinlich weder ihrer Selbstwahrnehmung noch stimmt es so ausschließlich, wie es die repräsentative Funktion, die ihnen der Film zuweist, suggeriert. Werden durch diese Darstellung die spezifischen Strategien, sich zu wehren, sein Leben zu organisieren, überhaupt adäquat wahrgenommen, oder reproduziert der Film nicht die gesellschaftlich aufgezwungene Rolle der dargestellten Personen? Und sind diese nicht darüber hinaus Objekte des Eingriffs der Filmemacherin, die entweder besonders eindrucksvoll inszenieren will oder einen Prozeß in Gang setzt, der sich ihrer Kompetenz und ihrem Einfluß entzieht?

Vor allem die mit der Filmarbeit verbundene politische Utopie einer zeitweisen oder langfristigen individuellen Emanzipation aus entfremdeten Beziehungen erfüllte sich für Irene Rakowitz nicht. Entsprechend vorwurfsvoll äußert sie sich in dem 1990 entstandenen Video *Hätte ich mein Herz sprechen lassen ...* über die Zusammenarbeit mit Helga Reidemeister. Zu Ausschnitten aus dem gemeinsamen Dokumentarfilm von 1979 sind in dem von Studentinnen der Hochschule der Künste in Berlin hergestellten Video Äußerungen von Rakowitz und Reidemeister montiert. Die Gegenüberstellung läßt die Diskrepanz hinsichtlich der Wahrnehmung und Einschätzung der Filmarbeit deutlich werden. Während Reidemeister rationalisierend von offensiver Kameraarbeit und einem typischen Fall der Begegnung von Arbeitern und Studenten redet, entwickeln sich die Äußerungen von Irene Rakowitz von anfänglichem Zweifel und Zurückhaltung zunehmend zur Anklage. War für Reidemeister *Von wegen Schicksal* der Beginn einer Karriere als Filmemacherin, bedeutete dieser Film für Irene Rakowitz den endgültigen Bruch mit ihrer Familie, ohne daß sich ihre Lebenssituation verbesserte.

In seinem Festivalbericht hob Kreimeier jedoch den Film von Reidemeister gegen die Mehrzahl der in Duisburg vorgestellten Filme hervor, die er als Ausdruck einer »sehnsüchtigen Suche nach einer verlorenen Identität« interpretierte.[249] Die emotionale Identifikation der Filmemacher mit den dargestellten Personen führe zu einer problematischen Spontaneitätsdramaturgie. Im Vertrauen auf die unmittelbare Konfrontation der dargestellten Personen mit der Kamera verzichten die meisten Filmemacher auf eigene Recherchen. Eine planlose Bildführung räche sich nicht nur an der Form, sondern auch an den »Betroffenen«, deren absolutes Vorrecht formelhaft beteuert werde. Vielleicht verallgemeinerte Kreimeier seine Eindrücke von dem Festival ein wenig schnell als Diagnose eines Trends. Die Maßstäbe seiner Kritik sind aber deswegen nicht falsch, wenn die distanzlos unkritische Unterwerfung gegenüber der dargestellten Realität sowie das Vertrauen auf die unmittelbar und spontan vor der Kamera ablaufenden Ereignisse, zu einem Verzicht auf eine kritische Theorie des Dokumentarfilms führen.[250]

Kreimeier sprach in seiner Kritik etwas nebulös von »Epigonen«. Wildenhahn, der namentlich nicht genannt wurde, meldete sich zu Wort und nannte Kreimeier wegen dessen Aufforderung zum ironisch montierenden Umgang mit dem Material polemisch einen Romantiker. Kreimeiers Plädoyer für Subjektivität als Teil der prozeßhaften Realität interpretierte Wildenhahn als einen völlig willkürlichen Umgang mit der Realität, der dokumentarischen Prinzipien und Ansprüchen geradezu entgegengesetzt sei.[251]

Wildenhahns pauschalisierende Gleichsetzung von Subjektivität und Subjektivismus wurde vielleicht durch Kreimeiers Formulierungen provoziert.[252] Ideengeschichtlich sind Wildenhahns Vorwürfe gegen die Verfahren der romantischen Kunstproduktion nicht haltbar. Kreimeier hat Wildenhahns Irrtümer im einzelnen mit philologischer Akribie nachgewiesen und korrigiert.[253] Allerdings wäre diese Kritik leichter zu akzeptieren, wenn sie von Kreimeier nicht so selbstgerecht, jovial und schulmeisterlich vorgetragen würde.[254] Man hat den Eindruck, daß Kreimeier seinerseits vom sachlichen Gehalt der Kontroverse ablenkt. Denn es geht Wildenhahn nicht um einen Philologenstreit, sondern um das Verhältnis des Filmemachers zur Realität.

Vielleicht verstellte die moralische Orientierung der Debatte den Blick für filmische Formen. Einen Tiefpunkt der Dokumentarfilmdiskussion[255] stellt die zwischen Kreimeier und Wildenhahn ausgetragene dennoch nicht dar. Zumindest in historischer Perspektive kann man die Relevanz der Debatte für eine Theorie des dokumentarischen Films ohne allzu große Mühe aus den Argumenten dechiffrieren und erkennen, wie das eingebrachte Potential aus der Praxis erworbener Erfahrung sowie theoretischen und kritischen Wissens hätte genutzt werden können.

Wildenhahn hat sich in der Kontroverse offensichtlich in eine Position manövriert, deren Angriffspunkt kaum noch seine eigenen Filme und deren Produktionsweise ist. Jedenfalls treffen die von Kreimeier angegriffenen Defizite dokumentarischer Filme wie die Unterwerfung unter eine Spontaneitätsdramaturgie der aktuellen Ereignisse, das Desinteresse für politische Zusammenhänge oder die Absage an jede kritische Theorie des Dokumentarfilms auf Wildenhahns Filmarbeit nicht zu. Wildenhahn seinerseits kaprizierte sich hartnäckig auf eine Kritik von Subjektivismus und Eskapismus, die er mit der romantischen Ironie als einem Verfahren der Kunstproduktion gleichsetzt und angreift.[256] Aber so wie Wildenhahn den Widerspruch zwischen einem realistischen und einem romantischen Verfahren der Wirklichkeitsdarstellung sieht, spielt Kreimeier gar nicht eine romantisch-ironische gegen eine realistisch-abbildende Methode aus. Kreimeier kritisiert nicht die abbildende Funktion dokumentarischer Kunst, sondern die schlechte Darstellung der Wirklichkeit. Gerade Wildenhahn, dessen proletarisch-gewerkschaftliche Sympathien sowohl Themen als auch Anlage seiner Filme prägen, wird in keinem Fall zugeben können, daß kritik- und unterschiedslos alle dokumentarischen Darstellungen ohne Kriterien und Möglichkeiten theoretisch begründeter Differenzierung gleichwertig, gut, wichtig, richtig oder angemessen sind. Im Gegenteil geht es Wildenhahn um »Produktionen und eine Form der Kunstkritik, die sich in der Öffentlichkeit einem gesellschaftlichen Anspruch stellen.«[257]

In der Debatte zwischen Kreimeier und Wildenhahn ging es jedoch kaum um Filme und ihre Gestaltung, sondern um die politisch und moralisch bewertete Haltung des Filmemachers gegenüber der Realität. Die Beschäftigung mit dokumentarischen Filmen kann nicht von moralischen oder politischen Wertungen frei sein. Da aber der Filmemacher seine Haltung zur Realität ebenso wie seine politischen Ansichten und moralischen Wertungen immer nur durch die Gestaltung der Filme ausdrücken kann, müssen Form und Gestaltung der Filme selbst thematisiert werden. Während die traditionellen Realismusdebatten, die sich auf die Repräsentation der Realität im Film als entscheidende Frage konzentrieren, Form und Gestaltung der Filme hinsichtlich ihrer Übereinstimmung mit der Realität betrachten, steht für eine Theorie der Erfahrung aus dem dokumentarischen Film im Vordergrund, daß die Filme mit einer auf die Zuschauererwartung bezogenen Wirkungsintention gestaltet werden. Was der Filmemacher ausdrücken will, drückt er im Film und mit den Mitteln der filmischen Gestaltung aus. Die Filme selbst und nicht das Verhalten des Filmemachers bei der Aufnahme sind die dem Zuschauer zugänglichen Produkte einer Erfahrungsverarbeitung. Ausgangspunkt einer zuschauerorientierten Theorie der Erfahrungsbildung mit Filmen müssen diese selbst sein. Ironie als Verfahren der Darstellung betrifft weniger das Verhältnis des Filmemachers zur Realität als das des Zuschauers zur Darstellung dieser Realität im Film. So betrachtet ist Ironie keine moralisch verwerfliche Haltung des Filmemachers gegenüber der Realität, sondern ein Verfahren, das die als Zuschauererwartung konventionalisierte Realitätsdarstellung in Frage stellt.[258] Bevor die Formen der Gestaltung als Diskursmodi des dokumentarischen Films thematisiert werden, versuche ich, die Entwicklung dokumentarischer Verfahren im Kontext literarischer, wissenschaftlicher und ästhetischer Diskurse zu rekonstruieren, um sie in einem umfassenden Sinn als Form der Erfahrungsverarbeitung zu konzeptualisieren.

3.2. Historisch-deskriptive Rekonstruktion eines diskursiven Entstehungszusammenhangs dokumentarischer Verfahren

3.2.1. Roman und Dokumentarfilm als Medien gesellschaftlicher Erfahrung

Analog zum erkenntnistheoretischen Dilemma von Ethnologen und Anthropologen, das aus der Vorurteilsstruktur des Forschungsinteresses resultierte, sind die Produzenten kultureller Güter in Wissenschaft, Literatur, Publizistik und Film von dem größten Teil der eigenen Gesellschaft und insbesondere von proletarischen Schichten durch einen kulturellen Graben getrennt. Netenjakob verweist auf Emile Zolas »Germinal« als einem Beispiel, den kulturellen Graben in der eigenen Gesellschaft zu überbrücken. Mit enzyklopädischer Genauigkeit schildere Zola detailliert die Verhältnisse in einem französischen Bergarbeiterdorf während des Frühkapitalimus und die blutige Niederschlagung des Versuchs der Arbeiter und ihrer Familien, sich gegen die Ausbeutung zu wehren. Zola gelinge es, bei seiner Leserschaft Mitleid und Sympathie für die Arbeiter zu wecken. Dem denkenden Kapitalisten werde klar, daß in seinem eigenen Interesse Reformen unaufschiebbar sind. Der Roman zwinge den Leser aber nicht dazu, über den kulturellen Graben zu springen, weil Zola die Proletarier seiner Romane als Bürger schildere. Das sei die Voraussetzung gewesen, unter der sich Zolas Publikum mit den dargestellten Figuren und Inhalten identifizieren konnte. Der proletarischen Identität um 1870 ethnologisch nachzuforschen, hätte nach Ansicht Netenjakobs bedeutet, die Probleme der Arbeiter und ihrer Familien im Sinn einer gesamtgesellschaftlichen Diskussion zu thematisieren. Dies taten Karl Marx und Friedrich Engels mit dem Ziel gesellschaftlicher Veränderungen. Bekannt ist, daß Marx und Engels als Ausgangsmaterial für ihre politisch-ökonomische Theorie, in der die Widersprüche der frühkapitalistischen Gesellschaft herausgearbeitet wurden, vor allem auf die Romane von Honoré de Balzac zurückgriffen, weil es um die Mitte des 19. Jahrhunderts kaum einen Soziologen gab, der mit den analytischen Einsichten dieses Romanciers und seiner »science sociale« hätte konkurrieren können.[259]

Robert E. Park soll einem Besucher, der darüber verwundert war, daß in der Bibliothek dieses Soziologen mehr Reisebücher, Reportagen und Romane als sozialwissenschaftliche Abhandlungen zu finden waren, geantwortet haben, daß diese Bücher zwar keine Soziologie seien, aber ihre Autoren gegenüber den Soziologen darin im Vorteil seien, daß sie die Menschen kennen.[260] Nicht die Übernahme und Anwendung wissenschaftlicher Kenntnisse und Verfahren machen den Wert des naturalistischen oder realistischen Romans für die Soziologie aus. Vorbildlich und unersetzlich schien Park die Literatur für die Soziologie, wenn ihre deskriptive Genauigkeit eine intime Kenntnis und Vertrautheit mit den beschriebenen Ereignissen und Menschen erkennen läßt. Die Literatur wird von Park als komplementäre Informationsquelle für die sozialwissenschaftliche Theorie- und Erfahrungsbildung verstanden. In der Einleitung zu seinem Buch »Die Kinder von Sanchez« erinnert Oscar Lewis an diese literarische Tradition der Soziologie.

»Im neunzehnten Jahrhundert, als die Gesellschaftswissenschaften gerade erst aufgekommen waren, blieb es Romanschriftstellern, Dramatikern, Journalisten und Sozialreformern überlassen, über die Auswirkungen des Industrialisierungs- und Verstädterungsprozesses auf das Leben des einzelnen und der Familien zu berichten. Gegenwärtig vollzieht sich eine ähnliche kulturelle Umschichtung bei den Völkern der Entwicklungsländer, aber sie findet ihren Niederschlag in keiner vergleichbaren umfassenden Literatur.«[261]

»Die Kinder von Sanchez« ist das Resultat eines über mehrere Jahre durchgeführten Projekts. In zahlreichen Interviews versuchte Lewis, die Auswirkungen der sozioökonomischen Veränderungem in Mexiko am Beispiel einer Familie zu beschreiben. Zur Aufzeichnung der Interviews bediente sich Lewis eines Tonbands. In der Verwendung dieses technischen Hilfsmittels sah Lewis die Möglichkeit, die literarische Tradition des Realismus in den Sozialwissenschaften fortzusetzen und zu erneuern.

»Das Tonbandgerät, das bei der Niederschrift dieser Lebensgeschichten verwendet wurde, ermöglicht eine neue Literatur des sozialen Realismus. Mit Hilfe des Tonbandgeräts können Menschen, die keinerlei Ausbildung genossen haben, ja sogar Analphabeten, von sich selbst sprechen und ihre Beobachtungen und Erfahrungen ungehemmt und ungezwungen wiedergeben.«[262]

Sicher führt die Verwendung des Tonbandgeräts allein als Technik der Aufzeichnung nicht zu interessanten Ergebnissen. Man darf sich über den Zweck der eingesetzten technischen Hilfsmittel und Medien nicht täuschen. Sie garantieren nach dem Verständnis von Lewis nicht die Objektivität der Forschungsergebnisse, sondern sie sind die Basis einer Erfahrungsbildung, die ihr Vorbild eher in der Literatur- als in der Wissenschaftsgeschichte hat. Die Entwicklung der technischen Aufnahme- und Dokumentationsmittel stellt keine Hilfsmittel zur Erleichterung der Forschung zur Verfügung. Selbst dort, wo die Aufzeichnungs- und Abbildqualitäten der technischen Kapazitäten ausschließlich zur Datensammlung verwendet werden, liefern Bild- und Tonaufnahme eine oft widersprüchliche Vielfalt und Menge an Details, die mit der Wirklichkeit in ihrer feinsten und äußersten Verzweigung korrespondieren, indem sie selbst das scheinbar Nebensächliche, Unbedeutende und Unbeachtete konservieren. Die Komplexität untersuchter Phänomene kann mit größter Genauigkeit und Tiefenschärfe beschrieben werden. Die Darstellung dieser Komplexität ist jedoch ein Ergebnis der Gestaltung des Materials und resultiert nicht allein aus der technischen Kapazität der Apparate. Die Auswertung des Materials wird erheblich erschwert. Und erst recht ist der Prozeß der Gestaltung des gesammelten Materials extrem schwierig, wenn der Autor sich – wie Lewis in seinen Interviewreportagen – als Fragensteller eliminiert, um als Arrangeur von Zitaten die dargestellten Menschen für sich selbst sprechen zu lassen.[263]

Lewis stellt unter wissenschafts- und methodengeschichtlichen Gesichtspunkten einen Zusammenhang zwischen der Entwicklung von Aufzeichnungs- und Dokumentationsmedien sowie den Themen und Vorgehensweisen der Sozialwissenschaften her. Da insbesondere Film und Video die dokumentarischen Darstellungsmöglichkeiten erheblich erweitert haben, ist es gerechtfertigt und sinnvoll, die erfahrungsverarbeitenden Möglichkeiten dieser Techniken in ihren Auswirkungen auf die Sozialwissenschaften zu berücksichtigen. Verschiedene Filmdokumentaristen haben ihre eigene Tätigkeit in der Tradition des realistischen Romans definiert. Wildenhahn hat auf die Romanzyklen des 19. Jahrhunderts als Vorbild für seine Filmarbeit hingewiesen. Namentlich erwähnt er Balzac und vor allem Zola, »die sich ein Zehnjahresprogramm vorgenommen haben und dabei an einer Familie sozusagen die ganze französische Geschichte in einer Periode aufgeschlüsselt haben.«[264] Wie Lewis hat sich Eberhard Fechner aus seinen Interviewfilmen *La Paloma* und *Wolfskinder* als Fragensteller eliminiert. In beiden Filmen berichtet jeweils eine überschaubare Anzahl von Personen über historische Ereignisse, die sie als Zeitzeugen erlebt haben. Die Ereignisse werden aus der Perspektive der subjektiven Empfindung und Verarbeitung der Personen geschildert. Indem er die Berichte der interviewten Personen zu fortlaufenden Erzählungen und nach thematischen Gesichtspunkten montiert, ist Fechner als Autor der Filme für den Zuschauer erkennbar präsent, auch wenn er nicht zu hören und zu sehen ist.

Wenn Fechner bisweilen mitten in den Satz einer redenden Person schneidet, um die Erzählung mit der Äußerung einer anderen Person fortzusetzen, so wurde ihm diese Vorgehensweise von der Kritik als Manipulation vorgeworfen. Ohne den Wahrheitsanspruch seiner Filme aufzugeben, verteidigte sich Fechner mit dem Hinweis darauf, daß es sich bei seinen Filmen weder um Dokumentarfilme noch um Fernsehberichte handelt. In Ermangelung eines besseren Begriffs wollte Fechner seine Filme als Filmerzählungen verstanden wissen.[265] Wie Wildenhahn beschreibt Fechner das Selbstverständnis von seiner Arbeit mit einem Hinweis auf die realistische Romanliteratur des 19. Jahrhunderts.

»Das berühmteste Beispiel eines Autors, der eine Reihe von Büchern geschrieben hat, die alle miteinander zusammenhängen, ist Balzac mit seiner ›Menschlichen Komödie‹. Damit vergleiche ich mich nicht. Vergleichbar ist nur die Absicht. Die Filme sind jeder einzeln für sich zu betrachten und zu bewerten, sie sind aber auch in einem größeren Zusammenhang von mir gedacht.«[266]

Wenn die Funktion des Dokumentarfilms in der Tradition der realistischen Literatur des 19. Jahrhunderts interpretiert wird, dann ist zu fragen, ob nicht der Zusammenhang des dokumentarischen Films mit der realistischen Literatur des 19. Jahrhunderts über die Affinität bestimmter Themen und die narrative Struktur ihrer Darstellung hinaus auf eine sehr viel komplexere Weise beschrieben werden kann. Die Hinweise von Wildenhahn und Fechner auf die realistische Literatur als Tradition des dokumentarischen Films sind nicht präzise. Sie machen insbesondere nicht deutlich, in welchem Sinn der dokumentarische Film die Tradition des realistischen Romans fortsetzt und wie beide Gattungen zueinander sowie zu der gesellschaftlichen und geschichtlichen Situation stehen, in der sie entstanden sind. Und wenn man den dokumentarischen Film in der Tradition der realistischen Literatur sieht, auf deren Bedeutung für die Sozialwissenschaften verschiedene Autoren hingewiesen haben, so wird man schließlich fragen können, in welchem Verhältnis der Dokumentarfilm zu den Sozialwissenschaften steht. Sollen die Hinweise auf die Tradition des realistischen Romans im dokumentarischen Film und auf die Literatur als zentralem Medium der sozialwissenschaftlichen Erfahrungsbildung nicht nur Rhetorik sein, so muß man den historisch sich verändernden Zusammenhang von Literatur, Dokumentarfilm und Sozialwissenschaften untersuchen.

Für das 19. und den Beginn des 20. Jahrhunderts, als sich die Soziologie als akademische Einzeldisziplin etablierte, weist Lepenies eine gegenseitige Einflußnahme verschiedener Disziplinen wie Literaturkritik, Soziologie und Literatur nach. Diese Beeinflussung führte in verschiedenen Ländern je nach Wissenschaftstradition und politischer Situation zu ganz spezifischen institutionellen Ausprägungen und Statusdefinitionen. Lepenies beschreibt das Verhältnis von Literatur und Soziologie im Zeitraum seiner Untersuchung im wesentlichen als eines der Konkurrenz um die Deutung gesellschaftlicher Entwicklung. Er spricht in diesem Zusammenhang von einem Angriff der Literatur auf die Soziologie, der überall dort erfolgreich ist, »wo soziologisches Denken, überwältigt und hingerissen von der Möglichkeit der Ratio und verbohrt im Wunsch, die Naturwissenschaften zu imitieren, den Anspruch erhebt, ganz an die Stelle von Metaphysik und Religion treten, Gemüt und Glaube ersetzen zu können. Die Vertreibung der Gefühle aus den Sozialwissenschaften und anderen Disziplinen geschieht im Namen einer überheblichen Vernunft, die nicht nur Mittel der Erkenntnis, sondern Weltanschauung und Religionsersatz zugleich sein will.«[267] Lepenies konstatiert eine wechselseitige Beeinflussung von Literatur und Soziologie, die er als Verwissenschaftlichung der Literatur beschreibt, während er im größeren Erfahrungs- und Empiriegehalt der Literatur ein Korrektiv der déformation professionelle der Soziologen sieht.

Im Sinn gegenseitiger produktiver Anregung hatte früher bereits Robert Redfield die Stellung der Sozialwissenschaften zu angrenzenden Disziplinen, aber vor allem auch außerakademischen Erfahrungsbereichen thematisiert. Der programmatische Titel seines Aufsatzes »Social Science As an Art« ist nicht im Sinn einer Ästhetisierung der Sozialwissenschaften zu verstehen. Es geht Redfield in erster Linie um die Erschließung neuer Erfahrungsbereiche und innovativer Anregungen für die Sozialwissenschaften. Aus einer, wie er ausdrücklich bemerkt, akademisch gesicherten Position müßte es der Soziologie möglich sein, die durch Literatur und

Kunst repräsentierten Erfahrungsbereiche, die in der Phase der Konstitution der Soziologie als akademischer Disziplin ausgegrenzt worden waren, wieder in ihr Forschungskonzept zu integrieren.[268] Die übertriebene und pedantische Abgrenzung der Wissenschaften gegeneinander hält Redfield für ein Zeichen der Unsicherheit und Instabilität ihres Selbstverständnisses. So werde insbesondere die Abgrenzung der Sozialwissenschaften von den Human- und Kulturwissenschaften sowie der Kunst vor allem auf der Grundlage verschiedener Methoden und Verfahrensweisen der Einzeldisziplinen vorgenommen, während ihnen der Mensch als umfassendes Thema (humanity) gemeinsam sei, das sie unter verschiedenen Aspekten betrachten.

Redfield beginnt seinen Aufsatz mit dem Bericht von einer Auslobung soziologisch relevanter Arbeiten. Durch eine Umfrage unter Sozialwissenschaftlern sollten Arbeiten ermittelt werden, die gemessen an ihrer Bedeutung zu wenig beachtet werden. Neben Webbs kulturgeschichtlicher Beschreibung der gesellschaftlichen Transformationsprozesse im amerikanischen Westen (»The Great Plains«) wurde die Studie über die nach Amerika eingewanderten polnischen Bauern von Thomas und Znaniecki genannt. Ein Gutachten über »The Polish Peasant« konstatierte nach Redfields Darstellung unmißverständlich die methodische Schwäche der Studie, weil die Vorhaben mit den angewandten Verfahren nicht durchgeführt werden konnten.[269] Darüber hinaus zählt Redfield eine ganze Reihe von Untersuchungen und Erörterungen als Beispiele auf, deren Einfluß auf die amerikanischen Sozialwissenschaften nicht mit der Stringenz einer Methode oder Beweisführung begründet werden kann. Redfield behauptet nicht, daß Schwächen der Methode und Argumentation die Qualität sozialwissenschaftlicher Forschung verbessern, aber er vermutet, daß es nicht formalisierbare Aspekte in sozialwissenschaftlichen Forschungen geben muß, die über ihren Einfluß und ihre Anerkennung innerhalb der akademischen Disziplin entscheiden.[270]

Redfield wies eher zurückhaltend auf die Integration innovativer Themen und die Erschließung neuer Erfahrungsbereiche außerhalb der akademisch etablierten Disziplin als Kriterien des Erfolgs der aufgezählten Studien hin. Weil die Sozialwissenschaften die menschlichen Beziehungen thematisieren, müssen sie nach Redfields Ansicht alle Wirklichkeitsbereiche berücksichtigen, die den Menschen auszeichnen. Das gelingt ihnen aber nur, wenn sie auch literarische und künstlerische Erfahrungen sowohl als Gegenstand der Untersuchung als auch als Verfahren der Darstellung integrieren.

Die zentrale Bedeutung des Romans auch für die Sozialwissenschaften liegt demnach nicht in der Auswahl bestimmter Themen und ihrer realistischen Schilderung, sondern in der umfassenden Thematisierung menschlicher Erfahrung. Entsprechend gilt für den dokumentarischen Film, daß nicht die Fortsetzung bestimmter Sujets der Literatur des 19. Jahrhunderts durch den Dokumentarfilm von Bedeutung ist. Vielmehr ist für eine Soziologie aus der Erfahrung des dokumentarischen Films die umfassende Thematisierung des Menschen und seiner Kultur von Interesse. Nicht der Umfang und die Vielfalt der Themen begründen die zentrale und spezifische Bedeutung des dokumentarischen Films für die Erfahrungsbildung, sondern die mit dem Authentizitätseindruck der Darstellung verbundene Perspektive auf die dargestellten Ereignisse. Zumindest deuten darauf historisch frühe Äußerungen hin, in denen sich das Bewußtsein vom dokumentarischen Film als einer eigenen Gattung artikuliert.[271] Der Authentizitätseindruck des Films ist aber nicht allein das Ergebnis der technischen Aufzeichnung und Wiedergabe der Realität, sondern resultiert aus der gestaltenden Tätigkeit eines Autors. Wie am Beispiel der Interviewromane und -filme von Oscar Lewis und Eberhard Fechner gezeigt, kann diese Tätigkeit auch darin bestehen, daß sich der Autor zurückzieht oder verbirgt, um die »objektive« Wirklichkeit selbst erscheinen oder die interviewten Personen für sich selbst sprechen zu lassen.

3.2.2. Der ideengeschichtliche Einfluß der Romantik

Unter dokumentarfilmtheoretischen Gesichtspunkten war die Herstellung des Authentizitätseindrucks als der relevanten Perspektive auf die Wirklichkeit das Thema der Kontroverse zwischen Kreimeier und Wildenhahn. Die Eliminierung des Autors in der Tradition des literarischen Realismus reklamierte Wildenhahn als das wichtigste Element nicht nur seines dokumentarischen Selbstverständnisses, sondern der dokumentarischen Verfahrensweise überhaupt. Dabei griff er auf literarische Vorbilder und Muster zurück, um den Unterschied zwischen einer realistisch-abbildenden und einer romantisch-zersplitternden Wirklichkeitsdarstellung zu beschreiben.

»Wolfgang Koeppen hat in seinem Nachwort zu ›Germinal‹ auch den sogenannten Naturalisten Zola als Romantiker bezeichnet und eine Linie bis hin zu »Bleak House« von Dickens gezogen. Aber das entscheidende Merkmal dieser beiden ausländischen Schriftsteller ist das genau beobachtete und erfahrene Material ihrer sozialen Welt, das erst einmal aufgezeichnet und dann zusätzlich einem poetischen Verdichtungsprozeß unterworfen wurde. Dieser kann als romantisch bezeichnet werden. Aber die Abbildfunktion des Schriftstellers steht an erster Stelle. Zola bezeichnete sich »nur« als Gelehrten, einen Kopisten der Wirklichkeit. Dickens war wirklich einmal ein Kopist, er stenografierte als junger Reporter im englischen Parlament mit. Und hier liegt der entscheidende Unterschied.«[272]

Wildenhahn betonte in seiner Darstellung einen grundsätzlichen Widerspruch zwischen einem realistisch-abbildenden und einem romantisch-zersplitternden Verfahren der Kunstproduktion. In polemischer Zuspitzung charakterisierte Wildenhahn das Arbeitsprinzip des Romantikers als willkürlichen und unverbindlichen Umgang mit der Realität, der nichts ernst nimmt und vor allem das Material der elenden Verhältnisse, aus dem er nichts lernen kann, als Anschauungsmaterial verachtet. Als Beleg zitiert Wildenhahn die von Novalis zum Programm erhobene Romantisierung der Welt, die darin bestehen soll, dem Gemeinen einen hohen Sinn, dem Gewöhnlichen ein geheimnisvolles Aussehen, dem Bekannten die Würde des Unbekannten, dem Endlichen einen unendlichen Schein zu geben.

In seiner Antwort korrigierte Kreimeier den pauschal von Wildenhahn erhobenen Vorwurf. Mit philologischer Akribie differenzierte Kreimeier zwischen verschiedenen Tendenzen der Romantik. Keinesfalls handelt es sich insgesamt um eine kleinbürgerlich-resignative Rückzugsbewegung. Neben klerikal-konservativen machte Kreimeier libertär-kritische Strömungen aus und identifizierte die ersten mit der Heidelberger Spätromantik und die zweiten mit der Jenaer Frühromantik. Wildenhahn und Kreimeier verwandten jedoch Romantik und Realismus nicht als Stilbegriffe in einem philologischen Streit, sondern zur Beschreibung des Verhältnisses eines Autors zur Realität und ihrer Darstellung. In genau diesem Sinn benutzte Alvin Gouldner die Begriffe, um tiefenstrukturell zwischen romantischem und klassischem Denken in sozialwissenschaftlichen Verfahrensweisen zu unterscheiden.

Die von Novalis programmatisch geforderte Romantisierung der Welt, die Wildenhahn als Beleg für die weltabgewandte, mit dem Material und der Realität willkürlich verfahrende literarische Produktionsweise der Romantik zitiert, interpretiert Gouldner im Sinn eines produktiven Einflusses der Romantik auf Themenfindung, Methodologie und Forschungspraxis der Soziologie. So wie es galt, das Gewöhnliche, das Alltägliche, das Niedere, das Fleischliche und das Abweichende dem Zugriff der Routine, Ignoranz und Verdinglichung zu entziehen, indem man es aus einem Blickwinkel anschaute, der ihnen neuen und gesteigerten Wert verlieh, gab es nichts,»was an sich zu gering gewesen wäre, sondern nur *Betrachtungsweisen der Welt, die flach waren.* Die ›klassische‹ Sicht der Welt hatte bestimmte Enklaven der Realität ausgegrenzt, deren Vernachlässigung ihr aber ohne jedes Zögern gerechtfertigt schien. Aus romantischer Sicht erschien die Unbedeutendheit der Dinge einem Mangel an Einbildungskraft geschuldet … «[273] Nach Gouldners Interpretation bestehen das historische Recht der Romantik und ihr Einfluß auf das wissenschaftliche Denken darin, die Aufmerksamkeit auf Unscheinbares und Nebensächliches zu lenken.»Romantisieren« steht für ein Verfahren der Perspektivierung der Realität.

»Die Romantiker trugen dazu bei, die grundlegenden Vorstellungen in den Sozialwissenschaften über das Wesen der Daten selbst zu formen. Trotz der verbreiteten Ansicht, die Romantik sei politisch konservativ …, trug der romantische Pluralismus wesentlich zur ›Demokratisierung‹ des Datenbegriffs bei. … Für die Romantiker stellte jeder Gegenstand eine in sich vollkommene Welt, jedes Sandkorn einen Kosmos dar. Da jeder Gegenstand eine einzigartige Individualität besitzen sollte, war dies Grund genug, ihm Aufmerksamkeit zu schenken; sein innerer Wert sollte nicht einfach in seiner Rolle als positives oder negatives Beispiel liegen. Seine Kenntnis schien unabhängig von seiner moralischen Bedeutung lohnend; die Notwendigkeit seiner Änderung oder Besserung sollte nicht den Vorwand für eine Beschäftigung mit ihm liefern müssen. In dieser Weise förderte die Romantik das Interesse an den ›niederen‹ bzw. devianten Bereichen der sozialen Welt.«[274]

Gouldner vernachlässigt nicht die religiös-konservative und anti-aufklärerische Tendenz der Romantik, die er mit dem Fehlen einer bürgerlich-revolutionären Bewegung in Deutschland erklärt. Insgesamt streicht Gouldner aber als geistes- und ideengeschichtlichen Einfluß, den die Romantik auf die Sozialwissenschaften ausübte, die Züge der Kritik an der zunehmenden und fortschreitenden Verdinglichung aller gesellschaftlichen Beziehungen sowie des Verhältnisses zwischen Mensch und Natur heraus. Selbst für Autoren, die den Einfluß der Romantik auf die Soziologie und insbesondere ihre empirische Praxis während des 19.Jahrhunderts sehr viel skeptischer beurteilen, stellt die von Novalis formulierte Forderung nach Romantisierung der Welt ein Schlagwort dar,»das letztlich nichts anderes beinhaltete als den Versuch einer Reintegration von instrumentellen und nicht-instrumentellen Erfahrungsgehalten.«[275]

Während sich Wissenschaftszweige wie Volkskunde und Kulturanthropologie als Resultat der durch den romantischen Einfluß angeregten umfangreichen Feldforschungen konstituierten, machte sich nach Gouldners Darstellung der gewichtigste Einfluß der Romantik in der Demokratisierung von Forschungsthemen, -methoden und -perspektiven geltend. Entscheidend ist nicht allein die Aufmerksamkeit für die Vielfalt und Komplexität der Erscheinungen, sondern vor allem die Haltung, mit denen sie wahrgenommen werden. Die romantisch beeinflußte Haltung führt zu Beschreibungen der Vielfalt sozialer Erscheinungen, um ihre Differenzen herauszuarbeiten, ohne sie als defizitär erscheinen zu lassen und zum Objekt erzieherischer und zivilisierender Maßnahmen und Interventionen zu degradieren.

»Eine solche Sammlereinstellung zu den Gegenständen unterschied sich deutlich von der Haltung vieler Reformer des neunzehnten Jahrhunderts, die unterprivilegierte soziale Welten kennenlernen und studieren wollten, um ihnen durch eine entsprechende Reformgesetzgebung zu helfen.«[276]

Die romantische Ironie, die von Wildenhahn als künstlerische Produktionsweise angegriffen wurde, weil sie mit der Realität völlig willkürlich verfahre, erscheint in Gouldners geistes- und ideengeschichtlicher Interpretation nicht als Ausdruck einer freischwebenden und sich ständig entziehenden Intelligenz, die nichts ernst nimmt, sondern äußert sich als soziologische Phantasie in der Fähigkeit, wechselnde Perspektiven einzunehmen und durch einen prozeßhaften Aufbau ein Bild von der Gesamtgesellschaft zu gewinnen. Soziologische Phantasie besteht insbesondere in der Fähigkeit, den konkreten Reichtum der Wirklichkeit aus einer Vielzahl von Perspektiven zu betrachten.[277]

Besonders ausgeprägt sieht Gouldner diese Fähigkeit bei den Soziologen der Chicagoer Schule, wo sich nach seiner Ansicht romantische Gedanken am unverfälschtesten in der amerikanischen Soziologie finden.[278] Vor allem die bevorzugte Verschiebung der Perspektive, aus der die Gesellschaft oder ein Ausschnitt aus der sozialen Welt betrachtet werden, erscheint bei Gouldner als eine forschungspraktische Konzeptualisierung der romantischen Ironie, die im bevorzugten Interesse der Chicagoer Soziologen an Randgruppen deutlich erkennbar ist.[279] Den Autoren aus der Chicagoer Schule scheint diese Multiperspektivität und begriffliche Ambiguität nicht nur die sicherste Garantie für die Objektivität soziologischer Erkenntnis und Erfahrung, sondern für eine datenfundierte Theoriebildung zu sein. Sie ist Voraussetzung, um die paradoxe Komplexität gesellschaftlicher Phänomene wahrnehmen zu können.[280]

Neben dem romantischen Einfluß prägten die journalistische Berufserfahrung der meisten Soziologen aus der Chicagoer Schule sowie deren literarische Interessen und Ambitionen die Themenwahl und Methodenentwicklung ihrer sozialwissenschaftlichen Forschung. Robert E. Park hatte vor seiner Tätigkeit als Soziologe einen Roman in Angriff genommen, der in New York spielt und mit einer Beschreibung des Washington Square beginnt. Parks literarische Erkundung der Großstadt, ihrer Lebensformen und Mentalitäten orientierte sich an naturalistischen Vorbildern, deren Lektüre er den Soziologen als erfahrungs- und anschauungsgesättigte Schilderungen des Zusammenspiels von Mensch, Umwelt und Gesellschaft empfohlen hatte. Vor allem die Entwicklung einer Haltung, die sich dem Unscheinbaren und Bedeutungslosen aufmerksam und aufgeschlossen zuwendet, nicht um es zu verbessern, sondern um es exakt zu beschreiben, ist nicht nur auf den Einfluß der Romantik, sondern auf das Vorbild Walt Whitmans zurückzuführen. Park hielt 1930 einen leidenschaftlichen Vortrag über Whitman, in dem er sich enthusiastisch zu seiner Begeisterung für diesen Dichter bekennt. Aber nicht allein der Bruch mit der Tradition und die Hinwendung zur Metropole als Erfahrungsraum, »der alle Provinzialität, alle Enge hinter sich läßt, dem Heterogenität der Anschauungen, Lebensweisen und Kulturen innewohnt«,[281] ist vorbildhaft für Park. Romantisch im hier skizzierten Sinn war vor allem Whitmans Schönheitsbegriff, der das Triviale und Vulgäre einschließt und es für servil oder snobistisch hält, Werturteile zu fällen, ausgenommen die großzügigsten.

»Ich zweifle nicht daran, daß die Majestät und Schönheit der Welt in jedem Jota dieser Welt verborgen ist … Ich zweifle nicht daran, daß in alltäglichen Dingen, Insekten, vulgären Menschen, Sklaven, Kümmerlingen, Unkraut, Abfall weit mehr steckt, als ich angenommen habe … «[282]

Mit diesem Zitat von Whitman als Motto wird die 1971 vom Museum of Modern Art veröffentlichte Auswahl der Fotografien von Walker Evans eingeleitet. Die Aussage des Zitats stimmt mit den ehrgeizigsten Bestrebungen der amerikanischen Fotografie überein. Die Fotografien, die Lewis Hine von Einwanderern und Arbeitern aufgenommen hat, sind davon ebenso inspiriert wie die Fotografien von Stieglitz, dem nichts so reizlos, abgedroschen oder dürftig erschien, daß er sich selbst darin nicht hätte vollkommen ausdrücken können. Der Unterschied zu Stieglitz und anderen zeitgenössischen Fotografen besteht darin, daß Evans »weder in den unpersönlichen Architektur-Stilleben amerikanischer Fassaden und Aufnahmen von Einrichtungsgegenständen … noch in den sorgfältigen Porträts von Kleinpächtern aus den Südstaaten … sich selbst zum Ausdruck zu bringen«[283] versuchte. Evans suchte einen fotografischen Stil, in dem sich nicht die Subjektivität des Fotografen, sondern die Objektivität des Dargestellten ausdrückt.

Die rigorose Eliminierung des Autors, um die es in der Kontroverse zwischen Wildenhahn und Kreimeier ging, wird bei Evans als eine extreme Stilisierung erkennbar, deren Spuren sich als Negation der Subjektivität in den Fotografien besonders gut nachweisen lassen und zu der sich Evans programmatisch bekannte. Zur Ausstellung der »American Photographs« von Evans schrieb 1938 ein zeitgenössischer Rezensent, daß man beim Betrachten der Bilder vergißt, an den Fotografen zu denken. Hervorgerufen wird diese Wirkung dadurch, daß alle Auffälligkeiten und Eigenarten eines Stils in den Fotografien vermieden werden. Die Perspektive, die gleichmäßig helle Beleuchtung der aufgenommenen Personen und Gegenstände, die nachträgliche Korrektur der Bildausschnitte heben im Gegenteil die Neutralität und Unpersönlichkeit des Blicks hervor.[284] Nach eigenem Selbstverständnis erfüllte Evans mit seiner Fotografie ein literarisches Programm des 19. Jahrhunderts. »Flaubert hat mir eine Methode geliefert, Baudelaire ein Denken«, sagte Evans von dem überall in seinem Werk spürbaren Einfluß.[285]

»Ermutigt durch Flaubert, verpflichtete er sich auf einen Realismus, der durch fanatische Durchbildung des Materials in Kunst umschlagen würde: Ein Höchstmaß an Artikuliertheit sollte dem zukommen, was in der alltäglichen Wahrnehmung und nach traditionellen kulturellen Werten unartikuliert erschien. Der mechanische Vorgang kam dem Vorsatz entgegen, den Autor im Werk verschwinden zu lassen.«[286]

Die Negation der Subjektivität ist in der Fotografie von Evans ein willkürlicher Akt, der nicht zur Steigerung der Objektivität der fotografischen Darstellung, sondern ganz im romantischen Sinn auf jede moralische Wertung und künstlerische Stilisierung der dargestellten Menschen und Dinge im Interesse ihrer Selbstrepräsentation verzichtet. Die Produktion des Dokumentarischen ist also ein Ergebnis der Tätigkeit des Autors. In keinem Fall ist das Dokumentarische ein Resultat der mechanischen Aufzeichnung. Vielmehr ist es gerade in der Fotografie und im Film ein besonderer Kunstgriff, durch den der Autor sich zurückzieht und verbirgt, um eine objektive Wirklichkeit vorzutäuschen.[287] Demnach kann die Frage nicht sein, ob der Autor das Material gestaltet, sondern wie.

Wildenhahn ein Romantiker wider Willen oder besseres Wissen? Wildenhahn hatte den Naturalisten Zola als Gelehrten und Kopisten zum Zeugen seiner Filmarbeit gegen die Romantiker aufgerufen. Aber die ethnographische Genauigkeit der Beschreibung des proletarischen Milieus ist ihrerseits dem hier beschriebenen Programm einer romantischen Soziologie verpflichtet. Das mindeste, was man sagen kann, ist, daß die dokumentarische Produktion in Fotografie, Film und Literatur durch ihre Wirklichkeitsdarstellungen einer romantisch orientierten Soziologie Material liefert. Warum soll ausgeschlossen werden, daß die dokumentarische Produktion selbst eine Form der soziologischen Erfahrungsbildung ist, die in Anlehnung an Gouldner als romantisch beschrieben wurde? Die unterschiedlichen Einflüsse der literarischen Produktion Flauberts, Baudelaires und Whitmans, ihre Rezeption und Umformung durch Fotografen und Sozialwissenschaftler und die Transformation sozialtypologischer Erfahrungsbildung einzelner Berufssparten ergeben ein heterogenes Konzept nicht nur der Kunstproduktion, sondern der Erfahrungsverarbeitung, dessen Elemente im einzelnen näher zu beschreiben sind, um die Affinität zwischen filmdokumentarischer und sozialwissenschaftlicher Erfahrungsbildung konturierter erkennen zu können.

3.2.3. Elemente eines umfassenden Begriffs der Erfahrungsbildung

> Es gibt nicht eine »richtige« Empirie, sondern verschiedene Empirietypen, die nach unterschiedlichen Regeln produziert werden und nicht aufeinander reduziert werden können.
>
> *Wolfgang Bonß*

In seinem 1984 erschienen Handbuch »Directing the Documentary« nennt Michael Rabiger die filmdokumentarische Arbeit eine »serendipitous activity«. »Filmmaking, specially documentary filmmaking, is a serendipitous activity in which plans are jettisoned and energy redirected to deal constructively with the unforeseen.«[288] Aus dem Kontext des vollständigen Zitats, das dem Kapitel über die Kameraarbeit entnommen ist, wird ungefähr deutlich, was man sich unter einer »serendipitous activity« vorzustellen hat. Das Oxford English Dictionary (OED) gibt die Auskunft, daß »serendipitous« die adjektivische Form des Substantivs »serendipity« ist. Dieses wiederum ist gebildet aus »Serendip«, einem antiquierten Namen für Sri Lanka. Die Nachweise des Gebrauchs belegt das repräsentative Wörterbuch im einzelnen. Lakonisch heißt es am Schluß des Beitrags zu dem Stichwort »serendipity«, daß das früher selten gebrauchte Wort und seine Ableitungen im zwanzigsten Jahrhundert weit verbreitet sind.

In der Einschätzung des Wortgebrauchs stimmt das Wörterbuch mit Robert K. Merton überein, der in seinem zuerst 1949 erschienen Standardwerk der Soziologie, »Social Theory and Social Structure«, den Begriff des »serendipitous pattern« in den sozialwissenschaftlichen Sprachgebrauch eingeführt hat. Merton beschreibt mit dem »serendipity pattern« Phänomene des Wechselspiels zwischen ursprünglichen Theorien, die nicht selten auf intuitiven Annahmen oder Hypothesen beruhen, und der Sammlung unerwarteter und anormaler Daten von strategischer Bedeutung, die zu einer Korrektur der Theoriebildung zwingen.

In ungefähr diesem Sinn ist das Wort auch im deutschen Sprachgebrauch in der Soziologie eingeführt. Aber René König scheint dem mit dem Begriff der Serendipität beschriebenen Verfahren nicht recht zu trauen. Nachdem er den Begriff mit einem Hinweis auf Merton als zufällige Entdeckung neuer Hypothesen auf der Grundlage naiver Beobachtung eingeführt hat, ergänzt König, daß,»nicht die naive Beobachtung eines naiven Beobachters, sondern im Gegenteil: die naive Beobachtung eines geschulten Beobachters«,[289] das »serendipity pattern« kennzeichnet.

Nach Königs Darstellung hat das »serendipity pattern« eine korrektive Funktion. Die Aufmerksamkeit des Forschers wird auf Phänomene gelenkt, die im Kontext seiner Hypothesen oder Versuchsanordnungen gar nicht berücksichtigt werden. Das »serendipity pattern« fordert, diese Phänomene nicht einfach als irrelevant zu vernachlässigen, sondern sie hinsichtlich ihrer Bedeutung für die Hypothesen- und Theoriebildung zu untersuchen. Obwohl der Begriff im deutschen Sprachgebrauch eingeführt ist, ist er nicht sehr verbreitet.[290]

Weil er die Quelle, die sowohl Merton als auch das Oxford English Dictionary angeben, nicht finden konnte und die Einschätzung über den Verbreitungsgrad des Wortes zwischen Merton und dem repräsentativen Wörterbuch so auffällig übereinstimmt wie vom tatsächlichen Gebrauch abweicht, hielt Gerhard König den Begriff für eine wissenschaftsstrategisch geschickte Täuschung des einflußreichen Merton. Dieser habe mit der Lancierung des Begriffs ein weniger formalisiertes, den Widersprüchen der Realität gegenüber offenes Verfahren der Theorie- und Erfahrungsbildung durchsetzen wollen.[291]

Mertons vielfältige schriftstellerische Tätigkeit macht eine solche Vermutung nicht ganz unwahrscheinlich. In dem 1980 auch auf Deutsch erschienenen Buch »Auf den Schultern von Riesen« wird das Serendipitätsprinzip als wissenschaftliches Konzept von Merton in historischer Persepktive entwickelt. Mertons Buch setzt sich in der Form eines anekdotisch unterhaltsamen Briefes an einen Freund mit der Geschichte der wissenschaftlichen Erfahrungsbildung und Erkenntnis auseinander. Als serendipitäre Augenblicke der Wissenschafts- und Technikgeschichte beschreibt Merton die Entdeckung einer Medizin gegen Wassersucht und die Erfindung einer Technik zur Durchlüftung von Kohlegruben. Statt ihren wassersüchtigen Mann, wie beabsichtigt, durch die Beigabe einer Kröte zur Suppe zu töten, machte die Frau den Mann gesund, indem sie, wie es scheint zum ersten Mal, die übermäßige Ansammlung seröser Flüssigkeit im Körper des Kranken neutralisierte. Merton belegt diese Episode ebenso durch Quellenzitate wie die Erfindung der Technik zur Durchlüftung der Kohlengrube durch Arbeiter, die in betrunkenem Zustand in eine von Schlagwettern besonders bedrohte Grube so lange glühende Kohlen warfen, bis die dadurch ausgelösten Explosionen nachließen. Seither wiederholen die Arbeiter diese Prozedur jedes Mal, bevor sie in die gefährliche Grube einfahren und arbeiten dort so sicher wie in allen anderen Minen.[292]

Schließlich verweist Merton in einer Fußnote auf eine höchst relevante begriffsgeschichtliche Untersuchung zum Gebrauch des Wortes »serendipity«, die im Untertitel als Beitrag zur Soziologie des Wissens charakterisiert wird. Merton entschuldigt sich, aus der unveröffentlichten Studie nicht zitieren zu können, da dies nur im Einvernehmen mit der Ko-Autorin möglich sei.[293] Trotzdem läßt sich die These, daß es sich bei dem Begriff um eine Fälschung Mertons handelt, nicht halten. Vielmehr ist der Begriff in einer Ausgabe der Werke von Horace Walpole nachweisbar, die den Brief vom 28. Januar 1754 enthält, auf den sowohl Merton als auch das Oxford Dictionary als Quelle verwiesen hatten. Walpole erläutert, daß er das Wort »serendipity« nach einer märchenhaften Erzählung mit dem Titel »Die drei Prinzen von Serendip« gebildet hat. Diese Erzählung wurde im Laufe der Renaissance nach Europa überliefert sowie in mehreren Sprachen und Ausgaben veröffentlicht.

Die Rahmenhandlung erzählt von den drei Prinzen von Serendip, die sich auf einem Weg durch unübersichtliches Gelände befinden. Sie suchen ihren Weg »by sagacity«, durch genaues Hinhören, Hinschauen, Anfassen, eine gesteigerte Aufmerksamkeit aller Sinne, aber auch »by accidents«, »by chance«, durch Zufall, Einfall, Aufmerksamkeit für den richtigen Moment. Blickrichtungen und -wechsel sind entscheidend. Zusammenhänge werden interessant und tun sich in unerwarteter Richtung auf. Die Gangart muß entsprechend den Bedingungen des Geländes geändert werden. Das Warten auf den rechten Augenblick ist wichtig. »Serendipity« beschreibt also die Fähigkeit, glückliche und unerwartete Entdeckungen durch Zufall zu machen sowie die Bedeutung dieser Entdeckungen wahrnehmen und einschätzen zu können.

Auf diese Weise wird der Begriff der Serendipität, der bei René König vor allem wissenschafts- und forschungskorrektive Funktionen hatte, weit darüber hinaus als ein umfassendes Konzept der Erfahrungsverarbeitung und Theoriebildung entwickelt, das die technisch-praktische Erforschung der Realität herausfordert und in Frage stellt. Während die instrumentellen Verfahren die Komplexität der Realität reduzieren, um sie beherrschen und manipulieren zu können, erscheint Serendipität als ein der Komplexität und Widersprüchlichkeit der Realität angemesseneres Verfahren.

Die Ergebnisse einer dem Serendipitätsprinzip verpflichteten Vorgehensweise können kaum anvisiert werden, sondern werden nach einem Modell des Zufalls entdeckt und gefunden. Die forschende Haltung der Serendipität kann als mixtum compositum der Spurensuche des Detektivs und der Neugier des Kalifen beschrieben werden. Serendipität ist zu vergleichen » ... mit der entspannten, fast müßiggängerischen und damit durch kein Vorurteil verstellten Wachheit der Sinne und Gedanken, die den Indizien des Zufalls nachhängt und zur eigenen Überraschung Zusammenhänge aufdeckt. Es ist halb die Einstellung, die im 19. Jahrhundert Auguste Dupin und Sherlock Holmes professionalisieren sollten: die Kunst des Spurenlesens, vom Detektiv und Scout als nüchternes Motiv gehandhabt, von den Umstehenden als Wunder und Gnadengeschenk bestaunt. Halb ist es die des morgenländischen Kalifen, der sich absichtlich in das nächtliche Labyrinth fremder Schicksale, fremder Straßen, fremder Abenteuer hineinbegibt, zu aller Einsicht und zu allem Spaß bereit, aber planlos, ohne Vorsatz, nur mit einem Vorwand.«[294]

Serendipität, deren theorie- und ideengeschichtliche Tradition auf den griechischen »kairos« (das rechte Maß, den rechten Ort, die günstige Zeit) ebenso verweist wie auf die »Essais« von Montaigne, ist nicht eine wissenschaftliche Methode, sondern eher schon ein zur Lebensweise stilisiertes Erkenntnisprinzip. Analog zu Simmels Fremdem und Benjamins Flaneur wird von Walpole die Rolle des Müßiggängers als erfahrungsverarbeitender und erkenntniskonstituierender Lebensstil konzeptualisiert.

»Mit dem Losungswort: ›serendipity‹ gewann jetzt der Müßiggang *à la mode* einen neuen Sinn. ... alles gewann im Zeichen der *serendipity* (und nach deren Prinzipien!) einen ungesuchten, aber um so überzeugenderen Zusammenhang, eine höhere Notwendigkeit, in der das Lebensmuster und der Nexus der Dinge sich gegenseitig erhellten. Die Vertauschung der Rang- und Höhenunterschiede mußte als eine selbstverständliche Voraussetzung für den unbeirrbaren Scharfblick des Beobachters erscheinen, ebenso die Parzellierung der Wahrnehmung ...«[295]

So ist es nicht verwunderlich, daß Serendipität als Forschungsstrategie akademisch eher verdächtig blieb. Glaubt man einem zeitgenössischen Comicstrip aus dem Jahr 1925, so zogen sich William Thomas und Robert E. Park den Spott der

Zeitgenossen zu, weil sie in den abgelegenen back alleys sowie selbst im Abfall und Müll von Chicago nach verwertbaren Daten für ihre großstadtsoziologischen Untersuchungen suchten. Solche Anekdoten, deren exzentrischer Charakter durch die Selbstdarstellungen von Park und Thomas bestätigt wird, sind jedoch aufschlußreich für eine methodisch abweichende Soziologie, die sich mit abseitigen und scheinbar nebensächlichen Phänomenen beschäftigt, um zu Theorien über die Gesellschaft zu kommen.[296]

So abwegig die mit dem Begriff der Serendipität beschriebenen Haltungen und Verfahrensweisen erscheinen, gibt es eine ganze Reihe von Konzepten und Begriffen, die ähnliche Aspekte des forschenden Verhaltens zu beschreiben versuchen. Offensichtlich ist die Affinität des »serendipity pattern« mit dem von dem Historiker Carlo Ginzburg entwickelten Konzept des Indizienparadigmas. Es handelt sich dabei um eine Vorgehensweise, die Ginzburg in Auseinandersetzung mit der Psychoanalyse, kunsthistorischen Verfahren der Authentizitätsprüfung sowie kriminalistischen Verfahren der Spurensicherung und Personenidentifizierung für eine historisch-deskriptive Sozialwissenschaft entwickelt hat.

Kunstkritische Verfahren, zwischen Original und Kopie eines Gemäldes durch Untersuchung von eher nebensächlichen Details wie Ohrläppchen, Fingernägel, die Form von Fingern, Händen und Füßen, deren Gestaltung der Künstler weniger Aufmerksamkeit schenkte, zu unterscheiden, oder Verfahren der Psychoanalyse, aus der Beobachtung unwillkürlicher, kleiner Gesten mehr über den Charakter einer Person zu erfahren als aus den einstudierten Posen, sowie der kombinatorische Scharfsinn des Detektivs Sherlock Holmes, der unbeachtete Details als Indizien eines Tathergangs verknüpft, spüren in scheinbar bedeutungslosen Daten eine komplexe Realität und Zusammenhänge auf. Es handelt sich bei den erwähnten Verfahrensweisen um Formen eines Wissens, das sich auf die Beschreibung und Analyse von Einzelfällen richtet, die sich nur durch Spuren, Symptome, Indizien rekonstruieren lassen. Weil sie das Individuelle an Fällen, Situationen und Dokumenten thematisiert, kann eine Indizienwissenschaft einen Rest von Unsicherheit der Ergebnisse nicht ausschließen. In dieser Hinsicht unterscheidet sich das Konzept der Indizienwissenschaft von dem einer galileischen Wissenschaft. Nach Ginzburgs Ansicht hat die quantitative und anti-anthropozentrische Ausrichtung der Naturwissenschaften seit Galilei die Humanwissenschaften in das Dilemma gebracht, entweder eine wissenschaftlich unabgesicherte Haltung zu akzeptieren, um zu wichtigen Ergebnissen zu kommen, oder sich eine wissenschaftlich abgesicherte Ordnung zu geben, um zu Ergebnissen von geringerer Bedeutung zu kommen.[297]

Der Gebrauch der Mathematik und experimenteller Verfahren impliziert die Quantifizierung und Wiederholbarkeit der untersuchten Phänomene, während eine Disziplin wie die Geschichtswissenschaft, die sich mit einmaligen Phänomenen beschäftigt, die Wiederholbarkeit per Definition ausschließt und die Quantifizierung nur als Hilfsfunktion akzeptiert. Strategien und Ausdrucksweise des Historikers bleiben individualisierend, auch wenn er sich auf eine Reihe von vergleichbaren Phänomenen bezieht. Deswegen hat William Thomas die Soziologie als eine Indizienwissenschaft praktiziert, indem er private und persönliche Dokumente wie Lebensgeschichten, Tagebücher, Briefe für die Erklärung nutzte, »warum verschiedene Menschen auf eine gegebene Situation unterschiedlich reagieren.«[298]

Weder das »serendipity pattern« noch das Indizienparadigma sind als wissenschaftliche Verfahren abschließend formalisierbar. Das forschende Verhalten gleicht einer Kunst der Wahrnehmung und der Deutung, das sich von der hermeneutischen Introspektion durch die gesteigerte Aufmerksamkeit für und die Beobachtung der Realität sowie die Beteiligung aller Sinne unterscheidet.[299] Indem sie das forschende Verhalten als Aufmerksamkeit für unwägbare Ereignisse des Zufalls und für scheinbar Unbedeutendes hervorheben, beschreiben sowohl das Indizienparadigma als auch das »serendipity pattern« Aspekte wissenschaftlicher Theorie- und Erfahrungsbildung, die in ergebnisorientierten Darstellungen zugunsten methodischer Stringenz und Geschlossenheit vernachlässigt werden.[300] Allerdings handelt es sich bei dem »serendipity pattern« und dem Indizienparadigma nicht nur um die adäquate Darstellung von Forschungsprozessen und ihren Ergebnissen. Vielmehr verbindet sich mit beiden Verfahren der Anspruch einer eigenen Theorieproduktion, die die Totalität und Komplexität der Erfahrungsbildung nicht im dem Maß reduziert wie instrumentelle Verfahren, deren Ziel weniger die Beschreibung und Erklärung von Phänomenen als vielmehr ihre Beherrschung ist. Untersuchungen zur Geschichte des Empirieverständnisses in den Sozialwissenschaften belegen, daß Elemente der auf die Totalität der Erfahrungsbildung bezogenen Konzepte des Indizienparadigmas und des »serendipity pattern« sich in unterschiedlichen Konfigurationen in der wissenschaftlichen Praxis nachweisen lassen.

In seiner historisch weit ausholenden Arbeit, die Beispiele von der griechischen Antike bis zur gegenwärtigen Forschungspraxis berücksichtigt, beschreibt Bonß die Herausbildung eines apparativ gestützten Empirietyps, für den kennzeichnend ist, daß er als wirklich nur zuläßt, was im Rahmen hypothetisch-deduktiver Verfahren instrumentell überprüfbar ist. Entgegen der populären Auffassung versteht Bonß diese Entwicklung nicht als linearen Fortschritt. Vielmehr wertet er in Anlehnung an Foucaults Arbeiten zur Wissenschaftsgeschichte die beschriebene Entwicklung als eine Restringierung des wissenschaftlichen Wirklichkeits- und Objektivitätsverständnisses. Ausgegrenzt werden alle nicht-instrumentellen, insbesondere alle expressiven und normativen Erfahrungsgehalte.[301]

Ausführlich stellt Bonß die wissenschaftstheoretischen Auseinandersetzungen des 19. Jahrhunderts dar, in deren Verlauf sich die Sozialwissenschaften als eigenständige Disziplinen etabliert haben. Ihr Selbstverständnis und ihre Verfahren weisen zunächst eine starke Affinität zu außerwissenschaftlichen, vor allem literarischen Formen der Erfahrungsverarbeitung auf. Insbesondere die monographischen Untersuchungen von LePlay, Schnapper-Arndt, Schmoller sowie die im Auftrag des englischen Parlaments durchgeführten Enquêten repräsentieren einen Empirietyp, der sich weder auf die technisch-instrumentell beherrschbaren Aspekte der Wirklichkeitserfahrung verkürzen noch auf die abstrakte Entgegensetzung von schlechter Empirie und kritischer Theorie ohne Empirie festlegen läßt.

In dieses Dilemma einer ausschließenden Entgegensetzung von Empirie und Theorie wurde nach Bonß die Soziologie hineinmanövriert. Symptomatisch dafür ist ihm der Positivismusstreit. In der Ende der 60er Jahre zwischen Vertretern der Kritischen Theorie und des Kritischen Rationalismus ausgetragenen Kontroverse, ging es gar nicht um den Gegensatz von Theorie und Empirie. Auf diesen Gegensatz hat im wesentlichen Adorno die Debatte fixiert. Indem er Theorie mit kritischem Verhalten und Empirie mit schlechter Wirklichkeit gleichgesetzt hat, hat Adorno die Erörterung der Möglichkeit einer nicht-positivistischen Sozialforschung blockiert. Jedoch ist nach Ansicht von Bonß der Gegensatz von Theorie und Empirie nicht das Thema gewesen, sondern »zwei ›Typen‹ von Sozialwissenschaften, die in ihren Vorstellungen von der Struktur empirischer Erfahrungen ebenso divergieren wie in ihren Begriffen theoretischer Erklärung und empirischer Überprüfung«, standen sich gegenüber.[302]

Bonß beschreibt die beiden Typen von Sozialwissenschaft als Tatsachen- und Totalitätsempirie. Sie unterscheiden sich darin, wie sie sich zur vor-, außer- und nicht-wissenschaftlichen Theorie- und Erfahrungsbildung abgrenzen und in ihren Erkenntniszielen. Während der positivistische Ansatz als Beispiel einer Tatsachenempirie streng zwischen Wissenschaft und Nicht-Wissenschaft unterscheidet und in der Erklärung, Prognose und rationalen Kontrolle sein Erkenntnisziel sieht, trennt der Ansatz der kritischen Theorie als Beispiel einer Totalitätsempirie nicht mit gleicher Schärfe zwischen wissenschaftlichen und nicht-wissenschaftlichen Formen der Erfahrungsverarbeitung. Das Ziel einer Totalitätsempririe kann vielmehr als Versuch beschrieben werden, die nicht- und außerwissenschaftlichen Formen der Erfahrungsverarbeitung selbst zum Gegenstand wissenschaftlichen Interesses zu machen. Entscheidend ist, daß die beschriebenen Unterschiede nicht nachträglich bei der Interpretation einer als faktisch angenommenen Welt, sondern in der Konstitution der Realität selbst wirksam werden. Während der positivistische Ansatz von einer situations- und subjektunabhängigen Realität ausgeht, problematisiert der Ansatz der kritischen Theorie deren Konstitution.

Die methodischen und wissenschaftstheoretischen Kontroversen des 19. Jahrhunderts innerhalb der Sozialwissenschaften werden nach der Darstellung von Bonß im ersten Drittel des 20. Jahrhunderts zugunsten der Einübung des Tatsachenblicks und der Statistik entschieden. Unter dem Eindruck der Erfolge der Naturwissenschaften und ihrer technisch-praktischen Umsetzungen streben die Sozialwissenschaften ähnlich objektivierbare, vor allem meßbare und experimentell gesicherte Ergebnisse an. Zugunsten eines Objektivitätsideals, das die Eliminierung von persönlichen und situativen Einflüssen anstrebt, verschwinden Formen der Empirieproduktion, die personen-, ereignis- und situationsbezogen sind und wie die Monographien literarische Formen der Darstellung zulassen. Im Argumentationskontext von Bonß belegen die monographischen Arbeiten die historisch verbürgte Möglichkeit eines alternativen sozialwissenschaftlichen Empiriekonzepts. Obwohl für Bonß die Feldforschung ein konstitutives Element einer zum szientistischen Typus alternativen sozialwissenschaftlichen Forschung ist, hält er die Unterschiede zwischen dem Indizienparadigma und den von ihm untersuchten Monographien nicht für unüberwindlich und beide Ansätze für integrierbar.

»Zwar geht es bei Ginzburg nicht unmittelbar um eine Diskussion der Monographie, aber seine Anmerkungen zum Analyseverhalten in Medizin, Psychologie,

Kunstgeschichte und Kriminologie verdeutlichen genauer jenes Modell einer nichtszientistischen Empirieproduktion, das unter anderen Akzentsetzungen auch für die monographischen Arbeitsformen kennzeichnend ist.«[303]

Wie für die Indizienwissenschaft ist es die Vielfalt sozialen Lebens, die eine abschließende Formalisierung der monographischen Verfahren der Beschreibung und Analyse nicht zuläßt. Wie Bonß am Beispiel der Arbeiten von Schmoller darstellt, muß die jeweilige Kombination von quantifizierenden und qualitativen Verfahren immer in Form eines induktiven Lernprozesses erarbeitet werden und bestimmt sich letztlich nach den Problemvorgaben des »praktischen Lebens«. Entscheidend für den Vergleich mit dem Indizienparadigma ist vor allem, daß die monographische Vorgehensweise nicht grundsätzlich von alltagsweltlichen Formen der Erfahrungsverarbeitung abgegrenzt wird. Ausdrücklich werden als Ausgangs- und Zielpunkt der Forschung die vorwissenschaftlichen Unterscheidungszusammenhänge genannt wie sie von den Beobachteten selbst vorgenommen werden.[304]

Man kann vielleicht die Affinität zwischen der monographischen Arbeitsweise und dem Indizienparadigma über die Nähe beider Verfahren zu alltagsweltlichen Formen der Erfahrungsverarbeitung hinaus methodologisch vor allem darin sehen, daß in beiden Konzepten die Subjekt- und Situationsbezogenheit der ermittelten Ergebnisse nachdrücklich berücksichtigt wird. Hinsichtlich der Beschreibungen des Forschungsverhaltens unterscheiden sich die Verfahren aber erheblich. Während die monographische Arbeitsweise eine gezielte und methodisch angeleitete Feldforschung voraussetzt, weist das Indizienprardigma eine größere Affinität mit dem Serendipitätsprinzip auf. Vor allem die zwischen Müßiggang, Tagträumerei und Entspannung angesiedelte sowie die durch Unvoreingenommenheit und Vorurteilslosigkeit, aber Kennerschaft geschärfte Aufmerksamkeit, die gar nicht gezielt forscht, sondern von den Phänomenen überrascht wird, ist als Haltung der monographischen Arbeitsweise nicht vorstellbar. Kennzeichnend für die Befunde nach dem Serendipitätsprinzip ist, daß sie nicht willkürlich herbeigeführt werden können. Serendipität kann nicht gewollt werden. »Es ist ... ›die Aufmerksamkeit für den Augenblick‹, der Serendipität ausmacht.«[305] Gemeinsam ist dem Indizienparadigma und dem Serendipitätsprinzip, daß sie gar kein spezifisches Verfahren hermeneutisch-induktiver Kulturwissenschaften beschreiben, sondern ein umfassendes Konzept forschenden Verhaltens und der Erfahrungsbildung.

Die Unvorhersehbarkeit der Erkenntnis ist ein wesentliches Merkmal des Prozesses der Erfahrungsbildung, den Kurt H. Wolff als »surrender and catch« (Hingabe und Begriff) beschrieben hat. »Surrender« beschreibt die unvorhersehbare und unkalkulierbare Erkenntis der »mankind« als der aller menschlichen Erfahrung gemeinsame Basis. »Surrender« ist nur möglich auf der Grundlage von Einlassung (involvement, identification), Betroffenheit (hurt), Suspendierung von Traditionen (suspension of received notions) und Sachangemessenheit (pertinence of everything). Während der Begriff (catch) als Ergebnis der Hingabe (surrender) nicht willkürlich gefunden werden kann, kann die Haltung der Hingabe an (surrender to) ein Objekt als Voraussetzung dieses Ergebnisses eingenommen werden. Als Haltung bedeutet diese Hingabe eine gesteigerte und engagierte Aufmerksamkeit, die sich mit ungeteiltem Interesse einem Thema, einem Gegenstand, einem Menschen zuwendet, ohne mit Blick auf ein angestrebtes Ergebnis zu selektieren.[306]

Am Beispiel seiner Loma-Studien beschreibt Wolff das Prinzip des »surrender and catch« in der Anwendung. Loma ist ein Dorf in New Mexico mit mehrheitlich indianischer Bevölkerung, das von seiner Tradition und der landwirtschaftlichen Produktionsweise geprägt ist. Über einen Zeitraum von mehreren Jahren hielt sich Wolff dort wiederholt zu Feldforschungszwecken auf. Wolff beschreibt als Ausgangspunkt seiner Erfahrung eine gesteigerte Aufmerksamkeit für alles, was mit seiner Studie zusammenhing, auch wenn sich dessen Bedeutung erst nachträglich herausstellen sollte.[307] Wolff stellt das Sammeln und die systematische Anlage von Notizen dar, mit der er die unüberschaubare Fülle des Materials zu bewältigen hofft. Die Ergebnisse sind dennoch nicht vorhersagbar. Wolff lenkt die Aufmerksamkeit des Lesers auf strukturelle Merkmale des Forschungsprozesses, die in der normativ geregelten Präsentation seiner Ergebnisse meist zugunsten der methodisch-systematischen Stringenz unterschlagen werden. Am Ende seiner Reflexionen erkennt Wolff, daß er vielleicht keine an der Realität verifizierbare Gemeindestudie zustandegebracht hat, stellt aber überrascht fest, das Prinzip des »surrender and catch« entdeckt zu haben.

Als Beispiel einer Gemeindestudie, die seinen Vorstellungen des »surrender and catch« nahe kommt, nennt Wolff die Ende der dreißiger Jahre entstandene Reportage »Let Us Now Praise Famous Men« von James Agee und Walker Evans. Das ist bemerkenswert, weil Wolff dieses Buch im direkten Vergleich mit einer Reihe kulturanthropologischer Studien auswählt. »Let Us Now Praise Famous Men« ist weder mit wissenschaftlichen Ambitionen entstanden, noch entsprechen Anlage oder Stil wissenschaftlichen Kriterien. Vielmehr gehört »Let Us Now Praise Famous Men« in den Zusammenhang der sozialdokumentarischen Fotografien und Reportagen, die im Auftrag der Farm Security Administration entstanden sind, von denen sich das Buch von Evans und Agee nach Anlage, Umfang und Anspruch unterscheidet.

Im Auftrag des Magazins »Fortune« reisten der Schriftsteller Agee und der Fotograf Evans im Sommer 1936 in die Südstaaten der USA, um über die Lebensverhältnisse der weißen Baumwollpflücker zu berichten. Mehrere Wochen lebten sie mit drei Pächterfamilien in Alabama zusammen. Während Evans sich in einem nahegelegenen Hotel einquartierte, wohnte Agee in den Behausungen der Familien. Der fertige Bericht entsprach nicht den Anforderungen einer Magazinreportage. Am Ende einer langwierigen Suche nach einem Verleger erschien die Reportage schließlich 1941 als eigenständige Publikation. Angesichts der politischen Entwicklungen zu spät, um beachtet zu werden. Denn durch die seit Mitte der dreißiger Jahre eingeleiteten Maßnahmen der Regierung hatte sich die Lage der Pächter gebessert, und die innenpolitischen Themen waren bereits überlagert vom bevorstehenden Kriegseintritt der USA.

Die erste Auflage des Buches wurde von einunddreißig Fotografien von Evans eingeleitet.[308] Die Bilder tragen keine Beschriftung und enthalten keine Hinweise auf die Identität der dargestellten Personen oder Entstehungszeit und -ort. Der Leser ist noch vor jeder Einführung mit den Aufnahmen und ihrer Anordnung konfrontiert, die als »erstes Buch« gegenüber dem Text von Agee als »zweitem Buch« abgesetzt sind. Die Fotografien erhalten durch die exponierte Stellung gegenüber dem Text besonderes Gewicht und dienen nicht der Illustration, worauf Agee nachdrücklich hingewiesen hat. Allein in dieser Hinsicht unterscheidet sich das Buch vom größten Teil der illustrierten Reportagen seiner Zeit.

Die Serie[309] beginnt mit der Aufnahme eines Mannes, der vor einer Holzwand steht. Der Bildausschnitt zeigt den Mann von den Oberschenkeln aufwärts. Die Fotografie ist frontal von vorne in Augenhöhe aufgenommen. Der Blick des Mannes ist direkt in die Kamera gerichtet. Trotz seinem Alter von vielleicht sechzig Jahren wirkt der Mann vital und kräftig. Er trägt ein zerknittertes Jackett, das über dem Bauch spannt, eine Krawatte, ein helles Hemd. Die Struktur der Holzwand ist gut zu sehen. In der rechten oberen Ecke der Fotografie ist der Winkel eines Fensters zu erkennen.

Nach dieser Aufnahme folgen nacheinander fünf einzelne Porträts: ihrer Reihenfolge nach das eines jüngeren Mannes, einer Frau und die von drei Kindern unterschiedlichen Alters. Die Kamera ist näher an den Personen als beim ersten Porträt. Der Bildausschnitt ist so gewählt, daß Brustporträts der Personen zu sehen sind. Nur das kleinste der Kinder ist, auf dem Boden hockend, in leichter Sicht von oben in einer Aufnahme zu sehen, die es in seiner ganzen Körpergröße zeigt. Bis auf dieses Kind, das den Kopf zur Seite dreht, blicken die Aufgenommenen in die Kamera. Nach diesen Porträts folgen der Reihe nach die Aufnahmen von einem Bett, von zwei mit Gegenständen des alltäglichen Gebrauchs, ärmlichen Fotografien, Kalenderblättern und Schmuckstücken dekorierten Kaminsimsen und die Aufnahme von einem leergeräumten Tisch, der durch einen Türrahmen fotografiert ist. Darauf folgt die Aufnahme eines bandagierten Babys, das auf dem Boden liegt und fast vollständig mit einem Tuch zugedeckt ist.

Nach einem ähnlichen Prinzip angeordnet erscheinen zwei weitere Serien von sechs bzw. zehn Fotografien, die in gleicher Reihenfolge Erwachsene, Kinder und die ärmlichen Interieurs von Pächtershäusern zeigen. Die gesamte Serie von einunddreißig Fotos wird abgeschlossen durch die Aufnahme von einer kleinstädtischen Straße, in der beidseitig Autos geparkt sind, eine Aufnahme schuppenartiger Häuser und schließlich die Aufnahme eines isoliert in trostloser Gegend stehenden neueren Gebäudes mit der Aufschrift »Mayor's Office«.[310]

Im Gegensatz zur Kargheit und Lakonie der Fotografien stehen der Umfang des Buches und seine Sprache. Agee beginnt den Text mit einer Liste der Personen und Orte. Knappste Angaben identifizieren die Personen als Mitglieder von drei Familien, deren Namen ebenso wie die geographischen Bezeichnungen anonymisiert wurden. Eine geographisch eindeutige Lokalisierung ist nicht möglich. Agee gibt den Hinweis, daß es sich um eine Region in der Nähe des nordamerikanischen Baumwollzentrums handelt. Sich selbst führt Agee als Spitzel und Walker Evans als Gegenspitzel ein. Diese selbstbezichtigende Charakterisierung der eigenen Person drückt nicht nur Agees schwere selbstquälerische Zweifel und Skrupel aus, die das ganze Buch prägen, sondern charakterisiert darüber hinaus seine Arbeitsweise.

Agee lebte eine Zeitlang mit den Pächterfamilien. Ihre Abwesenheit nutzte er, um das ganze Haus, Zimmer für Zimmer, Schubladen und Schränke als »ehrerbietiger

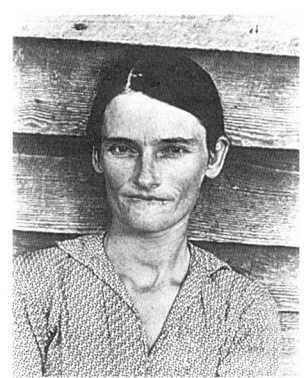

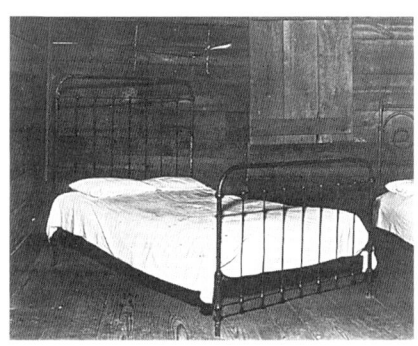

Bild 21–26:
Bildsequenz aus »Let Us Now Praise Famous Men«.

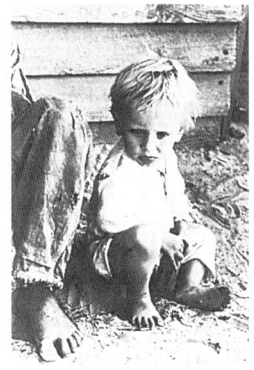

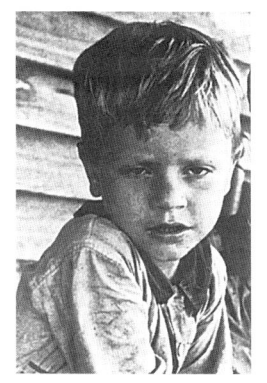

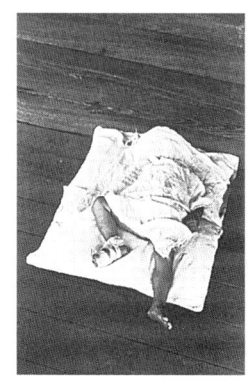

Die Fotografien sind entsprechend der deutschen Ausgabe von »Let Us Now Praise Famous Men« (1989) abgebildet. Diese Abfolge ist nicht identisch mit der Erstausgabe von 1941. Die Zweier-Gruppen entsprechen einer Doppelseite im Buch; die Einzelaufnahme hatte eine weiße Leerseite gegenüber.

und kaltblütig vorgehender Spion« zu durchsuchen. Er kriecht sogar unter das Holzhaus, das auf Füßen aus aufgestapelten Steinen steht, um dort den Unrat und Abfall zu durchstöbern. Nachts, während die Leute schlafen, schreibt er im Schein der Petroleumlampe auf, was er gesehen hat: »daß ein Haus einfacher Menschen, das im Morgensonnenschein des unermeßlichen südlichen Landes leer und schweigend steht, und mit allem, was es an diesem Morgen enthält, und dies alles einem ehrerbietigen und kaltblütig vorgehenden Spion offen und schutzlos überlassen, in großer Ruhe solche Pracht ausstrahlt, solch melancholische Heiterkeit seiner exakten Existenz, wie sie kein menschliches Bewußtsein je richtig erkennen, geschweige denn einem anderen kundtun wird: daß in dem Stellen und Verteilen stummer Möbel auf einem kahlen Boden zwischen den im rechten Winkel stehenden Wänden mehr Schönheit und mehr tiefes Wunder liegen kann, als je in Musik geschaffen wurde: daß dieses viereckige Heim, wie es auf schattenloser Erde zwischen den gewundenen Jahren des Himmels steht, nicht für mich, aber für sich zu den klaren und endgültigen, nicht einzufangenden Schönheiten des Daseins gehört: daß diese Schönheit zwischen verletzter, aber unbesiegbarer Natur und den offensichtlichsten Grausamkeiten und Nöten menschlicher Existenz in dieser heillosen Zeit geschaffen ist und unauflöslich mit diesen verbunden und ohne sie so unmöglich, wie ein im Paradies geborener Heiliger ist.«[311]

Während Evans seine eigene Person aus den fotografischen Darstellungen so weit als möglich ausklammerte, sagt Agees ausufernde und heftig engagierte Prosa bisweilen mehr über den Autor als die beschriebenen Gegenstände und Menschen. Agee ging davon aus, daß die Wirklichkeitstreue der literarischen Darstellung nicht durch einfache Dokumentation, sondern nur durch die Kraft der Imagination erreicht werden kann. Die rückhaltlose Einbeziehung der eigenen Person war als zorniger Protest gegen die Simplifizierungen der zeitgenössischen Reportagen über das soziale Elend wohl kalkuliert.

Nur in Ausnahmefällen verweist Agee im Text auf die Fotografien. Wenn er auf sechzig Seiten ein Pächterhaus beschreibt, so erschafft er mit seiner facettenreichen Darstellung eine eigene Welt, indem er die Aufmerksamkeit des Lesers auf die Schönheit von Gegenständen lenkt, die vor ihm noch kein Autor beachtet hat. Ein Vergleich der Aufnahme eines der Kaminsimse mit seiner literarischen Beschreibung als Altar durch Agee verdeutlicht nicht nur dessen Akribie, sondern auch die völlig unterschiedliche Verfahrensweise der fotografischen und literarischen Darstellung.

Bild 27:
Aufnahme des Kamins von Evans, den Agee als Altar beschreibt.

Das Foto von dem Kaminsims ist als Beispiel für den fotodokumentarischen Stil von Evans berühmt. Die Aufnahme erweckt den Eindruck, als sei nichts durch den Fotografen arrangiert. Es scheint, als habe Evans die Anordnung so vorgefunden, wie sie auf dem Foto zu sehen ist, das als nichts anderes als eine simple Reproduktion erscheint. Aber der Eindruck der Stillosigkeit und die Authentizitätswirkung des Bildes beruhen auf einer sehr bewußten Wahl des Bildausschnitts und der Perspektive. Darüber hinaus reduzierte Evans durch spezielle Entwicklungsverfahren die harten Hell-Dunkel-Kontraste der Blitzlichtaufnahme, um den technischen Eingriff in die Darstellung für den Betrachter der Fotografie zu eliminieren.[312]

Agees literarische Beschreibung ergänzt die Schwarzweiß-Fotografie nicht nur um Farb-, haptische und olfaktorische Eindrücke, indem sie die Wahrnehmung als Zusammenspiel aller Sinne darstellt. In seinem Streben nach Vollständigkeit scheint Agee nicht zwischen Wesentlichem und Nebensächlichem zu unterscheiden. Aber die beharrliche Identifikation von Details ist keine inventarisierende Reproduktion, deren Exaktheit an der Fotografie überprüft werden könnte. Vielmehr gibt die literarische Beschreibung den Details eine über die fotografische Darstellung hinausgehende historisch-biographische Dimension. Nur Agees Beschreibung teilt mit, daß das breite Volant aus Papier auf dem Sims ein von Mrs. Gudger gefaltetes Schnittmuster ist, das ihre letzte Anstrengung zur Verschönerung des Hauses darstellt. Nur die literarische Beschreibung teilt mit, daß die kannellierte Untertasse mit einer groben, geriffelten Kante aus gepreßtem Milchglas Louise gehört, die sie von ihrer Mutter geschenkt bekommen hat und an der sie mehr als an allem anderen hängt.

Agees hymnische Vergleiche der Schönheit einer banalen und trivialen Wirklichkeit gibt den beschriebenen Gegenständen den gleichen Wert wie der dorischen Architektur, der Musik Bachs oder Beethovens, der klassischen griechischen Tragödie. Dabei ist Agee weit davon entfernt, in seinen Darstellungen die Menschen als Helden oder Opfer zu stilisieren. Vielmehr zeichnet er sie als komplexe Charaktere mit zum Teil sehr zwielichtigen Zügen. Exhibitionismus, Einfühlung und Projektion liegen bei Agee nahe und unberechenbar nebeneinander. Der einfühlsamen Beschreibung der Opferhaltung Sadie Ricketts beim ersten Fototermin folgt die Beschreibung einer Konsumbefriedigung in der nahegelegenen Stadt und sexueller Phantasien. Solche Verschränkungen sensibler Beschreibungen und narzißtisch-egozentrischer Projektionen sind ein durchgängiges Muster von Agees Darstellung.[313]

Obwohl es ihm sehr nahe kommt, weist Wolff ausdrücklich darauf hin, daß auch »Let Us Now Praise Famous Men« als Gemeindestudie nicht das Konzept des »surrender and catch« umsetzt. Es sind zwei Einwände, die Wolff gegen »Let Us Now Praise Famous Men« erhebt. Erstens beschäftigt sich Agee nicht ausreichend mit den statistischen, geographischen und überhaupt mit allen Aspekten, die nicht spezifisch menschlich sind, aber dennoch das Leben der Menschen bestimmen. Weil Agee und Evans keine Gemeindestudie erstellen wollten, wiegt dieser Einwand nicht so schwer wie der zweite. Dieser Einwand richtet sich gegen Agees Aufdringlichkeit und seine wiederholte entmenschlichende Stilisierung der dargestellten

Personen. Dennoch interpretiert Wolff die skrupulöse Arbeitsweise Agees, deren wiederholt abbrechende und immer wieder neu ansetzende Beschreibungen als einen literarischen Protest des »surrender« gegen die Rationalität und Instrumentalität der Sozialreportagen und wissenschaftlichen Gemeindestudien sowie deren Reduktion der beschriebenen Realität auf abstrahierende Verallgemeinerungen.

Von allen vorgestellten Konzepten der Konstitution sozialwissenschaftlicher Erfahrungsbildung ist im Vergleich mit dem »serendipity pattern«, dem Indizienparadigma und den monographischen Verfahren Wolffs Modell des »surrender and catch« sicher das umfassendste und anspruchsvollste, weil es weit über ein wissenschaftliches Verfahren hinaus, existenzielle Grundlagen der Erfahrungsbildung beschreibt. Das ist aber auch der Grund, warum es die Revision wissenschaftlicher Verfahrensweisen radikaler als jene anderen Konzepte reklamiert, um sich biographischen und außerwissenschaftlichen Erfahrungen zu öffnen. In diesem Sinn bildet das Modell des »surrender and catch« den Schlußstein in einer Argumentation für die Öffnung der Soziologie zur Erfahrung aus dem dokumentarischen Film.

3.3. Der Dokumentarfilm als Diskurs

In den vorhergehenden Abschnitten wurde die Entwicklung dokumentarischer Verfahren im Kontext literarischer, wissenschaftlicher und ästhetischer Diskurse rekonstruiert, um sie in einem umfassenden Sinn als Form der Erfahrungsverarbeitung zu konzeptualisieren. Isoliert man die reproduktive Kapazität von Fotografie und Film als deren technische Merkmale, so können diese nicht in dem umfassenden Sinn als Modi einer dokumentarischen Erfahrung verstanden werden. Isoliert betrachtet, verbindet sich die Vorstellung vom dokumentarischen Film fast mechanisch mit der Wiedergabe der Realität in irgendeiner Form. Einer solchen Betrachtungsweise muß die Geschichte des dokumentarischen Films als permanenter technischer Fortschritt erscheinen. Die Geschichte des Genres wird allenfalls unter dem Aspekt betrachtet, zu welchem Zeitpunkt technische Innovationen auftauchen, die zur Perfektionierung der Wirklichkeitsaufzeichnung beitragen. Völlig unbeeinflußt von unterschiedlichen ästhetischen Konzeptualisierungen und stilistischen Ausprägungen besteht für eine solche Betrachtungsweise das Ideal der Realitätsabbildung durch den dokumentarischen Film als Norm. Jede technische Entwicklung und ihre Konzeptualisierung werden verstanden als Erweiterung des Arsenals an Verfahren, die zur Annäherung an das Ideal der Wirklichkeitsabbildung zur Verfügung stehen.

Wie die Debatten zwischen Schlumpf und Eibl-Eibesfeldt um den ethnographischen sowie zwischen Kreimeier und Wildenhahn um den dokumentarischen Film zeigten, wird die Diskussion um die Authentizität von Filmen immer dann heftig geführt, wenn Verfälschungen der dargestellten Realität oder gestaltende Eingriffe in das aufgezeichnete Material unterstellt werden. Diese Eingriffe scheinen dokumentarischen Prinzipien und ihrer politisch-moralischen Legitimation ebenso zu widersprechen wie den Zuschauererwartungen, so als ob die dokumentarische Qualität von Filmaufnahmen in einem umgekehrt proportionalen Verhältnis zur Gestaltung steht und die Dokumentqualität mit der Reduktion der Eingriffe zunimmt.

Die Eliminierung des Autors als Steigerung des Authentizitätseindrucks hat David MacDougall als strukturelles Merkmal des »observational cinema« beschrieben. In der Auffassung von Distanz und Neutralität gegenüber der dargestellten Wirklichkeit gleicht das »observational cinema« wissenschaftlichen Beobachtungskonzepten. Kontrastiv entwickelte MacDougall ein alternatives Konzept des ethnographischen Dokumentarfilms, das er »participatory cinema« nannte. Das »participatory cinema« zeichnet sich dadurch aus, daß der Prozeß des Filmens selbst als sozialer und interaktiver verstanden wird. Der Filmemacher bemüht sich nicht, seine Anwesenheit und die Interaktion mit den dargestellten Personen zu verbergen. In MacDougalls Argumentationskontext erscheint der Ansatz des »participatory cinema« dem des »observational cinema« als diametral entgegengesetzt. Aber wie bei dem Konzept des »observational cinema« definiert MacDougall bei dem des »participatory cinema« die Qualität des dokumentarischen Films über das Verhalten des Filmemachers bei der Aufnahme.

Dagegen heben Definitionen des dokumentarischen Films in der Tradition der britischen Dokumentarfilmschule mehr stofflich-inhaltliche Aspekte und ihre Gestaltung als Merkmale des dokumentarischen Films hervor. Die einzige Bedingung für den Dokumentarfilm ist, daß er sich mit der Realität beschäftigt und gegenüber dem sozialen Leben eine kritische Haltung einnimmt. Die Art ihres Verweises auf

Realität zeichnet die Filme der Gattung aus: Dokumentarfilme verweisen auf die Wirklichkeit als »dramatization of actual material« oder »creative treatment of reality«.[314] Dagegen spielt die Methode der Material- und Stoffindung nur eine untergeordnete Rolle.

Weil sie die sozialen und ökonomischen Verhältnisse der Gesellschaft an individuellen Personen darstellen, nannte David MacDougall die neorealistischen Filme als Vorbild für das »observational cinema«. Die Filme des Neorealismus und des britischen Free Cinema, überhaupt die gesamte Spielfilmproduktion waren ihrem Gestus nach viel mehr beobachtend als der Dokumentarfilm in der Tradition von Grierson. Allerdings hatte Paul Rotha als der neben Grierson publizistisch produktivste Vertreter der britischen Dokumentarfilmschule bereits 1938 die Darstellung des Individuums im Kontext seiner sozialen und ökonomischen Verbindungen gefordert.[315] Der Dokumentarfilm erschließt sich diese der Beobachtung vorher nicht zugänglichen Lebensbereiche und Themen durch die größere Mobilität und Unauffälligkeit der Aufnahmetechnik. Vor allem die 16mm-Handkamera in Verbindung mit der tonsynchronen Aufnahme ermöglicht die konzeptuell an den Vorbildern des realistischen Spielfilms entwickelte dokumentarische Beobachtung realer Ereignisse.

Doch die erweiterten Möglichkeiten filmischer Beobachtung realer Ereignisse ändern nichts daran, daß der Zuschauer das Verhalten und die Erfahrungen des Filmemachers bei der Aufnahme immer nur nach ihrer filmischen Darstellung beurteilen kann. Weil der Zuschauer die Präsenz mindestens eines Kameramanns oder eines um den Tontechniker und den Regisseur erweiterten Aufnahmeteams bei den dargestellten Ereignissen unterstellt, fragt er sich nach der Rolle der Filmemacher sowie ihrem Verhältnis zu den dargestellten Personen. Nur weil der dokumentarische Film durch seine Gestaltung so auf die Realität verweist, daß deren Darstellung dem Zuschauer als authentisch erscheint, beurteilt er die Rolle des Filmemachers als sozial Handelndem. Die moralisch-politische Beurteilung des Filmemachers ist also Resultat der Gestaltung des Films.

Auch der Authentizitätseindruck ausschließlich beobachtender Filme kommt nicht dadurch zustande, daß die dargestellten Ereignisse sich ohne Eingriff eines Autors als Kameramann, Regisseur, Cutter oder Kommentator abspielen, sondern dadurch, daß es dem Filmemacher gelingt, sich als schöpferische Persönlichkeit mit einem besonderen Kunstgriff zurückzuziehen und zu verbergen, »um eine ›objektive‹

Wirklichkeit vorzutäuschen und dem Kunstwerk irgendetwas von ›Nützlichkeit‹ zu geben«.[316] Die Kunstgriffe, mit denen es dem Autor gelingt, seine Darstellung als authentisch erscheinen zu lassen, herauszuarbeiten und zu beschreiben, ist Aufgabe der folgenden stiltypologischen Untersuchung des dokumentarischen Films. Ihr Ziel ist es nicht, additiv stilistische Merkmale des dokumentarischen Films zu beschreiben, sondern die Möglichkeit und Elemente eines filmdokumentarischen Diskurses über die Realität zu erörtern.

3.3.1. Diskursmodi des dokumentarischen Films im Kontext der Geschichte des Genres

Den spezifischen Darstellungsmodus des dokumentarischen Films, der ihn strukturell vom fiktionalen Film unterscheidet, beschreibt Bill Nichols mit der »voice of documentary«. Die »voice of documentary« meint weder die Verwendung der Sprache im Sinn eines gesprochenen Kommentars, einer Erzählung oder des Dialogs der filmisch dargestellten Personen noch die Botschaft des Autors, sondern ein Material organisierendes Prinzip, das die filmische Darstellung und den Zuschauer in ein konkretes Verhältnis setzt.

»By voice I mean something narrower than style: that which conveys to us a sense of a text's social point of view, of how it is speaking to us and how it is organizing the materials it is presenting to us. In this sense, voice is not restricted to any one code or feature, such as dialogue or spoken commentary. Voice is perhaps akin to that intangible, moirélike pattern formed by the unique interaction of all a film's code, and it applies to all modes of documentary.«[317]

Nichols erhebt also den Anspruch, mit dem Konzept der »voice of documentary« die Form des dokumentarischen Films als eine sozialhistorisch konkretisierbare Weise der Ansprache des Zuschauers und des Verweises auf die Realität zu beschreiben. Darum kann man bei dem Konzept der »voice of documentary« auch vom Diskursmodus des dokumentarischen Films sprechen, wenn man darunter jede Aussage versteht, »die einen Sprecher und einen Hörer voraussetzt und bei ersterem die Absicht, den anderen in einer bestimmten Weise zu beeinflussen«.[318]

Präziser werden die Merkmale des Diskurses in Opposition zur historischen Erzählung bestimmt. Während die Geschichte die berichteten Ereignisse so darstellt, als gebe es keinen Erzähler, ist der Diskurs durch ausgesprochene oder implizite Pronomina (»ich«, »du«) und deiktische Indikatoren (wie »dieser«, »jener«, »hier«, »dort«, »jetzt«) als kommunikative Situation gekennzeichnet. Ein Diskurs in diesem Sinn setzt die Präsenz des sprechenden Subjekts und die Situation der unmittelbaren Verständigung voraus. Die diskursive Struktur eines Textes wird daran erkannt, ob der Bezug zur Sprechsituation und den daran beteiligten Personen explizit ausgewiesen wird. Diese Bestimmungen schränken die Reichweite des Diskursbegriffs unnötigerweise ein, wenn man unterstellt, daß jeder Film an einen Zuschauer gerichtet ist. In diesem Fall wird mit der Zuschaueradressierung die diskursive Qualität eines Films thematisiert. Wie sich ein Film an den Zuschauer richtet, drückt sich in der Form seiner Gestaltung aus. Ich spreche also vom dokumentarischen Film als Diskurs über die Realität, weil ich die »voice of documentary« als Darstellungsmodus einer sozial- und filmhistorisch dechiffrierbaren Form der Ansprache des Zuschauers durch einen Autor annehme.[319] Ihre konkrete Ausprägung findet die »voice of documentary« in unterschiedlichen Modi des dokumentarischen Films. Nichols entwickelt eine Typologie von vier Modi.

Als ersten entwickelten »mode of documentary« beschreibt Nichols einen Stil der direkten Ansprache des Zuschauers in der Tradition Griersons. Nichols nennt diesen Modus den »expository mode« (Erklärdokumentarismus). Charakteristisch für diesen Stil sind pädagogisch-didaktische Zielsetzungen sowie vor allem ein allwissender Kommentar, der aus dem Off gesprochen wird, sich direkt an den Zuschauer richtet und die Bilder nicht selten dominiert. Dieser Typus des dokumentarischen Films ist spätestens seit etwa 1960 zunehmend in Mißkredit geraten und wurde vom *Cinéma Vérité* abgelöst. Dessen Stil verspricht gegenüber dem erklärenden Dokumentarismus eine Steigerung des Authentizitäts- und Wirklichkeitseindrucks. Dieser Eindruck wird durch die möglichst unauffällige Aufzeichnung realer Ereignisse im alltäglichen Leben wirklicher Personen erzeugt. Gegenüber dem ersten dokumentarischen Modus zeichnen sich die Filme dieses Typs dadurch aus, daß der Zuschauer nicht direkt, sondern indirekt angesprochen wird, indem die dargestellten Ereignisse ihm wie einem unbeteiligten und neutralen Beobachter präsentiert werden.

Nicht ganz dem Selbstverständnis der Filmemacher und dem Stil der Filme angemessen, zählt Nichols zu diesem Typus Filme wie *Chronique d'un Eté*, *Le Joli Mai*, *Primary*, *The Chair*. Zu undifferenziert werden auf diese Weise von Nichols Filme zu einem stilistischen Typ der indirekten Ansprache des Zuschauers zusammengefaßt. Das Konzept des *Cinéma Vérité* wie es Edgar Morin und Jean Rouch für *Chronique d'un Eté* in der Tradition von Vertovs *Kinopravda* entwickelt haben, wird mißverstanden, wenn es zusammen mit Filmen des *Direct Cinema* wie *Primary* und *The Chair* genannt wird. Grundlage dieser Zusammenfassung sind vor allem technische Entwicklungen, die um 1960 zu völlig veränderten Dokumentarfilmkonzepten führten. Allerdings unterscheiden sich diese Konzepte in ihrer Ausprägung des *Cinéma Vérité* und des *Direct Cinema* von Anfang an sowohl hinsichtlich des Selbstverständnisses der Filmemacher als auch hinsichtlich der Gestaltung der Filme. Während Rouch und Morin in *Chronique d'un Eté* fast ständig präsent sind, den Prozeß der Dreharbeiten reflektieren und durch psychodramatische Inszenierungen und Interventionen forcieren, wofür sie die Kamera stimulierend als Katalysator einsetzen, ist es das erklärte Ziel der Filmemacher des *Direct Cinema*, die dargestellten Ereignisse so unauffällig wie möglich zu beobachten und die Eingriffe in die Ereignisse vor der Kamera sowie die Interaktion zwischen dem Filmemacher und den Beobachteten auf ein Minimum zu reduzieren. Beim Zuschauer soll der Eindruck erweckt werden, daß er die Ereignisse so sieht, wie sie sich ohne die Anwesenheit der Kamera abgespielt hätten. So wie der Filmemacher in die vor der Kamera ablaufenden Ereignisse nicht eingreift, keine Fragen stellt oder Interviews führt und auf gar keinen Fall die Personen vor der Kamera bittet, etwas für die Kamera zu tun, auch auf die Gefahr, hin wichtige Szenen für die Filmaufzeichnung verpaßt zu haben, so suggeriert die Gestaltung des aufgenommen Materials Zurückhaltung und Neutralität. Das Material wird nach dem Prinzip der Chronologie des Ereignisses und einer ihm inhärenten Struktur seines Ablaufs montiert.

In ihrer Vorgehensweise machen sich die Filme des *Direct Cinema* die krisenhafte Struktur von Ereignissen für deren filmdokumentarische Beobachtung und Darstellung zunutze. Unter Krise ist ein nach seinem zeitlichen und räumlichen Zusammenhang sowie der Zahl der beteiligten Akteure und ihrer Rollen überschaubares Ereignis wie ein Vorwahlkampf zwischen zwei Kandidaten (*Primary*), die Bemühungen eines Anwalts um einen zum Tod Verurteilten (*The Chair*), alle Ereignisse mit Wettkampfcharakter wie insbesondere Sportwettkämpfe (*Football a.k.a. Mooney VS. Fowle*) zu verstehen. Zunächst lenkt die Krise die Aufmerksamkeit der beobachteten Personen von der Anwesenheit der Kamera ab und zwingt sie, in einer filmdramaturgisch effektvollen Weise zu agieren. Erwartet wird, daß die dargestellten Personen unter dem Druck der Krise ihren wahren Charakter zeigen.

Die Krisenstruktur eines Ereignisses erzeugt jedoch nicht nur Spannung, sondern kann gezielt als Steigerung des Authentizitätseindrucks eingesetzt werden. Weil der Ablauf der Ereignisse dem Zuschauer bekannt oder in seiner Dramaturgie von Entwicklung, Höhepunkt und Auflösung eines Konflikts leicht durchschaubar ist, erscheint die Krisenstruktur als ein in der Realität gefundenes, nicht vom Filmemacher konstruiertes dramaturgisches Grundmuster mit starker Diegese. Mit diesem aus der Poetik in die Filmtheorie übernommenen Begriff wird die Konstruktion eines imaginären raum-zeitlichen Zusammenhangs beschrieben, innerhalb dessen sich die filmischen Ereignisse abspielen. Die Diegese der chronologischen Darstellung krisenhafter Ereignisse ist deswegen besonders stark, weil der imaginäre Handlungsrahmen in der Vorstellung des Zuschauers dem realen Ablauf der Ereignisse zu entsprechen scheint. Damit kann der Authentizitätseindruck eines Films gesteigert werden, weil sich der Filmemacher auf die Rolle des Beobachters zurückzieht, der nicht in den Ablauf der Ereignisse eingreift. Sowohl die Chronologie als auch die Struktur der Ereignisse scheinen in der Wirklichkeit vorgefunden und sind dem Zuschauer nicht selten bekannt. Auf diese Weise erleichtern sie ihm nicht nur die Orientierung in einem unkommentierten Film, sondern erhöhen gleichzeitig den Authentizitätseindruck der filmischen Darstellung. Weil die Kamera sich der Entwicklung der Ereignisse überläßt, wurde die amerikanische Variante dieses Konzepts auch »uncontrolled cinema« genannt. Filme dieses Stils sind in ihrer historischen und sozialen Perspektive auf das beschränkt, was sich vor der Kamera abspielt. Die Entwicklung des Interviewfilms als dem dritten Typus des dokumenatrischen Films interpretiert Nichols als Reaktion auf diese Beschränktheit des beobachtenden *Cinéma Vérité-* und *Direct Cinema*-Stils. Anstatt indirekt als unbeteiligter Beobachter, wird der Zuschauer durch das Interview direkt angesprochen.

Das Interview hat eine völlig veränderte Behandlung der Sprache im Dokumentarfilm zur Folge. Wenn im Mittelpunkt des dokumentarischen Films der sprechende Mensch steht, resultieren daraus neue Vorstellungen der Gestaltung der Kontinuität von Raum und Zeit. Im Ergebnis führen diese Vorstellungen zu einer Reduktion der Montage als gestaltendem Element. Das gilt nicht nur für den Interviewfilm, sondern für die tonsynchrone Aufnahme insgesamt. Die Synchronität von Bild und

Ton wird zum Beweis der Authentizität des Films. Die authentische Wiedergabe von Interviewäußerungen und gesprochenen Mitteilungen wird zum Maßstab der dokumentarischen Qualität und im Selbstverständnis vieler Filmemacher zu ihrem moralischen Auftrag.

Vor allem Frauen, Arbeiter, Außenseiter, Marginalisierte, Randgruppen, deren Interpretationen zeitgeschichtlicher Ereignisse in den offiziellen Versionen nicht auftauchen, kommen zu Wort. Die Filmemacher entwickeln Strategien von Gegenöffentlichkeit, die sich mit den Ansätzen der Oral History in den Sozialwissenschaften ergänzen. Während der Dokumentarfilm vor den vom *Direct Cinema* und *Cinéma Vérité* konzeptualisierten technischen Innovationen die Meinung und den Standpunkt eines Autors durch die Montage des Materials und seine Kommentierung erkennen ließ, führen die neuen Techniken zu einer Reduktion der Gestaltung des Materials durch den Filmemacher. Die Zurückhaltung des Autors wird jedoch nicht nur zum Merkmal der Authentizität des dokumentarischen Films und zum Maßstab seiner Qualität. Vielmehr treten die Filmemacher mit moralischen Argumenten hinter den dargestellten Personen zurück, deren Interessen sie anwaltschaftlich wahrnehmen. Auf diese Weise scheint der Standpunkt des Autors hinter dem Material zu verschwinden, das als authentischer Ausdruck der dargestellten Personen erscheint. Gegenüber dem Material scheint der Filmemacher keine Position zu haben. Tatsächlich hat der Zuschauer bei Interviewdokumentarfilmen nicht selten den Eindruck, daß die Filmemacher froh sind, wenn die Personen vor der Kamera überhaupt etwas sagen. Auf keinen Fall darf der Filmemacher den Standpunkt der dargestellten Personen in Frage stellen. Er riskiert, daß die Darsteller ihre Mitarbeit am Film aufkündigen.

In der Auseinandersetzung mit Interviewdokumentarfilmen wird je nach politischer Position der dargestellten Personen entweder die sympathisierend-kriklose Unterwerfung der Filmemacher gegenüber idealisierten Repräsentanten einer identitätsbildenden Geschichte kritisiert, oder Interviewdokumentarfilme wie *Stau – Jetzt geht's los*, *Warheads*, *Beruf Neonazi* sind heftigsten Angriffen ausgesetzt, weil die Filmemacher Neonazis und Söldnern ein Forum zur Darstellung umstrittener ideologischer Positionen geben, ohne selbst eindeutig Stellung zu beziehen.

Ein strukturelles Defizit der Oral History besteht darin, daß Geschichte sich nicht allein erklärt. Das bedeutet, daß auch die Gegengeschichtsschreibung, als die sich die Interviewdokumentarfilme meist verstehen, nicht die geschichtliche Wahrheit im direkten Zugriff erfaßt. Die Stärke der Oral History liegt überhaupt nicht in der größeren Nähe zur Wahrheit, sondern in der Darstellung der subjektiven und individuellen Verarbeitung historischer Ereignisse. Richtig verstanden läßt die Oral History die Interpretation der Geschichte als Konkurrenz verschiedener Diskurse erkennen, die von politischen, sozialen und individuellen Interessen bestimmt sind. Im besten Fall macht die Darstellung der Oral History diese Interessen transparent und kann aufzeigen, daß die Diskurse nicht gleichberechtigt um das Recht ihrer Interpretation historischer Ereignisse konkurrieren, sondern innerhalb eines hierarchischen Gefüges von Macht, das ihnen unterschiedliche Chancen zuweist. So stehen die unterschiedlichen Versionen der Okkupation durch die Deutschen in *Le Chagrin et la Pitié* und die Ansichten über Klaus Barbie in *Hotel Terminus* von Marcel Ophuls konkurrierend und widersprüchlich zueinander. Im Unterschied zu diesen Filmen tendiert ein Film wie *Unversöhnliche Erinnerungen* dazu, die biographischen Interviewäußerungen der beiden Männer, die auf gegnerischen Seiten im spanischen Bürgerkrieg gekämpft haben, durch ihre didaktische Kontrastierung zu paradigmatischen Repräsentanten einer Kontinuität deutscher Geschichte zu stilisieren, die von der Weimarer Republik über die Zeit des Nationalsozialismus bis zum Zeitpunkt der Filmaufnahme reicht.

Als historisch späteste Entwicklung dokumentarischer Ausdrucksformen sieht Nichols den reflexiven Stil. Im Bewußtsein, daß Filme immer Formen der Repräsentation von Wirklichkeit sind und niemals der direkte Blick auf die Wirklichkeit, daß Filmemacher immer parteiliche Beobachter und Produzenten von Bedeutungen und nicht neutrale oder allwissende Berichterstatter sind, mischen die reflexiven Filme verschiedene Stilmittel, um die Konstruktion ihrer ästhetischen und erkenntnistheoretischen Voraussetzungen transparent zu machen.

Reflexivität ist als ein bestimmtes Verhältnis von Produzent, Prozeß und Produkt zu verstehen. Der »reflexive mode« im dokumentarischen Film zeichnet sich dadurch aus, daß der Prozeß der Herstellung des Films und die Person des Produzenten intentional thematisiert werden. Reflexivität bedeutet, daß der Produzent dem Publikum mitteilt, welche epistemologischen Annahmen ihn veranlaßten, eine Reihe von Fragen in einer bestimmten Art und Weise zu stellen, ihre Beantwortung auf eine bestimmte Art und Weise zu suchen und die Ergebnisse der Forschung in einer bestimmten Art und Weise zu präsentieren.

EXPOSITORY MODE

Characterized by:

- voice of omniscient narrator in direct verbal address
- images of illustration
- general predominance of nonsynchronous sound

Emphasizes objectivity, generalization, economy of analysis, filmmaker's privileged knowledge.

Process of gathering and presenting that knowledge is omitted.

OBSERVATIONAL MODE

Characterized by:

- voice of observed in direct verbal address
- images of observation
- general predominance of synchronous sound and long takes

Emphasizes impartiality, intimate detail and texture of lived experience, behavior of subjects within social formations (families, institutions, communities), and at moments of historical or personal crisis. Interaction between observer and observed is kept to a minimum.

INTERACTIVE MODE

Characterized by:

- voice of filmmaker in relation to social actors
- images of testimony and demonstration
- general predominance of monologues and dialogues with varied use of interviews in direct or indirect address

Emphasizes partiality, interpretation, the lived experience of social actors as apprehended and conveyed through a process in which subjects and filmmakers are both instrumental. Filmmakers acknowledge the determining nature of their own intervention directly or indirectly.

Latitude for self-presentation by social actors varies.

REFLEXIVE MODE

Characterized by:
- voice of filmmaker in metacommentary
- images of »reflection«
- predominance of strategies that generate an awareness of the cinematic apparatus

Emphasizes epistemological doubt, (de)formative intervention of the cinematic apparatus. Construes a critical stance toward all other modes of documentary practice as a mode unto itself. Questions conventions of representational realism as well as the status of empirical knowledge, lived experience, and processes of interactive interpretation.

Typologie des Dokumentarfilms nach Burton 1990, S. 4/5

Als stilbildende Vorbilder werden immer wieder und so häufig Vertovs *Der Mann mit der Kamera* sowie vor allem Rouchs und Morins *Chronique d'un Eté* genannt, daß man annehmen könnte, diese beiden Filme sind die einzigen Beispiele. Einschränkend muß man jedoch sagen, daß Vertov zwar die Funktionsweise des Films vorführt, aber die verwirrende Vielfalt an optischen Tricks und Montageeffekten mindestens beim ersten unvorbereiteten Sehen eher überrumpelnd und verblüffend als reflexiv wirkt.

Der Typologie der vier Modi des dokumentarischen Films von Nichols – des direkt an den Zuschauer gerichteten Erklärdokumentarismus, des indirekt an den Zuschauer gerichteten beobachtenden *Cinéma Vérité* und *Direct Cinema*, des Interview- und des reflexiven Films – liegt die Unterscheidung zwischen direkter und indirekter Ansprache des Zuschauers zugrunde. Differenziert wird danach, ob der Zuschauer als Empfänger einer Rede angesprochen wird oder nicht und ob diese Rede synchron zum Bild aufgenommen und dargestellt wird oder nicht. Die Stimme eines Kommentators oder Erzählers hält Nichols immer für eine direkte Ansprache des Zuschauers, gleichgültig ob der Kommentator im Bild erscheint oder nicht. Dagegen richtet sich die Rede der im Film dargestellten Personen entweder direkt oder indirekt an den Zuschauer. Für direkt hält Nichols die Adressierung des Interviews, wenn Bild und Ton synchron aufgenommen sind. Für direkt hält Nichols die Adressierungsweise auch, wenn die Personen zwar nicht im Bild erscheinen, aber als Zeugen von Ereignissen reden, die durch Bilder illustriert werden. Für indirekt hält er dagegen die Rede dann, wenn die dargestellten Personen sich wie im *Cinéma Vérité* als soziale Akteure aufeinander beziehen, ohne sich auf den Zuschauer zu beziehen, so daß dieser als neutraler und unbeteiligter Beobachter unterstellt wird.

Der größte Mangel dieser Stiltypologie liegt in der Orientierung an den verbalen Aspekten der Gestaltung des dokumentarischen Films. Während für Nichols das Interview immer eine direkte Ansprache des Zuschauers ist, kommt es wesentlich auf die visuelle Inszenierung an, ob ein Interview vom Zuschauer als direkt oder indirekt an ihn gerichtet empfunden wird. Je nach der Kameraposition ist der Zuschauer Beobachter eines Gesprächs, wenn er die sich unterhaltenden Gesprächspartner im Bild sieht, oder Adressat der Rede, wenn sich einer der Sprechenden direkt mit Blick in die Kamera auf ihn richtet.[320]

Nichols hat das Schema von vier Typen des dokumentarischen Films in seinen Veröffentlichungen ergänzt und weiterentwickelt. In seiner Grundstruktur ist es gegenüber der ersten Skizzierung gleich geblieben. Die Begriffe und Zuordnungen einzelner Filme ändern sich allerdings ebenso wie der Zuschnitt der einzelnen Klassen. Nichols differenziert in späteren Veröffentlichungen zwischen den Filmen des *Direct Cinema* und denen des *Cinéma Vérité*. Der Interviewfilm erscheint nicht mehr als eigener Modus, sondern wird zum Typ des interaktiven Dokumentarfilms gezählt. Die Strukturmerkmale des interaktiven Dokumentarfilms gleichen dem von MacDougall in Opposition zur distanzierten Haltung des Filmemachers im beobachtenden Film (observational cinema) entwickelten Konzept des teilnehmenden Films (participatory cinema). Allerdings ist der Begriff des interaktiven Films in seiner Konnotation deskriptiv und neutral, während mit dem Begriff des teilnehmenden Films ein Engagement des Filmemachers assoziiert wird.

Zum interaktiven Modus kann der Interviewdokumentarfilm vor allem deswegen gezählt werden, weil man davon ausgehen muß, daß jedes Interview für die Kamera arrangiert wurde. Auf diese Weise gibt der Interviewfilm deutlicher als andere Formen das profilmische Arrangement der dargestellten Situation zu erkennen. Im Bewußtsein des Zuschauers dominiert allerdings der Effekt einer besonderen Authentizität, die dadurch entsteht, daß die Leute vor der Kamera für sich selbst reden. Wenn sie als Augenzeugen historischer Ereignisse zitiert werden, deren Glaubwürdigkeit durch zusätzliche Dokumente untermauert wird, erscheinen ihre Schilderungen »wahrer als wahr«.[321]

Die Zuordnung des Interviewdokumentarfilms zum interaktiven Modus beschreibt die Ausprägungen dieses Subgenres allerdings nicht ausreichend differenziert, wie ein Vergleich der Interviewgestaltung in Filmen von Lanzmann (*Shoah*), Ophuls (*Le Chagrin et la Pitié*, *Hotel Terminus*) und Fechner (*Der Prozeß*, *La Paloma*, *Wolfskinder*) zeigt. Selbst bei einem oberflächlichen Vergleich fallen Unterschiede auf, ob der Filmemacher sich selbst, seine Fragen und Gesprächsführung aus dem Film herausnimmt wie Fechner oder ob der Filmemacher zu sehen und zu hören ist.

Bei Fechner wird durch die Gestaltung der Filme der Aspekt des Erzählens hervorgehoben. Der Filmemacher selbst scheint den Interview- und Gesprächspartnern nur zuzuhören. Seine Fragen scheinen unwichtig. Der Zuschauer unterstellt, daß die Fragen lediglich Stimuli für die Erzählung der aufgenommenen Personen waren. Fechner ist selten als Interviewer zu sehen oder zu hören und strebt die völlige Eliminierung seiner Fragen an. Dafür ist er in der Konstruktion der Geschichten, die sich durch Schnitt und Montage als fortlaufende Erzählung eines Ereignisses aus verschiedenen Perspektiven darstellt, in um so stärkerem Maß präsent. Zwar erzählen die Personen verschiedene Versionen eines Ereignisses aus ihrer Perspektive. Aber es ist Fechners Version der Geschichte, die Erzählungen so zu schneiden, daß sie sich scheinbar direkt in einer imaginären Diskussion aufeinander beziehen. Der Eingriff des Filmemachers durch die Montage ist offensichtlich, ja demonstrativ auffällig, weil Fechner bisweilen mitten in einen Satz schneidet. Die Erzählenden scheinen sich das Wort abzuschneiden und ihre Äußerungen zu ergänzen, zu kommentieren oder zu korrigieren. Dadurch entsteht der Eindruck einer Gruppendiskussion, obwohl die Personen in der Regel individuell interviewt werden, so daß die gegenseitige Anregung und Stimulierung der Redenden, Rollenzuweisungen und -übernahme als Merkmale einer Gruppendiskussion fehlen. Im strengen Sinn hält sich Fechner nicht an die Regeln einer Oral History oder einer Gegengeschichtsschreibung, weil er die Erzählungen der Leute unterbricht und montiert. Dadurch, daß die Erzählenden als »talking heads«, ohne Zoom und jeweils aus einer immer gleichen Perspektive aufgenommen sind, wird nicht nur die Montage der Erzählungen erleichtert, sondern für den Zuschauer der Eindruck gesteigert, daß er ein Gespräch zwischen den Personen beobachtet. Fechner selbst hat, diesem Verfahren völlig angemessen, das Ergebnis seiner Filmarbeit nicht dokumentarisch genannt, sondern von seinen Filmen als einem eigenen Genre der »Filmerzählungen« gesprochen.[322]

Ein Effekt der Fiktionalisierung entsteht in Fechners Filmen auch dadurch, daß Bildgestaltung und Schnitt die Aufmerksamkeit des Zuschauers in einer für ein alltägliches Gespräch ungewöhnlichen Ausschließlichkeit und Dauer auf die Erzählung einer Person lenken. Die Erzählung und die unbewegliche Kameraeinstellungen, die die Redenden in meist gleichen Einstellungsgrößen und Arrangements zeigen, zwingen zu einer Konzentration, die in einem alltäglichen Gespräch selten und ungewöhnlich ist. Bereits diese Konzentration bewirkt einen verfremdenden Effekt, der allerdings nicht bei der Ausstrahlung der Filme im Fernsehen, sondern erst im dunklen Kinosaal und auf der großen Leinwand richtig zur Geltung kommt, wenn die Aufmerksamkeit des Zuschauers ausschließlich auf den projizierten Film gerichtet ist. Während in einem Gespräch der Blick abschweift, ist zumindest bei einer Kinoprojektion der Filme Fechners, der Zuschauer auf ein überlebensgroß präsentiertes Porträt fixiert.

Im Unterschied zu Fechner hört Lanzmann nicht nur zu. Wenn er sich mit den Überlebenden der Konzentrationslager unterhält, zeigen die Aufnahmen der Interviews den mühsamen Prozeß, eine Schilderung des Holocaust von denen zu bekommen, die ihn selbst erlebt und verdrängt haben. Lanzmann befragt die Zeitzeugen auf eine völlig andere Art als Fechner. Sowohl Lanzmanns Fragen als auch die Übersetzungen der Dolmetscherin sind in *Shoah* enthalten. Auf diese Weise beobachtet der Zuschauer den Versuch des Filmemachers, eine Wahrheit der Erinnerung zu dokumentieren. Dazu reichen die Erzählungen allein nicht aus. Insbesondere die Opfer läßt Lanzmann Gesten, Körperhaltungen und Tätigkeiten, zu denen sie gezwungen wurden, nachinszenieren. Auf diese Weise vergegenwärtigen die ehemaligen Gefangenen der Konzentrationslager die Vergangenheit körperlich.

Im Unterschied zu der mosaikartigen Montage der Erzählungen von Fechner liegt Lanzmanns Interviewstrategie eine psychoanalytische Gesprächskonzeption zugrunde. Lanzmann fordert die Darsteller auf zu reden, wenn sie unter dem Eindruck der schockhaften Emotionen nicht mehr weitersprechen können und weinen. In den Interviews stellt Lanzmann viele Detailfragen, mit denen er die Personen in ein Thema verwickelt. Vor allem bei der minutiösen Rekonstruktion des Ablaufs der Vernichtungen streitet Lanzmann sich mit großer Sachkenntnis um technische Einzelheiten oder exakte Angaben über die Kalorienmenge der verabreichten Nahrung in den Ghettos mit den als Militärs und Bürokraten verantwortlichen Tätern. Lanzmann greift deren Äußerungen an und stellt Sachverhalte richtig. Die Äußerungen der Täter werden nicht mit denen der Opfer konfrontiert, sondern voneinander abgesetzt. So wird die Sequenz eines an prominenter Stelle tätigen ehemaligen KZ-Aufsehers mit der Totalaufnahme eines Übertragungswagens, der in der Straße eines Wohnviertels mit großzügigen Eigenheimen steht, eingeleitet. Nach dieser Einstellung sieht der Zuschauer im Innern des Wagens ein Aufnahmeteam, das die Porträtaufnahmen dieses Mannes auf einem Monitor kontrolliert. Auf diese Weise werden die Äußerungen des Aufsehers nicht nur von denen der Opfer abgesetzt, sondern der Zuschauer weiß, daß das folgende Gespräch mit versteckter Kamera unter ganz anderen Bedingungen aufgenommen wurde, weil der Aufseher nicht vor der Kamera sprechen wollte.

Während Fechner sein Material nach inhaltlich-thematischen oder chronologischen Gesichtspunkten montiert, hat Lanzmanns Film dadurch mehr eine musikalische Struktur, daß Themen wie Leitmotive immer wiederkehren. Diese Struktur wird auch in der visuellen Gestaltung des Films durch die wiederholte Aufnahme der fahrenden Züge, mit denen die Deportationen simuliert werden, und die langen Landschaftsaufnahmen von den Orten, an denen sich die Konzentrationslager befanden, umgesetzt. Die Landschaften sind wegen des Pflanzenwuchses als ehemalige Standorte der Lager kaum zu erkennen. Die Idylle steht in deutlichem Kontrast zu den Erzählungen. Lanzmanns Film enthält weder historische Fotos noch Archivmaterial, weil diesen Bildern die Imagination fehlt.[323] Über die bisher beschriebenen Interviewinszenierungen hinaus nutzt Lanzmann seine Präsenz im Bild und im Gespräch für eine filminterne Kommentierung, durch die der Zuschauer auf latente Bedeutungen der Äußerungen aufmerksam gemacht wird. In dieser Weise wird mehrfach auf die antisemitische Tendenz in den Reden der polnischen Bauern hingewiesen, die in unmittelbarer Nachbarschaft der Lager lebten oder in die Häuser der deportierten Juden zogen.

In noch weit stärkerem Maß als Lanzmann ist Ophuls als Protagonist in seinen Filmen präsent. Vor allem in Szenen, in denen er keine neuen Erkenntnisse vorweisen kann, weil sich Personen den Gesprächen und Interviews entzogen, stellt Ophuls die Verweigerung kabarettistisch nach. Einen ehemaligen Gestapo-Mann sucht er unter den Schutzplanen in den Gemüsebeeten seines Gartens. Mit seinem Assistenten spielt Ophuls den Versuch einer telephonischen Verabredung für ein Interview nach, das ständig abgesagt wird. Die Ironie, mit der Ophuls die Äußerungen der Interviewpartner kommentiert und konterkariert, zeichnet seine Filme besonders aus. Vor allem Spielfilmsequenzen, Volkslieder und historisches Fotomaterial werden verwendet, um beispielsweise die Geschichte von Klaus Barbies Flucht durch Einspielungen von Wanderliedern zu verfremden. Denn offensichtlich waren nach dem Ende des Zweiten Weltkriegs die Anstrengungen des Geheimdienstes der amerikanischen Armee, Barbies habhaft zu werden und ihn an die französische Justiz auszuliefern, nicht besonders konsequent. Ophuls kommentiert die Darstellung eines ehemaligen Mitarbeiters des amerikanischen Militärgeheimdienstes, indem er dessen Schilderungen mit einem Ausschnitt aus einem Slapstickfilm kombiniert, in der ein Mann vor der Polizei flüchtet.

Zeitgenössisches Archivmaterial verwendet Ophuls nicht, um die Erzählungen der Personen zu illustrieren. Das kompilierte Material skizziert den historischen Kontext, in den die Erinnerungen als biographische Erfahrungen einzuordnen sind. In einem Film wie *Le Chagrin et la Pitié* veranschaulichen die kompilierten Teile nicht nur die Zeit der deutschen Okkupation und des Vichy-Regimes. Vielmehr wird durch die Kompilation die offizielle Selbstdarstellung des Regimes mit den Darstellungen der Leute, die in ausführlichen Interviews ihre subjektive Sicht der Ereignisse schildern, kontrastiert. Diese Schilderungen wirken authentischer als die glorreichen Selbstdarstellungen des Regimes in den alten Wochenschauen, deren selbstgefälliges Pathos bloßgestellt wird.

Seine Interviewstrategie hat Ophuls selbst mit der Taktik des Filmdetektivs Columbo verglichen.[324] Gelassen und abwartend beobachtet er Lügen und Ablenkungsmanöver, um den Zuschauer im entscheidenden Moment auf die Entwicklung des Gesprächsverlaufs aufmerksam zu machen oder auf seine Ausgangsfrage zurückzukommen. Indem er die Äußerungen seiner Interviewpartner zusammenfaßt und durch Nachfragen sich bestätigen läßt, regt Ophuls die Erzählenden zu Präzisierungen und weiteren Ausführungen an. Durch die kontrastierende Montage der Interviewäußerungen wird die Spannung eines Kreuzverhörs erzeugt.

Indem er die Darstellungen verschiedener Personen kontrastiv nebeneinander setzt, scheint Ophuls in der Absicht, aus Interviewaufnahmen durch Schnitt und Montage Gespräche zu konstruieren, ähnlich zu verfahren wie Fechner. Aber Ophuls identifiziert, bisweilen ironisch wertend, die Interessen der redenden Personen durch Beruf, Funktion, Schichtzugehörigkeit und Biographie sehr präzise. Der Zuschauer wird in dieser Weise darauf aufmerksam gemacht, daß die Erzählungen der Personen davon beeinflußt sind, eine bestimmte Version der historischen Ereignisse als wahr und richtig darstellen zu wollen. Aber obwohl Ophuls seine emotionale Haltung gegenüber den Interviewpartnerinnen und -partnern erkennen läßt, entscheidet er nicht, welche der gegensätzlichen Versionen eines Ereignisses der historischen Wahrheit entspricht. Ophuls strebt keine Objektivität an, sondern inszeniert spielfilmgleich eine journalistische Recherche mit dem Regisseur als Protagonisten.

Die ausführlichere Darstellung der Filme von Fechner, Lanzmann und Ophuls wies auf eine erste Problematik der stiltypologischen Unterscheidung dokumentarischer

Diskursformen hin. Diese Problematik besteht darin, daß die begrifflich-typologische Beschreibung und Zuordnung, in diesem Fall der Interviewdokumentarfilme zum Modus des interaktiven Films, im Vergleich mit der filmischen Praxis immer unzureichend ist. Die Versuche der theoretischen Systematisierung neigen immer zur Reduktion der Vielfalt und Komplexität der Formen filmdokumentarischer Gestaltung. Deswegen muß man die stiltypologischen Kategorien flexibel genug fassen, um sie für die Beschreibung und Analyse einzelner Filme verwenden zu können. Ein zweiter problematischer Aspekt der Typologie besteht darin, daß diese den Eindruck erweckt, eine historische Abfolge von filmdokumentarischen Gestaltungsformen zu beschreiben.

Nichols selbst legte in dem Aufsatz über die »voice of documentary« die Vorstellung einer Genealogie der Darstellungsmodi nahe, indem er den Erklärdokumentarismus (expository mode) als historisch ersten Modus mit den klassischen Dokumentarfilmen von Grierson oder Ivens identifizierte. Das *Cinéma Vérité* erschien bei Nichols als Ablehnung des Kommentars im dokumentarischen Film, der dem Zuschauer gegenüber als autoritär und allwissend empfunden wurde. Abgesehen von technischen Veränderungen als seinen Voraussetzungen entwickelte sich der beobachtende Film (observational mode) demnach konzeptuell durch Abgrenzung gegenüber dem älteren Typ filmdokumentarischer Gestaltung. Die Begrenzung des beobachtenden Films auf die unmittelbar vor der Kamera sich ereignenden Vorfälle brachte nach der typologischen Darstellung von Nichols wiederum den Interviewdokumentarfilm hervor. Wie im Zusammenhang mit dem Grad der Differenziertheit der stiltypologischen Begrifflichkeit wird auch die Problematik des impliziten Entwicklungsmodells der Dokumentarfilmgeschichte an einem konkreten Filmbeispiel beschrieben. Am Beispiel des 1936 entstandenen Films *The Plow That Broke the Plains* soll gezeigt werden, daß auch in der Epoche des Erklärdokumentarismus nicht der autoritäre und allwissende Kommentar ausschließlich die Filmgestaltung dominierte, sondern daß in den Filmen dieser Epoche Ton und Kommentar Teil einer komplexen Gestaltung sind, in die Bilder, Schnitt und Musik einbezogen sind. Erst die Berücksichtigung der gesamten Gestaltung läßt die Bedeutung der einzelnen Elemente erkennen.

The Plow That Broke the Plains Film entstand unter der Regie von Pare Lorentz im Auftrag einer staatlichen Hilfsorganisation für die Landwirtschaft, die sich unter dem Namen Resettlement Administration um die Auswirkungen der katastrophalen

Dürre im Mittelwesten der USA kümmerte. Der Film beginnt mit einem Textvorspann, in dem auf die Besiedlung der Great Plains durch die Weißen, die damit einhergehende Ausrottung der Büffelherden und Vertreibung der Indianer um 1880 hingewiesen wird. Die Trockenheit des Landes, die Hitze, der Mangel an Wasser und Regen werden als charakteristisch vorgestellt. Danach sieht der Zuschauer eine Skizze Nordamerikas, in der die Great Plains markiert werden. Angaben über die Ausdehnung des Gebiets werden eingeschrieben, dann die Grenzen der Staaten eingezeichnet, die sich das Gebiet der Great Plains teilen. Schließlich brennt die Skizze von der Mitte nach außen hin durch und gibt den Blick frei auf Realaufnahmen von den Great Plains.

Der Film folgt einem chronologischen Muster und zeigt zunächst Rinderherden, die nach der Vertreibung der Indianer entlang der immer weiter nach Westen vorgetriebenen Eisenbahnlinie gehalten wurden. Die weiten Prärien schienen für die Viehhaltung ideal. Aber von Osten drängten Menschen auf der Suche nach einer selbständigen und sicheren Existenz nach. In Bildern von Trecks und Aufnahmen, die das berühmte Oklahoma Grass Race simulieren, wird die Besiedlung des Landes geschildert. Die Einwandernden ließen sich als Farmer nieder und begannen mit dem Anbau von Getreide. Die expandierende Entwicklung wird durch die Aufnahmen immer größerer, von Tieren gezogenen landwirtschaftlichen Maschinen angedeutet. Waren es am Anfang einzelne Maultiere, Esel und Pferde, die Pflüge zogen, Säcke trugen, so werden im Lauf der Zeit die Ernte- und Dreschmaschinen so groß, daß sie von Dutzenden von Pferden gezogen werden müssen und mit einem Minimum an menschlicher Arbeitskraft auskommen.

Eine erste Krise deutet sich durch die ökologisch-klimatischen Bedingungen und eine Überproduktion an. Da kommt der Ausbruch des Ersten Weltkriegs günstig. Weizen wird als Kriegswaffe eingesetzt. Die USA liefern an die alliierten Gegner Deutschlands Weizen, um auf diese Weise den Kriegsausgang zu entscheiden. Durch den Kriegseintritt sichern sich die USA praktisch den Weltmarkt. Die erhöhte Nachfrage nach Weizen wird mit einer Produktivitätssteigerung durch forcierte technologische Entwicklung befriedigt. Traktoren kommen zum Einsatz. Riesige Felder werden von mehreren Maschinen gleichzeitig bewirtschaftet. Zwischen diese Bilder sind Schlagzeilen aus Zeitungen geschnitten, die die Entwicklung des Weizens zur Kriegswaffe kommentieren. Die Bewegungen der Traktoren werden gegengeschnitten mit den Bewegungen der archaisch wirkenden Panzerfahrzeuge, die im Ersten Weltkrieg eingesetzt wurden. Nach dem Krieg beginnt ein enormer Boom der Weizenproduktion, der künstlich angeheizt wird, indem für die Übersiedlung in das Anbaugebiet, die Übernahme und den Kauf von Farmen geworben wird. Der Film belegt diese Entwicklung mit Annoncen aus Zeitungen oder von Banken. Ein immer schneller werdender Musikrhythmus und ein schwarzer, sich wild bewegender Drummer vermitteln atmosphärisch einen Eindruck von der künstlich angeheizten Hausse auf dem Getreidemarkt.

Ein harter Schnitt und ein abrupter Wechsel in der Musik, nach denen in Großaufnahme eine von Trockenheit rissige Erde gezeigt wird. Gebleichte Tierschädel liegen da und ein Insekt kriecht darüber. Zu sehen sind verlassene Farmen, verödete Felder, verrottete Maschinen, ärmlich gekleidete Menschen, mit Aufräumarbeiten beschäftigt und im Aufbruch begriffen. Der Kommentar erinnert in lyrischem Ton an die Trockenheit und Hitze, den Mangel an Wasser, die Stürme als den charakteristischen klimatischen Eigenschaften der Great Plains. Der Zuschauer sieht einen aufkommenden Wirbelsturm, der den Sand auf den verödeten Feldern aufwirbelt. In Trecks brechen die Menschen auf und ziehen wie zu Anfang des Films nach Westen. Anders als beim Oklahoma Grass Race sind sie diesmal motorisiert. Die Leute kommen in lagerähnlichen, provisorisch errichteten Unterkünften an. Der Kommentar erinnert mahnend, daß in Kalifornien mit dem Pazifik die letzte Grenze für die Erschließung neuer Lebensmöglichkeiten erreicht ist.

Die Bildgestaltung wird dominiert von konzeptuellen Montagen und Bildausschnitten. Einzelne Menschen spielen keine Rolle. Es gibt keine Figur, deren individuelles Schicksal zur Identifikation und Steigerung des emotionalen Eindrucks eingeführt wird. Es überwiegen Totalaufnahmen, die einen Eindruck von der Größe des Landes und der Dimension seiner Bewirtschaftung vermitteln. Die Parallelmontage von Traktoren und Panzern visualisiert in Verbindung mit den Zeitungsschlagzeilen den Zusammenhang von Getreideboom und Krieg. Ausgewählte Großaufnahmen fokussieren die Aufmerksamkeit auf Details mit stark symbolischem Gehalt wie die gebleichten Tierschädel, die verrottenden landwirtschaftlichen Geräte, die von Trockenheit rissige Erde, die auch aus der zeitgenössischen Fotografie bekannt sind.[325]

Der Film ist durchgängig mit Musik unterlegt, die sich im Wechsel der Epochen und Entwicklungsschritte ändert und dabei Anleihen von historischen, zeitgenössischen und folkloristischen Musikstilrichtungen zur Milieucharakterisierung macht. Besonders auffällig sind die aufwendige symphonische Gestaltung, die Jazzrhythmen für die zwanziger Jahre und ihr künstlich angeheiztes Konjunkturklima sowie der Wechsel zum Blues bei der Darstellung des erodierten Bodens.

Faßt man die Typologie von Nichols historisch auf, so müßte man *The Plow That Broke the Plains* dem Erklärdokumentarismus (expository mode) zurechnen, dessen wichtigstes Kennzeichen die Verwendung eines allwissenden erklärenden Kommentars ist. Zwar trägt in dem Film von Lorentz der Kommentar die nicht unmittelbar aus den Bildern ersichtliche These, daß es sich bei den Schwierigkeiten des Mittelwestens um eine Folge ökologischen Raubbaus handelt. Allerdings ist der zwischen Lyrismen und journalistischen Pointen changierende Kommentar sehr knapp und bietet weder in einem wissenschaftlichen noch einem publizistischen Sinn eine Erklärung, deren Autorität sich ein direkt angesprochener Zuschauer beugen müßte. Der lyrische Kommentar und die differenzierte musikalische Gestaltung machen also die schematische Zuordnung des Films zum Erklärdokumentarismus fragwürdig. Eine solche Zuordnung sagt zumindest nichts über die konkrete Gestaltung eines einzelnen Films aus.

Die Vorstellung, daß die Typologie der Dokumentarfilmmodi (modes of documentary) eine historische Abfolge sein könnte, entsteht nicht allein dadurch, daß der Erklärdokumentarismus (expository mode) von Nichols als erster entwickelter Dokumentarfilmmodus charakterisiert wird, sondern darüber hinaus dadurch, daß die Entwicklung des beobachtenden und interaktiven Modus (observational und interactive mode) als Reaktion auf diesen ersten Modus beschrieben wird. Die späteren Formen sind aber offensichtlich nicht nur eine Reaktion gegen die als autoritär empfundene Verwendung des Kommentars, sondern setzen technische Entwicklungen wie die 16mm-Kamera und vor allem die synchrone Tonaufnahme sowie ihre Konzeptualisierung im *Direct Cinema* und *Cinéma Vérité* voraus.

Der Begriff des beobachtenden Dokumentarfilms (observational cinema) ist damit zwar an technische Entwicklungen und deren Konzeptualisierung um 1960 gebunden.[326] Aber beobachtende Filme hat es offensichtlich auch schon früher gegeben. Sowohl Flaherty als auch Vertov machten ihrem Selbstverständnis nach beobachtende Filme, auch wenn Beobachtung unter den Bedingungen einer auf dem Stativ befestigten 35mm-Kamera und einer getrennt aufgenommenen Tonspur etwas anderes bedeutet als unter den Bedingungen einer 16mm-Handkamera mit Synchrontonaufnahme. Vertov praktizierte und verteidigte eine Beobachtung des alltäglichen Lebens mit der versteckten Kamera. *Das überrumpelte Leben* nannte Vertov den Zyklus von Filmen, der mit *Kinoglaz* eröffnet wurde, und deutete damit das Verfahren einer unbemerkt in den Strudel des Lebens eintauchenden Kamera an, die ohne Einflußnahme beobachtet. Die zurückhaltende unauffällige Haltung des Beobachters beim beobachtenden Dokumentarfilm (observational mode) schließt im übrigen nicht aus, daß der Filmemacher bestimmte Ereignisse arrangiert. So hat Leacock ein Treffen zwischen verschiedenen Repräsentanten der Kleinstadt angeregt, die durch die Geburt von Fünflingen berühmt wurde. Man wird die Authentizität des aufgenommenen Gesprächs kaum in Zweifel ziehen wollen, nur weil Leacock es arrangierte.[327]

Nichts scheint von diesem Arrangement weiter entfernt als Flahertys Inszenierungen eines von der Zvilisation unberührten Lebens in der arktischen Eiswüste, auf einer verlorenen Insel im Atlantischen Ozean oder in den unzugänglichen Sümpfen Louisianas, wo sich die Menschen in direkter Auseinandersetzung mit der Natur behaupten müssen. Durch seine lange Präsenz an den Drehorten versuchte Flaherty wie die Filmemacher des *Direct Cinema,* seine Anwesenheit als selbstverständlich erscheinen zu lassen, während er selbst eine intime Kenntnis der aufzunehmenden Situationen und Personen erwarb. Manchmal hat Flaherty die Abgeschiedenheit der Orte und die Lebensweise der Leute erst rekonstruiert. Die Fischer von der Insel Aran setzte er für die Aufnahme dramatischer Szenen einem gefährlichen Manöver bei Sturm aus, das sie selbst nicht mehr zum Fischfang ausführten.

Flahertys Vorgehen wurde aus moralischen und wissenschaftlichen Gründen kritisiert. Der Vorwurf weltfremder Romantik reicht bis zu Grierson zurück. Den manipulativen Umgang mit der Realität und den Mangel an wissenschaftlicher Fundierung der Filme wollen die Ethnographen nicht tolerieren. Unter dem Aspekt der filmischen Beobachtung sind Flahertys Inszenierungen jedoch nicht als Manipulation der Realität zu beurteilen. Vielmehr lassen sie das Problem der Konstruktion eines Raumes, in dem die Ereignisse vor der Kamera sich so entwickeln, als wäre diese gar nicht da, als ein konstitutives und elementares Element des dokumentarischen Films erkennnen. Wenn Nanook in der Szene, in der er das Grammophon untersucht und in eine Platte zu beißen versucht, den Wilden für die Kamera und den Zuschauer spielt, indem er den Biß mit einem Lächeln zur Kamera nur andeutet, ist das nicht »eine Reflexion ganz eigener Art« der besonderen Situation, in der er gefilmt wird?[328]

Es war Jean Rouch, der darauf hinwies, daß Flaherty, indem er seine Aufnahmen Nanook vorführte, »mit lächerlich ungeeigneten Mitteln sowohl die ›teilnehmende Beobachtung‹, die dreißig Jahre später von Soziologen und Ethnologen benutzt werden sollte, als auch das ›feed-back‹, mit dem wir heute noch so ungeschickt experimentieren, erfunden hatte.«[329] Rouch charakterisiert die Zusammenarbeit zwischen Flaherty und Nanook als eine Form der »teilnehmenden Kamera«, also des interactive mode, wie sie erst vierzig Jahre nach dem Entstehen des Films *Nanook* wiederentdeckt wird.

Wenn schließlich die beobachtende Haltung in den *Direct Cinema*-Filmen mit einem Hinweis auf das extrem hohe Verhältnis von aufgenommenem zu verwendetem Filmmaterial beschrieben wird, so hat mindestens Flaherty ebenso intensiv beobachtet, wenn er bei den Aufnahmen zu *Louisiana Story* sechzigtausend Meter Material für einen Film von zweitausendvierhundert Metern Länge verdrehte.[330]

Die Unterschiede zwischen den verschiedenen Techniken und ihren ästhetischen Konzeptualisierungen sollen nicht nivelliert oder harmonisiert werden. Aber mit den beschriebenen Beispiele plädiere ich dafür, die Vielfalt dokumentarischer Filme nicht allzu schnell im Interesse ihrer theoretischen Systematisierung zu reduzieren. Man darf sich die Entwicklung des Dokumentarfilms nicht geradlinig und homogen vorstellen. Auf keinen Fall darf man sie sich als die progressive Annäherung an ein dokumentarisches Ideal durch Entwicklung der Aufnahmetechnik vorstellen. Vielmehr belegen die Beispiele aus der Geschichte des Genres, daß seine Entwicklung als ständige Erweiterung und zunehmende Ausdifferenzierung dokumentarischer Ausdrucksmöglichkeiten vorzustellen ist.[331]

Außer einer historischen Periodisierung könnte die Typologie von Nichols auch eine schematische Zuordnung von Filmen als möglich erscheinen lassen, so als seien einzelne Filme durchgängig nach einem Modus hergestellt und würden nicht zwischen verschiedenen Modi wechseln können. Nach den Aspekten der mangelnden kategorialen Differenzierung und der historischen Schematisierung, die an den Beispielen der Zuordnung des Interviewfilms zum interaktiven Dokumentarfilmmodus und an dem implizierten genealogischen Modell entwickelt wurde, wird abschließend als dritter problematischer Aspekt der Stiltypologie auf die Heterogenität der Gestaltung dokumentarischer Filme an einem Beispiel hingewiesen.

Ein Beispiel für die Mischung von beobachtenden und interaktiven Elementen sowie für die Wirkung dieser Mischung als filminterne Kontextualisierung von Interviewäußerungen und Filmbeobachtungen, die sich nicht eines verbalen Kommentars bedienen muß, gibt der Film *Töchter zweier Welten*. In dem Film äußern sich eine junge Frau, die in früher Kindheit nach Deutschland gekommen ist, und ihre Mutter zu ihrem Leben als türkische Frauen in Deutschland.

Die Erzählungen der Frauen sind unterbrochen von Aufnahmen einer Hochzeit in der Türkei. Durch diese Parallelmontage bekommen die Erzählungen in dem Film eine Funktion, die über die Schilderung eines individuellen Schicksals hinausgeht. Die aus dem Interview erhaltenen Informationen über die Hochzeit der Tochter in Deutschland ergänzen und kommentieren die visuellen Eindrücke von den Aufnahmen in der Türkei.

Ein strukturelles Problem dieser Art des dokumentarischen Films ist es, daß die Darstellung einzelner Personen und ihre Schicksale eine Repräsentativität prätendieren, die nicht gerechtfertigt ist. Im Film wird die Parallelisierung der Erzählungen der beiden Frauen mit der in der Türkei stattfindenden Hochzeit nicht erklärt. So muß sich der Zuschauer selbst eine Meinung bilden. Er tut es jedoch nicht unvoreingenommen, sondern die Erzählungen Merals von dem Unglück in ihrer nach den Konventionen geschlossenen Ehe beeinflussen die Wahrnehmung der Ereignisse in der Türkei. Der Zuschauer sieht und interpretiert die unkommentiert dargestellten Hochzeitsszenen mit den Informationen aus dem Interview. Die Montage wird hier bewußt als Gestaltungsmittel dafür eingesetzt, daß die Interviews die Aufnahmen der Hochzeit kommentieren.

Deutlich wird, daß sich die Wirkung eines Kamerastils oder einer Aufnahmestrategie innerhalb eines Films ändern kann. Während die Kamera von Gisela Tuchtenhagen ohne auffällige Perspektiven lange und ruhig auf den Gesichtern der erzählenden Frauen bleibt, empfindet der Zuschauer die gleiche Einstellung als peinlich, wenn bei den Aufnahmen von der Hochzeit die junge Braut gezeigt wird, die ihr Gesicht hinter ihrem Kopftuch verbirgt und zu weinen beginnt, nachdem die Hochzeitszeremonie vollzogen ist, und die Gäste Geld an die Kleidung des Brautpaars heften.

Die Typologie der Dokumentarfilmmodi (modes of documentary) liefert weder ein Modell für die Dokumentarfilmgeschichtsschreibung noch für die schematische Klassifikation einzelner Filme. Schematisch angewandt reduziert die Stiltypologie die Vielfalt historischer und aktueller Dokumentarfilmpraxis ebenso wie die möglichen Wirkungen filmdokumentarischer Gestaltungsmittel. Richtig verstanden ist die Typologie dagegen von hohem heuristischem Wert vor allem für die Beschreibung einzelner Filme und die zuschauerorientierte Reflexion ihrer Wirkung. Die Form der Gestaltung einzelner Filme kann mit der Typologie der Dokumentafilmmodi als rezipientenorientierte Konstruktion des Authentizitätseffekts dechiffriert werden, der mit dem Dokumentarfilm als besondere Form des Verweises auf die Realität verbunden wird.

3.3.2. Die Diskursmodi des dokumentarischen Films im Kontext der Ethnographie

Eine ihrem Ansatz nach andere Typologie filmischer Diskursmodi hat Peter Loizos entwickelt. Während die Typologie von Nichols von der filmdokumentarischen Praxis und der Geschichte des Genres ausgehen, arbeitet Loizos eine Typologie von fünf Modi des dokumentarischen Films in Analogie zur anthropologischen und ethnographischen Wissensvermittlung heraus. Hinsichtlich der Beschreibung ihrer Gestaltung stimmen die Typologien teilweise überein. Loizos diskutiert die Funktion der von ihm beschriebenen Modi allerdings ausdrücklich im Zusammenhang der fachwissenschaftlichen Erfahrungsbildung. Seine Typologie impliziert eine pädagogische Praxis mit Filmen in akademischen und Seminarveranstaltungen. In dieser Hinsicht ergänzt die Typologie von Loizos die bisher beschriebenen und kann für eine eigenständige sozialwissenschaftlich orientierte Arbeit mit Filmen weitere Anregungen geben.

Als erstes nennt Loizos den Modus der Dokumentation (documentation modality). Damit beschreibt Loizos den Aspekt, daß ein Film aufzeichnet und dokumentiert, was sich vor der Kamera und dem Mikrophon ereignet. Als Gestaltungsmittel stehen diesem Modus Schnitt und Montage zur Verfügung. Loizos erläutert das Verfahren am Beispiel einer Sequenz, in der alternierend zwischen einer Trauerszene und Soldaten geschnitten wird, um das privat-familiäre Ereignis und die ethnographisch interessante Zeremonie mit den Kriegsereignissen zu verknüpfen.[332] Der dokumentierende Modus weist gewisse Ähnlichkeit mit dem beobachtenden Film auf. Allerdings ist er nach der Beschreibung von Loizos ausschließlich durch die technische Aufzeichnungsqualität der Kamera und des Tonbands definiert. Der beobachtende Film in der Typologie von Nichols konzeptualisiert dagegen die technischen Möglichkeiten als eine möglichst neutrale und distanzierte Beobachtung. Bei Loizos läßt die documentation modality dagegen den montierenden Eingriff ins Material ausdrücklich zu.

Als zweiten Typus beschreibt Loizos den erklärenden Modus (explanatory mode). In Anspruch und Gestus gleicht dieser Modus dem Stil des Erklärdokumentarismus. Während jedoch die genregeschichtlich orientierten Typologien gegenüber dem erklärenden Dokumentarfilmstil wegen der Verwendung eines als allwissend und autoritär empfundenen Kommentars äußerst skeptisch sind, legitimiert Loizos den kommentarzentrierten Stil offensiv gegen den beobachtenden Film. In diesem wird der Kommentar mit der Begründung abgelehnt, durch lange ungeschnittene Einstellungen und synchron aufgenommenen Originalton die Realität zu zeigen, wie sie ist, um dem Zuschauer eine selbständige, vom Filmemacher unbeeinflußte Urteilsbildung über das Dargestellte zu ermöglichen. Das grundsätzliche Problem des beobachtenden Stils sieht Loizos darin, daß Sehen noch nicht Wahrnehmen und schon gar nicht Verstehen bedeuten muß. Visuelle Darstellungen sind vieldeutig und ohne Kenntnis symbolischer Konnotationen nicht verständlich. Das Problem stellt sich nach Ansicht von Loizos verschärft bei der Darstellung fremder Kulturen. Darüber hinaus unterstellt der beobachtende Stil, daß sich Kulturen in filmisch beobachtbaren Handlungen darstellen. Loizos zählt Unter- und Zwischentitel oder begleitende Buchveröffentlichungen als Alternativen zum gesprochenen Kommentar auf. Bei dieser Gelegenheit weist Loizos auf eine differenzierende Bedeutung von Kontextualisierung hin. Kontextualisierung kann bedeuten, wie die Darstellung eines Ereignisses im Film verständlich gemacht wird. Kontextualisierung kann aber auch bedeuten, welche zusätzlichen Hilfsmittel, Quellen und Informationen außerhalb des Films zum Verständnis der filmischen Darstellung beitragen.

Filme, die eine Erklärung der dargestellten Ereignisse zurückweisen, beschreibt Loizos als eigenen Modus des ethnographischen Films (explanation rejected). Als singuläres Beispiel verweist Loizos auf *Forest of Bliss* von Robert Gardner. Der 1986 erschienene Film schildert, der Chronologie eines Tagesablaufs folgend, ohne Kommentar, Dialoge, Unter- oder Zwischentitel das religiöse Leben und die rituellen Todeszeremonien, die sich in der indischen Stadt Benares am Ganges abspielen. Der Film thematisiert die religiösen Gebräuche nicht direkt, sondern ist durch alltägliche Dinge, die immer wieder in unterschiedlichen Zusammenhängen erscheinen, strukturiert. Einer dieser Assoziationsgegenstände ist die Ringelblume. Ein Mann pflückt Ringelblumen auf einem Feld. Eine Frau trägt einen Korb mit den Blüten. Fahrradrikschas befördern riesige Ladungen durch die Stadt. Frauen flechten Kränze, die Kinder zum Verkauf anbieten. Die Kränze werden zur Verzierung von Totenkähnen und Götterstatuen verwendet, landen schließlich im Abfall oder werden von Kühen gefressen. Ähnlich werden Bambusleitern und Holz zu assoziativen Bildzyklen montiert. Nach seiner Darstellung suchte sich Gardner solche Assoziationsgegenstände, um das Chaos der Eindrücke strukturieren und die esoterisch-intellektuellen Riten visuell darstellen zu können. Für den Zuschauer sind die Gegenstände zu Bildspuren ausgelegt, denen er wie einer Fährte durch den Film folgt. Da er keine Erläuterungen bekommt, ist er mit nichts als dem Zuschauen und Zuhören beschäftigt, denn ähnlich komplex wie die Bilder sind die Töne und Geräusche gestaltet. *Forest of Bliss* ist in einem ethnographischen Sinn weder ein Film über die »Todesriten in Benares« noch über »Benares als Stadt«. Vielmehr wird Benares zum Anlaß einer visuell-akustischen Meditation über Leben und Tod, die Lebenszyklen von Alter und Jugend, die gegenseitige Abhängigkeit von Körperlichem und Spirituellem.

Der vierte Modus ethnodokumentarischer Filme deckt sich weitgehend mit dem reflexiven Modus, der sich dadurch auszeichnet, daß der Prozeß der Herstellung des Films und die Person des Filmemachers thematisiert werden. Loizos zieht es aber vor, statt vom reflexiven Modus von Kontextualisierung der Forschung (research context-enrichment) zu sprechen, weil dieser Begriff die Aufmerksamkeit vom Beobachter auf den Forschungsprozeß und seine Ergebnisse lenkt. Rouchs und Morins *Chronique d'un Eté* ist das Vorbild dafür, daß der Film nicht nur Aufzeichnung, sondern katalysatorisch zur Stimulation interaktiver und psychodramatischer Prozesse genutzt werden kann. Indem er Einblicke sowohl in die Bedingungen der Feldforschung als auch die der Herstellung des Films vermittelt, stellt der durch Kontextinformationen angereicherte Film zusätzliche Mittel zur Verfügung, um Beschreibungen sozialer und kultureller Phänomene »dichter« zu machen.[333]

Schließlich nennt Loizos einen Modus der Erfahrung und des theoretischen Verstehens (experience and theoretical understandings) als ethnodokumentarischen Filmtyp. Mit Erfahrung meint Loizos die individuellen Lebensgeschichten, die in den Filmen dieses Modus thematisiert werden. Methodologisch formuliert handelt es sich darum, einzelfallorientiert exemplarisch komplexe Entwicklungen anschaulich zu beschreiben. Die handelnden Individuen sollen dabei nicht als Repräsentanten einer Ethnie, eines Landes, einer sozialen Gruppe, sondern als vielschichtige Persönlichkeiten dargestellt und begriffen werden. Als problematisch, insbesondere bei transkulturellen Darstellungen, sieht Loizos die Vermittelbarkeit und Nachvollziehbarkeit individueller Erfahrung. Die Schwierigkeiten der Mitteilung von Erfahrungen beginnen mit der Sprache und Problemen der Übersetzung. Weil es keine andere Möglichkeit als einfühlendes Verstehen gibt, um die fremde individuelle Erfahrung nachzuvollziehen, sind die Risiken des Mißverstehens durch Projektion und Unterstellung groß. Trotzdem sieht Loizos in den Filmen dieses Modus, die individuelle Erfahrungen thematisieren, nicht nur eine Chance für die Anregung komparativer Studien zwischen den Kulturen, sondern auch ein Korrektiv der déformation professionelle von Wissenschaftlern, die über der Beschäftigung mit Konzepten, Strukturen und der Arbeit mit Begriffen den einzelnen Menschen aus den Augen verlieren.

Als wichtigste Ergänzung zu den genregeschichtlich orientierten Typologien plädiert Loizos dafür, weder einzelne Filme noch eine Gruppe von Filmen isoliert unter dem Aspekt ihrer ethnographischen Diskursqualität zu betrachten. Vielmehr muß man davon ausgehen, daß die Filme Teil eines ethnographischen Diskurses sind, zu dem auch literarische Veröffentlichungen gehören. Das bedeutet, daß man sich das Verhältnis zwischen filmischer und schriftlicher Ethnographie nicht dichotomisch und hierarchisch vorstellen darf, sondern komplementär. Die Filme dürfen weder vom gesamten ethnographischen Diskurs noch als Filme isoliert von anderen Filmen betrachtet werden. Vielmehr steht jeder Film in einem komplexen diskursiven Kontext, zu dem neben literarischen Veröffentlichungen auf vielfältige Weise erworbene fachwissenschaftlich relevante Erfahrungen und Kenntnisse gehören.

Grundlegender als Loizos hat Peter Crawford das Verhältnis von schriftsprachlicher und filmischer Ethnographie untersucht. Wie Loizos lehnt Crawford eine dichotomische Vorstellung des Verhältnisses von Bild und Wort ab. Während jedoch Loizos den fachwissenschaftlichen Beitrag einzelner Filme durch eine Beschreibung ihrer Gestaltung zeigt, arbeitet Crawford die Diskursqualität des Films heraus, indem er die gemeinsame Grundlage filmischer und schriftlicher Ethnographie kommunikationstheoretisch beschreibt.

Crawfords Ansatz geht davon aus, daß es sich bei den Disziplinen der Ethnographie und der Anthropologie um einen Kommunikationsprozeß handelt, in dem nach konventionalisierten Regeln Wissen über fremde Kulturen gebildet wird. Crawford thematisiert die unterschiedlichen Qualitäten von Film und Literatur, mit denen sie an diesem Kommunikationsprozeß partizipieren. Den Prozeß selbst beschreibt Crawford als einen der alternierenden Annäherung an das fremde Phänomen, um es kennenzulernen und zu verstehen, sowie der Distanzierung, um es beschreiben und darstellen zu können.[334]

Während sich der Film durch sinnliche Eigenschaften auszeichnet, ist der wissenschaftliche Text durch Verständlichkeit gekennzeichnet. Während der Film eine Art des Verstehens ermöglicht, fördert der geschriebene Text eine Erklärung. Während der Film semantisch stark und syntaktisch schwach ist, gilt für den geschriebenen Text das Gegenteil. Das bedeutet, daß die filmischen Darstellungen eine Vielfalt von Deutungen ermöglichen, die der wissenschaftliche Text auszuschalten versucht. Denn die konnotativen, assoziativen oder symbolischen Bedeutungen der Filmaufzeichnungen sind nicht festgelegt. Im Kontext des von Annäherung an das fremde Phänomen und Distanzierung davon gekennzeichneten Kommunikationsprozesses tendiert der Film zur Annäherung und die Literatur zur Distanzierung. Crawford betont, daß diese Unterscheidung nur aus analytischen Gründen besteht, um die spezifischen Qualitäten von Film und Literatur beschreiben zu können. In der Praxis verwenden Filme verschiedene sprachliche Strategien, um Darstellungen zu erklären, und wissenschaftliche Literatur greift stilistisch oder in Form von Illustrationen auf Bilder zurück, um Erklärungen zu veranschaulichen.

Auf der Basis seines Ansatzes unterscheidet Crawford zwischen drei Modalitäten, wie bewegte Bilder, gesprochene Sprache, Geräusche, Musik und Schrift als Elemente des Films zur Darstellung und Erklärung eines Phänomens organisiert sind. Als Modi der Repräsentation zählt er neben einem Modus der verständlichen Erklärung (perspicuous mode) einen Modus der Erfahrung (experiential mode) auf. Der erste ist kommentarzentriert und wird üblicherweise im Fernsehen genutzt. Crawford nimmt an, daß das Fernsehen nicht nur aus ästhetischen Gründen wegen des zu kleinen Bildschirms kommentarzentriert ist. Vielmehr muß das Fernsehen als Massenmedium auch schwierigere und komplexe Themen einem anonymen Publikum, bei dem es keine spezifischen Kenntnisse voraussetzen darf, verständlich darstellen. Das Fernsehen ist deswegen insbesondere bei ethnographischen Filmen kommentarzentriert, weil die visuellen Darstellungen fremder Kulturen nicht eindeutig sind. Das Fernsehen ist jedoch lediglich ein Grenzfall, an dem die Strukturmerkmale des Modus der verständlichen Erklärung (perspicuous mode) besonders deutlich werden. Generell zeichnet sich dieser Modus des ethnographischen Films durch die Dominanz des Kommentars aus, der für das Publikum eindeutige Erklärungen der filmischen Darstellungen anstrebt. In der Gestaltung der Filme weist der »perspicuous mode« weitgehend Übereinstimmung mit allen Formen des erklärenden Modus des dokumentarischen Films auf. Über eine stilistische Klassifikation hinausgehend, wird damit jedoch von Crawford ein Typ ethnographischer Erfahrungsbildung beschrieben. Weil er sich dadurch auszeichnet, daß er fremde Kulturen erklärt, ist er im Kontext des skizzierten Kommunikationsprozesses tendenziell als eine Form der Distanzierung einzuordnen.

Entsprechend stellt der »experiential mode«, der stilistisch mit dem beobachtenden Film vergleichbar ist, einen Typus ethnographischer Erfahrungsbildung dar. Im Unterschied zum Modus der verständlichen Erklärung versucht der Modus der Erfahrung den Interpretationsspielraum des Publikums möglichst groß zu halten. Die Darstellungen fremder Kulturen werden nicht erklärt, sondern sollen vom Publikum durch Analogien nachvollzogen und gefühlt werden. Der Modus der Erfahrung repräsentiert im Kontext des fachwissenschaftlichen Kommunikationsprozesses tendenziell die verstehende Annäherung an eine fremde Kultur. Ausdrücklich betont Crawford, daß die beiden Modi sich nicht ausschließen. Alle Filme stellen entweder im Film selbst, zwischen dem Film und Texten oder zwischen einer Serie von Filmen Verbindungen zwischen Erklärungen und Verstehen her.

Während bei unterschiedlicher stilistischer Ausprägung die filmische Repräsentation der Wirklichkeit das gemeinsame Ziel sowohl des Modus der verständlichen Erklärung als auch des Modus der Erfahrung ist, stellt der Modus der Evokation (evocative mode) als dritter Modus sowohl dieses Ziel als auch die Mittel seiner Realisierung in Frage. Allerdings gewinnt der Modus der Evokation durch Crawfords Ausführungen kaum Konturen. Crawford vergleicht die Radikalität, mit der die Genrekonventionen durch diesen Modus in Frage gestellt werden, mit Gardners *Forest of Bliss*. Aber der Anspruch des Modus der Evokation geht über die Irritation, die ein kommentarloser poetischer Film auslöst, weit hinaus. Deutlich wird, daß der Modus der Evokation die Suche nach Authentizität, Wahrheit, Kontextualisierung und Objektivität als Ziele des ethnodokumentarischen Films samt der Mittel ihrer filmischen Gestaltung wie lange ungeschnittene Einstellungen, Hand- oder Schulterkamera, den Gebrauch von Weitwinkelobjektiven, die Ablehnung von Großaufnahmen, den Gebrauch des Synchrontons sowie die paternalistische Haltung, die Dargestellten für sich selbst sprechen zu lassen, zurückweist, um ironisch und parodistisch die Genrekonventionen zum Gegenstand der Reflexion zu machen. Die Kritik der Darstellungskonventionen des Fremden wird bis an einen Punkt vorangetrieben, wo die Grenzen zwischen fiktional und dokumentarisch fragwürdig werden.

Dieser Aspekt wird in dem abschließenden Kapitel, in dem es um die Organisation und Durchführung von Filmveranstaltungen zum Zweck sozialwissenschaftlicher Erfahrungsbildung geht, wiederaufgegriffen. In diesem Kapitel wird die dokumentarische Qualität der Filme nicht als eine ontologische Eigenschaft der Wirklichkeitsreproduktion durch den Film und nicht als ein bestimmtes Verhältnis von filmischer zur außerfilmischen Wirklichkeit, sondern als eine bestimmte Form der Rezeption von Filmen thematisiert. Bevor jedoch die Organisation von Filmveranstaltungen zur sozialwissenschaftlichen Erfahrungsbildung als dokumentarisierende Lektüre thematisiert wird, müssen technikgeschichtliche Aspekte der Medienentwicklung berücksichtigt werden. Es handelt sich um die Veränderung dokumentarischer Formen unter dem Einfluß der elektronischen Medien Video und Fernsehen. Weil sie im alltäglichen Mediennutzungsverhalten der Rezipienten präsent sind, prägen Video und Fernsehen die gängigen Vorstellungen von dokumentarischer Wirklichkeitsdarstellung in weit stärkerem Maß als Kino und Film. Aus diesem Grund müssen Video und Fernsehen für eine rezipientenorientierte Theorie des dokumentarischen Films berücksichtigt werden. Darüber hinaus trägt die Berücksichtigung von Video und Fernsehen zum Ausgleich eines Defizits der Dokumentarfilmtheoriediskussion bei, von der die genreverändernden Einflüsse der elektronischen Medien bisher nur unzureichend reflektiert werden.

4. Video und Fernsehen. Veränderungen des Dokumentarfilmgenres unter dem Einfluß technischer Entwicklungen

4.1. Video

4.1.1. Die Praxis mit Video – zwischen visueller Soziologie und alternativer Medienarbeit

Mit der Verbreitung der Videotechnologie tauchten Mitte der siebziger Jahre einzelne, wenig koordinierte Versuche einer Forschungspraxis mit dem neuen Medium auf. Die technischen, organisatorischen und wirtschaftlichen Vorzüge von Video als Beobachtungsmittel und Forschungsinstrument wurden vor allem in der leichten Handhabung und hohen Operativität der Geräte sowie der im Vergleich mit der Filmkassette geradezu unendlichen Aufnahmekapazität erkannt. Die hohe Lichtempfindlichkeit der Objektive und des Bildträgermaterials erlaubten die Reduktion des für Aufnahmen notwendigen technischen Equipments. Video schien die technikgestützte, unauffällige und ununterbrochene Beobachtung, die nach Möglichkeit unter Alltagsbedingungen stattfinden sollte, zu perfektionieren. Schließlich bot Video gegenüber dem Film als entscheidenden Vorteil die sofortige Verfügbarkeit der Bilder. Dies wurde nicht nur als Möglichkeit der unmittelbaren Qualitätskontrolle der Aufnahmen begrüßt, sondern als Rückkopplungsmöglichkeiten interaktiver und dialogischer Beobachtungs- und Forschungsstrategien konzeptualisiert. Die Technik war zu diesem Zeitpunkt so weit ausgereift, daß sie von Laien und Amateuren ohne spezielle filmtechnische oder -ästhetische Ausbildung angewandt werden konnte. Allerdings war sie noch so teuer, daß sie vor allem von finanzstarken Organisationen und staatlichen Institutionen angekauft und verwendet wurde.[235]

Die Entwicklung der Videotechnik und ihre Rezeption in einem akademischen sozialwissenschaftlichen Rahmen spiegeln verschiedene Versuche, Mitte bis Ende der siebziger Jahre Film und Video in den Sozialwissenschaften als Methode und Forschungsinstrument systematisch zu konzeptualisieren. Dabei wurde mit Rückgriff auf historische Vorbilder wie Tretjakov, Benjamin, Brecht und Enzensberger ein operatives Medienkonzept entwickelt, das im Rahmen von Konzepten der Aktionsforschung (action research) und der politischen Bildung wie Negts »soziologischer Phantasie« und Freires »Bewußtseinsbildung« sozialwissenschaftlich angewendet wurde.

»Video in den Sozialwissenschaften, als Beobachtungsverfahren, wie auch als Aktivierungsmittel oder Kommunikationsmittel eröffnet diesen andere und qualitativ neue Möglichkeiten. Video wird zum wichtigen Instrument einer sich emanzipatorisch verstehenden kritischen Sozialforschung, die nicht nur beschreibenden Charakter haben soll, sondern deren Ziel es ist, Erkenntnisprozesse auszulösen und verändernd in die Realität einzugreifen. Sozialforschung muß sich selbst als Teil der Realität verstehen, denn nur so können auch Aussagen über diese gemacht werden. Hierbei kann Video eine wichtige Mittlerrolle übernehmen, sofern es nicht zum Selbstzweck wird.«[336]

Vor allem die von Leonard Henny am Soziologischen Institut der Universität Utrecht durchgeführten Seminare zur Arbeit mit Video in den Sozialwissenschaften lassen die konzeptionelle Orientierung an der Aktionsforschung erkennen. Entsprechend dem Selbstverständnis dieses Ansatzes sahen die Seminare vor, daß sich die Studierenden längerfristig intensiv theoretisch in ein sozialpolitisches Thema einarbeiten, Feldkontakte aufnehmen und Videofilme mit dem Anspruch erarbeiten, zur Lösung ökonomischer, sozialer und politischer Probleme in Kooperation mit den Betroffenen beizutragen. Auf diese Weise entstand seit Anfang der siebziger Jahre eine Reihe von Filmen zu Themen wie Arbeitsmigration, Stadtsanierung, Kinder- und Jugendschutz.[337]

Vor allem die wissenschaftskritische und -korrektive Funktion der Integration visueller Verfahren mit Video in die Sozialwissenschaften wurde hervorgehoben, ohne daß dabei ein methoden- oder wisenschaftstheoretisches Niveau erreicht wurde, das über die Begründung einzelner Projekte hinausgegangen wäre. Insgesamt dominierte ein projekt- und personenbezogener Pragmatismus, der selten weiterführende Forschungsperspektiven aufweisen konnte. Anstatt sich mit Definitionen und begrifflichen Klärungen zu beschäftigen, konzentrierte man sich auf die Darstellung praktischer Konsequenzen des Videoeinsatzes.[338]

Die Arbeit mit audiovisuellen Medien in den Sozialwissenschaften wirkt humanisierend, weil sie eine berufsspezifische Neigung (déformation professionelle) zur Abstraktion korrigieren und die Forschungspraxis zur ganzheitlichen Auseinandersetzung mit den einzelnen Menschen in ihren sozialen Zusammenhängen zurückführen kann. Wissenschaftstheoretisch wird die Anwendung audiovisueller Medien in den Kontext der Diskussion um quantitative und qualitative Verfahren gestellt. Erwartet wird vom Einsatz des Video vor allem, die Entwicklung von Forschungskonzepten, die die beobachtete Realität als dynamisch und prozeßhaft begreifen, so daß sich konventionelle Verfahren der Beschreibung und Analyse an diese Realität immer nur annähern können. Traditionelle Objektivitäts- und Effektivitätsvorstellungen der Forschung werden ebenso kritisiert wie die Instrumentalisierung ihrer Ergebnisse. Im Vordergrund des Forschungsprozesses mit dem Medium Video steht nicht die Datenproduktion, sondern die Recherche. Diese wird als gleichberechtigt-partnerschaftliche Interaktion zwischen den Beteiligten begriffen und als gemeinsamer Lernprozeß organisiert. Schließlich führt der Einsatz des Video dazu, daß die erhobenen Daten zu neuen Fragen und weiterführenden Betrachtungsweisen anregen. Ausdrucksformen, die nicht oder nur schwer verbalisierbar sind, können in die Forschung einbezogen werden. Dies ermöglicht insbesondere Personen, die sich sprachlich nicht mitteilen können oder wollen, die Beteiligung an der Forschung, indem ihnen andere Formen der Selbstdarstellung zur Verfügung stehen.

Vor einem stärker ethnographischen und anthropologischen Hintergrund hat Claudine de France in ihrem Buch »Cinéma et Anthropologie« grundlagentheoretisch Aspekte einer Forschungspraxis mit Video entwickelt. Nach de France ist die Videotechnik mit ihren Aufzeichnungs- und interaktiven Möglichkeiten konstitutive Voraussetzung für eine visuelle Anthropologie. In Übereinstimmung mit den bisher beschriebenen Begründungen visueller Fachrichtungen in den Sozialwissenschaften zählt de France die Eigenschaften der Videotechnik auf, die sie als Beobachtungsinstrument besonders geeignet erscheinen lassen. Darüber hinaus bringt de France jedoch einen neuen Aspekt ein. In ausdrücklicher Abgrenzung gegen Heider und das Institut für den Wissenschaftlichen Film geht de France nicht von der Frage aus, was die Kriterien der Wissenschaftlichkeit eines Films sind.

Vielmehr fragt sie danach, welche Wirklichkeitsbereiche sich für visuelle Darstellungen eignen, und wie sich das Verhältnis von Beobachtung, Beschreibung und Theoriebildung durch die Integration visueller Verfahren verändert. Vom Einsatz des Videos erwartet sie eine völlig veränderte Bedeutung von Bild und Schrift im Forschungsprozeß. Die wesentliche Veränderung sieht de France darin, daß die Videoaufzeichnung am Ort der Aufnahme mit den aufgenommenen Personen betrachtet werden kann, und diese die Möglichkeit haben, ihr eigenes Verhalten zu kommentieren. De France erwartet von diesem Videoeinsatz nicht nur eine veränderte Beziehung zwischen dem Ethnologen und den von ihm beobachteten Personen, sondern eine »Anthropologie des Wahrnehmbaren«, die auf die exakte Beschreibung menschlicher Tätigkeit gegründet ist.[339]

Im Unterschied zur wissenschaftlichen Filmarbeit der Encyclopaedia Cinematographica des Instituts für den Wissenschaftlichen Film sieht de France nicht die Darstellung repräsentativer Ausschnitte einer Handlung, sondern die Darstellung der raum-zeitlichen Ausdehnung der Handlungen als Aufgabe der visuellen Anthropologie.[340] Phasen der Pause und Ruhe von manueller Arbeit, oder der zyklischen Wiederholung in rituellen Ereignissen, die unter dem Aspekt der Repräsentativität eliminiert werden können, weil nichts für die beobachteten Handlungen und Ereignissen Wichtiges zu geschehen scheint, sind für de France bevorzugte Beobachtungsthemen, weil sie für die Strukturierung und Gliederung von Handlungen sowie ihre Verknüpfung zu raum-zeitlich ausgedehnten Ketten von elementarer Bedeutung sind. De France macht die Möglichkeit der Aufzeichnung gerade dieser Phasen zum Qualitätsmerkmal einer technikgestützten indirekten Beobachtung gegenüber der direkten Beobachtung mit dem bloßen Auge. Diese reduziert die Komplexität der beobachteten Ereignisse, indem sie bereits vor und während des Beobachtungsvorgangs zwischen Relevantem und Irrelevantem unterscheidet.

Im ersten Teil ihres Buches arbeitet de France auf der Basis einer von Marcel Mauss übernommenen Begrifflichkeit manuell-handwerkliche Techniken, rituelle Tätigkeiten und Körperbewegungen als die genuinen Bereiche filmisch-visueller Beobachtung heraus. Dem Anspruch nach handelt es sich bei diesen Aktivitäten um die Totalität objektivierter Handlungen jeder möglichen Kultur. Dabei spielt es keine Rolle, ob es sich um die eigene oder eine fremde Kultur handelt. Auch zwischen einem hochgradig arbeitsteilig organisierten Prozeß und einer handwerklich-manuellen Tätigkeit muß nach dem Anspruch des Beschreibungskonzepts nicht differenziert werden.

Besondere Aufmerksamkeit widmet de France der Transformation der beobachteten Ereignisse in die filmische Darstellung unter dem Gesichtspunkt der Beziehung zwischen dem Beobachteten und der Beobachterin als einem interaktiven Prozeß. Dabei erörtert de France nicht in erster Linie die Kooperationsbereitschaft der beobachteten Personen oder das Verhalten der Filmemacherin, sondern Formen der Selbstinszenierung der beobachteten Personen und Ereignisse, die mit den Inszenierungsabsichten der Film-Beobachterin interferieren. Man darf sich diese Selbstinszenierung nicht primär als psychologisch motivierte Selbstdarstellung vorstellen. Vielmehr handelt es sich um ritualisierte Handlungen, Konventionen, Umgangsformen als objektivierten Ausdrucksformen einer Kultur.

Der zweite Teil des Buches von de France behandelt die räumlich-zeitliche Ausdehnung der handwerklich-manuellen, rituellen und körperbezogenen Tätigkeiten zu Handlungsketten und -sequenzen. Im Mittelpunkt steht die Erörterung, wie diese komplexen Handlungsabläufe im Film darzustellen sind. Besondere Beachtung wird der Tatsache gewidmet, daß in der Regel nicht eine Handlung isoliert abläuft, sondern diese von anderen unterbrochen, begleitet oder irgendwie beeinflußt wird.

Im dritten Teil ihres Buches entwickelt de France den Unterschied zwischen einem ergebnisorientierten Ausstellungsfilm (film d'exposition) und einem prozeßorientierten Forschungsfilm (film d'exploration). Dabei werden die Vorteile der Videotechnik besonders deutlich. Während es beim »film d'exposition« um die Präsentation des Films als einem Endprodukt geht, hat der »film d'exploration« instrumentellen Charakter. Indem er die Kommunikation über die Darstellung eines Ereignisses stimuliert und grundsätzlich für Korrekturen offen ist, dient der videogestützte »film d'exploration« der fortgesetzten Erforschung der dargestellten Situation durch die aufgenommenen Personen und die Filmemacherin.

De France reklamiert nichts weniger als eine umfassende Theorie der Beobachtung der in einer Kultur visueller Wahrnehmung zugänglichen Handlungen, die als raumzeitlich ausgedehnte Ereignisketten überhaupt nur mit der Videotechnik angemessen beobachtet und beschrieben werden können. Bei der Auswahl von Beispielen beschränkt sich de France auf die Beobachtung und Darstellung solcher Handlungs- und Ereignisketten wie sie in Mikrobereichen des Haushalts, Handwerks, Sportunterrichts zu beobachten sind. In diesen Bereichen sieht sie den Schwerpunkt des von ihr entwickelten Konzepts einer videogestützten visuellen Anthropologie.[341]

Zu einer visuellen Soziologie aus der Erfahrung des dokumentarischen Films trägt das Konzept von de France weniger bei, als Ansatz und Umfang ihres Buches zunächst versprechen. Dabei spielt es keine Rolle, daß ihr Ansatz aus der Anthropologie kommt. Vielmehr kann man die Überlegungen von de France auf eine anthropologische Betrachtung der eigenen Gesellschaft ohne weiteres übertragen. Sie selbst wählt ihre Beobachtungsbeispiele ebenso häufig aus der eigenen wie fremden Kulturen und Gesellschaften aus. Entscheidend ist vielmehr, daß ihr Buch von »Kino« nicht in einem umfassenden konzeptionellen und historischen Sinn, sondern allenfalls im Sinn der etymologischen Bedeutung der Kinematographie als Bewegungsaufzeichnung handelt.

De France erörtert ausschließlich Strategien videogestützter Beobachtung und Aufzeichnung von Handlungssequenzen. Fragen der Montage und Gestaltung des Films werden von ihr ebenso wenig berücksichtigt wie Fragen der Rezeption. Es ist offensichtlich, daß es sich bei den Filmen nach ihrem Konzept nicht um Dokumentarfilme handelt. De France geht im Verlauf ihres Buches auf den klassischen Dokumentarfilm nur ein, um an einzelnen Beispielen Strategien der filmischen Beobachtung der körperlichen, materiellen und rituellen Techniken, ihrer Inszenierung sowie ihrer raum-zeitlichen Ausdehnung zu demonstrieren. Fragen der Filmgestaltung erörtert sie vor allem in dem technischen Sinn der Übereinstimmung der Darstellung mit der Theorie der körperlichen, materiellen und rituellen Tätigkeit.

Daß die Videokamera nicht einfach aufzeichnet, was sich vor dem Objektiv befindet, sondern durch das bestimmt ist, was die Beobachterin konzeptionell mit dem Medium machen will, so daß man zugespitzt sagen kann, daß die Filmemacherin die Realität nicht abbildet, sondern mit den zur Verfügung stehenden Mitteln konstruiert, reflektiert de France nicht.[342] Erst recht in dem Moment, wenn ein Film veröffentlicht wird, ist er Teil der visuellen Kommunikation einer Gesellschaft. In diesem umfassenden gesellschaftstheoretischen Kontext ist jede, auch die wissenschaftliche Medienpraxis zu reflektieren. Bei de France erscheint Video dagegen ausschließlich als ein neutrales und perfektioniertes Aufzeichnungsmedium.

Trotzdem können die technischen Möglichkeiten des Video, die de France für eine Theorie der visuellen Anthropologie konzeptualisiert, als genuin dokumentarische Qualitäten des Mediums gesehen werden. Diese müssen im Zusammenhang einer

Arbeit berücksichtigt werden, die sich mit dem Dokumentarfilm als einer Form der Erfahrungsbildung beschäftigt. Es ist nämlich davon auszugehen, daß die technischen Möglichkeiten des Video und die Bedingungen seines Abspiels die gängigen Vorstellungen vom Dokumentarischen als medialer Wirklichkeitsaneignung und -vermittlung allein wegen der massenhaften Verbreitung der Technik und des individuellen Mediennutzungsverhaltens mehr prägen als der Film und das Kino.[343]

Die utopischen Perspektiven der historischen Vorbilder des operativen Medienkonzepts, an denen sich die Videoinitiativen im akademischen Raum orientierten, zielten auf gesellschaftliche Veränderungen, die selbstverständlich weit über das dort Realisierbare hinausgingen. So hat man den Eindruck, daß die grundlagen- und wissenschaftstheoretisch ohnehin nicht sehr weit entwickelten Ansätze einer Visualisierung der Soziologie resignativ aufgegeben wurden oder Etatkürzungen zum Opfer fielen, während Video in zunehmendem Maß statt für emanzipatorische für überwachungsstaatliche und fahndungstechnische sowie Konsuminteressen eher zweifelhafter Art genutzt wurde.

Statt von den Versuchen, im akademischen Rahmen eine sozialwissenschaftliche Forschungspraxis mit Video zu etablieren, sind vielleicht von der Entwicklung der autonomen Videogruppen wichtigere Impulse für eine dokumentarische Videopraxis und eine visuelle Soziologie, die den Zusammenhang zwischen dem allgemein veränderten und insgesamt ausgeweiteten Mediengebrauch reflektiert, zu erwarten.[344] Mit geschärfter Aufmerksamkeit für die Funktion bürgerlich-demokratischer Öffentlichkeit und deren tendenziellem Verfall durch den veränderten Mediengebrauch verbreiteten und institutionalisierten diese Gruppen die Produktion, Distribution und Rezeption des Video als Strategie der Gegenöffentlichkeit in politischen Auseinandersetzungen. Ihrem Selbstverständnis nach sind die autonomen Videogruppen meist in lokalen und regionalen Bezügen verankert, die sie seit ihrem Bestehen auch dokumentiert und erforscht haben. Oft verstanden sie sich als Teil regional oder lokal ausgetragener sozialer und politischer Konflikte um die Implementierung von Großtechnologie wie Flughäfen, Kraftwerken oder die kapitalintensive Stadtsanierung im Interesse von Banken, Versicherungen und Immobilienspekulation. Diese Gruppen nutzten die hohe Operativität und Mobilität der Videotechnik, die Aufnahmen in fast jeder Situation erlaubt, vor allem die sofortige Verfügbarkeit der Bilder zur gezielten Distribution der Bänder in Kooperation mit Bürgerprotest- und Alternativbewegungen. Nicht selten haben sie die Geschichte ihrer Region mit dem Medium Video erforscht. Dabei wurden vor allem Geschichten des Alltags thematisiert. Es kamen Außenseiter zu Wort, deren Ansichten in der offiziellen Geschichtsdarstellung nicht berücksichtigt werden. Schließlich haben sie sich mit den in der Tendenz meist nicht-orthodoxen oder anarcho-syndikalistischen Traditionen des eigenen politischen Selbstverständnisses beschäftigt.[345]

Auch die Praxis der autonomen Videogruppen knüpft an operativen Medienkonzepten an, die seit der Implementierung von Massenkommunikationsmitteln lanciert wurden. Während die Ansätze im akademischen Rahmen von der Orientierung an der »action research« oder dialogisch-interaktiven Konzepten eine emanzipatorische Revision der Wissenschaft erwarteten, wollten die alternativen Mediengruppen direkt in die dargestellten sozialen und politischen Konflikte eingreifen.[346] Für die Entwicklung der alternativen Videobewegung in Deutschland kann man exemplarisch auf die Geschichte der Medienwerkstatt Freiburg verweisen, die seit 1978 besteht.

Anfang der achtziger Jahre, als die Aufnahme von Videoproduktionen auf Dokumentarfilmfestivals noch umstritten war, versuchte Pepe Danquart von der Medienwerkstatt, die spezifische Qualität dokumentarischer Videoproduktionen zu bestimmen. Im Tonfall eines Manifests wird die eigene Videopraxis am Beispiel der Produktion *Paßt bloß auf. Ein Film aus der Kultur von unten* politisch-ästhetisch begründet. Das Video zeige ein Bild aus einer Zeit, »in der gekämpft wird gegen die planerische Totalsanierung unserer Städte, gekämpft wird gegen die sinnlose Zerstörung unseres Lebens durch kasernierende Wohnparzellen oder durch gleichförmig funktionierende Konsumrennbahnen durch bundesrepublikanische Innenstädte, in denen nach Ladenschluß gähnende Leere menschliches Dasein ersetzt. Die Videocollage ist der Versuch, unsere Alltäglichkeit, unsere Bilder diesem alltäglichen Wahnsinn entgegenzusetzen ...

Paßt bloß auf ... ist also weniger die bloße Dokumentation eines unruhigen Sommers als die Collage abgerissener Bildgraffitis – abgerissen in doppeltem Sinne. Gegen die planierte Dramaturgie etablierter Machtapparate stellt sich das Chaos im Kopf und auf der Straße. So haben wir die Kamera nicht nur dazu benutzt, menschliches Sehen zu kopieren, sondern haben aus dem Chaos der alltäglichen Eindrücke und Erfahrungen ausgewählt, herausgestellt, Räume und Bewegungen bestimmt.

So ist neben dem Ausgangsmaterial die Montage bestimmend, d. h. diese verschiedenartigsten Wirklichkeitsfragmente zuzuordnen, zueinander in Beziehung zu setzen, sie zu einem Ganzen zu organisieren. Nicht jedoch die Fakten summarisch aneinanderzureihen, sondern sie so miteinander zu verketten, daß etwas Neues entsteht.«[347]

Die eigene Produktion und ihre Methode, Fakten zu sammeln und mit ihnen zu argumentieren, stellt Danquart in die Tradition von Vertov und Tretjakov. Heterogenes Material unterschiedlichster Herkunft, insbesondere auch aus dem Fernsehen aufgezeichnetes, wird verwendet und montiert. Methodisch werden ein wachsames Auge und eine nicht zielgerichtete Aufmerksamkeit geschult, um auf geniale Zufälle zu warten. Die geringen Kosten des Materials und seine Wiederverwendbarkeit als Datenträger ermöglichen lange Beobachtungen, die zum Beispiel auf den entlarvenden Versprecher eines Politikers warten. Der im Vergleich mit dem Film geringere technische Aufwand soll größere Authentizität der Aufnahmen garantieren. Der Standpunkt der Aufnahme selbst wird als Stellungnahme zur Sache verstanden. Die Unabhängigkeit von Kopierwerken entschädigt für die Entfremdung des vollelektronischen Schnitts gegenüber der handwerklichen Arbeit beim Filmschnitt. Als logische Konsequenz sieht Danquart eine größere Bereitschaft zum Experiment. Eine gleichzeitige Bearbeitung von Bild und Ton ist möglich.

Mittlerweile hat sich die Videoszene sicher verändert. Das ist nicht zuletzt an den verschiedenen Ausgaben des von der Freiburger Medienwerkstatt herausgegebenen Verleihkatalogs unabhängiger Videoproduktionen abzulesen. Während im Vorwort zu den Ausgaben von 1985 und 1987 das Selbstverständnis der Gruppe in Auseinandersetzung mit Konzepten der sowjetischen Revolutionskunst, aber auch mit Negts und Kluges Buch über den Prozeß politischer Erfahrungsbildung (»Öffentlichkeit und Erfahrung«), Brechts Radiotheorie, der »Ästhetik des Widerstands« von Peter Weiss und Hans Magnus Enzenbergers »Baukasten zu einer kritischen Medientheorie« ausführlich entwickelt wurde, fehlt dieses Vorwort in der neuesten Ausgabe des Katalogs. Zwar wird der kämpferische Titel »Videofront« beibehalten, aber ein sehr viel kürzeres Vorwort reflektiert die aktuelle Arbeit der Gruppe vor dem Hintergrund einer veränderten gesellschaftlichen Medienpraxis, die durch einen Gebrauch des Videos entgegen der ursprünglichen Hoffnungen auf politische Emanzipation als einem Instrument der Überwachung und Unterhaltung gekennzeichnet ist.[348]

So neu ist die Entwicklung jedoch nicht. Michael Kliers bereits 1983 vorgestellter Film *Der Riese* zeigte die sehr vielfältige Verwendung von Video in Bereichen der Überwachung und Fahndung. Die Freiburger selbst hatten die widersprüchlichen, emanzipatorischen Interessen entgegengesetzten Möglichkeiten des Mediums und die Interessen an ihrer Entwicklung als kapitalintensive Kommerzialisierung bereits im Vorwort zu den früheren Ausgaben des Verleihkatalogs wie an anderer Stelle erkannt und reflektiert.[349] Trotzdem scheint sich die Situation so zugespitzt zu haben, daß die Freiburger erst Ende der achtziger Jahre auf das umfassende Vorwort in ihrem Katalog verzichteten. Erkennbar verändert hat sich aber nicht nur das Selbstverständnis der autonomen Gruppen, sondern auch deren Produktion.

Wilhelm Roth stellt in seinem Bericht vom Freiburger Video-Forum des Jahres 1993 fest, daß viele der vorgeführten Bänder vom Fernsehen produziert wurden, und die meisten der unabhängig produzierten Bänder im Fernsehen vorgeführt werden könnten. Das vom WDR produzierte Band *Wer Gewalt sät ... Von Brandstiftern und Bidermännern* hätte alle anderen Bänder zum Thema Rechtsradikalismus übertroffen. Bedeutet das eine Vereinnahmung der Videoszene durch das Fernsehen und die Anpassung an seine ästhetisch-technischen Standards, so daß eine spezifische Qualität der autonomen Videoproduktionen nicht mehr erkennbar ist?

Will man sich bei der Beantwortung dieser Frage nicht auf die im Vergleich mit dem Umfang der Gesamtproduktion immer zufälligen eigenen Seherfahrungen oder repräsentative Beispiele und Trends verlassen,[350] steht man vor dem Problem, daß aus den meisten Besprechungen von Videos nicht deutlich wird, was ihre medienspezifische Gestaltung im Unterschied zum Film auszeichnet. Wenn es in Film- und medienpädagogischen Zeitschriften überhaupt regelmäßige Besprechungen von Videoproduktionen gibt, so sind diese fast ausschließlich thematisch-inhaltlich orientiert.[351] Eine Videokritik, die die technisch-formale Produktgestaltung nicht berücksichtigt, ist ihrem Gegenstand aber ähnlich unangemessen wie eine Fernsehkritik, die bevorzugt Einzelsendungen ohne den Programmzusammenhang bespricht.

Die konkrete Produktgestaltung nicht zu berücksichtigen, ist aber nicht nur ein Defizit an formalästhetischer Beschreibung. Wichtiger ist, daß man ohne Auseinandersetzung mit der Produktgestaltung keine rezeptionsorientierte Theorie des

Mediums und seines dokumentarischen Gebrauchs entwickeln kann. Denn die Gestaltung der Produkte reflektiert auf Seiten der Produzenten eine vermutete Rezeptionserwartung des Publikums. Wahrscheinlich ist das Defizit der Kritik auch Ausdruck einer Unsicherheit gegenüber der in Entwicklung begriffenen elektronischen Technologie und ihren Möglichkeiten. Sie sind im Vergleich mit der kinematographischen Technik komplexer, weniger anschaulich und werden in der Regel allenfalls von der Nutzerseite her nachvollzogen, aber kaum hinsichtlich ihres technisch-funktionalen Zusammenhangs und dessen ästhetischen Möglichkeiten.

Auf das Defizit der professionellen Kritiker hat Danquart im Zusammenhang mit der manifestartigen Darstellung der eigenen Videopraxis hingewiesen. Inbesondere bemängelte er, daß die meisten Kritiker die Videos als Film betrachten und als Filmkritiker argumentieren.[352] Gegenüber den unpersönlichen und unüberschaubaren Distributionswegen des Films betont Danquart den örtlichen Bezugsrahmen zum gezeigten Video als Voraussetzung einer angemessenen Rezeption. Das weist auf die historischen Entstehungszusammenhänge der meisten autonomen Videogruppen zurück. Aber selbst das von ihm zitierte schwer zugängliche und hermetische Szenevideo *Paßt bloß auf. Ein Film aus der Kultur von unten* zirkulierte nicht nur in den subkulturellen Öffentlichkeitssegmenten, sondern wurde auch im Fernsehen gezeigt.[353] Es geht nicht um eine politisch-moralische Diskussion, ob die Zusammenarbeit mit dem öffentlich-rechtlichen oder privaten Fernsehen ohne Aufgabe der ursprünglichen emanzipatorischen Ziele autonomer Videopraxis möglich ist. Vielmehr geht es darum, ob die Praxis angemessen reflektiert wird, wenn die eigenen Produkte nicht nur im Fernsehen gesendet und von diesem produziert, sondern ihre technisch-ästhetische Gestaltung bis zur Ununterscheidbarkeit sich diesem angleicht. Die Öffentlichkeitsform des Fernsehens ist auf jeden Fall im Vergleich mit der des Kinos noch zufälliger, heterogener, anonymer, die Rezeption eines Films über das Fernsehen noch unverbindlicher als im Kino. Schließlich ist bei einer Fernsehausstrahlung der einzelne Film nicht allein als Gegenstand ästhetischer Kritik, sondern erst als Teil eines Programmzusammenhangs angemessen zu beurteilen. Ein erster Schritt in die Richtung einer angemessenen Videokritik ist die Berücksichtigung der technischen Aspekte, die Video und Film unterscheiden. Diese technischen Aspekte sind die materiale Grundlage der Erfahrungsbildung mit dem jeweiligen Medium und müssen als solche reflektiert werden.

4.1.2. Technische Aspekte

> Von zentraler Möglichkeit ist
> die nahezu unendliche Ver-
> änderbarkeit des Einzelbildes.
> *Kay Hoffmann*

In den bisher skizzierten Ansätzen visueller Fachrichtungen in Anthropologie und Soziologie dominieren auffallend einseitig Fragen der Aufzeichnung und der Beobachtung, gewissermaßen der Feldforschung mit der Videokamera. Im Vordergrund steht die sofortige Verfügbarkeit der Bilder. Die Möglichkeit der unmittelbaren Rückkopplung wird als qualitative Veränderung der Forschungspraxis interpretiert. Demgegenüber werden Aspekte der technisch völlig verschiedenen Speicherverfahren und der Möglichkeiten ihrer Bearbeitung als den materialen Trägern der Erfahrung im Umgang mit den audiovisuellen Medien kaum berücksichtigt. Es wird so getan, als hätten die technisch unterschiedlichen Verfahren von Film und Video überhaupt keine, in jedem Fall aber nur so geringe Auswirkungen auf die Erfahrungsbildung selbst, daß sie vernachlässigt werden können.

So überrascht es nicht, daß Fragen, wie die Verwendung von Video als materialem Träger das Dokumentarfilmgenre verändert, selbst bei Praktikern unberücksichtigt bleiben. Die Diskussion um Video und/oder Film wird meist, und hier der Praxis folgend, rein pragmatisch entschieden. Typisch dafür ist etwa das von Michael Rabiger als Handbuch angelegte »Directing the Documentary«, wo es in der Einleitung lapidar heißt, daß das Buch sowohl für Film- wie für Videobenutzer geschrieben sei. Rabiger unterscheidet nicht auf technischer Grundlage, sondern konzeptuell zwischen dem anspruchsvollen Film auf Zelluloid oder Magnetband und den eher ephemeren Musik- und Experimentalvideos.[354]

Indem sie synonym von Film und Video sprechen, wo sie unter technischen Gesichtspunkten unterscheiden müßten, bestätigen solche Handbücher einen genreverändernden Einfluß der technischen Entwicklung, ohne daß sie ihn systematisch reflektieren. Denn gerade die Geschichte des dokumentarischen Films bietet zahlreiche Beispiele dafür, daß ohne Kenntnis des Entwicklungsstands der Kamera- und Tonaufnahmetechnik nicht nur die Gestaltung der Filme und die Notwendigkeit des Eingriffs in die dargestellten Ereignisse, sondern vor allem auch der

Authentizitätseindruck des aufgenommenen Materials nicht angemessen beurteilt werden können. Noch entscheidender ist jedoch, daß die technischen Standards zu paradigmenhaften Grundsätzen filmdokumentarischer Praxis und Ästhetik konzeptualisiert werden.

Vordergründig ist der synonyme Sprachgebrauch von Film und Video damit zu erklären, daß zunehmend mehr dokumentarische Produktionen elektronisch aufgezeichnet und bearbeitet werden. Das gilt insbesondere für das Fernsehen, das darüber hinaus als Produktions-, Distributions- und Abspielort dokumentarischer Filme annähernd eine Monopolstellung hat. Man darf nämlich, um die Bedeutung des Fernsehens für die Gesamtproduktion dokumentarischer Filme richtig einzuschätzen, nicht nur die Sendungen berücksichtigen, die im Programm als Dokumentarfilme ausgewiesen sind. Vielmehr zeichnen sich der Umfang an dokumentarischen Beiträgen und vor allem der genreverändernde Einfluß des Fernsehens erst ab, wenn man die fernsehspezifischen dokumentarischen Formen wie das Feature, die Reportage, den Magazinbeitrag, das Dokumentarspiel oder die Live-Übertragung berücksichtigt. Ohne daß diese Beiträge als dokumentarisch ausgewiesen sind, können sie in allen Programmsparten erscheinen. Die genrebeeinflussenden Faktoren sind nicht nur Ergebnis der elektronischen Technik, sondern resultieren mindestens im gleichen Maß aus Organisationsform sowie Reichweite und Wirkung des Fernsehens als gesellschaftlichem Leitmedium.[355]

Der synonyme Sprachgebrauch von Film und Video, gibt also die dominierende Tendenz wieder, daß dokumentarische Filme in zunehmendem Maß auf Video produziert werden. Als identisch erscheinen Film und Video darüber hinaus von der Seite des Rezipienten zumal dann, wenn das Produkt im Fernsehen ausgestrahlt wird. Unberücksichtigt bleiben dagegen die an das Material und die Technik selbst gebundenen Erfahrungsbildungsprozesse. Die durch das Trägermaterial gegebenen Bedingungen und Möglichkeiten der Nachbearbeitung von Film- und Videoaufnahmen, verändern jedoch die Montage und die ästhetische Gestaltung der Produkte.

Der Filmschnitt läßt sich als Prozeß der Materialreduktion und -verdichtung durch Auswahl beschreiben. Nachdem das Material gesichtet und markiert ist, werden die für den Rohschnitt vorgesehenen Teile herausgenommen und auf den Filmgalgen gehängt. Es handelt sich bei dem Filmgalgen um ein technisch sehr einfaches, für die Filmgestaltung, insbesondere den Schnitt, aber sehr effektives Holzgestell, unter dem sich ein mit Stoff ausgeschlagener Korb befindet. Einstellungen und Szenen werden als Filmstreifen vorsortiert und geordnet an diesem Gestell befestigt. In der Praxis des Filmschnitts und der Montage wurde diese Vorrichtung im Wechselspiel zwischen technisch-handwerklicher Praktikabilität, Materialorganisation und menschlichem Vorstellungs-, Assoziations- und Erinnerungsvermögen entwickelt. Das restliche Material, das nicht auf dem Galgen zur Verfügung gehalten wird, wird reserviert.[356]

Beim elektronischen Schnitt wird dagegen nicht ausgesondert, isoliert oder segmentiert. Vom Ausgangsmaterial wird auch nichts weggenommen. Da die Videomontage im Überspielen verschiedener Bänder besteht, bleibt das Ausgangsmaterial in seinem ursprünglichen Umfang und seiner ursprünglichen Abfolge erhalten. Für jede weitere Bearbeitung müssen bei der Videomontage die Bänder erneut abgespielt werden. Der ausschließlich lineare Zugriff auf eine Sequenz hat zur Folge, daß jede veränderte Bildfolge einen weiteren Kopiervorgang des gesamten, bis zum Zeitpunkt der neuen Abmischung erstellten Bandes erfordert. Ohne physische Reduktion des Materials werden auch die geistigen Sortier-, Such- und Anordnungsprozesse nicht übersichtlicher. Indem es den Materialumfang unangetastet läßt, trainiert das elektronische Montieren, das Überfliegen, Wegsehen, visuelle »Überschlagen« statt der sinnlichen Aneignung des Materials, wie sie der Prozeß des Filmschnitts durch die erzwungene Reduktion des Materials erfordert.

Neben handwerklich-arbeitsorganisatorischen Strategien gegen die Schwerfälligkeit des elektronischen Schnitts[357] gibt es technische Lösungen wie die Markierung der Einzelbilder auf dem Videoband mit einem Timecode. Der Timecode ordnet jedem Bild bei der Aufnahme eine fortlaufende Zahl zu, die Angaben über die Laufzeit des Bandes in Stunden, Minuten und Sekunden sowie über das Einzelbild enthält. Erst durch diese seit dem Beginn der siebziger Jahre übliche Codierung lassen sich einzelne Bilder auf dem Videoband so exakt wie auf dem Filmstreifen montieren. Bis zu einem gewissen Grad umgeht das Timecode-Verfahren die Schwerfälligkeit und Umständlichkeit des elektronischen Schnitts, indem die gewünschten Schnittstellen auf dem Band direkt angesteuert werden können. Aber Schnitt und Montage werden dabei zu einem mechanischen Vorgang, der nach dem Prinzip der Informations- und Nachrichtenvermittlung und nicht dem der überzeugendsten Lösung eines visuellen Anschlusses ausgeführt wird. Im Vergleich mit den Verfahren, Bilder auf dem Film und in Filmrollen zu markieren, ist das Verfahren der Timecode-Markierung überexakt und unanschaulich. Den Markierungen des Timecodes fehlt im Vergleich mit denen des Filmschnitts der signalisierende, andeutungsweise bildhafte Charakter. Die Timecodes führen zu einer reduzierten Sinnlichkeit im Umgang mit dem Material.[358]

Die Möglichkeiten elektronischer Bildbearbeitung deuten sich mit den bisher beschriebenen Verfahren kaum an. Diese erwecken zu sehr den Eindruck, Defizite der Videobearbeitung praktisch-arbeitsorganisatorisch zu kompensieren. In vollem Umfang werden die Möglichkeiten elektronischer Bildspeicherung und -bearbeitung dagegen erst mit der Digitalisierung erkennbar. Zunächst liegt die Leistung von Systemen digitalisierter Bildspeicherung und -bearbeitung wie AVID darin, daß sie Abläufe des Schnitts und der Montage am Filmgalgen so perfekt simulieren, daß die elektronischen Schnittverfahren von Cuttern und Cutterinnen mittlerweile begeistert aufgenommen werden.[359] Das Material wird auf verschiedene Speicher verteilt, die analog zum Umgang mit dem Material am Filmgalgen als Arbeits-, Zwischen- und Restespeicher unterschiedliche Relevanzniveaus repräsentieren. Auf diese Weise wird eine dem Filmschnitt analoge Selektion, Segmentierung und Reduktion des Materials möglich. Vor allem wird ein nichtlinearer Zugriff auf das gespeicherte Material ermöglicht. Man muß allerdings vermuten, daß das große Interesse der Cutter und Cutterinnen auch aus der Bedrohung ihrer Arbeitsplätze durch die technologische Entwicklung resultiert. Denn erstens werden bei der elektronischen Bildbearbeitung verschiedene, beim Filmschnitt getrennte Arbeitsvorgänge zusammengefaßt und können von Einzelpersonen ausgeführt werden. Insbesondere die Vorsortierung des Materials beim Film in der Phase des Rohschnitts entfällt oder wird zusammen mit den Vorgängen des Feinschnitts erledigt. Dadurch fallen eine ganze Reihe spezieller Arbeitsschritte weg, die von handwerklich-manueller Übung und Erfahrung abhängig sind, so daß die digitalisierte Bildbearbeitung zweitens auf eine Nivellierung dieser Erfahrung mit dem Filmschnitt hinausläuft. Erreicht wird mit der elektronischen Bearbeitung ein Perfektionsgrad in der Gestaltung, der für den Grad der Durcharbeitung der Inhalte nicht unbedingt aussagekräftig ist. Die digitalisierte Bildbearbeitung ermöglicht zu jedem Zeitpunkt der Bearbeitung einen Grad an Perfektion, die die Vorläufigkeit eines »work in progress« nicht mehr erkennen läßt, so daß die Versuchung naheliegt, nicht wirklich durchgearbeitetes Material als organisiert auszugeben.[360]

Insbesondere beim Fernsehen, wo die möglichst schnelle Amortisation der hohen Investitionskosten für die elektronischen Produktionsmittel mit der rasanten Entwicklung der Technik selbst Schritt halten muß, sowie die schematischen Programm- und Produktionsvorgaben zwingen nach Darstellung von Cutterinnen und Redakteuren zu sehr schneller Arbeit.[361] Die Zunahme elektronisch leicht auszuführender Tricks wie das Wirbeln und Wegblättern von Bildern, Trickanimation und Grafiken können als Elemente einer neuen Bildästhetik interpretiert werden, die sich von den Kontinuitäts- und Anschlußvorstellungen des Filmschnitts und der Montage unterscheidet. Ob diese Möglichkeiten wirklich konzeptuell im Sinn einer neuen Bildästhetik genutzt werden oder lediglich mangelhafte visuelle Anschlüsse kaschieren, muß am Beispiel entschieden werden. In jedem Fall ist die elektronische Bearbeitung gegenüber dem Ausgangsmaterial in einem solchen Maß autonom, daß dieses selbst seinen Charakter, auf die Realität zu verweisen, verliert. Vorstellungen und Erwartungen der Kontinuität filmischer Darstellungen erscheinen als völlig inadäquat zur Beurteilung elektronischer Bildbearbeitung.

Es ist mißverständlich, im Zusammenhang mit Video von Schnitt und Montage zu sprechen. Während der Filmschnitt technisch eine relativ einfache Geste des Schneidens, Zusammenfügens und Klebens am Trägermaterial der Bilder ist, wird die Videomontage nicht direkt am Material ausgeführt, sondern besteht im Mischen der elektronischen Aufzeichnungen durch Zuspielungen unterschiedlicher Bänder. Die Geste der elektronischen Montage ist beschreibbar als das Drücken von Tasten an einer Schnittmaschine, durch die zwei oder mehr parallel auf einen Schnittpunkt zulaufende Bänder gesteuert werden, aus denen ein Bild ausgewählt wird.

Es gibt kein Wort, das den technisch-ästhetischen Vorgang der elektronischen Bildkonstruktion als handwerkliche Geste ähnlich präzise beschreibt wie der Schnitt für den Film. Neuerdings hat sich Joachim Paech um eine begriffliche und theoretische Klärung der Videomontageverfahren bemüht. Paech unterscheidet zwischen der Gestaltung des Spielraums der Inszenierung vor der Kamera (mise en scène) und des Bildraums in der Einstellung (mise en cadre). Der Übergang läßt sich als der Moment bezeichnen, in dem ein vorfilmisches Ereignis durch eine Kameraeinstellung zu einem filmischen Ereignis wird. Der Filmschnitt hat es immer mit Bildräumen zu tun. Zum Spielraum der Montage wird der Raum zwischen den Bildern. Dieser Raum ist die Voraussetzung für den Filmschnitt. Durch den Eingriff in die Kontinuität des vorfilmischen Ereignisses konstituiert der

Schnitt ein filmisches Raum-Zeit-Kontinuum. Die in den frühen Filmen Godards konventionalisierten Kontinuitätsvorstellungen und Rezeptionserwartungen widersprechenden Bildsprünge durch Schnittfehler (jump cuts) interpretiert Paech als Vorrang der Konstruktion einer eigenen filmischen Zeit und des Bildraums der Montage über den Spielraum der Inszenierung.

Als den Spielraum der Videomontage sieht Paech den Zeitraum, in dem sich die Bänder auf ihren Schnittpunkt zubewegen. In diesem Moment entsteht ein Bild, das simultan die Bewegungen der anderen enthält. Die technischen Grundlagen des Videos ermöglichen eine Gestaltung des elektronischen Schnitts als Überblendung oder als sektorale Aufteilung des neu entstehenden Bildes zwischen den ursprünglichen Bildern. Das neue Bild enthält die vorausgehenden Bilder sichtbar. Obwohl Paech darauf hinweist, daß auch die Filmmontage das doppelt belichtete Bild, Überblendungen zwischen verschiedenen Einstellungen und Splitscreenverfahren kannte, scheint ihre extensive Nutzung charakteristisch an die technischen Voraussetzungen des elektromagnetischen Trägermaterials und die Bedingungen seiner Bearbeitung gebunden zu sein. Als Geste der Videomontage, nennt Paech die Betätigung von Hebeln an der Schnittmaschine zur Steuerung der aufeinander zulaufenden Bänder zur Überblendung und sektoralen Aufteilung »wiping«. Als Montagegeste beschreibt »wiping« »ein allmähliches Umschalten von einem auf ein anderes Bild. Während dieses Schaltens entsteht ein neues, ein drittes Bild, das die beiden anderen für einen Moment enthält: Ein Hin und Her, ein Verschieben der Grenze zwischen den Bildern, ein Mehr und Weniger; das ist das Erzählen im elektronischen Bildraum des Monitors, das ist auch der Versuch, den Fluß der Bilder (und Töne) vor unseren Augen und durch unsere Köpfe anzuhalten und zu kompensieren im Kampf der Bilder um unsere Erinnerung.«[362]

Die Bildgestaltung als Spielraum der Videomontage beschreibt Paech am Beispiel von Godards *Ici et Ailleurs*. Das ursprüngliche Vorhaben, ein Bericht über den Kampf der Palästinenser gegen den Staat Israel, wurde nicht realisiert. Godard sah sich bei der Montage des vorhandenen Materials damit konfrontiert, daß die anderswo (ailleurs) im Libanon aufgenommenen Bilder hier (ici) in Frankreich auf dem Bildschirm in Konkurrenz zu einer Kette nicht abreißender Bilder treten. Godard versuchte nicht, seine Bilder gegen die Konkurrenz der anderen durchzusetzen, sondern stellte aus der Gleichzeitigkeit der Bilder eine neue Bilderkette her, die die Konfrontation der Bilder in einem gemeinsamen Bild ausdrückten.[363] So wird das Porträt des damaligen US-Außenministers Kissinger in einem Splitscreen einmal zu einem nackten Po und einmal mit einem revolutionären Plakat der Palästinenser in Beziehung gebracht. Ein palästinensisches Plakat und ein Bild der damaligen israelischen Präsidentin Golda Meir kämpfen durch eine elektronische Montage miteinander um den Spielraum des Monitorbilds.

Die von Paech beschriebenen Verfahren der Überblendung und des Splitscreen sind im Videobereich auch deswegen genutzt worden, weil vor der Entwicklung des Timecodes in der elektronischen Montage kein bis auf ein Einzelbild genauer Schnitt wie beim Film möglich war, so daß beim Mischen der Bänder die beschriebenen Verfahren nahe lagen. Ähnlich nutzt *Züri brännt* vom Züricher Videoladen die Gestaltungsmöglichkeiten der Videotechnik. Entstanden aus etwa einhundert Stunden Material, das im Lauf der Jugendproteste Ende der siebziger und Anfang der achtziger Jahre aufgenommen worden war, gemischt, montiert, mit Tricks aufbereitet und einem kämpferischen Kommentar versehen, kam der Film als Pamphlet zwischen Satire und ohnmächtiger Wut auf 16mm kopiert 1981/82 auch in den Kinoverleih. Allerdings sind spezifische Gestaltungsmöglichkeiten auf dem zur Verfügung stehenden Standard der Videotechnik erkennbar.

Der Film beginnt mit einer langen, aus dem Auto heraus aufgenommen Fahrt durch Zürich. Während der Fahrt werden andere Aufnahmen, vor allem Material aus dem Fernsehen montiert. Dabei wird nicht geschnitten, sondern die Bilder sind nach dem Verfahren der Mischung verschiedener Geberbänder durch Überblendungen zusammengeführt. Ähnlich ist die Schlußsequenz aus verschiedenem Material gestaltet. Realaufnahmen von Demonstrationen sind mit einer Godzillafigur und einer Maske, die eine Silhouette der Stadt Zürich wiedergibt, kombiniert. Die videotechnische Möglichkeit langer ungeschnittener Beobachtung und Aufzeichnung aus dem Fernsehen wird zur Gestaltung komplexer Bilder genutzt, wie sie im dokumentarischen Film selten sind. Es entstehen assoziative Bildcollagen, die mit einem subjektiven Kommentar unterlegt sind, der zwischen Szenejargon, Beatnikpoesie und Kampfansage gegen das Establishment schwankt. Die beschriebenen Videomontagen nutzen nicht alle heute üblichen Verfahren elektronischer Bildbearbeitung. Sie befinden sich nach Paechs Darstellung in einem Bereich zwischen Film- und elektronischer Montage. Die Möglichkeiten elektronischer Bildbearbeitung werden durch die Digitalisierung erheblich erweitert.

Vordergründig beeindruckt gerade für die dokumentarische Praxis an der digitalisierten Bildbearbeitung, daß jedes Amateurformat und annähernd überhaupt jede Aufnahme mit Hilfe elektronischer Bearbeitung in eine für Vorführungen brauchbare technische Qualität gebracht werden kann. Die Digitalisierung ermöglicht darüber hinaus die Kompatibilität sämtlicher Systeme und Formate der Bildspeicherung und -bearbeitung auf einem bisher nicht erreichten technologischen und kostengünstigen Stand.[364] Film- und medientheoretisch ist jedoch ein anderer Aspekt interessant. Die Verfahren digitalisierter Speicherung und Bearbeitung scheinen der letzte Schritt zu einer völligen Ablösung der Bilder von der Realität zu sein.

Man muß nicht der Vision der Industrial Light and Magic Studios von George Lucas nachhängen, die mit Hilfe digitalisierter Bildbearbeitung längst verstorbene Filmstars wieder zum Leben erwecken will. Wenige Muster reichen für die elektronische Generierung eines Schauspielers aus.[365] Man kann an einem weniger spektakulären Beispiel, dessen Bedeutung für den dokumentarischen Film unmittelbar evident ist, die qualitative Veränderung beim Übergang vom fotografischen zum elektronischen Bild demonstrieren.

»… der ganze Übergang von der Fotografie zur digitalen Information! In dem Moment, da man das Fernsehbild digital aufzeichnet, ist dieses Bild unendlich vervielfältigbar, ohne Qualität zu verlieren, und unendlich manipulierbar. Man weiß nie, was ist an dem Bild überhaupt noch wahr.
… Mit dem digital aufgezeichneten Bild kann man machen, was man will, ohne daß hinterher jemand sagen kann: Das stimmt ja gar nicht. Da steht ja eigentlich ein Haus. Schwupp, fünf Minuten später ist das Haus weg, da war auch nie eines gewesen. Die Information »Haus« ist ausgelöscht.
… Es gibt kein Original mehr. Es gibt auch kein Negativ mehr, auf Grund dessen man sagen kann: Aber hier, anfangs war das doch so, und jetzt hast du das da gemacht. Mit der digitalen Aufzeichnung ist das vorbei. Ein Filmnegativ kann man manipulieren, aber der Wahrheitsanspruch, den man an die Fotografie stellt, der ist noch berechtigt. Im digitalen Fernsehbild nicht mehr. Das Bild ist als solches kein Wahrheitsträger mehr.«[366]

Die Veränderbarkeit des elektronisch gespeicherten Bildes ist um ein Vielfaches größer als die des filmisch aufgezeichneten. Im Extremfall ist das elektronische

Bild überhaupt kein Abbild der Realität mehr. Wenn es diese noch zitiert, dann mehr zur Auratisierung der eigenen Authentizität. Auf keinen Fall in dem emphatischen Sinn, in dem Kracauer das fotografische Bild – und das Filmbild als dessen technische Erweiterung – als Errettung der Wirklichkeit beschwor. Das Verhältnis von Film und Video als Medien der Realitätsdarstellung hat in verschiedenen Filmen seit etwa fünfzehn Jahren Wim Wenders reflektiert.

4.1.3. Film und Video – Mediale Reflexionen

Blick aus dem Fenster eines Autos, das über eine Pariser Stadtautobahn fährt. Auf der Konsole der Frontscheibe ein portabler Kleinstmonitor, auf dem Bilder von einer Stadtautobahn in Tokyo zu sehen sind. Mit dieser Simultaneität und Austauschbarkeit von Bildern ist ein Hauptthema des Films *Aufzeichnungen zu Kleidern und Städten* von Wim Wenders gleich zu Anfang angesprochen. Vordergründig ist der Film ein in Tokyo und Paris entstandenes Porträt des japanischen Modedesigners und Besitzers eines effizient nach industriellem Vorbild organisierten Betriebs der Branche Yohji Yamamoto. Aber bereits zu der beschriebenen Eingangssequenz spricht Wenders aus dem Off einen Kommentar, in dem das Verhältnis von Bild und Abbild sowie der Begriff der Identität als Themen entwickelt werden. Wortspielerisch werden die Rolle der Mode für das eigene Bild eines Menschen von sich selbst und die aus der Mode gekommene Identität mit der Digitalisierung der Bilder, die zwischen Original und Kopie nicht mehr unterscheiden, als analoge Problemstellung des Kinoautors und des Modeschöpfers entwickelt.

»Woran erkennt man eine Identität?/ Wir machen uns ein Bild von uns selbst,/ wir versuchen, diesem Bild ähnlich zu sehen … / Ist es das?/ Der Einklang zwischen dem Bild,/ das wir uns von uns selbst machen und … / ja, … uns selbst?/ Wer ist das, ›wir selbst‹? Wir leben in den Städten,/ die Städte leben in uns …/ die Zeit vergeht./ Wir ziehen von einer Stadt in die andere,/ von einem Land in ein anderes,/ wir wechseln die Sprache,/ wir wechseln Gewohnheiten/ Wir wechseln Meinungen,/ wir wechseln die Kleidung,/ wir verändern uns./ Alles verändert sich./ Und zwar schnell./ Vor allem die Bilder,/ die Bilder um uns herum verändern und vervielfältigen sich/ mit rasender Geschwindigkeit,/ seit jener Explosion, die die elektronischen Bilder freigesetzt hat,/ die nun allüberall die Fotografie ersetzen./ Wir haben gelernt, dem fotografischen Bild zu vertrauen,/ können wir dem elektronischen Bild trauen?/ Mit der Malerei war alles noch einfach:/ Das Original war einzigartig, und jede Kopie daher eine/ Kopie, eine Fälschung./ Mit der Fotografie und dann dem Film wurde alles schon/ komplizierter: ›Das Original‹ war ein Negativ, ohne Kopie existierte es/ gar nicht,/ im Gegenteil: jede Kopie war ein Original./ Jetzt, mit dem elektronischen Bild, und bald dem digitalen,/ gibt es kein Negativ mehr, genausowenig wie ein Positiv,/ die Idee selbst vom Original ist hinfällig. Alles ist/ Kopie./ Jede Unterscheidung scheint reine Willkür.«[367]

Wenders hatte Videoaufnahmen zum ersten Mal in dem Film *Nick's Film – Lightning Over Water* verwendet. Der Film schildert einige Tage kurz vor dem Sterben des todkranken Nicholas Ray, den Wenders 1976 kennenlernte. *Nick's Film* beginnt im April 1979 mit einem Besuch von Wenders bei Ray in New York und endet im Juni des gleichen Jahres mit der Begräbnisfeier des Filmteams auf einer chinesischen Dschunke in der Hudsonbai vor der Silhouette Manhattans. Während Wenders Aufnahmen mit einer 35mm-Kamera gemeinsam mit Ray sorgfältig vorbereitete und inszenierte, nahm Tom Farrell, ein ehemaliger Student Rays, die Filmarbeiten selbst sowie weitere Ereignisse während des Besuchs von Wenders mit Video auf. Im Vergleich mit den artifiziellen Aufnahmen von Wenders wirken die nachträglich aufgeblasenen, aus der Hand aufgenommenen verwackelten Videobilder authentischer. Die Videobilder stellen nicht nur den Charakter der (Selbst-) Inszenierung der sauber ausgeleuchteten und eingerichteten 35mm-Bilder in Frage, sondern zeigen, daß es sich um Aufnahmen mit einem sterbenden Menschen handelt. Die Filmbilder ihrerseits begrenzen den Voyeurismus der dokumentarischen Aufnahmen mit der Videokamera, die alles mit der größten Präzision und Ausdauer aufzeichnet. Wenders setzt die Videobilder betont gegen die 35mm-Bilder ein und nennt sie einen »Krebs innerhalb des Films«.[368]

Während Wenders in einem Interview mit Wolfram Schütte noch 1982 die Videoversuche Godards für gescheitert hielt,[369] fällt in dem 1988/89 entstandenen Film *Aufzeichnungen von Kleidern und Städten* der unbefangene Umgang mit der Videotechnik auf. Im Vordergrund steht für Wenders im Vergleich mit der Filmkamera die extreme Vereinfachung der technischen Handhabung und die hohe Operativität der Videotechnik. Wenders fragt sich, ob nicht die Videotechnik eine besondere Affinität zur Mode besitzt.

»Hinter meiner kleinen 35-mm-Kamera kam ich mir vor,/ als ob ich mit einem uralten Instrument umginge, und mit/ einer ›klassischen Sprache‹./ Da die Eyemo nur Tageslichtspulen von 30 Metern annahm,/ die ich jeweils nach einer Minute schon wechseln mußte,/ fand ich mich immer häufiger hinter der Videokamera/ die ihrerseits immer einsatzbereit war,/ was mir erlaubte, Yohji's Arbeit in ihrer realen Zeit zu/ verfolgen und aufzuzeichnen. Die Sprache der Videokamera war nicht ›klassisch‹, eher ›effizient‹ oder ›nützlich‹. Zu/ meinem Entsetzen waren die Videobilder mitunter sogar/ ›richtiger‹,/ so als ob sie besseren Zugang zu den Dingen vor der Kamera/ hätten,/ ja, als ob dieses Video eine gewisse Affinität zur Mode/ hätte.«[370]

Im Unterschied zur Filmkamera ist die kleine Videokamera bei der Beobachtung der Arbeit Yamamotos und der Mannequins als weniger aufdringlich und störend empfunden worden. Die geringe Größe und das geringe Gewicht der Videokameras erlauben eine unauffällige Beobachtung von privaten Bereichen und Verhaltensweisen, in die die Filmkamera immer nur störend eindringen kann.

»Nach und nach, und eigentlich gegen meinen Willen,/ begann ich, die Arbeit mit meiner Videokamera zu/ schätzen. Mit der Filmkamera hatte ich immer das/ Gefühl, ein Eindringling zu sein, zu stören./ Sie machte ›zu viel Eindruck‹ sozusagen,/ während die Videokamera niemanden allzusehr beeindruckte/ und auch nicht störte. Sie war einfach da, ganz ungeniert.«[371]

Im Unterschied zu den Beobachtungen der Arbeit werden die Gespräche und Interviews mit Yamamoto vor dem Hintergrund von Paris mit der Filmkamera aufgezeichnet. Aber für die Darstellung vor allem der nächtlich grellen Neonreklame der modernen Supermetropole Tokyo, die er als traditionsloses und futuristisches Durcheinander empfindet, erscheint Wenders das elektronische Medium als angemessener. Während Wenders in dem zwischen 1983 und 1985 entstandenen Film *Tokyo-Ga* »Bilder vielleicht oder Menschen sogar« suchte, die von den Darstellungen der Stadt und der japanischen Lebensweise in den Filmen Ozus übriggeblieben waren, war ihm Tokyo mit seiner permanenten Reizüberflutung durch elektronische Medien als endlose und zusammenhanglose Abfolge von Bildern erschienen, in der er keine Ordnung erkennen konnte. Nichts schien übrig von den streng stilisierten Darstellungen Ozus und allein die elektronische Videokamera war dem Chaos gewachsen.

» … daß ein ›gültiges Bild‹ dieser Stadt durchaus/ ein elektronisches Bild sein könnte,/ nicht nur meine so ›heiligen‹ Filmbilder auf Celluloid./ In ihrer eigenen Sprache erfaßte die Videokamera/ Tokyo in einer dieser Stadt ganz angemessenen Weise./ Ich war platt./ Eine Bildsprache/ war demnach doch nicht das Privileg des Kinos!«[372]

Auf der Suche nach Vorbildern einer Identität, in denen der symbolische und der funktionale Wert der Kleidung sowie die Existenz der Welt und ihre bildliche Darstellung übereinstimmen, entdecken Wenders und Yamamoto ihr gemeinsames Interesse an August Sander. In *Aufzeichnungen zu Kleidern und Städten* erwägt Wenders, ob nicht das elektronische Medium ein Bild des Menschen im zwanzigsten Jahrhundert zeigen kann wie der Fotoapparat eines August Sander oder die Filmkamera eines John Cassavetes. Wenn also die Sprache der Bilder nicht allein das Privileg des Kinos ist, müssen Begriffe wie Identität, Sprache, Autor neu bestimmt werden.[373]

Sehr sicher scheint sich Wenders nicht zu sein. Bereits in seinem nächsten Film, dem nach mehrjähriger Vorbereitung realisierten Spielfilm *Bis ans Ende der Welt* ist die Skepsis gegen das elektronische Medium deutlich spürbar. In diesem Film, dessen Handlung in naher Zukunft um die Jahrtausendwende spielt, reist ein Mann, verfolgt von Geheimdiensten, Industriespionen und Kopfgeldjägern um die Welt, um Aufnahmen mit einer Spezialkamera zu machen, deren Bilder Blinde sehen können. Was vordergründig wie ein unentschiedenes compositum mixtum zwischen Science Fiction, Thriller und Liebesgeschichte erscheint, ist eine Reflexion über das Sehen und den Umgang mit Bildern. Die Spezialkamera nimmt nicht nur die Dinge vor dem Objektiv auf, sondern auch den Akt des Sehens als Gehirnaktivität des Kameramanns. Sowohl das objektive Bild der Kameraaufzeichnung als auch das subjektive der Wahrnehmung werden aufgezeichnet und in einen Computer eingegeben. Während der Kameramann die Aufnahmen auf einem Monitor verfolgt, zeichnet der Computer erneut die Wahrnehmung des Kameramanns beim Wiedersehen der Bilder auf. Durch einen Vergleich mit den ursprünglichen Informationen filtert der Computer die Daten heraus, die als Akt des Sehens und der Erinnerung das subjektive Bild ergeben. Auf der Grundlage des Datenvergleichs überträgt der Computer die für die Bildkonstruktion notwendigen Informationen auf die Sehrinde der Blinden. In einem Versuch gelingt es, die Funktion der Kamera umzukehren und Träume sichtbar zu machen. Der Mann und seine Geliebte führen das Experiment an sich selbst durch und geraten zunehmend in süchtige Abhängigkeit von den Bildern. Die Frau wird von einem Freund, der ihr nachgereist ist, dem Einfluß der Bilder entzogen und gerettet, indem sie das Manuskript eines Romans liest, in dem ihre eigenen Erlebnisse beschrieben werden.

Wenders behauptete, im Vorfeld der Arbeit zu *Bis ans Ende der Welt* sämtliche Traumsequenzen der Filmgeschichte gesehen zu haben. Er fand, daß sie alle wie Filme, aber nicht wie Träume aussahen. Das brachte ihn auf die Idee, für die Gestaltung der Traumsequenzen High Definition Technologie zu verwenden. Dadurch sah er sich in die Lage versetzt, eine Bildsprache zu entwerfen, die mit filmischen Mitteln nicht herzustellen gewesen war. Wenders nutzte vor allem die Möglichkeit beliebiger Vervielfältigung und Überarbeitung des elektronischen Bildes, so daß Bilder mit fast einhundert übereinandergelagerten Schichten entstanden.[374]

Das High Definition Television (HDTV/hochauflösendes Fernsehen) zeichnet sich gegenüber dem herkömmlichen Fernsehbild durch eine etwa doppelt so hohe Anzahl von Zeilen aus, die ein Bild zusammensetzen. Dadurch erhält das elektronische Bild eine ähnliche Schärfe und Auflösung wie das Filmbild. Darüber hinaus zeichnet sich HDTV durch ein Bildformat aus, bei dem sich Länge zu Höhe wie 16:9 verhalten, was an das Kinobreitwandformat angenähert ist. Aber erst zusätzliche Merkmale wie Mehrkanalton, Großbildwiedergabe (etwa die fünffache Fläche gegenüber heutigen Bildern), hohe Farbtreue sowie große Helligkeit und optimale Grauwertabstufung definieren HDTV. Alle diese Eigenschaften zusammengenommen charakterisieren jedoch nicht die Basistechnik, von der Wenders bei der Gestaltung der Traumsequenzen profitierte, nämlich die digitalisierte Bildspeicherung und -bearbeitung. Denn HDTV ist nichts anderes als digitales Fernsehen.[375]

Die 1991 im Kino erschienene Version des Films *Bis ans Ende der Welt* ist mit ziemlich genau drei Stunden Spieldauer sehr viel kürzer als die von Wenders vorgesehene, die etwa sechs Stunden lang sein sollte. Ausführlicher sollte darin dargestellt werden, wie der Mann von seiner Bildersucht geheilt wird, indem er in der Landschaft sitzt und Gräser und Felsen zeichnet. Beide, der Mann und die Frau, werden also von ihrer Abhängigkeit von den mit hohem apparativem Aufwand hergestellten Bildern durch ältere Künste geheilt, deren technische Voraussetzungen sehr viel einfacher sind.

Als Reflexion über den Umgang mit Bildern und vor allem über die Veränderung des Zusammenhangs von Bildern, Realitätsdarstellung und -erfahrung sowie künstlerischem Ausdruck durch die Entwicklung digitalisierter Verfahren der Bildspeicherung und -bearbeitung ist *Bis ans Ende der Welt* skeptischer als die *Aufzeichnungen zu Kleidern und Städten*. Wenders nutzt zwar die technischen Möglichkeiten der elektronischen Bildbearbeitung. Im Kontext der Geschichte sind die auf diese Weise erzeugten Bilder aber durch ihre suchtauslösende Suggestion eindeutig negativ besetzt.

Wenn jedoch die technisch einfachere Produktionsweise der Literatur und der Malerei als Heilmittel gegen die Suggestivkraft elektronischer Bildproduktion und -präsenz empfohlen wird, wirkt die filmische Reflexion von Wenders in besonderem Maß naiv. Sie resultiert offensichtlich weniger aus einer angemessenen Auseinandersetzung mit der technisch-ökonomischen Entwicklung als vielmehr aus einer nostalgischen und sentimentalen Verklärung früherer Formen literarisch-künstlerischer Produktion. Das gilt entsprechend und besonders für die Interpretation der Fotografien von August Sander. Daß die an Berufsständen orientierte und zyklischen Geschichtsvorstellungen verpflichtete Anlage der Fotografien von Sander, die Übereinstimmung der Existenz der Welt mit ihrer bildlichen Darstellung belegen, ist realgeschichtlich nicht zu begründen und hält auch einer historisch-kritischen Betrachtung der Aufnahmen nicht stand.[376]

Die Sprache des elektronischen Bildes bezeichnet Wenders im Vergleich mit der klassischen des Films als effizient, simpel und primitiv.[377] Aber wie die auf Video aufgenommenen Bilder von Tokyo eine gültige Darstellung der Stadt ermöglichen, wird nicht erkennbar. Die Sprache der elektronischen und digitalisierten Bilder müßte sich auch in der Gestaltung des Films erkennen lassen, was bei Wenders jedoch nur sporadisch der Fall ist. Neben der Beweglichkeit und Unauffälligkeit der Videokamera bei der Beobachtung Yamamotos setzt Wenders vor allem die miniaturisierte elektronische Technik für den Bildaufbau ein. Auf portablen Kleinstmonitoren erscheinen elektronisch aufgezeichnete und wiedergegebene Bilder im Filmbild. Das erweckt in der Eingangssequenz während der Fahrt über die Stadtautobahn den Eindruck, daß die Bilder und die Orte ihrer Aufnahme beliebig und austauschbar werden, weil auf dem Monitor die gleiche Fahrt über eine Stadtautobahn an einem anderen Ort zu sehen ist wie im Film. Die Bilder verlieren einen wiedererkennbaren Zusammenhang mit der dargestellten Realität. Die verdoppelnden Arrangements konstituieren eine künstlich-synthetische Wirklichkeit, in der Paris und Tokyo ununterscheidbar eins werden. Die Bilder als Zeichen scheinen sich von der Wirklichkeit völlig abgelöst zu haben und zur beliebigen Verwendung zur Verfügung zu stehen. Die eingefügten Kleinstmonitore verdeutlichen aber auch den Bildcharakter des Dargestellten. Indem durch den Monitor die konstitutive Bedeutung des Rahmens für das Bild hervorgehoben wird, wirkt die Gestaltung des Bildaufbaus distanzierend und reflexiv.

Ähnlich wird am Anfang des Films mit der Kadrierung des Bildes gespielt. Zu sehen sind schwarze und weiße Punkte, die auf der Leinwand tanzen. Der Zuschauer kennt das als »Schnee« vom Fernsehen, das nichts mehr sendet, oder von einem unbespielten Videoband. Trotzdem löst das Bild im Film einen Moment Irritation aus. Vielleicht deswegen, weil der Zuschauer nicht gewohnt ist, das zum Bildschirmformat verkleinerte, aus der häuslich-privaten Umgebung bekannte Bild die Kinoleinwand füllend groß zu sehen. Der »Schnee« als das Nicht-Bild des Fernsehens erscheint im Kino als Bild, über das in roten Buchstaben der Titelvorspann des Films läuft.

Den distanzierenden Effekt des Bildaufbaus mit Kleinstmonitoren nutzt auch der Film *Der Pannwitzblick* von Didi Danquart. Der Titel des Films ist in Anlehnung an den Namen einer Person aus Primo Levis Buch »Ist das ein Mensch?« gebildet. Levi beschreibt an einer Stelle die Selektionsprozedur, der er als KZ-Häftling unterzogen wurde. Entweder kommt er in die Gaskammer oder er wird dazu bestimmt, in den dem KZ angegliederten Buna-Werken zu arbeiten. Zu entscheiden hatte darüber ein Chemiker namens Dr. Pannwitz. Levi beschreibt dessen Blick als einen Schlüssel zum Verständnis des Wahnsinns des Dritten Reiches. Es ist ein Blick, der den Häftling vollkommen entmenschlicht und ganz selbstverständlich davon ausgeht, daß es zweckmäßig ist, ihn auszurotten. Lediglich in diesem besonderen Fall versucht dieser Blick herauszufinden, ob nicht irgendein verwertbarer Faktor vorhanden ist. Es ist ein Blick, »der wie durch die Glaswand eines Aquariums zwischen Lebewesen getauscht wurde, die verschiedene Elemente bewohnen.«[378]

Der Film *Der Pannwitzblick* erschien zu einem Zeitpunkt, als in Deutschland, angeregt durch Hans Henning Atrott, den Geschäftsführer der Deutschen Gesellschaft für Humanes Sterben, und den australischen Philospohen Peter Singer, eine

Euthanasie- und Eugenikdebatte geführt wurde. Dennoch soll der Film nach Darstellung seines Regisseurs Danquart keine visuelle Aufarbeitung dieser Debatte sein. Vielmehr führt *Der Pannwitzblick* einen filmischen Diskurs über Blicke und Bilder.

Historischer Anküpfungspunkt ist der Nationalsozialismus, der sein Euthanasieprogramm auch durch Filme propagagierte. Der bekannteste dieser Filme ist der Spielfilm *Ich klage an*. Daneben gibt es eine Reihe von Filmen, die u. a. im Auftrag des Rassenpolitischen Amtes und der Reichspropagandaleitung mit einem dokumentarischen oder wissenschaftlichen Gestus hergestellt wurden. Aus diesen Filmen zitiert *Der Pannwitzblick* und versucht, ihren agitatorischen Zynismus deutlich zu machen. Die Inszenierung der Spielfilmsequenzen wird durch Standfotos aufgelöst, die die triviale Sentimentalität des Films auf die Ebene des Fotoromans verweisen soll.[379]

Neben diesem propagandistisch-agitatorischen Filmmaterial enthält *Der Pannwitzblick* Ausschnitte aus Filmen, die von der Deutschen Gesellschaft für Humanes Sterben zu Werbezwecken hergestellt wurden. In zwei Sequenzen ist der Geschäftsführer der Gesellschaft im Gespräch mit einer Frau zu sehen und zu hören, die um Sterbehilfe bittet. Atrott fragt suggestiv und läßt sich die Tätigkeit der Gesellschaft als humanitäre Hilfe bestätigen. Diese Filmausschnitte sind in einem Monitor während einer seitlichen Kamerafahrt durch eine Landschaft zu sehen.

Ein Lehrfilm, von der Berliner Charité 1939 aufgenommen, mit dem Titel *4 1/2jährige Microcephalin* wird in ähnlicher Weise durch ein in einer Kamerafahrt aufgenommenes Monitorbild verfremdet. Gefilmt wurde um 1940 an der Charité auf fast allen Gebieten der Neurologie und Psychiatrie. In dem genannten Film wird ein Mädchen gezeigt, an dem durch eine Pflegerin gezielt die krankhaften Reflexe ausgelöst werden. Zwischentitel bezeichnen in medizinischer Fachterminologie die Reaktionen. Der Film ist stumm. Kommentiert wird die Sequenz in Danquarts *Der Pannwitzblick* durch Theresia Degener, die aus dem Off ihre Erlebnisse mit Ärzten, Prothesenbauern und Krankengymnastinnen schildert. Ihre Erzählung gibt dem Mädchen vor der Kamera eine Stimme. Theresia Degener selbst kam als Folge einer Contergansschädigung ohne Arme auf die Welt. In ihrer Kindheit wurde versucht, ihr Prothesen anzulegen. Ein 1965 entstandener Film dokumentiert die medizinisch-gymnastischen Versuche. Der lieblose Umgang mit dem Mädchen und die

Distanz des Kamerablicks unterscheiden sich kaum von dem in der Charité entstandenen Lehrfilm. Auch die Aufnahmen der kleinen Theresia erscheinen in einem Monitor.

Dadurch, daß die Sequenzen des Gesprächs zwischen Atrott und der an multipler Sklerose erkrankten Frau, die Aufnahmen aus der Charité und von der kleinen Theresia in einem hinsichtlich Aufbau und Kameraführung ähnlich gestalteten Filmbild in einem verkleinerten Monitor zu sehen sind, wird über die formale Ähnlichkeit der Gestaltung eine Verbindung zwischen den einzelnen Sequenzen hergestellt. In allen diesen Aufnahmen wird ein Blick auf kranke oder behinderte Menschen sichtbar, den der Zuschauer als kühl, distanziert, professionell, in der Konsequenz aber als unmenschlich empfindet. Durch die im Filmbild sichtbare Begrenzung des Monitorbildes erscheint der in den zitierten Filmen repräsentierte Blick selbst jedoch als begrenzt. Der Anspruch auf wissenschaftliche Objektivität wird durch die sichtbare Kadrierung relativiert. Der Zuschauer nimmt diese Begrenzung sinnlich durch den Aufbau des Filmbildes wahr und ist nicht der Suggestion der propagandistischen oder wissenschaftlich-demonstrativen Aufnahmen ausgesetzt.[380]

Sind die beschriebenen Gestaltungen des Bildaufbaus, die durch die Integration mehrerer Bildebenen in einen Rahmen gekennzeichnet sind, als Sprache der elektronischen Bilder zu verstehen? Wenders hat sich hierzu nicht geäußert. Angesichts der Vielzahl und Unüberschaubarkeit der Videoproduktion insgesamt erscheint es willkürlich, einzelne Beispiele als Belege für die besondere Bildgestaltung herauszugreifen. Trotzdem gibt es keine andere Möglichkeit, wenigstens exemplarisch Tendenzen des dokumentarischen Videos beschreiben zu können.

Auffallend ist, daß sehr viele Videos technisch bei der elektronischen Bildbearbeitung einfach herzustellende Effekte des Screensplits für die Bildgestaltung nutzen. Während das vom Züricher Videoladen koproduzierte Band + *Alles andere* eher ironisch verspielt konventionelle Aufnahmen von einer Podiumsdiskussion zwischen Karrierefrauen am oberen Bildrand mit einer zusätzlichen Bildleiste auflockert, präsentiert sich die Bildgestaltung des nur wenige Minuten langen *(It was) Just a Job* von dem in der Schweiz lebenden Iraker Samir als komplexe Reflexion von Medienrealität. Die linke Hälfte des Bildes zeigt in einer endlos sich wiederholenden Schleife Videobilder, mit denen amerikanische Bomberpiloten während des

Krieges gegen den Irak ihre Ziele anvisierten. Die Bilder sind von den Fernsehausstrahlungen bekannt. Auf der rechten Hälfte des Bildes sind Aufnahmen des Autors von einem Verwandtenbesuch in Bagdad zu sehen. Aus dem Off wird ein Brief auf Arabisch vorgelesen. Zentrale Begriffe, die das soziale und kulturelle Selbstverständnis der Iraker beschreiben, erscheinen in Lautschrift mit englischer Erläuterung als Leuchtschriftuntertitel im Bild.

Die in der Bildgestaltung vergegenständlichte Reflexion findet auf mehreren Ebenen statt. Der Zuschauer sieht die Bilder, mit denen die technologische Überlegenheit der alliierten Kriegsführung gegen den Irak medienwirksam weltweit demonstriert werden sollte. Die Simultaneität der Aufnahmen aus dem Alltag unterminiert aber die beabsichtige Wirkung der Demonstration, indem die Ziele des Angriffs als menschlich gezeigt werden. Die Gegenüberstellung der beiden Aufnahmen repräsentiert auch die widersprüchlichen Verwendungsmöglichkeiten derselben Technik. Im einen Fall dient sie der spektakulären Inszenierung des Krieges, im anderen der Dokumentation, deren intimer Charakter durch den Brief unterstrichen wird. Auf diese Weise demontiert *(It was) Just a Job* medial kreierte Feindbilder, indem das gleiche Medium zur Darstellung von Menschen genutzt wird.

Während die zuletzt beschriebenen Videos die Möglichkeiten der Technik als Spielraum der Montage von Bildräumen nutzen, integrieren Danquart und Wenders die Monitore in den für die Filmkamera inszenierten Spielraum. Wenders nutzt die in das Filmbild integrierten Monitore, um die Simultaneität der Ereignisse zu zeigen, wenn er im oberen Drittel des Bildes die Füße der Mannequins bei der Präsentation der Kleider und darunter auf zwei Monitoren das Gesicht Yamamotos zeigt, der konzentriert und gespannt die Veranstaltung verfolgt. Der klassische Filmschnitt würde diese Szene in eine Parallelmontage mit Gegenschußaufnahmen (reaction shots) auflösen, in denen der Gesichtsausdruck des Designers als Reaktion auf die Präsentation der Mannequins und die Äußerungen der Zuschauer gezeigt würde. Um den Authentizitätseindruck der Aufnahmen zu steigern, könnte ein dokumentarischer Film im strengen *Direct Cinema*-Stil zwischen dem Gesicht Yamamotos, der Präsentation der Kleider und der Reaktion des Publikums ungeschnitten hin und her schwenken. Sehr viel unwahrscheinlicher wäre dagegen eine Aufnahme, in der die ganze Szene im Überblick zu sehen ist. Der für diese Aufnahme notwendige Abstand zum Ereignis würde weder Gesten noch Mimik in erkennbarer Größe abbilden. Wenders betont mit seinem Verfahren die Simultaneität der Ereignisse.

Übereinstimmend handelt es sich sowohl bei den Screensplitverfahren als auch bei den in den Aufbau des Filmbildes integrierten Monitoren um eine Steigerung der Komplexität des filmischen Raumes, so daß man die »Verräumlichung des bewegten Bildes« als ein spezifisches Element der elektronischen Bildsprache definieren könnte.[381] Besonders Wenders, dessen Kommentar die elektronische Bildaufzeichnung und -gestaltung in einen manchmal plakativen und aufdringlichen Zusammenhang mit philosophisch-spekulativen Fragen der Identität und visuellen Wirklichkeitsdarstellung bringt, entwickelt kein Konzept einer elektronischen Bildsprache und scheint sich von seinen Videoversuchen schon wieder zu distanzieren.[382]

Man kann die schwankende Haltung von Wenders gegenüber dem Video als Unsicherheit gegenüber einem neuen und unbekannten Werkzeug interpretieren. Während traditionelle Werkzeuge ihrer Gewohnheit gemäß gebraucht werden, geht von neuen eine große Faszination aus, weil ihr Gebrauch nicht festgelegt ist. Sie bergen unbekannte Virtualitäten in sich und erlauben Befreiungsaktionen. Video modifiziert die traditionellen Gesten der Fotografie und des Films, stellt aber auch eine völlig neue, zuvor nie beobachtete Geste dar. Aus diesem Grund eignet es sich besonders gut, »um die existentielle Krise zu ›entziffern‹, die wir gegenwärtig durchleben.«[383]

Video ist entwickelt worden, um dem Fernsehen zu dienen. Während Fernsehen in seinen Anfängen ein Live-Medium war, weil die technischen Bedingungen gar nichts anderes zuließen, wenn nicht auf Film als Speichermedium produziert wurde, wurde die Entwicklung des Video als technisches Verfahren elektromagnetischer Speicherung vorangetrieben, um Programme vor der Ausstrahlung aufzeichnen zu können. Die Aufzeichnung erlaubte die vorgängige Ausarbeitung und Zensur der Programme sowie ihre zeitversetzte Ausstrahlung.[384]

Von seinem ursprünglichen Zweck abgesehen, ermöglichen die technischen Bedingungen des Video eine Täuschung der Augen, die der des Films ähnlich ist. Allerdings handelt es sich um eine Täuschung mit völlig anderen Möglichkeiten. Während die Bewegung als zeitliche Dimension des Films das Resultat einer optischen Täuschung ist, indem einzelne Bilder mit einer solchen Geschwindigkeit projiziert werden, daß sie dem Auge als eine natürliche Bewegung erscheinen, sind die Täuschungs- und Manipulationsmöglichkeiten des Video näher an der Wirklichkeit der Szene, weil die zeitliche Distanz zwischen der Aufnahme und der Wiedergabe der Bilder verschwindet. Die Darstellung der Szene und ihre Wiedergabe mit dem Video überschneiden sich.

Von der Geste des Fotografierens unterscheidet sich die des Videografierens darin, daß dieses nicht in der Weise der Fotografie zwischen Subjekt und Objekt trennt. Während der Fotograf gezwungen ist, eine endgültige Entscheidung zu fällen, um eine Szene in Fotografien zu verwandeln, befindet sich der Videofilmer sowohl vor dem Monitor wie vor der Szene. »Woraus folgt: Seine Entscheidungen werden nicht ebenso verdinglichend wie die des Fotografen sein.«[385]

Weil die Teilnehmer einer aufgezeichneten Szene diese unmittelbar sehen können, ermöglicht Video im Vergleich zum Film, daß die Teilnehmer der Szene, nicht mit der gleichen Notwendigkeit nur Schauspieler wie beim Film sind, sondern »sie sind gleichzeitig Subjekte und Objekte, Gespeicherte und Speichernde. Das Band eröffnet einen Dialog zwischen sich selbst und der Szene, der Film dagegen ist ein Diskurs über die Szene und verbietet folglich jeden unmittelbaren Dialog. Das Videoband ist ein dialogisches Gedächtnis.«[386]

Während der Film und die Leinwand als seine Projektionsfläche in der Tradition der Malerei stehen, sind der Monitor und das Fernsehen eine Weiterentwicklung spiegelnder Oberflächen. »Das Video befindet sich auf einem anderen Ast des genealogischen Bildbaumes als das Kino. Diese Differenz gilt es sichtbar zu machen, um Video und TV aus der Herrschaft zu befreien, die das Modell des Films über sie ausübt.«[387]

Während der Film in der Tradition der Kunst ein Werkzeug der Repräsentation ist, stellt das Video in der Tradition der Wissenschaft ein epistemologisches Werkzeug dar, mit dem man präsentieren, spekulieren und philosophieren kann. Diese virtuellen Möglichkeiten müßte Video unabhängig von seiner ursprünglichen Funktion entwickeln, dem Fernsehen als Speichermedium zu dienen. Seine volle Potenz entfaltet das elektronische Medium Video aber erst in einem institutionellen Zusammenhang, der seine Dominanz in einem gesellschaftlichen Diskurs garantiert. Das ist im wesentlichen und vor allem, zumindest so weit es um den dokumentarischen Film und die mediale Wirklichkeitsvermittlung geht, das Fernsehen.

4.2. Fernsehen

> Den Generationen, die
> mit dem Fernsehen auf-
> gewachsen sind, fällt es
> schwer, Film als ein Medium
> sui generis zu sehen.
> *Christian Doelker*

4.2.1. Fernsehen und Wirklichkeit

4.2.1.1. Rumänien, Dezember 1989 – *Videogramme einer Revolution*

Im Herbst und Winter 1989 schienen sich die Ereignisse zu überstürzen. Begonnen hatte es mit Bewegungen, die die Ausmaße einer Massenflucht von DDR-Bürgern über Ungarn und die Tschechoslowakei in den Westen anzunehmen drohten. In der Tschechoslowakei selbst wurden die Protagonisten des Prager Frühlings rehabilitiert und ehemals verfemte Prominente der Bürgerrechtsbewegung stiegen in offizielle Funktionen auf. Während in der DDR die politischen Orientierungen im Rhythmus der Montagsdemonstrationen zu wechseln schienen, bereitete sich in Rumänien die vielleicht spektakulärste und am wenigsten erwartete Veränderung vor. Denn die Situation in Rumänien zeichnete sich durch die fast dreißigjährige Diktatur Ceausescus und seines Clans aus, der vor den durch die Solidarnosc-Gewerkschaftsbewegung in Polen und die Politik der Perestrojka in der Sowjetunion eingeleiteten Veränderungen in Osteuropa als Günstling von den westlich-kapitalistischen Ländern hofiert worden war. Als sich die Ereignisse in Rumänien zuspitzten, spielte das Fernsehen eine besondere Rolle.

Aus über hundert Stunden Videoamateurmaterial und Fernsehaufzeichnungen haben Harun Farocki und Andrej Ujica den Kompilationsfilm *Videogramme einer Revolution* hergestellt, in dem die Ereignisse rekonstruiert und die Rolle der Medien bei den revolutionären Umwälzungen thematisiert wird. Ujica wurde 1951 in Temesvar geboren. Seit 1981 lebt und arbeitet er als Dozent für Literaturwissenschaft in Deutschland. Er hat gute Kontakte zu rumänischen Freunden, die den Zugang zu Fernseharchiven und den Aufnahmen von professionellen Kameraleuten und Videoamateuren ermöglichten. Die Bearbeitung des Materials folgt der Chronologie der Ereignisse ziwschen dem 21. und 26. Dezember 1989.

Die Unruhen begannen politisch und geographisch an der Peripherie, in Temesvar, einer Stadt an der Grenze Rumäniens zu Ungarn, und erschienen als ethnischer Konflikt in der Form eines Kampfes gegen die Verbannung des ungarischen Pastors László Tökés. Um die durch die Ereignisse in Temesvar hervorgerufenen landesweiten Proteste in den Griff zu bekommen, ließ Ceausescu am 21. Dezember 1989 in Bukarest eine Großveranstaltung organisieren, bei der er vom Balkon des Gebäudes des Zentralkomitees zu den Menschen sprach. Das Fernsehen übertrug die Veranstaltung live.

Sichtlich irritiert von irgendwelchen Vorgängen auf dem Platz vor dem Gebäude des Zentralkomitees weicht Ceausescu von seinem Redemanuskript ab. Die Bewegung auf dem Platz steigert sich zum Protest. Die frontal auf Ceausescu gerichtete Kamera wackelt. Es gibt eine Bildstörung. Dann wird die Übertragung unterbrochen. Auf dem Bildschirm erscheint ein Unterbrechungszeichen des staatlichen rumänischen Fernsehens. Während die Zuschauer auf dem Tonkanal hilflose Rufe Ceausescus durchs Mikrophon hörten, arbeiteten die Aufzeichnungsgeräte der Übertragungswagen weiter. In dem Film *Videogramme einer Revolution* ist das Unterbrechungszeichen des rumänischen Fernsehens in einem Bildausschnitt, der in der linken unteren Ecke etwa ein Viertel des gesamten Bildes einnimmt, zu sehen. Den Rest des Bildes nehmen die Bilder ein, die die Kameraleute des staatlichen Fernsehens während der Störung aufgenommen haben. Die Kameraleute hatten Anweisung, bei unvorhergesehenen Vorfällen zum Himmel zu schwenken.

Die visuell und akustisch aufgezeichnete Irritation, die für einen Moment die Routine der Live-Berichterstattung des Fernsehens durcheinanderbringt, ist vielleicht der authentischste Ausdruck der historischen Dimension der Ereignisse. Für die Zuschauer erscheint dieses Ereignis als Fernsehpanne. Als Ceausescu, umgeben von seiner Frau und Mitgliedern des Politbüros, seine Rede fortsetzt, sind Ton und Bild wieder synchron auf den Bildschirmen zu hören und zu sehen. Was war passiert?

Eine Kamera der Wochenschau hat, von einem anderen Standpunkt aus, die Ereignisse auf dem Platz während Ceausescus Rede aufgezeichnet. Zu erkennen ist auf den Aufnahmen dieser Kamera, daß ein Teil der Menschenmenge den Platz während der Rede verläßt. Ein anderer Teil drängt zum Eingang des Gebäudes des Zentralkomitees. Schließlich zeigt diese Kamera, daß die Ordnung wiederhergestellt ist. Die Menge ist vom Eingang des Gebäudes zurückgedrängt. Was aber auf dem Platz während der Rede vor sich ging, lassen auch diese Aufnahmen nicht erkennen.

Die Rede vom Balkon des Zentralkomitees war Ceausescus letzter Live-Auftritt im Fernsehen. Während der Ceausescu-Clan sich auf einer vergeblichen Flucht befand, besetzten am 22. Dezember die Oppositionellen die Studios des staatlichen Fernsehens. Zwei Kameramänner des Fernsehens schmuggelten eine Kamera aus den Wartungsräumen heraus und nahmen die Ereignisse auf. Ein Mann, der sich zunächst als Oberst ausgegeben hatte, ergreift die Initiative. In hektischen Gesprächen mit den Verantwortlichen des Fernsehens wird die Verbreitung eines Kommuniqués verlangt, mit dem im ganzen Land zur Ruhe aufgefordert und die Armee als Ordnungskraft zur Zusammenarbeit mit den Aufständischen aufgerufen wird. Unter Ausschluß der Kamera wird hinter verschlossenen Türen über das Vorgehen verhandelt.

Für die Übertragung des Kommuniqués wird im Fernsehstudio eine dicht gedrängte Menschengruppe vor der Kamera aufgebaut. Während der Vorbereitung des Auftritts zeichnet eine Kamera die Verabredung des Arrangements auf. Einige Personen tragen die rumänische Nationalfahne. In ihrer Mitte befindet sich der vom Ceausescu-Regime als Dissident verfolgte Dichter Mircea Dinescu. Er kündigt einen Aufruf an das Volk an. Seine Ansprache endet mit einer Siegerpose der vor der Kamera gruppierten Menschen.

Es gibt kein anderes Medium, das mit ähnlicher Autorität und live in die Ereignisse eingreifen kann wie das Fernsehen. Zwar ermöglicht die massenweise Verbreitung von Videokameras auch außerhalb des institutionellen Zusammenhangs Fernsehen die Dokumentation historischer Ereignisse. Aber diese Dokumentationen erreichen weder nach Reichweite noch Wirkungsintensität die gleiche Macht wie das Fernsehen als Instanz der Realitätsvermittlung. Es gibt in *Videogramme einer Revolution* eine Sequenz, in der dieser Sachverhalt sinnfällig wird. Ein Videoamateur nahm die

Rede Ceausescus vom Bildschirm auf. Während der Rede schwenkt die Kamera vom Bildschirm durch das Fenster auf die Straße, so als suche sie auf der Straße nach den vom Platz vor dem Gebäude des Zentralkomitees strömenden Menschen.

In den weiteren Übertragungen des Fernsehens treten einige Generäle auf, die sich mit der Aufforderung an namentlich genannte Kollegen wenden, mit dem Gemetzel aufzuhören. Abwechselnd wird aus dem Studio und dem Gebäude des Zentralkomitees übertragen. Ein politisches Programm wird formuliert, über dessen Forderungen ebenso kontrovers diskutiert wird wie über den Namen der Revolutionsbewegung. Durch Titeleinblendungen wird der Zuschauer des Films *Videogramme einer Revolution* über Namen und Funktion einzelner Männer informiert. Eine unübersichtliche Lage entsteht, als die Generäle Vlad von der Securitate und Guse von der Armee telefonisch Informationen einholen. Hubschrauber, über die niemand Befehlsgewalt hat, sollen im Einsatz sein. Nachrichten über Zahlen von Opfern, über die Bewaffnung und strategische Überlegenheit der gefürchteten Geheimpolizei Securitate, über Massengräber und Kämpfe in Bukarest werden verbreitet. Nicu Ceausescu, der Sohn des Präsidentenehepaars, wird vorgeführt. Er soll von aufmerksamen Bürgern und Soldaten festgenommen worden sein. Die Fernsehkamera zoomt nahe an sein Gesicht heran. In einer Großaufnahme sind seine Augen zu sehen. Er wird beschuldigt, Kinder als Geiseln genommen zu haben. Der verhaftete Innenminister wird vorgeführt und aufgefordert, die Massaker zu stoppen. Offensichtlich schwer alkoholisiert, lehnt er jede Verantwortung und Einflußmöglichkeit ab.

Das Fernsehen diente in diesem Moment nicht als Medium der Berichterstattung von den Ereignissen, sondern bestätigte und legitimierte die revolutionären Umwälzungen. Gleichzeitig wurden über das Fernsehen Direktiven an die Bevölkerung ausgegeben. Nach der Unterbrechung des Fernsehprogramms und der Besetzung des Gebäudes des staatlichen Rundfunks präsentiert sich die revolutionäre Macht als heterogene Allianz von Fernsehen, oppositioneller Literatur und Armee. Nachrichten wurden verbreitet, die die öffentliche Meinung vor allem auch im Ausland für den Umsturz einnehmen sollten. Drei Monate später, im März 1990, wird »Le Monde diplomatique« von diesen televisionären Darstellungen als der bedeutendsten Fälschung seit der Erfindung des Fernsehens sprechen.[388] Da von Anfang an mit gefälschten Nachrichten gearbeitet wurde, müssen alle Verlautbarungen und Darstellungen über die Flucht, Gefangennahme und Hinrichtung der Ceausescus mit Skepsis beurteilt werden. Sicher scheint nur zu sein, daß am 25. Dezember 1989 in einer Kaserne außerhalb Bukarests der Prozeß stattgefunden hat.

Am 25. Dezember 1989 um 15.00 Uhr wird im Fernsehen ein Kommuniqué mit fünf Punkten verlesen, in denen Anklage gegen Nicolae und Elena Ceausescu erhoben wird. Die Verlautbarung endet mit der Mitteilung, daß die Angeklagten für schuldig befunden und durch Erschießung hingerichtet wurden. Die vom Sprecher für eine spätere Sendung angekündigten Bilder der gefangenen Angeklagten erscheinen erst um 1.30 Uhr in der Nacht vom 25. auf den 26. Dezember.[389] Im Off wird ein im Wortlaut mit dem Kommuniqué vom Nachmittag weitgehend identischer Kommentar verlesen. Dazu sieht der Zuschauer Bilder des Ehepaars Ceausescu, das unter militärischer Bewachung aus einem gepanzerten Fahrzeug steigt. Die einzelnen Anklagepunkte werden verlesen, während Bilder einer ärztlichen Untersuchung von Nicolae Ceausescu zu sehen sind. Schließlich sieht der Zuschauer Nicolae und Elena Ceausescu auf einer durch zwei Tische improvisiert hergerichteten Anklagebank. Offensichtlich findet eine Verhandlung statt. Die Angeklagten sprechen. Andere Beteiligte am Verfahren wie Richter, Beisitzer, Verteidiger sind nicht zu sehen. Alle Aufnahmen sind ohne Originalton. Der Bericht endet mit der Wiederholung der Information, daß die Angeklagten für schuldig befunden und durch Erschießen hingerichtet wurden. Zuschauer reagierten und forderten, die Leichen der Hingerichteten zu sehen. Das Fernsehen bemühte sich, die Bilder zu bekommen. Demonstrativ wurde ein Redakteur bei einem Telefongespräch mit dem neu ernannten Innenminister der Front der Nationalen Rettung aufgenommen. Der Redakteur droht, die Zurückhaltung der Bilder als Zensurfall bekannt zu machen. Um 15.00 Uhr am 26. Dezember wird ein Film ausgestrahlt, in dem die Fesselung der Verurteilten und das Gesicht des exekutierten Nicolae Ceausescu zu sehen sind. Erst in der Nacht zum 27. Dezember wird die im Ton integrale Fassung des Videoprotokolls von der etwa einstündigen Gerichtsverhandlung ausgestrahlt. Die Aufnahmen von den Mitgliedern des Tribunals sind zu deren Schutz herausgeschnitten. Wenn sie während des Verhörs redeten, erschienen an ihrer Stelle Standbilder der Angeklagten.

Im Dezember 1989 hatte das rumänische Fernsehen Bilder vom Prozeß und von den Leichen der Hingerichteten nur im Stil eines »Fortsetzungsromans« dargeboten. Erst im April 1990 erscheint in Rumänien und in der französischen Fernsehanstalt TF1 eine angeblich ungekürzte und ungeschnittene Version des Videoprotokolls, das von dem Prozeß aufgenommen worden war. Die Darstellung der Ereignisse und die Strategie ihrer Veröffentlichung stehen in einem ambivalenten Verhältnis zu den Ereignissen selbst. Auf keinen Fall geben die Sendungen des rumänischen Fernsehens die Ereignisse unmittelbar wieder. Die Fernsehsendungen erscheinen vielmehr als Teil einer auf Wirkung kalkulierten Informationsstrategie, die sich parallel zur Inthronisation der Front der Nationalen Rettung unter Ion Iliescu an der Spitze des Staates änderte.[390] Das Gerichtsverfahren gegen Nicolae und Elena Ceausescu basierte vor allem auf den Fehlinformationen und aktuellen Falschmeldungen des Tages, die im Verlauf des Verfahrens in Form von Anklagepunkten, Vorwürfen und Inkriminierungen in die Nachrichtenkanäle eingespeist worden waren.

In dem Verfahren gegen die Ceausescus war von Anfang an die Rechtsbasis des Verfahrens zwischen dem Tribunal und den Angeklagten umstritten. Die Anklagepunkte wurden im Verlauf der Verhandlung geändert. Zuerst erhob der Staatsanwalt Anklage wegen Vergehens gegen das Völkerrecht. Später konfrontierte er die Angeklagten mit Verstößen gegen einzelne Paragraphen des rumänischen Strafrechts. Nach Auffassung der Angeklagten konnte das Gericht gar kein legitimierbares Urteil sprechen. Das war aber auch gar nicht das Ziel. Vielmehr ging es um ein Urteil, mit dem als Mitteilung und Nachricht operiert wurde. So war es weniger politische Vorsicht, die Anonymität der Richter und wichtigsten Beobachter zu wahren, sondern »durch die Schnitte, die nur die Ceausescus ins Bild holten, wurde über die mediale Logik das Dilemma der Rechtsinstituierung gelöst. Als der Gerichtsvorsitzende zu Beginn des Verfahrens das Tribunal zum Volksgericht erhob, sprach er unvermittelt die Frage der Referenz an, als sei sie geklärt. Doch tatsächlich hatte das Gericht nicht die geringste Legitimation. Die Videopräsentation des Gerichtsverfahrens machte nun das Volk am Ort seiner medialen Zeugenschaft effektiv zum Gegenpart der Angeklagten. Aus dem Off heraus sprachen die Staatsanwaltschaft und die Richter tatsächlich im Namen, im Pubilkumsnamen der televisionären Öffentlichkeit. Das Manko, das Dilemma der Referenz war durch diese Suggestion eines Tribunals im Hyperrealen der Raum/Zeit-Montage gelöst. Es bleibt unerheblich, ob dies auch von den Regisseuren des Prozesses geplant wurde: Die Sendungen am Dienstag, dem 26.12., die erst wenige Bilder und dann in einer Klimax immer ausführlichere Dokumente präsentierten, haben ganz den Charakter von Tests auf die kalkulierte Wirkung. Und ein weiteres Indiz spricht dafür, daß das Verfahren von vornherein als Fernsehstück geplant wurde. Denn die

Anklagepunkte, mit denen die beiden Ceausescus in den Schuldzustand versetzt wurden, formulierten eben nur zu einem geringen Teil juristisch begründete Vorwürfe. Das mediale Szenario machte die Ankläger zu anonymen Sprechern, zu Stimmgebern jenes Volkszorns, der nichts ist als ein massenpsychologisch organisierter Zustand von Haß und Aggressionsbereitschaft. Die Richterstimmen sprachen als ›Stimmen von‹ und der Richterspruch erging als Urteil im Namen des Volks(zorns). Ein Volk, das nicht spricht, zum Sprecher eines Urteils zu machen, war das Ziel der medialen und juristischen Montage. Der Schnitt, der alle Kameraschwenks auf Mitglieder des Gerichts unterbach, rückte jeden Fernsehzuschauer in die Richterposition vor den Angeklagten. Durch einen Medientrick wurde das Fehlen der Legitimation des Volksgerichts, die Leere der Referenz nachträglich reguliert. Die Sendung, die Übertragung machte das wahr, was das Verfahren allein nicht prozessieren konnte: ein Urteil im Namen des Volkes. Zum ersten Mal in der Geschichte errichtete ein revolutionäres Tribunal seine Macht im Namen des televisionären Publikumskörpers.«[391]

Die rumänische Revolution war televisionär in der Hinsicht, wie die Öffentlichkeit als Fernsehpublikum beteiligt wurde. Die Fernsehberichterstattung setzte das Publikum zu den Ereignissen nicht als Zuschauer, sondern als Teilnehmende in Beziehung, die allerdings auf den Ablauf der Ereignisse so wenig wie auf die Inszenierung ihrer Darstellung einen Einfluß hatten. Das Fernsehen stellte nicht nur einen zusammenhängenden Überblick zwischen den Ereignissen her, die der unmittelbaren Erfahrung des einzelnen Zuschauers gar nicht zugänglich waren. Vielmehr legitimierte es die realhistorischen Ereignisse durch ihre Inszenierung auf dem Bildschirm. Der Kampf um die politische Macht entschied sich als Kampf um die televisionäre Präsenz. Der rumänische Staatsumsturz war gegenüber seinen historischen Vorbildern der erste, bei dem die getrennten Akte der Proklamation der Freiheit, die Eröffnung eines Tribunals gegen den gestürzten Dikatator und seine Verurteilung vor einer über das Medium Fernsehen homogenisierten Öffentlichkeit abgewickelt wurde.

4.2.1.2. Der Golfkrieg als Fernsehereignis

Die Berichterstattung des rumänischen Fernsehens, wie sie in *Videogramme einer Revolution* reflektiert wird, zeigt den Effekt, der eintritt, wenn die Konventionen der Ereignisabläufe und Informationsvermittlung außer Kraft gesetzt werden. Für einen Moment wird die gesellschaftliche Funktion des Mediums deutlich, wenn es seine Aufgabe der konventionalisierten Realitätsvermittlung nicht erfüllen kann. Die historische Dimension der Ereignisse auf dem Platz vor dem Gebäude des Zentralkomitees während der Ansprache Ceausescus wird für den Fernsehzuschauer paradoxerweise gerade dann wahrnehmbar, wenn auf dem Fernsehschirm nichts zu sehen ist. Die authentische Darstellung der historischen Dimension des Ereignisses ist die Störung der Funktion des Fernsehens als Medium der Realitätsvermittlung.[392]

Angesichts der technischen Möglichkeiten eines Live-Mediums kann es paradox erscheinen, daß das Fernsehen als Realitätsvermittlungsinstanz sich durch ein Höchstmaß an schematischer und starrer, sich regelmäßig wiederholender Programm- und Zeiteinteilung auszeichnet. Vor allem Sendungen wie die Nachrichten, Reportagen oder Magazinsendungen, deren offensichtliche Aufgabe die Vermittlung der Realität ist, zeichnen sich nicht nur durch die schematische Regelmäßigkeit ihrer Wiederholung, sondern auch durch ihre exakte zeitliche Dauer aus. Wie ist es möglich, daß sich die aktuellen und weltweit wichtigsten Ereignisse täglich zu einem bestimmten Zeitpunkt in einem immer gleichen Zeitbudget darstellen lassen? Vor allem auch dokumentarische Fernsehbeiträge in Form von Reportagen und Features sind auf ein einheitliches, meist sehr kurz bemessenes Zeitmaß festgelegt. Unabhängig vom Thema oder dem Rhythmus seiner Darstellung dauern solche Sendungen dreißig oder fünfundvierzig Minuten. Unter dem Aspekt der Erfahrungsbildung als Auseinandersetzung mit den dargestellten Ereignissen, sind solche Zeiteinteilungen absurd. Welchen Zweck erfüllen sie?

Wie bei der televisionären Revolution in Rumänien die historische Dimension des Ereignisses und die gesellschaftliche Funktion des Fernsehens dadurch wahrgenommen werden konnten, daß die Konventionen und Routinen der Live-Übertragung und Nachrichtenübermittlung gestört wurden, und die Zuschauer nichts sahen, so wird die Funktion der schematischen Programm- und Zeiteinteilung durch ihre Störung deutlich. Wenn das Programmschema ein Strukturmerkmal des Fernsehens ist, so ist es die Durchbrechung dieses Schemas ebenso. Man kann sogar sagen, daß nicht nur das ein Ereignis ist, was im Fernsehen erscheint, sondern daß etwas zu einem Ereignis wird, wenn das Fernsehen sein Programmschema unterbricht.

Unprogrammgemäß erschien am 26. Juni 1993 der us-amerikanische Präsident Bill Clinton in den USA auf dem Bildschirm, um die Nation über einen Raketenangriff auf Bagdad zu informieren. Der Angriff war zum Zeitpunkt seiner Vekündigung bereits durchgeführt und wurde vom Präsidenten als Vergeltung für ein Attentatskomplott des irakischen Geheimdienstes gegen seinen Vorgänger George Bush gerechtfertigt. Der Angriff auf Bagdad im Sommer 1993 war nur noch ein Nachhutgefecht jenes Fernsehereignisses, das nicht zuletzt als medialer Showdown inszeniert worden war.[393]

Die Fernsehberichterstattung über den Golfkrieg zeichnete sich durch Unterbrechungen des Programms als Form der Ereignisinszenierung in besonderem Maß aus. Das Durchbrechen langfristig festgelegter Programmstrukturen durch den Einschub von Brennpunkt- und Spezialsendungen signalisiert dem Zuschauer, hier geschieht etwas Außergewöhnliches. Die Tradition der Bedeutungsaufladung durch Programmänderung führt auf die »Sondermeldungen« während des Zweiten Weltkriegs zurück. Dadurch in Mißkredit gebracht und im deutschen öffentlich-rechtlichen Rundfunk und Fernsehen eher gemieden, gibt es nicht zuletzt unter dem Druck der Konkurrenz neuer Programmanbieter eine Renaissance dieser zuschauerattraktiven Berichterstattung. Auf Seiten der Fernsehanbieter kann man sogar eine Tendenz bemerken, sich auf Unternehmungen, die sich zur Inszenierung als Medienereignis eignen, gezielt vorzubereiten.

Der Golfkrieg bot dazu sehr günstige Voraussetzungen. Seit dem Einmarsch der Iraker in Kuwait im Sommer 1990 eskalierte der Konflikt über den Zeitraum eines halben Jahres. Das Ultimatum schuf einen Ereignisablauf mit Finalstruktur. Der Aufmarsch der alliierten Truppen in Saudi-Arabien wurde von dem Aufbau leistungsfähiger Korrespondentennetze begleitet. Diese unterlagen, einmal installiert, einem Produktionszwang, weil die in die Präsenz menschlicher und technischer Produktivkraft am Ort des Ereignisses investierten Mittel sich rentieren mußten. Die deutliche Polarisierung der Gegner und die Spekulation mit schlimmsten Szenarien, die den Einsatz von Atomwaffen, Giftgas und die Auslösung verheerender Umweltkatastrophen einschloß, erzeugten einen enormen Erwartungsdruck. Der Produktionszwang der Korrespondentennetze und der Erwartungsdruck führten vor und nach Beginn der Kriegshandlungen dazu, daß in langen Sondersendungen Berichte eingeblendet wurden, in denen nur deutlich wurde, daß gerade nichts passierte oder wegen der vom Militär verhängten Zensur keine Bilder gesendet werden konnten.

Die Schaffung von Medienereignissen setzt einen geeigneten Rahmen voraus. Das periodisch wiederkehrende Programmschema wird als Rahmen außer Kraft gesetzt und ein neuer, für die Sonderberichterstattung geeigneter Rahmen wird geschaffen. Dieser betrifft zunächst den zeitlichen Raum der Sendungen, schließlich aber auch die Vermittlungsformen. So wurde am 14. Januar 1991 der Film *War Games* von der ARD abgesetzt, weil für die Zuschauer die Gefahr bestand, das Spielgeschehen des fiktionalen Films mit den realen Ereignissen zu verwechseln. Es handelt sich bei dem Rahmen um Konventionen der Vermittlung eines Ereignisses. Als Ablaufmuster und Anordnungsstrategie der Berichterstattung bestimmen solche Konventionen im engeren Sinn die journalistische Form, im weiteren die mediale Darstellung wie sie von der Kritik an der Golfkriegsberichterstattung immer wieder angesprochen wurde, »wenn es hieß, die Berichterstattung werde ›zu sportlich‹ verstanden, als ›Show‹ betrieben oder vermittle sich durch Spielfilm- und Serienkonventionen.«[394]

Der Zuschauer kennt diesen Rahmen mindestens implizit und orientiert daran seine Erwartung. Im Zusammenhang mit dem Golfkrieg wurde parallel mit dem mediendramaturgisch äußerst effektiven Countdown des Ultimatums die Erwartung hergestellt, durch ein weltweites Korrespondentennetz live bei den Ereignissen dabei zu sein. Mit dieser Erwartung muß die Zensurdebatte in Zusammenhang gebracht werden. Nachdem die technisch-organisatorische und journalistische Kapazität völlig auf das Ereignis Golfkrieg eingestellt worden war, gab es von diesem nach Beginn der alliierten Luftangriffe nicht ausreichend Berichte, Informationen und schon gar keine Bilder, um den mit dem aufgespannten Rahmen vorbereiteten Erwartungsdruck und Ereigniszusammencharakter adäquat auszufüllen.

»Die Thematisierung der Nachrichtenzensur diente dazu, die durch die eigenen Live-Inszenierungs-Strategien erzeugte Suggestion der Teilhabe am Geschehen und der umfassenden Informiertheit zu korrigieren. Dabei wurde jedoch das eigene System des live in den Studios veranstalteten Austausches an Informationen von vielen Plätzen der Welt nicht infragegestellt.«[395]

Offensichtlich sind die Rahmen für die Vermittlung von Ereignissen nicht beliebig herstellbar. Sie müssen realen Informationsmöglichkeiten und -angeboten entsprechen. Entscheidend ist jedoch ein anderer Aspekt. Weil die Zuschauer mindestens implizit den Rahmen als Konvention der Live-Berichterstattung kannten, wurde das unkalkulierbare, unüberschaubare, desaströse Ereignis des Krieges auf ein für sie kommunikables und konsumierbares Fernsehereignis eingegrenzt. Konventionalisierte Abläufe wie Studiomoderation mit Expertenrunde, Nachrichtensprecher und der Blick der Moderatorinnen und Moderatoren in das Zuschauerauge, die emotionale Einfärbung der Stimme versicherten dem Zuschauer, aus der sicheren Distanz des eigenen Wohnzimmers die Ereignisse zu verfolgen.

Günther Anders hat diesen Vorgang als Verbiederung der ins Haus gelieferten Welt und die Haltung des Fernsehzuschauers als Idealismus beschrieben. Verbiedert wird die ins Haus gelieferte Welt, weil das sozial Fremdeste, das räumlich Fernste und das zeitlich Abgelegenste dem Zuschauer so erscheinen, als wären sie vertraut. »Idealistisch« nennt Anders jene Attitüde, die die Welt als etwas dem Menschen vollständig Verfügbares darstellt. Diese Metamorphose der Welt in etwas, worüber der Zuschauer verfügt, ist in ihrer massenmedialen Übermittlung technisch wirklich durchgeführt.[396]

Die ritualisierte Regelmäßigkeit von Nachrichtensendungen erfüllt ebenso die Funktion eines Rahmens wie die schematische Rigidität der Programmstruktur, die bis auf die Minuten und Sekunden genau die zeitliche Dauer und die Gestaltung der Beiträge bestimmt. Die Übertragungs- und Sendungsroutine der Beiträge, die sich mit den unterschiedlichsten Ereignissen im Ritual täglicher oder wöchentlicher Wiederkehr beschäftigen, sind der konventionalisierte Rahmen einer Realitätsvermittlung, innerhalb dessen die Ereignisse scheinbar völlig unstrukturiert ablaufen können, ohne bedrohlich zu werden. Die von der Berichterstattung des deutschen Fernsehens den Zuschauern suggerierte Mischung von ausreichender Distanz zum Geschehen, um sich in Sicherheit zu wähnen, und der möglichen eigenen Bedrohung durch indirekte und späte Folgen kann man mit dem von Michael Balint gebildeten Begriff der Angstlust beschreiben.

»Das Medienpublikum war nicht allein aus einem politischen Informationsbedürfnis dabei, sondern weil hier in medial exzeptioneller Weise mit seinen Ängsten gespielt wurde, weil es hier Aggressivität letztlich lustvoll ausleben und sich dabei auf die Seite des Siegers schlagen durfte.«[397]

Vielleicht hat man Schwierigkeiten mit der Kategorie Angstlust in Verbindung mit dem Golfkrieg zu operieren. Die politische Dimension der Ereignisse scheint zu bedeutungsvoll und seriös, so daß ihre Beschreibung in sozialpsychologischen Kategorien zu offensichtlich als Reduktion erscheint. Man muß sich jedoch klarmachen, daß ja nicht die realen Ereignisse damit beschrieben werden sollen, sondern die Art, wie sie durch das Medium als Instanz der Realitätsvermittlung erfahren werden.

4.2.2. Realitätsillusion als Simulation der Teilnahme. Strukturmerkmale des Fernsehens

> In einer mediatisierten Welt aber, in der die Kommunikation immer mehr durch die Information ersetzt wird, ist die Illusion des »Dabeiseins« und des »Teilhabens am Weltgeschehen«, das die Bildmedien zu vermitteln versuchen, von fundamentaler Bedeutung, weil sie die Sehnsucht nach aktiver Teilnahme »imaginär« erfüllt. Damit die Illusion aufrecht erhalten werden kann, ist der Glaube notwendig, daß Informationsbilder die Wirklichkeit wiedergeben. Diese Gleichsetzung ist das Axiom, ohne das der Domestizierungseffekt zusammenbricht.
>
> *Barbara Keifenheim*

Man muß davon ausgehen, daß das Fernsehen nach Reichweite und Wirkungsintensität zum dominierenden Medium der Realitätsvermittlung geworden ist. Es ist vor allem das Medium, das im direkten Vergleich mit dem Hörfunk und der Tagespresse als das vertrauens- und glaubwürdigste gilt.[398] Als Medium der Realitätsaneignung hat es eigene dokumentarische Formen wie die Reportage, das Feature, die Live-Berichterstattung entwickelt. Weil sie den Strukturen des Apparats und Programms entsprechen, lassen diese Formen den genreverändernden Einfluß des Fernsehens auf den dokumentarischen Film deutlicher erkennen als seine fast monopolistische Position als Produktions- und Abspielort für Dokumentarfilme.

Um den Einfluß des Fernsehens angemessen einschätzen zu können, muß man berücksichtigen, daß ein im Fernsehen ausgestrahlter Dokumentarfilm im Kontext einer Programmstruktur rezipiert wird, die auf den einzelnen Film verändernd wirkt. Dieser ändert seine Bedeutung als Teil eines Programms, dessen Merkmal ein ununterbrochener Strom von Bildern und Tönen ist. Im Strom dieser Bilder und Töne ist eine Sendung gar nicht präzise gegen die anderen abzugrenzen. Tendenzen wie die Mischung von Information und Unterhaltung oder Versuche, den Unterhaltungswert von Nachrichten zu steigern (Infotainment) und mit vermeintlichen Informationsberichten zu unterhalten (Reality TV) belegen das auf der Seite der Produktgestaltung.

Auf der Seite der Rezeption entspricht dem ununterbrochenen Strom der Bilder und Töne im Alltag »eine zwischen der Teilhabe an Bedeutendem und der Zerstreuung an Bedeutungslosem schwebende Haltung des Zuschauers«. Die Rezeptionshaltung gegenüber dem Fernsehen ist im wesentlichen die der Unterhaltung. Mit Unterhaltung ist nicht eine besondere Sparte des Fernsehens gemeint, die als solche ausgegeben wird. Vielmehr ist ein umfassendes Konzept der Realitätsvermittlung und -aneignung gemeint, das durch strukturelle Merkmale an die Kommunikationsformen des Massenmediums Fernsehen gebunden ist.[399]

Auf den ununterbrochenen Bilderstrom des Fernsehens reagiert die dokumentarfilmtheoretische Diskussion konsequenterweise mit der Frage nach der gesellschaftlichen Relevanz visueller Wirklichkeitsdarstellung. Mit einer Emphase, die an Kracauers Theorie des Films als der »Errettung der äußeren Wirklichkeit« erinnert, thematisiert Eva Hohenberger die Wirklichkeit der Bilder und die Konstruktionsweisen filmischer Realität, um danach zu fragen, »ob überhaupt noch Bilder gegen Bilder etwas ausrichten können, ob also andere Bilder mehr Chancen haben, zur Wirklichkeit hinter den Bilderwelten vordringen zu können.«[400]

Als einen der implizierten Hauptproduzenten und -distribuenten von Bildern, gegen die der Dokumentarfilm hier abgegrenzt wird, wird man das Fernsehen vermuten können. Um so mehr überrascht es, daß Hohenberger in ihrem Buch nicht mehr oder doch nur sporadisch auf das Fernsehen zu sprechen kommt. Das Fernsehen ist ja nicht nur der quasi monopolistische Produzent und Distribuent dokumentarischer Filme, sondern beeinflußt als gesellschaftliches Leitmedium durch seine Reichweite und Wirkungsintensität Authentizitätsvorstellungen und Rezeptionserwartungen des Publikums.

Hohenbergers Ansatz besteht darin, einen um Aspekte der Psychoanalyse Lacans und des Ideologiebegriffs Althussers erweiterten strukturalistischen Textbegriff auf den Film zu übertragen, um »den Dokumentarfilm aus den ihm anhaftenden ideologischen Anschauungen herauszulösen und als Erkenntnisobjekt überhaupt zu konstituieren«.[401] Jene Anschauungen bestehen im wesentlichen darin, dem dokumentarischen Film als Reproduktion der Realität einen eigenen ontologischen Status mit einem besonderen Wirklichkeitsgehalt zuzuweisen. So wird der Realitätseindruck des Films, der aus dem technischen, gleichsam selbsttätigen Aufzeichnungsvorgang resultiert, als ein exklusiver Wahrheitsanspruch hypostasiert. Demgegenüber problematisiert Hohenberger die filmdokumentarische Bedeutungskonstitution mit Blick auf den (impliziten) Zuschauer im Kontext kommunikativer Handlungszusammenhänge. Der Dokumentarfilm erscheint bei Hohenberger als eine Textstrategie, die mit einer auf den Zuschauer kalkulierten Wirkung bei der Herstellung eines Films angewandt wird. Gegenüber der außerfilmischen historischen Realität konstituiert diese Textstrategie eine eigenständige filmische Realität. Weil ihnen grundsätzlich keine verschiedenen Mittel der Wirklichkeitsdarstellung zur Verfügung stehen, unterscheiden sich der dokumentarische und der fiktionale Film nicht hinsichtlich möglicher Wirklichkeitsbezüge. Der Dokumentarfilm zeichnet sich nicht dadurch aus, daß die außerfilmische Realität in einem höheren Grad präsent ist als im fiktionalen Film. Die technischen Voraussetzungen sowie die Möglichkeiten der Filmgestaltung sind im dokumentarischen und im fiktionalen Film die gleichen. Und sollten die Filmbilder und Kameraaufzeichnungen einen wirklichkeitskonservierenden Effekt haben, so ist er für den dokumentarischen und den fiktionalen Film gleich. Die Kamera zeichnet das vor dem Objektiv Befindliche ohne Unterschied auf, ob es sich um einen dokumentarischen oder einen fiktionalen Film handelt. Ob die Ereignisse vor dem Objektiv inszeniert sind oder nicht, spielt für den wirklichkeitskonservierenden Charakter der Filmaufzeichnung keine Rolle. Der ontologische Status der Filmbilder und ihre visuelle Präsenz für den Zuschauer sind bei einem dokumentarischen und einem fiktionalen Film gleich. Die Filmbilder sind nicht die Realität selbst, sondern sie repräsentieren eine Realität und verweisen auf sie.

Im Zusammenhang mit einem Strukturmodell, das die Wirklichkeitsbezüge des dokumentarischen Films darstellt, erklärt Hohenberger ausdrücklich, daß es sich ausschließlich um ein topographisches Modell der Produktion und Rezeption handelt, das keine zeitliche Dimension impliziert. »Der Unterschied zwischen einer Live-Sendung und einer zeitlich versetzten Reportage ist mit ihr daher nicht erfaßbar.«[402] Zwar sind auch die Fernsehbilder nicht die Realität selbst. Aber sie verweisen doch in einer von den Filmbildern völlig verschiedenen Weise auf sie. Verweisen sie überhaupt auf sie? Und wenn nicht, worin besteht dann die Realitätsillusion und Funktion der Fernsehbilder? Ist der ontologische Status der Fernsehbilder der gleiche wie der der Filmbilder? Handelt es sich überhaupt um Bilder?

»›Bilder‹ im herkömmlichen Sinn sind … sie nicht. Zum Wesen des Bildes hatte es nämlich in der Geschichte des menschlichen Bildens bis heute grundsätzlich gehört, daß es zwischen diesem und dem von ihm abgebildeten Gegenstand eine, wenn auch unausdrücklich bleibende, Zeitdifferenz, ein ›*Zeitgefälle*‹ gebe.«[403]

Günther Anders reflektierte in dem 1956 erschienen Buch »Die Antiquiertheit des Menschen« seine Erfahrungen mit den Massenkommunikationsmitteln Radio und Fernsehen während seines Exils in den USA. Zu diesem Zeitpunkt war das Fernsehen aus technischen Gründen ein Live-Medium. Möglichkeiten der elektronischen Bildspeicherung gab es nicht, so daß das Fernsehen Ereignisse synchron und simultan übertragen mußte, wenn sie nicht auf Film aufgezeichnet waren. Aber selbst dann, wenn es auf die Konserve Film zurückgriff, simulierte das Fernsehen einen Live-Effekt, der dem Film aus technischen Gründen nicht möglich ist.

Der Fernsehjournalist Ernst von Khuon schreibt 1957: »Den Rahmen, der die Filmdokumente bindet, wird man – dafür plädiere ich – direkt sprechen, im Studio, Auge in Auge mit dem Fernsehpublikum; Demonstrationen im Studio, Gespräche mit hervorragenden Fachleuten können ihn auflockern. Um eine ›Zusammenschau‹ zu erreichen, wird man die Dinge sehr bewußt zu ordnen haben. Im Längsverfolgen des gedanklichen Fadens, der das Thema gefaßt hält, zeigt man die Dokumente, etwa Filmausschnitte, die Beweisstücke, das Anschauungsmaterial. Mit filmischen Dokumenten, an verschiedenen Schauplätzen gesammelt, ist Raum und Zeit übersprungen, sind die Dinge in verschiedene Ebenen projiziert, aus verschiedenen Blickwinkeln gesehen. Die wechselnden Optiken helfen mit, das Gedankliche auch für den Augenmenschen zu vertiefen. Er sieht nun auch in Räume, die ihm bis dahin aus Mangel an Vorbildung, aus Mangel an Phantasie nicht zugänglich waren. Ideal ist es, wenn die Übergänge aus dem Studio in den Film und umgekehrt gedanklich wie optisch-technisch ohne Fugen sind, wenn die filmischen Bilder aus dem Geschehen im Studio ›herausblühen‹.«[404]

Der Live-Effekt konnte inszenatorisch simuliert werden, indem sich der Moderator etwa nach der Eröffnung der Sendung vom Publikum abwandte, um der Präsentation eines Reportagefilms auf einer Leinwand oder einem Bildschirm zu folgen. Nach dem Film wandte er sich den Zuschauern wieder zu. So wurde nicht nur der Reporter vor Ort der Stellvertreter und Augenzeuge des Zuschauers, sondern die verschiedenen Ebenen des Films und des Studios als Raum der Filmprojektion wurden mit dem Raum des Zuschauers zu Hause vor dem Bildschirm synchronisiert.[405] Auf diese Weise gibt sich das Fernsehen als ein Arrangement zu erkennen, das sich dadurch auszeichnet, daß der Zuschauer nicht nur ein distanzierter Beobachter der Ereignisse ist, die ihm durch die direkte Ansprache eines Moderators, Reporters, Sprechers präsentiert werden. Vielmehr wird der Zuschauer so zur Realität in Beziehung gesetzt, als würde er die dargestellten Ereignisse mit der Unmittelbarkeit eines Teilnehmers beobachten. Der Fernsehzuschauer wird zum Augenzeugen des Ereignisses.

Mit dem der Theatertechnik entlehnten Begriff der Teichoskopie hat Peter von Zahn die Situation beschrieben, wie der Fernsehzuschauer durch den Reporter zur Realität in Beziehung gesetzt wird. Mit der Teichoskopie wird die Schilderung von Ereignissen beschrieben, deren Darstellung die Theatertechnik nicht oder nur unter erheblichem Aufwand zuläßt. Typischerweise wird sie zur Schilderung von Schlachten durch einen auf der Stadtmauer plazierten Beobachter eingesetzt. Die Wirkung dieses Stilmittels gleicht nicht nur die technischen Defizite der Darstellungsmöglichkeiten des Theaters aus, sondern setzt den Zuhörer des Berichts durch seine eigene Vorstellung zu den geschilderten Ereignissen in ein Verhältnis der suggestiven Unmittelbarkeit des Augenzeugen.

Inauguriert wurden solche Reportagen im Rundfunk. Peter von Zahn selbst, der in den fünfziger Jahren als Amerikakorrespondent des Nordwestdeutschen Rundfunks (NWDR) tätig war und die Reportagereihen *Bilder aus der Neuen Welt* und *Die Reporter der Windrose berichten* begründete, bekennt sich zu einem »erbarmungslosen Plagiat« der Reportagestrategie Ed Murrows.[406] Murrow begann mit seinen Rundfunkreportagen aus Europa in den dreißiger Jahren. Geschickt bezog Murrow die Imagination der amerikanischen Zuhörer durch rhetorische Wendungen ein, indem er den Eindruck vermittelte, die Fragen zu beantworten, die sich die Zuschauer stellten: »You will want to know how the British took last night's announcement of the creation of a new French government.«[407]

Während des Zweiten Weltkriegs berichtete Murrow von den Bombardierungen Londons. Er sprach live vom Dach eines Bürogebäudes, während die Explosionen der Bomben und die Flakfeuer zu hören waren. In der Absicht, die USA zum Kriegseintritt gegen Deutschland zu bewegen, waren seine Reportagen stark emotional geprägt. Sein Ziel war es, die Zuhörer in direkte Verbindung mit den geschilderten Ereignissen zu bringen. Mit Redewendungen wie »would be better if you could look at it«,[408] wandte er sich nicht nur an die Zuhörer, sondern nutzte die technischen Grenzen des Mediums, keinen visuellen, sondern ausschließlich einen akustischen Eindruck vermitteln zu können, um in der Vorstellung der Zuhörer die Authentizität und Glaubwürdigkeit seines Augenzeugenberichts zu steigern.

Die Fortsetzung dieser Tradition der Berichterstattung, die bis in die Topographie des Standpunkts der Berichterstatter den Reportagen Murrows aus dem bombardierten London gleicht, ist die spektakuläre Berichterstattung der CNN-Reporter am 17. Januar 1991 von einem der oberen Stockwerke des El Rashid-Hotels in Bagdad. Während im Bild Fotos der Reporter auf dem Hintergrund einer Karte von Bagdad zu sehen sind, und der Hinweis »live from Bagdad« eingeblendet wird, schildern die Journalisten, was sie sehen: die Bombenangriffe der Alliierten, das irakische Abwehrfeuer, Explosionen in der Stadt. Mit dem der klassischen Theaterdramaturgie entlehnten Mittel der Teichoskopie inszenierten die amerikanischen Reporter einen Live-Effekt, der zunächst nicht durch Bilder bestätigt werden konnte, weil alle Aufnahmen der Vorzensur unterlagen. Die Simulation des unmittelbaren Dabeiseins wird wie bei den Radioreportagen Murrows in die Imagination der Zuschauer verlegt.

Das Radio hat die Strategie, die Zuhörer durch ihre eigene Imagination an der Realität der dargestellten Ereignisse zu beteiligen, sehr früh genutzt. In diesem Kontext müssen die durch das 1938 von Orson Welles unter dem Titel »Die Invasion vom Mars« inszenierte Hörspiel hervorgerufenen panischen Reaktionen in der Bevölkerung gesehen werden. Kein Film konnte in den dreißiger und vierziger Jahren vergleichbare Reaktionen auslösen wie das Hörspiel, in dem in Form einer Reportage über die Invasion Außerirdischer berichtet wurde.

Als Voraussetzung dieser Wirkung hat Günther Anders den Verlust des ästhetischen Scheins der Sendung beschrieben. Die Inszenierung war von einer wirklichen Funkreportage so wenig zu unterscheiden, daß die Zuhörer nicht erkannten, Teilnehmer an einem fiktiven Vorgang zu sein. Vielmehr erlebten sie sich als wirkliche Zeugen, Teilnehmer, ja Opfer. Schließlich ist, was Anders eher als Kuriosum hervorhebt, daß es sich um die erste »solistische Massenpanik« handelte, die ohne jede Tuchfühlung mit der des Nachbarn in den eigenen vier Wänden ausbrach,[409] konstitutiv für die Wirkung und die Funktionsweise des Mediums. Es handelt sich um einen Erfahrungsmodus, bei dem der Wirklichkeitsbezug über das Medium bestimmender ist, als die eigene Erfahrung des Zuhörers.

Nach dem Krieg wurde Murrow Vizepräsident der Rundfunkanstalt CBS und entwickelte die Fernsehreportageserie *See It Now*. Aus dem Studio oder von irgendeinem Ort auf der Welt leitete Murrow, manchmal mit einem erzählenden Requisit ausgestattet, die Sendung ein, deren Anspruch darin bestand, den Amerikanern die Welt als so problematisch zu zeigen, wie sie war. Vorbildhaft war die *See It Now*-Serie nicht nur für die Reportagen Peter von Zahns im deutschen Fernsehen, sondern auch für den fernsehjournalistischen Stil der *Special Enquiry*-Serie, die zwischen 1952 und 1957 im britischen Fernsehen monatlich kritisch über aktuelle sozialpolitische Themen wie Wohnungsbau, Rassenbeziehungen und Jugendliche berichtete.[410]

Peter von Zahns »erbarmungsloses Plagiat« der Reportagestrategien Ed Murrows kam bei der zeitgenössischen Kritik nicht nur gut an. Vielmehr wurden die ganz auf seine Person als Kommentator zugeschitteten Berichte Zahns aus den USA als fernsehspezifisch empfunden. Hervorgehoben wurde insbesondere Zahns Geschick, beim Zuschauer einen Live-Eindruck zu erwecken, obwohl es sich um zeitversetzt ausgestrahlte Filmberichte handelte, die kommentiert wurden.

»Zahn legt seine monatliche Bildplauderei auf weite Sicht offenbar sehr systematisch an. Was er sagte – nun, wie ein guter Bekannter, der bei mir zu Hause einen Schmalfilm vorführt und seine Bemerkungen dazu macht. Zahns Fernseh›stil‹ wird

Schule machen; es wird zahneln im Fernsehen. Ihm ist es gelungen, einen *Film*bericht so *live* zu gestalten, daß man ihm gebannt folgt – trotz Konserve.«[411]

Die Inszenierung des Live-Eindrucks erfolgt durch die direkte Ansprache des Zuhörers und Zuschauers in einem Plauderton der alltäglichen Unterhaltung. Diese direkte Ansprache des Zuschauers, die eine Intimität zwischen dem Sprecher und Hörer suggeriert, ist, wie an den Reportagestrategien von Murrow und Zahn beschrieben, ein spezifisches Merkmal der Authentizität der Live-Medien Radio und Fernsehen. Von mehr anekdotischem Charakter, aber nichtsdestoweniger aufschlußreich für den Authentizitätseindruck des Mediums ist das Beispiel dafür, wie souverän Roosevelt sich dieser kommunikativen Möglichkeiten des Radios bediente, wenn er eine Ansprache unterbricht, um mit hörbarem Geräusch einen Schluck Wasser zu trinken, und dies direkt an die Zuhörer gewendet mit der Bemerkung erklärt, daß es heiß sei im Washingtoner Studio.[412] Bei dieser Gelegenheit wird nicht nur eine Form der Unmittelbarkeit des Live-Effekts, sondern darüber hinaus eine Intimität zwischen dem Präsidenten und den Zuhörern simuliert, die Anders als eine Verbiederung der durch die Massenmedien ins Haus gelieferten Welt beschrieben hat. Im wesentlichen realisiert sich der Vorgang der Verbiederung als eine direkte Ansprache des Rezipienten in seinem alltäglichen und privaten häuslichen Rahmen.

»Soll diese Du-auf-Du-Beziehung in Gang kommen, soll ich etwas zum Duzen haben, so müssen die Bilder mit dem Duzen anfangen. In der Tat gibt es keine Sendung, der diese Du-Qualität fehlte; kein ins Haus geliefertes Wesen, das sie nicht ausstrahlte. Schalte ich den Präsidenten ein, so sitzt er, obwohl tausend Meilen von mir entfernt, plötzlich neben mir am Kamin, um mit mir zu plaudern. (Daß er die gesendete Gemütlichkeit in Millionen Exemplaren ausstreut, nur am Rande.) Erscheint die Fernsehansagerin auf dem Schirm, dann gewährt sie mir, in absichtlich unabsichtlicher Zu-Neigung, die tiefsten Einblicke, so als hätte sie etwas mit mir. (Daß sie es mit allen Männern hat, nur am Rande.) Beginnt die Radiofamilie ihre Sorgen auszubreiten, so zieht sie mich ins Vertrauen, als sei ich ihr Nachbar, Hausarzt oder Pfarrer. (Daß sie jedermann ins Vertrauen zieht, daß sie da ist, *um* ins Vertrauen zu ziehen, daß sie d i e Nachbarsfamilie schlechthin ist, nur am Rande.)«[413]

Die Realitätsillusion des Fernsehens besteht also weniger in der realistischen Repräsentation der Wirklichkeit als vielmehr in der Illusion der Teilhabe an den dargestellten Ereignissen. Diese Illusion wird durch die direkte Ansprache des Zuschauers hervorgerufen, mit der das Fernsehen eine direkte Kommunikation simuliert. Ein Vergleich der Publikumsreaktion auf das von Orson Welles inszenierte Hörspiel mit der auf die Vorführung von Lumières *Arrivée d'un Train en Gare de La Ciotat* verdeutlicht den Unterschied zwischen den Formen der auf Simulation einer Teilhabe basierenden Realitätsillusion der Live-Medien Radio und Fernsehen und dem Realitätseindruck des Films. Glaubt man zeitgenössischen Berichten von den ersten Filmvorstellungen, so fürchteten die ersten Zuschauer von Lumières Film *Arrivée d'un Train en Gare de La Ciotat*, von der filmischen Darstellung des in den Bahnhof von La Ciotat einfahrenden Zuges überfahren zu werden. Diese Wirkung des Films wird meist als Beweis für den Realitätseindruck der filmischen Darstellung zitiert.

Betrachtet man die Aufnahme des in den Bahnhof einfahrenden Zuges genauer, so fällt auf, daß die Passanten auf dem Bahnsteig sich nicht vor der einfahrenden Lokomotive fürchten. Sie gehen ihren alltäglichen und bekannten Beschäftigungen nach. Ein Transportarbeiter zieht einen Wagen über den Bahnsteig. Während sich die Passanten auf dem Bahnsteig von dem einfahrenden Zug und von der anwesenden Kamera völlig unbeeindruckt zeigen, sollen die Zuschauer des Films in Schrecken versetzt worden sein. Die Wirkung des Films ist um so verblüffender, als die Zuschauer die Irrealität der Bilder nicht am Mangel der Farbe oder dem Fehlen des Geräusches bemerkt haben sollen.[414]

Nachdem der Zuschauer zunächst den leeren Bahnsteig in der Totalen gesehen hat, bewegt sich der Zug in der Bilddiagonalen schnell vom Horizont auf die Kamera zu, die knapp neben dem Bahnsteig plaziert sein muß. Mit der Bewegung vergrößert sich die Lokomotive, die anfangs als Punkt am Horizont zu erkennen war, entsprechend den Gesetzen der Zentralperspektive kontinuierlich, bis sie fast das ganze Bild ausfüllt, so daß die eine Einstellung sämtliche Einstellungsgrößen von der Totalen bis zur Großaufnahme enthält. Für den heutigen Betrachter geht die stärkste Wirkung dieser Darstellung davon aus, wenn er sich mit dem Blick der Kamera identifiziert und den Zug auf sich zu fahren sieht. Der Zuschauer befindet sich als Beobachter in der Position der Kamera, die zum ersten Mal handelnde Person des Geschehens wurde.[415] Lumière nutzte die Möglichkeiten eines Objektivs mit großer Tiefenschärfe. Die starre Einstellung der Kamera wird durch die Bewegung des Zuges und der Passanten dynamisiert. Der Realitätseindruck des

Films entsteht auf diese Weise durch die extensive Hervorhebung seiner gestalterischen und formalen Mittel.

Der Realitätseindruck des Films beruht historisch zunächst im wesentlichen auf der Perfektion, mit der die Transformation des dreidimensionalen Raums in eine zweidimensionale Darstellung als eine kulturhistorisch konventionalisierte optische Täuschung gelingt. Die Genauigkeit der analogen Wirklichkeitsabbildung nach den Gesetzen der Zentralperspektive, ihre mechanische Aufzeichnung durch den Apparat, die als Selbsttätigkeit der Natur erscheint, sowie die Konservierung und die Verfügbarkeit der Aufzeichnung zur beliebigen Wiederholung begründen die hohe Glaubwürdigkeit des filmischen Realitätseindrucks.[416]

Es ist nicht bekannt, daß ein Film im Kino eine ähnliche Reaktion wie die Radiosendung über die Invasion der Marsianer ausgelöst hat. Konstitutiv dafür ist der Live-Charakter der Darstellung (die Offenheit des Mediums gegenüber der Realität) und die ist beim Film aus technischen Gründen ausgeschlossen. Erst das Fernsehen ermöglicht eine simulative Wirklichkeitsdarstellung mit vergleichbarem Effekt. Die Fernsehspiele *Das Millionenspiel* und *Smog* erregten Irritationen bei Zuschauern, die den Wirklichkeits- und Wahrheitsgehalt der ausgestrahlten Sendungen nicht einschätzen konnten. Als die Programmgestalter des deutschen Fernsehens am 14. Januar 1991 präventiv die Ausstrahlung des Films *War Games* absetzten, rechneten sie grundsätzlich mit der Möglichkeit, daß die filmische Darstellung von den Zuschauern mit den kurz bevorstehenden Kriegshandlungen am Golf verwechselt werden könnte. Änderungen des Kinoprogramms wurden anläßlich des Golfkriegs nicht mit der gleichen Begründung vorgenommen.

In dem Fall der Absetzung des Films *War Games* hat die Programmgestaltung dem Ablauf der Ereignisse präventiv vorgegriffen. Als Beispiel eines medial erzeugten historischen Ereignisses rekonstruiert Friedrich Kittler einen Putschversuch nazistischer Kräfte in Österreich. Am 24. Juli 1934 drang etwa ein Dutzend Bewaffneter ins Wiener Sendehaus des österreichischen Rundfunks ein und versuchte mit Waffengewalt die Verbreitung der Meldung durchzusetzen, »daß die Regierung Dollfuß zurückgetreten sei und Österreichs bisheriger Gesandter in Rom, Dr. Anton Rintelen, bereits die Bildung einer neuen Regierung übernommen habe.«[417]

Nichts davon war wahr. Aber die mit Waffengewalt durchgesetzte Rundfunkdurchsage galt als Putschsignal für Österreichs SS und verfehlte ihr Ziel nur knapp.

Kittler interpretiert den österreichischen Putschversuch von 1934 als Vorspiel zu dem fingierten Überfall auf den Radiosender Gleiwitz, der vom nationalsozialistischen Regime 1939 als Rechtfertigung für den Angriff auf Polen inszeniert worden war. Mediengeschichtlich besteht die Pointe darin, daß das Ereignis im Radio und nicht etwa im Kino stattfand.

Sind die filmdokumentarischen Darstellungen Teil des Programms, so werden sie von den technischen und institutionellen Bedingungen des Live-Mediums Fernsehen überlagert. Als Teil eines Programms, das sich durch Unterbrechungen und Einblendungen bis in den Film hinein durchsetzt, verliert der Film nicht nur weitgehend seinen eigenständigen Werkcharakter, sondern das Programm ist gegenüber dem einzelnen Film die primäre Struktur.[418] Der Vorgang läßt sich an einer Ausstrahlung von *Moana* besonders prägnant illustrieren. Das Beispiel entbehrt nicht einer gewissen mediengeschichtlichen Ironie, weil Grierson gelegentlich einer Rezension dieses Films von Flaherty das erste Mal vom dokumentarischen Wert eines Films gesprochen haben soll.[419] Als *Moana* am 21. September 1988 im Westdeutschen Rundfunk (WDR) ausgestrahlt wurde, erschien am unteren Bildrand eine Laufschrift, durch die den Zuschauern mitgeteilt wurde, daß sich nach einem Großbrand im Industriegebiet von Dinslaken eine Giftgaswolke gebildet hat. »Die Bevölkerung wird gebeten, Fenster und Türen geschlossen zu halten.«[420] Griersons in einer Zeitung erschienener Artikel bleibt als begriffliche Bestimmung der dokumentarischen Qualität des Films ziemlich unpräzise. Im wesentlichen soll diese aber darin bestehen, daß der Film im Zuschauer eine philosophische Haltung gegenüber der dargestellten Realität induziert. Das ist aber nur möglich, weil die filmische Darstellung für die Imagination des Zuschauers eine Realität sui generis konstituiert. Demgegenüber hat die Laufschrift am unteren Rand des Fernsehbildes mit diesem Realitätseindruck des Films nichts zu tun, sondern betrifft unmittelbar die Realität des Fernsehzuschauers, an dessen realitätsadäquates Verhalten sie sich appellativ richtet.

Die fernsehspezifische Rezeptionsform als am Alltag orientierte Form der Kommunikation versucht der Begriff der »parasozialen Interaktion« zu reflektieren. Der Begriff geht auf einen 1956 von Donald Horton und R. Richard Wohl veröffentlichten Aufsatz zurück, in dem sie vorschlugen, »die Aktivitäten von Zuschauern bei der Nutzung von Massenmedien insbesondere des Fernsehens im Zusammenhang mit sozialer Interaktion zu verstehen. Eine der wichtigsten Eigenschaften der Massenmedien sei ... die Erzeugung einer Illusion von ›face-to-face‹ Beziehungen zwischen Zuschauern und Darstellern. Besonders dem Fernsehen gelinge es, derartige Beziehungen zu ermöglichen, da es Größen abbildet, auf die soziale Wahrnehmung normalerweise gerichtet ist, wie z.B. Aussehen und Verhalten von Personen. Diese Beziehung der Zuschauer zu den im Medium Auftretenden wird ›parasozial‹ genannt.«[421]

Der Hauptunterschied zwischen der parasozialen und der gewöhnlichen Interaktion muß darin gesehen werden, daß eine Gegenseitigkeit der Beziehung fehlt. Zwar kann das Publikum zwischen verschiedenen angebotenen Beziehungen wählen. Es kann aber ebensowenig neue Beziehungen herstellen oder die angebotenen beeinflussen wie die im Fernsehen Auftretenden zuverlässige Informationen über die Reaktionen des Zuschauers haben.[422] Während eine exakte Bestimmung des Verhältnisses von para- und orthosozialer Interaktion schwierig ist, weil parasoziale Beziehungen einerseits von den Zuschauern wie soziale Beziehungen erfahren werden, andererseits beide Phänomene durch unterschiedliche Eigenschaften strikt getrennt werden, sind einige Aspekte klar definiert. Erstens ist parasoziale Interaktion wegen der eigenständigen Rolle des Zuschauers im Interaktionsprozeß von Identifikation im Sinn von Übernahme fremder Positionen zu unterscheiden. Zweitens muß man berücksichtigen, daß die parasoziale Interaktion sich nicht nur durch die Bindung der Zuschauer an Stars oder einzelne Darsteller auszeichnet. Entscheidend ist vielmehr die Herstellung, Weiterentwicklung und Aufrechterhaltung der Beziehungen über die Sendung hinaus. Schließlich ist drittens zu berücksichtigen, daß die parasozialen Beziehungen ein durch die Struktur der Medien angelegtes Phänomen und keine pathologische Nutzungsform sind.[423]

Es handelt sich bei der Illusion einer »face-to-face«-Beziehung zwischen dem Zuschauer und dem Darsteller weder um einen Trick noch eine Täuschung, sondern

»1. Der *performer* verhält sich so, als ob er sich in einer *face-to-face*-Beziehung befände.

2. Der Zuschauer erhält Informationen von der Art, wie er sie in einer *face-to-face*-Situation erhielte.

3. Der *performer* richtet sich nach den – von ihm unterstellten – Reaktionen der Zuschauer.

4. Der Zuschauer wiederum kann sich so verhalten, als ob der *performer* auf seine Reaktionen reagiere.«[424]

H. J. Wulff hat den Ansatz der parasozialen Interaktion im Zusammenhang mit einer pragmatischen Theorie des Fernsehens aufgegriffen. Die Erzeugung der Illusion einer »face-to-face«-Beziehung zwischen dem Darsteller und dem Publikum beschreibt Wulff als ein Element der phatischen Funktion des Fernsehens. Den Begriff der phatischen Gemeinschaft und phatischen Funktion hat Wulff von Malinowski übernommen, der mit dem phatischen Gebrauch der Sprache die Herstellung eines sozialen Zusammenhangs unter den Sprechenden beschreibt. Die phatische Gemeinschaft ist Ziel und Produkt jeder Kommunikation. Die Funktion der phatischen Gemeinschaft besteht nicht in erster Linie in der Mitteilung von Informationen, sondern darin, zwischen den Kommunizierenden Beziehungen herzustellen. Übertragen auf die Rezeptionssituation vor dem Fernseher bedeutet das, daß dem Zuschauer der Eindruck vermittelt wird, an einer für ihn eingerichteten Kommunikation teilzunehmen. Wulff ergänzt Malinowskis Konzept um zwei Aspekte, die für eine Theorie der Massenmedien bedeutungsvoll sind. Erstens sieht Wulff die phatische Gemeinschaft nicht nur durch linguistische Aktivitäten hervorgebracht, sondern auch durch die diese begleitenden Medien der nicht-verbalen Kommunikation. Und zweitens funktionieren auch die Formen der Kommunikation, die der Herstellung der phatischen Gemeinschaft dienen, nicht ohne Bedeutungen.[425] Darüber hinaus präzisiert Wulff die phatische Funktion der Kommunikation, indem er zwischen einer kontaktiven, die auf das physische Kontaktmedium selbst, und einer soziativen Teilfunktion, die auf die psychische Verbindung gerichtet ist, differenziert. Diese Unterscheidung überträgt Wulff auf eine Beschreibung der Funktionselemente des Fernsehens. An kontaktiven Funktionselementen, die die technischen Aspekte des Fernsehens betreffen, zählt er im einzelnen explizite Hinweise auf Störungen, auf die Übertragungs- und Bild-, aber auch die Herkunftsqualität der Bilder sowie die schwarzen Balken des Cinemascope oder das Sendersignet auf. Es handelt sich um technische und programm-strukturelle Hinweise auf das Fernsehen als Sender der Bilder. Spezifisch elektronische Bildbearbeitungsmöglichkeiten, die als »Drehen«, »Wegblättern«, »Wirbeln« der Bilder zunehmend häufiger zwischen thematischen Blöcken und Brüchen verwendet werden, zählt Wulff ebenso zu den kontaktiven Elementen der phatischen Funktion des Fernsehens wie institutionell stereotypisierte Hinweise, daß die Lottozahlen ohne Gewähr seien. Insbesondere die Programmanfänge, die als Logos und Intros den Zuschauer orientieren und sein Interesse binden sollen, sind Gegenstand digitaler Bearbeitung, so daß in diesem Zusammenhang von einer Ikonologie des TV-Logos gesprochen wurde.[426]

Von größerer Bedeutung als die kontaktiven sind für eine pragmatische Analyse des Fernsehens die soziativen Funktionselemente, weil sie einen sozialen Kontakt zwischen Fernsehen und Zuschauern herstellen und aufrecht erhalten. Angesichts der völlig defizitären Forschungslage, will Wulff mit einer Auflistung soziativer Funktionselemente nur eine Forschungsperspektive entwerfen. Weil die direkte Ansprache des Zuschauers zu den auffallendsten Merkmalen des Fernsehens gehört, hält Wulff die Beschäftigung mit den Adressierungskonventionen einzelner Genres und Sendungen im Kontext der Theorie der parasozialen Interaktion für grundlegend.

Auch wenn Wulff zur Beschreibung besonders starker phatischer Effekte Beispiele aus Unterhaltungs- und Talkshows wählt, deren interaktive Intentionalität als Spiel mit dem Zuschauer unmittelbar evident ist, steht im Mittelpunkt seines Interesses nicht ein einzelnes Element der Fernsehkommunikation oder ein Sendungstyp, sondern das Programm des Fernsehens als Gesamtzusammenhang.[427] Entscheidend ist der Aspekt, daß die kommunikativen Strategien des Fernsehens nicht nur informationelle Funktionen erfüllen, sondern die fernsehtypische phatische Gemeinschaft von Zuschauern herstellen. Dabei wird den kommunikativen Mitteln, mit denen das Fernsehen operiert, auf Seiten des Zuschauers offensichtlich die Intentionalität einer interpersonalen Kommunikation unterstellt. »Das Fernsehen ist unter anderem deshalb ein ›Alltagsmedium‹, weil es Mittel alltäglicher Kommunikation für seine eigenen kommunikativen Strategien einsetzt und so, zumindest in einigen phatischen Momenten, als ein *personales Gegenüber* des Zuschauers auftritt.«[428]

Wulff zählt eine ganze Reihe institutioneller Rollen vor allem aus dem übertragungs-, aufzeichnungs- und sendetechnischen Bereich auf, die normalerweise mehr oder weniger im Hintergrund einer Sendung bleiben, von deren Präsenz der Zuschauer aber weiß. Bisweilen agieren die Rollenträger, wie im *Sportstudio* die Kameraleute, ostentativ offen. Spätestens bei Störungen des Programmablaufs, wenn die Regie flehentlich durch den Moderator angerufen wird, greifen diese im Hintergrund verborgenen Rollenträger wahrnehmbar in den Programm- und Sendungsablauf ein und machen das Geschehen vor der Kamera als Arrangement für den Zuschauer kenntlich. Bei diesem entsteht das Bewußtsein, Teilnehmer an der Fernsehkommunikation zu sein, die im Unterschied zur Filmrezeption »weniger ein Eintauchen in einen fiktionalen Raum von Bedeutungen ist als vielmehr eine spezifische Konsumptionsform.«[429]

Auf die Verbindung einzelner Programme bezieht sich ein zweiter Kreis von Überlegungen Wulffs, die kommunikativen und interaktiven Prozesse des Fernsehens zu beschreiben. Die auf das Programm selbst bezogenen Beiträge wie Ansagen, Trailer, Voranzeigen, die in der Regel gar nicht im Programm ausgewiesen sind, nennt Wulff marginal, ihre Funktion in der Konstitution der Kommunikation zwischen Fernsehen und Zuschauer allerdings charakteristisch. Die marginalen Beiträge führen zu einer Offenheit der einzelnen Sendung gegenüber externen Eingriffen, die das Fernsehprogramm auch äußerlich von einem Kinoprogramm unterscheidet. Diese Beiträge unterbrechen den Programmfluß und stellen eine Distanz zur Sendung her, die durch Ansagen oder nichtverbale Techniken der Zuschaueradressierung überwunden werden müssen. Diese Formen der Adressierung sind wesentliche Teilnahmemodalitäten des Fernsehens, bei denen der Zuschauer als jemand konzeptualisiert erscheint, der zwar den Apparat angestellt hat, ihm aber nur geringe Aufmerksamkeit zuwendet. Diese implizierte Zuschauerhaltung führt zu Formen der Präsentation und Adressierung, die das Fernsehen vom Kino unterscheiden.[430]

Neben der bisweilen schematischen Aufzählung phatischer Funktionselemente des Fernsehens, fernsehspezifischer Rollen und texttheoretischer Aspekte der Annahme, daß die phatische Kommunikation für das Fernsehen von zentraler Bedeutung ist, behandelt Wulff die Frage nach der Autorität eines Fernsehkommunikators, der als reales Gegenüber des Zuschauers konstruiert ist, nur sehr kurz. Das ist für den hier zur Diskussion stehenden Zusammenhang des Fernsehens als Realitätsvermittlungsinstanz ein erhebliches Defizit. Denn außer den vielfältigen institutionellen und technischen Eingriffen, mit denen das Fernsehen auf die aktuelle und äußere Realität Bezug nimmt, ist diese Autorität dadurch gekennzeichnet, daß sie »entscheiden kann, wann und unter welchen Bedingungen, dieses normale Programm unterbrochen oder gestört werden darf. Diese Autorität muß nicht personalisiert sein, sondern kann als ein *regulierendes Prinzip* angesehen werden, das die Nachrichtenflüsse kontrolliert und das Fernsehen mit der umgebenden Welt vermittelt.«[431]

Weil er sich auch nicht ansatzweise mit der Konstitution dieser Autorität auseinandersetzt, thematisiert Wulff nicht einmal die Frage, warum einer Mitteilung geglaubt wird, die durch eine Schrifteinblendung die Bevölkerung dazu auffordert, die Fenster wegen einer Giftgaswolke zu verschließen. Hier bleiben Wulffs Erörterungen zu formal, um die medialen Konstellationen als konkrete sozialhistorischen Bedingungen und Machtverhältnisse zu reflektieren. Wenn die Revolutionäre in Rumänien ihre Bemühungen auf die Besetzung des Zentralkommitees und des staatlichen Rundfunks konzentrierten, so offensichtlich, um die Autorität kontrollieren zu können, die das Fernsehen mit der Realität vermittelt. Aber warum wurde den Verlautbarungen und Berichten der Revolutionäre geglaubt?

Die Annahme einer Autorität als regulierendes Prinzip, das das Fernsehen mit der Realität vermittelt, erklärt auf Seiten des Zuschauers die Realitätsillusion des Fernsehens, an einer Kommunikation mit einem personalen Gegenüber teilzunehmen. Problematisch erscheint mir nicht nur, daß Wulff die Konstitution der Glaubwürdigkeit dieser Autorität unberücksichtigt läßt, sondern daß er annimmt, der Zuschauer sei sich der Rolle dieses institutionellen Kommunikators bewußt. Problematisch erscheint mir auch Wulffs Annahme, daß die Sendungen diese Autorität als Instanz der Realitätsvermittlung reflektieren. An den von Wulff vorgestellten Beispielen kann ich nur erkennen, daß die Rolle der institutionellen Autorität bisweilen ostentativ gezeigt wird.

Trotz diesen Vorbehalten sind die Vorteile der Konzepte der parasozialen Interaktion und der phatischen Funktion für eine Auseinandersetzung mit dem Fernsehen unübersehbar. Im Vergleich mit kulturkritischen Auseinandersetzungen mit dem Fernsehen enthalten sich die genannten Konzepte pauschalisierender und in der Tendenz übertreibender Einschätzungen. Allerdings setzen die Konzepte der parasozialen Interaktion und der phatischen Funktion des Fernsehens die Präsenz und Wirkungsweise der Massenmedien nicht nur als selbstverständlich voraus, sondern akzeptieren sie. Diese Akzeptanz scheint die Basis dafür zu sein, die Fernsehrezeption nach einem am Alltag der Rezipienten orientierten Modell der Kommunikation als aktive Auseinandersetzung mit den Angeboten des Fernsehens zu begreifen. Schließlich konnte insbesondere Wulff eine ganze Reihe von Elementen aufzählen, die entsprechend der Funktion der Fernsehkommunikation als Gestaltungsmerkmale dokumentarischer Fernsehfilme an einzelnen Beispielen aufgezeigt werden können.

4.2.3. Beispiele dokumentarischen Fernsehens

4.2.3.1. Die *Zeichen-der-Zeit*-Serie als Beispiel für kritischen Fernsehdokumentarismus[432]

Unter dem Titel *Zeichen der Zeit* wurden zwischen 1957 und 1973 etwa sechzig Reportagen des Süddeutschen Rundfunks (SDR) zu zeitaktuellen Themen im Fernsehen ausgestrahlt. Als Redakteure und Autoren prägen Dieter Ertel, Wilhelm Bittorf und vor allem Roman Brodmann die Reihe.[433] Ihre Arbeit erscheint nicht erst heute als so homogen, daß von ihnen als der »Stuttgarter Schule« gesprochen wird. Der Begriff wurde in der Fernsehpublizistik bereits in den sechziger Jahren geprägt. Die Reportagen galten bereits zum Zeitpunkt ihres Erscheinens als beispielhafter Fernsehdokumentarismus. Der zeit- und kulturkritische Ansatz sowie die innovative Filmgestaltung galten als vorbildlich. Die folgende ausführlichere Besprechung einzelner Reportagen soll strukturelle Merkmale dokumentarischen Fernsehens, wie die Dominanz der direkten Zuscheransprache und der Kommentarzentrierung, den informativ-unterhaltenden Gestus der Sendungen, die Tradition des Rundfunks als Live-Medium in der Gestaltung am Material herausarbeiten.

Am Beispiel der Reportage *Ein Großkampftag* von Dieter Ertel kann beschrieben werden, wie das Verhältnis optischer, dramaturgischer und textlicher Elemente zu gestalten versucht wurde. *Ein Großkampftag* entstand 1957 und schildert die Realität des Boxsports hinter den Kulissen mit Details, die üblicherweise bei der Berichterstattung unberücksichtigt bleiben. Gezeigt werden die Kabinen der Kämpfer, die Tätigkeit des Ringarztes, die Enttäuschungen der Zuschauer und die Verletzungen der Boxer. Dieter Ertel als Autor der Reportage beschrieb die völlig neue Perspektive des Blicks hinter die Kulissen als eine »Aufgabe ohne Vorgeschichte«. Nach Ertels Darstellung wurde er direkt nach der Ausstrahlung dieser Reportage vom damaligen Intendanten des SDR, Fritz Eberhard, mit der Produktion der *Zeichen-der-Zeit*-Serie für das Fernsehen beauftragt. So wie *Ein Großkampftag* hätte der Intendant sich die Umsetzung der im Rundfunk unter dem gleichen Namen etablierten Serie für das Fernsehen vorgestellt.[434]

In einem Vortrag kontrastierte Ertel seinen Film mit einer Wochenschausequenz von 1950, in der Sugar Ray Robinson als der eleganteste Boxer gefeiert wurde. Demgegenüber war es Ertels Absicht, die Brutalität des Boxsports sowie die wirtschaftlichen Motive der Veranstalter und die voyeuristische Neugier der Zuschauer zu zeigen. Ertel kommentiert den Boxkampf ironisch distanziert. Er versucht, den Eindruck zu vermeiden, es handle sich bei dem profesionellem Boxen um einen sportlichen Wettkampf. Vielmehr schildert Ertel den Kampf als eine Show. Der unterlegene Boxer wirft Kußhändchen ins Publikum und stellt sich zum gemeinsamen Foto mit dem Gewinner.

Die Dramaturgie der Veranstaltung wird für die filmische Darstellung übernommen. Chronologisch werden das Training und Sparring der Stars mit unbekannten Partnern gezeigt, die »nichts als blutige Nasen und ein Paar Prellungen« davontragen. Während der Vorbereitungen auf die Kämpfe werden in den Kabinen mit den noch hoffnungsvollen Boxern, die später geschlagen zurückkehren, Interviews geführt. Parallel dazu sind Aufnahmen aus dem Ring montiert, vom aussichtslosen Kampf eines Namenlosen und eines Siegers, »der auf den Namen Bubi hört«. In einer Verschnaufpause werden Würstchen und Bier verzehrt. Das Ereignis steuert seinem Höhepunkt zu. Doch zuvor wird ein weiterer Vorkampf zweier Namenloser durch Zeitlupe »wie ein kultischer Tanz von Kanaken« verzerrt. Nach dem Kampf des Weltmeisters zieht Ertel als Kommentator Bilanz für die Veranstalter, die Gastronomen und die Zuschauer.

Mehrere Jahre bei der Kinowochenschau tätig, mußte Ertel jedes biedere Handgemenge zu einer dramatischen Ringschlacht hochjubeln, war gehalten, aus einer müden Story eine mittlere Sensation zu machen. In *Ein Großkampftag* nennt er den Hauptkampf »ruhig und undramatisch« und die ganze Veranstaltung »durchschnittlich«. Ertel zeigt das armselige Lampenfieber der Kämpfer und läßt von Peter Schier-Gribowski als Interviewer die kümmerlichen materiellen Verhältnisse aufdecken, aus denen die Kämpfer kommen.[435]

Der mit einer 35mm-Kamera aufgenommene Film *Ein Großkampftag* ist deutlich vom Kommentar dominiert. Subtiler sind die Wechselwirkungen zwischen Bild und Text in der Reportage *Der große Cannes – Cannes*, die 1958 als Bericht über die Filmfestspiele in Cannes entstand. Ertel lernte bei dieser Gelegenheit Roman Brodmann kennen, der für ihn Interviews führte und übersetzte. Später gehörte Brodmann zu den produktivsten Autoren der *Zeichen-der-Zeit*-Serie. Vor allem die Bildgestaltung und Kameraführung sind in *Der große Cannes – Cannes* eigenständiger als in *Der Großkampftag*. Groß- und Detailaufnahmen steuern die Aufmerksamkeit des Zuschauers. Die exotische Atmosphäre der Stadt wird durch hintereinandergeschnittene Detailaufnahmen von schreitenden Beinen, trippelnden Hunden und defilierenden Damen geschildert. Die »zum Teil ergreifende Geschmacklosigkeit« wird mit Beobachtungen am Rande des Filmfestivals wie durch Kameraaufnahmen in Po-Höhe bei der Wahl einer »Miss Festival« illustriert. Der Blick auf die unendlich reiche und unendlich neugierige High Society, die zu einer Premiere geladen ist, zerfällt in Aufnahmen von Hintern und Beine oder wird durch Untersichten und verzerrte Aufnahmen durch Gläser verfremdet.

Anders als bei *Der Großkampftag* ist die Gesamtstruktur von *Der große Cannes – Cannes* nicht chronologisch, sondern episodisch. Die einzelnen Episoden werden additiv oder mosaikartig aneinandergefügt, so daß sich neben Bildgestaltung und Kameraführung auch die Montage deutlich von *Ein Großkampftag* unterscheidet. Während *Ein Großkampftag* von der ungewöhnlichen Backstage-Perspektive auf das dargestellte Ereignis profitiert, macht in *Der große Cannes – Cannes* die Suggestion einer authentischen filmischen Beobachtung in stärkerem Maß die Qualität des Films aus. Der Kommentar ordnet sich den Bildern stärker unter, ist aber im Gestus ähnlich ironisch distanziert wie in *Der Großkampftag*. An manchen Stellen wirkt der Kommentar überzogen oder metaphorisch überladen, wenn etwa das Feuerwerk am Strand als Grollen der französischen Staatskrise interpretiert wird.

Die Autoren der Stuttgarter Schule haben ihre Verankerung im Journalismus und ihre literarischen Ambitionen zugegeben. Ertel selbst sprach vom Kommentar als dem Tummelplatz der persönlichen Formulierungsfreude.[436] Die karikierende Verwendung von Redewendungen zur ironisch kritischen Kommentierung der Filme weist deutliche stilistische Ähnlichkeiten mit der Sprache im »Spiegel« auf.[437] Die meisten der Autoren der *Zeichen-der-Zeit*-Serie hatten journalistische Erfahrungen in der Arbeit für dieses Nachrichtenmagazin gesammelt, die sie auf die Gestaltung ihrer Fernsehreportagen übertrugen. Ohne ausreichende Erfahrung mit dem relativ neuen Fernsehen wurde den Bildern zu wenig vertraut. Der Zuschauer sollte durch den Kommentar textlich geführt werden.[438] An einer Sequenz aus *Ein Großkampftag*, in der im Off zu hintereinander montierten Nah- und Großeinstellungen von Zuschauern die unterschiedlichsten Motive für den Besuch der Boxveranstaltungen aufgeführt werden, kann die »textliche Führung« des Zuschauers durch den Autor anschaulich dargestellt werden. »Man kommt aus Interesse/ aus Hunger nach scharfen Speisen/ aus Begeisterung/ aus Neugier/ vielleicht weil es prickelt«. Ertels Anmerkungen gehen über eine Beschreibung der Bilder offensichtlich hinaus. Vielmehr interpretieren sie diese durch einen ironischen Kommentar. Die Sequenz demonstriert jedoch auch, in welchem Maß ein Kommentar das Verstehen der Bilder lenkt, weil deren Bedeutung nicht festgelegt ist.[439] Von der aktuellen Praxis des Fernseh-Features unterscheidet sich Ertels Kommentar allerdings dadurch, daß nicht Bilder zu vorformulierten Sachverhalten und Meinungen ausgesucht werden. Bei Ertel geben die Bilder die Anregungen für die Formulierungen des Autors. Der Kommentar paßt sich dem Bildrhythmus an, und die Reportagen sind durch die visuelle Gestaltung bestimmt.[440]

Das Bemühen, den letzten Nebensatz mit Esprit und literarischer Ambition zu gestalten, spürt der Zuschauer sehr schnell bei diesen Filmen des dokumentarischen Fernsehens. Die frühen Filme der Stuttgarter Schule wirken deswegen antiquiert und ihre bemühte Wortgewalt drückt vor allem den humanistisch-bürgerlichen Bildungshintergrund der Autoren aus. Als Thema eines Beitrags zu der *Zeichen-der-Zeit*-Serie schien alles geeignet, was Material für eine »glossierende Betrachtung« bot. Bevorzugt wurden Themen aus den Bereichen Sport, Konsum, Kino und Kultur behandelt. Die Kommentare sollten kurzweilig und vor allem unterhaltsam sein, um das Interesse der Zuschauer zu wecken. Während politische Konfrontationen eher vermieden wurden, erschien der unterhaltsame und ironisch lockere Plauderton dieser Kommentare als fernsehspezifische Tendenz zur kurzweiligen Unterhaltung.[441]

Die einzelnen Reportagen der *Zeichen-der-Zeit*-Reihe werden als Teile der Serie kenntlich gemacht, indem sie standardisiert beginnen. Der Schriftzug der Reihe läuft über erste Bilder zum jeweiligen Thema. Dazu ist eine Erkennungsmelodie zu hören. Nach diesem Titelvorspann wird Originalton eingeblendet. Dann erscheint der Autor mit dem Mikrophon und spricht die Zuschauer direkt an.

»Die Tour de France, meine Damen und Herren, ist kein Sportereignis wie andere auch, sie ist tatsächlich eine nationale Institution der Franzosen, ein Umstand, der uns hindern soll, sie von oben herab zu betrachten. Sie ist ein Wirbel von Ereignissen und Reaktionen, ein Furioso von schier amerikanischen Ausmaßen. Ich bin trotzdem mitgefahren, weil es mich reizte, die Tour zu erleben, und weil ich einen Mann zur Seite habe, der sich in ihr gut auskennt. Es ist Hans Blickensdörfer,

Redakteur einer deutschen Sportzeitung, der uns begleiten wird und für uns die Interviews machen wird. Und nun lassen Sie uns Ihnen ein Bild geben von einer der erregendsten Veranstaltungen in Europa. Wir werden Ihnen nicht nur die strahlenden Sieger zeigen, sondern auch die Kehrseite, die Torturen der namenlosen Fahrer. Wir werden Ihnen den Feldherrn der Tour de France und sein Organisationswerk vorstellen. Sie werden einen Blick hinter die Kulissen werfen. Sie sollen Yvette Horner und ihre Marathonmusik kennenlernen und nicht zuletzt den Enthusiasmus des Volkes. Bitte erleben Sie mit uns die Tour de France.«[442]

Durch die standardisierte Eingangssequenz wird die Erwartung des Zuschauers angesprochen. Durch die Einordnung in eine Serie sind mit der Ankündigung auch stilistische Erwartungen verbunden. Die Eingangssequenz setzt nicht nur die Sendung von der vorhergehenden ab, sondern sie appelliert an die Seherfahrung des Zuschauers. Dieser erhält in der Eingangssequenz eine Reihe von Hinweisen darauf, daß er im folgenden eine dokumentarische Reportage sieht. Mit der Vorstellung des Themas wird gezielt das Interesse des Zuschauers geweckt.

Auch wenn nach Ertels Darstellung der Auftritt des Autors dazu dient, die folgende Reportage als individuelle Ansicht und nicht die Meinung des Senders kenntlich zu machen, so wird durch die direkte Ansprache der Zuschauer ein Dialog simuliert. Deutlich akzentuiert wird die Ansprache der Zuschauer über den Blickkontakt des in die Kamera sprechenden Autors hinaus durch sprachliche Wendungen wie »meine Damen und Herren« oder durch die Einladung »erleben Sie mit uns«. Die direkte Ansprache des Zuschauers, ob durch die visuelle Präsenz des Autors forciert oder auf den Kommentar beschränkt, dominiert als strukturelles Merkmal die Präsentationsform dokumentarischer Filme im Fernsehen. In den fernsehspezifischen dokumentarischen Formen wirkt diese Ansprache als stellvertretende Auseinandersetzung des Autors mit der dargestellten Realität. Ertels Gestus bedeutet »Ich bin trotz aller Mühsal für Sie mitgefahren und zeige Ihnen, was ich erlebt habe«. Das Fernsehen kann zwar nicht die Realität anwesend machen, simuliert aber die direkte Kommunikation, Interaktion und Intimität zwischen Autor und Publikum.

Daß es sich bei der direkten Ansprache des Zuschauers durch einen Autor um ein Strukturmerkmal dokumentarischen Fernsehens handelt, belegt die Kontroverse um die Filme *Ödenwaldstetten* und *Ein Arbeiterclub in Sheffield* von Peter Nestler.

Beide Filme wurden, wie auch die Reportagen der *Zeichen-der-Zeit*-Serie, vom Süddeutschen Rundfunk produziert. Die Auseinandersetzungen um die beiden Filme von Nestler sind deswegen für die Ästhetik des Fernsehjournalismus aufschlußreich, weil weniger Inhalte und Themen als vielmehr die Form ihrer Darstellung umstritten war.

Die Darstellung des Dorfes Ödenwaldstetten auf der Schwäbischen Alb hatte Nestler nach eigener Aussage mit intensiven soziologischen Studien zum Dorf und zur Landwirtschaft vorbereitet. Die im Dialekt aufgenommenen Interviews regten Nestler zu einem eigenen, komplex gestalteten Kommentar an, in den er Informationen aus den Gesprächen mit den Bewohnern als paraphrasierendes Zitat übernimmt. Vorgetragen wird dieser Kommentar von einem Sprecher mit dem schwäbischen Dialekt der Region im Wechsel mit den aufgezeichneten Äußerungen der Dorfbewohner. Nestler verwendet Originalton, der aber nicht synchron mit dem Bild oder als Ton im Bild motiviert ist. Im Gegenteil wird der Ton etwa beim Richtfestvortrag des Zimmermanns für den Zuschauer erkennbar auffällig asynchron eingespielt.

Die ganze Adressierungsweise widerspricht den Konventionen des Fernsehjournalismus, wie sie an einzelnen Filmen der *Zeichen-der-Zeit*-Serie beschrieben wurden. Nestler steht nicht selbst vor der Kamera, in die er spricht, während er dem Gegenstand seiner Darstellung den Rücken zukehrt. Die für das soziale und wirtschaftliche Leben des Dorfes wichtigen Orte und Plätze wie Kuhstall, Molkerei, altertümliche Backstube, Viehmarkt in Münsingen oder Schule erscheinen im Bild, während die Dorfbewohner, der Bauer, der Lehrer, der Spinnereibesitzer aus dem Off ihre Sicht der Dorfentwicklung darstellen. Danach nimmt der Sprecher seine Erzählung wieder auf, so als setze er den Monolog der Vortragenden fort und ergänze ihn um eine weitere Perspektive.

Ein Arbeiterclub in Sheffield verwendet in 41 Minuten nur etwa zweieinhalb Minuten Kommentar und eine einzige längere Originaltonpassage, in der der Sekretär des Clubs über dessen Struktur und Geschichte erzählt. Nestlers Erzählstandpunkt wird in viel stärkerem Maß visuell entwickelt. Sowohl in *Ödenwaldstetten* wie in *Ein Arbeiterclub in Sheffield* wurde von den Redakteuren des Süddeutschen Rundfunks bemängelt, daß der erklärende Kommentar fehle. In einem Gespräch hat Nestler seine Erfahrungen mit dem Süddeutschen Rundfunk selbst in dem Sinn interpretiert, daß es im Fernsehen offensichtlich eine eigene Sprache der Betroffenen, insbesondere der Arbeiter und Bauern aus Furcht vor einer direkten Darstellung von Ausbeutungsverhältnissen und internationaler Solidarisierung nicht geben darf.[443]

Man kann Nestlers klassenkämpferischen Standpunkt als Ausdruck seiner moralischen Integrität oder politischen Hoffnung akzeptieren oder nicht. Weil mehr die Form als der Inhalt der Darstellung umstritten war, läßt die Kontroverse um Nestlers Filme mehr von den ästhetischen Gesetzen des Mediums Fernsehen erkennen als die publizistisch hochstilisierten Reaktionen politischer Stellen, die sich von einzelnen Filmen angegriffen oder falsch dargestellt fühlten.

Zwar signalisieren solche Reaktionen zweifellos die Bedeutung, die dem Fernsehen in der politischen Öffentlichkeit beigemessen wird. Diese Reaktionen markieren auch die Grenzen der Kritikmöglichkeit insbesondere im öffentlich-rechtlichen Fernsehen. Allerdings schmeicheln diese Reaktionen mehr dem Selbstverständnis der Journalisten als kritischem Regulativ in der politischen Öffentlichkeit, als daß sie wirklich etwas über die Reichweite, den Einfluß oder gar die Subversivität der umstrittenen Berichte sagen.

Nestler hat die Kontroverse um seine Filme später um die Information ergänzt, daß das baden-württembergische Landwirtschaftsministerium bei der Intendanz der Rundfunkanstalt gegen *Ödenwaldstetten* interveniert hätte. Hintergrund war die Propagierung von Aussiedlerhöfen durch das Ministerium. Für die betreffenden Landwirte bedeutete das, unter Aufnahme hoher Kredite außerhalb des Dorfes große Höfe zu bauen, weil in den Dörfern selbst die Landwirtschaft nicht mehr modern genug betrieben werden konnte. Es fehlte also auch in diesem Fall nicht die politisch motivierte Intervention gegen kritische Berichterstattung.[444]

Auf jeden Fall deutet die Kontroverse um Nestlers Filme ein strukturelles Merkmal der Realitätsvermittlung durch das Fernsehen an. Konstitutiv ist die direkte Ansprache des Zuschauers durch einen Autor, einen Redakteur, einen Reporter oder einen Moderator. Dieser präsentiert als Kommentator oder Berichterstatter einen Wirklichkeitsausschnitt, den er stellvertretend für den Zuschauer erfahren hat. Die ironisch distanzierten Kommentare der Stuttgarter Schule wirken im Vergleich mit Peter Nestlers Erzählhaltung in *Ödenwaldstetten* und *Ein Arbeiterclub in Sheffield* wie Vorläufer des Infotainments, bei dem ein Zuschauer unterstellt wird, der zwar den Apparat angestellt hat, ihm aber nur geringe Aufmerksamkeit widmet. Aufgabe des Kommentars ist es, nicht nur die Aufmerksamkeit auf die Sendung zu lenken, sondern sie auch aufrechtzuerhalten. Inhalte und Haltungen werden demgegenüber zweitrangig.[445]

Die Reportagen aus der *Zeichen-der-Zeit*-Serie sind jedoch nicht insgesamt so kommentarzentriert, ihre Adressierungsweise ist nicht immer so offensichtlich direkt und an die Person des Reporters gebunden, wie es in den Beschreibungen der bisherigen Filme der Fall war. Einerseits scheint die Dominanz der Präsenz des Autors durch Kommentar und direkte Ansprache des Zuschauers typisch für die Reportagen Ertels. Andererseits adaptieren auch die Fernsehreportagen eine Reihe technischer und ästhetisch-konzeptioneller Entwicklungen der internationalen Dokumentarfilmproduktion. Insbesondere die ästhetische Konzeptualisierung von Techniken wie der leichten 16mm-Kamera, hochlichtempfindlicher Objektive und ebensolchen Filmmaterials sowie vor allem der tonsynchronen Aufnahme im *Direct Cinema* und *Cinéma Vérité* beeinflussen die Fernsehreportagen. Die Reportagen übernehmen die Krisenstruktur der dargestellten Ereignisse für die Dramaturgie des Films. Ausgewählt werden Ereignisse mit überschaubaren chronologischen Abläufen, die in sich eine dramatische Struktur enthalten. Besonders geeignet sind Sportwettkämpfe. Die Reportagen *Tortur de France*, über das alljährlich stattfindende Radrennen, und *Tod und Spiele*, über das vierundzwanzig Stunden dauernde Automobilrennen von Le Mans, folgen diesem Prinzip. Der chronologische Ablauf der beobachteten Ereignisse wird im wesentlichen auch in den Reportagen beibehalten, dient allerdings nicht im gleichen Maß der Spannungssteigerung wie in den *Direct Cinema*-Filmen. Obwohl es in den Reportagen Sequenzen gibt, in denen die Kamerabeobachtungen dominieren, bleiben die Reportagen insgesamt kommentarzentriert. Die Prinzipien der beobachtenden Kameraarbeit, wie sie insbesondere vom *Direct Cinema* entwickelt und angewandt wurden, werden in den Reportagen der Stuttgarter Schule selten streng verwirklicht.

Es gibt Beobachtungen mit der verdeckten Kamera und Montagen, die nicht der chronologischen Konstruktion der Erzählung dienen, sondern eine Atmosphäre schildern. Auf diese Weise werden in *Tod und Spiele* gähnende, ermüdete, gelangweilte und erschöpfte Zuschauer gezeigt, um die Frustration der durchgemachten Nacht darzustellen. Ähnliche Aufnahmen mit verdeckter Kamera und Montagesequenzen gibt es in *Autokult*, wenn die Besucher des Genfer Automobilsalons beobachtet werden, und ihr Umgang mit den ausgestellten Autos gezeigt wird. Der

Zuschauer erfährt aber sonst nichts weiter von den Personen, nichts über ihre Einstellungen, Haltungen, Meinungen und Motive. Die Reportagen arbeiten hier nach dem Prinzip der Backstage-Beobachtung, wie es bereits der die Reihe inaugurierende Film *Ein Großkampftag* mit einer Boxveranstaltung gemacht hatte. Die Aufmerksamkeit wird von den für die Öffentlichkeit inszenierten Aspekten eines Ereignisses auf scheinbar Nebensächliches und Unbedeutendes, oder wie bei *Tod und Spiele* auf die Vorbereitung und die Nachwirkung eines Ereignisses gelenkt. Die Aufnahmen unterscheiden sich jedoch von den *Direct Cinema*-Filmen in der Annäherung an die Ereignisse. Während *The Chair* über die Beobachtung eines Rechtsanwalts, einen Verurteilten vor dem elektrischen Stuhl zu bewahren, Einblick in die Mechanismen eines Begnadigungsverfahrens gibt, oder *Crisis: Behind a Presidential Commitment* den Konflikt zwischen der Bundesregierung und dem Gouverneur eines Staates um die Zulassung schwarzer Studenten zur Universität hinter den Kulissen als unterschiedliche politische Vorgehensweisen und die zur Verfügung stehenden Alternativen zur Lösung der Krise schildert, handelt es sich bei den Reportagen der Stuttgarter Schule in der Regel um Ereignisse, die in aller Öffentlichkeit stattfinden. Die Reportagen dringen in keinen privaten oder intimen Raum ein. Im Mittelpunkt der Beobachtungen stehen nicht die Verhaltensweisen einzelner Personen.[446]

Roman Brodmann hat für sich reklamiert, in seinem Film *Die Misswahl* von 1966 als erster in der Stuttgarter Schule mit hochlichtempfindlichem Filmmaterial, lichtstarken Objektiven und geblimpten, d. h. geräuscharmen Kameras nach den Prinzipien des *Direct Cinema* gearbeitet zu haben.[447] Brodmann dokumentiert in seinem Film die Vorwahlen und die Endausscheidung zur Wahl der Miss Germany 1965. Er zeigt die Eitelkeiten und Illusionen der Kandidatinnen, enthüllt die Interessen der Industrie und deckt den zur Wahl gehörenden Intelligenztest als Etikettenschwindel auf. Bilder und Originalton von der Endausscheidung bleiben bis auf Verständnishilfen bei Zeit- und Raumsprüngen unkommentiert. Allerdings wurde in der Begeisterung für die neue Technik übersehen, daß die kritische Tendenz des Films nicht allein aus den unkommentierten Originalaufnahmen entwickelt wurde. Vielmehr thematisiert Brodmann im ersten Teil des Films die zentralen Aspekte seiner Kritik in der für ihn wie die anderen Autoren der Stuttgarter Schule typischen Sprache des »Spiegels«, »wenn er etwa alltagsweltliche Redewendungen verfremdet.«[448]

Hinsichtlich der Krisenstruktur ist Roman Brodmanns *Der Polizeistaatsbesuch* den amerikanischen *Direct Cinema*-Filmen am ähnlichsten. Geschildert wird der spektakuläre Besuch des Schahs und Farah Dibas 1967 in Deutschland. Der Film folgt der Chronologie des Besuchsprotokolls und beginnt mit der Ankunft des Herrscherpaares auf dem Flughafen. Bereits in dieser Sequenz wird durch Bildgestaltung und Kameraführung sowie die Montage von Bild und Originalton die ironisch-subversive Haltung des Films, die in Brodmanns Kommentar ihre Entsprechung hat, optisch-akustisch gestaltet.

Während der Befehlende im Originalton kommandiert »Ehrenformation! Stillgestanden!« wird zwischen beiden Worten auf die in Reihe aufgestellten Limousinen geschnitten. Der Kommentar zitiert die Meldung der Presse, daß der Schah eine Panzerweste trage. Während sich die Türen des Flugzeugs öffnen, hört der Zuschauer das Kommando »Präsentiert das Gewehr!« Es folgt eine Totalaufnahme von Kanonen, die Ehrensalut schießen. Während der Schah und Farah Diba den Bundespräsidenten und die Mitglieder des diplomatischen Korps begrüßen, sind zu Händedruck, Verbeugung und Knicks die Salutschüsse montiert.

Das Prinzip der Chronologie des Staatsprotokolls wird dadurch unterbrochen, daß simultan ablaufende Ereignisse in der Reportage hintereinander geschildert werden. Dies war möglich, weil die Aufnahmen mit zwei Kamerateams entstanden. Die Übergänge werden durch den Kommentar markiert: »Zur gleichen Zeit macht sich die Bayerische Staatsoper für den Besuch fein« und: »Zur gleichen Zeit vollendet der Chefkoch im Hilton-Hotel Zuckermonumente«. Indem er neben den offiziellen Ereignissen, deren Vorbereitungen und Nachwirkungen darstellt, wird Brodmanns Reportage zum Blick aus der Perspektive der Backstage. Auf diese Weise wird die unterwürfig subalterne Beflissenheit, mit der der Besuch des Paares allenthalben vorbereitet wird, der Lächerlichkeit preisgegeben. An verschiedenen Stellen geht Brodmanns Montageprinzip jedoch über die Schilderung simultan ablaufender Ereignisse hinaus. Wenn die Redeausschnitte aus einem an der Freien Universität abgehaltenen Hearing zur Folterpraxis im Iran nach dem Prinzip des Parallelschnitts simultaner Ereignisse alternierend mit dem gastronomischen Ritual eines vom Chefkoch des Nobelhotels für den Schah zerlegten Hammels montiert sind, legt diese Sequenz suggestiv Schlußfolgerungen über die politische Situation im Iran nahe.

Brodmann bezog in seinen Film auch die gewalttätigen Demonstrationen in Berlin, die am 2. Juni 1967 zum Tod des Studenten Benno Ohnesorg führten, ein. Brodmann brachte Aufnahmen, die in der Tagesberichterstattung nicht erschienen. Er dokumentierte den Angriff der »Jubelperser« auf die Demonstranten. Brodmanns Darstellung betont die Mitschuld der Polizei an den Auseinandersetzungen. Der Fußtritt gegen einen Demonstranten wird zweimal hintereinander und in der Wiederholung in Zeitlupe gezeigt. Weil mit dieser Sequenz die Mitschuld der Polizei an der Gewalteskalation gezeigt wird, wirkt die Reportage an dieser Stelle als Form der Gegenöffentlichkeit, wie sie im Kontext der APO mit Film herzustellen versucht wurde. Allerdings wurde von Seiten der APO in der zeitgenössischen Rezeption Brodmanns Film als nicht radikal und grundsätzlich genug empfunden.[449]

4.2.3.2. Berlin – Ecke Bundesplatz. Das Dokument zur *Lindenstraße*

Obwohl es den großen und klassischen Dokumentarfilm auch im Fernsehen gibt und Filme wie *Lebensläufe*, *Shoah*, *Hotel Terminus* nur noch in Kooperation mit dem Fernsehen produziert werden, läßt sich der Einfluß des Fernsehens an diesen Filmen nicht besonders gut beschreiben. Die Ausstrahlung von monumentalen Dokumentarfilmen im Fernsehen widerlegt nicht, daß es strukturell die Filmproduktion und -rezeption beeinflussende Unterschiede von Kino und Fernsehen gibt. Zu den Strukturmerkmalen des Fernsehens gehört neben dem rigiden Zeit- und Programmschema, der direkten Ansprache des Zuschauers, der Konstitutionsform der Öffentlichkeit, die Fortsetzung einer Sendung als Serie. Während *Dallas* als Prototyp, *Lindenstraße* als deutsche Version und neuerdings lateinamerikanische Telenovelas untersucht wurden, wurden die Strukturmerkmale der Serie für dokumentarische Sendungen bisher kaum erörtert.[450] Deswegen wird im folgenden die als Serie ausgestrahlte dokumentarische Langzeitbeobachtung *Berlin – Ecke Bundesplatz* thematisiert. Durch einen Vergleich mit den inszenierten Serien wird als spezifischer Einfluß des Fernsehens, insbesondere die Annäherung von dokumentarischen und fiktionalen Formen, herausgearbeitet.

Die Filmemacher Detlev Gumm und Hans-Georg Ullrich haben Anfang der achtziger Jahre begonnen, Personen, die in ihrer Nachbarschaft am Bundesplatz in Berlin leben, zu beobachten und zu interviewen. Daraus entstand eine erste Serie von

Filmen, die Mitte der achtziger Jahre gesendet wurde. Die Reihe wurde seit Januar 1993 durch die Ausstrahlung neu entstandener Teile fortgesetzt. Im wöchentlichen Rhythmus wurden jeweils am Donnerstag nachmittag im Rahmen des Jugendprogramms im ersten Programm der ARD die neuen Beiträge ausgestrahlt.

Zunächst fällt der Seriencharakter der Sendung durch die feste Plazierung im Programm auf. In einer immer gleichen Einführung wird das Langzeitprojekt durch eine Stimme im Off beschrieben, während in einer Großaufnahme das Straßenschild mit dem Namen »Bundesplatz« zu sehen ist. In der Einführung werden die Personen, die im Mittelpunkt der folgenden dreißigminütigen Sendung stehen, mit Namen und beruflicher Tätigkeit vorgestellt. Ergänzt werden diese Angaben um knappe Informationen darüber, wie lange die Personen an dem Filmprojekt beteiligt sind. Darauf folgt der immer gleiche Vorspann mit einer Titelmusik. Ein Mann in Arbeitskleidung geht mit einer Lampe durch einen Kanal. Die Kamera schwenkt nach oben und gelangt nach einem Stück Schwarzfilm durch einen Kanaldeckel auf den Platz. Ein Schwenk über den Platz schließt die Einführung ab.

Die Einführung markiert nicht nur den Beginn der Sendung und setzt sie vom vorhergehenden Programm ab. Darüber hinaus erhält der Zuschauer die Information, daß er einen dokumentarischen Beitrag sehen wird. Sein Interesse wird durch die Kurzvorstellung des gesamten Projekts und der in den folgenden dreißig Minuten ausführlicher dargestellten Personen zu wecken versucht. Die serielle Wiederholung der Einführung appelliert an einen Wiedererkennungseffekt des Zuschauers und steuert durch ein Ensemble von Hinweisen seine Rezeptionserwartung. Der Zuschauer weiß, was in der folgenden Sendung gezeigt wird, und ebenso hat er eine Erwartung, wie es gezeigt wird.

Der Seriencharakter ist aber nicht nur am Beginn, sondern auch am Ende jeder Sendung zu beobachten. Man könnte sagen, das Ende ist offen, um nicht sagen zu müssen, es wirkt beliebig. Auf keinen Fall ist es irgendwie dramaturgisch notwendig. Vielmehr könnte die Aufzeichnung und Darstellung endlos weitergehen. Es gibt kein anderes dramaturgisches Muster als die tendenzielle Unabgeschlossenheit des Lebens, dessen Darstellung simuliert wird. Mit dem offenen Ende erzeugen die Sendungen nicht nur eine Spannung des Zuschauers auf die Fortsetzung der Serie, sondern es wird in der Phantasie des Zuschauers die Beschäftigung mit den dargestellten Personen über das Ende der Sendung hinaus angeregt. Man kann von einem »*Lindenstraßen*-Effekt« reden, der darin besteht, daß sich der Zuschauer fragt, wie es weitergehen wird. Im Unterschied zur *Lindenstraße* stehen in *Berlin – Ecke Bundeplatz* immer andere Personen im Mittelpunkt. Obwohl die Auswahl der Personen sowohl in der fiktionalen als auch in der dokumentarischen Serie über den sozialen Zusammenhang eines gemeinsamen Wohnviertels definiert ist, kreuzen sich die Geschichten der Personen in der filmischen Langzeitbeobachtung nur in Ausnahmefällen.[451]

Innerhalb des serientypischen Anfangs und Endes werden die Geschichten der dargestellten Personen episodisch erzählt. Nur manchmal gibt es dramaturgische Muster wie die Teilnahme eines Darstellers an einem Marathonlauf. Sein selbstgesetztes Ziel, den Lauf innerhalb einer bestimmten Zeit zu absolvieren, erzeugt eine die ganze Sendung übergreifende Spannung. Diese Episode läßt eine Ähnlichkeit mit der vom *Direct Cinema* bevorzugten Orientierung an Krisenstrukturen als dramaturgischen Mustern erkennen, die besonders leicht in der filmischen Darstellung von Sportereignissen und Wettkampfsituationen zu simulieren sind.

Worin unterscheidet sich die dokumentarische Serie *Berlin – Ecke Bundesplatz* von einer Serie wie der *Lindenstraße*? Wie weist sich *Berlin – Ecke Bundesplatz* als dokumentarisch aus? Die erzählende Struktur der *Lindenstraße* ist stärker ausgeprägt. Kameraführung und Schnittkonzeption sind in der fiktionalen Serie nach dramaturgischen Prinzipien ausgeführt. Unter Studiobedingungen mit mehreren Kameras aufgenommen, können in der *Lindenstraße* Einstellungsgrößen nach dramaturgischen Gesichtspunkten variiert und Gegenschußaufnahmen verwendet werden. Dagegen arbeiten die Dokumentaristen mit nur einer Kamera vor Ort, so daß sie nicht immer ein »gutes« Bild erhalten. Manchmal sieht der Zuschauer etwas nicht genau, weil die handelnden Personen aus dem Bild gehen, ohne daß die Kamera ausreichend schnell reagieren kann. Auch wenn die Qualität der Aufnahmen insgesamt Sendungsansprüchen genügt, wackelt bisweilen das Bild oder die Bildschärfe wird während der Aufnahme nachgestellt. Die Bilder weisen sich gerade auf diese Weise als dokumentarisch aus. Aber der Unterschied gilt nur graduell. Denn auch die Dokumentaristen selektieren, spitzen zu und pointieren. Sie erzählen ebenfalls Geschichten. Es handelt sich nicht um ungeschnitten in Realzeit ablaufende Live-Übertragungen.[452]

Unterschiedlich sind die Geschichten, die erzählt werden und wie sie erzählt werden. Während *Lindenstraße* versucht, gesellschaftlich aktuelle Themen wie Aids oder Ausländerfeindlichkeit ebenso unterzubringen wie die privaten Probleme von Beziehungen, die immer gleichen Konflikte der Generationen miteinander, von denen die Film- und Fernsehmacher annehmen, daß sie das Publikum beschäftigen, sind bei *Berlin – Ecke Bundesplatz* bestimmte Themen ausgeblendet.[453] Zwar erzählen die Leute mit der für die Teilnahme an einer solchen Dokumentation vorausgesetzten Bereitwilligkeit und Offenheit von sich, ihrer Familie oder ihrer Arbeit. Aber der Zuschauer hat nie das Gefühl, daß die porträtierten Personen grundsätzlich über alles reden würden. Die Filmemacher der dokumentarischen Serie sind auf das angewiesen, was ihnen von den Leuten erzählt wird. Der Zuschauer beobachtet nicht unbemerkt und frei beweglich jeden Bereich des Alltags in der Familie. Die Darsteller in *Berlin – Ecke Bundesplatz* agieren mit dem für den Zuschauer deutlich erkennbaren Bewußtsein, daß sie aufgenommen werden.

Besonders deutlich wird das in Differenzierungen der Darstellung von Personen aus unterschiedlichen sozialen Schichten. Es gibt bei dem dokumentarischen *Berlin – Ecke Bundesplatz* nicht zu allen Personen die gleiche Intimität. Während die meisten Leute einer ökonomisch und sozial sehr unpräzise charakterisierten, aber hinsichtlich beruflicher Tätigkeit und privatem Lebensstil sehr vielfältig ausdifferenzierten Mittel- und Unterschicht vor allem in ihrer privaten und familiären Sphäre gezeigt werden, werden bei der Darstellung des Anwalts und Notars ebenso wie seiner Frau die Insignien des Reichtums und snobistischen Umfelds hervorgehoben. Die soziale Distanz zu diesen Darstellern ist auch im Spektrum der angesprochenen Themen und in der förmlichen Umgangsweise spürbar.

Ähnlich wie die *Lindenstraße* sind die Filme der *Bundesplatz*-Serie stark auf die Personen und überschaubare soziale Zusammenhänge zentriert. Ergänzendes Material zu dem Viertel und seiner Entwicklung gibt es kaum, nur in dem Maß, wie es sich über die Personen vermittelt. So ist ein Freizeitheimatforscher immer wieder in einem Archiv zu sehen, in dem er alte Baupläne studiert und erläutert. Größere Zusammenhänge etwa der Stadt- und demographischen Entwicklung, die über den unmittelbaren alltäglichen Erlebnishorizont der Porträtierten hinausgehen, werden nicht dargestellt. Sowohl für die dokumentarische als auch für die fiktionale Serie handelt es sich um ein Strukturgesetz, daß gesellschaftsrelevante und aktuell-politische Themen nur aus der Betroffenenperspektive dargestellt werden können. Tendenziell verletzt die Einführung von Themen, die den mit der Biographie der Figuren gegebenen Horizont alltäglicher Erfahrungen überschreiten, den dramaturgischen Rahmen der Serie.[454]

So wie für die thematische Perspektive gilt, daß sie den Erfahrungshorizont der Betroffenen nicht überschreitet, gilt für die zeitliche Dimension in *Berlin – Ecke Bundesplatz*, daß sie fast ausschließlich auf die Gegenwart konzentriert ist. In einem einzigen Fall wird eine historische Tiefe der Darstellung durch die Kompilation von Ausschnitten aus einem amerikanischen Film erreicht, in dem der Widerstand einer ehemaligen Bewohnerin des Platzes gegen die Nazis thematisiert wird. In einzelnen Fällen wird von den porträtierten Personen selbst aufgenommenes Filmmaterial in die Serie einbezogen. So wird auf Aufnahmen eines Bewohners des Bundesplatzes zurückgegriffen, der sich in Kalifornien aufhielt, um eine Statistenrolle in einem Hollywoodfilm zu bekommen. Ebenso gibt es einige Aufnahmen aus China, die ein Bewohner des Platzes von einer Fahrradtour in dieses Land mitgebracht hat. Dagegen wird, was naheliegend gewesen wäre, auf Material der ersten Serie gar nicht zurückgegriffen.

Eine Vorstellung von der lebensgeschichtlichen Zeit bekommt der Zuschauer dadurch, daß er die Leute vom Bundesplatz zu unterschiedlichen Jahres- und Tageszeiten, bei der Arbeit, in der Freizeit oder im Urlaub sieht. Die räumliche und soziale Nähe der Filmemacher zu dem beobachteten Milieu ermöglicht flexibles Reagieren auf unvorhergesehene Entwicklungen, wie den Besuch von Freunden aus St. Petersburg, mit denen eine Familie vom Bundesplatz jahrelang korrespondierte, sowie den Gegenbesuch in St. Petersburg. In diesen Momenten weist die Intensität und Intimität der Beobachtung die *Bundesplatz*-Serie als wirkliche Langzeitbeobachtung aus, wie sie für das Fernsehen eher selten ist.

In der Regel erlaubt der Produktionsrhythmus des Fernsehens keine langfristig beobachtenden Filme. Sowohl die Programmstruktur als auch die Aktualitätspriorität des Mediums begünstigen die Entwicklung von Formen wie der Reportage oder dem Feature. Diese beschränken sich meist auf Aufnahmen zu einem bestimmten Zeitpunkt und konzentrieren sich auf ein Thema. Nicht selten wird ein vorrecherchierter oder auch schon vorformulierter Sachverhalt unter Vernachlässigung der visuellen Gestaltung über den Text vermittelt. Die Interviews sind nicht viel mehr als abgefragte Statements oder Meinungen, die dem Reporter Stichworte für eigene Kommentare geben. Selten sind Auseinandersetzungen mit den dargestellten Personen. Die Grenzen der Vorgehensweise werden besonders deutlich, wenn eine Dokumentation als eine Langzeitbeobachtung angelegt oder angekündigt wird und diese darin besteht, daß die Filmemacher im Abstand von Wochen oder Monaten an den Ort der Aufnahmen zurückkehren. Beispiele für Berichte, in denen Veränderungen und Entwicklungen nicht als Prozesse beobachtet und dargestellt, sondern schematisch erfragt oder äußerlich suggestiv konstatiert werden, lassen sich in beliebiger Zahl und zu jedem Thema finden.

In dieser Hinsicht eher untypisch für die dokumentarischen Formen des Fernsehens sind Gumms und Ullrichs Serienfilme wenig kommentarzentriert. Die Filmemacher erklären nicht, was ohnehin zu sehen ist. Auch dann nicht, wenn etwa die ungewöhnliche Taufszene eines Adventisten gezeigt wird, die Befremden auslösen könnte. Für den Zuschauer erkennbar wird das Konzept eines Kommentars, der nicht-visualisierbare oder für das Verständnis der Alltagsdarstellung unmittelbar wichtige Informationen ergänzt. Insgesamt ist aber kein ausgeprägt strukturiertes Kommentarkonzept zu erkennen. Das gilt in noch stärkerem Maß für die Anlage der im Plauderton gehaltenen Interviews. Die porträtierten Personen werden mit eher allgemeinen Fragen angeregt, etwas über sich oder ihre berufliche Tätigkeit zu erzählen. Der Zuschauer hat den Eindruck, daß die Filmemacher mit ihrer Kamera unterwegs waren und bei dieser Gelegenheit auch Fragen stellten, so daß man das Interviewkonzept als Simulation einer alltäglichen Kommunikation beschreiben könnte. Fernsehtypisch ist dieses Interviewkonzept insofern, als es nicht so sehr an ausgeprägten Konzepten des Interviewdokumentarfilms orientiert ist, sondern medienspezifische Formen der Unterhaltung wie Talkshows imitiert. Während durch den Vergleich der *Lindenstraße-* mit der *Bundesplatz*-Serie die Annäherung von fiktionalen und dokumentarischen Elementen als Einfluß des Fernsehens herausgearbeitet werden sollte, kann man insgesamt eine Tendenz der Angleichung der verschiedensten Genres im Fernsehen konstatieren.

4.3. Abschlußbemerkung zu Video und Fernsehen

> Wer nach Zukunftschancen unseres Landes fragt, sollte mal einen Blick unter die Oberfläche werfen. Ein entscheidender Standortvorteil Deutschlands, um den uns die Welt beneidet, liegt als Schatz in der Erde: die innovativen Kommunikationsnetze von Telekom. Da ist ISDN, mit dem das Telefonnetz zum Universalnetz für Sprache, Text, Daten und Bild wird. Als neues Nervensystem der europäischen Wirtschaft ist es in Deutschland weiter ausgebaut als irgendwo sonst. Da ist das Breitbandkabelnetz. Zusammen mit neuen Satellitenverbindungen und dem Telefonnetz wird der Kabelanschluß schon in naher Zukunft multimediale, interaktive Kommunikationsangebote in praktisch jedes Haus liefern.
>
> aus einer Werbung der Telekom

Angesichts des Umfangs dokumentarischer Sendungen im Fernsehen erscheint es willkürlich, die Berichterstattung über einzelne Ereignisse wie die revolutionären Umwälzungen in Rumänien oder den Golfkrieg und einzelne Sendereihen wie die Reportagen aus den *Zeichen der Zeit* oder die Serie *Berlin – Ecke Bundesplatz* herauszugreifen, um an ihnen Strukturmerkmale dokumentarischen Fernsehens zu erörtern. Die Auswahl der Filme und Sendungen ist weder statistisch noch typologisch repräsentativ. Ihre Erörterung ist allenfalls exemplarisch. Solange es keine umfassende Theorie dokumentarischen Fernsehens gibt, erscheint mir die praktizierte Vorgehensweise sinnvoll, wenn es nicht um kategoriale Bestimmungen oder institutionelle Produktionsbedingungen geht, sondern um die Erörterung der Möglichkeiten von Erfahrungsbildung mit dem Medium. Die deskriptiv-analytische Auseinandersetzung mit einzelnen Sendungen strebt dann nicht abschließende Klärungen oder Definitionen an, sondern die Explikation von Strukturmerkmalen und Begriffen, die im Kontext einer konkreten, historisch und sozial lokalisierbaren Rezeption reflexiv angewandt werden können.

Die Bedeutung analytischer Kategorien der Filmtheoriediskussion ändert sich bei der Beschäftigung mit dem Fernsehen. Der Textbegriff erwies sich im Zusammenhang der Dokumentarfilmtheoriediskussion als produktiv, weil auf seiner Grundlage die filmische Darstellung nicht als Abbild der Wirklichkeit, sondern als eigene filmische Realität konstituiert werden konnte. Als solche ist die filmische Darstellung nicht nach dem Grad ihrer Übereinstimmung mit der dargestellten Wirklichkeit zu beurteilen, sondern nach der Art ihres Verweises auf die Realität. Bei der Übertragung des Textbegriffs auf das Fernsehen ist zu berücksichtigen, daß nicht die einzelne Sendung, sondern das Programm die primäre Struktur ist. Für die Beschäftigung mit dem Fernsehen bedeutet das, daß man seine Funktion als Realitätsvermittlungsinstanz berücksichtigen muß, um einzelne dokumentarische Sendungen angemessen reflektieren zu können.

Wenn von der direkten Ansprache des Zuschauers als einem dominanten Strukturmerkmal des Fernsehens gesprochen wurde, so ist dieses Merkmal nur bedingt vergleichbar mit der direkten Adressierung des Dokumentarfilms, wie sie im Kommentar des klassischen Erklärdokumentarismus oder im Interviewdokumentarfilm praktiziert wird. Die Präsenz von Moderatoren, Ansagern, Nachrichtensprechern und Reportern im Fernsehen simuliert eine Form der unmittelbaren Kommunikation und Interaktion mit dem Zuschauer, die dem Film aus technischen Gründen nicht möglich ist.

Die Simulation einer Interaktion ist angemessen nur in Verbindung mit dem Live-Charakter des Fernsehens zu beurteilen. Die Möglichkeit, Ereignisse simultan und synchron übertragen zu können, unterscheidet das Fernsehen grundsätzlich vom Film. Es ist fraglich, ob man bei Fernsehübertragungen im gleichen Sinn wie bei der Fotografie und beim Film von Bild und Abbild sprechen kann. Weil die Fernsehbilder das Zeitgefälle zwischen Bild und Abbild eliminieren und etwas Abwesendes so erscheinen lassen, als wäre es gegenwärtig, hat Günther Anders die Simultaneität und Synchronizität der Darstellung mit dem Dargestellten als ontologisch zweideutigen Phantomcharakter der Fernsehbilder und ihre Rezeption als einen derivativen Erfahrungstypus beschrieben.[455] Das Fernsehen ist ein Live-Medium nicht nur bei Sportübertragungen, Nachrichtensendungen oder Talkshows. Vielmehr simuliert das Fernsehen den Live-Charakter, indem es eine kommunikative Konstellation herstellt, bei der es als personales Gegenüber des Zuschauers auftritt. Bei diesem personalen Gegenüber handelt es sich um ein regulierendes

Prinzip, das die Sendungen mit der Realität außerhalb des Mediums vermittelt. Dieses Prinzip ist immer präsent und überlagert alle Sendeformen. Vom Zuschauer wird dieses Prinzip als Autorität der Realitätsvermittlung anerkannt.

Von der Dokumentarfilmtheorie wurde die Differenz zwischen dem Fernsehen und dem Kino bemerkt und ausdrücklich als Fragestellung ausgegrenzt. Für einen Ansatz wie den der vorliegenden Arbeit, in der die Erfahrungsbildung mit dem dokumentarischen Film erörtert wird, bleibt diese Ausgrenzung unbefriedigend. Ob sich die Dokumentarfilmtheorie nun darum kümmert oder nicht, ändert nichts daran, daß das Fernsehen nach Reichweite und Wirkungsintensität die Funktion eines gesellschaftlichen Leitmediums bei der Wirklichkeitsdarstellung erfüllt. Als gesellschaftliche Leitmedien beeinflußen die elektronischen Medien aber nicht nur die gängigen Vorstellungen vom dokumentarischen Film. Vielmehr definieren die Erfahrungen mit dem Fernsehen den Kontext, in dem mediale Wirklichkeitsdarstellungen rezipiert werden und Erfahrungen gemacht werden. Anders hat in diesem Zusammenhang von der Matrize als einer Schablone der Erfahrung gesprochen, die mit dem Fernsehen perfektioniert wird. Sie wirkt nicht nur als Schablone der Anschauung, sondern handlungsbestimmend.[456]

Eine Schwierigkeit ergibt sich daraus, wie die Entwicklung der Theorie mit den sich abzeichnenden Veränderungen der Kommunikation durch die elektronischen Medien Schritt halten kann. Das gilt für den Gebrauch von Video mit den Möglichkeiten elektronischer Bildbearbeitung und -generierung im gleichen Maß wie für die interaktiven Möglichkeiten der Telekommunikation. Teleshopping über die Kombination von Fernsehen und Telefon, das nach individuellen Interessen gestaltete Fernsehprogramm als Pay-TV oder video on demand und die Abstimmung der Zuschauer über Telefon darüber, welcher Film aus einer Reihe von angebotenen gesendet oder welches Thema Gegenstand eines Streitgesprächs im Studio sein soll, simulieren keine Interaktion. Sie sind rudimentäre Formen einer universellen Telekommunikation, nach deren Etablierung die parlamentarische Mailbox vielleicht die fernsehbezogenen Politrituale ersetzen wird. Tatsächlich tendieren die elektronischen Medien dazu, die Formen der Kommunikation zu verändern, indem sie nicht als Mittel der Darstellung, sondern der Interaktion gebraucht werden. Die Virtualität computergenerierter Realitäten und die Interaktion durch universelle Telekommunikation sind technikgeschichtliche Entwicklungen, die außerhalb des

Versuchs der Rekonstruktion des dokumentarischen Films als einer Form der Erfahrungsbildung liegen.

Innerhalb liegt das Fernsehen in seiner gegenwärtigen Form als Instanz der Realitätsvermittlung. Voraussetzung für die von Anders als Matrize beschriebene handlungsorientierende und -mobilisierende Appellstruktur des Fernsehens ist seine Omnipräsenz im Alltag des Zuschauers und die Verwendung kommunikativer Strategien des Alltags, die den Zuschauer direkt ansprechen. Integriert in den Fluß der Alltagsereignisse und -erlebnisse tritt das Fernsehen auf diese Weise als personalisiertes Gegenüber des Zuschauers auf. Ist der Vorgang aber tatsächlich so mechanistisch vorzustellen, wie Anders andeutet? Angesichts des »ubiquitären elektronischen Zirkus« (Virilio) gibt es keinen Grund, die Möglichkeit autonomen und souveränen Handelns des Individuums allzu optimistisch einzuschätzen. Aber was folgt aus der Annahme eines zwanghaften Schematismus der Erfahrungsprägung durch die Medien?

Die rumänischen Ereignisse vom Dezember 1989 wurden als ein Testfall angesehen, die Macht der Bilder zu überprüfen. Weil die Bilder selbst Geschichte machten, scheint mit der Rolle des Fernsehens bei den rumänischen Umwälzungen die Magie zurückgekehrt zu sein und die Imagination über die diskursive Vernunft triumphiert zu haben. Die Bilder bezeugten nicht die historischen Ereignisse, sondern diese bezeugten die Bilder. Die Leichen von Temesvar waren »wirklich«, weil sie im Bild zu sehen waren.

»… der historische Unterschied zwischen wahr und falsch, zwischen Realität und Fiktion, zwischen Wissenschaft und Kunst muß fallengelassen werden. Und dieses Fallenlassen der ontologischen, epistemologischen und ethisch-politischen Unterscheidung, also der Kritik, ist gerade das, was wir mit ›Nachgeschichte‹ meinen. Ob man dies negativ oder positiv wertet ist nebensächlich. Wichtig ist, daß man lernt, damit zu leben.«[457] Ich teile nicht die deutlich vernehmbare Euphorie. Aber die Einschätzung scheint mir ein realistischer Ausgangspunkt für eine aktuelle pädagogische Praxis mit Medien.

5. Dokumentarisierende Lektüre als Kontextualisierung. Organisation, Durchführung und Auswertung von Filmveranstaltungen zur sozialwissenschaftlichen Erfahrungsbildung

> … documentary is best
> defined as a way of
> perceiving images …
> *Dai Vaughan*

5.1. Theorien des Filmverstehens

Alan Rosenthal beginnt seine Einführung zum ersten Teil der von ihm herausgegebenen Textsammlung »New Challenges of Documentary« mit einem Blick über die Dokumentarfilmdiskussion. Seiner Einschätzung nach dominieren die Diskussion seit Mitte der siebziger Jahre theoretische gegenüber praktischen Fragestellungen der Arbeit mit Film. Im Anschluß an strukturalistische und semiologische Ansätze wurden grundlegende Selbstverständlichkeiten des dokumentarischen Films in Frage gestellt. Vor allem die Trennung des dokumentarischen vom fiktionalen Film wurde fragwürdig. Die Form der Filme wurde gegenüber den sozialen Inhalten zum bevorzugten Thema. Unter dem Einfluß von Metz, Comolli, Barthes und Althusser wurde gegen den Dokumentarfilm, der durch die Authentizität seiner Wirklichkeitsdarstellung einen exklusiven Wahrheits- und Objektivitätsanspruch reklamierte, ein genereller Ideologieverdacht erhoben. Da dem dokumentarischen Film grundsätzlich keine anderen Verfahren zur Wirklichkeitsdarstellung zur Verfügung stehen als dem fiktionalen Film, sei er letzten Endes nichts anderes als eine Form sozialer Fiktion. Rosenthal macht darauf aufmerksam, daß am wenigsten die Dokumentarfilmer selbst, den so heftig attackierten Wahrheitsanspruch für den Dokumentarfilm reklamiert haben. Im Gegenteil habe bei den Filmemachern selbst Konsens darüber bestanden, daß ihre Filme eine schöpferische Interpretation der Realität sind. Erst die Konzeptualisierung der innovativen technischen Möglichkeiten um 1960, die sich mehr an Normen wissenschaftlicher Beobachtung und journalistischer Recherche als an den historischen Vorläufern des Genres orientierten, führten zu dem mißverständlichen Objektivitätsanspruch, der heftigen Attakken ausgesetzt war. Die Praxisferne diagnostiziert Rosenthal als das Hauptdefizit der dokumentarfilmtheoretischen Diskussion. Auf die Dokumentarfilmproduktion selbst sei die Theorie ohne jeden Einfluß geblieben. Die Orientierung der Filmtheorie an der Literatur- und strukturalistischen Textwissenschaft als Leitwissenschaften sowie die Vernachlässigung sozialwissenschaftlicher und kommunikationstheoretischer Ansätze hat nach Rosenthals Ansicht dazu geführt, daß der Film bevorzugt in Analogie zur Sprache als ein System von Zeichen behandelt worden ist. Fragen der Rezeption sind dagegen vernachlässigt worden. Wenn sie thematisiert wurden, dann allenfalls als strikte, durch den Film oder durch das Dispositiv der Kinoprojektion vorgegebene Zuschauerpositionierung. Dagegen wurde die Rezeption eines Films nicht als aktiver Prozeß reflektiert. Bezogen auf den dokumentarischen Film galt das Hauptinteresse der textwissenschaftlich orientierten Ansätze der ideologiekritischen Destruktion einer Realitätsillusion auf seiten des Zuschauers. Dieser wurde als ein von unbewußten Trieben gebeuteltes, irrationales und ideologischen Positionierungen ausgeliefertes Subjekt konzeptualisiert. Dazu wurden sehr ausgefeilte und subtile Theorien entwickelt, deren Gemeinsamkeit darin bestand, daß sie mit einem konkreten Film oder dessen Rezeption nur wenig zu tun hatten.[458]

Im Unterschied dazu stelle ich die konkrete Rezeption als Auseinandersetzung mit einzelnen Filmen in Analogie zur alltagsorientierten wahrnehmungs- und anschauungsgestützten Erfahrungsbildung in den Mittelpunkt. Das von David Bordwell ausgearbeitete kognitionstheoretisch begründete Konzept des Filmverstehens eignet sich als Einstieg in diese rezeptionstheoretische Diskussion. Nach seinem eigenen Verständnis kehrt Bordwell mit seiner Fragestellung, was das Verstehen von Filmen ermöglicht, an den Ausgangspunkt der semiotischen Theorie von Metz zurück, erörtert aber von diesem verschiedene Thesen. Während nach dem semiotischen Ansatz der Zuschauer eine Reihe von Codes anwendet, um den Sinn eines

Films zu verstehen, geht der kognitivistische Ansatz davon aus, daß der Zuschauer sich bei der Filmrezeption in Analogie zum alltäglichen Verstehen aktiv durch Phantasie und konstruktive, sinnbildende Tätigkeit bei der Ausarbeitung dessen beteiligt, was durch Hinweise im Film und seiner Gestaltung vorgegeben ist. Wenn ein Code streng genommen ein arbiträres System von Alternativen ist, »das von Sukzessions- oder Substitutionsregeln bestimmt ist und mehr oder weniger explizit erlernt wird«,[459] so hält es Bordwell nicht für plausibel, sich den Prozeß des Filmverstehens nach diesem Modell vorzustellen. Stattdessen führt Bordwell Konzepte alltäglicher Erfahrungsverarbeitung für die Erklärung des Filmverstehens ein. Bordwell erläutert das Konzept am Beispiel einer Szene.

»Sie fahren auf der Landstraße und sehen ein Auto mit einem platten Reifen; ein Mann öffnet gerade den Kofferraum des Autos. Ohne jede bewußte Überlegung nehmen Sie an, daß er der Fahrer ist und daß er Werkzeug oder einen Ersatzreifen oder beides aus dem Kofferraum herausnehmen wird. Wie wir eine solche prosaische Handlung verstehen, bleibt in vieler Hinsicht nach wie vor ein Rätsel, aber es scheint doch recht unwahrscheinlich, daß dieses Verstehen mittels eines Codes erreicht wird. ... Stellen Sie sich nun vor, Sie würden den gleichen Vorgang im Film sehen. In Ermangelung besonderer Vorinformationen (sagen wir einer vorausgegangenen Szene, die den Fahrer beim Verstauen einer Leiche im Kofferraum zeigt) würden Sie dieselbe Erwartungshaltung entwickeln.«[460]

Wie die beschriebene Szene vom Zuschauer verstanden wird, ist nach dem Modell der Anwendung eines erlernten Codes so wenig plausibel zu erklären wie mit psychoanalytischen Kategorien des Unbewußten, die das Filmverstehen auf verdrängte Kindheitserinnerungen zurückführen. Bordwell behauptet nicht, daß nur wirklichkeitsgebundenes Wissen für das Filmverstehen relevant ist. Auch genrespezifische und stilistische Kenntnisse des Zuschauers, seine Rezeptionserfahrung sowie sein gesamtes Vorwissen, beeinflussen die Wahrnehmung des Films und den Prozeß des Verstehens. »Entscheidend aber ist, daß selbst stilistische und genrespezifische Konventionen immer noch mittels alltäglicher Denkmuster erlernt und angewendet werden.«[461]

Für eine Theorie des dokumentarischen Films, die dessen Rezeption als eine Form der sozialwissenschaftlichen Erfahrung zu konzeptualisieren versucht, ist Bordwells kognitivistischer Ansatz von besonderem Interesse, weil er nicht nach einer Sprache des Films sucht, deren Grammatik tendenziell alle Filme gesetzmäßig generieren könnte, sondern nach den Mitteln der Gestaltung des Films fragt, die beim Rezipienten einen in der Alltagserfahrung vorgebildeten Prozeß des Verstehens anregen.

Bordwell entwickelt sein Konzept am Beispiel eines fiktionalen Films, der einem narrativen Muster des klassischen Hollywood-Kinos folgt. Sein Ziel, durch die Vermeidung unangebrachter Begriffe von Codes oder tückischer Analogien von Film und Sprache, eine eng gefaßte Semiotik durch eine theoretisch begründete historische Poetik des Kinos zu ersetzen,[462] ist jedoch auf den dokumentarischen Film übertragbar. Eine theoretisch begründete Poetik bedeutet, Verfahren der Produktbeschreibung zu entwickeln, die den Film im Kontext eines Systems von Normen, Wertungen, Emotionen, kognitiven und affektiven Prozessen der Verarbeitung beschreiben. Für eine Erörterung der Erfahrungsbildung mit dem dokumentarischen Film unterstreicht Bordwell allerdings nicht deutlich genug, daß die konkrete Rezeption im Mittelpunkt stehen muß. Die sozialhistorisch lokalisierbare Rezeption bleibt Basis und Ausgangspunkt der erfahrungsbildenden Beschreibung und Analyse der Filme. Das bedeutet insbesondere, die affektiven Leistungen und das Vorwissen der Rezipienten ebenso zu berücksichtigen wie geschlechts-, schichten- und identitätsspezifische Faktoren. Jede Rezeption bleibt dynamisch und kontextgebunden. Sie findet unter kontroversen, sich gegenseitig verstärkenden oder abschwächenden Einflüssen statt. Die Verfahren der Beschreibung können die Rezeption nicht ersetzen.

Vor einem anderen theoriegeschichtlichen Hintergrund hat Peter Wuss ein kognitionspsychologisches Konzept der Filmrezeption entwickelt. Wuss hat auf die Affinität seines Ansatzes mit dem von Bordwell und Thompson, vor allem hinsichtlich der aktiven Rolle des Zuschauers und der Anknüpfung an dessen Vorwissen hingewiesen.[463] Das Konzept von Wuss hat gegenüber dem von Bordwell den Vorteil, daß es nicht am Beispiel eines Films entwickelt wird, dessen Produktionsregeln durch Konvention in starkem Maß kodifiziert sind. Vielmehr entwickelt Wuss sein Konzept an einer Anzahl von Filmen, die sehr heterogen sind und teilweise experimentellen Charakter haben, so daß die Berührungspunkte mit einer Theorie der Rezeption des dokumentarischen Films leichter zu erkennen sind.

Wuss differenziert zwischen drei Typen filmischer Strukturen, die sich hinsichtlich ihrer semantischen Stabilität und des Evidenz- und Bewußtseinsgrades, mit dem sie die Rezeption als Lernverhalten steuern, unterscheiden. Als erstes beschreibt Wuss perzeptionsgeleitete filmische Strukturen, die sich durch geringe Evidenz und semantische Instabilität auszeichnen. Der Zuschauer findet sie erst in einem Prozeß von Wahrscheinlichkeitslernen heraus. Das setzt mehrfache intratextuelle Wiederholung der Merkmale dieses Strukturtyps voraus, damit sie vom Zuschauer, in der Regel eher unbewußt, aufgenommen und gespeichert werden können. Gegenüber diesen perzeptionsgeleiteten Strukturen zeichnen sich, zweitens, die konzeptgeleiteten durch eine hohe Evidenz aus. In der Regel reicht ein einmaliges Erscheinen im Film aus, damit die konzeptgeleiteten Strukturen vom Zuschauer, zumeist bewußt aufgenommen werden. Die konzeptgeleiteten Strukturen sind ziemlich stabil und werden mühelos behalten. Die Stereotypenstrukturen zeichnen sich schließlich drittens dadurch aus, daß sie längst zeichenhaft geworden sind. Durch vielfachen Gebrauch sind sie konventionalisiert und semantisch stabil. Sie haben sich in intertextueller Wiederholung ausgebildet. Durch Gewöhnung nimmt der Zuschauer sie eher beiläufig und unbewußt wahr.

Diesen Typen der filmischen Struktur entsprechen Basisformen der filmischen Erzählung. Perzeptionsgeleitete Strukturen führen durch die ständige Wiederkehr analoger Reizmuster in Form einzelner, nicht dramaturgisch oder kausal verknüpfter Ereignisse zu Topik-Reihen wie sie für offene Erzählformen sujetloser Filme mit episodischem Bau typisch sind. Den konzeptgeleiteten Strukturen entspricht die Fabelstruktur in der Tradition des Aristoteles, die vorzugsweise signifikante Ereignisse linear-kausal verknüpft. Schließlich bilden die durch Stereotypen geleiteten Strukturen Story-Schemata nach dem Muster »Die unglückliche Liebe«, »Das Dreiecksverhältnis« usw. aus, die die Zuschauererwartung beeinflussen. Ebenso gehören zu diesen durch Stereotypen geleiteten Schemata genrebezogene Erwartungen.

Filme können diese Basisformen der Erzählung sowohl gleichzeitig nebeneinander als auch selektiv nutzen oder eine der Formen bei gleichzeitiger Nutzung aller drei dominieren lassen, so daß die Typen der filmischen Struktur und die Basisformen der filmischen Erzählung variieren nach Ausprägung, Verteilung, Korrelation und der Ausbildung unterschiedlicher Dominanzverhältnisse. An Grundvarianten der Korrelation zählt Wuss Kooperation, Substitution und Konflikt auf. Kooperation bedeutet, daß die im Film realisierten Basisformen der Erzählung sich gegenseitig inhaltlich ergänzen. Für das Verständnis der Substitution ist wichtig, daß der Sinn eines Films vom Zuschauer von der Ebene der Stereotypen über die der Konzeptualisierung zum Niveau der Perzeption erschlossen wird. Das bedeutet, daß die Story-Schemata mit heuristischen Strategien verbunden sind, die den konzept- und perzeptionsgeleiteten Strukturen übergeordnet sind. Als Gesetz der Substitution der narrativen Basisformen formuliert Wuss, daß beim Fehlen einer Struktur die heuristische Leitfunktion für die Sinnerschließung von der nächst schwächeren übernommen wird. Der Konflikt als Korrelation zwischen den Basisformen der Erzählung setzt ein hohes Maß an Aktivität des Zuschauers voraus. In der Regel setzt sich beim Konflikt eine bereits während des Films konsequent, aber nicht dominant entwickelte Struktur am Ende des Films durch und bestimmt den Sinn des Ganzen.

Zwar sind von der theoretischen Diskussion alle drei Basisformen der Erzählung wahrgenommen, aber nicht mit gleichmäßiger Aufmerksamkeit systematisch behandelt worden. Vielmehr wurden die konzeptgeleiteten, linear-kausalen Verknüpfungen signifikanter Begebenheiten bevorzugt als spezifisch filmischer Narrationstyp thematisiert.[464] Demgegenüber betont Wuss die Bedeutung der perzeptionsgeleiteten Strukturen, die narrativ zu Topik-Reihen verknüpft werden. Ihr Auftreten im Film ist semantisch instabil. Narrativ wirksam sind sie durch ständige Wiederkehr analoger Reizmuster, die sich als Sinnbeziehungen verdichten, indem sie beim Zuschauer latente Erwartungen inhaltlicher Art aufbauen. In Anlehnung an Ecos Begriff des offenen Kunstwerks erläutert Wuss die Bedeutung der perzeptionsgeleiteten Topik-Reihen für sujetlose Filme oder solche mit offenem Bau.

»Eco sagt über Filmwerke wie *L'Aventura,* daß ›sie entschlossen mit den traditionellen Erzählstrukturen brachen, um eine Reihe von Ereignissen zu zeigen, zwischen denen kein dramatischer Zusammenhang im konventionellen Sinn, eine Erzählung, bei der nichts geschieht oder Dinge geschehen, die nicht mehr das Aussehen eines Erzählten, sondern nur mehr eines zufällig Geschehenen haben‹.«[465]

Am Beispiel der Filme von Artavazd Peleschjan und dessen Theorie der Distanzmontage zeigt Wuss, daß vor allem Dokumentarfilme und Spielfilme, die zum dokumentarischen Stil tendieren, nach dem Reihenprinzip der perzeptiven Invariantenbildung montiert sind. Im Unterschied zu Eisenstein, Vertov und den meisten Ansätzen der Montagetheorie macht Peleschjan zum Ausgangspunkt seiner Theorie der Distanz nicht die Verknüpfung zweier unmittelbar aufeinanderfolgender Einstellungen, sondern die Glieder zwischen zwei Einstellungen. Die sinntragenden

Einstellungen erhalten ihre ganze Bedeutung erst, wenn sie wiederholt werden und auch ihre Kontexte zueinander in Beziehung gebracht sind. Wuss interpretiert dieses Montageprinzip als »Wahrscheinlichkeitslernen, wie es im Sinne der perzeptiven Aneignung der Welt liegt.«[466]

Interessant ist am Entwurf der Filmwahrnehmung von Wuss, insbesondere für die Erörterung der Möglichkeit seiner Transformierbarkeit in das Repertoire wissenschaftlicher Empirie und Praxis, daß die Gestaltung eines Films als eine Form angewandter Kognitionspsychologie verstanden wird. Die mentalen Prozesse der Erkenntnis- und Erfahrungsbildung werden zugänglich gemacht, indem sie durch die Form der Filmgestaltung objektiviert werden. Die filmischen Kompositionsformen beschreibt Wuss als künstlerische Abstraktionsleistungen verschiedenen Grades, die aus der Sicht der Kognitionspsychologie unterschiedlichen Phasen der Informationsverarbeitung entsprechen. Die perzeptionsgeleiteten Strukturen, deren Erzählform Topik-Reihen sind, entsprechen einem Stadium der Wahrnehmung, in dem ein struktureller Zusammenhang aus der Realität gerade erst erschlossen wird. Die konzeptgeleiteten Strukturen und ihre zu Fabeln verknüpften Kausalketten entsprechen dem Stadium, in dem ein struktureller Zusammenhang der äußeren Realität einer entwickelten Denkstruktur entspricht. Die stereotypengeleiteten Strukturen, die durch Story-Schemata in Form von Genres und Grundstrukturen eines Plots die Erwartungshaltung des Zuschauers prägen, entsprechen gespeicherten und durch ihren häufigen Gebrauch konventionalisierten Stereotypen. Ausdrücklich betont Wuss, daß jede filmische Komposition als ein Netz von Strukturen beschrieben werden kann, die den drei Typen zuzuordnen sind, so daß sein kognitionspsychologisches Konzept der Filmwahrnehmung auf den dokumentarischen Film transformierbar ist. Wuss selbst hat gelegentlich einer Besprechung der *Lebensläufe* von Winfried Junge diese Übertragbarkeit angedeutet.[467]

Der 1980 erschienene Film *Lebensläufe* stellt neun Porträts von Schülerinnen und Schülern des Schuljahrgangs 1954/55 aus dem Oderbruch-Dorf Golzow vor. Alle wurden im Sommer 1961 in einer Klasse eingeschult. Zu diesem Zeitpunkt begannen die ersten Filmaufnahmen. Bis zum Erscheinen der *Lebensläufe* wurden in unregelmäßigen Abständen sechs kurze dokumentarische Filme veröffentlicht. Anlaß für die Fortsetzung der Dreharbeiten waren auch gesellschaftlich vorbestimmte biographische Übergänge wie Jugendweihe, Schulentlassung, Militärdienst, Heirat. Der 1979 erschienene lange Dokumentarfilm *Anmut sparet nicht noch Mühe* versuchte, den Weg der Gruppe als Porträt einer Generation nachzuzeichnen. *Lebensläufe* trägt der Entwicklung Rechnung, daß bereits mit der Auflösung des Klassenverbandes als dem signifikantesten Gruppenmerkmal das Material auch zur Darstellung individueller Biographien tendierte.

Überträgt man das kognitionspsychologische Konzept der Filmwahrnehmung auf die Beschreibung des Films *Lebensläufe,* so legt die Stereotypenstruktur fest, daß der Zuschauer es mit einem dokumentarischen Film zu tun hat. Die Konzeptstruktur ist die Biographie als narratives Muster, das der Zuschauer aus eigener Erfahrung kennt. Die Einrahmung jeder Biographie durch eine Reihe von Fotografien zu Beginn und am Ende strukturiert nicht nur formal den Film insgesamt, indem sie die einzelnen Biographien gegeneinander absetzt, sondern sie hebt das biographische Muster als konzeptuelle Struktur jedesmal neu in Erinnerung. Die Perzeptionsstruktur korrespondiert mit der einzelnen Biographie und ihrer individuellen Ausgestaltung. Sie wird als Aufbau einer Erwartungshaltung vor allem in einer Einleitungssequenz organisiert. In dieser Sequenz, die jeden der einzelnen Lebensläufe einleitet, wird vom Regisseur Material aus zwanzig Jahren Drehzeit so kommentiert und zusammengefaßt, daß zugespitzt eine zentrale Frage oder ein Thema für eine Biographie herausgearbeitet wird.

Bei der knapp vierzigminütigen Darstellung von Dieters Lebenslauf nimmt diese Einleitungssequenz etwa ein Viertel in Anspruch. Die Einleitung beginnt mit einer Sequenz von Beobachtungen des Fünfzehnjährigen im Unterricht. Den Bildern sind Stimmen von Lehrern verschiedener Unterrichtsfächer unterlegt. Dieters Desinteresse ist offensichtlich. Interviews und Beobachtungen des Fünfzehnjährigen werden vom Kommentar als charakteristische Aussagen über die Person zusammengefaßt: »Dieter, die ungetilgte Hypothek aus einer ersten Klasse, konnte Lehrer zur Verzweiflung bringen. Dabei war er keine unlösbare Aufgabe. Vielleicht nur eine besonders schwere.« Oder Dieters Äußerungen werden im Kommentar zitiert: »Hobbies waren auch Schwimmen. Tauchen vor allem. Hobby war überhaupt vieles in seinem Leben. Auch Pflichten handhabe er nach Lust und Laune, nahm sie leicht, nimmt alles leicht. Seine Devise: Ach, gleich ringesprungen, erst gar nicht lange gefackelt.«[468] Die Einleitungssequenz endet mit einer Frage des Kommentators zu der im Bild gezeigten Schulentlassung. »Dieter wurde nicht unfroh verabschiedet. Da stolperte nun einer ins Leben hinaus, daß einem Angst dabei werden konnte. Was wird aus dem da?«

Formal ist die Komposition des Films *Lebensläufe* bestimmt von einem ästhetischen Konstruktionsprinzip, das sozialpsychologischen Längs- und Querschnittsuntersuchungen analog ist. Auf der Ebene sinnlicher Wahrnehmung wird dieses Konstruktionsprinzip vom Rezipienten als ein relativ konstantes Erwartungsmuster in einem ihm kaum bewußten, aber dennoch sehr wirksamen Prozeß des Wahrscheinlichkeitslernens angeeignet, während seine Aufmerksamkeit in einem imaginären filmischen Raum auf den Entwurf, die Erfüllbarkeit und die Verhinderung von Lebensplänen gelenkt wird.

Neben den Basisformen der Erzählung kann auch das Modell ihres Zusammenwirkens auf die *Lebensläufe* angewandt werden. Als thematisch begründeter Konflikt innerhalb einer Erzählform erscheint beim Beispiel der *Lebensläufe* die Frage, ob nicht im gleichen Maß wie der individuelle Lebenslauf die Darstellung einer Generation das Thema ist. Die durch die Konzeptstrukturen gesteuerte Aufmerksamkeit würde in diesem Fall Ereignisse deutlicher wahrnehmen, die als gemeinsame Erlebnisse aller dargestellten Lebensläufe diese als einer Generation zugehörig charakterisieren. Ob es sich um einen dokumentarischen Film handelt oder nicht, würde von einem Konflikt auf dieser Strukturebene überhaupt nicht berührt. Die Frage ist, durch welche der Kompositions- und Erzählformen die Generationsdarstellung und die biographische Darstellung realisiert werden. Die Annahme, daß es sich um individuelle Biographien handelt, wird außer durch den Titel offensichtlich vor allem durch die Präsenz der einzelnen Darsteller und die durch ihre Namen voneinander abgesetzten Episoden nahegelegt, die formal immer gleich mit einer Serie von Fotografien eingeleitet und beendet werden. Schließlich verbindet die Montage auf der Ebene der Konzeptstrukturen räumlich und zeitlich disparates Material aus einem Zeitraum von annähernd zwei Jahrzehnten zu einzelnen Biographien. Hinweise auf die Generation als Thema finden sich dagegen vor allem im Prolog. Innerhalb der individuellen Biographien erscheinen allen Lebensläufen gemeinsame Ereignisse wie die Überschwemmung der Oder, die Verbreitung des Fernsehens, die Einrichtung einer Mittelpunktschule, die Kollektivierung der Landwirtschaft, die Industrialisierung ehemals agrarisch geprägter Regionen, die auf der Ebene der Topik-Reihe durch ständige Wiederkehr beim Zuschauer die Erwartung einer Generationsdarstellung aufbauen können.

Das Story-Schemata bildende Stereotyp als dritte Basisform der Erzählung scheint für den dokumentarischen Film vor allem im Sinn der Konstitution des Genres wirksam zu sein. D.h. der Zuschauer wird durch mehr oder weniger deutliche filminterne Hinweise während der Rezeption oder durch die Präsentation des Films in Form einer Ankündigung oder Moderation darauf vorbereitet, daß er einen dokumentarischen Film sieht. Im Film *Lebensläufe* selbst ist es zunächst der schriftliche Vorspann, der auch den Zuschauer, der das gesamte Projekt nicht kennt, auf die Erwartung eines dokumentarischen Films festlegt.[469] Nachdem der Zuschauer mehrfach gelesen hat, daß es sich beim folgenden Film um eine Dokumentation handelt, und die Authentizität des Materials versichert wird, ist seine Erwartungshaltung ziemlich genau festgelegt. Die Gestaltung des Films selbst nutzt vor allem das Interview und einen räsonierenden Kommentar als vertraute dokumentarische Stilmittel. Inszenierungen im Sinn von Wiederholungen oder Arrangements werden zugegeben. So wählten die Filmemacher Jürgen aus, weil er folgsam ihren Aufforderungen gehorchte und Aufnahmen mit sich bis zur Zufriedenheit der Filmemacher wiederholen ließ. Winfried Junge selbst hat darauf hingewiesen, daß die Aufnahmen der entsetzten Kinder vor dem Fernseher, in dem ein Bericht über Vietnam gesendet wird, durch Beleuchtungseffekte gestaltet sind. Weil das präsentierte Material durch den Vorspann als authentisch ausgewiesen wird, akzeptiert der Zuschauer auch die Zeit und Raum überspringende Montage, durch die disparate Aufnahmen zur Darstellung einzelner Biographien verdichtet werden. Auch wenn der Umgang vor allem mit den Stilmitteln des Kommentars und der Montage gemessen an den Standards des beobachtenden Dokumentarfilms als anachronistisch erscheint, zweifelt der Zuschauer nie grundsätzlich am Dokumentcharakter des Films. Die Kritik an einzelnen Sequenzen, bis zu welchem Grad inszenatorische Eingriffe tolerierbar seien, hat eher akademischen Charakter, stellt aber nicht grundsätzlich in Frage, daß es sich um einen dokumentarischen Film handelt.

Auch wenn die Erwartung des Zuschauers durch die aufgezählten Hinweise ausreichend präzise festgelegt scheint, so ist nicht geklärt, was der Zuschauer erwartet, wenn ihm ein dokumentarischer Film angekündigt wird. Der Zuschauer muß bereits eine Vorstellung von dem haben, was ein dokumentarischer Film ist, um die filmimmanenten Hinweise auf den dokumentarischen Charakter eines Films dechiffrieren zu können. Damit ist nicht die Wahrnehmung und Einschätzung spezifischer stilistischer Merkmale gemeint, die einen Film als dokumentarisch ausweisen, sondern die diesem Genre zugestandene Authentizität und vorfilmische Referentialität als spezifisches Wirklichkeitsverhältnis des dokumentarischen Films.

Dabei ist zu berücksichtigen, daß es den Dokumentarfilm nicht gibt, sondern als Reportage, Feature, Interviewfilm, Live-Übertragung, ethnographischer Film, Kompilationsfilm eine Vielfalt dokumentarischer Formen im Fernsehen und Kino.

Ziel ist nicht eine Definition des Dokumentarfilms als Genre. Vielmehr wird das Genre als »Repräsentant des schöpferischen Gedächtnisses« thematisiert.[470] Als solches ist die Gattung »nicht einfach ein objektiv abzugrenzendes Corpus von Produkten ..., sondern insofern ein Bewußtseinsphänomen, als es die praktische Arbeit, die ›Strategien‹ der Produzierenden und die Erwartungshaltung, den Anspruch der Rezipierenden, steuert. Sie setzt einen mehr oder weniger gemeinsamen Erfahrungsschatz (aus vorangegangenen Produktionen) bei den Beteiligten voraus, eine Erkenntnis von abschätzbaren Spielräumen für Konstanten und Varianten, von strukturellen, historisch sich entwickelnden Zusammenhängen zwischen bestimmten Formen und Motiven, Inhalten und Intentionen.«[471]

Das Genre als »Repräsentant des schöpferischen Gedächtnisses« betrachtet einzelne Filme im Zusammenhang mit der konkreten Erwartung der Zuschauer. Die Gestaltung der Filme reflektiert die Erwartung der Zuschauer und diese entwickelt sich in der Auseinandersetzung mit den Filmen. Die Geschichte des Genres wird mit der Rezeptionsgeschichte einzelner Filme zusammengebracht. In den Filmen lassen sich die Strategien der Produzenten, mit denen sie die Erwartungshaltung der Rezipienten steuern als Formen dokumentarisierender Gestaltung nachweisen. Wenn sie in Spielfilmen inszeniert werden, fallen diese Strategien dokumentarisierender Gestaltung besonders auf, weil sie intentional mit den Erwartungen des Zuschauers spielen.

5.2. Exkurs – Beispiele für filmische Strategien der Dokumentarisierung

Bei der Erzählung der Lebensgeschichte von Leonard Zelig, der während der zwanziger und dreißiger Jahre dieses Jahrhunderts Schlagzeilen gemacht haben soll, weil er sich wie ein Chamäleon seiner jeweiligen Umgebung anpaßte, verwendet Woody Allen dokumentarisierende Strategien, die die Glaubwürdigkeit der dargestellten Geschichte bekräftigen sollen. Die stärkste dokumentarische Autorität hat die aus dem Off erzählte Geschichte, die den Tonfall der Wochenschauen der Jahrzehnte zwischen 1930 und 1960 imitiert. Ironisch pointiert hält eine Erzählstimme sehr heterogenes Filmmaterial, auf dem Ereignisse der Zeitgeschichte dokumentiert sind, zusammen. Der Bezug zur Biographie des Leonard Zelig ist nicht unbedingt zu erkennen, sondern wird erst durch die Erzählstimme hergestellt. Es handelt sich um Schwarzweiß-Filmmaterial, das als zeitgenössisches Wochenschaumaterial ausgewiesen und kompiliert wird. Tricktechnisch perfekt ist Allen selbst als Leonard Zelig in das authentische Wochenschaumaterial hineinkopiert.

In einem ähnlichen Stil wie das authentische Material sind aktuelle Schwarzweiß-Aufnahmen mit Schauspielern historisierend als Wochenschau oder wissenschaftliche Dokumentation inszeniert. Die Schauspieler reagieren unbeholfen wie wirkliche Durchschnittsbürger, die es nicht gewohnt sind, im Rampenlicht der Öffentlichkeit zu stehen. Atmosphärisch authentisch werden die beklemmenden Situationen dargestellt, in die sie durch gnadenlos nach Sensationen hastende Kameras und Mikrophone gebracht werden.

Farbaufnahmen sind den Statements von Bruno Bettelheim oder Susan Sontag vorbehalten, die sich als Experten in der Gegenwart retrospektiv über das Phänomen Zelig äußern. Diese Personen werden durch Untertitel namentlich und als Autoren von Büchern vorgestellt, die wegen ihrer selbstironischen Titel offensichtlich als Fiktionen erkennbar sind. In Farbe werden ebenfalls Familienmitglieder wie die Schwester von Zeligs behandelnder Therapeutin oder ihr Cousin, der die Sitzungen im Therapiezimmer dokumentiert haben soll, und Dr. Eudora Fletcher selbst vorgestellt. Indem er Mia Farrow als Eudora Fletcher filmtechnisch in der gleichen Weise darstellt wie die realen Personen, erreicht Allen die Authentisierung dieser Figur. Schließlich spielt für den Authentizitätseindruck die Verwendung des Soundtracks eine große Rolle. Die Musik ist sehr abwechslungsreich mit einer großen Anzahl von Titeln im Stil der zeittypischen Unterhaltungsmusik der zwanziger und dreißiger Jahre gestaltet.

Auf andere Weise als bei *Zelig* wird ein Erzähler in dem Film *Bob Roberts* eingeführt. Während die Erzählerstimme in Allens *Zelig* als Konvention alter Wochenschauen bekannt ist und einem Stil des Dokumentarfilms bis etwa 1960 entspricht, wird sie in dem Film von Tim Robbins als die eines Autors eingeführt, der einen Dokumentarfilm über die Karriere des Bob Roberts macht. Dieser steigt durch eine skrupellose Werbekampagne vom schlechten Sänger zum Senator auf. Die Strategie der filmischen Darstellung folgt der des investigativen Dokumentarfilms in Anlehnung an die Figur des Reporters oder Detektivs.

Die Figur des investigativen Reporters folgt einer bekannten sozialen Rolle und ist heute in sämtlichen Formen des dokumentarischen Films eingeführt. Im Kontext des kognitionspsychologischen Modells von Wuss wird man sie als für den Zuschauer leicht wahrnehmbare Form der Gestaltung auf der Ebene der konzeptgeleiteten Strukturen eines Films einordnen können. Als investigativen Film kann man etwa *Hotel Terminus* bezeichnen. Marcel Ophuls hat für sich selbst die Figur des Detektivs Columbo reklamiert und seinen Film als detektivische Recherche gestaltet.

»Ich versuche, den Dokumentarfilm dem ›großen Kino‹ anzunähern: Das Wort *entertainment* ist mir sehr wichtig, genauso wie die Idee des Schauspiels. Wir sprachen schon von ›cross examination‹ und dem gemütlichen und dem bissigen Polizisten. Ich bin ein großer Freund von *Columbo*. Im Prinzip nimmt *Columbo* Hitchcocks Idee auf, daß Spannung (suspense) etwas anderes als Geheimnis (mystery) ist. Das geht soweit, daß man in den ersten fünf Minuten weiß, wer der Schuldige ist. Von dem Moment an beobachtet man Peter Falk, wie er das Verbrechen untersucht, und man sieht die Leute lügen. *Hotel Terminus* ähnelt ein wenig den Untersuchungen von *Columbo,* und manchmal wird daraus sogar eine finstere Komödie, gebraut aus Ironie, Polemik und Sarkasmus.«[472]

Die Figur des recherchierenden Reporters gehört in erster Linie zum Repertoire des Journalismus. Dort ist sie insbesondere im Fernsehdokumentarismus so ausgeprägt, daß sie einen eigenen Typus des Spannung erzeugenden Aufklärungs- und Entlarvungsjournalismus hervorgebracht hat. Das Rollenrepertoire kann variiert werden. Nicht immer arbeiten die Journalisten so offen wie Gero Gemballa über die Colonia Dignidad oder über eine private Suchtklinik (*Die Abschöpfer*) oder Ernst Klee bei seiner Reportage über die psychiatrischen Anstalten in den neuen Bundesländern (*Die Hölle von Ueckermünde*). Möglich ist auch die durch eine Rolle verdeckte Recherche. Im Ergebnis führt das zu Recherchen, wie Günther Wallraff sie durchführt. Diese sind allerdings mit der Kamera sehr viel schwieriger zu realisieren und stoßen schnell an moralische und gesetzliche Grenzen. Beispielhaft dafür kann der Film *Ganz unten* von Jörg Gfrörer genannt werden, in dem zum

Teil mit verdeckter Kamera die Praktiken der Ausbeutung türkischer Arbeiter gezeigt werden, die Wallraff in der Rolle des Türken Ali in seinem Buch beschrieben hat.

Allen diesen Filmen ist gemeinsam, daß sie stark personenzentriert sind. Der Zuschauer muß von der moralischen Integrität des Autors überzeugt sein. Die Strategien der moralischen Legitimierung beginnen mit der Diskreditierung der aufgedeckten Sachverhalte. Der Zuschauer wird über einen Skandal, einen unhaltbaren Zustand informiert. Andere Strategien der Legitimierung können im Film selbst vorhanden sein. So gibt Esther Bejerano, die die Inhaftierung im Konzentrationslager Auschwitz überlebt hat, dem Autor von *Wahrheit macht frei* zu Beginn des Films einen Auftrag, sein zusammengetragenes Material öffentlich zu präsentieren. Die Einschätzung des Autors von der Dramatik der politischen Entwicklung, mit der die Recherche im rechtsradikalen Milieu und die Veröffentlichung der Ergebnisse motiviert werden, wird von Bejerano bestätigt, wenn sie sich bei dem Kameraschwenk über das Diagramm, auf dem die internationalen Verflechtungen der Neonazi-Szene dargestellt sind, an die Vorgeschichte der nationalsozialistischen Diktatur erinnert fühlt. Schließlich kann die physische Präsenz des Autors als Strategie moralischer Legitimierung genutzt werden. Gemballa kündigt sein Vorhaben an und setzt sich dem Konflikt mit den Wächtern der Colonia sichtbar physisch aus.

Auf Tricks wie die Arbeit mit verdeckter Kamera (*Wahrheit macht frei*) oder mit Richtmikrophonen (*Shoah*) kann im investigativen Film ausdrücklich hingewiesen werden. Der Einsatz dieser Mittel diskreditiert den Autor nicht. Im Gegenteil rechtfertigt sein Ziel, die skandalösen Zustände aufzudecken, den Einsatz jeden Mittels. Der Kommentar des investigativen Films bevorzugt die Ichform (*Wahrheit macht frei*), da sich der Autor als moralische Instanz äußert. Besonders in der Figur des recherchierenden und in der ersten Person sprechenden Autors stimmt *Bob Roberts* mit den Standards des investigativen Films überein.

In *Bob Roberts* folgt darüber hinaus vor allem die Kameraführung dokumentarischen Regeln, wie sie vom *Direct Cinema* mit der Entwicklung der 16mm-Kamera und der tonsynchronen Aufnahmetechnik als Norm der dokumentarischen Praxis inauguriert sowie für die Authentisierung von Nachrichten und Reportagen konventionalisiert worden sind. Die Kamera folgt den Akteuren durch Menschenmengen. Sie bleibt nahe am Geschehen. Die Aufnahmen sind verwackelt und nicht immer stimmt der Bildausschnitt. Bisweilen wird eine Irritation simuliert, als wüßte der

Kameramann nicht, was er aufnehmen soll. Das ist zum Beispiel bei einem Anschlag auf den Kandidaten Roberts der Fall. Der Anschlag selbst wird im Film als werbewirksam kalkulierte Inszenierung dargestellt. Die bevorzugte Einstellungsgröße in *Bob Roberts* ist die Aufnahme in halbnormaler oder amerikanischer Größe mit einem Objektiv von ungefähr fünfzig Millimetern Brennweite, bei der der Kameramann an den aufgenommenen Personen dranbleiben muß.

Voraussetzung für die dokumentarisierende Wirkung der in dem Film *Bob Roberts* eingesetzten Stilmittel ist jedoch eine perfekte Inszenierung nach den Regeln des dokumentarischen Films. So wirken die Aufnahmen in den Fernsehstudios erst durch ihre Inszenierung und die Darstellung der Schauspieler, die als Mitarbeiterinnen und Mitarbeiter der Fernsehstation über den umstrittenen Auftritt von Roberts diskutieren, als Blick hinter die Kulissen des Mediums. Bedeutet das, daß zwischen dem dokumentarischen und dem fiktionalen Film nach dem Grad der Inszenierung unterschieden werden kann? Während der fiktionale Film die vorfilmischen Ereignisse vor der Kamera auf seine Bedürfnisse hin inszeniert, ist der dokumentarische Film an die vorfilmischen Ereignisse, so wie sie sich selbst inszenieren, gebunden. Der Zuschauer erwartet, daß der dokumentarische Film die Selbstinszenierung der Realität respektiert. Definitionen dieser Art, die zwischen dem dokumentarischen und dem fiktionalen Film danach unterschieden, ob das vorfilmische Ereignis inszeniert ist oder nicht, implizieren Vorstellungen über einen exklusiven Realitätsbezug des dokumentarischen Films. Der Dokumentarfilm erscheint gemäß diesen Vorstellungen in seinem Verhältnis zur Realität im wesentlichen als abbildend. Das ist aber kein filmisches Kriterium. Denn für eine aufzeichnende Kamera macht es keinen Unterschied, ob das Ereignis vor dem Objektiv inszeniert ist oder nicht. Die Kamera zeichnet beides gemäß ihren technischen Gesetzmäßigkeiten und den vorgegebenen Bedingungen auf, d. h. sie bildet es ab. Für den Zuschauer ist es gar nicht so einfach zu entscheiden, ob ein Ereignis vor einer Kamera inszeniert ist oder nicht. Der Inszenierungsgrad filmischer Darstellungen ist allein auf der Grundlage der Filmbilder vom Zuschauer kaum einzuschätzen. Deswegen taugt der Grad der Inszenierung der vorfilmischen Ereignisse nicht als Maßstab der dokumentarischen Qualität eines Films.

Welche Unsicherheiten hier bestehen, läßt sich insbesondere bei den Filmen erkennen, die bewußt die auf der Ebene des Inszenierungsgrads des vorfilmischen Ereignisses vorgenommene Trennung von fiktional und dokumentarisch in Frage stellen. Woody Allen und Mia Farrow sind als Schauspieler zu bekannt, um den Zuschauer über die Fiktionalität oder Authentizität des Dargestellten in einem Film wie *Zelig* ernsthaft zu irritieren. Allerdings gibt es Filme, die den Zuschauer über die soziale und historische Identität der dargestellten Personen bewußt im Unklaren lassen, um auf andere Aspekte der dokumentarischen Produktion und Erwartungshaltung aufmerksam zu machen.

Lubitsch Junior beginnt mit Schwarzweiß-Aufnahmen von Militärfahrzeugen und Unterhaltungsshows, die vor Soldaten aufgeführt werden. Der Kommentar führt als Thema einer filmischen Recherche das Fronttheater im Zweiten Weltkrieg ein. Nach dieser Sequenz ist eine Annonce in der Zeitung eines Hamburger Stadtteils zu sehen. Ehemalige Fronttheaterschauspieler und -schauspielerinnen werden gebeten, das Projekt als Zeitzeugen zu unterstützen. Es folgt eine Sequenz, in der mehrere Männer und Frauen zu sehen sind, die von sich behaupten, während des Krieges als Unterhaltungskünstler tätig gewesen zu sein. Sie zeigen Fotoalben und Plakate, mit denen die Veranstaltungen angekündigt worden waren. Einer spielt sogar eine Platte vor, auf der er als Rundfunkconferencier zu hören sein soll.

Unter diesen Leuten, die zwischen siebzig und achtzig Jahren alt sein dürften, befindet sich einer, der andeutet, mehr zu wissen. Er sagt von sich, als Verfolgter des Regimes mit falscher Identität in der Schauspieler-Szene untergetaucht gewesen zu sein, weil das Theater das beste Versteck gewesen sei. Weiter gibt er vor, mit der Anti-Nazi-Liga der in Hollywood exilierten Filmschaffenden zusammengearbeitet zu haben. Seine Aufgabe habe darin bestanden herauszufinden, worüber das deutsche Volk lacht. Es sei kriegsentscheidend gewesen, darüber Bescheid zu wissen. Schließlich behauptet er, das Treatment für *Sein oder Nichtsein,* einen Film seines Vaters Ernst Lubitsch, geschrieben zu haben. Die Filmemacher stehen vor der Entdeckung einer Sensation. Sie vereinbaren weitere Termine mit »Lubitsch Junior«. In einem Boot fahren sie mit ihm über einen Kanal, während »Lubitsch Junior« von einer Verfolgungsjagd durch die Gestapo erzählt, die sich hier abgespielt haben soll. Eine verwickelte Geschichte begründet, warum die Familie seiner Mutter und Ernst Lubitsch selbst aus persönlichen Gründen den nichtehelichen Sohn verheimlichten.

Filmaufnahmen, die »Lubitsch Junior« präsentiert, lassen die Filmemacher bei der Materialprüfungsstelle des Bundesarchivs in Koblenz auf ihre Echtheit überprüfen.

Genaugenommen sagen die Äußerungen der Expertin nichts über die Authentizität der von »Lubitsch Junior« präsentierten Materialien aus, sondern erläutern das Verfahren ihrer Überprüfung. Das ist aber mit einigem Geschick so dargestellt, daß der Zuschauer die definitive Entscheidung über die Authentizität des Materials für unentschieden halten kann. Auch ein Interview mit Boguslaw Drewniak, einem durch mehrere repräsentative Veröffentlichungen ausgewiesenen Experten der nationalsozialistischen Filmproduktion, bringt keine definitive Klarheit.

Durch die Zweifel an der Wahrheit seiner Aussagen verärgert, zieht sich »Lubitsch Junior« von den Filmarbeiten zurück und schmeißt das Aufnahmeteam aus seinem Campingwagen. Ein zu Rate gezogener Psychoanalytiker weigert sich, die Psychoanalyse für die Klärung des Falls in Anspruch nehmen zu lassen. Allerdings beschreibt er präzise die Dynamik der Beziehung zwischen den Filmemachern und »Lubitsch Junior«. Die Filmemacher haben Zeit, Geld und Engagement in die Recherche und Filmaufnahme mit der Hoffnung investiert, in der Person des »Lubitsch Junior« eine Form des Widerstands gegen den Nationalsozialismus entdeckt zu haben, mit dem sie sich identifizieren können. Ambivalenzen in den Äußerungen und im Verhalten von »Lubitsch Junior«, die Zweifel an seiner Identität stützen könnten, diagnostiziert der Analytiker beim größten Teil der deutschen Bevölkerung als Form der Verarbeitung von Krieg und Nationalsozialismus. Schließlich rät er den Filmemachern, mit ihrem Darsteller an den Ort zu fahren, wo er die entscheidenden Erfahrungen seines Lebens gemacht hat. So kommt es zu einer Gegenüberstellung mit Orten und Ereignissen in Warschau.

Lubitsch Junior kann selbst mit den Verfahren der Oral History vertraute Historiker hinsichtlich der Identität der Hauptfigur verunsichern.[473] Die Grenze zwischen dokumentarisch und fiktional wird durch den Film so in Frage gestellt, daß sie auch mit dem Hinweis auf die Fiktionalität der Rolle des »Lubitsch Junior« nicht ausreichend wieder hergestellt ist. Die Verunsicherung des Zuschauers geht tiefer und weist auf seine Erwartungshaltung gegenüber einem dokumentarischen Film.

5.3. Definitionsversuche: Was ein ethnographischer/ dokumentarischer Film ist – oder: den Film dokumentarisierend lesen

Trotz seiner langen Tradition gibt es keine konsensfähige Definition des ethnographischen Films. Obwohl die Praxis, auf ethnographischen Exkursionen Aufnahmen zu machen, bis zum Zeitpunkt der technischen Erfindung des Films zurückreicht, herrscht nicht einmal darüber Konsens, wann die Geschichte des ethnographischen Films beginnt. Als »acte de naissance officiel du film ethnographique« fixierte Claudine de France den 1948 erschienen Aufsatz »Cinéma et sciences humaines – le film ethnologique existe-t-il?« von André Leroi-Gourhan.[474] Genaugenommen definiert Leroi-Gourhan nicht, was ein ethnographischer Film ist. Vielmehr entwickelt er eine Typologie von Filmen, die für die Ethnologie von Interesse sein könnten. Dabei hat man den Eindruck, daß Leroi-Gourhan eine möglichst große Zahl von Filmen zu erfassen versucht. Außer dem Forschungsfilm (film de recherche) im engeren Sinn zählt er auch den exotischen Film (film documentaire public ou film d'exotisme) und den Spielfilm aus dem Milieu (film de milieu) zu den Filmen von ethnologischem Interesse. Beim Forschungsfilm unterscheidet Leroi-Gourhan zusätzlich nach dem Grad der Bearbeitung zwischen den filmischen Aufzeichnungen (notes cinématographiques) und dem fertigen Film (film organisé) sowie verschiedenen Genres, von denen der ethnographische Film im engeren Sinn entweder eine fremde Kultur insgesamt oder einen Teilbereich behandelt. Leroi-Gourhan erwähnt nicht ausdrücklich, daß der ethnographische Film ein Dokumentarfilm sein soll. Er ist es, weil er Dokumente für die Forschung zur Verfügung stellt.

Begriffsgeschichtlich wird die erste Verwendung von »documentary« im Zusammenhang mit dem Film einer Rezension von Flahertys *Moana* zugeschrieben, die am 8. Februar 1926 in einer New Yorker Zeitung erschien. Ihr Autor war John Grierson.[475] Der Begriff des Dokumentarfilms, wie er durch die Praxis der britischen Schule sowie deren von Grierson und vor allem von Rotha formuliertes Selbstverständnis des Dokumentarfilms als »creative treatment of actuality« definiert war, stand zum Zeitpunkt, als Leroi-Gourhans Artikel erschien, nicht ohne weiteres für eine Übertragung in einen wissenschaftlichen Zusammenhang zur Verfügung. Filmhistorisch etwas anachronistisch grenzte Gotthard Wolf vom Institut für den Wissenschaftlichen Film in Göttingen noch 1967 den ethnographischen Film der Encyclopaedia Cinematographica als Dokumentationsfilm ausdrücklich vom Dokumentarfilm der britischen Schule ab.

Die im Titel seines Aufsatzes gestellte Frage beantwortete Leroi-Gourhan im übrigen dahingehend, daß der ethnographische Film erst noch geschaffen werden müsse. Die meisten der folgenden Definitionsversuche sind nicht über Leroi-Gourhan hinausgekommen oder lassen sich in seinen Ansatz integrieren. Sie stimmen vor allem mit seiner argumentationsstrategischen Absicht überein, die Grenzen zwischen den ethnologisch relevanten Filmen definitorisch nicht zu eng und zu rigid zu ziehen. Angesichts der Vielfalt der Ansätze ethnologischer Filmpraxis sprechen sich andere Autoren wie de Heusch und Rouch gegen strikte Abgrenzungsversuche aus, um nicht den gegenseitigen produktiven Einfluß zu stören. Auch die aktuelle Typologisierung des ethnographischen Films von Lüem und Galizia ist eine differenzierende Erweiterung Leroi-Gourhans, aber keine Präzisierung einer Definition. Lüem und Galizia erklären ihre Absicht selbst damit, angesichts der Komplexität des Gegenstandes und der Schwierigkeit einer Definition keine übermäßige Ordnung oder Abgrenzung anzustreben, sondern verschiedene Ethno-Filme untereinander in Beziehung zu setzen und Diskussionspunkte im weiten Feld zwischen Herstellung und Benutzung eines Films zu lokalisieren.[476]

Während Leroi-Gourhan neben dem »film de recherche« als dem Forschungsfilm im engeren Sinn auch den »film de milieu«, der in der Regel ein Spielfilm ist, nicht nur als ethnologischen Film anerkennen will, sondern dessen Wert als authentisches Dokument des Milieus, in dem er spielt, höher ansetzt als den des exotischen Films (film documentaire public ou film d'exotisme), geht Sol Worth über Relativierungen dieser Art weit hinaus, wenn er den Unterschied zwischen einem in ethnographischer Absicht hergestellten Film und jedem beliebigen Film in Frage stellt. Nach Worth hängt der ethnographische Wert eines Films nicht von der Erfüllung normativer stilistischer oder thematischer Standards, sondern von seinem Gebrauch ab.[477] Grundlage dieses Ansatzes ist, daß jeder Film sowohl als Dokument einer Kultur (record oder data of culture) als auch als Dokument über eine Kultur (record oder data about culture) rezipiert werden kann.

Robert Aibel hat auf der Grundlage dieser Unterscheidung den 1948 entstandenen Film *Farrebique ou Les Quatres Saisons* von Georges Rouquier interpretiert. Als

Dokument über eine Kultur (record about culture) repräsentiert Rouquiers Film ein Genre, das Aibel ethnographische Fiktion (ethnographic fiction) nennt. Den Begriff übernimmt Aibel von Jean Rouch, der damit seine eigenen Filme wie *Jaguar*, *Petit à Petit* und *Cocorico, Monsieur Poulet* beschreibt. Als weitere Beispiele dieses Genres zählt Aibel darüber hinaus *Nanook* und *Man of Aran* von Flaherty auf. *Farrebique ou Les Quatres Saisons* ist ein nach den Regeln dieses Genres oder Subgenres angefertigtes Dokument der ländlichen Lebensweise in Frankreich zum Zeitpunkt seiner Aufnahme. Als Dokument einer Kultur (record of culture) ist *Farrebique ou Les Quatres Saisons* ein Dokument des kulturellen Kontextes, in dem der Film entstanden ist, und des Selbstverständnisses seines Autors.

Aibels Interpretation des Films ist nebensächlich. Mein Interesse gilt dem Verfahren. Dessen Prämisse, daß jeder Film ein Dokument des kulturellen Kontextes ist, in dem er entstanden ist und rezipiert wird, gleicht einer soziologisch orientierten Filmkritik, die Filme nach Hinweisen auf die Gesellschaft untersucht. Ein Vergleich mit dieser soziologischen Filmkritik wird die Unterscheidung des Films als Dokument einer Kultur (record of culture) und als Dokument über eine Kultur (record about culture) als Verfahren der Rezeption präzisieren können.

Die soziologische Untersuchung sozialindikativer Inhalte von Filmen geht davon aus, daß die auf Gewinn kalkulierte Produktion eines Films zur Amortisation des eingesetzten Kapitals das Interesse eines großen Publikums ansprechen muß. Die Gestaltung des Films muß also Aufschluß über die auf Seiten der Produzenten implizierten Vorstellungen von den Interessen und Bedürfnissen eines möglichst großen Publikums geben. Die Publikumsreaktion auf den Film soll Aufschluß über die massenpsychologisch wirksamen Dispositionen in einer Gesellschaft geben.

Rudolf Arnheim bestimmte in einem 1935 erschienen Aufsatz die Aufgabe des Filmkritikers damit, den Film als Wirtschaftsprodukt und als Ausdruck politischmoralischer Anschauungen zu charakterisieren. Nach dem Übergang zum Tonfilm und im Angesicht einer nach kommerziellen Gesichtspunkten organisierten Filmproduktion verändert sich die Filmkritik von der Kunst- zur Gesellschaftskritik und der Kritiker muß sehen, »daß ein amerikanischer Durchschnittsfilm, der ihm nur künstlerisch belanglos und albern scheint, äußerst interessant wird, sobald man ihn charakteristisch für das ansieht, was dem Volk drüben schmeckt. ... Der Film ist eins der charakteristischsten Ausdrucksmittel und eines der wirksamsten Beeinflussungsmittel unserer Zeit. In ihm wirken nicht Einzelmenschen, sondern Völker, Klassen, Staatsformen.«[478] Weil er nicht individuelle, sondern kollektive Phantasien und Werte repräsentiert, erscheint der Film und insbesondere der massenwirksame Film als idealer Gegenstand, um »eine Kultur auf Distanz zu studieren«.[479]

Am meisten hat Siegfried Kracauer das Programm einer soziologischen Filmkritik beeinflußt, der bereits vor Arnheim das Programm einer Filmkritik als Gesellschaftskritik formulierte. Kracauers ideologiekritischer Ansatz unterscheidet sich zwar durch die explizit politisch-aufklärerische Zielsetzung von Arnheim, stimmt aber mit diesem in der Annahme überein, daß der Film der Ausdruck eines »kollektiven Unbewußten« ist.

»… der Filmkritiker von Rang ist nur als Gesellschaftskritiker denkbar. Seine Mission ist: die in den Durchschnittsfilmen versteckten sozialen Vorstellungen und Ideologien zu enthüllen und durch diese Enthüllungen den Einfluß der Filme selber überall dort, wo es nottut, zu brechen.«[480]

Über die tagesaktuelle Filmkritik hinaus wurde das Verfahren von Kracauer im Zusammenhang mit der im Auftrag des Museum of Modern Art durchgeführten Untersuchung der nationalsozialistischen Kriegspropaganda angewandt, deren Ergebnisse 1942 veröffentlicht wurden. 1947 erschien in den USA das Buch »Von Caligari zu Hitler«, in dem detailliert an einzelnen Filmen der zwanziger und frühen dreißiger Jahre nationale Befindlichkeiten, Charaktere und Dispositionen beschrieben sowie als Hinweise auf die politische Entwicklung gedeutet werden. Kracauers Ansatz wurde verschiedentlich, nicht selten unter falschen Voraussetzungen und Annahmen, kritisiert. Als problematisch erschien insbesondere die Annahme, daß sich im Film nach dem Modell des Tagtraums kollektiv unbewußte Dispositionen widerspiegeln. Ohne präzise historische Konkretion ist Kracauers Verfahren sicher nicht universalisierbar. Denn »Kracauer hat das ›kollektive Unbewußte‹ allein im genau umrissenen historisch-gesellschaftlichen Rahmen – dem der Weimarer Republik – verwandt.«[481]

Die politische Tendenz und der soziale Gehalt des Films sind nach dem ideologiekritischen Ansatz im Film latent vorhanden. Die manipulative Wirkung des Films ist besonders intensiv, weil seine Bedeutungen verborgen sind. Die Aufgabe des Kritikers ist es, die latent vorhandenen Bedeutungen zu Bewußtsein zu bringen und auf diese Weise ihre Wirkung zu brechen. Demgegenüber handelt es sich bei der

Unterscheidung des Films in ein Dokument einer Kultur (record of culture) und in ein Dokument über eine Kultur (record about culture) um die mögliche Vielfalt von Lesarten eines Films. Die Bedeutungen und Wirkungen des Films werden im konkreten Rezeptionsprozeß durch seinen Gebrauch konstituiert. Der Gebrauch eines Films kann als ein Verfahren der Perspektivierung und Kontextualisierung vorgestellt werden. Worth beschreibt also mit der Unterscheidung des Films als Dokument einer Kultur und als Dokument über eine Kultur Aspekte der Bedeutungskonstitution bei der Rezeption von Filmen. Das soziologisch-ideologiekritische Verfahren stellt unter den möglichen Lesarten eines Films lediglich einen Sonderfall dar. Das kann am Beispiel unterschiedlicher Interpretationen eines Films deutlich gemacht werden.[482]

Wim Wenders beginnt seinen Film *Tokyo-Ga* mit einem vierminütigen Ausschnitt aus Yasujiro Ozus Schwarzweiß-Film *Tokyo Monogatari* (*Die Reise nach Tokyo*). Aus einem Gespräch mit einer Nachbarin erfährt der Zuschauer, daß ein altes Ehepaar sich auf die Reise zu seinen Kindern in Tokyo vorbereitet. Bilder des Dorfes: eine Gruppe von Schulkindern, ein Fluß, eine Eisenbahn. Entgegen der Erwartung, die der Titel hervorrufen könnte, ist *Tokyo-Ga* kein Film über Tokyo, sondern schildert eine Suche danach, was vom Werk Ozus übriggeblieben ist, »Bilder vielleicht oder sogar Menschen.«

Die Begegnungen mit dem Schauspieler Chishu Ryu und vor allem dem Kameramann Yuharu Atsuta stellen die Höhepunkte des Films dar. Beide haben lange Jahre mit Ozu zusammengearbeitet. Neben den Gesten der Rührung und Achtung für den Regisseur gibt vor allem die Demonstration des Kameramanns Atsuta Einblicke in Ozus Arbeitsweise. Ozu benutzte für seine Filme ausschließlich ein Objektiv mit einer Brennweite von fünfzig Millimetern. Das führte zu einer strengen formalen Bildgestaltung. Für Aufnahmen von Menschen, die nach japanischer Art auf dem Boden sitzen, wurde die Kamera in einer Höhe von etwa dreißig Zentimetern über dem Boden installiert. Der Kameramann selbst saß oder lag auf dem Boden. Schließlich zeichnen sich Ozus Filme durch ein langsames Erzähltempo und eine Dramaturgie aus, die auf die Zuspitzung von Geschichten zugunsten der Beobachtung von Bewegungen und Gesten verzichtet.

Die Schilderungen des Schauspielers Ryu und des Kameramanns Atsuta zeigen, daß Ozus ordnungschaffender Blick durch sorgfältigste und strengste Organisation und Inszenierung erreicht wurde. Bis auf wenige und seltene Ausnahmen drehte Ozu nie an Originalschauplätzen, sondern im Studio. Die Ausführungen Ryus verdeutlichen den manipulativen Umgang mit den Schauspielern, deren Arbeit weitgehend darin bestand, die Anweisungen des Regisseurs Ozu auszuführen, der auch Szenen mit der Stoppuhr einstudieren ließ.

Zunächst sind Ozus inszenierte Filme Teil der nationalen japanischen Kinematographie. In diesem Sinn handelt es sich bei den nach strengen artifiziellen Regeln hergestellten Familienmelodramen nach der Typologie von Leroi-Gourhan um Milieufilme (films de milieu), deren Authentizität das Resultat konsequenter Inszenierung und Gestaltung ist. So betrachtet sind die zwischen der Stummfilmzeit und 1963 entstandenen Filme Ozus Dokumente, die den irreversiblen Prozeß des Verlustes der japanischen Tradition als einer Lebensweise festhalten, der nicht erst mit der Amerikanisierung nach dem Zweiten Weltkrieg, sondern bereits mit der Zurichtung der japanischen Gesellschaft nach den Erfordernissen des Weltmarktes nach außen und der kapitalistischen Lohnarbeit nach innen beginnt. Für den Filmemacher Wenders repräsentieren die Filme darüber hinaus eine persönliche Vision des Filmemachers Ozu von seiner eigenen Zeit, die gegen den dominanten Einfluß des amerikanischen Kinos entwickelt wurde. In Ozus Filmen manifestiert sich für Wenders ein einfacher und klarer Blick, dem die Dinge ihre Wahrheit durch ihre Erscheinung offenbaren. Im Kontext der Reflexionen von Wenders über eine »Logik der Bilder« repräsentieren Ozus Filme eine sakrosankte Film- und Bildkultur, die definitiv zerstört ist.

Die Filme Ozus sind in *Tokyo-Ga* Gegenstand mehrfacher Interpretationen aus verschiedenen Perspektiven, die als unterschiedliche Kontextualisierungen der Filme durch ihren Gebrauch beschrieben werden können. In mindestens der einen Variante, die die Filme als Dokumente einer kulturgeschichtlichen Entwicklung sieht, sind sie Gegenstand einer dokumentarisierenden Rezeption. Um dokumentarfilmspezifische Merkmale von Filmen von der Rezeptionsseite her zu erfassen, hat Roger Odin ein Konzept der dokumentarisierenden Lektüre entwickelt. Grundsätzlich kann jeder Film zum Gegenstand einer dokumentarisierenden Lektüre werden, ohne daß damit etwas über den Wirklichkeitsstatus der filmischen Darstellung ausgesagt oder zwischen dokumentarischem und fiktionalem Film nach dem Grad des Realitätsbezugs unterschieden wird.

Nach Odin unterscheiden sich die fiktivisierende und dokumentarisierende Lektüre eines Textes dadurch, ob der Leser ein fiktives oder ein reales Ursprungs-Ich der Aussagen konstruiert.[483] Tatsächlich handelt es sich nach Odin genaugenommen bei der fiktivisierenden Lektüre um die Weigerung des Lesers, überhaupt ein Ursprungs-Ich der Aussage anzunehmen. Das gilt selbst dann, wenn der Film durch die Verwendung der ersten Person seine Aussageform kennzeichnet oder wenn es sich um einen Diskurs handelt. Der Diskurs setzt zwar einen Sprecher und Hörer voraus. Aber die Diskursivität des Textes betrifft die Form der Aussage und kann danach beurteilt werden, wie explizit das Verhältnis zwischen Sprecher und Hörer im Text markiert wird. Die Unterscheidung zwischen fiktivisierender oder dokumentarisierender Lektüre betrifft dagegen das Aussagen selbst. Die Aussageformen der Geschichte, bei der niemand spricht, und die Ereignisse sich selbst zu erzählen scheinen, und des Diskurses, bei dem ein Sprecher und Hörer vorausgesetzt werden, sind beide sowohl im fiktionalen wie im dokumentarischen Film möglich. Bei der Unterscheidung von Geschichte und Diskurs handelt es sich um einen Effekt des Textes, »während die Opposition fiktivisierende versus dokumentarisierende Lektüre ein Effekt der Positionierung des Lesers gegenüber dem Film ist, d. h. einer dem Film externen Operation: einer streng pragmatischen Operation.«[484]

Als Effekt der Positionierung des Zuschauers gegenüber dem Film sagt die dokumentarisierende Lektüre selbstverständlich nichts über den Grad der Übereinstimmung von filmischer Darstellung und Realität aus. Strenggenommen, sagt sie nicht einmal etwas über die Gestaltung der Filme aus, da sie ja Effekt einer dem Film externen Operation ist. Wenn sich die dokumentarisierende Lektüre durch die Konstruktion eines realen Ich als Ursprungs der Aussagen charakterisieren läßt, so darf man sich diese Instanz der Aussage weder als reale Person noch als dokumentarische Intention des Autors vorstellen. Vielmehr handelt es sich um eine interpretative Strategie aus der Perspektive des Lesers. Dieser konstruiert das Bild eines Ich als Ursprung der Aussage, indem er jenem Bild eine reale Existenz unterstellt. Odin verweist auf die Filme von Jean Painlevé, die trotz irrealer und surrealer Darstellungen als wissenschaftliche Filme gelten, und die Filme Flahertys, die trotz ihren Arrangements und Inszenierungen als Dokumentarfilme gelten, um seine These zu belegen, daß die dokumentarisierende Lektüre nicht durch die Realität des Dargestellten angeregt wird. Vielmehr unterstelle die dokumentarisierende Lektüre als ein vom Zuschauer angewandtes interpretatives Verfahren die Realität eines Ich als Ursprung der Aussage.

Die Strategien der dokumentarisierenden Lektüre beschreibt Odin als Modalitäten ihrer Funktionsweise. Wendet der Zuschauer die Strategie der dokumentarisierenden Lektüre auf einen fiktionalen Film an, so bedeutet das, daß er sich einerseits weigert, für die erzählte Geschichte eine Instanz der Aussage zu konstruieren, daß er andererseits die Ausstattung oder die natürliche Umgebung eines Films für eine solche reale Instanz hält. Diesem Typus der dokumentarisierenden Lektüre können alle an Originalschauplätzen gedrehten Filme wie die des italienischen Neorealismus zugeordnet werden. Auf die Filme Ozus angewandt bedeutet das Verfahren, daß die Fiktionalität der dargestellten Ereignisse und der Grad ihrer Inszenierung keine Hindernisse sind, die Ausstattung der Räume, die Kleidung der Personen und ihre Umgangsformen als authentische Dokumente der verschwindenden traditionellen japanischen Lebensweise zu rezipieren.

Die dokumentarisierende Lektüre muß nicht durchgängig auf ein und denselben Film angewandt werden. Der Rezeptionserfahrung enstpricht vielmehr, daß die dokumentarisierende Lektüre als interpretatives Verfahren auf verschiedenen Ebenen und selektiv zum Zug kommt. Es handelt sich um Varianten der Konstruktion einer realen Instanz der Aussage. Der Zuschauer nimmt erstens die Kamera als reale Instanz der Aussage an, wenn er alles vor der Kamera zum Objekt einer dokumentarisierenden Lektüre macht. Als Beispiel für diese Spielart verweist Odin auf Siegfried Kracauers Theorie des Films als »Errettung der äußeren Wirklichkeit«. Alle Theorien, die den wirklichkeitskonservierenden Aufzeichnungscharakter der Kamera gegenüber gestaltenden Verfahren der Montage betonen, wird man zu dieser ersten Variante dokumentarisierender Lektüre zählen. Als zweite Variante zählt Odin die Möglichkeit auf, jeden Film als Dokument der Geschichte von Film und Kino zu interpretieren. In vorwiegend historischen und semiologischen Theorieansätzen wird auf diese Weise das Kino in einem umfassenden und konzeptuellen Sinn zur realen Instanz der Aussage gemacht. Eine dritte Variante dokumentarisierender Lektüre macht die Gesellschaft zur realen Instanz Aussage des Films. Dies ist der Ansatz einer sozialgeschichtlichen Interpretation der Filme, die diese nicht am Grad der Übereinstimmung mit der historischen Realität mißt, sondern als eigenständigen Ausdruck ihrer Zeit zu verstehen versucht. Odins Hinweise auf Marc Ferro und Pierre Sorlin[485] kann man um ideologiekritische Ansätze ergänzen, in denen Inhalt und Form der Filme als sozialindikative Zeichen interpretiert werden, die Rückschlüsse auf gesellschaftlich relevante Strömungen und Dispositionen zulassen. In einer vierten Variante wird der Kameramann zur Instanz der Aussage des Films gemacht. Der Zuschauer geht insbesondere bei Reportagen davon aus, daß der Kameramann am Ort der dargestellten Ereignisse war und sie mit eigenen Augen gesehen hat. Als fünfte Variante dokumentarisierender Lektüre zählt Odin die Annahme des Regisseurs als Instanz der Aussage auf. Dabei handelt es sich um die cinephile Lektüre, die in jedem Film ein Dokument seines »Autors« sieht. Dies ist die Lektüre der Filme Ozus durch den Filmemacher Wenders. Mit anderer grundlagentheoretischer Orientierung und anderem Interesse als die cinephile Rezeption funktioniert die psychoanalytische Lektüre ebenfalls als Verfahren, das die Werke als Dokumente eines Autors behandelt. Schließlich beschreibt Odin als sechste Spielart dokumentarisierender Lektüre, daß der für den filmischen Diskurs für verantwortlich Gehaltene als reale Instanz der Aussage angenommen wird. Das muß nicht notwendigerweise der Regisseur sein, wie Odin mit einem Hinweis auf pädagogische Filme belegt. Die Realisation dieser Filme wird zwar von professionellen Filmemachern gewährleistet, als verantwortlich für den Diskurs erscheint jedoch der Lehrende, Forschende oder Spezialist, dem die sachliche Kompetenz zugeschrieben wird.

Die Darstellung der Modalitäten ihrer Funktionsweise deutet an, daß sich die dokumentarisierende Lektüre als Interpretationsstrategie diskontinuierlich auf jeden Teil eines Films beziehen kann. Entscheidend für ihre Anwendung sind die Modalitäten ihrer Produktion, bei denen Odin mit der individuellen und der institutionellen zwei große Formen unterscheidet. Die individuelle Anwendung der dokumentarisierenden Lektüre wird durch Parameter der Filmgestaltung allenfalls beeinflußt, aber niemals kontrollierbar festgelegt. Zwar verhindert der Hinweis im Film, daß es sich bei den Darstellern um Schauspieler handelt, die Konstruktion der Figuren im Film als reale Instanzen der Aussage. Dieser Hinweis verhindert aber nicht prinzipiell die Anwendung dokumentarisierender Lektürestrategien. Ausstattung und Schauplätze können als reale Instanz der Aussage rezipiert werden, auch wenn Schauspieler agieren. Wie in den Filmen des italienischen Neorealismus kann die Aufnahme an Originalschauplätzen gezielt als dokumentarisierende Strategie eingesetzt werden, ohne die Rezeptionsweise des Zuschauers zu determinieren. Die Induktion der dokumentarisierenden Lektüre ist nämlich nicht nur gegenüber der

Gestaltung des Films frei, sondern auch der Willkür des Zuschauers entzogen. Dokumentarisierende Strategien der Lektüre können zu jedem Zeitpunkt der Filmrezeption und danach angewandt werden, ohne daß dies dem Zuschauer bewußt wird.

Als institutionelle Produktionsmodalitäten dokumentarisierender Lektüre beschreibt Odin verschiedene Formen der Vermittlung von Filmen. Im einzelnen zählt Odin die Rezeption von Filmen im Kontext pädagogischer, historischer, soziologischer, psychoanalytischer oder filmwissenschaftlicher Interessen auf. Auch diese Formen institutionalisierter Vermittlung legen die Rezeption des Zuschauers nicht vollständig fest. Allerdings befreit sich der Zuschauer aus einer institutionell vermittelten Lektürestrategie meist nur, indem er eine andere anwendet. Odin verweist auf die Lektüreanweisungen des dominierenden kommerziellen Kinos, die von der Mehrheit der Zuschauer so sehr verinnerlicht sind, daß diese Schwierigkeiten hat, wenn sie es mit einem Film zu tun hat, der einen anderen Lektüremodus nahelegt.

Zu den Filmen, die einen von dem dominierenden Kino verschiedenen Lektüremodus nahelegen, gehören die dokumentarischen Filme. Sie zeichnen sich dadurch aus, daß ihre Gestaltung strukturell die dokumentarisierende Lektüre programmiert. Angesichts der Vielfalt filmdokumentarischer Praxis zieht Odin es vor, von einem dokumentarischen Ensemble anstatt vom Genre des Dokumentarfilms zu sprechen. Darüber hinaus reflektiert dieser Sprachgebrauch die Bedeutung, die Odin institutionell vermittelten dokumentarisierenden Lektüreweisen zuschreibt. So wird ein Film mit dem Signet des Instituts für den Wissenschaftlichen Film im Vorspann als dokumentarischer Film wahrgenommen.[486]

Außer den Hinweisen auf wissenschaftliche Institutionen oder auf Filmproduktionsgesellschaften, die auf die Herstellung von Dokumentarfilmen spezialisiert sind, zählt Odin Titel oder Schrifteinblendungen, die den Film als »Reportage« oder »Dokumentation« ausweisen, als weitere Anweisungen zur dokumentarisierenden Lektüre im Vorspann eines Films auf. Unter der Voraussetzung, daß die Präsentation von Schauspielernamen als Norm des fiktionalen Films verinnerlicht wurde, dient das Fehlen von Schauspielernamen als Zeichen für eine dokumentarisierende Lektüre.[487] Nicht überzeugend finde ich Odins Belege dafür, daß selbst der Titel eines Films unzweideutig einen dokumentarischen Film ankündigen kann. *Unser Planet Erde*, *Der Küfer*, *Der Stellmacher*, *Holzfäller aus der Manoua-*

ne, *Goya, Die Herde, Der Leopard, Manhattan, Le Médicin de Gafiré, Die Milchstraße* – welcher dieser Filme dokumentarisch ist, wird wahrscheinlich weniger allein durch den Titel als in Verbindung mit den Namen der Regisseure, dem institutionellen Kontext der Präsentation der Filme oder der Produktionsgesellschaft deutlich. Ebenso erscheint mir das Fehlen eines Vorspanns als Indiz für den schwachen Ausarbeitungsgrad, der den Film selbst zu einem Dokument macht, nicht ganz überzeugend, weil das Verfahren, worauf Odin selbst hinweist, vielfältig genutzt wird.

Von der Erfahrung, daß ein Zuschauer sich auch ohne Kenntnis des Vorspanns über die Zuordnung eines Films zum fiktionalen oder dokumentarischen Genre relativ schnell ein Urteil bildet, schließt Odin auf spezifische stilistische Figuren des Dokumentarfilms, die als textuelle Anweisungen für eine dokumentarisierende Lektüre zu verstehen sind. Genaugenommen handelt es sich nach Odin weniger um einzelne stilistische Figuren, die in jedem Film eher gleich sind, sondern um Verkettungen. Erst eine strukturtypische Kombinatorik stilistischer Figuren wirkt im Sinn einer dokumentarisierenden Lektüre. Odin entwickelt das Konzept der textuellen Anweisungen beispielhaft am pädagogischen und am Reportagefilm.

Beim pädagogischen Film handelt es sich im wesentlichen um drei strukturelle Merkmale, die eine dokumentarisierende Lektüre nahelegen. Erstens erscheint die Person, die das Wissen verkörpert, selbst im Film. Der Zuschauer oder sein Platzhalter im Film werden zweitens direkt angesprochen. Und drittens ist die filmische Darstellung durch einen Diskurs, der sich auf einen Kommentar erklärenden Typs, die Verwendung von Grafiken und Schemata stützt, abstrakt strukturiert.

Die Strukturmerkmale des Reportagefilms entwickelt Odin an Filmen Raymond Depardons wie *Reporters, Faits Divers, Numéro Zéro*. Die die dokumentarisierende Lektüre induzierenden Merkmale der Reportage sind auf unterschiedlichen Ebenen der filmischen Gestaltung nachweisbar:
»… – auf der Ebene des Bildes: verschwommen, bewegt, verwackelte Travellings, zögernde Panoramaschwenks, abrupte Zooms, brutale Schnitte im Ablauf der Szenenfolge und der Verbindung der Sequenzen, lange Plansequenzen, mangelhafte Ausleuchtung, grobkörniger Film …
– auf der Ebene des Tons: spezifischer Klang des Direkttons (gegenüber dem Studioton: Fehlen der Resonanz), Lärm, linguistische Strukturen der ›lebendigen‹

Rede ... (diese Ebene ist in den Reportagefilmen selbstverständlich nicht immer gegeben: es gibt auch stumme Reportagen);
– auf der Ebene des Bildes und/oder des Tons: Hinwendung zum Kameramann (die gefilmten Personen sehen den Kameramann an; pöbeln ihn an; wenden sich Zustimmung suchend, an ihn ...)«[488]

Die aufgezählten Merkmale legen eine dokumentarisierende Lektüre nahe, bei der der Zuschauer die Kamera als Aufzeichnungsinstrument und den Kameramann selbst als die reale Instanz der Aussage annimmt. Insbesondere das Engagement des Kameramanns, der keine Schwierigkeit und im äußersten Fall selbst das Risiko der Lebensgefahr nicht scheut, garantiert die dokumentarisierende Lektüre. Nachdem Odin die dokumentarisierende Lektüre als eine den Filmen gegenüber externe pragmatische Operation definiert hat, ist man doch überrascht, daß die Beschreibung der Gestaltungsmerkmale, die strukturell eine dokumentarisierende Lektüre von Filmen induzieren, wenig mehr ist als eine summarische Aufzählung stilistischer Merkmale, die seit dem *Direct Cinema* und dem *Cinéma Vérité* die Konventionen authentisch dokumentarischer Realitätsdarstellung als Produktionsstrategie und Zuschauererwartung prägen. Hier deutet sich an, daß Odin sowohl die konkrete Rezeption einzelner dokumentarischer Filme als auch die rezeptionsgeschichtliche Konstitution des Genres als Zuschauererwartung nur unzureichend berücksichtigt. Wenn heute Painlevés Filme als wissenschaftlich und Flahertys Filme als dokumentarisch anerkannt sind, so kann diese Einschätzung vom entstehungs- und rezeptionsgeschichtlichen Zusammenhang der Filme nicht getrennt werden. Auf keinen Fall konstituieren sie sich als wissenschaftliche oder dokumentarische Filme in einem individuellen Lektüreprozeß.

Odin spricht im übrigen von den Subensembles des pädagogischen und Reportagefilms, die »in Termen stilistischer Systeme definiert werden«, während das dokumentarische Genre in Termen des Inhalts und vor allem pragmatischer Zwänge definiert wird. Dieser Sprachgebrauch ist sinnvoll, wenn er die Voraussetzung dafür ist, statt ontologisierender Definitionsversuche die Vielfalt dokumentarisierender Darstellungsstrategien zu thematisieren. Mit dem Konzept des dokumentarischen Ensembles sind genreverändernde Einflüsse, wie ich sie im Zusammenhang mit Video und Fernsehen erörtert habe, angemessener zu beschreiben als mit normativen oder substantialistischen Definitionen. Trotzdem sehe ich nicht ein, warum nicht vom dokumentarischen Film als Genre gesprochen werden soll. Bei diesem

Unterschied des Sprachgebrauchs handelt es sich um mehr als eine Nuance. Während es mir um die Konstitution einer spezifischen Form der Erfahrung geht, die vielfältig und komplex in einer komplementären Verbindung mit wissenschaftlichen und künstlerischen Formen der Realitätsaneignung und Erfahrungsbildung steht, beschreibt Odins dokumentarisierende Lektüre eine der Stilanalyse analoge, isoliert praktizierte Rezeptionsstrategie, deren Zusammenhang mit der Wahrnehmung und Erfahrungsbildung des Rezipienten weitgehend unberücksichtigt bleibt. Wenn es um die dokumentarische Erfahrungsbildung geht, erscheint es mir angemessener, von dokumentarischen Filmen und nicht von Subensembles zu sprechen, die durch einzelne stilistische Elemente definiert sind.

Man kann ein Wort nicht beliebig verwenden, ohne seine Bedeutung zu entleeren. Zur Bedeutung von »dokumentarisch« gehört die Vorstellung eines spezifischen Zusammenhangs von Darstellung und Realität. Mit dem Realitätsbezug von Filmen kann man den Sachverhalt beschreiben, daß jeder Film mehr oder weniger ausdrücklich auf einen Bezugspunkt in der vor- oder außerfilmischen Realität verweist. Mit dem dokumentarischen Film verbindet sich eine spezifische Vorstellung des Realitätsbezugs, die von der Seite der Rezipienten als Authentizitätserwartung beschrieben werden kann. Auf der Seite der filmischen Darstellung ist der Authentizitätseffekt nicht allein das Resultat aus dem Realitätseindruck der Filmaufzeichnung und -projektion. Weder der Grad der Übereinstimmung oder der Analogie der filmischen Aufzeichnung mit der Realität noch der Grad des manipulativen Eingriffs in die dargestellte Realität eignen sich als Kriterien des Authentizitätseffekts. Wie Odins Beschreibung der dokumentarisierenden Lektüre zeigt, gibt es in den Filmen selbst Zeichen und Hinweise, die eine dokumentarische Rezeption nahelegen und als Indizes eines Authentizitätsbeweises verstanden werden können. Die Anwendung dieser Indizes ist aber ebenso konventionell wie die darauf bezogene Rezeptionserwartung. Auf der materialen Ebene der Produktgestaltung repräsentieren die Indizes ein auf die Erwartungshaltung der Rezipierenden bezogenes Ensemble von Strategien der Produzierenden. Der Vorteil des Ansatzes von Odin besteht darin, daß der dokumentarische Film von der Rezipientenseite her erörtert wird, ohne daß Aussagen über den ontologischen Status der filmischen Darstellungen gemacht werden.

In dieser Hinsicht gleicht das Verfahren der dokumentarisierenden Lektüre von Odin dem der Unterscheidung des Films als Dokument einer Kultur (record of culture) und als Dokument über eine Kultur (record about culture) von Worth. Auch bei dieser Unterscheidung handelt es sich um interpretative Strategien, die über den ontologischen Status der Filmbilder und ihren Wirklichkeitsbezug nichts aussagen. Die beiden Verfahren unterscheiden sich allerdings darin, welcher Status der Rezeption zugewiesen wird. Während bei Odin die Rezeption weitgehend auf einen mehr oder weniger bewußten stilanalytischen Lektüreprozeß reduziert wird, impliziert die Unterscheidung von Worth, daß der ethnographische Wert eines Films nur im Kontext seiner Produktion und seiner Rezeption bestimmt werden kann.[489] Der ethnographische Wert eines Films ist, um es in Odins Sprache auszudrücken, Effekt einer dem Film externen, einer streng pragmatischen Operation. Übertragen auf den Dokumentarfilm bedeutet das, daß jeder Film kontextabhängig als dokumentarisch rezipiert werden kann.

Wenn der Dokumentarfilm etwas anderes sein soll als ein Ensemble stilistischer Merkmale, so müssen die Strategien der dokumentarisierenden Lektüre sehr viel umfassender und grundsätzlicher als von Odin in die Untersuchung einbezogen werden. Während es sich bei Odins Konzept um eine genreadäquate Korrespondenz von Produktionsregeln und Rezeptionserwartungen handelt, bezieht die dokumentarisierende Lektüre als Kontextualisierung der Filme nicht nur die medienbezogene Erfahrung, sondern die gesamte soziale und kulturelle Praxis der Rezipienten mit ein.

5.4. Dokumentarisierende Lektüre als Kontextualisierung

Der zentrale Gedanke von Jean-Louis Comollis Auseinandersetzung mit einer unter dem Titel »Comment présenter le film, comment conduire la discussion dans un ciné-club« veröffentlichten Anleitung zur Filmrezeption ist, daß die aktuelle Rezeptionserfahrung nur mit Kenntnis und Rückkopplung an die Rezeptionserwartung richtig einzuschätzen und zu verstehen ist. Deren Vernachlässigung kritisiert Comolli als das entscheidende Defizit der genannten Anleitung für die Moderation von Filmveranstaltungen. Ohne Rücksicht auf die widersprüchlichen Interessen verschiedener Publikumsschichten, geht die Anleitung von einem homogenen Öffentlichkeits- und Kulturbegriff aus. Unterstellt wird die Möglichkeit eines gleichberechtigten Diskurses aller Filmzuschauer. Die Möglichkeit dieses Diskurses soll der Moderator garantieren, indem er nach der Maxime handelt, möglichst viele Zuschauer zum Sprechen zu bringen. Wichtig ist nicht, was gesagt wird, sondern daß sich möglichst viele Zuschauer an der Diskussion beteiligen. Bei dieser Vorgehensweise wird so getan, als komme das Publikum voraussetzungslos und ohne vorhergehende Erfahrungen zu den Filmvorstellungen. Heterogene Vorerfahrungen werden von der Anleitung nicht systematisch in die Gesprächsführung einbezogen. Stattdessen wird eine homogene Interessenslage und Einstellung des Publikums unterstellt.

Ausführlich setzt sich Comolli mit der Rolle des Diskussionsleiters auseinander. Wird die Aufgabe des Moderators zunächst eher durch seine Zurückhaltung definiert und besteht vornehmlich darin, ein Forum des gleichberechtigten Diskurses herzustellen, so wird er im weiteren Verlauf zum Agent der im Film vermuteten Autorintention. Zunächst soll der Moderator versuchen, den Zusammenhang der zentralen Themen des Films mit einer unterstellten Autorintention herauszuarbeiten. Comolli kritisiert dieses Vorgehen, weil es Sinnexplikation nicht als Sinnkonstruktion in einem diskursiven Prozeß versteht, sondern als korrekte Auslegung eines zu erschließenden Sinns. In dieser Phase ist die Rolle des Moderators besonders dominant, wenn der Film über den Werkbegriff mit dem Autor in Verbindung gebracht und erklärt wird. Das Verfahren unterstellt, daß sich eine Autorintention als Sinn und Bedeutung des Films erschließen läßt. Hier wirkt das Expertenwissen des Moderators als Kontrolle und Norm der Diskussion, indem es abweichende Sicht- und Rezeptionsweisen eliminiert.

Im Unterschied zu der vorgeschlagenen Vorgehensweise geht Comolli von der klassenantagonistischen Zusammensetzung des Publikums aus. Diese schlägt sich in einer nicht nur widersprüchlichen, sondern vielleicht sogar gegensätzlichen Rezeption nieder. Auf diese Weise berücksichtigt Comolli zwar die Vorerfahrungen der Zuschauer, unterstellt allerdings seinerseits eine proletarische Klassenerfahrung, die mechanistisch als kritisches Rezeptionspotential wirksam wird. Individuelle sozialpsychologische Voraussetzungen und Rezeptionsstrategien werden von Comolli zugunsten eines homogenisierten Klassenbegriffs weitgehend vernachlässigt. Es ist allerdings unwahrscheinlich, daß sich soziale Erfahrungen in der von Comolli suggerierten Einheitlichkeit in kritisches, zumal klassenbewußtes Rezeptionsverhalten umsetzen.

Immerhin kann man für die soziologisch orientierte Arbeit mit Film übernehmen, daß die Vorerfahrungen der Zuschauerinnen und Zuschauer als Bedingungen der Erfahrungsbildung berücksichtigt werden müssen. Man wird sich sogar fragen können, ob nicht gerade ein Film die heterogenen Erfahrungen der Lernenden viel umfassender zur Artikulation stimuliert als ein geschriebener Text. Allerdings setzt dies, wie die Auseinandersetzung Comollis mit der Anleitung zum Filmgespräch zeigt, die Organisation entsprechender Artikulationsmöglichkeiten voraus.

Weil das Ziel soziologisch orientierter Filmveranstaltungen nicht primär die Informationsvermittlung durch den Film oder der Erwerb von Kenntnissen über den Film als eine kulturelle Ausdrucksform, sondern die Erfahrungsbildung mit dem Film ist, müssen die Erfahrungen der Rezipienten thematisiert werden. Wenn die Rezeption als ein aktiver Aneignungsprozeß begriffen werden soll, dann darf sie allerdings nicht als schematische Realisation eines Klassenstandpunkts vorgestellt werden. Technisch-apparative und organisatorische Bedingungen der Filmrezeption können in weit stärkerem Maß egalisierend wirken, als Comolli annimmt. Überhaupt nicht berücksichtigt Comolli die Gestaltung der Filme und deren Einfluß auf die Erfahrungsbildung.

Genau diesen Aspekt hat Leonard Henny in einer Reihe von empirischen Untersuchungen zur Bewußtseinsbildung durch Filme erörtert. Gegenstand der Untersuchungen von Henny sind Aspekte der Wirkung von Filmen, die als Resultat ihrer Gestaltung beschrieben wird. Ziel der Untersuchungen ist herauszufinden, wie Filme in politischen Bildungsprozessen verwendet werden können und wie sie auf die Bewußtseinsbildung wirken. Hinsichtlich der Gestaltung von Form und Inhalt unterscheidet Henny zwei Filmstile, die er als »Hollywood-Stil« und »epischen Stil« bezeichnet. Der »Hollywood-Stil« zeichnet sich durch eine Dramaturgie der Spannung aus, die durch einen Konflikt, eine komplexe Fabel und eine schnell ablaufende Handlung erzeugt wird. Am Ende des Films wird der Konflikt aufgelöst. Die filmische Darstellung soll dem Zuschauer als Realität erscheinen. Zum Verständnis des dargestellten Sachverhalts trägt sie aber nicht nur nichts bei, sondern verwirrt die Ansichten des Zuschauers. Diesem wird die Figur eines Helden zur Identifikation angeboten. Die Möglichkeiten der Identifikation werden durch die Verwendung von Stilmitteln wie der subjektiven Kamera besonders forciert. Der Held selbst agiert individualistisch. Ideologisch ist der Film des »Hollywood-Stils« konservativ und reaktionär, weil er die Gewalt, den Sexismus und den Rassismus der Gesellschaft nicht nur widerspiegelt, sondern als Lebensstil propagiert. Demgegenüber zeichnet sich der »epische Filmstil« dadurch aus, daß sich der Film als eine Konstruktion der Realität mit den technischen Mitteln des Films zu erkennen gibt. Ziel eines »epischen Films« ist, das Verständnis des Publikums für die dargestellten Sachverhalte zu vertiefen. Zu diesem Zweck werden die Handlungen der Figuren so gezeigt, daß sie von sozialen Bedingungen und Interessen beeinflußt sind. Das Ende eines Konflikts wird nicht nach dramaturgischen Gesichtspunkten gestaltet, sondern entspricht der Realität. Die Figuren repräsentieren soziale Gruppen. Die Handlung ist überschaubar einfach und wird nicht um ihrer selbst willen vorangetrieben, sondern um soziale Regeln und Gesetze zu demonstrieren. Ideologisch präsentiert sich die Darstellung des Films als Vorschein einer neuen Gesellschaft, in der Entscheidungen auf der Basis von Einverständnis getroffen werden.[490]

Als weiteres Merkmal der Filmgestaltung beschreibt Henny die Verwendung verschiedener didaktischer Konzepte. Zunächst ist danach zu unterscheiden, ob ein Film ausdrücklich und eindeutig oder implizit und suggestiv eine Schlußfolgerung präsentiert. Als eine dritte Variante des didaktischen Konzepts ist es möglich, daß ein Film ohne Schlußfolgerung offen endet. Nach Hennys Beobachtung provozieren Filme mit ausdrücklich nahegelegter, ja propagandistischer Schlußfolgerung sehr heftige Diskussionen. Während Filme mit offenem Ende die Zuschauer eher ratlos lassen, so daß die Initiierung einer Diskussion besonders schwer ist. Ein Film mit offenem Ende stimuliert unstrukturierte Diskussionen, die stärker durch einen Moderator gesteuert werden müssen.

Genauer untersucht Henny die Wirkung einseitiger und zweiseitiger Darstellung von Themen im Film. Als ein- oder zweiseitige Darstellung wird von Henny die Perspektivierung eines Sachverhalts oder Themas in der filmischen Darstellung verstanden. Während die einseitige Darstellung nur einen Standpunkt zu einem Thema berücksichtigt, kommen in der zwei- oder mehrseitigen Darstellung verschiedene Standpunkte und kontroverse Interessen zu Wort. Am Beispiel der Auseinandersetzungen, die die Maori mit der staatlichen Administration um ihr Land, ihre Auffassung von Recht und Tradition führen, wurde der Einfluß einseitiger und mehrseitiger Darstellungen eines Themas auf die Filmwirkung empirisch untersucht. Zu diesem Zweck wurden von Henny und seinen Mitarbeitern zwei Filmversionen angefertigt, die sich darin unterschieden, ob sie den Konflikt lediglich aus der Perspektive der Maori oder sowohl aus deren Perspektive wie der der Weißen darstellten. Beide Versionen stimmten in ihrer politischen Tendenz überein und unterstützten den Standpunkt der Maori. Die einseitige Darstellung regte intensivere und kontroversere Diskussionen an als die ausgewogenere zweiseitige Darstellung. Deswegen mußte der Diskussionsleiter bei der einseitigen Darstellung stärker die Diskussion stukturieren. Dagegen lag der Vorteil der zweiseitigen Darstellung vor allem in der Anregung eines schöpferischen Denkens, durch das die eigene soziale Situation der Zuschauer reflektiert und mit den Darstellungen des Films vermittelt werden konnte.

Ansatz und Ergebnisse von Hennys Arbeiten konzentrieren sich auf eine im engeren Sinn politische Bildungsarbeit mit Filmen. Im Vordergrund steht weniger die Erfahrungsbildung mit Filmen als die von Filmen unterstützte Initiierung politischer Bewußtseinsbildung. Auch wenn es nicht ausdrücklich formuliert wird, so ist das Ziel von Hennys Untersuchungen die Effektivitätssteigerung der politischen Bildungsarbeit mit den Filmen. Formulierungen, in denen vom Erfolg oder Gelingen einer Diskussion geredet wird, deuten das vorrangige Interesse an. Die Zuschauer werden in seinen Untersuchungen als Adressaten informierender, aufklärender oder agitierender Bildungsarbeit konzeptualisiert. Darüber hinaus wird ihre Rezeptionstätigkeit nicht thematisiert. Neben der stark vereinfachenden Differenzierung der Filme in einen »Hollywood-Stil« und einen »epischen Stil« schränkt vor allem die Orientierung an politischen Lernzielen die Relevanz von Hennys Überlegungen ein, wenn es bei der pädagogisch-didaktischen Praxis mit Filmen nicht primär um solche Lernziele, sondern in einem umfassenderen Sinn um Erfahrungsbildung geht.

Einen Ansatz zur Erörterung der Möglichkeit wissenschaftlicher Erfahrungsbildung durch den Film hat für die Ethnographie Wilton Martinez vorgestellt. Nach seinem eigenen Selbstverständnis knüpft Martinez an den Ergebnissen der marxistisch und psychoanalytisch beeinflußten post-strukturalistischen Filmtheorie an, die er allerdings um literaturwissenschaftliche, text- und vor allem kulturtheoretische Aspekte ergänzt. Während Martinez die Bedeutung der post-strukturalistischen Theorieansätze vor allem in den Hinweisen darauf sieht, daß die Rezeption von Filmen nicht allein von individuellen Kenntnissen und Fähigkeiten abhängt, sondern von strukturellen Merkmalen der Filmwahrnehmung bestimmt ist, ermöglichen die text- und kulturtheoretischen Ansätze die Reflexion der Filmrezeption als aktiven Prozeß im Kontext der sozialen und kulturellen Praxis der Rezipienten. Motiviert wurde der Entwurf einer Theorie der ethnographischen Zuschauerschaft von Erfahrungen, die Martinez in anthropologischen Einführungsveranstaltungen einer amerikanischen Universität gemacht hatte. Bisweilen stecken wichtige Anregungen in den mehr angedeuteten deskriptiven Darstellungen der Lehrveranstaltungen und weniger in den zuweilen umständlichen grundlagentheoretischen Ausführungen. Allerdings würde man die Überlegungen von Martinez verkürzen, erörterte man sie nur unter dem Aspekt ihrer praktischen Umsetzbarkeit und curricularen Effizienz. Umfang und Anlage seines Ansatzes rechtfertigen eine ausführlichere Darstellung, weil die systematische Reflexion von Martinez für die Komplexität des Prozesses der Erfahrungsbildung mit dem Film sensibilisieren kann.

Martinez stimmt mit Comolli darin überein, daß die aktuelle Rezeption eines Films von der sozialen Erfahrung des Rezipienten beeinflußt wird. Wie Comolli begreift Martinez die Rezeption nicht als einseitige Kommunikation im Sinn einer Aufnahme des im Film enthaltenen Sinns, sondern als einen aktiven Vorgang der Konstruktion von Bedeutungen. Im Unterschied zu Comolli knüpft Martinez die Rezeption allerdings nicht an Klassenerfahrungen, die sich mechanistisch in Rezeptionspotentiale umsetzen, sondern bezieht neben der sozialen Herkunft der Studenten die Medienerfahrung und das Mediennutzungsverhalten mit ein. Anders als Comolli untersucht Martinez systematisch den Zusammenhang der rezeptiven Erfahrungsbildung mit der Filmgestaltung.

Beim Einsatz von Filmen in den anthropologischen Einführungsveranstaltungen war Martinez eine Diskrepanz zwischen der Intention filmischer Darstellungen einerseits und der Rezeption durch die Studentinnen und Studenten andererseits aufgefallen. Vor allem bei ethnographischen Filmen, die konventionell faktenorientiert gemacht waren, beobachtete Martinez ein Rezeptionsverhalten, das er als Desinteresse, Kulturschock und Entfremdung beschreibt. Das studentische Publikum habe in den Darstellungen dieser Filme die Erscheinung und das Aussehen sowie das Verhalten der »Primitiven« als bizarr wahrgenommen. Im Gegensatz dazu wurden das Interesse und die interpretatorischen Aktivitäten der studentischen Zuschauer am meisten durch Filme stimuliert, die eine erzählende Struktur hatten, für das Massenmendium Fernsehen und nicht ein für ein Fachpublikum gemacht waren, als Porträts einzelner Personen oder als Auseinandersetzung mit einzelnen Themen von kulturübergreifendem Interesse, wie etwa dem Geschlechtsrollenverständnis, angelegt waren. Während diese gleichzeitig unterhaltsamen und informativen Filme die Studentinnen und Studenten zu einer engagierten Rezeption animierten, wurden die ausschließlich informativen und didaktischen Filme als langweilig empfunden.

Um die Wirkung der Filme als Resultat ihrer Gestaltung beschreiben zu können, überträgt Martinez Ecos Unterscheidung »offener« und »geschlossener« Texte auf die Beschreibung der Gestaltung und Wirkung ethnographischer Filme.[491] Eco beschreibt mit der »offenen« und »geschlossenen« Form des Textes eine unterschiedliche Positionierung des Lesers im Text. Dabei ist es wichtig zu berücksichtigen, daß Eco sowohl den Autor als auch den Leser nicht als Personen, sondern als komplementäre Strategien der Textgestaltung versteht. Während die Funktion des Autors darin besteht, zwischen den Textteilen Beziehungen herzustellen, so daß die Tätigkeit des Lesers aktiviert wird, besteht die Funktion des Lesers darin, den Text zu interpretieren. Diese Tätigkeit des Lesers gehört konstitutiv zum Text. Unter rezeptionstheoretischen Gesichtspunkten stellt der Text eine strukturierte Vorgabe für die Aktivität des Lesers dar.

»Offene« Texte zeichnen sich durch ein hohes semiotisches Potential aus, das die kommunikative und interpretative Tätigkeit des Lesers anregt. »Offene« Texte ermöglichen tendenziell einen nicht abschließbaren Prozeß der Interpretation, ohne daß dieser beliebig und willkürlich wäre. Die Grenze der möglichen Interpretationen wird durch den dem Text impliziten »Modell-Leser« (model reader) definiert. Im Unterschied zu »offenen« zeichnen sich »geschlossene« Texte dadurch aus, daß sie sehr spezielle Lektüreanweisungen für bestimmte Auslegungen enthalten. Der Interpretationsspielraum des Lesers wird auf diese Weise eingeschränkt. Das bedeutet jedoch nicht, daß »geschlossene« Texte eine transparente Kommunikation zwischen Autor und Rezipient garantieren oder abweichende Interpretationen verhindern. Im Gegenteil ermöglichen gerade »geschlossene« Texte in großem Maß abweichende Rezeptionsweisen, die aus der Diskrepanz zwischen dem textimmanenten »Modell-Leser« und den aktuellen Rezipienten resultieren.

Die klassischen ethnographischen Filme, die nach den Kriterien wissenschaftlicher Dokumentation gemacht sind, repräsentieren die »geschlossene« Form, weil diese Filme wegen der enormen fachwissenschaftlichen Kenntnisse in der Regel sehr präzise Anweisungen und Codierungen für die Rezeption enthalten. Ihre faktenorientierte und distanzierte Darstellungsstrategie versucht eine wahre oder richtige Interpretation beim Zuschauer zu induzieren. Die Gestaltung der Filme unterstellt einen Rezipienten, der genau die Codierungen und Anweisungen erfaßt. Deswegen regen diese Filme die interpretative Leistung der Rezipienten nicht sonderlich an, begünstigen aber eine abweichende Rezeption, wenn der Zuschauer die Intention des Filmautors und die Implikationen des Films nicht erkennt. Im Unterschied zu den »geschlossenen« legen offen gestaltete Filme eine Vielfalt möglicher Interpretationen nahe und fordern dialogisch-interaktive Rezeptionsformen heraus. Als »offen« beschreibt Martinez Filme mit erzählendem, experimentellem oder reflexivem Charakter.

Martinez differenziert die Beschreibung des Zusammenhangs von Gestaltung und Wirkung ethnographischer Filme durch Auseinandersetzung mit Wolfgang Isers Konzept des »impliziten Lesers« (implied reader) weiter aus. Ähnlich wie bei Eco handelt es sich bei diesem Konzept um eine Textstrategie. Wie Eco begreift Iser Sinnproduktion und Bedeutungskonstitution als Resultat der Rezeptionstätigkeit. Gegenüber Ecos Modell »geschlossener« und »offener« Texte zeichnet sich Isers Ansatz dadurch aus, daß die Tätigkeit des Lesers auf unterschiedlichem Niveau der Textgestaltung angenommen wird.

Nach Isers Modell enthalten Texte auf unterschiedlichen Niveaus »Leerstellen« (blanks, gaps). Die Tätigkeit des Lesers besteht im wesentlichen darin, diese »Leerstellen« aufzufüllen. Auf einem ersten Niveau erscheinen »Leerstellen« zwischen einzelnen Elementen wie Ausdrucksweisen, Gesten, Objekten und Perspektiven des Erzählers oder der dargestellten Personen. Diese »Leerstellen« im Text werden von den Rezipienten entsprechend den eigenen kulturellen Konventionen aufgefüllt. Auf die Darstellungen ethnographischer Filme übertragen bedeutet das, daß unmittelbare Rezeptionseindrücke nach bekannten kulturellen Mustern und nicht selten falsch interpretiert werden. An Beispielen zählt Martinez auf, daß Nacktheit als vulgär, normale verbale Kommunikation als rüde und zornige Konfrontation, die Prozedur des Entlausens als Ausdruck einer ärmlichen Lebensweise und nicht als Akt der Kommunikation und Intimität verstanden werden.

Auf einem zweiten Niveau lenken die »Leerstellen« die interpretative Leistung des Rezipienten weniger auf einzelne Aspekte des Textes als vielmehr auf den gesamten Bedeutungszusammenhang. Ethnographische Filme sind in der Regel theoretisch fundierte Darstellungen des Alltags, sozialer Organisationen oder von Ritualen fremder Kulturen. Auf diesem Niveau sind die Lektüreaktivitäten mehr durch die Vorstellungen und Konzepte des Anthropologen vorstrukturiert, deren Kenntnisse beim Leser vorausgesetzt werden. Abweichende Interpretationen betreffen nicht allein die »Leerstellen« zwischen einzelnen Elementen des Textes, sondern den gesamten Sinn- und Bedeutungszusammenhang der Darstellung.

Eine dritte Variante von »Leerstellen« funktioniert über einzelne Filme hinaus auf einer eher paradigmatischen Ebene, indem das kulturelle Selbstverständnis des Rezipienten so in Frage gestellt wird, daß Möglichkeiten aufgezeigt werden, es neu zu strukturieren. Diese Interpretationsstrategie ist offensichtlich für eine Theorie des ethnographischen Films besonders wichtig, weil sie kulturrelativistische Wirkungen der Filme thematisiert. Die filmische Darstellung kann jedoch stereotype Interpretationen provozieren oder dazu führen, daß sie insgesamt abgelehnt wird, wenn sie als so fremd erscheint, daß sie nicht in das Selbstverständnis des Zuschauers integriert werden kann.

Martinez faßt die Ergebnisse seiner auf Unterrichtserfahrungen gestützten Erörterungen über »geschlossene« und »offene« Texte dahingehend zusammen, daß erstens selbst dann, wenn die Vorstrukturierung durch den Autor stark ausgeprägt ist, die Variationsvielfalt möglicher Interpretationen sehr groß ist, und daß zweitens die Interpretation auf der Grundlage der sozialen Erfahrung der Rezipienten eher zu ethnozentristischen als zu relativistischen oder kritischen Interpretationen tendiert.

Nach Ansicht von Martinez idealisiert das Konzept des »impliziten Lesers« die Autonomie des Rezipienten, völlig frei und ohne determinierende Einflüsse Bedeutungen konstruieren zu können. Das Konzept stellt zu einseitig die individuellen Rezeptionsfähigkeiten gegenüber sozialen und historischen Einflüssen in den Vordergrund. In der Psychoanalyse von Lacan sieht Martinez die Bedingungen der Subjektkonstitution reflektiert, die strukturell die Autonomie des Individuums begrenzen.

Gegen idealisierende Vorstellungen von einem souveränen und mit sich selbst identischen Subjekt hob Lacan die Rolle des Unbewußten in der Subjektkonstitution hervor. Schon die erste Formation einer Identität ist eine Identifikation mit etwas anderem, dem eigenen Spiegelbild oder einem anderen Menschen. Das Subjekt konstituiert sich, indem es sich mit dem Bild einer Ganzheit identifiziert, die es selbst nicht hat. Diese Identifikation ist imaginär. Eine zweite Phase der Subjektkonstitution vollzieht sich nach Lacan mit dem Eintritt in die »symbolische Ordnung«. Mit der »symbolischen Ordnung« sind sowohl die Sprache als auch die Regeln sozialer Beziehungen gemeint. Im frühen Kindesalter wird der Zugang zur symbolischen Welt der Kultur durch die Unterdrückung der imaginären Identifikation mit der Mutter erzwungen. Entscheidend ist, daß erst die Integration in die »symbolische Ordnung« die Formulierung eigenen Begehrens ermöglicht. Auf diese Weise wird die Autonomie des Subjekts der »symbolischen Ordnung« unterworfen, weil sie nur durch den Eintritt in einen vorhandenen diskursiven Zusammenhang der Symbole bei gleichzeitiger Unterdrückung eigener Bedürfnisse und Wünsche möglich ist.

Auf die Filmwahrnehmung übertragen besteht nach Lacans psychoanalytischem Modell deren strukturelle Ähnlichkeit mit der Subjektkonstitution darin, daß der Zuschauer sich durch die Identifikation mit der Kamera imaginär als Subjekt des Films fühlt. Diese Identifikation produziert eine Illusion der Selbstsicherheit, des Wissens und der Macht über das Gesehene. Die Struktur der filmischen Gestaltung wird als die »symbolische Ordnung« begriffen, in die der Zuschauer integriert wird, die ihm aber auch seinen Platz zuweist. Der Prozeß der Positionierung des Zuschauers im Film wird analog zu Lacans Modell der Subjektkonstitution nach dem Prinzip der »Sutur« vorgestellt. Der Begriff ist aus der chirurgischen Praxis entlehnt, wo er die Verknüpfung einer Naht bezeichnet. In seiner psychoanalytischen Bedeutung meint der Begriff die Verknüpfung des Subjekts mit dem Symbolischen als der Voraussetzung der Subjektkonstitution. In seiner filmtheoretischen Anwendung beschreibt der Begriff die Beziehung zwischen dem Zuschauer und der filmischen Darstellung. Im Mikrobereich der Filmgestaltung bezeichnet »Sutur« Strategien wie Schuß und Gegenschuß oder die Zusammenfügung einzelner Bilder zu einer Sequenz, die als zusammenhängender Erzählstandpunkt (point of view) empfunden wird. Im Makrobereich steht »Sutur« für den Mechanismus, der den Zuschauer mit dem kinematographischen Diskurs verbindet.[492]

Man darf sich diesen Mechanismus aber nicht als zwanghafte Zuweisung von Subjektpositionen vorstellen. Vielmehr entstehen im sozialen und kulturellen Kontext widersprüchliche Subjektpositionen, die sich in einer Vielfalt von Rezeptionsstrategien ausdrücken. Diese thematisiert Martinez im Anschluß an die strukturellen Bedingungen der Filmrezeption als sozialgeschichtlich lokalisierbare Rezeptionsweisen. Die Prämissen der Hermeneutik wählt Martinez als Einstieg in eine umfassende Erörterung diskurs- und kulturtheoretischer Ansätze, um die Tätigkeit der Rezipienten im Kontext ihrer kulturellen und sozialen Praxis zu reflektieren.

Hermeneutische Verfahren schließen die Möglichkeit einer direkten und unvoreingenommenen Wahrnehmung der Wirklichkeit aus. Vielmehr ist davon auszugehen, daß die Wahrnehmung der Wirklichkeit immer schon durch Traditionen und Ideologeme vermittelt ist. Texte werden rezipiert, verstanden und interpretiert mit Bezug auf Werte wie »gut« und »wahr«, die verschiedene Gruppen als Interpretationsgemeinschaften für sich unterschiedlich definieren. Die Rezipienten gehören in der Regel verschiedenen Gemeinschaften an, zwischen denen der Rezeptionsprozeß als Konkurrenz um die Interpretation ausgetragen wird.

Die Interpretationsgemeinschaften verfahren aber nicht völlig frei und willkürlich mit den Texten. Vielmehr begünstigen in den Texten implizite Faktoren der Rezeptionssteuerung die Dominanz bestimmter Interpretationsstrategien. Für die Analyse dieser textimmanenten Lektüre- und Interpretationsstrategien müssen Kategorien gesucht werden, mit deren Hilfe sowohl formale Aspekte der Gestaltung wie die Konventionen eines Genres, der Ausführung eines Themas oder des Stils als auch inhaltliche Aspekte wie historische Paradigmen und Ideologien untersucht werden können.

Als Beispiel verweist Martinez auf das rezeptionsgeschichtliche Modell von Jauss. Jauss betont, daß die Rezipienten weder von ihrem zeitgenössischen Erwartungshorizont noch von der Rezeptionsgeschichte eines Textes isoliert werden können. Der Erwartungshorizont beschreibt historisch-ästhetische Kenntnisse, wie sie sich in den Konventionen eines Genres, einer Form, eines Stils darstellen. Obwohl der historisch-ästhetische Erwartungshorizont weitgehend unbewußt, schwer zu fassen und kaum in ganzem Umfang erschlossen werden kann, beeinflußt er das Rezeptionsverhalten, indem individuelle Erwartungen so lange in konventionalisierte transformiert werden, bis ein neuer Text diesen Horizont verändert.

Durch die Untersuchung der Filmerfahrung und -bildung der Studentinnen und Studenten versuchte Martinez, sich deren Erwartungshorizont zu erschließen. Nach seinen Beobachtungen haben die Studierenden zwar umfangreiche Kenntnisse über und Erfahrungen mit dem als Medium bevorzugten Fernsehen, wissen aber kaum etwas über den Dokumentar- oder ethnographischen Film, so daß sie zu einer kritischen Auseinandersetzung damit nicht fähig sind. Während die Studentinnen und Studenten die konventionellen ethnographischen Filme als Rohmaterial für Spielfilme oder als Amateurfilme ansehen, bevorzugen sie professionell gemachte Fernseh-Dokumentarfilme, die sich an ein allgemeines Publikum richten und einen mehr allgemeinen Überblick über eine Kultur geben. Martinez vermutet, daß diese Filme bevorzugt werden, weil sie durch die Verbindung von personenzentrierter Erzählung mit Dramatik und lustvoller Darstellung einem für die Konsumgesellschaft typischen Unterhaltungsbedürfnis entsprechen. Nur einzelne Studierende mit größerer Kompetenz nehmen auch differenziertere Formen als Chance wahr, ihre eigenen konventionellen Rezeptionsgewohnheiten in Frage zu stellen.

Aus seiner Beobachtung der Bevorzugung unterhaltender Fernsehfilme leitet Martinez die Forderung ab, durch die Filmveranstaltungen den Erwartungshorizont des studentischen Publikums zu erweitern. Diese Erweiterung der Filmkompetenz ist ein permanenter Prozeß von Frage und Antwort, bei dem der vorgeführte Film den Erwartungshorizont der Rezipienten herausfordert. Als anspruchsvollste und umfassendste Strategie empfiehlt Martinez eine historische Lektüre, bei der der Leser oder Zuschauer sein eigenes ästhetisches Verständnis erweitert, indem er vergangene Erwartungshorizonte differenziert wahrzunehmen und zu rekonstruieren lernt.

Als Defizit des rezeptionsgeschichtlichen Ansatzes stellt Martinez fest, daß bevorzugt die ästhetischen Dimensionen des Erwartungshorizonts untersucht werden. Weitgehend unberücksichtigt bleiben dagegen außerästhetische Aspekte der Rezeption wie politische und ideologische Einflüsse, Gefühle, Werte und Haltungen der Rezipienten. Dieses Defizit glaubt Martinez mit dem Konzept der »Gefühlsstruktur« (structure of feeling) kompensieren zu können, das Raymond Williams für die Literaturgeschichte entwickelte. Williams beschreibt mit der »structure of feeling« die Vermittlung zwischen den historisch konkretisierbaren Ansprüchen und Erwartungen eines Publikums, seiner sozialen Erfahrung und der ästhetischen Wirklichkeitsdarstellung und -verarbeitung. Der Begriff umfaßt affektive und kognitive Elemente des Bewußtseins einer sozialhistorisch definierten Rezipientengruppe. Diese Bewußtseinselemente können nicht auf klassenantagonistische Ideologien reduziert werden. Vielmehr drücken sie Moral, Idiosynkrasien, konventionalisierte Haltungen und Dispositionen der betreffenden Rezipientengruppe aus.

Die »Gefühlsstruktur« muß als Teil der kulturellen Bildung analysiert werden. Das bedeutet, daß das Gefühl der Studierenden gegenüber den Darstellungen der Filme als Teil sozialer Konflikte und Auseinandersetzungen um Macht und Hegemonie thematisiert wird. Eine fundamentale Strategie dieses Kampfes besteht darin, daß eine Gruppe ihre Gefühle, Werte und Vorstellungen von der Realität auf alle auszudehnen versucht, indem sie ihre partikularen Idiosynkrasien als universell ausgibt. Daraus folgt als pädagogische Aufgabe eine Kritik der Formen der Wirklichkeitsdarstellung, durch die diese Darstellungen als natürlich erscheinen und die zugrundeliegenden Wirklichkeitsvorstellungen reproduziert werden. Man darf sich diese Darstellungen nicht unmittelbar als Ausdruck von Macht- oder Herrschaftsstrukturen oder als intentionale Täuschungen eines Autors vorstellen. Vielmehr vermitteln nach dem Konzept der »structure of feeling« die Produzenten implizit die dominante Struktur des Fühlens, indem sie das Rohmaterial sozialer Erfahrung in Übereinstimmung mit konventionalisierten und verallgemeinerten Vorstellungen gestalten. Auf diese Weise teilen die Produkte die Herrschaftsstrukturen auf einer konnotativen und unbewußten Ebene selbst dann mit, wenn sie das nicht direkt beabsichtigen.

Die Zunahme der Ironie in der gegenwärtigen ethnographischen Filmproduktion interpretiert Martinez als Ausdruck einer kritischen Hinterfragung der Darstellungs- und Erzählstile, deren ideologische Implikationen zunehmend erkannt und abgelehnt werden. Auch wenn sie nicht frei von ideologischer Ausbeutung der Dargestellten oder narzißtischer Selbstdarstellung der Autoren sind, fordern ironische und selbstreflexive Filme komplexere Rezeptionsstrategien als die konventionellen ethnographischen Filme.

Die unterschiedlichen Rezeptionsweisen versucht Martinez, typologisch als »hegemonial« (hegemonic), »verhandelt« (negotiated) und »oppositionell« (oppositional) zu beschreiben. »Hegemoniale« (hegemonic) Strategien zeichnen sich dadurch aus, daß die Rezeption mit dem filmischen Diskurs und dieser mit dem dominanten gesellschaftlichen Diskurs übereinstimmt. Die hegemoniale Interpretation beobachtete Martinez vor allem als Rezeptionsweise der konventionellen ethnographischen Filme. Als Reaktion auf den geringen Spielraum für dialogische Interpretationsmöglichkeiten, die minimale filminterne Kontextualisierung der Darstellungen und das Defizit identifikatorischer Angebote zogen sich die Studierenden schnell auf bestehende und stereotype Meinungen zurück. Eher »verhandelnde« (negotiated) Formen der Rezeption nahm Martinez als Antwort auf offene Darstellungsstrategien, persönliche Porträts und filminterne Kontextualisierung wahr. Als »verhandelnd« beschreibt Martinez eine Rezeptionshaltung, die gegenüber den filmischen Darstellungen tolerant ist und eine Bereitschaft zur Auseinandersetzung erkennen läßt. Verschiedene Formen »oppositioneller«, im Sinn von »gegenhegemonialer« Lektüre fand Martinez hauptsächlich als Antwort auf offene Filme, die bei den Rezipienten zu einer kritischen Überprüfung der eigenen Vorannahmen und Voraussetzungen sowie der des Films anregten. Martinez registrierte jedoch kaum Lektüreweisen, die die Autorität des Films hinterfragten, um alternative Wissensformen zu entwickeln. Auffällig ist darüber hinaus, daß im allgemeinen die »oppositionelle« Lektüre mehr durch eine medienunspezifische Disposition der Rezipienten motiviert wurde als durch ihre Kompetenz zu kritischer Auseinandersetzung mit den Filmen. So setzten sich Studierende, die in gesellschaftskritischen Interessengruppen engagiert sind, mit den Filmen eher in oppositioneller Weise auseinander. Studierende, die zu konservativen Organisationen gehörten und sich in Übereinstimmung mit den dominierenden kulturellen Werten empfinden, hinterfragten sowohl weniger ihr eigenes Selbstverständnis als auch die Darstellungen der Filme. Schließlich waren oppositionelle Rezeptionsstrategien häufig bei afroamerikanischen Studierenden oder bei solchen aus der Dritten Welt zu beobachten, die sich außerhalb der dominanten kulturellen Standards befinden.

Um falsche Verallgemeinerungen auszuschließen, darf die Typologie der Rezeptionsweisen nicht zu schematisch aufgefaßt werden. Einwände betreffen vor allem die Vorstellung, daß die Typen der Rezeptionsweisen deutlich voneinander getrennt werden könnten. Auf diese Weise wird die Komplexität der Rezeption in unzulässiger Weise reduziert. Denn der Rezeptionsprozeß ist nicht eindeutig auf eine Dimension festgelegt, sondern eher dynamisch als eine vielfältige und variable Positionierung des Zuschauers in heterogenen diskursiven Formationen vorzustellen. Vor allem im Anschluß an Ergebnisse feministischer Medienforschung und an einen erweiterten Diskursbegriff wurden Konzepte der Rezeptionsanalyse entwickelt, nach denen sämtliche soziale Kategorien wie Klasse, Geschlecht, Alter, ethnische Zugehörigkeit keine eindeutigen Rückschlüsse auf Rezeptionshaltungen zulassen, sondern fließende und sich wandelnde Interessen konstituieren. Nach diesen Konzepten kann ein Rezeptionsprozeß nicht vollständig durch einen dominierenden Code erklärt werden, sondern ermöglicht immer auch Ansatzpunkte für eine spielerisch-lustvolle und oppositionelle Lektüre.[493]

Martinez faßt seine Ausführungen zu einer ethnographischen Zuschauerschaft in vier Tendenzaussagen zusammen. Erstens läßt sich ein Mangel an Übereinstimmung zwischen dem Rezeptionsverhalten und den Implikationen bestimmter Filme feststellen. Zwar läßt diese Diskrepanz auch eine kritische Rezeption zu, begünstigt aber eher die Reproduktion von gesellschaftlich dominanten Stereotypen. Zweitens stimmen trotz der beobachteten abweichenden Rezeption die Interpretationen der Zuschauerinnen und Zuschauer mit den ideologischen Implikationen eines Films überein. So wie die meisten kritischen Äußerungen durch Filme hervorgerufen werden, die ihrerseits die kulturelle Dominanz oder stereotype Darstellungsweisen hinterfragen, bestätigen die studentischen Rezeptionsweisen meist konnotativ oder unbewußt die in den Filmen dargestellten Formen kultureller Hegemonie und Dominanz. Während drittens alle Studentinnen und Studenten potentiell kritische Leserinnen und Leser sind, sind nur einige wenige zu einem film- und medienbezogenen kritischen Diskurs fähig. Bei der Kritik artikulieren die Studentinnen und Studenten viel eher eine durch politische oder soziale Erfahrung ausgebildete Disposition, anstatt eine kritische Auseinandersetzung mit dem Film zu führen. Schließlich müssen viertens die Artikulationsformen der ethnographischen Zuschauerschaft sowohl im großen Rahmen als auch in konkreten Rezeptionssituationen untersucht werden. Dabei handelt es sich um eine Untersuchung des kulturellen Kontextes, die zeigen muß, wie sich die Vorstellungen vom Fremden und »Primitiven« in den Darstellungen der Filme und den Äußerungen der Studenten ausdrücken.

Für die pädagogische Praxis mit Filmen zieht Martinez fünf Schlußfolgerungen. Erstens muß die Tatsache, daß Bilder intensiver wirken als Wörter und Bücher, weil sie mit emotionalen, unterbewußten und ideologischen Erfahrungsbereichen korrespondieren, ernstgenommen werden. Diese Tatsache verbietet einen naiven Gebrauch von Filmen zur Illustration von Texten oder theoretischen Paradigmen. Vielmehr muß berücksichtigt werden, daß Filme nicht nur die Illusion einer Realität erzeugen, sondern die Wahrnehmung der Realität und die Identität des Zuschauers prägen. Der Mechanismus der Verknüpfung mit den Darstellungsstrategien des Films regt beim Zuschauer unbewußte Interpretationsstrategien an, die weit über die Wirkungen von Büchern hinaus die Reproduktion unreflektierter Stereotype ermöglicht. Die Berücksichtigung dieser Wirkung erfordert einen sehr viel bewußteren als den allgemein praktizierten Umgang mit Filmen in Lehrveranstaltungen.

Zweitens deutet die Erfahrung mit der abweichenden Rezeption an, daß zwischen Filmen einer bestimmten Form und den Kenntnissen der Studierenden erhebliche Differenzen bestehen. Es muß angenommen werden, daß die meisten ethnographischen Filme abweichende Rezeptionsweisen nicht ausschließen. Diese dürfen nicht als Mißverständnisse ignoriert oder als falsch kritisiert werden, sondern müssen beachtet werden, um ihre Ursachen zu begreifen. Nur so können die Studierenden zu größerer Bewußtheit und Hinterfragung ihrer eigenen Dispositionen kommen. Darum müssen die Gestaltung der Filme und die Erfahrung der Rezipienten vor der Vorführung genau betrachtet und präzise didaktische Strategien entwickelt werden.

Drittens sind Strategien, die falsche Interpretationen reduzieren, zwar hilfreich, aber nur Teillösungen. Vielmehr geht es darum, die Lehrmethoden ausfindig zu machen, die unwissentlich der Fortsetzung der kulturellen Hegemonie zuarbeiten. So verstärken Lehrmethoden mit »geschlossenen« Texten und dem Gebrauch von Filmen zur Illustration von Faktenwissen tendenziell die Neigung der Studierenden, den eindimensionalen und autoritären Darstellungen zu glauben. Denn die Bevorzugung objektiv faktenorientierter Darstellungen unterschätzt die Rolle der Interpretation vor, während und nach der Konstruktion des Faktenwissens ebenso wie die ideologischen Implikationen visueller Darstellungen völlig. Stattdessen eignen sich »offene« Filme und Texte besser, weil sie das Engagement des Zuschauers als aktiven Beitrag zur Konstruktion des Wissens motivieren. »Offene« Texte ermöglichen leichter lustvolle und identifikatorische Seherfahrungen, die insbesondere zu Beginn eines Unterrichtszyklus durch geeignete Verfahren kreativ-selbsttätiger und reflektiert-kritischer Aneignungsweisen als produktive Aktivität genutzt werden sollten.

Viertens muß die Bedeutung der Kontextualisierung neu bestimmt werden. Martinez fordert nicht nur die Kontextualisierung der Inhalte der filmischen Darstellungen. Auch die herkömmlichen Mittel der Kontextualisierung der Filme durch zusätzliches Informationsmaterial reichen nicht aus. Vielmehr muß durch die Kontextualisierung der Filme deren Darstellungsstrategie als Vorstrukturierung von Interpretationen erkennbar werden. Auf einer Mikroebene kann die Kenntnis filmischer Darstellungsstrategien wie des Interviews, des Erzählstils, der Kameraführung ein Beitrag zum Verständnis sein, wie Filme Bedeutung konstituieren. Die Analyse von Filmen kann zur Relativierung eindimensionaler und stereotyper

Darstellungen beitragen, wenn sie die rhetorische Macht dieser Darstellungen, Wissen zu konstruieren, bewußt macht.

Darüber hinaus ist die Kontextualisierung der Rezipierenden wichtig. Das bedeutet, daß die Seherfahrung, Rezeptionserwartungen und interpretativen Strategien der Zuschauer thematisiert werden. Eine genaue Rekonstruktion der auf die Filme bezogenen Rezeptionserwartungen ist notwendig. Kontextualisierung der Studierenden als Rezipienten bedeutet, daß diese lernen, sich selbst als Zuschauer zu sehen und zu analysieren, wie sie interpretatitv Bedeutungen konstruieren. Dazu ist es notwendig, daß die Zuschauerinnen und Zuschauer ihre Reaktionen auf den Film als Seh- und Rezeptionserfahrung reflektieren. Indem sie diesen Prozeß unterstützen, tragen die Lehrenden dazu bei, daß sich die Studierenden ihrer eigenen »Gefühlsstruktur« (structure of feeling) bewußt werden. Auf diese Weise lernen die Studierenden, ihre Kompetenzen als Rezipienten zu erweitern, indem sie sich ihrer eigenen Identifikation mit partikularen Interpretationsgemeinschaften bewußt werden und ihre eigenen Interpretationen nicht als natürlich ansehen.

Schließlich müssen die Lehrenden ihre theoretischen Voraussetzungen innerhalb des akademischen Diskurses kontextualisieren. Für die Lehrenden bedeutet dies, daß sie ihre Verfahren um selbstreflexive Methoden erweitern. Sie müssen die Paradigmen ihrer eigenen akademischen Gemeinschaften zu den epistemologischen Rahmenbedingungen und Darstellungspraktiken der Filme in Bezug setzen, um zu erkennen, wie die Einbindung als Lehrende in die akademische Wissensproduktion ihre Partizipation an der kulturellen Hegemonie und an der Legitimation partikularer Interessen bestimmt.

Daraus folgt fünftens, daß die Rolle des Lehrenden beim Einsatz des komplexen und suggestiven Mediums Film im Unterricht erheblich erweitert wird. Diese Rolle setzt ein Verständnis der Rhetorik und Wirkung visueller Darstellung ebenso wie Kenntnisse der Filmtheorie und die Fähigkeit ihrer Anwendung voraus. Zur Entwicklung dieser Kenntnisse und Fähigkeiten bieten der experimentelle Einsatz von Filmen und offene Diskussionen der studentischen Interpretationen im Unterricht viele Gelegenheiten. Darüber hinaus empfiehlt Martinez den Anthropologen die interdisziplinäre Zusammenarbeit mit Film-, Literatur- und Medienwissenschaftlern.

Der großangelegte Entwurf einer Theorie der ethnographischen Zuschauerschaft von Martinez läßt einige Fragen unbeantwortet, die für die pädagogische Praxis besonders wichtig sind. Ungeklärt bleibt bei Martinez, wie die strukturalistisch-psychoanalytischen Modelle der Zuschauerkonzeptualisierung mit denen der diversen Diskurs- und Kulturtheorien vereinbar sein sollen. Grundlagentheoretisch gleicht der Entwurf einem additiven Sammelsurium heterogener Theoriekonzepte. Dieses Defizit scheint mir tolerierbar, wenn man den Entwurf von Martinez nicht an der Systematik und Stringenz eines geschlossenen Theoriekonzepts mißt, sondern die verschiedenen Theorieansätze als Aspekte einer Reflexion empirisch konkreter Rezeptionsprozesse auffaßt.

Das Hauptproblem ist auch nicht die Übertragbarkeit der in anthropologischen Veranstaltungen gewonnenen Erkenntnisse auf sozialwissenschaftliche Praxis mit Filmen. Obwohl zentrale Aspekte der Ausführungen von Martinez die Auseinandersetzung mit den gängigen Vorstellungen des »Fremden« oder »Primitiven« und die entsprechenden filmischen Darstellungen als Themen der Anthropologie und Ethnographie betreffen, so sind doch die meisten seiner Überlegungen für eine Theorie der Filmrezeption und der pädagogischen Praxis mit Film verallgemeinerbar. Die Kritik betrifft die pädagogische Praxis selbst bzw. ihre Darstellung.

Martinez schreibt auffallend wenig über die angemessenen Verfahren der Filmbearbeitung. Nur durch beiläufige Erwähnung von Traumprotokollen und explorativen Schreibexperimenten wird erkennbar, daß es sich um Verfahren handeln muß, die die Filmrezeption ganzheitlich als ästhetisches, kommunikatives und soziales Ereignis unter emotional-affektiven wie kognitiv-intellektuellen Gesichtspunkten thematisieren. Darüber hinaus sagt Martinez nichts zur Praxis der Vorführung der Filme. Ist die Anfertigung von Filmprotokollen oder Einzelsequenzanalysen wichtig? Völlig unzureichend werden die technischen Merkmale des Formats, in dem die Filme vorgeführt werden, sowie der Ort ihrer Vorführung und die Zusammensetzung des Publikums als Parameter der Öffentlichkeitskonstitution und Erfahrungsbildung reflektiert. Allzu pauschal zählt Martinez einzelne Filme als Beispiele für »offene« oder »geschlossene« Formen auf. Ohne detaillierte Produktbeschreibung und -analyse, am besten im Zusammenhang mit einer Unterrichtsvorführung und ihrer Auswertung, bleiben die Aufzählungen willkürlich und konturlos.

Aus diesen Defiziten ergeben sich die Aufgabenstellungen für die nächsten beiden Abschnitte. Zunächst werden die technisch-organisatorischen und dispositiven Bedingungen der Filmvorführung als Grundlagen methodisch reflektierter Filmrezeption erörtert. Im Anschluß daran wird am Beispiel der Arbeit mit je zwei fiktionalen und dokumentarischen Filmen im Rahmen eines Unterrichtsprojekts ein Verfahren der Kontextualisierung vorgestellt, das darin besteht, den Zusammenhang von Produktgestaltung, Vorerfahrung der Rezipienten, curricularen Zielen, Öffentlichkeitskonstitution und Auswertungsverfahren als Parameter der Erfahrungsbildung zu erhalten.

5.5. Der Film zwischen Leinwand und Monitor. Filmwissenschaft oder Erfahrungsbildung mit Film

> Filmanalyse wird zur Avantgarde der Filmpädagogik, und die wiederum besteht ja zu einem nicht geringen Teil aus Modellen zur Abwehr.
> Georg Seeßlen

Zweifellos hat die Verbreitung von Video als Speicher- und Abspieltechnik schließlich auch in Deutschland zu einem beachtlichen Aufschwung der akademischen Filmwissenschaft geführt.[494] Weitgehend unberücksichtigt blieb dabei, wie video- und andere technik-, vor allem computergestützte Verfahren das Filmverständnis und die Entwicklung des Methodenrepertoires der Filmwissenschaft beeinflußten. Momentan verändert sie sich unbemerkt zu einer Wissenschaft, für die der Film nur noch historisch und vor allem als Teil einer universellen Mediengeschichte von Bedeutung ist. Die Auseinandersetzung mit dieser Entwicklung sucht weniger nach Abgrenzung, sondern versucht, die erfahrungskonstituierende Bedeutung des technischen Trägermaterials deutlicher herauszuarbeiten. Sie ist ein Plädoyer für eine vielfältige und komplementäre Vorführpraxis, bei der die spezifischen Qualitäten der technischen Formate gezielt eingesetzt werden können.[495]

In seinem Artikel »Mon très cher objet« thematisiert Jacques Aumont Möglichkeiten, Film und Kino in einem akademischen Rahmen zu lehren. Redeweisen über Kino und Film werden erörtert und zu ihrer Didaktik sowie wissenschaftlicher Erfahrungsvermittlung in Beziehung gesetzt. Der Artikel setzt sich auch mit der

Tradition des filmwissenschaftlichen und -theoretischen Diskurses seit den sechziger Jahren auseinander, an dem Aumont selbst als Kritiker, Autor und Wissenschaftler beteiligt gewesen ist.

Nach Aumonts Ansicht ist die Theorie des Kinos in ihren Anfängen mehr als andere Theorieansätze von den materiellen Bedingungen und technischen Voraussetzungen der Filmrezeption abhängig gewesen. So vermutet Aumont, daß in einer Anthologie ausgewählter Filmfragmente, derer er sich erinnert, die Anfänge der Filme und einzelner Akte einen bevorzugten Platz einnehmen. Denn diese konnten immer wieder vorgeführt werden, ohne die Kopie allzu sehr zu strapazieren oder zu beschädigen. Durch diese Praxis sei eine Theorie entstanden, die die Filmanfänge für besonders aufschlußreich hielt.[496]

Nach den im dunklen Kinoraum mit Hilfe von Leuchtkugelschreibern angefertigten Notizen sei die Arbeit mit den Filmen am Schneidetisch wie eine Offenbarung gewesen. Auf die Gefahr hin, sie zu zerstören, seien in der semiotischen Phase der Filmtheorieentwicklung die Kopien einem studentischen Publikum vorgeführt worden, immer wieder unterbrochen von theoretischen Erörterungen und Analysen. Diese Phase der filmwissenschaftlichen Entwicklung ist durch die Dominanz der Theorie über die Praxis charakterisiert.

Aumont ist der Ansicht, daß die beschriebene Praxis der zerstückelten Vorführung und der semiotisch-marxistische Theorieansatz der textstrukturalistischen Filmanalyse sich ideal ergänzten, so daß deren dispositive Voraussetzungen lange Zeit überhaupt nicht reflektiert wurden. Aumont beschreibt diese dispositiven Voraussetzungen der Filmwahrnehmung durch die textstrukturalistische Analyse als Fragmentierung und »surimposition« (was man mit Festlegung oder Determinierung übersetzen könnte). Die Fragmentierung bedeutet, daß die Filme nicht in ihrer integrierten Fassung vorgeführt wurden, sondern nur soweit als sie für die Demonstration einer Methode oder einer Grundlagentheorie von Bedeutung waren. Mit der »surimposition« beschreibt Aumont die Dominanz des Diskurses des Lehrenden, der im akademischen Rahmen von der Auswahl der Filme, der Form ihrer Präsentation, bis zur Rezeption als Anwendung einer Methode, alle anderen Diskurse weitgehend eliminierte.

Es ist offensichtlich, daß die elektromagnetische Speicherung der Filme auf dem Videoband die von Aumont beschriebene Praxis begünstigt. In der Regel verfügen akademische Institutionen weder über die Zeit noch die projektionstechnischen Voraussetzungen, um die integrierten Fassungen von Filmen vorzuführen. Stattdessen werden elektromagnetisch gespeicherte Filme auf einem Monitor ausschnittweise vorgeführt. Die technischen Möglichkeiten des elektromagnetischen Trägermaterials und die Gewohnheiten des Fernsehens begünstigen nach Aumont zusätzlich die fragmentierte und selektive Rezeption eines Films und führen zu einer Unfähigkeit, einen Film in einem Zug anzusehen, sich seiner Dauer, seinem Rhythmus, seiner Zeit zu unterwerfen.

Die Fragmentierung der filmischen Erfahrung ist genaugenommen nicht das Resultat der Arbeit mit dem Videorecorder. Vielmehr tendiert jeder Versuch, die Rezeption methodisch zu erschließen zu einer Reduktion der Komplexität sowohl des Gegenstandes wie der Rezeptionserfahrung und kann als Fragmentierung interpretiert werden. Für Verfahren der strukturalistischen Literaturanalyse wurde die Problematik von Kreft beschrieben, die analog auf die Filmrezeption übertragbar ist.

»Man muß sich aber klar machen, daß der bewußte Einsatz von Erschließungsmethoden die Rezeption nicht automatisch verbessert, sei damit nun ein tieferes oder ein sicheres Verständnis oder was auch immer gemeint. Das methodische Rezipieren erhöht zunächst die Gefahr des einseitigen, des restringierten oder ›schiefen‹ Verständnisses, weil die bewußt gehandhabte Methode angesichts der hohen Komplexität der Textstrukturen und des Rezeptionsvorgangs immer nur vergleichsweise dürftige Ausschnitte aus dieser Komplexität erfassen kann.«[497]

Auch wenn die von Aumont beschriebene Fragmentierung der Filmwahrnehmung nicht spezifisch zum Video gehört, haben sich gegenüber den archaisch wirkenden Bedingungen der Filmprojektion in der dunklen Höhle eines Kinos vor allem durch die Entwicklung der elektronischen Medien die materiellen Voraussetzungen der Filmwahrnehmung und damit die Aufgaben der Filmgeschichtsschreibung so entscheidend verändert, »daß im Zeitalter des Videorecorders der Film als Gegenstand historischer Untersuchung nicht nur leichter zugänglich geworden ist, sondern Aussagen darüber auch für das Publikum nachprüfbar sind.«[498]

Vor allem mit der Nachprüfbarkeit ihrer Aussagen begründet Helmut Korte die Entwicklung analytischer Verfahren der Filmprotokollierung, die die wichtigsten Gestaltungsmerkmale des Films enthalten und den mit der Transkription verbundenen Informationsverlust durch Skizzen und bildliche Notizen auszugleichen versuchen. Die Komplexität der filmischen Bedeutungskonstitution, die außer vom inhaltlichen Handlungsablauf und der Sprache etwa von der Gestaltung durch Montage, Kameraführung, Bildausschnitt, Beleuchtung, Ton und Musik abhänge und Assoziationen, Gefühle, Stimmungen evoziere, die zum Zeitpunkt der Rezeption nicht eindeutig entschlüsselt werden können, erfordere die Untersuchung des einzelnen Films auf dem Videoband, um filmhistorische Aussagen exemplarisch und nachprüfbar zu machen.

In der Tradition einer interdisziplinären Methodendiskussion in den Geistes- und Sozialwissenschaften, die sich in filmanalytischen Publikationen von Wember, Kuchenbuch und Faulstich manifestierte, wurden von Korte und anderen an der Hochschule für Bildende Künste in Braunschweig für die Ausbildung der Studierenden analytische Verfahren entwickelt, die qualitative und quantitative Vorgehensweisen kombinieren und ergänzen sowie vor allem berücksichtigen sollen, daß sich der Film als komplexes, visuell, auditiv und zeitlich argumentierendes Aussagesystem einer rein wissenschaftlich-sprachlichen Betrachtung entzieht. Auf der Grundlage der Einstellungsprotokolle werden Grafiken von Einstellungen, Sequenzen und zeitlichen Abläufen mit dem Ziel erstellt, »die im ganzheitlichen Wahrnehmungsvorgang während der Filmbetrachtung vorhandene Gleichzeitigkeit verschiedener Faktoren in ein überschaubares und einzeln überprüfbares Nacheinander methodisch aufzulösen, das ›Bauprinzip‹, die spezifische filmische Argumentationsstruktur offenzulegen und damit einer nachvollziehbaren qualitativen Analyse zugänglich zu machen.«[499]

Die von Korte angedeuteten Verfahren der Transkription setzen die Verfügbarkeit der Filme auf dem Videoband voraus. Das Trägermaterial selbst und die technischen Bedingungen seines Abspiels brauchen jedoch nicht weiter berücksichtigt zu werden. Denn die Abfolge der Einstellungen in einem Film, ihre Größe und Dauer bleiben, unabhängig davon, ob ein Film auf einem Monitor oder der Leinwand betrachtet wird, dieselben. Die objektivierbaren Verfahren der Aufzeichnung und Darstellung für die Transkription von Filmen suggerieren gegenüber dem Trägermaterial Autonomie und Neutralität. Korte vergleicht die Verfahren der Filmtranskription mit dem Notensystem in der Musik.

Weil die Filmwissenschaft den Zusammenhang zwischen ihrem Gegenstand, ihren Verfahren und den technischen Voraussetzungen ihrer Anwendung, wenn sie ihn überhaupt beachtet, eher selten und nur unsystematisch reflektiert, sind solche Vergleiche und Bilder aufschlußreich. Sie deuten ein Verständnis für die Bedeutung der unterschiedlichen Rezeption eines Films in Abhängigkeit von den technischen Voraussetzungen der Vorführung an. Die Bildhaftigkeit des Vergleichs gibt darüber hinaus präziser über das Selbstverständnis der Wissenschaft Auskunft als die mit den üblichen Standards wie Objektivität, Validität oder Reliabilität begründeten Verfahren.[500]

Nachdem Korte die Rezeptionsorientierung als wesentlichen Problembereich für eine methodische und inhaltliche Neuorientierung der Filmgeschichtsschreibung erwähnt hat, stehen die Objektivierung und Nachprüfbarkeit der Verfahren der Beschreibung, Darstellung und Transkription im Vordergrund. Indem er sie mit einer allgemein akzeptierten Praxis wie der Notenschrift in der Musik vergleicht, legitimiert Korte die Verfahren der Filmtranskription, ohne den Zusammenhang zwischen den technischen Bedingungen dieser Verfahren und der Filmrezeption zu reflektieren.

Mit dem Blättern in einem Buch hat Joachim Paech die Möglichkeiten der Rezeption eines Films als Videokopie auf dem Recorder verglichen. Nachdrücklich bemerkt Paech zu seiner Arbeit über Godards *Passion*, daß der vorliegende Text und die Art, wie in ihm über diesen Film gesprochen wird, undenkbar sind ohne die Möglichkeit, über die Aufzeichnung des Films auf einem Videorecorder verfügen zu können.[501]

»Das aber bedeutet nicht nur, einen Film anders, sondern auch einen anderen Film zu sehen.
Aber ›Film‹ ist keineswegs immer dasselbe gewesen; was die Menschen in den Varietés und Schaubuden der Jahrmärkte um die Jahrhundertwende gesehen haben, war *noch kein* Kinofilm und was an Filmen in Hollywood gegenwärtig mindestens zur Hälfte für das Fernsehen und Home-Video produziert wird, ist es *nicht mehr*. Nur im Kino sind die Zuschauer in einem schwarzen Kasten an ihren Sitz (und den spannenden Film) gefesselt, um nichts anderes zu tun, als einen Film zu sehen und sich ganz und gar der Magie des Kinos hinzugeben. Das Fernsehen in der Wohnstube dagegen läßt auch andere Aktivitäten zu, während ein Film gesendet und – diskontinuierlich – gesehen wird. Die Videokassette kann darüber hinaus beliebig angehalten, zurück- und vorgespult werden, was Kinofilme verändert und neue

Filme von vornherein anders machen läßt: Das kontinuierliche Erzählen und der effet de réel (Wirklichkeitseindruck) des Kinofilms sind dabei, zum diskontinuierlichen Spiel von Bilder- (und Töne-) maschinen zu werden.«[502]

Paechs Vergleich der Videorezeption eines Films mit dem Blättern in einem Buch ist im Unterschied zu Kortes Vergleich nicht nur eine Legitimation des Verfahrens, sondern reflektiert die Veränderung des Films durch die technischen Voraussetzungen seiner Rezeption. Zur Beschreibung der technischen Unterschiede zwischen dem Videoabspiel eines Films und seiner Projektion im Kino als verschiedene Formen der Öffentlichkeits- und Erfahrungskonstitution scheint der Begriff des Dispositivs geeignet, wie ihn Paech an anderer Stelle als Bezeichnung für die räumliche An-Ordnung eingeführt hat, in der ein Betrachter zu einer bestimmten Ordnung der Dinge so in Beziehung gesetzt wird, daß seine Wahrnehmung dieser Situation dadurch definiert wird.[503] Die Projektion eines Films in einem dunkeln Raum und auf einer großen Leinwand erzeugt durch die ausschließliche Konzentration des Zuschauers auf den Film einen völlig anderen Wirklichkeitseindruck als das Abspiel desselben Films vom elektromagnetischen Band und auf dem Monitor. Allerdings schränkt Paechs Beschreibung den Kinofilm historisch und typologisch zu sehr ein, wenn er eine Vorstellung von dem unterstellt, was spezifisch filmisch ist.

Einen Wirklichkeitseindruck vermittelt auch das Fernsehen. Er kommt nur anders zustande, nämlich weniger durch einen einzelnen Film als durch das gesamte Programm und die Möglichkeit, die elektronischen Bilder live, synchron und simultan zu den Ereignissen zu sehen. Im Unterschied zum Kinofilm, der den Zuschauer zum Beobachter der dargestellten Ereignisse macht, erzeugt das Fernsehen einen Wirklichkeitseindruck durch seinen Live-Charakter. Nicht nur live übertragene Sportveranstaltungen oder Talk-Shows erzeugen diesen Eindruck. Ansagen, Einblendungen von Schrift und Realzeit, Hinweise auf Programmänderungen aus aktuellem Anlaß, die direkte Ansprache des Zuschauers durch Moderatoren und Sprecher suggerieren eine Realitätsnähe, indem sie den Zuschauer zum Teilhaber an dem Geschehen machen. Die Suggestion dieser simulierten sozialen Interaktion ist der spezifische Wirklichkeitseindruck des Fernsehens, den der Film aus technischen Gründen nicht erzeugen kann.

Sicher wird Paech erklären können, wie spannend die *Chronik der Anna Magdalena Bach* von Jean-Marie Straub und Danièle Huillet ist. Trotzdem hat dieser Film nicht die gleiche Publikumsresonanz wie *Der mit dem Wolf tanzt*. Der Vergleich ist nicht polemisch gemeint und soll keine bildungselitäre Differenzierung zwischen U- und E-Kino, Trivial- und Hochkultur begründen. Der Vergleich deutet aber mit einem signifikanten Beispiel an, daß das spezifisch Filmische, wie es Paech unterstellt, die Ausdrucksmöglichkeiten des Films sowohl typologisch als auch historisch nur begrenzt beschreibt. Das Beispiel ist gezielt gewählt, weil Straub und Huillet immer wieder ihre Filmarbeit auf die Auseinandersetzung mit dem vermeintlich spezifisch filmischen Code zuspitzen.

»Huillet: Ich glaube, Leute, die in zwanzig Jahren Filme sehen, die jetzt gedreht worden sind, oder Leute, die von einer anderen Kultur kommen, werden sie nicht mehr verstehen, weil Filme wie die *Katharina Blum* mit einem cinematografischen Code gemacht sind, der nur Kino ist. Wenn man diesen Code nicht versteht, dann versteht man überhaupt nicht, was passiert. Genauso, wie man nicht verstehen würde, was das bedeutet: Rot und Grün auf der Straße. Was wir versuchen, sind Filme, wo man verstehen kann, was passiert, auch wenn man diesen Code nicht kennt.
Straub: ... was einige unfilmisch nennen würden.«[504]

Sollten Straub und Huillet unterstellen, daß die Rezeption eines Films in der Anwendung eines erworbenen Codes besteht, so wäre das korrekturbedürftig. Ein Zuschauer sieht einen Film, auch ohne dessen Code zu kennen. Nach der Interpretation der Versuche von Ombredane sahen die afrikanischen Zuschauer, die den filmischen Code nicht kannten, sogar genauer als die mit ihm vertrauten europäischen Studenten, die den Film mehr fühlten als sahen.[505] Straub und Huillet werden nicht als sakrosankte Autorität gegen einen filmtheoretischen Ansatz zitiert, sondern um darauf aufmerksam zu machen, daß die filmische Praxis vielfältiger und komplexer ist als die Theorie des Films. Gerade weil im Kino im Vergleich mit den elektronischen Medien und besonders dem Fernsehen, das nach Wirkung und Reichweite die gängigen Vorstellungen von Wirklichkeitsdarstellung als Leitmedium dominiert, die dispositive Anordnung der technischen Reproduktion immer mehr erfahrbar wird,[506] ergeben sich für das Kino erweiterte und weiter differenzierte Formen der Reflexion und des Diskurses, der Darstellung und des Ausdrucks. Das »Bauprinzip« als spezifisch filmische Argumentationsstruktur (Korte) oder der magische Kasten, in dem der Zuschauer einem spannenden Film folgt (Paech), implizieren eine konzeptuelle Vorstellung von dem, was ein Film ist. Die technikgestützten Verfahren der Beschreibung und Transkription reflektieren diese Voraussetzungen weder in konzeptioneller Hinsicht noch als ihre eigenen Bedingungen der Filmwahrnehmung. Als Verfahren der Beschreibung und Transkription scheinen sie gegenüber ihrem Gegenstand neutral. Richtig angewandt müßten sie unabhängig von der subjektiven Erfahrung des Rezipienten notwendig zu den gleichen Ergebnissen führen. So scheinen sie eine nicht mehr weiter hinterfragbare, aus sich selbst evidente Praxis der Filmwissenschaft begründen zu können.

Während Korte bei seinen Verfahren der Transkription von einem Vergleich mit dem Notensystem der Musik spricht, gibt sich der instrumentelle Aspekt seines Ansatzes in einem pädagogisch-didaktischen Ansatz, wo es um seine praktische Anwendung geht, eher als »Vivisektion« zu erkennen. »Filme, Videoclips und Fernsehnachrichten können auf dem Bildschirm seziert werden«, verkündet der Untertitel eines Aufsatzes, in dem von einem Projekt berichtet wird, das von der Bundeszentrale für politische Bildung gemeinsam mit dem Audiovisuellen Medienzentrum der Universität Köln durchgeführt wurde. Ziel war die Entwicklung eines Multimedia-Systems zur Vermittlung kommunikativer Kompetenz. »… konkret: in der Lage sein, die Wirkungsmechanismen der Medien zu durchschauen, informative und manipulative Strukturen zu erkennen, den politischen und ideologischen Gehalt filmischer Aussagen zu hinterfragen.«[507]

Das beschriebene Projekt wird wissenschafts- und methodentheoretisch ausdrücklich in die Tradition der Versuche von Wember, Knilli und vor allem von Korte gestellt, filmische Strukturen grafisch darzustellen. Während aber diese Ansätze nur mit einem außerordentlich hohen apparativen und zeitlichen Aufwand durchzuführen sind sowie zu einem zunehmenden Abstraktionsgrad und Abstand von der sinnlichen Erfahrung des audiovisuellen Ausgangsmaterials in den jeweiligen Arbeitsstadien führen, biete das eigene computergestützte Verfahren »faszinierende Möglichkeiten, den Einzelheiten des Mediums auf den Grund zu gehen und die Gestaltungs- und Manipulationsmöglichkeiten der Filmsprache bewußt zu machen.«[508]

Die Beschäftigung mit Phänomenen der Mediengestaltung und -wirkung wird in der Fachliteratur übereinstimmend als Defizit bisheriger Film- und Fernsehanalyse ausgemacht. Defizite der Wissenschaft auszugleichen, ist verdienstvoll. Die Phänomene der Mediengestaltung und ihrer Wirkung werden jedoch etwas einseitig unter dem Aspekt der Ideologie und Manipulation betrachtet. In Frage steht nicht, daß jeder Film gemacht ist und nicht mit der Realität zu verwechseln ist. Fraglich scheint aber, was darüber hinaus mit dieser Feststellung beschrieben wird. Für sich allein garantiert sie noch kein ideologiekritisches Verfahren. Solange nicht die Erfahrungsbildung mit Medien, sondern Aufklärung über die Manipulation durch Medien angestrebt wird, scheint der ganze Ansatz vor allem für Pädagogen zur Vermittlung prüfungsrelevanten Wissens interessant. Prüfen läßt sich etwa die Aneignung des Fachvokabulars einer Filmsprache, mit dessen Hilfe die manipulativen Techniken medialer Darstellung entlarvt werden. Den Ernst des Anliegens ideologiekritischer Aufklärung stelle ich gar nicht in Frage. Fragwürdig ist jedoch, ob der manipulative Einfluß von Medien an Einzelsequenzen als Verwendung einer Kameraperspektive oder einer bestimmten Musik nachgewiesen werden kann. Weitgehend unberücksichtigt läßt dieser Ansatz, daß man es nicht mit einzelnen Filmen, sondern mit einer Industrie zu tun hat, die nicht nur Filme produziert, sondern ihre Potenz erst im Verbund von Werbung und Produktvermarkung entfaltet. Auch historisch ist es nicht überzeugend, die manipulative Potenz nationalsozialistischer Filme in Einzelsequenzbeschreibungen unabhängig von einem durch die Zensur gleichgeschalteten Presse-, Informations-, Schul- und Erziehungswesen oder ohne Rücksicht auf den Rezeptionszusammenhang untersuchen zu wollen.

Ob die mehr oder weniger gelungene Vermittlung und Aneignung eines Fachvokabulars gegen die manipulative Faszination der im Verbund verbreiteten Produkte immunisiert, ist noch einmal eine andere Frage. Der Komplexität von Rezeptionserfahrungen und Mediengebrauch wird sie ebensowenig gerecht wie der Erfahrungswelt der Jugendlichen. Allein die Vorstellung vom kulturellen Deppen, der über die ständige Verwechslung von Realität und medialer Darstellung aufgeklärt werden muß, ist aufschlußreich für den Komplexitätsgrad, mit dem der Rezeptionsvorgang vorgestellt wird.

Wer sich nicht so sehr von der Beschreibung der Materialien beeindrucken läßt, sondern den Korpus der untersuchten Filmausschnitte anschaut, wird eine große Diskrepanz zwischen den in aufwendige Technologie umgesetzten Methoden und Verfahren einerseits sowie dem Untersuchungsgegenstand andererseits bemerken. Vielleicht ist die bevorzugte Berücksichtigung von Werbefilmen, Videoclips und Fernsehserien mit dem Bezug zur Umgebung jugendlichen Denkens begründbar. Das kann aber nicht der Grund dafür sein, Kino und Filmgeschichte auf Einzelbeispiele und -sequenzen zu reduzieren, an denen die Manipulationsstrategien des Kinos besonders eindrucksvoll demonstriert werden können.

Im Unterschied zu einer Filmwissenschaft, die ihren Gegenstand als Summe einzelner Filme definiert, über die sie methodisch abgesicherte Aussagen treffen will, meint Aumont offensichtlich nicht das, was man mit dem Schulfranzösisch als »Kino« und »Film« übersetzen würde, wenn er von »cinéma« und »film« spricht.[509] »Cinéma« assoziiert einen ganzen Korpus von Filmen ebenso wie ein Dispositiv ihrer Betrachtung. Das französische Wort impliziert eine konzeptuelle Vorstellung, die das Kino als kulturelle Praxis von anderen Veranstaltungen wie dem Theater, dem Konzert, der Literatur, Bildenden Kunst und Philosophie unterscheidet. In keinem Fall geht es allein um den Ort einer Filmprojektion, auch nicht einen eigens dafür hergerichteten, mit dem das deutsche »Kino« identifiziert wird. Vielmehr erhebt Kino als konzeptuelle Vorstellung einen eigenen Erkenntnisanspruch. Im Medium des Kinos werden Erfahrungen gemacht, die sich auch computergestützt nur mühsam in eine andere Sprache vermitteln lassen.

Der deutsche Sprachgebrauch weicht vom französischen erheblich ab und gibt die Komplexität des Erkenntnisgegenstandes nur unvollkommen wieder. Im Deutschen ist nicht das Kino, sondern der Film Gegenstand des wissenschaftlichen Erkenntnisinteresses. Das suggeriert eine Entscheidung und Auswahl von Fall zu Fall. Der Sprachgebrauch, unbesehen der Vorführtechnik von einem Film zu sprechen, der im Fernsehen ausgestrahlt, auf Video gespeichert und abgespielt oder im Kino projiziert wird, erleichtert weder die Aufgabe der Filmwissenschaft noch trägt er zur Präzisierung dessen bei, was der Gegenstand der Untersuchung ist. Ist der Verdacht unbegründet, daß es auf diesen ohnehin nur in zweiter Linie ankommt, weil die Wissenschaft sich gar nicht in erster Linie durch einen bestimmten Gegenstand, sondern durch eine bestimmte Methode auszeichnet? Es wäre dann gleichgültig, ob man Fernsehnachrichten, Videoclips oder Kino-Filme seziert. Die Methode bleibt die gleiche.

5.6. Dokumentarisierende Lektüre als Kontextualisierung. Erfahrungsbildung mit Film im Rahmen eines Unterrichtsprojekts

Nach dem Plädoyer für eine vielfältige und komplementäre Vorführpraxis folgt die Beschreibung eines Projekts, bei dem die spezifischen Qualitäten der technischen Formate gezielt eingesetzt wurden. Die Auswahl der Filme berücksichtigt, daß in diesem Kapitel als dokumentarisch eine Rezeptionsstrategie beschrieben wurde und nicht der ontologische Status filmischer Darstellungen oder die genregeschichtliche Zuordnung einzelner Filme. Aus diesem Grund wird auch die Auseinandersetzung mit Filmen dargestellt, die nach konventionellem Verständnis fiktional sind, um das Verfahren ihrer dokumentarisierenden Lektüre in der Praxis zu demonstrieren. Die beiden dokumentarischen Filme wurden dagegen unter dem Aspekt ausgewählt, daß sie tendenziell Idealtypen des Genres repräsentieren: die Fernsehreportage und den mit einem besonderen Authentizitätsanspruch versehenen Interviewdokumentarfilm. Aber um dem Anspruch des Verfahrens der Kontextualisierung gerecht zu werden, muß ich mit der Beschreibung der Entstehung des Projekts, der Zusammensetzung der Kursgruppe und den Vorerfahrungen der Lehrenden und Lernenden als dem dokumentarisierenden Kontext beginnen.

Im Höchster Bildungsschuppen, einer stadtteilorientierten Einrichtung der kulturellen, politischen und beruflichen Bildung in freier Trägerschaft, bereitete sich seit September 1992 eine Kursgruppe auf den nachträglichen Erwerb der Mittleren Reife vor. Der Unterricht fand an drei Abenden in der Woche statt. Die Kursgruppe setzte sich aus sechzehn Jugendlichen und Erwachsenen beiderlei Geschlechts und unterschiedlicher Nationalität zusammen. Die jüngsten waren ca. zwanzig Jahre alt und wohnten zum Teil noch bei ihren Eltern, während andere schon selbst Kinder hatten. Es gab einige Alleinerziehende, die zusätzlich berufstätig waren. Die einen hatten bei Unterrichtsbeginn einen schweren Arbeitstag hinter sich, anderen gelang es kaum, nach einem vertrödelten Tag rechtzeitig zu erscheinen. Gemeinsam war allen, daß sie bisher nicht die Chance hatten, einen mittleren Bildungsabschluß zu erreichen. Dies hatte verschiedene Ursachen. Häufig hing es mit schwierigen Kindheits- und Jugenderfahrungen zusammen (Heimerziehung, Drogenmißbrauch, Schwierigkeiten mit den Eltern). So unterschiedlich wie die Lebenserfahrungen waren natürlich auch die Interessen, Einstellungen und das gesellschaftliche

Engagement einzelner. Das gemeinsame Lernen kann die Lernprozesse und die Persönlichkeitsentwicklung fördern, wenn die Bereitschaft besteht, sich aufeinander einzulassen und sich gegenseitig zu unterstützen. Das war in diesem Kurs im Unterschied zu den sonstigen Erfahrungen der Lehrkräfte wenig der Fall. Um den Prozeß der Gruppenbildung nicht zu stören, vermeiden es die Lehrkräfte nach Möglichkeit, in den ersten Wochen eines Kurses in den Fächern Deutsch und Sozialkunde Themen zu behandeln, die zu einer starken Polarisierung führen könnten oder dazu, daß jemand sich nicht mehr traut, seine Meinung zu äußern.

Im Frühjahr 1993 wurden schwierige und problematische Themen durch die ausländerfeindlichen Anschläge von Mölln und Solingen geradezu aufgezwungen. Im Unterricht wurden die Lehrkräfte mit rassistischen Äußerungen konfrontiert. Einer sagte: »Ein Quadratmeter Platz ist genug für einen Asylbewerber.« »Mit denen hat es überhaupt keinen Sinn zu reden«, sagte ein anderer junger Mann, der dann den Unterricht verließ. Andere zogen sich in sich zurück und sagten überhaupt nichts mehr, vielleicht weil sie nicht nur ihre Äußerungen, sondern auch sich als Personen nicht ernst genommen fühlten. Obwohl bei vielen die Bereitschaft bestand, sich mit den schwierigen Themen Asyl, Vorurteile, Zunahme von Gewaltbereitschaft auseinanderzusetzen und eigene Anschauungen zu hinterfragen, konnte in der ganzen Gruppe keine offene Diskussion mehr geführt werden. In dieser angespannten Situation machte es keinen Sinn mehr, weiter wie bisher über rassistische Verhaltensweisen zu reden. Die Lehrkräfte wollten die Situation aber auch nicht auf sich beruhen lassen und überlegten deshalb, wie sie auf eine andere Weise die Auseinandersetzung mit diesem Themenbereich wieder in Gang bringen könnten. So entstand das Unterrichtsprojekt »Lernen mit Film zum Thema Rassismus und jugendlicher Rechtsradikalismus.«[510]

Im Unterschied zur dominierenden Praxis des Filmeinsatzes im Schulunterricht wurden die Filme im Rahmen dieses Projekts nicht als ein zusätzliches und ergänzendes Informationsmedium zur Lernmotivation genutzt. Vielmehr sollte das Filmerlebnis selbst Ausgangspunkt und Gegenstand der themenorientierten Arbeit sein. Diese kann als Erfahrungsbildung mit Medien im Unterschied zur Aufklärung mit Medien oder über deren manipulative Strategien beschrieben werden. Unter medienpädagogischen Gesichtspunkten stand am Anfang der Projektplanung die Überlegung, daß die meisten Menschen mit den Themen Rechtsradikalismus und Rassismus oft nicht so sehr durch eigene Erlebnisse, sondern durch mediale Darstellungen konfrontiert werden. Vor allem das Fernsehen hat einen starken erfahrungsprägenden Einfluß, da es nach Reichweite und Wirkung in unserer Gesellschaft die Funktion eines Leitmediums der Realitätsaneignung, -vermittlung und -darstellung hat. In der aktuellen medienpädagogischen und -politischen Diskussion wird deswegen diesem Medium und seiner Nutzung besondere Aufmerksamkeit gewidmet. Dabei dominieren politisch-moralische Argumente, deren Struktur am Prinzip von Ursache und Wirkung orientiert ist.

In medienpädagogischer Hinsicht werden einseitig Fragen der Manipulation durch Medien bevorzugt behandelt. Die Vermittlung kommunikativer Kompetenz wird verstanden als Immunisierung gegen den Einfluß der Medien.[511] Wie wenig die zugrunde liegenden Vorstellungen von Ursache und Wirkung reflektiert werden, zeigt sich spätestens dann, wenn die unterstellten Wirkungen der Medien als Strategien für die eigenen informativen und aufklärenden Zwecke eingesetzt werden. Da eine einseitige Beschäftigung mit den manipulativen Strategien des Fernsehens noch keinen kritischen Zuschauer hervorbringt, wurde im Rahmen des Projekts der Zuschauer und seine Verarbeitung von Filmerlebnissen in den Mittelpunkt der Betrachtung gestellt. Es gibt zum Thema der Erfahrungsbildung mit Medien eine sehr umfangreiche Literatur, die aber fast ausschließlich den produktionsorientierten Umgang mit Fotografie und vor allem Video behandelt. Demgegenüber werden Fragen der konsumptiven und rezeptiven Mediennutzung durch Kinobesuch, Fernsehen, im Videothekenleihverkehr, wie sie im alltäglichen Mediengebrauch überwiegt, eher selten erörtert. Wenn die Erfahrungsbildung mit Medien thematisiert wird, so heißt das insbesondere, daß die rezeptive Aneignung der Realität durch mediale Darstellungen nicht nach der Art eines Nürnberger Trichters funktionieren kann, sondern als aktiver Vorgang gesehen wird. Dieser ist durch eine Vielzahl von Faktoren wie die Gestaltung der Filme, den Rahmen ihrer Präsentation, die Vorerfahrungen der Zuschauer und, im besonderen Fall des beschriebenen Projekts, den curricularen Lernzusammenhang beeinflußt. Wenigstens konzeptuell strebt die folgende exemplarische Beschreibung der Arbeit mit jeweils zwei fiktionalen und zwei dokumentarischen Filmen im Rahmen des Projekts an, die Komplexität der Filmrezeption als Prozeß der Erfahrungsbildung zu erhalten. Aus diesem Grund enthält die Darstellung sowohl ausführliche Beschreibungen der Filme und ihrer Gestaltung, Begründungen für ihre Auswahl sowie der angewandten Verfahren der Bearbeitung als auch Einzelbeobachtungen zum Rezeptionsverhalten.

Als sich nach den Sommerferien die Kursgruppe Anfang September wieder traf, sollten die Konturen des Themas »Rassismus und jugendlicher Rechtsradikalismus« bewußt nicht am gegenwärtigen, realen Beispiel aus der bundesrepublikanischen Wirklichkeit aufgerollt werden, sondern an einem scheinbar fernen Gegenstand. Diese didaktisch angestrebte »Ferne« sollte die in der Kursgruppe schon zutage getretenen Blockaden vermeiden helfen und einen offeneren Umgang mit dem Thema ermöglichen. Innerhalb von sieben Wochen wurden in didaktisch begründeter Folge sechs Filme von unterschiedlichster Qualität, Gestaltung, Gehalt und Aussage vorgeführt.[512] Für die Filmvorführungen selbst standen dreieinhalb Zeitstunden an drei Abenden in der Woche zur Verfügung. Sie fanden sowohl in den Unterrichtsräumen als auch im Kino statt. Nach einer vierzehntägigen Intensivphase, in der ausschließlich mit den Filmen gearbeitet wurde, erfolgte die Weiterarbeit bis zu den Herbstferien integriert in den Unterrichtsfächern Deutsch und Gesellschaftslehre. Unterschiedliche Abspieltechniken (35mm- und 16mm-Filmprojektion sowie Video) eröffneten zusätzliche Möglichkeiten, über die Medien- und Rezeptionserfahrungen ins Gespräch zu kommen. Die Formen der Aufarbeitung und Nachbereitung der Filme sollten der Komplexität der Rezeptionserfahrung gerecht werden. Einzelne inhaltliche Aspekte sollten also nicht einseitig überbetont werden. Die gewählte Vorgehensweise sollte dazu beitragen, die Bereitschaft zu einer reflektierten und kritischen Beschäftigung mit der Problematik zu wecken und zu stärken, bzw. existierende eigene Dispositionen zu hinterfragen und ansatzweise zu verändern.

Bei der Auswahl der Filme und der Entwicklung geeigneter Formen der Filmbesprechung waren inhaltliche, filmästhetische und -historische, pädagogisch-didaktische und technisch-organisatorische Aspekte zwischen den Lehrenden und dem beteiligten Film- und Medienwissenschaftler aufeinander abzustimmen. Letzterer nahm (außer einer Lehrerin und einem Lehrer, die die Kursgruppe seit einem Jahr kannten) am Unterricht über die technisch-organisatorische Durchführung der Filmprojektionen hinaus auch an den Vor- und Nachbereitungstreffen sowie der Gesprächsführung teil.

Der Film *Mississippi Masala* wurde am ersten Tag des neuen Kursjahres vorgeführt. Die Vorführung selbst fand im Kino des Filmforums Höchst, einer kommunalen Spielstätte der Volkshochschule der Stadt Frankfurt/M, statt und stand auch Interessierten im Stadtteil offen. Da *Mississippi Masala* nur als 35mm-Kopie verfügbar ist, setzt die Projektion eine entsprechende Technik voraus. Neben diesen technisch-organisatorischen Aspekten bestimmten jedoch vor allem rezeptionsästhetische und sozial-kommunikative Überlegungen die Entscheidung, die Kinoprojektion dieses Films an den Beginn des Projekts zu plazieren.

Als Öffentlichkeitsform unterscheidet sich ein Kinopublikum von anderen Öffentlichkeitsformen wie der eines Seminars oder einer Schulklasse. Das Kinopublikum ist nicht nur der Zahl nach sehr viel größer, es ist vor allem sehr viel heterogener und anonymer. Als solches konstituiert es einen eigenen Erfahrungsraum. Der Einsatz eines Films im Unterricht erfolgt meist unter instrumentellen Gesichtspunkten durch die Orientierung an curricular vorgeschriebenen Lernzielen. Die methodische Vermittlung mit dem Lernziel wird von den Lehrenden geleistet. Dagegen wird die Vielfalt und Komplexität der Rezeptionserfahrung der Lernenden nicht thematisiert. Die Vermittlung mit dem Lernziel und die Rolle des Lehrenden dominieren alle Formen der Auseinandersetzung mit dem Film. Von den Schülerinnen und Schülern wird dies in der Regel so empfunden. Aus diesem Grund wirkt der Einsatz eines Films oft nur begrenzt in der lerntechnisch ihm zugewiesenen Funktion der Motivationssteigerung.

Dagegen verhindern bei entsprechender Moderation des Filmgesprächs allein die Größe und Heterogenität des Kinopublikums eine allzu schnelle Reduktion der Rezeptionserfahrungen auf einen eng lernzielorientierten Zweck. Vielmehr garantiert die Diskussion, in der die Rezeptionseindrücke unmittelbar angesprochen werden, eine produktive und anregende Vielfalt von Sichtweisen. Von einer solchen Diskussion wurde im Zusammenhang mit dem Thema Rassismus und Rechtsradikalismus eine Impulsivität und Stimulierung von Beiträgen mit explorativer Wirkung erhofft. Die Kinoprojektion erschien für die Anregung einer solchen Diskussion besonders geeignet, weil der Rezeptionseindruck im Vergleich mit anderen Verfahren der Vorführung eine starke emotionale und affektive Wirkung erzielt.

Der Film *Mississippi Masala* schildert, wie eine indische Familie nach Idi Amins Machtübernahme 1972 aus Uganda vertrieben wird und über Großbritannien nach Mississippi flieht. Die Vorfahren waren von der englischen Kolonialmacht nach Ostafrika geholt worden, das die Familie jetzt als ihre Heimat empfindet. Durch eine Afrikanisierungskampagne wird die Familie zur Flucht gezwungen. Der Film

Bild 28:
Collage von Schülerinnen und Schülern zu *Mississippi Masala*.

beginnt mit einer Darstellung der privaten Situation der Familie unmittelbar vor der Flucht. Der Zwiespalt zwischen dem Zwang staatlicher Maßnahmen einerseits und der Ambivalenz persönlicher Fluchtmotive andererseits wird dargestellt.

Im Mittelpunkt steht die Tochter Mina, die zum Zeitpunkt der Flucht ein kleines Mädchen ist. Als junge Erwachsene lebt sie noch im Kreis ihrer indischen Familie. Die Ereignisse spitzen sich zu, als sie sich in den Afroamerikaner Demetrius verliebt, während der Vater über Jahrzehnte bis nach dem Sturz Amins um die Rückkehr nach Afrika kämpft.

Außer dem Hinweis auf die Möglichkeit einer Diskussion nach dem Film wurden dem Publikum nur sehr knappe produktions- und filmbiographische Informationen

Bild 29:
Collage von Schülerinnen und Schülern zu *Mississippi Masala*.

zu der Regisseurin, jedoch keine Informationen über den Inhalt des Films oder seine thematisch-curriculare Einbindung in ein Unterrichtsprojekt gegeben. Es empfiehlt sich, nach dem Ende der Vorstellung und vor Beginn einer Diskussion eine kleine Pause zu machen. Besucherinnen und Besucher, die nicht zur Diskussion bleiben wollen, können auf diese Weise das Kino verlassen, ohne daß ihnen oder dem Teil des verbleibenden Publikums das Gefühl vermittelt wird, daß die Gehenden sich der eigentlichen Veranstaltung entziehen. Darüber hinaus hat der Moderator/die Moderatorin Gelegenheit, durch aufmerksame Beobachtung der informellen Gespräche sich einen ersten Eindruck von der Stimmung, den am meisten interessierenden Themen und Fragen zu verschaffen. Besonders der Einstieg in die Diskussion wird durch die Berücksichtigung dieser Eindrücke erleichtert und sollte deswegen nicht zu starr von vornherein festgelegt sein. Erfahrungsgemäß ist es für die Zuschauerinnen und Zuschauer schwer, ihre Rezeptionseindrücke unmittelbar nach Filmende vor einem größeren Publikum präzise zu artikulieren oder auf gezielte Fragen zu antworten. Die Diskussion hat stattdessen mehr den Charakter einer Selbstverständigung und Meinungsbildung über den Film.

Der Ablauf der Diskussion im Anschluß an die Vorführung von *Mississippi Masala* hat den Planungserwartungen entsprochen. Es wurde lebhaft, impulsiv und teilweise kontrovers diskutiert. Die Identifikation mit den beiden Hauptfiguren des Films schien groß und drückte sich in Formulierungen aus wie, »ich wäre an Minas Stelle längst abgehauen«. Unverständnis rief die Rolle des Vaters hervor. Aufgrund der Erfahrung mit den Schwierigkeiten, seine eigene unerwünschte Heirat gegen die Eltern durchzusetzen, brachte ein Kursteilnehmer großes Verständnis und Sympathie für die Hauptpersonen im Film auf, obwohl er sich sonst eher ablehnend über Ausländer geäußert hatte.

Diese Beobachtungen beeinflußten die Vorbereitung der Unterrichtsstunden, die für die Reflexion und Aufarbeitung der Kinovorstellung von *Mississippi Masala* vorgesehen waren. Begonnen wurde mit einer grafisch gestalteten Rekapitulation der Filmhandlung. Die Teilnehmerinnen und Teilnehmer sollten auf einer Zeitachse, auf der die Laufzeit des Films nach Minuten in etwa sechs gleich große Teile aufgetragen war,[513] in einer gemeinsamen Diskussion möglichst präzise die Ereignisse des Films als Handlungszeit eintragen und zu den auf einer dritten Leiste festgehaltenen Ereignissen der historischen Bezugszeit in Verbindung setzen.[514]

Bei dieser Gelegenheit wurden erstmals Fragen zur politischen Geschichte und Sachfragen gestellt. Unbekannte Ausdrücke, die bei der Besprechung gebraucht wurden, wurden geklärt (»Afroamerikaner«). Wahrscheinlich ist es ein Ergebnis der filmischen Darstellung, daß unmittelbar im Anschluß an die Vorführung diese Fragen nicht gestellt wurden. Die Darstellung erwähnt zwar eine ganze Reihe historischer Ereignisse in Form von Zeitungs-, Radio-, Fernsehmeldungen oder verknüpft sie mit der Biographie einzelner Figuren. Auf diese Weise erscheinen die historischen Ereignisse jedoch nicht in ihrer Komplexität und Widersprüchlichkeit. Vielmehr werden sie als persönlich erlebter Konflikt individuell handelnder Personen so dargestellt, daß über die Motivation dieser Handlungen hinaus keine Fragen gestellt werden. Die historischen Ereignisse stecken den Handlungsrahmen der

Geschichte und der Figuren ab. Sie sind ein Teil der Diegese des Films, aber nicht selbst Gegenstand der filmischen Erzählung.

Mit der Rekonstruktion der differenzierten Zeitstruktur der Filmerzählung sollten Strategien filmischer Raum-Zeit-Darstellung demonstriert werden. Der Film *Mississippi Masala* eignet sich dafür besonders gut, weil er eine komplexe zeitliche Struktur durch Rückblenden und Zeitsprünge entwickelt. Im Unterschied zu eher experimentellen oder konzeptuellen Montagestrategien, die nicht selten Verwirrung und Unverständnis bewirken, ist die raum- und zeitüberspannende Montage als psychologisch motivierte Rückblende so sehr konventionalisiert, daß sie vom Zuschauer als realistisch empfunden und häufig gar nicht wahrgenommen wird.[515] In dem Film *Mississippi Masala* wird die Rückblende als psychologisch motivierte Assoziation sehr deutlich eingeführt. Sie wird zum ersten Mal verwendet, als Minas Vater Jay einen Brief aus den Vereinigten Staaten an die ugandische Regierung schreibt. Dazu sind Bilder der Landschaft zu sehen, die im Vorspann als die Heimat der Familie gezeigt worden ist.

Die Rekonstruktion der Filmhandlung sollte in erster Linie eine inhaltlich-thematische Auseinandersetzung mit dem Film unter dem Aspekt der Geschichte und Entstehung rassistisch motivierter Vorurteile vorbereiten. Diese thematisch orientierte Arbeit versuchte an die vor allem vom emotionalen Eindruck des Filmerlebnisses geprägte Diskussion im Kino mit einer Reihe von suggestiven »was wäre wenn«-Fragen anzuknüpfen: Was wäre, wenn Mina sich in einen weißen Mann verliebt hätte? Was wäre, wenn du Minas Mutter gewesen wärest? Was wäre, wenn Mina/Demetrius studiert hätten? Was wäre, wenn Minas Vater gewußt hätte, daß sein schwarzafrikanischer Freund Okelo als Opfer des Regimes in Uganda umgekommen ist? Was wäre, wenn Minas Familie nicht aus Uganda hätte fliehen müssen? Was wäre, wenn Mina sich in Uganda in einen Schwarzen verliebt hätte? Was wäre, wenn Minas Kind sich zwanzig Jahre später in einen Schwarzen verlieben würde? Diese Fragen wurden einzeln auf jeweils ein Blatt Papier geschrieben. Die Teilnehmerinnen und Teilnehmer hatten Gelegenheit, eigene Fragen zu entwickeln, was aber nicht wahrgenommen wurde. Sie hatten etwa fünfzehn Minuten für die Auswahl einer Frage und deren Bearbeitung Zeit.

Die Ergebnisse wurden von allen Teilnehmenden der Reihe nach vorgetragen. Dieses Vorgehen hatte zur Folge, daß nicht eine ähnlich impulsive und angeregte

Bild 30:
Collage von Schülerinnen und Schülern zu *Mississippi Masala*.

Diskussion wie direkt im Anschluß an den Film zustande kam. Allerdings ist bei der Beurteilung des Gesprächsverlaufs und der Beiträge zu berücksichtigen, daß bei der Diskussion im Anschluß an den Film einige der Teilnehmerinnen und Teilnehmer nichts gesagt hatten, während das schematisierte Vorgehen im Unterricht ganz bewußt alle zu Äußerungen veranlassen sollte. Die Teamer achteten darauf, daß die einzelnen Beiträge nicht als richtig oder falsch kritisiert wurden. Nur wenn die Beiträge zunächst weitgehend unzensiert vorgetragen werden können, erfüllen sie die explorative Funktion, die ihnen nach der Projektplanung zugeschrieben wurde. Dagegen sollten Fragen, die zur Weiterentwicklung eines Gedankens oder einer Erzählung führen, zugelassen sein. Diese »was wäre wenn«-Fragen ermöglichten

Bild 31:
Collage von Schülerinnen und Schülern zu *Mississippi Masala*.

es, über Konflikte zu sprechen, die mit der unterschiedlichen Hautfarbe und Herkunft der Personen im Film zu tun haben. Als schwierig wurde empfunden, zu entscheiden, ob diese Konflikte zwangsläufig in der dargestellten Weise entstehen mußten. Eine Kursteilnehmerin konnte sich vorstellen, daß die indische Familie eher einer Freundschaft mit einem Weißen als einem Schwarzen zugestimmt hätte, weil das normal wäre. Hier schien sich die eigene ethnozentristische Sichtweise anzudeuten. Sie wurde jedoch nicht thematisiert, weil ihre Erörterung zu diesem Zeitpunkt des Projektablaufs zu einer erneuten Polarisierung der Gruppe hätte führen können.

Die Qualität der Beiträge hing außer von der sprachlichen Ausdrucksfähigkeit von den Fragen selbst ab. Während Fragen wie »was wäre, wenn Mina sich in einen weißen Mann verliebt hätte?« die Phantasie stimulierten, im Rahmen des Films eine anders akzentuierte Geschichte zu erzählen, erforderten Fragen wie »was wäre, wenn du Minas Mutter wärest?« eine Einfühlung in die Rolle einer komplex angelegten Persönlichkeitsstruktur. Bei der Bearbeitung solcher Fragen deuteten sich ganz neue Drehbuchentwürfe an.[516]

Die Auswahl der Fragen, ihre Bearbeitung und die Vorstellung der Ergebnisse dauerten etwa eine Stunde, so daß für die letzte, im Zusammenhang mit dem Film *Mississippi Masala* vorgesehene explorative Aufgabe etwa eine weitere Stunde übrig blieb, was sich als viel zu kurz erwies. Die Teilnehmerinnen und Teilnehmer hatten den Auftrag, ein Plakat zu gestalten, mit dem sie für den Film werben sollten. Es war ihnen freigestellt, auch einen neuen Titel für den Film zu erfinden. Es war auch möglich, konzeptuelle Gestaltungsentwürfe nur anzudeuten und zu beschreiben. Damit sollte vermieden werden, daß die Realisation bestimmter Entwürfe an der Umsetzung scheiterte.[517] Obwohl nur spärlich Materialien wie Zeitschriften mit bunter Werbung zum Collagieren, Klebstoff, Bleistifte, Scheren, Edding-/Filzstifte zum großformatigen Malen vorhanden waren, arbeiteten die Teilnehmerinnen und Teilnehmer so intensiv, daß ein Abbruch nach der zur Verfügung stehenden Unterrichtszeit willkürlich gewesen wäre. Die ursprünglichen Planungen wurden geändert, und die Fortsetzung der Arbeiten zu Hause oder für den Beginn der nächsten Stunde angeboten.

Neben den inhaltlichen Aspekten der Ausarbeitung waren bei dieser Aufgabenstellung besonders gut gruppen- und beziehungsdynamische Prozesse zu beobachten, die die Arbeitsorganisation und Entscheidungsfindung betrafen. Ohne es ausdrücklich vorzuschreiben, war von den Teamern an Gruppen von jeweils vier bis sechs Mitgliedern gedacht worden. Es wurden insgesamt vier Plakate angefertigt, davon allerdings eines als Einzelarbeit, zwei in sehr kleinen Gruppen von jeweils zwei Teilnehmerinnen und Teilnehmer sowie ein viertes in einer sehr großen Gruppe, deren Mitglieder sich bei der Gestaltung gegenseitig so sehr blockierten, daß sich zwischendurch eine Aufspaltung dieser Gruppe andeutete. Schließlich legte auch diese Gruppe nur ein Plakat vor.

Während der Arbeit an und mit den Plakaten ließen sich ganz nebenbei politische und historische Themen ansprechen. Die Bemerkung eines Kursteilnehmers, der von der »Ausreise« von Minas Eltern sprach, wurde von einem anderen korrigiert, der für »Ausweisung« als den angemessenen Ausdruck plädierte. Auf diese Weise wurde die bei einem unreflektierten Sprachgebrauch unbemerkte Gegensätzlichkeit eines freiwilligen Vorgangs und einer staatlichen Zwangsmaßnahme als Ursache von Flucht und Asylsuche bewußt.

Bild 32: Originalplakat des deutschen Verleihs zu *Mississippi Masala*.

Bei der Besprechung der Arbeitsergebnisse wurde wiederum darauf geachtet, daß alle Produkte nach Möglichkeit mit gleicher Aufmerksamkeit und zunächst ohne zensierende und bewertende Beurteilung betrachtet wurden, weil Gegenstand der Betrachtung primär nicht die ästhetische Qualität, sondern das in ihnen vergegenständlichte Phantasiepotential sein sollte.

Zum Abschluß wurden die neu gestalteten Plakate mit dem Orignalfilmplakat verglichen. Übereinstimmend wurde dieses als völlig mißverständlich und hinsichtlich der Filmhandlung als irreführend abgelehnt. Die Teilnehmerinnen und Teilnehmer gaben allerdings auch zu bedenken, daß sie sich kaum durch ein Plakat zu einem Filmbesuch stimulieren lassen. Andere Faktoren wie Werbung und Bekanntheitsgrad von Regisseuren sowie Schauspielerinnen und Schauspielern spielen eine größere Rolle.

Weil *Mississippi Masala* weitgehend mit den auch die meisten Kinofilme beeinflussenden Vorstellungen des psychologischen Realismus[518] übereinstimmt, der durch einfühlende Identifikation der Zuschauer mit den Figuren deren Motive und Handlungen vermittelt, erwies sich die Arbeit mit diesem Film zum Einstieg in die Projektarbeit als besonders produktiv. Die Themen Rassismus, Vorurteile, Minderheiten, Flucht und Vertreibung wurden an Beispielen entwickelt, die historisch und geographisch so weit entfernt waren, daß sie von den Kursteilnehmerinnen und -teilnehmern weder unmittelbar auf aktuelle politische Ereignisse noch ein entsprechendes Unterrichtsthema bezogen wurden. Vielmehr stimulierte die Identifikation mit den Personen des Films die Äußerung eher latenter Ansichten, Meinungen und Neigungen, die sonst blockiert sind. Der Film förderte eine unvoreingenommene Auseinandersetzung mit Äußerungen wie »Heimat ist dort, wo das Herz ist«, einem Satz, der im Film von dem heimwehkranken Vater Minas ausgesprochen wird.

Im Kontext der Projektplanung war der Film *Herr der Fliegen* ausgewählt worden, weil er unter quasi laborhaften und wenig vertrauten Bedingungen einer weit entfernten Insel das Scheitern demokratischer Regelungen und die gleichsam naturhafte Entstehung eines Rechts des Stärkeren schildert. Hinsichtlich der Ferne zur Lebens- und Erfahrungswelt der Kursteilnehmerinnen und -teilnehmer ging der Film *Herr der Fliegen* noch einen Schritt weiter als *Mississippi Masala,* weil er auf historische Ereignisse so gut wie gar keinen oder nur andeutungsweise Bezug nimmt.

Erzählt wird die Geschichte einer Gruppe von Jungen, die sich nach einem Flugzeugabsturz auf einer einsamen und unbewohnten Insel ohne Kontakt zur Außenwelt, vor allem der Welt der Erwachsenen, die für sie Recht, Ordnung, Gesetz und Erziehung repräsentiert, zurechtfinden müssen. Die Insel bietet für das Überleben bis zum Eintreffen von Rettung gute Voraussetzungen. Es gibt ausreichend Nahrungsmittel und Wasser und keine bedrohlichen Feinde oder Tiere. Die Jungen geben sich eine Art von Verfassung. Durch Wahl bestimmen sie einen Anführer. Sie finden ein Verfahren, Probleme in einer demokratischen Diskussion zu erörtern, in der grundsätzlich jeder das gleiche, durch Übernahme einer Muschel geschützte Rederecht besitzt. Mit dem Sonderstatus, der einer Gruppe von Jägern zugestanden wird, die bewaffnet und zur Tarnung bemalt sind, bilden sich jedoch gleichsam naturhaft Verhaltensweisen aus, die sich gegen die selbstgewählten demokratischen Regelungen richten und zu Marginalisierung und Stigmatisierung, schließlich zur Gewalt gegen Außenseiter und Schwächere führen.

Bei der vorgeführten Kopie handelte es sich um das nach der literarischen Vorlage von William Golding entstandene englische Original von Peter Brook aus dem Jahr 1963 mit deutschen Untertiteln. Es war anzunehmen, daß ein Schwarzweiß-Film den gängigen Rezeptionsgewohnheiten der Kursteilnehmerinnen und -teilnehmer widersprechen würde. Die erwartete Irritation sollte als Gelegenheit wahrgenommen werden, diese Rezeptionsgewohnheiten zu thematisieren. Gerade weil im Roman die Farben (Blau des Himmels und des Meeres, Grün der Vegetation, Rot des Blutes) in der Phantasie des Lesers eine besondere Rolle spielen, erscheint die Schwarzweiß-Fassung von 1963 unter dem Aspekt der Literaturverfilmung geeignet, um gängige Rezeptionserfahrungen und mediengeschichtliche Entwicklungen anzusprechen.

Der Film wurde im 16mm-Format mit einem tragbaren Projektor in den Unterrichtsräumen vorgeführt. Nebenbei wurde auf diese Weise auch Neugier auf die Technik des Films und der Projektion geweckt. Auf diese Weise sollten nicht nur Kenntnisse der Teilnehmerinnen und Teilnehmer erkundet, sondern auch ihr Mediengebrauch insgesamt thematisiert werden. Tatsächlich wurden sehr weitreichende Fragen zu den technischen Grundlagen der Filmproduktion und -projektion im Vergleich mit dem Video angesprochen. Eine technische Panne am Projektor wurde von den Teilnehmerinnen und Teilnehmern weniger als störend empfunden, sondern als Möglichkeit wahrgenommen, ins Innere der Technik schauen zu können (Überprüfung von Tonabnahme, Lampe, Sicherungen).

Nach der Vorführung wurden die Teilnehmerinnen und Teilnehmer gebeten, die Sequenzen des Films auf Zetteln zu notieren, die sie im Roman nachlesen wollten. Die betreffenden Stellen wurden fotokopiert und standen in der nächsten Unterrichtsstunde zur Verfügung. Die Stunde wurde mit einer Rekapitulation des Films begonnen. Die Teilnehmerinnen und Teilnehmer schrieben Eindrücke, Fragen, Thesen und Themen zum Film auf Zettel. Auf jedem Blatt Papier sollte nur jeweils ein Thema notiert werden. Jede und jeder konnte beliebig viele Zettel abgeben. Auf einem großen Tisch ausgelegt, wurden die Blätter zu Themengruppen zusammengefaßt. Dabei wurden die Fragen weder gezielt im einzelnen noch systematisch zusammenhängend besprochen. Vielmehr wollten die Teamer herausfinden, in welcher Richtung das Interesse der Kursgruppe überhaupt ging, und was die einzelnen von dem Film verstanden hatten.

Die vielen Fragen, die sich zum Teil mit einer gewissen Irritation um das Verständnis der Aussage, der Handlung und des Themas des Films drehten, bestätigten die Vermutung, daß es für Zuschauerinnen und Zuschauer nicht einfach ist, eine filmische Darstellung zu verstehen, die für sie in keinem erkennbaren thematischen Zusammenhang steht, und die darüber hinaus eine von den gängigen Handlungsmustern abweichende Geschichte in einer technisch ungewohnten Weise erzählt, obwohl *Herr der Fliegen* im Unterschied zu *Mississippi Masala* chronologisch geradlinig erzählt. Diese Verunsicherung war gewollt.

Das Bedürfnis und das Interesse, im Anschluß an den Film entstandene Fragen zu klären, förderten wahrscheinlich die intensive Arbeit mit den Texten. Die Kursteilnehmerinnen und -teilnehmer beschäftigten sich über die vorgesehenen sechzig Minuten hinaus mit den Texten und unterbrachen die Arbeit erst, als sie an die Pause erinnert wurden. Entsprechend den geäußerten Wünschen lagen vier Textauszüge des Romans im Umfang von jeweils etwa zehn Seiten zur Bearbeitung vor. Thematisch ging es um den Romananfang, die Wahrnehmung des toten Fallschirmspringers durch die Jungen, die Darstellung der Tötung Simons und die Funktion des aufgespießten Schweinekopfs. Weil offensichtlich thematische Zusammenhänge unklar geblieben waren, sollten die Arbeitsaufgaben und Fragen zu den Textausschnitten zunächst zu einer inhaltlichen Klärung führen. Danach ging es um einen Vergleich der filmischen und der literarischen Darstellung. Schließlich wurde die Erörterung von Handlungsmotiven im Sinn von ideologisch-weltanschaulichen oder wissenschaftlichen Erklärungsmustern angeregt.

Obwohl sich der Film *Herr der Fliegen* sehr eng an die literarische Vorlage anlehnt, einfach und überschaubar gestaltet ist, sollte der Film als eine gegenüber dem literarischen Text eigenständige Darstellung wahrgenommen werden. Besonders deutlich ist der interpretatorische Eingriff des Filmregisseurs am Anfang zu beobachten. Mit Standbildern und einer Musikuntermalung wird eine Atmosphäre globaler Kriegsbedrohung erzeugt, die im Buch nur angedeutet ist. Aber die Selbständigkeit der filmischen Erzählung zeigt sich weniger am Grad der Übereinstimmung mit oder Entfernung von der literarischen Vorlage, sondern durch den Vergleich spezifischer Darstellungsmöglichkeiten der beiden Erzählweisen. Dazu eignen sich insbesondere die Sequenzen, in denen der Erzähler der literarischen Darstellung seinen bevorzugten Standpunkt in der Geschichte zu erkennen gibt.

So erfährt der Leser vom Erzähler zu Beginn des sechsten Kapitels von dem Fallschirmspringer, der neben dem Feuerplatz landet, wo Sam und Eric Wache halten sollen, bevor die Kinder ihn sehen. Der Leser weiß von diesem Zeitpunkt an, worum es sich bei der Gestalt handelt, die die Jungen für ein bedrohliches Tier halten. Der Leser weiß mehr als die handelnden Personen. Grundsätzlich ermöglicht auch der Film dem Zuschauer diesen Standpunkt.[519] Im vorliegenden Fall jedoch ist der Zuschauer ähnlich wie die Kinder auf seine Wahrnehmung angewiesen. Er könnte die Gestalt zwar als Fallschirmspringer erkennen, er weiß aber nicht mit der gleichen Sicherheit wie der Leser, um was es sich handelt, da die Kameraführung in dieser Sequenz nicht eine ideale und optimale Beobachtung ermöglicht, sondern den Blick der Kinder simuliert.

Ähnlich signifikant und für den Vergleich zwischen filmischer und literarischer Darstellung aufschlußreich unterscheidet sich die Gegenüberstellung von Simon mit dem aufgespießten Schweinekopf. Während im literarischen Text Simon mit dem Kopf ein Zwiegespräch zu führen scheint (die Darstellung verwendet die direkte Rede des Dialogs, auch wenn es heißt »Simon antwortete in derselben stummen Sprache«), ist die Gegenüberstellung im Film stumm. Das Verhältnis der Macht zwischen Simon und dem Kopf wird durch die Vogel- und Froschperspektive einzelner Einstellungen ausgedrückt. Die zwanghafte Faszination, mit der Simon den Kopf betrachten muß, wird durch Einstellungen vermittelt, die im Wechsel den Kopf und Simons Gesicht aus immer größerer Nähe zu zeigen scheinen.[520] Schließlich erscheint der Kopf zur Größe eines Ballons aufgeblasen, indem er durch eine Großaufnahme bildfüllend dargestellt wird.

In einer abschließenden Diskussion sollte die Kernaussage des Films *Herr der Fliegen* erörtert werden. Dieser Ansatz griff die nach der Filmrezeption offensichtliche Irritation auf, die sich über einzelne Aspekte hinaus hinsichtlich des gesamten Films in Fragen und Äußerungen ausdrückte wie »was sollte dieser Film bezwecken?«, »meiner Meinung nach war der Film ziemlich makaber«, »hat der Film eine Aussage?« Eher zögernd wurden sozialdarwinistische Aspekte angesprochen. Die Zwanghaftigkeit des Ablaufs der Ereignisse auf der Insel legte die Vermutung nahe, daß die Neigung zum verbrecherischen Handeln angeboren sein könnte. Als Möglichkeit einer Erklärung wurde auch der vor allem durch den Filmanfang angedeutete zeitgeschichtliche Hintergrund erörtert, der einen kriegerischen Konflikt außerhalb der Insel vermuten läßt. Eine Gesellschaft im Krieg erziehe ihre Kinder anders als eine im Frieden. Lernen durch Nachahmung wurde genannt. In diesem Zusammenhang wurde auch die Rolle der auffällig an den Rand gedrängten Erwachsenen angesprochen. Alle diese Beiträge wurden unter dem Aspekt besprochen, ob die Kursteilnehmerinnen und -teilnehmer ihnen als plausiblen Erklärungen für den Ablauf der Ereignisse zustimmen könnten. Übereinstimmend wurde die erste Tötung eines Schweines als das Ereignis genannt, das den Anfang der tödlichen Enttabuisierung der Gewalt markiert.

Abschließend sollten die Teilnehmerinnen und Teilnehmer nach Film- und Romanstoffen suchen, an die sie sich durch *Herr der Fliegen* erinnert fühlten. Ziel war, den stofflich-thematischen und motivgeschichtlichen Zusammenhang, in den die Teilnehmerinnen und Teilnehmer die Arbeit mit *Herr der Fliegen* einordneten, zu erkunden. Aus der Kursgruppe kamen Hinweise auf Gefängnisfilme wie *Midnight Express*, oder Filme wie *Animal Farm*, *Die Klasse von 1984*, *Watership Down*. Die Darstellung der Reaktion von Gemeinschaften und Gruppen in Situationen, in denen die gewohnten Umgangsformen und ihre Sicherung durch soziale Kontrolle außer Kraft gesetzt werden, als Begründungen für diese Assoziationen ließen erkennen, daß die Kursteilnehmerinnen und -teilnehmer die zentrale Problematik von *Herr der Fliegen* sich angeeignet hatten.

Obwohl die raum-zeitliche Struktur von *Mississippi Masala* allein durch Rückblenden, Zeit- und Raumsprünge, parallele Handlungsführung sehr viel komplexer ist als von *Herr der Fliegen*, hatten die Kursteilnehmerinnen und -teilnehmer das Gefühl, den ersten Film besser verstanden zu haben. Mit der gebotenen Vorsicht können daraus weitreichende rezeptionstheoretische Schlußfolgerungen gezogen werden. Anzunehmen ist, daß die Lernenden, vertraut mit den zur Identifiktation herausfordernden psychologisierenden Darstellungsmustern, den Film *Mississippi*

Masala tatsächlich mehr fühlten, als daß sie ihn sahen. Die Möglichkeit der intuitiven Rezeption durch die Identifikation mit der filmischen Darstellung kann die kritische Auseinandersetzung mit den im Film dargestellten Personen und ihren Handlungen, den ideologischen Implikationen des Films und der Reflexion seiner Wirkung erschweren. Demgegenüber läßt der Film *Herr der Fliegen* allein durch die Verwendung von Schwarzweiß-Material und der Originalsprache eine durch Intuition und Identifikation geprägte Rezeption nicht im gleichen Maß zu. Dies sind gewissermaßen die technischen Aspekte einer verfremdenden Distanzierung, die durch die Handlung der Geschichte und ihre lehrstückhaft-didaktische Erzählweise ohnehin angelegt sind. Überrascht und zugleich enttäuscht stellte eine Kursteilnehmerin, die die filmische Darstellung mit dem entsprechenden Textabschnitt verglichen hatte, fest, daß die Motive für die Tötung Simons, die Gedanken im Kopf der Jungen bei der Tat durch die literarische Beschreibung nicht deutlicher werden als im Film.

Die im Rahmen des Deutsch- und Sozialkundeunterrichts eingesetzten Filme unterschieden sich deutlich von den in der intensiven Einstiegsphase verwendeten. Während die ersten Filme absichtlich nicht in einem thematischen Zusammenhang mit aktuellen Ereignissen oder einem erkennbaren Unterrichtsthema standen, handelte es sich bei den folgenden um Dokumentationen und Reportagen. Diese Filme verlangten vom Zuschauer, als authentische und informative Darstellungen der Realität rezipiert zu werden. Zudem stellten die Filme einen erkennbaren thematischen Zusammenhang her, der sich auf tagesaktuelle Ereignisse bezog und im Unterricht behandelt worden war. Die Teamer entschlossen sich, weder auf die Veränderung der Filme noch auf die curriculare Orientierung dieses Übergangs aufmerksam zu machen.

Das Konzept der zweiten Projektphase ging von der Überlegung aus, daß es mit Fernsehreportagen, Kinodokumentarfilmen und Videoproduktionen unterschiedliche filmdokumentarische Darstellungsformen der rechtsradikalen Szene gibt, für die repräsentative Beispiele gefunden werden können. Diese Überlegungen unterstellten genretypische Merkmale und Unterschiede dokumentarischer Produktions- und Darstellungsformen, die wenigstens im Umriß beschrieben werden müssen. Dies geschieht in den folgenden Abschnitten im Zusammenhang mit den einzelnen Filmen, die die Fernsehreportage und den Interviewdokumentarfilm repräsentieren.

Aus medienpädagogischer Sicht sollten folgende Fragen beantwortet werden: welche Darstellungsformen werden als informativ empfunden? Welche Darstellungsformen ermöglichen eine produktive Auseinandersetzung mit den Themen Rechtsradikalismmus, Rassismus, Ausländerfeindlichkeit und rechtsextreme Gewalt als gesellschaftlichem Phänomen? Gibt es Darstellungsformen, die diese Auseinandersetzung verhindern? Gibt es Unterschiede der Rezeption, die Rückschlüsse auf den individuellen Mediengebrauch und dessen Einfluß auf die Vorstellungen von der rechtsradikalen Szene bei den Rezipienten zulassen?

Als Beispiel für eine Fernsehreportage wurde der etwa einstündige Film *Wahrheit macht frei* ausgewählt. Vom schwedischen Fernsehen produziert, wurde der Film nach seiner Fertigstellung verschiedenen öffentlich-rechtlichen und privaten Fernsehanstalten in Deutschland angeboten. Diese lehnten jedoch einen Ankauf von Senderechten mit der Begründung ab, daß der Film wenig neue Informationen enthalte. Im Ausland lief der Film dagegen mit großem Erfolg, über den die bundesdeutsche Presse berichtete. Die Ablehnung durch die deutschen Fernsehanstalten brachte dem Film den Ruf eines Zensurfalls ein. Schließlich lief er in verschiedenen Regionalprogrammen. Die ungenaue Angabe zur Spieldauer des Films resultiert daraus, daß aus politischer Rücksichtnahme für den Verkauf in Deutschland einige Sequenzen entfernt wurden, die Verbindungen zwischen einzelnen Personen des politischen Establishments in der Bundesrepublik und der Neonaziszene suggerieren.

Nach den Darstellungen des schwedischen Fernsehens lernte der Journalist Michael Schmidt während einer Gerichtsverhandlung den Neonaziführer Michael Kühnen kennen. Die Kontakte erweiterten sich, so daß Schmidt die Erlaubnis und den Auftrag erhielt, einen Film für Kühnen herzustellen. Zum Zeitpunkt dieser Vereinbarung wußte Kühnen von seiner Aidserkrankung und versprach sich ein filmisches Vermächtnis. So entstanden Filmaufnahmen bei Veranstaltungen, Interviews mit Leuten und Materialrecherchen, die einem Journalisten in der Regel nicht möglich sind.

Die intelligenten und wortgewandten Interviewpartner – das ist ihre Selbsteinschätzung und entsprechend werden sie in Szene gesetzt – haben breiten Raum zur Darstellung, den sie zur wirkungsvollen Präsentation ihrer Ideologie nutzen, ohne wirklich Geheimnisse zu verraten. Sie rekrutieren sich aus der Führungsebene, auf der auch Kühnen agierte: Gottfried Küssel, Ewald Althans, Gary Lauck, Michael Carter alias Anthony Hancock, Harald Neubauer, Ernst Zündel. Dazu kommen Galionsfiguren der Neonaziszene aus der Zeitgeschichte wie Otto-Ernst Remer oder der Wissenschaft wie David Irving und Robert Faurisson (die allerdings nicht interviewt werden) sowie Zeitzeugen wie der ehemalige niederländische SS-Kollaborateur Gerrit Et Wolsink, der SS-KZ-Aufseher Thies Christophersen und ein ehemaliger KZ-Arzt. Nach Kühnens Tod im Frühjahr 1991 drängte die Szene den Journalisten, im Sinne der Interessen der Neonazis eindeutige Ergebnisse vorzulegen. Daraufhin tauchte Schmidt mit dem Material unter und fand im schwedischen Fernsehen einen Produzenten.

Der Film beginnt mit einem Interview des Autors mit Esther Bejerano, die die Inhaftierung im Konzentrationslager Auschwitz überlebt hat. Vom Gespräch mit ihr blendet der Film in einen bereitstehenden Monitor über, in dem Aufnahmen von einem geselligen Treffen der Neonazis zu sehen sind. Sich selbst auf der Gitarre begleitend singt Küssel ein rassistisches Hetzlied. (Kehrreim: »Das ist kein Mensch, das ist ein Aff, denk nicht lang nach, mach einfach baff« für Dunkelhäutige und variiert für Juden: »Das ist kein Mensch, das ist ein Jud, denk nicht lang nach, schlag ihn kaputt«.) Die Anwesenden sind offensichtlich schwer alkoholisiert und grinsen meist blöde in die Kamera.

Während der Vorführung des Videobandes waren bei den Kursteilnehmerinnen und -teilnehmern verschiedene Reaktionen der Empörung über das Verhalten der Polizei, die bei provokativem Auftreten der Nazis in der Öffentlichkeit wegsieht, und des Unverständnisses über die Naziszene zu bemerken. Nach dem Film herrschte Schweigen, das von dem Medienwissenschaftler als Ausdruck einer Niedergeschlagenheit richtig interpretiert war. Als die Diskussion langsam in Gang kam, dominierten zunächst Äußerungen wie »der Film zeigt endlich, wie es ist«, um die Authentizität der Darstellung der rechtsradikalen Szene zu bestätigen. Es gab zunächst kaum Vorbehalte gegen den Film.

Die Äußerung einer Teilnehmerin, daß der Film ohne wertenden Kommentar des Autors zeige, wie es sich in Wahrheit mit den Neonazis verhalte, wurde aufgegriffen mit der Frage, ob denn die Nazis mit ihrer Darstellung zufrieden sein könnten. Das löste doch Skepsis aus und lenkte die Aufmerksamkeit stärker auf die Machart des Films, der nicht als unverzerrte Wiedergabe der Realität verstanden werden sollte.

Der mahnende Satz am Schluß des Films, daß niemand sagen könne, er sei nicht gewarnt worden, wurde dennoch als Bestätigung der Selbsteinschätzung der Neonazis von ihrer Stärke gesehen. Ebenso wurde vermutet, daß die Neonazis mit den Sequenzen übereinstimmen würden, in denen sie unverhohlen ihre Ideologie vortragen können. Demgegenüber würde die Position des Autors klar, weil er mit dem Gestus des mahnenden Aufklärers auftrete.

Die Bemerkung einer Teilnehmerin, daß niemand sich den Nazis entgegenstelle oder ihnen widerspreche, (»kann man die – gemeint waren die Nazis – denn nicht aufhalten?«) ebenso wie die Frage, ob es sich bei dem vorherrschenden Gefühl eher um Hilflosigkeit oder Wut handelte, führte auf die Wirkung des Films, die als Ergebnis seiner Gestaltung gesehen wurde. Eher zögernd wurde die deprimierende Wirkung mit der suggestiven Darstellung der internationalen Koordination der Naziaktivitäten begründet. Es entstehe der Eindruck einer koordinierten Verschwörung, der man hilflos gegenüberstehe. Vor allem der Kameraschwenk über ein Organisationsdiagramm suggeriere diesen Eindruck.

In einer für eine Stunde vorgesehenen Nachbesprechung sollten stichwortartig Aspekte rechtsradikaler Weltanschauung zusammengetragen und mit Beispielen aus dem Film belegt werden. Die Diskussion sollte solange geführt werden, bis über das an die Tafel zu schreibende Stichwort Übereinstimmung erzielt wurde. Das erste und offensichtlichste Merkmal rechtsradikaler Weltanschauung, wie sie in dem Film *Wahrheit macht frei* dargestellt worden war, wurde in der Gewaltbereitschaft gesehen. Gewalt wurde von allen Interviewten befürwortet und für unumgänglich gehalten.

Die Ziele, gegen die sich die Gewalt richtet, wurden als weitere Stichworte für die Konturierung eines rechtsradikalen Weltbilds genannt. Einzelne Interviewpartner, wie insbesondere Gary Lauck, äußerten sich deutlich antisemitisch. Als besonders schockierend wurde der Ausschnitt aus dem Film *Der ewige Jude* empfunden, in dem die Juden mit Ratten verglichen werden. *Wahrheit macht frei* reklamiert den Anspruch zu zeigen, wie mit diesem nationalsozialistischen Hetzfilm Jugendliche indoktriniert werden. Von den Teilnehmerinnen und Teilnehmern wurde bemerkt, daß der Vergleich mit den Ratten nicht nur die Vernichtung der Juden rechtfertige, sondern zugleich das Gewissen der Täter entlaste, denen gewissermaßen suggeriert wird, eine hygienische Arbeit zu verrichten.

Als ein strukturelles Merkmal rechtsradikaler Weltanschauung wurde die Hervorhebung der eigenen Gruppe und die Herabsetzung anderer Gruppen beschrieben. Die proklamierte Gewalt richtet sich gegen das System und die Leute, die es am Leben erhalten. Gottfried Küssel äußerte, daß er zuerst die Mitglieder der Regierung und alle, die für die Erhaltung des Systems verantwortlich sind, in ein Konzentrationslager sperren würde. Über die Formulierung eines Stichworts gab es eine längere Diskussion, bis mit dem Wort »verfassungsfeindlich« ein Konsens erzielt werden konnte. Dabei wurden Berührungspunkte der neonazistischen Weltanschauung mit der Ideologie der RAF konstatiert.

Im Zusammenhang mit dem Antisemitismus steht die Leugnung des Holocaust, die im Film als Revisionismus bezeichnet wird. Diesen für einen Mittleren-Reife-Kurs ungebräuchlichen Ausdruck wollten die Kursteilnehmerinnen und -teilnehmer übernehmen. Der positive Bezug auf den Nationalsozialismus stellte nach Ansicht der Kursgruppe ein allen Äußerungen gemeinsames Merkmal dar. Differenzierungen der Positionen von Althans, der über den Holocaust offen reden möchte, weil er zu jung war, um ihn als Zeitzeuge erlebt zu haben, von Christophersen, der den Holocaust in seinem Buch mit dem Titel »Die Auschwitzlüge« einfach nicht erwähnt, um die Attraktivität der Naziideologie nicht zu beeinträchtigen, und von Irving, der Zynismus mit der Seriosität des Wissenschaftlers verbindet, wurden als Nuancen ohne grundsätzliche politische Bedeutung von den Kursteilnehmerinnen und -teilnehmern abgetan. Mit dem Hinweis auf das Hetzlied, das Gottfried Küssel gleich zu Anfang des Films singt, wurde Rassismus als Stichwort eingeführt.

Nach dieser Diskussion wurden die Glaubwürdigkeit und Authentizität des Films thematisiert. Die Kursteilnehmerinnen und -teilnehmer begründeten ihre Überzeugung von der Authentizität mit Beobachtungen, die sich auf die Kenntnis medialer Darstellungskonventionen stützten. Es werden keine Schauspielernamen genannt. Die Interviews werden mit Personen der Zeitgeschichte geführt, die durch die Berichterstattung in den Medien bekannt sind. Die Übereinstimmung des gezeigten Films mit der Fernsehberichterstattung über die Neonaziszene schien das wichtigste Argument für die Authentizität von *Wahrheit macht frei.*

Die permanente Präsenz des Autors durch seine Anwesenheit im Bild oder durch seinen Kommentar ist ein zusätzliches Merkmal der Fernsehreportage, die das Interesse des Zuschauers durch die akustische Gestaltung mindestens im gleichen

Maß wie durch die visuelle Gestaltung binden muß. In einer Fernsehreportage darf es keine stummen Bilder geben. Bei der Auswahl von Interviewpartnern muß der Journalist darauf achten, daß er Leute aussucht, die sprechen können. Über nichtssagende oder stumme Bilder kann er sich außer mit einem Kommentar wie im Fall *Wahrheit macht frei* mit einer Musik retten.[521]

Interessanterweise hatten einige Teilnehmerinnen und Teilnehmer die für die Atmosphäre des Films äußerst wichtige akustische Gestaltung (Musik und Geräusche) überhaupt nicht bemerkt. Das ist deswegen besonders bemerkenswert, weil die Verwendung von Musik als gestaltendes Stilmittel des Autors einen im strengen Sinn abbildenden Authentizitätsanspruch in Frage stellen könnte. Weitere Stilmittel mit dieser Wirkung wurden ziemlich unsystematisch aufgezählt: der suggestive Schwenk über das Organisationsdiagramm, die in Zeitlupe abgespielten sowie mit effektvoller Musik und Geräuschen unterlegten Szenen einer Wehrsportübung. Eine Bemerkung wies auf die Unprofessionalität der Bilder hin. Die Bilder in Fernsehdokumentationen seien schöner, nicht so verwackelt. Gleich die erste Sequenz, in der die Saufszene mit dem singenden Küssel aufgenommen ist, wurde als Beispiel dafür genannt.[522]

Überraschend einmütig wurden die neonazistische Szene und ihre Ideologie abgelehnt, auch wenn zu berücksichtigen ist, daß einzelne Teilnehmerinnen und Teilnehmer sich kaum äußerten. Es ist allerdings die Frage, ob diese Ablehnung nicht in erster Linie auf die Auswahl der Interviewpartner zurückzuführen ist, die redegewandt ein ideologisch klar konturiertes rechtsradikales Weltbild vortragen konnten. So gesehen wäre die Ablehnung eher eine Form der Abgrenzung, die durch die mediale Inszenierung suggestiv nahegelegt wird, als eine kritische und reflektierte Auseinandersetzung mit den dargestellten Positionen.[523] Diese wird durch die bedrohliche Darstellung der Stärke und Gewaltbereitschaft der Neonaziszene geradezu verhindert, indem sie die von den Kursteilnehmerinnen und -teilnehmern gezeigte Ohnmacht und Hilflosigkeit auslöst.

Die internationalen Verflechtungen der Szene, ihre logistische Struktur zur Beschaffung von Waffen, Propagandamaterial und Geld werden jedoch durch einen Kameraschwenk über eine schwer überschaubare Skizze mehr angedeutet als nachgewiesen. Es entsteht der Eindruck einer effektiven internationalen Verschwörung, deren gewalttätiges Vorgehen jederzeit gezielt koordiniert werden könnte.

Das grölende, besoffene Fußvolk erscheint als gezielt mobilisierbare und gewaltbereite Masse.

Die Begründung der Kursteilnehmerinnen und -teilnehmer der Authentizität des Films *Wahrheit macht frei* mit den Hinweisen auf die Übereinstimmung mit der Berichterstattung im Fernsehen, deutet die hohe Glaubwürdigkeit an, die diesem Medium hinsichtlich der Realitätsdarstellung zugestanden wird. Diese legitimiert sich nicht durch einen einzelnen Film. Sie ist in jedem Fall in hohem Maß von der Simulation einer realen sozialen Interaktion geprägt, die durch die Präsenz von Moderatoren, Nachrichtensprechern, Interviewern und Reportern entsteht, die den Zuschauer direkt ansprechen. Sie vermitteln dem Zuschauer die aktuelle Realität, indem sie diese informativ und unterhaltsam aufbereiten.

Im Zusammenhang mit den skizzierten genretypischen Merkmalen der Fernsehberichterstattung fällt die Präsenz des Filmemachers als Autor, Kommentator und Interviewer in *Wahrheit macht frei* besonders auf. In dem Interviewdokumentarfilm *Stau – Jetzt geht's los* sind manchmal zögernde und unsichere Fragen der Filmautoren zu hören. Diese sind aber nie im Bild zu sehen und der Film verzichtet auf einen gesprochenen Kommentar. Anders in *Wahrheit macht frei*. Nachdem der Autor im Gespräch mit Esther Bejerano, die die Inhaftierung im Konzentrationslager Auschwitz überlebt hat, sich den moralischen Auftrag und seine Autorität gesichert hat, vollzieht der Zuschauer jeden Schritt der Recherche mit. Wie an den Beispielen der Musik- und Geräuschverwendung sowie den Zeitlupensequenzen von der Wehrsportübung beschrieben, wird die Glaubwürdigkeit der Darstellung nicht einmal dann angezweifelt, wenn die Strategien der filmischen Gestaltung den dokumentarisch-authentischen Gestus des Films in Frage stellen könnten. Die Abgrenzung gegen die im Film dargestellte Neonaziszene erscheint als Resultat der filmischen Gestaltung durch den Autor, der stellvertretend für den Zuschauer die Auseinandersetzung mit den Neonazis geführt hat. Dieses Vorgehen ist für die Fernsehreportage typisch und unterscheidet diese von einem Kinodokumentarfilm, für den der eineinhalbstündige *Stau – Jetzt geht's los* als Beispiel ausgewählt worden war.

Im Vergleich mit der Fernsehreportage leitet der Kinodokumentarfilm die Relevanzkriterien der von ihm dargestellten Ereignisse nicht aus deren Aktualität und dem Interesse eines möglichst großen, aber anonymen Publikums ab. Vielmehr erreicht der Kinodokumentarfilm ein kleines Publikum, von dem der Autor aber annehmen kann, daß es diesen speziellen Film sehen will. Unabhängig von den Vorgaben des Programmschemas kann er sich in der Entwicklung seines Themas Zeit lassen. Während in der Fernsehreportage aus produktionsökonomischen und rezeptionspsychologischen Gründen vor allem im Kommentar zugespitzt, pointiert und verdichtet werden muß, liegt die Qualität des Dokumentarfilms in der langen und beharrlichen Beobachtung. Themen und Ereignisse werden langfristig bearbeitet, so daß nicht nur deren spektakuläre Oberfläche, sondern langfristig sich abzeichnende Veränderungen und Nachwirkungen wahrgenommen werden. Die Eingriffe des Autors in die dargestellte Realität und das aufgenommene Filmmaterial werden reduziert. Der Ablauf der Ereignisse wird weder forciert noch in der Darstellung dramaturgisch zugespitzt. Vor allem ästhetisch konzeptualisierte technische Innovationen wie die tonsynchrone Aufnahme führten zu einem beobachtenden Dokumentarfilm, der keiner anderen Dramaturgie zu folgen scheint als den Ereignissen selbst.

Im Interviewfilm kommt zu diesem beobachtenden Konzept die Überlegung hinzu, daß die Leute vor der Kamera für sich selbst sprechen sollen. Die Aufgabe der Filmemacher (Regisseur, Kameramann, Tontechniker) wird vor allem darin gesehen, Zugang zu einem Milieu zu finden und sich dort so zu bewegen, daß sie das Vertrauen der Leute vor der Kamera gewinnen und eine Basis schaffen für individuelle Äußerungen. Allerdings ist der beobachtende Dokumentarist auf diese Mitarbeit auch angewiesen. Verweigern sich die betreffenden Personen, kommt er nicht zu dem Film, den er machen will.

Die Anpassung des Dokumentaristen kann bis zur Selbstverleugnung gehen, so daß in der Dokumentarfilmkritik häufig von einem Verschwinden des Autors oder dem Verlust der Stimme des Dokumentaristen gesprochen wurde. Die Position des Dokumentaristen muß jedoch nicht durch einen Kommentar, sondern kann durch alle Mittel der Filmgestaltung verdeutlicht werden: besondere Möglichkeiten bieten dafür die Kameraführung, die Wahl des Bildausschnitts und die Montage, während der gesprochene Kommentar im Umfeld des beobachtenden Dokumentarfilms als autoritär, besserwisserisch, aufgesetzt, ja manipulativ verpönt ist.

Der Film *Stau – Jetzt geht's los* von Thomas Heise beginnt mit einer langen Einstellung, in der ein baufälliges altes Haus, ein brennender Pkw auf einem öden

Platz, eine kopfsteingepflasterte Straße und mit Betonplatten errichtete Neubauten zu sehen sind. Das ist in etwa das Bild der Zustände, als deren Resultat in Verbindung mit einer ökonomischen Krise die rechtsradikale Gewalt in den neuen Bundesländern nach der Auflösung der DDR erscheint. Auf ungefähr diese Formel lassen sich die meisten Erklärungsmuster bringen, die mit großer Suggestivkraft als Hintergrundberichte in erster Linie über das Fernsehen angeboten werden.

Nach der beschriebenen Einstellung stellt eine etwa fünfzigjährige Frau die Ereignisse der Wende aus ihrer Sicht dar. Sie spricht von ihrem überzeugten ehrenamtlichen Engagement im sozialen Bereich zu DDR-Zeiten, von der Belastung durch die berufliche Tätigkeit, von der prekären Versorgungslage, die nur einen sehr beschränkten Wohlstand zuließ. Als ihr Sohn nach der Öffnung der Grenzen sich kiloweise Schokolade im Westen besorgte, beschloß sie, so viel Geld wie möglich zu verdienen. Jetzt arbeitet sie im Westen. Ihr Sohn Konrad lebt allein in der kleinen Neubauwohnung.

Am Rande eines Neubaugebiets von Halle befindet sich der Jugendclub »Roxy«. Dort knüpfte der Regisseur Heise mit Jugendlichen Kontakt, die sich selbst als rechtsradikal definieren und sich durch ihr Auftreten und ihre Kleidung dazu bekennen. Mit fünf von ihnen hat er ausführliche Interviews und Gespräche geführt, die filmisch dokumentiert sind. Wie mit Konrad fanden die Gespräche meist bei den Jugendlichen zu Hause statt. Ein Gespräch zwischen Ronny und seinen Eltern wird beobachtet. Der Vater hat Mühe, die Geburtsdaten seiner Kinder aufzuzählen. Das Gespräch kommt nur schleppend in Gang. Der Vater versteht Ronnys politische Einstellung nicht. Ihre Ansichten können sie sich gegenseitig nicht vermitteln.

Die Interviewfragen sind weitgehend eliminiert. Auch wenn sich die abweichenden Ansichten des Regisseurs und Interviewers andeuten, so wird seine Position nicht präzisiert. Der Zuschauer ahnt die Schwierigkeiten, überhaupt miteinander ins Gespräch zu kommen. Wie weit kann der Regisseur in der Abgrenzung seiner eigenen Position gehen, ohne das Filmprojekt insgesamt zu gefährden? Wird er, indem er die Äußerungen der Jugendlichen unwidersprochen läßt, nicht tatsächlich zu ihrem Komplizen? Es gibt eine Szene, von der im Zusammenhang mit diesen Fragen eine starke Irritation ausgeht. Als die Jugendlichen grölend in die Gedenkstätte des Konzentrationslagers Buchenwald einziehen, wird für einen Moment die

Unsicherheit des Aufnahmeteams spürbar. Es muß sich spontan über sein Verhalten verständigen und entscheidet sich, außerhalb der Gedenkstätte zu warten. Als die Jugendlichen zurückkommen und auf die Kamera zugehen, zoomt diese in den Weitwinkelbereich. Die Jugendlichen erscheinen wie auf Distanz gehalten vor der Kulisse des Eingangsgebäudes der Gedenkstätte.

Vor der Projektion des Films wurde von den Teamern lediglich darauf hingewiesen, daß auch dieser Film, wie *Wahrheit macht frei*, Aufsehen erregt hat und umstritten ist.[524] Die Kursteilnehmerinnen und -teilnehmer sollten während der Vorführung darauf achten, welcher Personenkreis im Vergleich mit *Wahrheit macht frei* zu Wort kommt. Vorgeführt wurde mit einem tragbaren 16mm-Projektor in den Unterrichtsräumen. Wegen der besseren Verständlichkeit des Tons wurde ein externer Lautsprecher aufgestellt. Trotzdem war es schwierig, den Gesprächen zu folgen. Das lag nur zum Teil an der Wiedergabequalität, die durch eine Kinoprojektion zu verbessern gewesen wäre. Jedoch ist bereits die Aufnahmequalität nicht immer gut. Die Mikrophone scheinen nicht immer richtig ausgesteuert zu sein, so daß Hintergrundgeräusche zu hören sind. Darüber hinaus ist es schwierig, die Jugendlichen zu verstehen, weil sie mit Dialektfärbung sprechen, undeutlich artikulieren und ihre Gedanken oft zögernd, unzusammenhängend, pointenlos vortragen. Hier spitzt der Film nicht zu, er selektiert die Äußerungen nicht, sondern riskiert Langeweile und Leerlauf, um dem Zuschauer den Eindruck zu vermitteln, an der Beobachtung der Gespräche teilznehmen. Erste Reaktionen nach dem Film (»zieht sich wie ein Kaugummi«, »hätte ich da das Fernsehen eingeschaltet, hätte ich das Programm gewechselt«) bestätigten die vermutete Wirkung und Reaktion, die der Film durch seine Machart und Gestaltung im direkten Vergleich mit *Wahrheit macht frei* provozieren würde.

Obwohl am Ende von *Stau – Jetzt geht's los* die Interviewten, im »Roxy« vor der Kamera versammelt, ihr Einverständnis mit dem Film geben, wurde von einem Kursteilnehmer vermutet, daß Linksradikale den Film gemacht hätten, um sich über die Rechten lustig zu machen. Unterstellt wurde, daß die Interviewten die Rollen nur spielten. Begründet wurde diese Meinung mit Widersprüchen oder selbstironischen Bemerkungen, die die rechtsradikale Ideologie, zu der sich die Jugendlichen vordergründig und herausfordernd bekennen, in Frage zu stellen scheinen. Die Vermutungen setzen voraus, daß die Neonazis eine widerspruchsfreie und in sich konsistente rechtsradikale Weltanschauung unreflektiert formulieren. Resultieren diese Vorstellungen aber nicht weniger aus der Erfahrung im Umgang mit Neonazis als vielmehr aus medialen Darstellungen dieser Szene?

Vergleichbare Zweifel an der Authentizität läßt *Wahrheit macht frei* nicht zu, da die in diesem Film Interviewten durch ihre Medienpräsenz bekannt sind. Was sie vortragen, stimmt mit ihrem Image als Führungspersönlichkeiten der rechtsradikalen Szene überein. Eloquent, mehrsprachig, rhetorisch geschickt und selbstsicher treten sie auf. Die Jugendlichen aus *Stau – Jetzt geht's los* sind es nicht nur nicht gewöhnt vor der Kamera zu sprechen, sondern haben auch Schwierigkeiten, ihre Gedanken zusammenhängend und ideologisch konturiert zu entwickeln. Ihr sprachliches Vermögen sieht die argumentativ-sachliche Auseinandersetzung oder die geschickte Rhetorik gar nicht vor. Leute mit einem solch geringen sprachlichen Ausdrucksvermögen erscheinen in der Regel gar nicht im Fernsehen bzw. werden nur kurz als Stichwortgeber benutzt. Die Vorgehensweise des Dokumentaristen Heise ist nicht grundsätzlich besser und authentischer. Die Bemerkung des Kursteilnehmers, daß der Film von Linken gemacht sei, um sich über die Rechten lustig zu machen, deutet vielmehr die Problematik der Verwendung des Originalsynchrontons an: die Unfähigkeit der Interviewten kann auch lächerlich wirken, so daß sie sich nicht nur vorstellen, indem sie selbst sprechen, sondern auch sich bloßstellen.[525]

Ein Vergleich mit den im Zusammenhang mit *Wahrheit macht frei* zusammengetragenen Stichworten zur rechtsradikalen Weltanschauung zeigte, daß vor allem die Gewaltbereitschaft der Jugendlichen mit den programmatisch vorgetragenen Ideen übereinstimmt. Aber bereits die Zielrichtung und Begründung der Gewalt durch die Interviewten in *Stau – Jetzt geht's los* läßt kaum Konturen erkennen. Sie richtet sich gegen die »oberen Zehntausend«, die Kapitalisten, die Herrschenden und Regierenden gleichermaßen wie gegen Ausländer oder Punks und sie wird als Notwehr gegen linke Übergriffe und vor allem mit anhaltendem Frust begründet. Dabei wird die Gewalt so sehr nebenbei und unspektakulär erwähnt, daß von den Kursteilnehmerinnen und -teilnehmern kaum wahrgenommen wurde, daß die interviewten Jugendlichen nicht nur zur Gewalt bereit sind und Gewalt programmatisch fordern, sondern wegen begangener Delikte, zu denen sie sich vor der Kamera bekennen, strafrechtlich verfolgt werden.

Die Frage, wer in den Filmen mit wem spricht, sollte die unterschiedliche Wirkung von *Wahrheit macht frei* und *Stau – Jetzt geht's* los als Resultat der Auswahl der

Interviewpartner und der Inszenierung der Interviews thematisieren. Während in der Reportage die Gewaltbereitschaft programmatisch von den Führern der Bewegung als Bürgerkriegsszenario entwickelt wird, wird die Ernsthaftigkeit dieser Äußerungen durch die ständig im Hintergrund, in Massen und unter starkem Alkoholeinfluß frech und provokant oder bei konspirativen paramilitärischen Übungen agierenden Skinheads untermauert. Zwischen den Führern der Bewegung und den Gewalttätern stellt *Wahrheit macht frei* einen koordinierten Zusammenhang her, der durch den Film selbst zwar nicht belegt, aber suggeriert wird. Die bedrohliche Wirkung des Films dürfte nicht zuletzt ein Resultat dieser Darstellung sein, die nahelegt, es handle sich um eine international militärisch organisierte Bewegung, die zentral koordiniert und mit programmatischer Zielrichtung eingesetzt werden kann. Diesen Eindruck vermitteln die Jugendlichen in *Stau – Jetzt geht's los* nicht. Der Zuschauer kann sich die interviewten Jugendlichen weder als freiwillige Söldner in Krisenregionen noch als Bürgerkriegsmiliz vorstellen. Aus diesem Grund wurde der Vorwurf der Verharmlosung erhoben. Es ist paradox, daß die programmatischen und lautstarken Androhungen der Anführer für bare Münze genommen wurden, während die Gewalttätigkeit der Jugendlichen von der Kursgruppe überhaupt nicht registriert und angesprochen wurde.

Die ersten Antworten auf die Frage nach den Sprechenden wiesen darauf hin, daß es in dem Film *Stau – Jetzt geht's los* keinen Kommentar gibt. Offensichtlich war dieser Unterschied zwischen den beiden Filmen auffälliger oder erschien den Kursteilnehmerinnen und -teilnehmern wichtiger als die unterschiedlichen Gruppen der Interviewten. Selbst eine provozierende Bemerkung, daß dieselben Jugendlichen in beiden Filmen völlig unterschiedlich dargestellt werden, half nicht weiter, sondern löste Irritation aus, weil niemand aus der Kursgruppe die Jugendlichen in *Wahrheit macht frei* erkannt hatte. Sie sind auch nie deutlich oder lange genug zu sehen, so daß der Zuschauer sie wirklich erkennen könnte. Sie sprechen überhaupt nicht, sondern grölen allenfalls nationalistische Parolen und singen rassistische Hetzlieder.

Der Film *Stau – Jetzt geht's los* paßt nicht ins Bild von den Rechtsradikalen, wie sie effektvoll von den Massenmedien dargestellt werden: alkoholisiert, im Schutz von Gruppen zu brutalster Gewalt bereit. Zu keinem Zeitpunkt bagatellisiert der Film die rechtsradikalen Ansichten der Jugendlichen und ihre Bereitschaft zur Gewalt. Darauf angesprochen geben sie entsprechende Handlungen zu und erklären sie mit anhaltendem Frust. Die Jugendlichen und ihre Äußerungen werden im Film so dargestellt, daß vorgefaßte Meinungen und Erklärungsmuster zur Neonaziszene in Frage gestellt werden.[526]

Weil die interviewten Jugendlichen in *Stau – jetzt geht's los* sich nicht mit der gleichen ideologischen Konsistenz und rhetorischen Geschicklichkeit äußern können, sondern ihr politisches Weltbild und die Motive ihrer gewalttätigen Übergriffe gegen Ausländer, Linke und Punks mit einer an Unkenntlichkeit grenzenden Diffusität darstellen, schien er der richtige Film im Anschluß an *Wahrheit macht frei*. *Stau – Jetzt geht's los* löste im Kurs Irritation aus. Einige Teilnehmerinnen und Teilnehmer gaben zu, daß ihnen anfangs unklar blieb, worum es in dem Film ginge. Das wäre keine schlechte Gelegenheit gewesen, die Exposition des Themas direkt mit *Wahrheit macht frei* zu vergleichen. Die Fernsehreportage muß in der Regel das Interesse des Zuschauers von Anfang an durch deutliche Konturierung des Themas binden und auf einem hohen Niveau halten. Das geschieht nicht selten mit optisch-akustischen Reizen sowie einem Kommentar, der einen Gewinn an Information und Aufklärung verspricht und neugierig macht. Die Fernsehreportage muß auch davon ausgehen, daß der Zuschauer im häuslich-familiären privaten Raum die Sendung sehr viel unaufmerksamer verfolgt als der Kinozuschauer, dessen Aufmerksamkeit im abgedunkelten Raum fast ausschließlich auf die Leinwand gerichtet ist. Im Kontext des Kursprojekts blieben das Thema des Films *Stau – Jetzt geht's los* und die langen beobachtenden Sequenzen, in denen die Gewaltdisposition der Jugendlichen von diesen selbst als Thema entwickelt wird, so konturlos, daß die Lernenden nur mit Mühe erkennen konnten, worum es ging.[527]

Für eine visuelle Soziologie – statt einer Zusammenfassung

Die abschließende Projektbeschreibung ist kein Versuch, empirisch eine These zu überprüfen. Ebensowenig führt sie induktiv über eine Summe empirischer Daten zu einem verallgemeinerbaren Ergebnis. Die Beschreibung des Projekts beweist oder widerlegt keine Hypothese. Vielmehr ist sie ein Plädoyer für die Arbeit mit Filmen in der Unterrichts- und akademischen Praxis. Als Kontextualisierung wurde ein Verfahren der dokumentarisierenden Lektüre von Filmen beschrieben, das im wesentlichen darin besteht, die filmischen Darstellungen so zu reflektieren, daß sie aus der Perspektive des Zuschauers als relevante Darstellungen der Realität erscheinen. Als Verfahren dokumentarisierender Lektüre der Filme geht die Kontextualisierung über stilistische und genregeschichtliche Betrachtungen hinaus und vermeidet dichotomisierende Gegenüberstellungen von fiktionalem und dokumentarischem Film.

In der Regel wird das Genre des dokumentarischen Films dadurch definiert, daß der Dokumentarfilm unmittelbar auf die außerfilmische Realität verweist. Die spezifische Form des Verweises dokumentarischer Filme auf die Realität besteht jedoch weder in der Übereinstimmung mit der Realität noch in einer ontologische Qualität der Bilder. Auch eine filmische Aufzeichnung, die weder geschnitten noch montiert ist und die größtmögliche Übereinstimmung mit der dargestellten Realität durch die Einblendung einer Uhr mit Realzeit beweisen will, ist nicht die Realität selbst. Der auf diese Weise hergestellte Realitätseindruck ist nichts anderes als ein in starkem Maß kodifizierter Verweis auf die Realität, der überhaupt nur im Kontext eines spezifischen wissenschaftlichen und kulturhistorischen Diskurses als Objektivitätsbeweis dechiffrierbar ist.

Dieses Wechselspiel von Gestaltungskonvention und Rezeptionserwartung beschreibt den Ansatzpunkt, um die dokumentarische Qualität der Filme nicht stilistisch oder genregeschichtlich, sondern rezipientenorientiert zu erörtern. Während alle Filme in irgendeiner Weise auf die historische und soziale Realität verweisen, zeichnet sich die dokumentarisierende Lektüre der Filme dadurch aus, daß sie den Realitätsbezug der Filme so thematisiert, daß die filmische Darstellung in einer für den Rezipienten relevanten Perspektive auf die Realität verweist. Dieser Verweis auf die außerfilmische Realität erzeugt einen filmischen Authentizitätseffekt, der nur zum Teil aus dem Realitätseindruck des fotografischen Bildes resultiert. Während der Realitätseindruck des fotografischen Bildes im wesentlichen durch die technisch-apparative, scheinbar selbsttätige Wirklichkeitsaufzeichnung entsteht, ist der filmische Authentizitätseffekt nicht in erster Linie das Resultat der Wirklichkeitsabbildung, sondern in weit größerem Maß das Resultat konventionalisierter filmischer Gestaltung, die einen direkten Blick auf die Realität zu ermöglichen scheint. Die Konventionen und die Wirkungen der Gestaltungsmittel ändern sich nicht nur mit Entwicklungen der Aufnahmetechnik, sondern können unabhängig von den Rezeptionserfahrungen der Zuschauer nicht beurteilt werden. Die Konventionen der Filmgestaltung zur Erzeugung des Authentizitätseffekts verändern sich in einem Wechselspiel von Produktionsstrategien und Rezeptionserwartungen. Deswegen muß die im alltäglichen, eher rezeptiven Umgang mit audiovisuellen Medien erworbene Kompetenz des Publikums als Voraussetzung und Anknüpfungspunkt auch einer akademischen Praxis mit dem dokumentarischen Film berücksichtigt werden.

Die Kontextualisierung als Verfahren dokumentarisierender Lektüre berücksichtigt die Rezeptionserwartung und das Rezeptionsverhalten eines konkreten Publikums ebenso wie vor allem den Rahmen der Präsentation der Filme. Damit wird der Sachverhalt beschrieben, daß es sich bei der Kontextualisierung in dem hier beschriebenen Sinn um die bewußte Steuerung zumindest einer Anzahl von Faktoren handelt, die die Filmrezeption beeinflussen. Deswegen handelt es sich bei der Kontextualisierung als einem Verfahren der dokumentarisierenden Lektüre um Aspekte der Organisation, Durchführung und Auswertung von Filmveranstaltungen mit dem Ziel der Erfahrungsbildung.

In dem vorgestellten Beispiel ging es um ein sozialkundliches Unterrichtsprojekt. Bei allen Differenzen, die zu akademischen Lehrveranstaltungen bestehen, reklamiert die Beschreibung des Projektverlaufs, auf sozialwissenschaftliche Veranstaltungen übertragbar zu sein. Vor allem, weil sie den Zusammenhang der Gestaltung der Filme, des Rahmens ihrer Präsentation sowie der Verfahren der Auswertung mit den Rezeptionserwartungen und -erfahrungen der Zuschauer als Voraussetzung für die Reflexion der Filmrezeption als Erfahrungsbildung zu erhalten versucht, reklamiert die Beschreibung einen exemplarischen Anspruch. Angestrebt wurden von vornherein weder abschließende Definitionen noch kategoriale Klärungen. Methodische und begriffliche Stringenz sollte nicht auf Kosten der Vielfalt visueller Forschungsansätze und ästhetisch-künstlerischer Praxis erreicht werden, weil dies der sozialwissenschaftlichen Relevanz des filmdokumentarischen Materials widersprochen hätte.

Neben der Darstellung der Realität in ihren verzweigtesten und zufälligsten Details wurde die spezifische Qualität audiovisuellen Materials darin gesehen, daß seine Gestaltung und Rezeption eine Form der Erfahrungsbildung ermöglicht, die nicht vollständig in Sprache transformierbar ist. Deswegen wurde die komplexe kommunikative Funktion symbolischer Darstellungen sowie der Zusammenhang kognitiver, normativer und expressiver Elemente dieser Kommunikation thematisiert. Nicht allein der Film ermöglicht diese umfassende Thematisierung der Realität, aber seine synästhetischen Möglichkeiten lassen eine besonders komplexe wirkungsintensive Gestaltung der Wirklichkeitsdarstellung zu. Die konkrete Gestaltung des audiovisuellen Materials wurde als Vergegenständlichung einer Erfahrungsbildung verstanden, die ihrerseits Ausgangspunkt einer rezeptiven Erfahrungsbildung für den Zuschauer werden kann.

Angesichts der Komplexität und Alltagsnähe des Gegenstandes war eine Vorgehensweise angemessen, die nicht objektive Definitionen, sondern Erläuterungen durch Beschreibungen sucht. Entschieden habe ich mich für eine historische und ethnographische Darstellungsweise, die reich an Details ist und Schematisierungen vermeidet. Der begriffliche Kern von Erfahrungen sollte deskriptiv herausgearbeitet werden, um auf diese Weise die Situationsabhängigkeit und den Personenbezug der Begriffsbildung deutlich zu machen. Insbesondere ändert sich die konkrete Bedeutung des fotografischen und filmische Materials durch die historische Situation, in der die Erfahrungen im Umgang damit erörtert und beschrieben werden.

Die historische Perspektive lag nicht allein wegen des Gegenstands nahe, wenn man mit den aktuellen zeitgenössischen medienwissenschaftlichen Ansätzen davon ausgeht, daß der Dokumentarfilm ein mittlerweile historisches Durchgangsstadium zu einer universellen Audiovision ist. Vielmehr soll die Rekonstruktion des dokumentarischen Blicks als einer Form der Erfahrung ein Beitrag zur Wissenschaftsgeschichte sein, bei dem sich die historische Perspektive in der Arbeitsweise und Darstellungsform niederschlägt. Ziel der historischen Darstellung ist es, zwischen Tatsachen, Phänomenen oder Ereignissen eine Verbindung herzustellen, die über die Aufzählung hinaus einen Sinn ergibt oder überhaupt erst einen Zusammenhang herstellt. Dieser Zusammenhang ist nicht als gesetzmäßige Erklärung von Entwicklungen vorzustellen, vielmehr gleicht die Aufgabe einem Bilderpuzzle. Die Notizen und Exezerpte werden in einen nicht unbedingt, aber meistens naheliegenden chronologischen Entwurf gebracht. Dieser gibt zwar vor, was aufeinander zu folgen hat, aber das Problem der Darstellung liegt darin, von einem erreichten Punkt zum nächsten brauchbare Übergänge zu finden. Nicht selten wird an einem späteren Punkt entdeckt, was an Notwendigem an früheren Stellen weggelassen wurde. Die Struktur des Entwurfs hat seine Berücksichtigung zum damaligen Zeitpunkt vielleicht nicht erfordert. Jetzt müßte man zurückgehen, bis auf die Dokumente, um Notizen erneut auszuarbeiten und vielleicht einen erheblichen Teil der Arbeit umzuschreiben.

Mit dieser Vorgehensweise wird jedoch nicht nur der aktuelle Stand einer visuellen Soziologie authentisch wiedergegeben. Vielmehr bestünde der größte Gewinn der vorgelegten Erörterung einer visuellen Fachrichtung innerhalb der Soziologie darin, daß durch die wissenschafts- und kulturgeschichtliche Einordnung der Dokumente ein Aufriß von Fragestellungen und Verfahrensweisen ihrer Bearbeitung erkennbar wird, der zur Beschäftigung mit den dokumentarischen Fotografien und Filmen als dem Material anregt.

Anmerkungen

zu: 1. Beiträge ...

1 1984 veröffentlichte Martin Taureg in der »Kölner Zeitschrift für Soziologie und Sozialpsychologie« einen Aufruf zur Mitarbeit an der Institutionalisierung einer visuellen Anthropologie. Taureg, Martin: Für die Entwicklung der Visuellen Anthropologie. In: Kölner Zeitschrift für Soziologie und Sozialpsychologie 36/2/1984, S. 426–428. In dieser Zeitschrift hat René König wiederholt über das Festival dei Popoli in Florenz berichtet, wo seit 1959 ethnographische und soziologische Filme gezeigt werden.
1986 berichtete Taureg in »film theory« unter dem Titel »Visuelle Soziologie – ein neues Fachgebiet« von der vierten Internationalen Konferenz der International Visual Sociology Association, die im Juni desselben Jahres am Zentrum für Interdisziplinäre Forschung der Universität Bielefeld stattgefunden hatte. Taureg, Martin: Visuelle Soziologie – ein neues Fachgebiet. In: film theory 13/1986, S. 3–5.

2 Harper, Douglas: Good Company. Chicago 1982, S. 61.

3 Wagner, Jon: Perceiving a Planned Community. In: Wagner (Hrsg.): Images of Information (1979), S. 86.

4 Wagner, Jon: Perceiving a Planned Community. In: Wagner (Hrsg.): Images of Information. (1979), S. 87.

5 S. Hohenberger, Eva: Die Wirklichkeit des Films. Dokumentarfilm – Ethnographischer Film – Jean Rouch. Hildesheim/Zürich/New York 1988, S. 155. Zur Einführung in die Ethnomethodologie s. Weingarten/Sack/Schenkein (Hrsg.): Ethnomethodologie. Frankfurt a. M., 1976 sowie das Stichwort »Ethnomethodologie« in: Endruweit/ Trommsdorff: Wörterbuch der Soziologie. Stuttgart, 1989.

6 Musello, Christopher: Family Photography. In: Wagner (Hrsg.): Images of Information (1979), S. 104/105. Die nach Anlage und Umfang anspruchvollste Studie zu den sozialen Gebrauchsweisen der Fotografie stammt von Bourdieu u. a.: Eine illegitime Kunst. Frankfurt a. M., 1981.

7 Chalfen, Richard: A Sociovidistic Approach to Children's Filmmaking: The Philadelphia Project. In: Studies in Visual Communication 7/1/ 1981, S. 29/30.

8 Sol Worth hat mit Jay Ruby ein Forschungsprojekt skizziert, das Umfang und Komplexität eines solchen Ansatzes andeutet. Worth, Sol/Ruby, Jay: An American Community's Socialization to Pictures. An Ethnography of Visual Communication. In: Gross (Hrsg.): Sol Worth (1981), S. 200–203.

9 Susan Sontag hat darauf hingewiesen, daß Hines Fotografie über die Anregung einzelner Reformprojekte hinaus dokumentarische Qualität besitzt. S. Sontag, Susan: Über Fotografie. München/Wien 1978, S. 32.

10 Vgl. außer den Beiträgen im »International Journal of Visual Sociology« etwa die von Wagner herausgegebenen Aufsätze, in denen eine Anzahl von Autoren eigene Arbeiten mit Fotografie thematisch und methodisch vorstellt, ohne sich aufeinander zu beziehen oder einen grundlagentheoretischen Zusammenhang der einzelnen Beiträge zu erörtern. S. Wagner, Jon (Hrsg.): Images of Information. Still Photography in the Social Sciences. Beverly Hills/London, 1979.

11 Stasz, Clarice: The Early History of Visual Sociology. In: Wagner (Hrsg.): Images of Information (1979), S. 119–136. Lewis hat einunddreißig Artikel der einundzwanzig ersten Jahrgangsbände des »American Journal of Sociology« gezählt, die 244 Fotos verwendeten. S. Lewis, George C.: Imaging Society: Visual Sociology in Focus. In: International Journal of Visual Sociology 1/1983, S. 14–18.

12 Stasz, Clarice: The Early History of Vidual Sociology. In: Wagner (Hrsg.): Images of Information (1979), S. 132.

13 S. zur Chicagoer Soziologieschule Gouldner, Alvin W.: Romantisches und Klassisches Denken. Tiefenstrukturen in den Sozialwissenschaften. In: Gouldner: Reziprozität und Autonomie (1984), S.190–195; und bes. zur Auseinandersetzung mit den sozialreformerischen Ansätzen Lindner, Rolf: Die Entstehung der Stadtkultur. Soziologie aus der Erfahrung der Reportage. Frankfurt a. M. 1990, S. 261–270.

14 Cheatwood, Derral/Stasz, Clarice: Visual Sociology. In: Wagner (Hrsg.): Images of Information (1979), S. 261–169.

15 In dieser Hinsicht stimmen Cheatwood und Stasz mit anderen Autoren wie Howard S. Becker oder Leonard Henny überein. S. die Einleitung zu »Exploring Society Photographically« in: Becker, Howard S.: Exploring Society Photographically. Chicago, 1981, und zu Gross, Larry/Katz, John Stuart/Ruby, Jay (Hrsg.): Image Ethics. The Moral Rights of Subjects in Photographs, Film, and Television. New York/Oxford, 1988.

16 Zit. n. Newhall, Beaumont: Geschichte der Photgraphie. München 1984, S. 101.

17 Harper, Douglas: Life on the Road. In: Wagner (Hrsg.): Images of Information (1979), S. 41

18 Die Effektivität dokumentarischer Darstellungen als Instrument sozialreformerischer Veränderungen überhaupt bestritten hat Brian Winston. S. Winston, Brian: The Tradition of the Victim in Griersonian Documentary. In: Rosenthal (Hrsg.): New Challenges for Documentary (1988), S. 269–287. Zum gesamten Thema s. auch Sontag, Susan: Über Fotografie. München/Wien 1978, S. 55–58.

19 Ausführlicher zum Zusammenhang von Sanders fotografischer Praxis mit der gesellschaftlichen Realität s. Sontag, Susan: Über Fotografie. München/Wien 1978, S. 54/55 und S. 58–61 und vor allem Keller, Ulrich in: Sander (1980), S. 11–74.

20 Heiß, Christine: Amerika in der Depressionszeit. Dokumentarphotographie im Auftrag der Regierung. In: Brix/Mayer (Hrsg.): Walker Evans (1990), S. 14.

21 Ausführlich und im einzelnen nachgewiesen ist Strykers Zusammenarbeit mit Sozialwissenschaftlern in dem weiten Sinn, in dem der Begriff in den USA in Gebrauch ist, wo er als Kultur- und Sozialanthropologie neben den klassischen Sozialwissenschaften wie Soziologie, Wirtschafts- und Politikwissenschaft auch Geschichte und Volkskunde umfassen kann, in: Fleischhauer, Carl/Brannan, Beverly W.: Documenting America, 1935–1943. Berkeley/Los Angeles/Oxford 1988, S. 11.

22 Stott, William: Documentary Expression and Thirties America. New York 1973, S. 155.

23 Stott, William: Documentary Expression and Thirties America. New York 1973, S. 153.

24 Stott, William: Documentary Expression and Thirties America. New York 1973, S. 226. Zusammen mit Paul Taylor stellte Dorothea Lange ihre Ansicht von dokumentarischer Fotografie für ein repräsentatives, von Ansel Adams herausgegebenes Handbuch der Fotografie dar. (Meltzer, Milton: Dorothea Lange. A Photographer's Life. New York 1978, S. 161/162)

25 Trachtenberg, Alan: From Image to Story: Reading the File. In: Fleischhauer/Brannan: Documenting America (1988), S. 61.

26 Zit. n. Trachtenberg, Alan: From Image to Story: Reading the File. In: Fleischhauer/Brannan: Documenting America (1988), S. 60.

27 Abgedruckt in: Stryker, Roy Emerson/Wood, Nancy: In This Proud Land. America 1935–1943 as Seen in the FSA Photographs. New York 1973, S. 187 und Neue Gesellschaft für Bildende Kunst (Hrsg.): America. Traum und Depression. 1920/40. Berlin 1980, S. 334.

28 Gaßner(Gassner), Hubertus: Die Reise ins Innere. »Amerika den Amerikanern vorstellen«. Die Fotografie der Farm Security Administration. In: Neue Gesellschaft für Bildende Kunst (Hrsg.):

America (1980), S. 332; Rechtschreibung und Hervorhebung nach dem Original, R. S. Die Wirkungsgeschichte der »Middletown«-Studie reicht bis in die jüngste Gegenwart. Anfang der achtziger Jahre wurde in der Tradition der Studie von Lynd ein Filmprojekt durchgeführt, das allein durch seinen Titel »Middletown« die Ambition erkennen läßt, an jene Studie anzuknüpfen. S. Hoover: Dwight R.: Seventeen. The Genesis of the Idea and the Continuing Reaction. In: Taureg/Ruby (Hrsg.): Visual Explorations of the World (1987), S. 47–67. Auch wenn der Vergleich der Filme mit dem wissenschaftlichen Vorbild zum Nachteil jener ausfällt, läßt die Anlage des Filmprojekts den bestimmenden Einfluß der Lynd-Studie erkennen. S. Winston, Brian: Direct Cinema: The Third Decade. in: Rosenthal (Hrsg.): New Challenges for Documentary (1988), S. 517–523.

29   Zit. n. Neue Gesellschaft für Bildende Kunst (Hrsg.): America. Traum und Deoresion. 1920/40. Berlin 1980, S. 334.

30   Hurley, Jack: Portrait of a Decade. Roy Stryker and the Development of Documentary Photography in the Thirties. Louisiana State University 1972, S. 98.

31   Stryker, Roy Emerson/Wood, Nancy: In This Proud Land. America 1935–1943 as Seen in the FSA Photographs. New York 1973, S. 14.

32   Stryker, Roy Emerson/Wood, Nancy: In This Proud Land. America 1935–1943 as Seen in the FSA Photographs. New York 1973, S. 7.

33   Zit. n. Levine, Lawrence W.: The Historian and the Icon. Photography and the History of the American People in the 1930s and 1940s. In: Fleischhauer/Brannan: Documenting America (1988), S. 25.

34   Newhall zit. n. Trachtenberg, Alan: From Image to Story: Reading the File. In: Fleischhauer/Brannen: Documenting America (1988), S. 64.

35   Trachtenberg, Alan: From Image to Story: Reading the File. In: Fleischhauer/Brannan: Documenting America (1988), S. 52.

36   Vanderbilt zit. n. Trachtenberg, Alan: From Image to Story: Reading the File. In: Fleischhauer/Brannan: Documenting America (1988), S. 52.

37   Vanderbilt zit. n. Trachtenberg, Alan: From Image to Story: Reading the File. In: Fleischhauer/Brannan: Documenting America (1988), S. 54.

38   Zit. n. Fleischhauer, Carl/Brannan, Beverly W.: Documenting America, 1935–1943. Berkeley/Los Angeles/Oxford 1988, S. 332.

39   Trachtenberg, Alan: From Image to Story: Reading the File. In: Fleischhauer/Brannan: Documenting America (1988), S. 53.

40   Trachtenberg, Alan: From Image to Story: Reading the File. In: Fleischhauer/Brannan: Documenting America (1988), S. 56.

41   Trachtenberg, Alan: From Image to Story: Reading the File. In: Fleischhauer/Brannan: Documenting America (1988), S. 60.

42   Stryker, zit. n. Sontag, Susan: Über Fotografie. München/Wien 1978, S. 61; Hervorhebung im Original, R. S.

43   Fleischhauer, Carl/Brannan, Beverly W.: Documeting America, 1935–1943. Berkeley/Los Angeles/Oxford 1988, S. 7.

44   Abgedruckt in: Jacobs (Hrsg.): The Documentary Tradition (1979), S. 25/26.
     Winston hat in Frage gestellt, daß Grierson den Begriff im Zusammenhang mit dem Film zuerst gebraucht hat. S. Winston, Brian: Claiming the Real. The Griersonian Documentary and Its Legitimation. London 1995, S. 8–14.

45   Grierson zit. n. Reemtsen, Rolf: Die englische Dokumentarfilmschule in den dreißiger Jahren. Zur Begriffsbestimmung des Dokumentarismus im Film. Köln 1976, S. 65.

46 Grierson zit. n. Reemtsen, Rolf: Die englische Dokumentarfilmschule in den dreißiger Jahren. Zur Begriffsbestimmung des Dokumentarismus im Film. Köln 1976 S. 88.
47 Grierson, John: Grierson on Documentary. Hrsg. von Forsyth Hardy. New York 1971, S. 207.
48 Grierson zit. n. Reemtsen, Rolf: Die englische Dokumentarfilmschule in den dreißiger Jahren. Zur Begriffsbestimmung des Dokumentarismus im Film. Köln 1976, S. 166/167.
49 Rotha zit. n. Beyerle, Mo/Brinckmann, Christine N.: Der amerikanische Dokumentarfilm der 60er Jahre. Direct Cinema and Radical Cinema. New York/Frankfurt a. M. 1991, S. 14; s. auch Heller, Heinz-B.: Ästhetische Strategien als Politik. Aspekte des Fernsedokumentarismus. In: montage/av 1/1/1992, S. 40 und Schreyer, Klaus: Über die Metaphysik der Wahrnehmung von Filmbildern bei Grabe und Troller. In: Zimmermann (Hrsg.): Fernseh-Dokumentarismus (1992), S. 207.
50 Rotha, Paul: Films of Fact and Fiction (zuerst 1938). In: Rotha: Rotha an the Film (1958), S. 209.
51 Man kann bei dieser Gelegenheit wie bei kaum einer anderen in der Geschichte des Dokumentarfilms von einer Schulenbildung sprechen. Reemtsen hat die vielfältig sich überschneidenden Produktions-, Distributions- und Publikationsaktiväten der einzelnen Filmemacher beschrieben. S. Reemtsen, Rolf: Die englische Dokumentarfilmschule in den dreißiger Jahren. Zur Begriffsbestimmung des Dokumentarismus im Film. Köln 1976, S. 61/62.
52 Reemtsen, Rolf: Die englische Dokumentarfilmschule in den dreißiger Jahren. Zur Begriffsbestimmung des Dokumentarismus im Film. Köln 1976, S. 89/90.
53 Vgl. auch Swanns Artikel mit dem bezeichnenden Titel »The Selling of the Empire«, in dem der Autor die Funktion der an das Empire Marketing Board angeschlossenen staatlich gestützten Dokumentarfilmproduktion beschreibt. Das Empire Marketing Board beschäftigte sich im Auftrag der Regierung mit Öffentlichkeitsarbeit und Werbung für Produkte aus den Kolonien. Swann, Paul: The Selling of the Empire: The Imperial Film Unit, 1926–1933. In: Studies in Visual Communication 9/3/1983, S. 15–24.
54 S. Reemtsen, Rolf: Die englische Dokumentarfilmschule in den dreißiger Jahrem. Zur Begriffsbestimmung des Dokumentarismus im Film. Köln 1976, S. 61 und S. 70–72.
55 Vgl. Swann, Paul: The Selling of the Empire: The Imperial Film Unit, 1926–1933. In.: Studies in Visual Communication 9/3/1983, S. 22.
56 Vgl. Bluem, A. William: Documentary in American Television. Form, Function, Method. New York, 1972.
57 Madge/Harrison zit. n. Chaney, David/Pickering, Michael: Authorship in Documentary: Sociology as an Art Form in Mass Observation. In: Corner (Hrsg.): Documentary and the Mass Media (1986), S. 37.
58 Chaney, David/Pickering, Michael: Authorship in Documentary: Sociology as an Art Form in Mass Observation. In: Corner (Hrsg.): Documentary and the Mass Media (1986), S. 39.
59 Lewis, Oscar: Die Kinder von Sánchez. Selbstporträt einer mexikanischen Familie. Frankfurt a. M. 1967, S. 10.
60 Richter, Hans: Der Kampf um den Film. Für einen gesellschaftlich verantwortlichen Film. Frankfurt a. M. 1979, S. 28.
61 Diese Einschätzung übernimmt Hans Richter aus der von Rudolf Arnheim im Auftrag des Völkerbunds herausgegebenen Zeitschrift »Intercine«; zit. n. Richter, Hans: Der Kampf um den Film. Für einen gesellschaftlich verantwortlichen Film. Frankfurt a. M. 1979, S. 28; ich übernehme die Rechtschreibung nach dem Original, R.S. Die Einschätzung der Bedeutung des Dokumentarischen stammt aus dem Jahr 1935.
62 »Intercine« zit. n. Richter, Hans: Der Kampf um den Film. Für einen gesellschaftlich verantwortlichen Film. Frankfurt a. M. 1979, S. 28.

63　Zit. n. Freunde der Deutschen Kinemathek (Hrsg.): Jean Rouch. Berlin 1978, S. 5; die Orthographie der Eigennamen habe ich von Rouch übernommen.

64　Vgl. die Auseinandersetzung mit Rouch im dritten Teil von Hohenberger, Eva: Die Wirklichkeit des Films. Dokumentarfilm – Ethnographischer Film – Jean Rouch. Hildesheim/Zürich/New York, 1988.

65　Büsing, Ute/Gembus, Gerhard/Klingelhöfer, Ralf u.a.: Film – Sprache der Betroffenen. In: Lindner (Hrsg.): Filmauge (1979), S. 123.

66　Unter Aktionsforschung wird hier ein wissenschaftskritischer Ansatz verstanden, der die traditionelle Trennung zwischen Subjekt und Objekt aufheben will. Die Aktionsforschung unterscheidet sich von der angewandten Sozialwissenschaft in der Hinsicht, daß die wissenschaftlichen Untersuchungen und die Suche nach Lösungen alltäglicher Probleme ständig und untrennbar verbunden werden. S. das Stichwort »Aktionsforschung«, in: Endruweit, Günter/Trommsdorff, Gisela: Wörterbuch der Soziologie. Stuttgart, 1989; Amborn, Hermann: Handlungsfähiger Diskurs: Reflexionen zur Aktionsethnologie. In: Schmied-Kowarzik/Stagl (Hrsg.): Grundfragen der Ethnologie (1993), bes. S. 130–135.

67　Taureg, Martin: Für die Entwicklung der Visuellen Anthropologie. Ein Aufruf zur Diskussion und Mitarbeit. In: Kölner Zeitschrift für Soizologie und Sozialpsychologie 36/2/1984, S. 426–428.

68　U. a. von der Université de Paris X in Nanterre, wo Rouch lehrte; ebenso einige detaillierte Semesterseminarpläne zur Arbeit mit Film in: International Journal of Visual Sociology 1/1985, S. 49–57.

69　Morin in der Einleitung zu Heusch, Luc de: The Cinema and Social Science. A Survey of Ethnographic and Sociological Films. Paris 1962, S. 5.

70　Carls, Josefine/Steinert, Heinz: Militärästhetik. Über einige Probleme der dokumentarischen Methode am Beispiel von Frederick Wisemans Basic Training. In: Beyerle/Brinckmann (Hrsg.): Der amerikanische Dokumentarfilm der 60er Jahre (1991), S. 211/212.

71　In diesem Zusammenhang wird immer wieder Brecht zitiert, der die abbild- und realismuskritische Position prägnant formuliert hat.»Die Lage wird dadurch so kompliziert, daß weniger denn je eine einfache ›Wiedergabe der Realität‹ etwas über die Realität aussagt. Eine Photographie der Kruppwerke oder der AEG ergibt beinahe nichts über diese Institute. Die eigentliche Realität ist in die Funktionale gerutscht. Die Verdinglichung der menschlichen Beziehungen, also etwa die Fabrik, gibt die letzteren nicht mehr heraus.« (Brecht, Bertolt: Gesammelte Werke Bd. 18. Frankfurt a. M. 1977 , S. 161/62)

72　Als deutsche Produktion kann man auf den thematisch verwandten *Dann werden sie schon schießen ...* von Thomas Riedelsheimer verweisen. Der Blick hinter die Fassade der militärischen Selbstinszenierung gelingt, indem Riedelsheimer die Perspektive eines Betroffenen durch tagebuchartige Kommentare aus dem Off einlesen läßt.

73　Der erste Teil von Stanley Kubricks *Full Metal Jacket* schildert mit quasi dokumentarischer Genauigkeit die Ausbildung von Rekruten für den Vietnamkrieg.
Mehrere Aufsätze in der Zeitschrift »Teaching Sociology«, in denen die Möglichkeit erörtert wird, Filme in soziologische Lehrveranstaltungen einzubeziehen, plädieren für die Bevorzugung fiktionaler Filme, weil in diesen konzeptuelle und strukturelle Aspekte eines Themas besser durchgearbeitet werden können. S. etwa Prendergast, Christopher: Cinema Sociology: Cultivating the Sociological Imagination through Popular Film. In: Teaching Sociology 14/4/1986, S. 243–248 und Burton, Emary C.: Sociology and the Feature Film. In: Teaching Sociology 16/3/1988, S. 263–271.

74　Maget, unveröffentlichtes Interview zit. n. Aibel, Robert: Ethnographic Fiction as »Data of« and »Data about« Culture: George Rouquier's *Farrebique*. In: Taureg/Ruby (Hrsg.): Visual Explorations of the World (1987), S. 211.

75 Maget zit. n. Aibel, Robert: Ethnographic Fiction as »Data of« and »Data about« Culture: George Rouquier's *Farrebique*. In: Taureg/Ruby (Hrsg.): Visual Explorations of the World (1987), S. 211. Mit gewissermaßen umgekehrter historischer Perspektive hat Claude Lévi-Strauss die Faszination filmischen Materials beschrieben: »Ein Fünf-Minuten-Film, im Athen des 5. Jahrhunderts gedreht, würde von Grund auf das Bild verändern, das uns die Historiker über jene Zeit liefern.« (Zit. n. Oppitz, Michael: Die Kunst der Genauigkeit. Wort und Bild in der Ethnographie. München 1989, S. 149)

zu: 2. Das Beispiel ...

76 Niépce zit. n. Newhall, Beaumont: Geschichte der Photographie. München 1984, S. 17/18.

77 S. Freund, Gisèle: Photography & Society. London 1980, S. 24; Newhall, Beaumont: Geschichte der Photographie. München 1984, S. 9. Zielinski beschreibt die Dioramen als vielfältige inszenatorische Spektakel, zu deren Eindruck insbesondere die Geräuschkulisse beitrug. S. Zielinski, Siegfried: Audiovisonen. Kino und Fernsehen als Zwischenspiele in der Geschichte. Reinbek bei Hamburg 1989, S. 29+38 sowie Magische Schatten. Ein Kinderbuch zur Entstehung des Kinos. Frankfurt a. M. 1988, S. 81–91.

78 Ausführlicher zu den Dioramen als einem Aspekt der Geschichte der Wahrnehmung s. Hick, Ulrike: Die Rolle des Panoramas in der Vorgeschichte des Films. In: Felix/Heller (Hrsg.): 3. Film- und fernsehwissenschaftliches Kolloquium (1993), S. 65–72.

79 Talbott zit. n. Newhall, Beaumont: Geschichte der Photographie. München 1984, S. 21.

80 Zit. n. Newhall, Beaumont: Geschichte der Photographie. München 1984, S. 21; Orthographie nach dem Original, R. S.

81 Newhall, Beaumont: Geschichte der Photographie. München 1984, S. 45.

82 Bericht aus der »Gazette de France« v. 2.2.1839 zit. n. Newhall, Beaumont: Geschichte der Photographie. München 1984, S. 19/20.

83 Aus einem Bericht der »Literary Gazette« v. 13.7.1839 zit. n. Newhall, Beaumont: Geschichte der Photographie. München 1984 S. 23.

84 Der Brief wurde mit Datum v. 19.4.1839 im New Yorker »Observer« veröffentlicht, zit. n. Newhall, Beaumont: Geschichte der Photographie. München 1984, S. 16.

85 Die technischen Details und Unterschiede der verschiedenen Verfahren berücksichtige ich nicht im einzelnen, sondern hebe den Aspekt der mechanischen Realitätsabbildung als das jene unterschiedlichen Verfahren verbindende Merkmal hervor. Zu technikgeschichtlichen Details der Fotografie und der industriellen Form ihrer Produktion s. Newhall, Beaumont: Geschichte der Photographie. München, 1984 und Freund, Gisèle: Photography & Society. London 1980.

86 So beispielsweise in Paris, London, Glasgow, s. Newhall, Beaumont: Geschichte der Photographie. München 1984, S. 101 und 104.

87 Zit. n. Newhall, Beaumont: Geschichte der Photographie. München 1984, S. 51.

88 Kracauer, Siegfried: Theorie des Films. Die Errettung er äußeren Wirklichkeit. Frankfurt a. M 1985, S. 27.
Holmes veröffentlichte im Mai 1863 im »Atlantic Monthly« einen Artikel, der mit Holzstichen illustriert war. Diese waren nach Fotografien angefertigt worden. Er beschrieb, daß sich die sichtbar werdenden Haltungen von den seit Jahrhunderten gültigen Darstellungskonventionen der Kunst stark unterschieden. Insbesondere wies Holmes auf die Weite des Schritts und die fast senkrechte Stellung der Fußsohle bei einer der Figuren hin. Über eine andere, deren Bein in der Luft zu hängen schien, schrieb er: »Einige dieser Figuren sind von einer Art, daß kein Künstler es gewagt hätte, eine gehende Figur so darzustellen.« (Holmes zit. n. Newhall, Beaumont: Geschichte der Photographie. München 1984, S. 51)

89 Die Information über die unglaublich kurze Belichtungszeit von 1/6000 Sekunde ist dem Stichwort »Muybridge« aus Buchers Enzyklopädie des Films 1977 entnommen. Sie findet sich auch in dem 1933 entstandenen Aufsatz von Rudolf Arnheim zur »Systematik der frühen kinematographischen Erfindungen«. (Arnheim, Rudolf: Kritiken und Aufsätze zum Film. Hrsg. v. H. Diederichs. Frankfurt a. M. 1979, S. 33)

90 Kracauer, Siegfried: Theorie des Films. Die Errettung der äußeren Wirklichkeit. Frankfurt a. M. 1985, S. 53.

91 Berichte von den Filmvorführungen der Lumières und den Publikumsreaktionen findet man bei den Klassikern der Filmgeschichtsschreibung wie Sadoul, Georges: Geschichte der Filmkunst. Frankfurt a. M., 1982 und Toeplitz, Jerzy: Geschichte des Films Band 1 1895 – 1928. Berlin, 1979. Daß es sich bei der beschriebenen Reaktion des Publikums eher um einen filmhistorischen Mythos als ein reales Ereignis handelt, braucht nicht besonders hervorgehoben zu werden. Die Pointe der berichteten Wirkung besteht vielmehr darin, daß sie mit einer Filmvorführung und nicht etwa mit der Betrachtung einer Fotografie in Verbindung gebracht wird, obwohl es auch von der fotografischen Realitätsillusion ähnliche Berichte gibt.

92 Wilson, John: Comments on Work with Film Preliterates in Africa. In: Studies in Visual Communication 9/1/1983, S. 30–35, erstveröffentlicht 1961; ausführlich zitiert bei McLuhan, Marshall: Die Gutenberg-Galaxis. Das Ende des Buchzeitalters. Düsseldorf/Wien, 1968, von dem die deutsche Übersetzung übernommen wurde; mit sehr unterschiedlichen Schlußfolgerungen beziehen sich auf die Experimente von Ombredane Morin, Edgar: Le Cinéma et l'homme imaginaire. Essai d'anthropologie sociologique. Paris, 1977, Biedermann, Werner/Kürner, Peter: Kino- und Filmarbeit an der Volkshochschule. Frankfurt a. M., 1984 und Kessler, Frank: Attraktion, Spannung, Filmform. In: montage/av 2/2/1993, S. 117–126.
Als ein weiteres Beispiel für die kulturelle Prägung der Wahrnehmung von Bildern und Filmen kann man auf einen Bericht von Barbara Keifenheim verweisen, in dem die Autorin ihre Erfahrungen mit Filmvorführungen bei den Kashinawa-Indianern beschreibt. Diese verglichen den Film mit den durch die Einnahme haluzinogener Drogen hervorgerufenen Bildern, verwechselten die filmische Darstellung aber in keinem Fall mit der Realität. Im Gegenteil waren die Indianer darüber verwundert, daß jemand die Strapazen einer Reise durch den Urwald auf sich nimmt, um Bilder aufzuzeichnen, die er durch die Einnahme von Drogen erhalten kann. Umgekehrt interpretiert Keifenheim ihre Erfahrungen mit den Vorführungen des bei den Kashinawa entstandenen Films in Europa als großartige Verwechslung von Film und Realität. (Keifenheim, Barbara: »Wenn die Bilder auf die Reise gehen ...«. In: Husman (Hrsg.): Mit der Kamera in fremden Kulturen (1987), S. 69–89)

93 Wolf, Gotthard: Das Institut für den wissenschaftlichen Film. 25 Jahre wissenschaftliche Filmarbeit. In: Der Film im Dienste der Wissenschaft (1961), S.5. Lumière selbst soll 1895 den Verkauf seines Patents an Méliès mit der Begründung abgelehnt haben, »daß es sich bei dem Kinematographen um ein wissenschaftliches Instrument handele, nicht aber um eine Unterhaltungsmaschine«. (Richter, Hans: Der Kampf um den Film. Für einen gesellschaftlich verantwortlichen Film. Frankfurt a. M. 1979, S. 48)

94 Wolf, Gotthard: Der wissenschaftliche Dokumentationsfilm und die Encyclopaedia Cinamtographica. München 1967, S. 113.

95 Braun, Marta: The Photographic Work of E. J. Marey. In: Studies in Visual Communication 9/4/1983, S. 6.

96 Braun, Marta: The Photographic Work of E. J. Marey. In: Studies in Visual Communication 9//4/1983, S. 21.

97 Meine Darstellung folgt Taureg, Martin: The Development of Standards for Scientific Films in German Ethnography. In: Bogaart/Ketelaar (Hrsg.): Methodology in Anthropological Filmmaking (1983), S. 61–85 und Taureg, Martin: Ist Wirklichkeit konservierbar? Zum Verhältnis von Realität und Repräsentation im ethnographischen Film. In: Blümlinger (Hrsg.): Sprung im Spiegel (1990), S. 211–226. Taureg seinerseits beruft sich auf Lepenies, Wolf: Das Ende der Naturgeschichte.

Wandel kultureller Selbstverständlichkeiten in den Wissenschaften des 18. und 19. Jahrhunderts. München/Wien, 1976.

98 Auf die Koinzidenz der technischen Entwicklung der Fotografie als Reproduktionsmedium, das die dargestellte Wirklichkeit beliebig vervielfältigt und verfügbar macht, mit dem Empirieverständnis des 19. Jahrhunderts hat Günther Anders in einer Anmerkung zum »Exkurs über das Photographieren« aufmerksam gemacht. Zu dem Axiom einer Ontologie aus der Perspektive der intensivierten Warenproduktion, daß Realität erst durch Reproduktion vorhanden sei, erst als Serie und im Plural existiert, merkt er an, daß dieses Axiom bereits durch die exakten Naturwissenschaften besteht.« ... schon für diese gilt als ›wahrhaft seiend‹ nur dasjenige, was unter gleichen Bedingungen immer wieder da ist, also das Gesetzmäßige. Ihre Maxime könnte lauten: ›Was ich nicht wiederholen kann, das sehe ich nicht als seiend an.‹ Der Hochmut der Gebildeten des 19. Jhdt. gegenüber der (mit ›Wundern‹ identifizierten) Religion, der des Naturwissenschaftlers gegenüber der Geschichte, beruht auf nichts anderem als auf der Gleichsetzung von Sein und Plural, bzw. Gesetz.« (Anders, Günther: Die Antiquiertheit des Menschen. Über die Seele im Zeitalter der zweiten industriellen Revolution. München 1961, S. 340/341; die Schreibweise entspricht dem Original, R. S.)

99 S. Petermann, Werner: Geschichte des ethnographischen Films. In: Friedrich u. a. (Hrsg.): Die Fremden sehen (1984), S. 20/21.

100 »All anthropological museums should add suitable film archives to their collections. The mere possession of a potter's wheel, a number of weapons or a primitive loom is not sufficient for a full understanding of their functional use; this can only be handed down to posterity by means of precise cinematographic records.« (Zit. n. Böhl, Michael: Entwicklung des ethnographischen Films. Die filmische Dokumentation als ethnographisches Forschungs- und unversitäres Unterrichtsmittel in Europa. Göttingen 1985, S. 70)

101 Polimanti zit. n. Böhl, Michael: Entwicklung des ethnographischn Films. Die filmische Dokumentation als ethnographisches Forschungs- und universitäres Unterrichtsmittel in Europa. Göttingen 1985, S. 78.

102 S. Wolf, Gotthard: Der wissenschaftliche Dokumentationsfilm und die Encyclopaedia Cinematographica. München 1967, S. 171ff.

103 S. Böhl, Michael: Entwicklung des ethnographischen Films. Die filmische Dokumentation als ethnographisches Forschungs- und universitäres Unterrichtsmittel. Göttingen 1985, S. 92/93.

104 Wolf, Gotthard: Das Institut für den Wissenschaftlichen Film. 25 Jahre wissenschaftliche Filmarbeit. In: Der Film im Dienst der Wissenschaft (1961), S. 28.

105 Koloß, Hans Joachim: The Ethnographic Film as a Medium of Documentation and as a Research Method. In: Bogaart/Ketelaar (Hrsg.): Methodology in Anthropological Filmmaking (1983), S. 83.

106 Koloß, Hans Joachim: The Ethnographic Film as a Medium of Documentation and as a Research Method. In: Bogaart/Ketelaar (Hrsg.): Methodology in Anthropological Filmmaking (1983), S. 88.

107 Koloß, Hans Joachim: The Ethnographic Film as medium of Documentation and as a Research Method. In: Bogaart/Ketelaar (Hrsg.): Methodology in Anthropolgical Filmmaking (1983), S. 83.

108 Koloß zit. n. Fuchs, Peter: Über den ›wissenschaftlichen‹ Film. Ein Gespräch mit Peter Fuchs von R. Kapfer und R. Thoms. In: Friedrich u. a. (Hrsg.): Die Fremden sehen (1984), S. 100.

109 Dokumentiert in: Wolf, Gotthard: Der wissenschaftliche Dokumentationsfilm und die Encyclopaedia Cinematographica. München 1967, S. 43ff, Lindner (Hrsg.): Filmauge (1979), S. 50 und Böhl, Michael: Entwicklung des ethnographischen Films. Die filmische Dokumentation als ethnographisches Forschungs- und universitäres Unterrichtsmittel in Europa. Göttingen 1985, S. 96–103.

110 Wolf, Gotthard: Das Institut für den Wissenschaftlichen Film. 25 Jahre wissenschaftliche Filmarbeit. In: Der Film im Dienste der Wissenschaft (1961), S. 7/8.

111 Zur Kulturkreislehre vgl. die Darstellung von Müller, Klaus E.: Grundzüge des ethnologischen Historismus. In: Schmied-Kowarzik/Stagl (Hrsg.): Grundfragen der Ethnologie (1993), bes. S. 201-215.

112 Die Darstellung folgt dem Einstellungsprotokoll der exemplarischen Einzelwerkanalyse des zehnminütigen Stummfilms Dogon (Westsudan, Mittlerer Niger) Herstellen eines Seiles in: Hohenberger, Eva: Die Wirklichkeit des Films. Dokumentarfilm – Ethnographischer Film – Jean Rouch. Hildesheim/Zürich/New York 1988, S. 165-173.

113 Begleitpublikation zit. n. Hohenberger, Eva: Die Wirklichkeit des Films. Dokumentarfilm – Ethnographischer Film – Jean Rouch. Hildesheim/Zürich/New York 1988, S. 172.

114 Zum Begriff der Diegese s. Hohenberger, Eva: Die Wirklichkeit des Films. Dokumentarfilm – Ethnographischer Film – Jean Rouch. Hildesheim/Zürich/New York 1988, S. 85–90; speziell zur Funktion der Diegese im ethnographischen Film s. Dauer, Alfons Michael: Zur Syntagmatik des ethnographischen Dokumentationsfilms. Wien-Föhrenau 1980, S. 23 und Petermann, Werner: Einstellungswechsel. Überlegungen zu einigen Grundfragen des ethnographischen Films. In: Trickster 16/1988, S. 77/78.

115 »Als Vehikel audiovisueller Mitteilung hat der Film auch deswegen keinen Wirklichkeitsgehalt, weil bei der Umwandlung von Realität in Abbild unbestimmbar viel Raum-Zeitstoff als redundant zum Verschwinden gebracht wird, und sei es nur durch die Kadrage des Kamerabildes.« (Dauer zit. n. Böhl, Michael: Entwicklung des ethnographischen Films. Die filmische Dokumentation als ethnographisches Forschungs- und universitäres Unterrichtsmittel in Europa. Göttingen 1985, S. 110)

116 Dauer hat an einem 1957 gedrehten Film über volkstümliche Töpferei in Westfalen (Encyclopaedia Cinematographica, IWF, Göttingen, E155) die diegetisch inkorrekte Gestaltung als einen strukturellen Mangel der Enzyklopädie-Filme kritisiert. (Dauer zit. n. Böhl, Michael: Entwicklung des ethnographischen Films. Die filmische Dokumentation als ethnographisches Forschungs- und universitäres Unterrichtsmittel in Europa. Göttingen 1985, S. 102)

117 Hohenberger berichtet von einem einzigen Film, in dem ein Vergleich von Filmen über Töpfereitechniken gegen die bisherige Klassifikation dieser Techniken sprach. (Hohenberger, Eva: Die Wirklichkeit des Films. Dokumentarfilm – Ethnographischer Film – Jean Rouch. Hildesheim/Zürich/New York 1988, S. 171)
Asch und Asch bestätigen, daß die Filme des IWF so gut wie überhaupt nicht für Veröffentlichungen ausgewertet werden. (Asch, Timothy/Asch, Patsy: Film in Anthropological Research. In: Hockings/Onori (Hrsg.): Cinematographic Theory and New Dimensions in Ethnographic Film (1988), S. 165–187)

118 Heider, Karl G.: Fieldwork with a Cinema. In: Studies in Visual Communication 9/1/1983, S. 2.

119 Die erweiterten Möglichkeiten des ethnographischen Films seit etwa 1960 erklärt Heider allerdings nicht nur mit technischen Entwicklungen, sondern vor allem mit der Erweiterung finanzieller Ressourcen. (Heider, Karl G.: Ethnographic Film. Austin/London 1976, S. 16)

120 MacDougall, David: Beyond Observational Cinema. In: Hockings (Hrsg.): Principles of Visaul Anthropology (1975), S. 112.

121 Heider, Karl G.: Fieldwork with a Cinema. In: Studies in Visual Communication 9/1/1983, S. 3.

122 Ausführlich und mit Erörterung der einzelnen Kriterien Heider, Karl G.: Ethnographic Film. Austin/London, 1976; im Überblick bei Hohenberger, Eva: Die Wirklichkeit des Films. Dokumentarfilm – Ethnographischer Film – Jean Rouch. Hildesheim/Zürich/New York 1988, S. 144.

123 In den sechziger und siebziger Jahren wurde im Auftrag der Schweizerischen Gesellschaft für Volkskunde eine Serie von Filmen zu aussterbenden Berufen hergestellt. Diese Filme zeichnen sich dadurch aus, daß sie aktuelle Probleme der eigenen Gesellschaft als historische Transformationsprozesse thematisieren. Der Unterschied zur akademisch etablierten ethnographischen Filmdokumentation fällt um so stärker auf, als diese sich in erster Linie um die Konservierung

untergehender Lebensformen für die zukünftige Forschung zu kümmern scheint und unterstellt, die dokumentierten Ethnien hätten jahrhundertelang ohne Veränderungen in einem gewissermaßen unhistorischen Zustand gelebt.

Über die thematische und wissenschaftstheoretische Orientierung hinaus, erlangten die Filme der Schweizerischen Gesellschaft für Volkskunde vor allem wegen ihrer innovativen Gestaltung international Beachtung (s. die Ausführungen von Roth in: Freunde der Deutschen Kinemathek (Hrsg.): Der Dokumentarfilm (1978), S. 62ff).

124 Nach der Darstellung von Böhl kann Eibl-Eibesfeldts Einfluß auf die Konzeption des wissenschaftlichen Films des IWF kaum überschätzt werden. (Böhl, Michael: Entwicklung des ethnographischen Films. Die filmische Dokumentation als ethnographisches Forschungs- und universitäres Unterrichtsmittel in Europa. Göttingen 1985, S. 93) Böhl spricht von der äußerst fragwürdigen, von Otto Koenig und Irenäus Eibl-Eibesfeldt verfochtenen, neuen Disziplin der sogenannten »KULTURETHNOLOGIE« (sic!).

Zu Bedeutung und Umfang des in der Kontroverse für Schlumpfs Aufsatz titelgebenden Eipo-Projekts für das Institut s. auch Fuchs, Peter: Über den ›wissenschaftlichen‹ Film. Ein Gespräch mit Peter Fuchs von R. Kapfer und R. Thoms. In: Friedrich u. a. (Hrsg.): Die Fremden sehen (1984), S. 100.

125 Schlumpf, Hans-Ulrich: Warum mich das Graspfeilspiel der Eipo langweilt. Gedanken zur Wissenschaftlichkeit ethnologischer Filme. In: Husmann (Hrsg.): Mit der Kamera in fremden Kulturen (1987), S. 51.

126 Schlumpf, Hans-Ulrich: Warum mich das Graspfeilspiel der Eipo langweilt. Gedanken zur Wissenschaftlichkeit ethnologischer Filme. In: Husmann (Hrsg.): Mit der Kamera in fremden Kulturen (1987), S. 57; Hervorhebung im Original, R. S.

127 Schlumpf, Hans-Ulrich: Warum mich das Graspfeilspiel der Eipo langweilt. Gedanken zur Wissenschaftlichkeit ethnologischer Filme. In: Husmann (Hrsg.): Mit der Kamera in fremden Kulturen (1987), S. 58; Hervorhebungen im Original, R. S.

128 Petermann hat darauf aufmerksam gemacht, daß mit der Diskussion um die ästhetisch-kinematographische Qualität des ethnographischen Films die paradigmatische Konstitution der Wissenschaft selbst in Frage steht: »Die filmische Repräsentation von Wirklichkeit ist wie die Wissenschaft ein Erklärungssystem, das sich sein Objekt konstituiert.« (Petermann, Werner: Einstellungswechsel. Überlegungen zu einigen Grundfragen des ethnographischen Films. In: Trickster 16/1988, S. 78)

129 Die Auffassung vom Film als einer Sprache reicht bis in die Anfänge der Stummfilmtheorie zurück (für einen historisch-systematischen Überblick s. Möller-Naß, Karl-Dietmar: Filmsprache. Eine kritische Theoriegeschichte. Münster, 1986). Während jedoch die Analogie von Film und Sprache meist metaphorisch gemeint war, hat Christian Metz seit etwa Mitte der sechziger Jahre die Möglichkeit untersucht, die strukturalistische Linguistik zur Formulierung filmwissenschaftlicher und -theoretischer Fragen zu nutzen.

Weitere wichtige Beiträge zur Beschreibung des Films als sprachähnlichem Zeichensystem kamen von Eco und Pasolini. Analog der linguistischen Semiotik wurden am Film syntaktische Aspekte als Beziehungen der Zeichen untereinander, semantische Aspekte als Beziehungen zwischen den Zeichen und ihren Bedeutungen sowie pragmatische Aspekte als Beziehungen zwischen den Zeichen und Schöpfern, Sendern und Empfängern untersucht. Metz selbst hat eine »große Syntagmatik« vorgeschlagen, die den Film wie eine Grammatik in eine hierarchische Typologie von Filmsätzen gliedert, und auf diese Weise auf textuelle Verfahren des Films aufmerksam gemacht.

130 MacDougall, David: Beyond Observational Cinema. In: Hockings (Hrsg.): Principles of Visual Anthropology (1975), S. 113.

Außer inhaltlich-thematischen Aspekten können im einzelnen die Dreharbeiten on location, der Einsatz von Laienschauspielern und die Beibehaltung ihrer Dialekte sowie die episodisch-anekdotische Erzählstruktur als Kennzeichen des durch die italienischen Filme hervorgerufenen Authentizitätseindrucks genannt werden.

Neben dem Neorealismus ist außerdem der Einfluß, des Free Cinema sowie der polnischen Schule auf die Konzeptualisierung eines beobachtenden Dokumentarfilms herausgearbeitet worden. (S. Barnouw, Eric: Documentary. A History of the Non-Fiction Film. Revised Edition. Oxford 1983, S. 231–233; auch Marsolais, Gilles: L'Aventure du Cinéma Direct. Paris 1974)
Das Bild von der Fliege an der Wand für das Verhalten des beobachtenden Dokumentaristen ist von Winston übernommen (Winston, Brian: Great Artist or Fly on the Wall: The Griersonian Accomodation and Its Destruction. In: Taureg/Ruby (Hrsg.): Visual Explorations of the World (1987), S. 191 und ff).

131 MacDougall, David: Beyond Observational Cinema. In: Hockings (Hrsg.): Principles of Visual Anthropology (1975), S. 112.

132 MacDougall, David: Beyond Observational Cinema. In: Hockings (Hrsg.): Principles of Visual Anthropology (1975), S. 119.

133 MacDougall, David: Ein nichtprivilegierter Kamerastil. In: Friedrich u. a. (Hrsg.): Die Fremden sehen (1984), S. 75.

134 MacDougall, David: Ein nichtprivilegierter Kamerastil. In: Friedrich u. a. (Hrsg.): Die Fremden sehen (1984), S. 75; Formulierung im Original, R.S.

135 MacDougall, David: Ein nichtprivilegierter Kamerastil. In: Friedrich u. a. (Hrsg.): Die Fremden sehen (1984), S. 80.

136 »In dem Maße wie die Filmer sich auf die von ihnen gefilmten Menschen einlassen, gerät der Zuschauer in die ursprünglich vom Filmemacher eingenommene Position.« (MacDougall, David: Ein nichtprivilegierter Kamerastil. In: Friedrich u. a. (Hrsg.): Die Fremden sehen (1984), S. 83)

137 MacDougall, David: Ein nichtprivilegierter Kamerastil. In: Friedrich u. a. (Hrsg.): Die Fremden sehen (1984), S. 81/82.

138 Hohenberger, Eva: Die Wirklichkeit des Films. Dokumentarfilm – Ethnographischer Film – Jean Rouch. Hildesheim/Zürich/New York 1988, S. 158.

139 Aus feministischer Sicht äußerte sich Ann Kaplan zu einem pauschalen Ideologieverdacht gegen den dokumentarischen Realismus, der ohne Rücksicht auf die Komplexität in Produktion und Rezeption erhoben wird. (Kaplan, E. Ann: Theories and Strategies of the Feminist Documentary. In: Rosenthal (Hrsg.): New Challenges for Documentary (1988), S. 78–103)
Umfassend hat sich, nicht selten in polemischer Form, Carroll mit den strukturalistischen, poststrukturalistischen, semiotischen und psychoanalytischen Einflüssen auf die Filmtheorie im allgemeinen und auf die Theorie der Filmwahrnehmung im besonderen auseinandergesetzt. Mit dem Hinweis darauf, daß ein durchschnittliches Kinopublikum sehr wohl zwischen Film und Realität unterscheiden kann, vereinfacht Carroll grundlagentheoretische Fragestellungen allzu sehr. Produktiv erscheint mir Carrolls kritische Auseinandersetzung mit den strukturalistischen Ansätzen in der Filmtheorie, weil sie ihn zur Ablehnung einer vereinheitlichten Filmtheorie führt, die schematisch auf alle Filme und jede Form der Rezeption anzuwenden wäre.

140 Strecker, Ivo: Deixis und die nichtprivilegierte Kamera. In: Husmann (Hrsg.): Mit der Kamera in fremden Kulturen (1987), S. 42/43.

141 Strecker, Ivo: Deixis und die nichtprivilegierte Kamera. In: Husmann (Hrsg.): Mit der Kamera in fremden Kulturen (1987), S. 40.

142 Strecker, Ivo: Deixis und die nichtprivilegierte Kamera. In: Husmann (Hrsg.): Mit der Kamera in fremden Kulturen (1987), S. 42.

143 Strecker, Ivo: Deixis und die nichtprivilegierte Kamera. In: Husmann (Hrsg.): Mit der Kamera in fremden Kulturen (1987), S. 44; Hervorhebung im Original, R. S.

144 Hohenberger, Eva: Die Wirklichkeit des Films. Dokumentarfilm – Ethnographischer Film – Jean Rouch. Hildesheim/Zürich/New York 1988, S. 179+181.

Auf ähnliche Aspekte der Gestaltung in den Filmen von David und Judith MacDougall hat MacBean hingewiesen. MacBean charakterisiert die Filmarbeit der MacDougalls als Collage oder audiovisuellen Essay in der ersten Person, in dem weder die beobachtenden noch die erzählenden Elemente dominieren, sondern auf verschiedene Weise kombiniert werden. Selbst wenn eine kontinuierliche Erzählung entwickelt wird, machen die Filmemacher ihre Eingriffe während der Aufnahme und bei der Gestaltung des Materials für den Zuschauer erkennbar deutlich. (MacBean, James Roy: *Two Laws* from Australia, One White, One Black. In: Rosenthal (Hrsg.): New Challenges for Documentary (1988), S. 218/219)

145 MacDougall, David: Complicities of Style. In: Crawford/Turton (Hrsg.): Film as Ethnography (1992), S. 94.

146 Strecker, Ivo: Deixis und die nichtprivilegierte Kamera. In: Husmann (Hrsg.): Mit der Kamera in fremden Kulturen (1987), S. 44.
Wie um auch für den Leser die Illusion der Teilnahme an dem dargestellten Ereignis zu erzeugen, wechselt Strecker ins Präsens.

147 MacDougall, David: Versuche mit dem inneren Kommentar. In: Trickster 16/1988, S. 52/53.

148 Als direkter Vorläufer der Filmdramaturgie ist die praxisbezogene Kodifizierung der »Technik des Dramas« von Gustav Freytag auszumachen, die bereits 1863 erschienen ist und bis heute Anleitungen zum Drehbuchschreiben beeinflußt. (S. die Sammelrezension Ulrich von Thünas über Handbücher zum Drehbuchschreiben; Thüna, Ulrich von: Die Kunst des Drehbuchschreibens. In: epd Film 8/1992, S. 6/7)

149 Winston, Brian: Claiming the Real. The Griersonian Documentary and Its Legitimation. London 1995, S. 152.

150 Heider, Karl G.: Fieldwork with a Cinema. In: Studies in Visual Communication 9/1/1983, S. 3.

151 Heider, Karl G.: Fieldwork with a Cinema. In: Studies in Visual Communication 9/1/1983, S. 3.

152 Heider, Karl G.: Fieldwork with a Cinema. In: Studies in Visaul Communication 9/1/1983, S. 3.
Eine Darstellung der Experimente Kuleschovs zur Montage, die auf dessen eigenen Mitteilungen beruht, ist zu finden bei Beller, Hans: Aspekte der Filmmontage. – Eine Art Einführung. In: Beller (Hrsg.): Handbuch der Filmmontage (1993), S. 20–22). Beller berichtet auch von eigenen Montageexperimenten an der Hochschule für Film und Fernsehen in München. Sein Bericht reflektiert auch die Problematik dieser Experimente. Der Aussagewert von ihnen ist doch meist schmale empirische Basis stark eingeschränkt. Es handelt sich selten um Untersuchungen in einem Umfang, die statistisch verallgemeinerbar wären. Entscheidender ist aber die Diskrepanz zwischen dem Experiment und dem Filmerleben. Die Wirkungen werden meist nicht an fertigen Filmen, sondern an ziemlich kurzen einzelnen Sequenzen untersucht, die keinen erzählerischen oder konzeptuellen Zusammenhang erkennen lassen und die Komplexität einer Filmrezeption reduzieren, um isolierte Aspekte der Gestaltung und ihre Wirkungen untersuchen zu können. (Beller, Hans: Montage-Experimente an der HFF München. In: Beller (Hrsg.): Handbuch der Filmmontage (1993), S. 155–177; s.a. Wulff, Hans J.: Der Plan macht's. Wahrnehmungspsychologische Experimente zur Filmmontage. In: Beller (Hrsg.): Handbuch der Filmmontage (1993), bes. S. 176/177 und 178–189)

153 Tuchman zit. n. Heider, Karl G.: Fieldwork with a Cinema. In: Studies in Visual Communication 9/1/1983, S. 9.

154 » ... in most cases the better the ethnographicness, the better the cinema.« (Heider, Karl G.: Fieldwork with a Cinema. In: Studies in Visual Communication 9/1/1983, S. 5)

155 »Einleuchtend ist, daß es verschiedene Grade der Gestaltung gibt. Die einfachste Form ist das Abfilmen eines Vorgangs im Maßstab 1:1. Gerade bei solch simplem Konzept wird man gut überlegen müssen, wo die Kamera aufgestellt wird, welches Objektiv der Situation adäquat ist, ob der Kamera Bewegung erlaubt ist und welche. Sehr schnell wird sich allerdings zeigen, daß ein Konzept ›1 Vorgang = 1 Einstellung‹ die Darstellung auch einfacherer Abläufe unnötig einschränkt.

Nehmen wir als Beispiel die von Eibl-Eibesfeldt gefilmte ›Palmfruchternte‹ der Yanomami, die mit Hilfe eines Klettergestells zu den Früchten in der Baumkrone gelangen. Um den ganzen Vorgang in einer Einstellung zu filmen, müßten wir wegen des großen horizontalen Schwenkbereichs einen so großen Abstand nehmen, daß man kaum noch Details sehen würde und ein fachlich interessierter Zuschauer mit Recht sagen könnte: ›Aber ich sehe ja gar nicht, wie die Lianenschnüre verknotet sind ....‹ Man müßte auch eine große Schneise in den Urwald schlagen, was der Unbefangenheit des Kletterers wohl auch nicht bekäme, so wenig wie wenn wir einen Kamerakran aufbauen würden, um den Bewegungen des Kletterers immer folgen zu können. Auch dauert der Bau des Gestells vielleicht eine Stunde, es wird nicht kontinuierlich gearbeitet, noch eine mythische Geschichte zur Herkunft des Gestells zum besten gegeben, kurz, die einfache Verrichtung der Fruchternte erweist sich als komplexer als man dachte. Das zeigt, daß wir in den allermeisten Fällen nicht um den Schnitt, nicht um eine *fiktive Auflösung* dessen, was wir zeigen wollen, herumkommen.« (Schlumpf, Hans-Ulrich: Warum mich das Graspfeilspiel der Eipo langweilt. Gedanken zur Wissenschaftlichkeit ethnologischer Filme. In: Husmann (Hrsg.): Mit der Kamera in fremden Kulturen (1987), S. 60; Hervorhebung im Original, R. S.)

156 Hohenberger, Eva: Die Wirklichkeit des Films. Dokumentarfilm – Ethnographischer Film – Jean Rouch. Hildesheim/Zürich/New York 1988, S. 19.

157 Zit. n. Kracauer, Siegfried: Theorie des Films. Die Errettung der äußeren Wirklichkeit. Frankfurt a. M. 1985, S. 58.

158 Richter, Hans: Der Kampf um den Film. Für einen gesellschaftlich verantwortlichen Film. Frankfurt a. M. 1979, S. 48.

159 Während Monaco die Filme von Lumière und Méliès als grundlegende Dichotomie der Filmkunst bezeichnet (Monaco, James: Film verstehen. Kunst, Technik, Sprache, Geschichte und Theorie des Films. Reinbek bei Hamburg 1980, S. 256), spricht Kracauer von einer realistischen und einer formgebenden Tendenz, die sich wie These und Antithese im Hegelschen Sinn verhalten. (Kracauer, Siegfried: Theorie des Films. Die Errettung der äußeren Wirklichkeit. Frankfurt a. M. 1985, S. 57)

160 Méliès hat mit den Filmen *Explosion du Cuirassé ›Maine‹ en Rade de la Havane* über das Ereignis, das 1898 den spanisch-amerikanischen Krieg auslöste, *L'Affaire Dreyfus* über den Hochverratsprozeß gegen den Offizier gleichen Namens, *Die Krönung König Edwards VII* und *Eruption du Mont-Pélé* über einen Vulkanausbruch zeitgeschichtliche Ereignisse nach authentischen Fotografien und Presseberichten rekonstruiert und inszeniert. Sadoul nimmt diese Filme gegen den Vorwurf des Betrugs in Schutz, weil Méliès nicht vorgab, daß seine Dokumentarfilme authentisch seien. (Sadoul, Georges: Geschichte der Filmkunst. Frankfurt a. M. 1982, S. 43/44+63)

161 Sadoul, Georges: Geschichte der Filmkunst. Frankfurt a. M. 1982, S. 35.

162 Sadoul, Georges: Geschichte der Filmkunst. Frankfurt a. M. 1982, S. 37.

163 Kuchenbuch hat darauf hingewiesen, daß vor allem die dokumentarischen Versuche von Méliès wie *L'Affaire Dreyfus* die Begrenztheit des Theaterraumkonzepts erkennen lassen. (Kuchenbuch, Thomas: Bild und Geschichte. Geschichten in Bildern. Vom frühen Comic zum Fernsehfeature. Münster 1992, S. 100/101)

164 Die Informationen zu Porter sind dem Film *Before the Nickelodeon* und dem vom Internationalen Forum des jungen Films 1983 herausgegebenen Begleitmaterial entnommen. (Informationsblätter des Internationalen Forums des Jungen Films: *Before the Nickelodeon – The Early Cinema of Edward Porter*. Berlin, 34/1983) Der Film erzählt am Beispiel von Porter mit einer Vielzahl von Dokumenten und Zitaten, wie sich die Kinematographie zum Film und die Filmproduktion zu einer Industrie entwickelte. Der Titel spielt auf die Einrichtung von Kinosälen, für die ein Nickel (= fünf Cents) Eintrittsgeld bezahlt werden mußte, als einschneidendem Ereignis der Rezeptions- und Filmwirtschaftsgeschichte in dieser Entwicklung an.

165 Sadoul, Georges: Geschichte der Filmkunst. Frankfurt a. M. 1982, S. 29/30.

166 Richter, Hans: Der Kampf um den Film. Für einen gesellschaftlich verantwortlichen Film. Frankfurt a. M. 1979, S. 28.

167 Die Dramaturgie der Rettung in letzter Sekunde entspricht dem Feuerwehrkompilationsfilm von Lumière, wie Sadoul sie darstellt. (Sadoul, Georges: Geschichte der Filmkunst. Frankfurt a. M. 1982, S. 29)

168 Reisz, Karel/Millar, Gavin: Geschichte und Technik der Filmmontage. München 1988, S. 15/16.

169 Hohenberger, Eva: Die Wirklichkeit des Films. Dokumentarfilm – Ethnographischer Film – Jean Rouch. Hildesheim/Zürich/New York 1988, S. 113.

170 Neuerdings hat Kuchenbuch für die frühe Phase der Kinematographie beschrieben, wie die Berücksichtigung realitätsnaher Sujets »den Film über seine jeweiligen Grenzen hinaustreibt.« (Kuchenbuch, Thomas: Bild und Geschichte. Geschichten in Bildern. Vom frühen Comic zum Fernsehfeature. Münster 1992, S. 106) Insbesondere Aufnahmeprobleme, die sich im Zusammenhang mit modernen Verkehrsvehikeln wie Eisenbahn, Automobil, Ozeandampfer, Flugobjekte als Motiv ergaben, haben immer wieder neue technische und dramaturgische Lösungen gefordert. (Kuchenbuch, Thoams: Bild und Geschichte. Geschichten in Bildern. Vom frühen Comic zum Fernsehfeature. Münster 1992, S. 196) Im Vergleich mit diesen Anforderungen zeigt der Spielfilm in den Jahren bis 1925 eine »Tendenz zur Vereinfachung einer gängigen visuellen Formel, innerhalb der sich dann die Kunst des Inszenierens und Spielens als das hauptsächliche Potential erweist.« (Kuchenbuch, Thomas: Bild und Geschichte. Geschichten in Bildern. Vom frühen Comic zum Fernsehfeature. Münster 1992, S. 227)

171 Engell, Lorenz: Sinn und Industrie. Einführung in die Filmgeschichte. Frankfurt a. M./New York/Paris 1992, S. 62.

172 Beller, Hans: Aspekte der Filmmontage – Eine Art Einführung. In: Beller (Hrsg.): Handbuch der Filmmontage (1993), S. 14.

173 Formuliert wurde die »rule of three« von Sanderson (zit. n. Möller-Naß, Karl-Dietmar: Filmsprache. Eine kritische Theoriegeschichte. Münster 1986, S. 70/71; hier auch weitere Angaben zum Umfang der Filmproduktion).
Als ein leicht zu realisierendes Gestaltungsmittel mit großer Wirkung wurde diese Regel vor allem auch in den Bereich des Amateurfilms übernommen. (Opfermann, H. C.: Die neue Schmalfilmschule. Hamburg 1941, S. 44/45)

174 »Notgedrungen müssen diese Männer solch große Risiken eingehen, um gute Aufnahmen zu bekommen, aber irgendwann einmal müssen sie zusammenbrechen. Es ist eine ungeheure Belastung, sich ständig unter feindlichem Feuer bewegen zu müssen, nur mit der Kamera bewaffnet, und über die Brustwehr oder aus dem Graben heraus ihre Bilder zu machen, wobei sie sich zusätzlichen Gefahren aussetzen.« (Zit. n. Hiley, Nicholas: Der Erste Weltkrieg im britischen Film. In: Die letzten Tage der Menschheit. Bilder des Ersten Weltkriegs. Hrsg. v. Rainer Rother. Berlin 1994, S. 223)

175 Hiley, Nicholas: Der Erste Weltkrieg im britischen Film. In: Die letzten Tage der Menschheit. Bilder des Ersten Weltkriegs. Hrsg. v. Rainer Rother. Berlin 1994, S. 222.

176 S. etwa Regel, Helmut: Die Authentizität dokumentarischer Filmaufnahmen. Methoden einer kritischen Prüfung. In: Möglichkeiten des Dokumentarfilms (1979), S. 165–176.

177 Ausführlich und materialreich hat vor allem Virilio die parallele Entwicklung von Filmkamera und Waffensystemen untersucht. Virilios Ansatz ist jedoch nicht ideologiekritisch. Vielmehr untersucht er den Wandel der menschlichen Wahrnehmungsweise, der sich durch die Anwendung audiovisueller Technik zu kriegerischen Zwecken manifestiert.

178 So wurde beispielsweise die Universum Film Aktiengesellschaft (Ufa) 1917 auf Betreiben Ludendorffs als Zusammenschluß aus mehreren kleineren Produktionsgesellschaften mit dem Zweck gegründet, Propagandafilme herzustellen. Allerdings machte die Ufa keinen einzigen Propagandafilm, sondern Filme, die in fernen Ländern und anderen Zeiten spielten, weil mit diesen

Filmen mehr Geld zu verdienen war. (Bitomsky, Hartmut: Die UFA. In: Prischtat (Hrsg.): Die Wirklichkeit der Bilder (1992), S. 117)

179 Petermann, Werner: Geschichte des ethnographischen Films. In: Friedrich u. a. (Hrsg.): Die Fremden sehen (1984), S. 34.

180 Filmforum Ethnologie und Dritte Welt veranstaltet vom Kommunalen Kino Freiburg, 30. April – 5. Mai 1991 (Programmheft).

181 Beller, Hans: Aspekte der Filmmontage – Eine Art Einführung. In: Beller (Hrsg.): Handbuch der Filmmontage (1993), S. 15.

182 Van Dongen zit. n. Reisz, Karel/Millar, Gavin: Geschichte und Technik der Filmmontage. München 1988, S. 104.

183 Van Dongen zit. n. Reisz, Karel/Millar, Gavin: Geschichte und Technik der Filmmontage. München 1988, S. 94.

184 Rodcenko zit. n. Gaßner, Hubertus: Rodcenko – Fotografien. München 1982, S. 68.

185 Vertov, Dziga: Schriften zum Film. Hrsg. v. W. Beilenhoff. München 1973, S. 7.

186 Vertov, Dziga: Schriften zum Film. Hrsg. v. W. Beilenhoff. München 1973, S. 8.

187 Die Gestaltungsmittel von Rodcenkos Typographie wurden mit denen des Films verglichen: »mit ›Großaufnahmen‹ (herausgehobene Schlagworte), mit ›Zwischentiteln‹ und ›Einblendungen‹ (aus dem fortlaufenden Satzspiegel ausgegliederte Felder mit Merksätzen und Aufrufen in extra Rahmen), mit ›Pausen‹ oder ›Schnitten‹ zwischen den einzelnen Textsequenzen (angezeigt durch gepunktete Querlinien und Absätze) sowie mit einer Verlangsamung oder Beschleunigung der Lesegeschwindigkeit durch Fein- oder Fettdruck.« (Gaßner, Hubertus: Rodcenko – Fotografien. München 1982, S.68)

188 Vertov, Dziga: Schriften zum Film. Hrsg. v. W. Beilenhoff. München 1973, S. 14.

189 Vertov, Dziga: Schriften zum Film. Hrsg. v. W. Beilenhoff. München 1973, S. 15; »Kinoki« und »Kinoglaz« werden als »Kino-Augen« bzw. »Kino-Auge« übersetzt (s. die entsprechenden Stichworte in: Buchners Enzyklopädie des Films 1983).

190 Vertov, Dziga: Schriften zum Film. Hrsg. v. W. Beilenhoff. München 1973, S. 18/19; Zeichensetzung nach der Vorlage, R. S.

191 Vertov, Dziga: Schriften zum Film. Hrsg. v. W. Beilenhoff. München 1973, S. 23; Typographie nach dem Original, R. S.

192 Vertov, Dziga: Schriften zum Film. Hrsg. v. W. Beilenhoff. München 1973, S. 24.

193 Vertov, Dziga: Schriften zum Film. Hrsg. v. W. Beilenhoff. München 1973, S. 20; Hervorhebung im Original, R. S.

194 Vertov, Dziga: Schriften zum Film. Hrsg. v. W. Beilenhoff. München 1973, S. 120/21.

195 Vertov, Dziga: Schriften zum Film. Hrsg. v. W. Beilenhoff. München 1973, S. 23.

196 Vertov, Dziga: Schriften zum Film. Hrsg. v. W. Beilenhoff. München 1973, S. 21.

197 Eisenstein zit. n. Reisz, Karel/Millar, Gavin: Geschichte und Technik der Filmmontage. München 1988, S. 31.

198 Eisenstein zit. n. Reisz, Karel/Millar, Gavin: Geschichte und Technik der Filmmontage. München 1988, S. 32.

199 Eisenstein zit. n. Korte, Hans (Hrsg.): Film und Realität in der Weimarer Republik. Mit Analysen der Filme *Kuhle Wampe* und *Mutter Krausens Fahrt ins Glück*. Frankfurt a. M. 1980, S.220/21 Anm. 88; s. auch Eisenstein, Sergej: Zur Komposition des *Streik*-Finale. In: Eisenstein: Schriften 1 (1974), S.275/276.

200 In einem kleinen Beitrag mit dem Titel »Die Inszenierungsmethode des Films« hat Eisenstein seine Ansichten zur publikumsbezogenen Gestaltung und Wirkung von Filmen dargestellt. Allerdings bleibt der Grundton seiner Erörterungen von behaviouristischen Überzeugungen dominiert. Eisenstein spricht von den Gestaltungsmitteln des Films als Reizerregern und von den Wirkungen der Gestaltung als Reflexen. Demnach muß man sich die Wirkung eines Films bis zu einem gewissen Grad als zwangsläufiges Resultat der sozialen Lage des Publikums oder sogar seiner Berufstätigkeit vorstellen. (Eisenstein, Sergej: Zur Inszenierungsmethode eines Arbeiterfilms. In: Eisenstein: Schriften 1 (1974), S. 227–229)

201 Eisenstein, Sergej: Zur Frage eines materialistischen Zugangs zur Form. In: Eisenstein: Schriften 1 (1974), S. 234–238.

202 Schlegel, Hans-Joachim: Eisensteins Weg von der »Revolutionierung des Theaters« zum Revolutionsfilm. Eine Einführung in *Streik*. In: Eisenstein: Schriften 1 (1974), S. 28.
Während in einigen Filmen der *Kinopravda* die von Rodcenko gestalteten Zwischentitel konstitutive Elemente der beabsichtigten Rezeptionswirkung sind, hat Vertov in Diskussionen um den ohne Titel produzierten Film *Der Mann mit der Kamera* darauf hingewiesen, daß er entgegen der Kritikermeinung überhaupt kein Anhänger von Zwischentiteln ist. (Vertov, Dziga: Schriften zum Film. Hrsg. v. W. Beilenhoff. München 1973, S. 115)

203 Benjamin, Walter: Zur Lage der russischen Filmkunst. In: Benjamin: Gesammelte Schriften Bd.5 (1980), S. 749.

204 Balázs zit. n. Gaßner, Hubertus: Rodcenko – Fotografien. München 1982, S. 134.

205 Benjamin, Walter: Zur Lage der russischen Filmkunst. In: Benjamin: Gesammelte Schriften Bd.5 (1980), S. 750.

206 Benjamin, Walter: Zur Lage der russischen Filmkunst. In: Benjamin: Gesammelte Schriften Bd.5 (1980), S. 750.

207 Eisenstein hat seine Montagekonzeption über einen Zeitraum von zwei Jahrzehnten unter dem Eindruck kulturpolitischer Entwicklungen und eigener Filmpraxis ständig weiterentwickelt und modifiziert. Einer der faszinierendsten Aspekte der Theorieentwicklung von Eisenstein ist sein ständiges Bemühen, Erkenntnisse aus unterschiedlichen Erfahrungsbereichen wie verschiedener Wissenschaften, der Literatur- und Kunsttheorie in sein Montagekonzept zu integrieren, so daß die Montage als ein umfassendes »Prinzip des schöpferischen Prozesses«, als eines »der Gesetze der ästhetischen Wahrnehmung« (Klejman, Naum J.: Der Aufbrüllende Löwe. Zur Entstehung, Bedeutung und Funktion einer Montage-Metapher. In: montage/av 2/2/1993, S. 34) erscheint. Als anregendes Beispiel s. Eisensteins Aufsatz »Dickens, Griffith und wir«, der in den Jahren 1941 und 1942 entstanden ist. Für einen Überblick über die Entwicklung der Montagetheorie Eisensteins eignet sich Bulgakowa, Oksana: Montagebilder bei Eisenstein. In: Beller (Hrsg.): Handbuch der Filmmontage (1993), S. 49–77.

208 Polemisch hat Brian Winston den Anspruch Griersons und seiner Mitarbeiter, mit ihren Filmen die britische Gesellschaft realistisch darzustellen, zurückgewiesen. (Winston, Brian: Claiming the Real. The Griersonian Documentary and Its Legitimation. London 1995, S. 35–39)

209 Zur Musikgestaltung von *Coal Face* s. Thiel, Wolfgang: Filmmusik in Geschichte und Gegenwart. Berlin 1981, bes. S. 360.

210 Reisz, Karel/Millar, Gavin: Geschichte und Technik der Filmmontage. München 1988, S. 117.

211 Reisz, Karel/Millar, Gavin: Geschichte und Technik der Filmmontage. München 1988, S. 113.

212 S. zur Gestaltung des Verhältnisses von Bild, Ton und Kommentar auch Youdelman, Jeffrey: Narration, Invention, and History. In: Rosenthal (Hrsg.): New Challenges for Documentary (1988), S. 454–464.

213 Ivens zit. n.: Kuball, Michael: Geschichte des Amateurfilms in Deutschland Bd.1. Reinbek bei Hamburg 1980, S. 72/73.

214 Wie geeignet die neu entwickelte Technik der federwerkgetriebenen Kameras speziell für ethnographische Expeditionen hätte sein müssen, lassen die Filme des Ingenieurs Werner Sell erkennen. Dieser brachte von seinen ausgedehnten Reisen Filmmaterial mit, das er mit einer seit 1923 im Handel erhältlichen federwerkgetriebenen Kinamo-Kamera aufgenommen hatte. S. die Darstellung der Expeditionsfilme von Werner Sell in: Kuball, Michael: Geschichte des Amateurfilms in Deutschland Bd.1. Reinbek bei Hamburg 1980, S. 74ff.

215 Bitomsky, Hartmut: Das Kino und der Wind und die Photographie. Sieben Kapitel über dokumentarische Filme. In: Prischtat (Hrsg.): Die Wirklichkeit der Bilder (1992), S. 112.

216 Bitomsky, Hartmut: Die UFA. In: Prischtat (Hrsg.): Die Wirklichkeit der Bilder (1992), S. 127/128. Es gibt mit *Mein Krieg* und *Schuß Gegenschuß* zwei Filme, die die Frontfilmarbeit thematisieren. Während *Mein Krieg* Material vorstellt, das Amateure, die als Soldaten die Kamera mit sich führten, aufgenommen haben, setzt sich *Schuß Gegenschuß* mit der Arbeit von professionellen Kameramännern auseinander, die als Kriegsberichterstatter kämpfenden Einheiten zugeteilt waren. In beiden Filmen kommentieren die Filmemacher aus der Sicht der Gegenwart das aufgenommene Material und ihre Motive. Darüber hinaus thematisiert *Schuß Gegenschuß* auf der Basis der Texte von Paul Virilio den Zusammenhang von Krieg und Kino.

217 Wilhelm Roths mittlerweile zum Standardwerk avanciertes Buch definiert bereits durch seinen Titel das Jahr 1960 zum epochalen Einschnitt in der Dokumentarfilmgeschichte. (Roth, Wilhelm: Der Dokumentarfilm seit 1960. München/Luzern, 1982)

218 Diercks, Carsten: Die »entfesselte Kamera« wird gesellschaftsfähig. Die Entwicklung des »Pilottons« und die »Hamburger Schule«. In: Zimmermann (Hrsg.): Fernseh-Dokumentarismus (1992), S. 62, s.a. S. 67 und vor allem S. 71.

219 Ähnlich argumentiert Nichols, der neuerdings darauf hingewiesen hat, daß die Entwicklung des beobachtenden oder interaktiven dokumentarischen Films komplexer ist, als die historischen Darstellungen suggerieren, in denen diese Entwicklung mit Leacock und Rouch als Vertretern des *Direct Cinema* und des *Cinéma Vérité* identifiziert wird. Nichols betont, daß vor allem die Pionierarbeit des National Filmboard of Canada nicht angemessen dargestellt wird. Sowohl in technischer wie in konzeptueller Hinsicht sind dort beobachtende Filme mit den leichten Kameras mit hoher Operativität und mit tonsynchroner Aufnahme vor 1960 entstanden. Nichols problematisiert aber eine Filmgeschichtsschreibung, die sich an Daten technischer Innovationen und ihrer vereinzelten Konzeptualisierung in der Filmpraxis orientiert. Denn was chronologisch zuerst da war, kann durch den institutionellen Kontext und die Inkongruenz mit den allgemeinen Erwartungen auch verhindert werden. Das trifft die Situation beim NWDR ziemlich exakt. (Nichols, Bill: Representing Reality. Issues and Concepts in Documentary. Bloomington/Indianapolis 1991, S. 271–273)

220 Rotha zit. n. Reisz, Karel/Millar, Gavin: Geschichte und Technik der Filmmontage. München 1988, S. 114.

221 Zit. n. Kandorfer, Pierre: DuMont's Lehrbuch der Filmgestaltung. Theoretisch-technische Grundlagen der Filmgestaltung. Köln 1990, S. 263.

222 Zit. n. Kandorfer, Pierre: DuMont's Handbuch der Filmgestaltung. Theoretisch-technische Grundlagen der Filmgestaltung. Köln 1990, S. 264.

223 Danilenko, Leo: Die audiovisuelle Wahrnehmung: Auf dem Weg von der Television zur Telepräsenz. In: Zweites Deutsches Fernsehen: HDTV – ein neues Medium? (1991), S. 34.

224 Danilenko, Leo: Die audiovisuelle Wahrnehmung: Auf dem Weg von der Television zur Telepräsenz. In: Zweites Deutsches Fernsehen: HDTV – ein neues Medium? (1991), S. 35.

225 Danilenko, Leo: Die audiovisuelle Wahrnehmung: Auf dem Weg von der Television zur Telepräsenz. In: Zweites Deutsches Fernsehen: HDTV – ein neues Medium? (1991), S. 31.

226 Danilenko, Leo: Die audiovisuelle Wahrnehmung: Auf dem Weg von der Television zur Telepräsenz. In: Zweites Deutsches Fernsehen: HDTV – ein neues Medium? (1991), S. 41/42.

zu: 3. Zur Tiefenstruktur ...

227 Netenjakob, Egon: Liebe zum Fernsehen und ein Portrait des festangestellten Filmregisseurs Klaus Wildenhahn. Berlin 1984, S. 137/138; ich übernehme die Orthographie von Netenjakob, R. S.

228 Roth, Wilhelm: Der Dokumentarfilm seit 1960. München/Luzern 1982, S. 61 und S. 66.

229 Stüber, Jaimi: Textbuch zum Filmzyklus *Lebensgeschichte des Bergarbeiters Alphons S.* von Alphons Stiller, Gabriele Voss, Christoph Hübner. Bremen 1980, S. 7.

230 Voss, Gabriele: Prosper/Ebel – Chronik einer Zeche und ihrer Siedlung. Ein Tagebuch. In: Duisburger Filmwoche: 5. Duisburger Filmwoche (1983), S. 60–69.

231 Zit. n. epd Film 4/92 S. 47.

232 Alle Zitate zu *Nuestra Voz de Tierra, Memoria y Futuro* sind entnommen aus »Informationsblätter des Forums des jungen Films 1982« und entstammen einem Interview von Peter B. Schumann mit Jorge Silva. (Informationsblätter des Internationalen Forums des Jungen Films: *Nuestra Voz de Tierra, Memoria y Futuro*. Berlin 48/1982)

233 Netenjakob, Egon: Liebe zum Fernsehen und ein Portrait des festangestellten Filmregisseurs Klaus Wildenhahn. Berlin 1984, S. 79/80.

234 König, René: Die Beobachtung. In: König (Hrsg.): Handbuch der empirischen Sozialforschung (1967), S. 128.

235 Malinowski zit. n. Kohl, Karl-Heinz: Exotik als Beruf. Erfahrung und Trauma der Ethnographie. Frankfurt a. M. 1986, S. 61.
3Man findet bei Kohl auch eine knappe Geschichte der Feldforschung, a.a.O. S. 56ff.

236 König, René: Soziologie und Ethnologie. In: Müller/Koepping/König (Hrsg.): Ethnologie als Sozialwissenschaft (1984), S. 17–35; Gouldner, Alvin W.: Romantisches und klassisches Denken. Tiefenstrukturen in den Sozialwissenschafen. In: Gouldner: Reziprozität und Autonomie (1984), S. 188–190.

237 Lindner, Rolf: Die Entstehung der Stadtkultur. Soziologie aus der Erfahrung der Reportage. Frankfurt a. M. 1990, S. 98.

238 Lindner, Rolf: Die Entstehung der Stadtkultur. Soziologie aus der Erfahrung der Reportage. Frankfurt a. M. 1990, S. 104.

239 Lindner, Rolf: Die Entstehung der Stadtkultur. Soziologie aus der Erfahrung der Reportage. Frankfurt a. M. 1990, S. 104.

240 Lindner, Rolf: Die Entstehung der Stadtkultur. Soziologie aus der Erfahrung der Reportage. Frankfurt a. M. 1990, S. 94.

241 Lindner, Rolf: Die Entstehung der Stadtkultur. Soziologie aus der Erfahrung der Reportage. Frankfurt a. M. 1990, S. 96.

242 Lindner, Rolf: Die Entstehung der Stadtkultur. Soziologie aus der Erfahrung der Reportage. Frankfurt a. M. 1990, S. 143.

243 Lindner, Rolf: Die Entstehung der Stadtkultur. Soziologie aus der Erfahrung der Reportage. Frankfurt a. M. 1990, S. 205.

244 Benjamin, Walter: Charles Baudelaire. Ein Lyriker im Zeitalter des Hochkapitalismus. In: Benjamin: Gesammelte Schriften Bd.2 (1980), S. 537–569 + S. 605–653.

245 Die Familie Rakowitz hatte bereits bei dem Film *Kinder für dieses System* (1972) von Gardi Deppe und Ingrid Oppermann mitgewirkt, worauf *Von wegen Schicksal* aber keinen Bezug nimmt. (Hohenberger, Eva: Zwischen zwei Filmen. Eklektisches zur deutschen Dokumentarfilmgeschichte zwischen *Von wegen Schicksal* (1979) und *Hätte ich mein Herz sprechen lassen ...* (1990). In: Frauen und Film 52/1992, S. 87)

246 Kreimeier zit. n. dem Diskussionsprotokoll in: Duisburger Filmwoche: 3.Duisburger Filmwoche (1980), S. 68.

247 Wildenhahn zit. n. dem Diskussionsprotokoll in: Duisburger Filmwoche: 3.Duisburger Filmwoche (1980), S. 69/70.

248 Kreimeier, Klaus: Darstellen und Eingreifen. Deutsche Dokumentarfilme auf der Duisburger Filmwoche/Gewerkschaften machen mit. In: Frankfurter Rundschau v. 16. November 1979 zit. n. Duisburger Filmwoche: 3.Duisburger Filmwoche (1980), S. 181.

249 Kreimeier, Klaus: Darstellen und Eingreifen. Deutsche Dokumentarfilme auf der Duisburger Filmwoche/Gewerkschaften machen mit. In: Frankfurter Rundschau v. 16. November 1979 zit. n. Duisburger Filmwoche: 3.Duisburger Filmwoche (1980), S. S. 179/180.

250 Kreimeier, Klaus: Darstellen und Eingreifen. Deutsche Dokumentarfilme auf der Duisburger Filmwoche/Gewerkschaften machen mit. In: Frankfurter Rundschau v. 16. November 1979 zit. n. Duisburger Filmwoche: 3.Disburger Filmwoche (1980), S. 181.

251 Wildenhahn, Klaus: Industrielandschaft mit Einzelhändlern. In: Duisburger Filmwoche: 3.Duisburger Filmwoche (1980), S. 185.

252 »»Die Hoffnung der Filmkunst ist der Amateur‹, schrieb Robert Flaherty. Sehr gut. Aber doch ein Amateur, der Film als Kunst der Vermittlung – und sich selbst, seine Subjektivität, auch seine Willkür als Teil einer prozeßhaften Wirklichkeit begreift.« (Kreimeier, Klaus: Darstellen und Eingreifen. Deutsche Dokumentarfilme auf der Duisburger Filmwoche/Gewerkschaften machen mit. In: Frankfurter Rundschau v. 16. November 1979 zit. n. Duisburger Filmwoche: 3.Duisburger Filmwoche (1980), S. 181)

253 Kreimeier, Klaus: Plädoyer für das politische Subjekt. In: Duisburger Filmwoche: 4.Duisburger Filmwoche (1981), S. 12–25.

254 Auf den rechthaberischen Ton Kreimeiers hat Gerhard Lüdtke im Fortgang der Debatte hingewiesen. (Lüdtke, Gerhard: Von der Weigerung in einen in verkehrter Richtung abfahrenden Zug einzusteigen. In: Duisburger Filmwoche: 4.Duisburger Filmwoche (1981), S. 39).
Zur Einschätzung der Position Kreimeiers s. besonders auch den Beitrag von Uhl, Jutta: Einige Betrachtungen zum süffisanten Umgang mit dem Wort: Beobachtung. In: Duisburger Filmwoche: 4.Duisburger Filmwoche (1981), S. 40–46. Uhl argumentiert allerdings dort, wo sie Kreimeier am heftigsten kritisiert, persönlich und politisch und weniger filmkritisch und -theoretisch.

255 Hohenberger, Eva: Zwischen zwei Filmen. Eklektisches zur deutschen Dokumentarfilmgeschichte zwischen *Von wegen Schicksal* (1979) und *Hätte ich mein Herz sprechen lassen ...* (1990). In Frauen und Film 52/1992, S. 83.

256 Wildenhahn, Klaus: Industrielandschaft mit Einzelhändlern. In: Duisburger Filmwoche: 3.Duisburger Filmwoche (1980), S. 189.

257 Wildenhahn, Klaus: Industrielandschaft mit Einzelhändlern. In: Duisburger Filmwoche: 3.Duisburger Filmwoche (1980), S. 190.

258 S. Nichols, Bill: Representing Reality. Issues and Concepts in Documentary. Bloomington/Indianapolis 1991, S. 60 und 73/74.

259 Lepenies, Wolf: Die drei Kulturen. Soziologie zwischen Literatur und Wissenschaft. München/Wien 1988, S. VI

260 Zit. n. Lindner, Rolf: Die Entstehung der Stadtkultur. Soziologie aus der Erfahrung der Reportage. Frankfurt a. M. 1990, S. 258.

261 Lewis, Oscar: Die Kinder von Sánchez. Selbstporträt einer mexikanischen Familie. Frankfurt a. M. 1967, S. 23.

262 Lewis, Oscar: Die Kinder von Sánchez. Selbstporträt einer mexikanischen Familie. Frankfurt a. M. 1967, S. 10.
263 Lewis, Oscar: Die Kinder von Sánchez. Selbstporträt einer mexikanischen Familie. Frankfurt a. M. 1967, S. 21.
264 Wildenhahn zit. n. Roth, Wilhelm: Der Dokumentarfilm seit 1960. München/Luzern 1982, S. 67.
265 Fechner in: Netenjakob, Egon: Eberhard Fechner: Lebensläufe dieses Jahrhunderts im Film. Weinheim/Berlin 1989, S. 135+137.
266 Fechner in: Netenjakob, Egon: Eberhard Fechner: Lebensläufe dieses Jahrhunderts im Film. Weinheim/Berlin 1989, S. 98.
267 Lepenies, Wolf: Die drei Kulturen. Soziologie zwischen Literatur und Wissenschaft. München/Wien 1988, S. XVII.
268 Redfield, Robert: Social Science among the Humanities. In: Redfield (Hrsg.): Human Nature and the Study of Society (1962), S. 46.
Die Aufsätze »Social Science Among the Humanities« und »Social Science as an Art« wurden 1962 in Redfields nachgelassenen Papieren veröffentlicht. (Redfield, Margret (Hrsg.): Human Nature and the Study of Society. The Papers of Robert Redfield. Volume 1. Chicago 1962, S. 43–57 und S. 57–69) Entstanden waren sie bereits in den vierziger Jahren.
269 Redfield, Robert: Social Science as an Art. In: Redfield (Hrsg.): Human Nature and the Study of Society (1962), S. 58.
270 Redfield, Robert: Social Science as an Art. In: Redfield (Hrsg.): Human Nature and the Study of Society (1962), S. 59.
271 Rotha, Paul: Rotha on the Film. A Selection of Writings about the Cinema. London 1958, S.21; Richter, Hans: Der Kampf um den Film. Für einen gesellschaftlich verantwortlichen Film. Frankfurt a. M. 1979, S. 28.
272 Wildenhahn, Klaus: Industrielandschaft mit Einzelhändlern. In: Duisburger Filmwoche: 3.Duisburger Filmwoche (1980), S. 187/188.
273 Gouldner, Alvin W.: Romantisches und klassisches Denken. Tiefenstrukturen in den Sozialwissenschaften. In: Gouldner: Reziprozität und Autonomie (1984), S. 174.
274 Gouldner, Alvin W.: Romatisches und klassisches Denken. Tiefenstrukturen in den Sozialwissenschaften. In: Gouldner: Reziprozität und Autonomie (1984), S. 197.
In diesem Sinn zitierte Fechner Zola, daß der erste beste, der vorübergeht, zum Helden ausreicht. Netenjakob interpretiert Fechners Film *Nachrede auf Klara Heydebreck* als filmische Realisierung dieses Programms. (Netenjakob, Egon: Eberhard Fechner: Lebensläufe dieses Jahrhunderts im Film. Weinheim/Berlin 1989 S. 105)
275 Bonß, Wolfgang: Die Einübung des Tatsachenblicks. Zur Struktur und Veränderung empirischer Sozialforschung. Frankfurt a. M. 1982, S. 105.
276 Gouldner, Alvin W.: Romantisches und klassisches Denken. Tiefenstrukturen in den Sozialwissenschaften. In: Gouldner: Reziprozität und Autonomie (1984), S. 198.
277 Gouldner, Alvin W.: Romantisches und klassisches Denken. Tiefenstrukturen in den Sozialwissenschaften. In: Gouldner: Reziprozität und Autonomie (1984), S. 201/202.
278 Gouldner, Alvin W.: Romantisches und klassisches Denken. Tiefenstrukturen in den Sozialwissenschaften. In: Gouldner: Reziprozität und Autonomie (1984), S. 191.
279 Gouldner, Alvin W.: Romantisches und klassisches Denken. Tiefenstrukturen in den Sozialwissenschaften. In: Gouldner: Reziprozität und Autonomie (1984), S. 192/193.
280 Lindner, Rolf: Die Entstehung der Stadtkultur. Soziologie aus der Erfahrung der Reportage. Frankfurt a. M. 1990, S. 253.

281 Lindner, Rolf: Die Entstehung der Stadtkultur. Soziologie aus der Erfahrung der Reportage. Frankfurt a. M. 1990, S. 229.

282 Whitman zit. n. Sontag, Susan: Über Fotografie. München/Wien 1978, S. 30/31.

283 Sontag, Susan: Über Fotografie. München/Wien 1978, S. 32.

284 Lincoln zit. n. Evans, Walker: Der unstillbare Blick. München/Paris/London 1993, S. 161.

285 Evans, Walker: Der unstillbare Blick. München/Paris/London 1993, S. 14.

286 Brix, Michael: Walker Evans' photographisches Werk 1928–1938. Ein Feldzug gegen Richtig-Denken und Optimismus. In: Brix/Mayer (Hrsg.): Walker Evans (1990), S. 34.

287 Nicht anders wurde 1935 in der von Rudolf Arnheim herausgegebenen Zeitschrift »Intercine« dokumentarisch definiert. (Zit. n. Richter, Hans: Der Kampf um den Film. Für einen gesellschaftlich verantwortlichen Film. Frankfurt a. M. 1979, S. 28)

288 Rabiger, Michael: Directing the Documentary. Boston u. a. 1987, S. 76.

289 König, René: Die Beobachtung. In: König (Hrsg.): Handbuch der empirischen Sozialforschung (1967), S.114.

290 Außer bei König ist »Serendipität« als Stichwort in dem von Werner Fuchs u. a. herausgegebenen »Lexikon der Soziologie« (Fuchs, Werner u.a. (Hrsg.): Lexikon der Soziologie. Opladen 1978) nachgewiesen.

291 König, Gerhard: Wort und Weise Serendip. Zur Genealogie eines Begriffs. In: Sprache im technischen Zeitalter 97/1986, S. 57.

292 Merton, Robert K.: Auf den Schultern von Riesen. Ein Leitfaden durch das Labyrinth der Gelehrsamkeit. Frankfurt a. M. 1989, S. 24/25.

293 Merton, Robert K.: Auf den Schultern von Riesen. Ein Leitfaden durch das Labyrinth der Gelehrsamkeit. Frankfurt a. M. 1989, S. 135.

294 Miller, Norbert: Serendipity oder die Kunst der Aufmerksamkeit. In: Sprache im technischen Zeitalter 98/1986, S. 137/38; der Begriff des »mixtum compositum« zur Beschreibung der Serendipität ist von Lindner, Rolf: Die Entstehung der Stadtkultur. Soziologie aus der Erfahrung der Reportage. Frankfurt a. M. 1990, S. 224.

295 Miller, Norbert: Serendipity oder die Kunst der Aufmerksamkeit. In: Sprache im technischen Zeitalter 98/1986, S. 138; Hervorhebungen im Original, R. S.

296 Lindner, Rolf: Die Entstehung der Stadtkultur. Soziologie aus der Erfahrung der Reportage. Frankfurt a. M. 1990, S. 220ff; zur Biographie von Thomas und Park s. Baker, Paul J.: Die Lebensgeschichte von W. I. Thomas und Robert E. Park. In: Lepenies (Hrsg.): Geschichte der Soziologie Bd.1 (1981), S. 244–270.

297 Ginzburg, Carlo: Spurensicherung. Der Jäger entziffert die Fährte, Sherlock Holmes nimmt die Lupe, Freud liest Morelli – die Wissenschaft auf der Suche nach sich selbst. Teil II. In Freibeuter 4/1980, S. 33.

298 Lindner, Rolf: Die Entstehung der Stadtkultur. Soziologie aus der Erfahrung der Reportage. Frankfurt a. M. 1990, S. 221.

299 Das Problem des hermeneutischen Sinnverstehens ist hier nicht ausreichend dargestellt. Hermeneutische Objektivität und Intersubjektivität werden in der Regel nicht durch intuitive Introspektion wie bei Dilthey oder einen individualistischen Erfahrungsbegriff wie in der Ethnographie begründet, sondern durch Konzeptualisierung sprachtheoretischer Annahmen als Universalien von Erfahrung. (S. Fuchs, Stephan/Wingens, Martin: Sinnverstehen als Lebensform. Über die Möglichkeit hermeneutischer Objektivität. In: Geschichte und Gesellschaft 12/4/1986, S. 477–501)

300 Merton hat darauf hingewiesen, daß die Darstellung von Erkenntnis- und Erfahrungsbildung in den Wissenschaften eher Konventionen und Normen folgt, die die Autorität der Ergebnisse

garantieren, als daß sie authentisch den Verlauf des Forschungsprozesses wiedergeben. Diesen sieht er durch literarische Darstellungen des stream of consciousness und namentlich durch Joyce angemessener wiedergegeben. (Merton, Robert K.: Zur Geschichte und Systematik der soziologischen Theorie. In: Lepenies (Hrsg.): Geschichte der Soziologie Bd.1 (1981), bes. S. 16–23)

301 Bonß, Wolfgang: Die Einübung des Tatsachenblicks. Zur Struktur und Veränderung empirischer Sozialforschung. Frankfurt a. M. 1982, S. 38.

302 Bonß, Wolfgang: Die Einübung des Tatsachenblicks. Zur Struktur und Veränderung empirischer Sozialforschung. Frankfurt a. M. 1982, S. 12.

303 Bonß, Wolfgang: Die Einübung des Tatsachenblicks. Zur Struktur und Veränderung empirischer Sozialforschung. Frankfurt a. M. 1982, S. 111.

304 Bonß, Wolfgang: Die Einübung des Tatsachenblicks. Zur Struktur und Veränderung empirischer Sozialforschung. Frankfurt a. M. 1982, S. 108/109.

305 Lindner,Rolf: Die Entstehung der Stadtkultur. Soziologie aus der Erfahrung der Reportage. Frankfurt a. M. 1990, S. 223.

306 Wolff, Kurt H.: Surrender and Catch. Experience and Inquiry Today. Dordrecht 1976, S. 25/26. Die Aufzählung der Merkmale der Hingabe findet sich bei Wolff 1976, S. 74. Die deutschen Übersetzungen sind übernommen von Köpping, Klaus-Peter: Feldforschung als emanzipatorischer Akt? Der Ethnologe als Vermittler von Innen- und Außensicht. In: Müller/Koepping/König (Hrsg.): Ethnologie als Sozialwissenschaft (1984), S. 231/232.

307 Wolff, Kurt H.: Surrender and Catch. Experience and Inquiry Today. Dordrecht 1976, S. 73.

308 In ihrer ursprünglichen Reihenfolge wiedergegeben in: Evans, Walker: Der unstillbare Blick. München/Paris/London 1993, S. 201–217.

309 Zugrundegelegt wird die deutsche Ausgabe von 1989.
Die folgende Beschreibung der Fotografien deutet die Möglichkeit einer seriell-diskursiven Lektüre nur an, die Ulrich Keller für die »American Photographs« angewandt hat, um Bild für Bild die von Evans implizierte Struktur der Anordnung der Fotografien nachzuvollziehen. (Keller, Ulrich: Walker Evans: »American Photographs«. Eine transatlantische Kulturkritik. In: Brix/Mayer (Hrsg.): Walker Evans (1990), S. 59–79)

310 Die zweite Ausgabe von 1960 enthält zweiundsechzig Fotografien, von denen allerdings nicht alle zur Reportage von Alabama gehören. (Evans, Walker: Der unstillbare Blick. München/Paris/London 1993, S. 199). Die deutsche Ausgabe von 1989 enthält einundsechzig Fotografien.

311 Agee, James/Evans, Walker: Preisen will ich die großen Männer. München 1989, S. 211/212.

312 Der Hinweis ist entnommen von Stott, William: Documentary Expression and Thirties America. New York 1973, Anm.6 Kap.14, der sich auf ein Interview mit Evans beruft.

313 Agee, James/Evans, Walker: Preisen will ich die großen Männer. München 1989, S. 425–431 + 436–444.

314 Rotha zit. n. Winston, Brian: Documentary: I Think We Are in Trouble. In: Rosenthal (Hrsg.): New Challenges for Documentary (1988), S. 21 und n. Schreyer, Klaus: Über die Metaphysik der Wahrnehmung von Filmbildern bei Grabe und Troller. In: Zimmermann (Hrsg.): Fernseh-Dokumentarismus (1992), S. 207.

315 Rotha, Paul: Films of Fact and Fiction. In: Rotha: Rotha on the Film (1958), S. 206.

316 »Intercine« zit. n. Richter, Hans: Der Kampf um den Film. Für einen gesellschaftlich verantwortlichen Film. Frankfurt a. M. 1979, S. 28; Rechtschreibung nach dem Original, R. S.

317 Nichols, Bill: The Voice of Documentary. In: Rosenthal (Hrsg.): New Challenges for Documentary (1988), S. 50.

318 Benveniste zit. n. Hohenberger, Eva: Die Wirklichkeit des Films. Dokumentarfilm – Ethnographischer Film – Jean Rouch. Hildesheim/Zürich/New York 1988, S. 75; s. auch Clifford, James: Über ethnographische Autorität. In: Trickster 16/1988, S. 19; Odin, Roger: Dokumentarischer Film – dokumentarisierende Lektüre. In: Blümlinger (Hrsg.): Sprung im Spiegel (1990), S. 144.

319 Nichols hat darauf hingewiesen, daß sein Konzept der »voice« mit dem der »Sutur« korrespondiert. (Nichols, Bill: Representing Reality. Bloomington/Indiana 1991, S. 274) Dieser Begriff wurde aus der Psychoanalyse Lacans in die strukturalistische Filmwissenschaft übernommen, wo er beschreibt, wie der Film sich als Diskurs konstituiert, und wie der Zuschauer zum Subjekt der filmischen Darstellung wird. Nichols hat auf die Affinität der beiden Konzepte erst hingewiesen, nachdem er das Konzept der »voice of documentary« in mehreren Arbeiten entwickelt und zunehmend differenziert hatte. Die »voice of documentary« stellt also ein eigenständiges Theoriekonzept des Dokumentarfilms dar. Weil es an Beispielen aus der Filmgeschichte entwickelt wurde, scheint es mir für eine diskurstheoretische Auseinandersetzung mit den Gestaltungsformen des Dokumentarfilms produktiver als der Begriff »Sutur«.

320 Hohenberger, Eva: Die Wirklichkeit des Films. Dokumentarfilm – Ethnographischer Film – Jean Rouch. Hildesheim/Zürich/New York 1988, S. 73/74.
Einen Ansatz, den Aspekt der Zuschaueradressierung nicht nur auf die verbalen Aspekte des Films zu beschränken, sondern auch visuelle Strategien der Kameraführung und des Schnitts als Adressierungsweisen zu beschreiben, unternimmt Kuhn. (Kuhn, Annette: Kamera-Ich und Kamera-Auge. In: Paech/Borchers/Donnerberg (Hrsg.): Screen-Theory (1985), S. 231–248)

321 Comolli zit. n. Hohenberger, Eva: Die Wirklichkeit des Films. Dokumentarfilm – Ethnographischer Film – Jean Rouch. Hildesheim/Zürich/New York 1988 S. 131.

322 Netenjakob, Egon: Eberhard Fechner: Lebensläufe dieses Jahrhunderts im Film. Weinheim/Berlin 1989, S. 135.

323 Lanzmann zit. n. Wendt, Ulrich: Prozesse der Erinnerung. Filmische Verfahren der Erinnerungsarbeit und Vergegenwärtigung in den Filmen Shoah, Der Prozeß und Hotel Terminus. In: Cinema 39/1993, S. 42.

324 S. Informationsblätter des Internationalen Forums des Jungen Films: Hotel Terminus. Berlin, 36/1989.

325 Insbesondere die Aufnahmen von den Tierschädeln erinnern an eine 1936 veröffentlichte Fotografie von Arthur Rothstein, die einen gebleichten Rinderschädel auf einem von der Trockenheit rissigen Boden in gleißender Sonne zeigt. Die Aufnahme war umstritten, weil sie offensichtlich in der Absicht hergestellt worden war, eine Ikone für die durch ökologischen Raubbau verursachte wirtschaftliche Misere zu schaffen.

326 An technischen Entwicklungen, die einen beobachtenden Film ermöglichten, zählt Diercks neben der 16mm-Technik und der Synchrontonaufnahme das 1957 von Kodak herausgebrachte super-hochempfindliche Filmnegativ TRI-X und das von den Schneider-Optischen Werken für die Arriflex 16ST entwickelte Objektiv »Cinegon« auf. (Diercks, Carsten: Die »entfesselte« Kamera wird gesellschaftsfähig. Die Entwicklung des »Pilottons« und die »Hamburger Schule«. In: Zimmermann (Hrsg.): Fernseh-Dokumentarismus (1992), S. 70+72)

327 S. Leacock im Interview mit Blue, James: One Man's Truth: An Interview with Richrad Leacock. In: Jacobs (Hrsg.): The Documentary Tradition (1979), S. 415/416.

328 Bitomsky, Hartmut: Nanooks Lächeln. In: Blümlinger/Wulff (Hrsg.): Schreiben Bilder Sprechen (1992), S. 182/183.

329 Rouch, Jean: Die Kamera und der Mensch. In: Freunde der Deutschen Kinemathek (Hrsg.): Jean Rouch (1978), S. 5.

330 Reisz, Karel/Millar, Gavin: Geschichte und Technik der Filmmontage. München 1988, S. 95.

331 Daß die Einführung der Synchrontonaufnahme und ihre Konzeptualisierung als Norm dokumentarisch-authentischer Wirklichkeitsdarstellung auch als Beschränkung und Reduktion dokumenta-

rischer Ausdrucks- und Darstellungsmöglichkeiten wirksam war, könnte durch eine systematische Darstellung der Dokumentarfilmgeschichte belegt werden. Eine Filmreihe, die unter dem Titel »Geschichte des dokumentarischen Sehens« im ersten Halbjahr 1989 im Kommunalen Volkshochschulkino Filmforum Höchst vorgestellt wurde, demonstrierte dies in einer Reihe von sechs Programmen, die unter genregeschichtlichen und medienpädagogischen Gesichtspunkten konzeptualisiert wurden.

Während die gängigen Vorstellungen vom Dokumentarfilm weitgehend bestimmt sind entweder von Authentizitätskriterien des *Direct Cinema* und *Cinéma Vérité* oder von fernsehspezifischen dokumentarischen Formen wie dem Feature und der Reportage, sollte mit der »Geschichte dokumentarischen Sehens« gezeigt werden, wie zwischen 1920 und 1950 die Darstellungs- und Ausdrucksmittel des dokumentarischen Films entwickelt wurden. Die Auswahl der Filme für die sechs Programme erhob weder enzyklopädisch noch systematisch Anspruch auf Vollständigkeit. Vielmehr wollte sie in einem für die Zuschauer erkennbaren Zusammenhang die Entwicklung der filmdokumentarischen Ästhetik als permanente Ausdifferenzierung der Stilmittel wie Ton-, Musik- und Kommentargestaltung, Kameraführung, Schnitt und Montage in einem von Kameraleuten, Cutterinnen, Produzenten, Regisseuren, Musikern und Schriftstellern vermittelten Zusammenhang von Sujets, technischen Innovationen und ästhetischer Konzeptualisierung darstellen. Überraschende Querverbindungen zu scheinbar genrefremden oder untypischen Produktionen oder in die aktuelle Dokumentarfilmproduktion waren nicht nur beabsichtigt, sondern erkenntnisfördernd. 1. Programm: *Berlin – Die Sinfonie der Großstadt* (Deutschland 1927; Walter Ruttmann), *Rien que les Heures* (Frankreich 1926, Alberto Cavalcanti), *A propos de Nice* (Frankreich 1929; Jean Vigo); 2. Programm: *Der Mann mit der Kamera* (UdSSR 1926 – 1929; Dziga Vertov), *Oktober* (UdSSR 1927; S. M. Eisenstein), *Die Kommissarin* (UdSSR 1967/87; Aleksandr Askoldov); 3. Programm: *Regen* (Niederlande 1929; Joris Ivens), *Nieuwe Gronden* (Niederlande 1930 – 1934; Joris Ivens), *Cinemafia* (Niederlande 1980/81; Roger and Robert Busschots); 4. Programm: *Louisiana Story* (USA 1948; Robert Flaherty); 5. Programm: *Coal Face* (Großbritannien 1935; Alberto Cavalcanti), *Night Mail* (Großbritannien 1936; J. Grierson; W. Watt; B. Wright), *Diary for Timothy* (Großbritannien 1945; Humphrey Jennings); 6. Programm: *Monterey Pop* (USA 1968; D. A. Pennebaker)

Damit die Intention der Reihe sichtbar wird, müssen die Produktionsangaben um folgende Querverbindungen ergänzt werden: Cavalcantis Kontakt mit der französischen Avantgarde machte sich in seiner Tätigkeit als Produzent der britischen Dokumentarfilme in deren ästhetisierend-experimenteller Tongestaltung geltend, für die er Literaten und Musiker wie W. H. Auden und Benjamin Britten gewinnen konnte; Vigo arbeitete mit Boris Kaufman, einem Bruder Dziga Vertovs, zusammen, der, nachdem er die Phase der Kinoki mitgemacht hatte, vom Ausland brieflich Kontakt mit Vertov zur Entwicklung des Films in der Sowjetunion hielt; der Kameramann Edvard Tissé arbeitete sowohl für Vertov als auch für Eisenstein; nach der Darstellung von Ivens komponierte Hanns Eisler nicht nur die Musik bei *Nieuwe Gronden*, sondern übertrug Erfahrungen aus der Arbeit mit Brecht, die das Selbstverständnis von Ivens wesentlich beeinflußten; Jean Rouch hat, sich selbst mit der Kamera immer wieder einmischend, Ivens und Storck im Gespräch aufgenommen; dabei wird er seinerseits gefilmt, so daß der Zuschauer eine filmische Dokumentation von Rouchs Methode erhält, die Kamera als Katalysator der aufzuzeichnenden Situation zu gebrauchen; Helen van Dongen hat sowohl die Filme *Nieuwe Gronden* und *Spanish Earth* (USA 1937; Joris Ivens) als auch *Louisiana Story* von Flaherty geschnitten; Flaherty arbeitete bei diesem Film mit Richard Leacock zusammen, der die technischen Innovationen der tonsynchronen 16mm-Kamera wie ihre ästhetische Konzeptualisierung in der amerikanischen Ausprägung des *Direct Cinema* zusammen mit Pennebaker beeinflußte.

332 Es handelt sich um eine Sequenz aus dem Film *The Meo*, der 1972 im Rahmen der von Granada Television produzierten *Disappearing World*-Serie bei der gleichnamigen Ethnie in Laos entstanden ist. Der Film schildert nicht nur die traditionelle Lebensweise in einem Dorf, sondern geht auch auf die Verwicklungen der Meo mit dem Vietnamkrieg ein.

333 Das Konzept der »dichten Beschreibung« von Geertz geht davon aus, daß Kulturwissenschaften interpretierende Wissenschaften sind. Entscheidend ist, daß die Interpretation und Analyse nicht erst mit der Bearbeitung des Materials beginnt, sondern bereits Teil des Sammelns und der Beschreibung ist.

334 Auch auf die Gefahr hin, entstellend zu vereinfachen, übernehme ich nicht Crawfords Terminologie. Vielmehr übersetze ich »Othering« und »Becoming« sehr frei mit »Distanzierung« und »Annäherung«. Meine Übersetzung will den von Crawford gemeinten Sachverhalt klar ausdrücken, ohne ihn zu verfälschen, sich aber auch an einem alltäglichen Sprachverständnis orientieren.

zu: 4. Video und Fernsehen. ...

335 Vgl. zu diesen Anfängen der Videobewegung in Deutschland Hoffmann, nach dessen Darstellung fast alle der ersten Videogruppen im akademischen Bereich angesiedelt waren. (Hoffmann, Kay: Am Ende Video – Video am Ende? Aspekte der Elektronisierung der Spielfilmproduktion. Berlin 1990, S. 113–118)

336 Mikos, Lothar/Kotelmann, Joachim: Film und Video als Methode in den Sozialwissenschaften. In: Lindner (Hrsg.): Filmauge (1979), S. 148.

337 S. die verschiedenen, im Literaturverzeichnis aufgeführten Titel von Henny, bes. Henny, Leonard: Action Research with Film and Video. Utrecht, 1978 und Henny, Leonard: Film und Video in der Soziologie. Utrecht 1978.

338 Shinar, Dov: Visual Sociology and the »Humanization« of Social Research. Lessons from Recent Research in Isreal. In: International Journal of Visual Sociology 1/1984, S. 38.

339 De France, Claudine: Cinéma et Anthropologie. Paris 1982, S. 8.

340 De France, Claudine: Cinéma et Anthropologie. Paris 1982, S. 263ff, bes. S. 268.

341 De France, Claudine: Cinéma et Anthropologie. Paris 1982, S. 8.

342 Im Zusammenhang einer ausführlichen Besprechung einer videodokumentierten Darstellung sozialpsychologischer Theorien des Gruppenverhaltens hat Norman Denzin den Aspekt herausgearbeitet, daß die visuelle Darstellung keine Abbildung, sondern die Konstruktion der Wirklichkeit ist. (Denzin, Norman K.: Reflections on the Social Psychologists' Video Camera. Review Essay. In: Studies in Visual Communication 11/4/1985, S. 80)

343 Chalfen weist auf die zunehmende Bedeutung von Video im privaten Bereich hin. Er bestätigt allerdings auch, daß Untersuchungen bisher fehlen. (Chalfen, Richard: Picturing Culture through Indigenous Imagery: A Telling Story. In: Crawford/Turton (Hrsg.): Film as Ethnography (1992), S. 236/237) Chalfens Überzeugung, daß die Auswertung des privaten Videomaterials insbesondere der bio- und autobiographischen Forschung Impulse geben könnte, liegt nahe. Denn in der Tendenz löst die Videokamera den Fotoapparat in seiner Funktion als Instrument der Aufzeichnung von Familien- und Urlaubsbildern ab.
Man ist bei der Einschätzung des privaten Gebrauchs von Video weitgehend auf filmische Darstellungen wie *Family Viewing, Calendar, Sex, Lies and Videotape, Benny's Video* angewiesen. Es handelt sich um Filme, die auf keinen Fall repräsentativen, sondern eher exemplarischen Charakter haben. Einen ebenfalls mehr exemplarischen und auch spekulativen Rückschluß auf die private Videonutzung lassen vielleicht die Beiträge von Zuschauern zum Reality TV zu.

344 Hoffmann hält die Ansätze alternativer Medienarbeit für insgesamt gescheitert. (Hoffmann, Kay: Am Ende Video – Video am Ende? Aspekte der Elektronisierung der Spielfilmproduktion. Berlin 1990, S. 16 und 263/264) Eine andere Einschätzung vertritt Köhler, Margret: Realitätsprinzip. Zur Situation der alternativen Medienszene. In: medien praktisch 1/1989, S. 60.

345 Einen Überblick über die Themen gibt der von der Medienwerkstatt Freiburg herausgegebene Verleihkatalog, dessen ständig überarbeitete Ausgaben man heranziehen kann, um historisch und systematisch einen repräsentativen Überblick über die Entwicklung der deutschsprachigen Produktion während der letzten etwa fünfzehn Jahre zu bekommen. Über die aktuelle Produkti-

on kann man sich nach wie vor auf dem seit 1984 stattfindenden Videoforum in Freiburg informieren.

346 S. zu diesem Selbstverständnis das Vorwort zu den von der Medienwerkstatt Freiburg herausgegebenen Auflagen von 1985 und 1987 des Videoverleihkatalogs »Videofront«. (Videofront: Verleihkatalog der Medienwerkstatt Freiburg. 1985ff)

347 Danquart, Pepe: Geste und Sprache: oder über die Besonderheit im allgemeinen. In: Duisburger Filmwoche: 5. Duisburger Filmwoche (1983), S. 78; ich zitiere den Titel der Videoproduktion nach dem Original, R. S.

348 Nach den Angaben zu den aktuellsten nachgewiesenen Produktionen, kann der neueste mir vorliegende Katalog nicht vor 1989 erschienen sein.

349 Rotermund, Bertram: Proletarische Öffentlichkeit statt Neue Medien. In: Arbeitsgemeinschaft der Filmjournalisten/Hamburger Filmbüro (Hrsg.): Neue Medien contra Filmkutlur? (1987).

350 Auf dem Freiburger Videoforum werden die nicht im offizellen Programm gezeigten Bänder zur Ansicht in einer Präsenzvideothek bereitgehalten. Sie ist um ein vielfaches umfangreicher als das offizielle Programm. Erst diese Videothek vermittelt einen Eindruck vom tatsächlichen Umfang der Videoproduktion. Bei der Auswahl von repräsentativen Beispielen und Trends wird man sich in erster Linie an Inititiaven und Produktionen der Freiburger Medienwerkstatt, des Zürcher Videoladens, der Mediengruppe »die thede« in Hamburg, der »medienwerkstatt« in Wien orientieren, die eine längere Geschichte haben und innerhalb der Videoszene durch die Veranstaltung von Festivals, die Herausgabe von Publikationen oder die Organisation von Bänderverleih die Funktion vermittelnder Schnittpunktstellen wahrnehmen.

351 Berücksichtigt wurden die Zeitschriften »epd Film« und »medien praktisch«. Tageszeitungen wie die »Frankfurter Rundschau«, die eine regelmäßige und anspruchsvolle Filmkritik haben, bringen zu Video außer Festivalberichten so gut wie keine Beiträge. Selbstkritisch zum Versagen der Filmkritik gegenüber Video äußert sich Körte, Peter: Geschäft, Gedächtnis & Video. In: Frankfurter Rundschau v. 31. Mai 1994.

352 Danquart, Pepe: Geste und Sprache: oder über die Besonderheit im allgemeinen. In: Duisburger Filmwoche: 5. Duisburger Filmwoche (1983), S. 77.

353 Als Auftragsproduktion der Redaktion »Das kleine Fernsehspiel« am 5. August 1982 im ZDF gesendet.

354 Rabiger, Michael. Directing the Documentary. Boston u.a. 1987, S. 3. Ebenso spricht Norbert Schneider in seinem Handbuch zur Musik im dokumentarischen Film synonym von Film und Video. (Schneider, Norbert Jürgen: Handbuch der Filmmusik II. Musik im dokumentarischen Film. München 1989, S. 14)

355 Authentizitäts- und Realitätseindruck des Fernsehens sind von dem des dokumentarischen Films und dem des Films überhaupt verschieden. Beim Fernsehen entsteht dieser Eindruck durch ein Ensemble von Programmstruktur und -zusammenhang, Gestaltung der Einzelsendung sowie Rezeptionsform und Präsenz des Mediums im Alltag des Rezipienten. Im wesentlichen resultiert der Realitätseindruck des Fernsehens aus der Offenheit des Mediums gegenüber der Realität. Zu dieser setzt es den Zuschauer in ein scheinbar unmittelbares Verhältnis, das dem Film aus technischen Gründen nicht möglich ist. Weil dieser Realitätseindruck des Fernsehens nicht ausschließlich mit der Entwicklung von Verfahren elektronischer Bildspeicherung und -bearbeitung zusammenhängt, wird er als genreverändernder Einfluß des Fernsehens in einem eigenen Kapitel behandelt.

356 Schumm, Gerhard: Der Film verliert sein Handwerk. Montagetechnik und Filmsprache auf dem Weg zur elektronischen Postproduction. Münster 1989, S. 98–102.

357 Anschaulich schilderte Michael Busse in einem Vortrag, den er im Rahmen eines vom Haus des Dokumentarfilms veranstalteten Workshop am 17. März 1993 in Stuttgart hielt, Strategien gegen die Schwerfälligkeit des Videoschnitts. Busse löst das Problem, indem er das ganze Material nach inhaltlich-thematischen – vielleicht auch formalen – Gesichtspunkten auf Karteikarten zusammenstellt. Diese Materialsortierung dient ihm als Grundlage einer ersten konzeptuellen Zusammenstellung. Zwischen den einzelnen Blöcken wird ausreichend Platz gelassen, um nachträglich Sequenzen einfügen zu können, ohne bei jedem Kopiervorgang das gesamte Band abspielen zu müssen. Die von Busse beschriebene Arbeitsweise bietet darüber hinaus den Vorteil, ohne weiteren Qualitätsverlust immer wieder vom Originalband auf eine erste Kopie spielen zu können, bzw. wenn man dieses als Original schonen will, von einer ersten Kopie, die mit dem Original identisch ist, auf die Arbeits- oder Schnittkopie zu überspielen.

358 Schumm, Gerhard: Verlust von Sinnlichkeit. Filmmontage und elektronischer Schnitt. In: medien praktisch 4/1990, S. 42.

359 Die Information übernehme ich von Swiss Schweitzer (Schreibweise nach dem Programmzettel des Hauses des Dokumentarfilms, R. S.) vom Videoladen Zürich, der über das System im Rahmen eines vom Haus des Dokumentarfilms veranstalteten Workshops am 21. April 1993 in Stuttgart in einem Vortrag über neue technische Möglichkeiten des Videoediting und deren Auswirkungen auf Stil, Form und Inhalt dokumentarischer Filme referierte.
AVID ist der Name des Herstellers einer Palette elektronischer Schnittsysteme, die auf digitalisierter Grundlage einen nonlinearen Videoschnitt ermöglichen. Die Verbreitung dieser Schnittsysteme ist vor allem mit den Produkten von AVID verbunden, so daß ich den Namen des Herstellers synonym für das Verfahren übernehme. (Rubin, Michael: Nonlinear. A Guide to Electronic Film and Video Editing. Los Angeles 1992, S. 190/191)

360 Im Rohschnitt wird, am Material experimentierend, die Segmentabfolge des Films entwickelt. Das Arbeitsfeld des Rohschnitts ist der Makrobereich: der ganze Film. »Es geht um die Erstellung des globalen filmischen Zusammenhangs, selbst dann, wenn man bei der Arbeit ganz im Detail vergraben zu sein scheint.« (Schumm, Gerhard: Verlust von Sinnlichkeit. Filmmontage und elektronischer Schnitt. In: medien praktisch 4/1990, S. 42) Der Feinschnitt hingegen präzisiert das im Verlauf des Rohschnitts positionierte Material: »Das Material wird gestrafft und getrimmt. Der filmische Text wird sozusagen redigiert. Jetzt wird an der Oberfläche des Films poliert, an filmischer Anschaulichkeit gearbeitet. Die Übergänge des Films, sein Zusammenhalt, seine Trennungen an den Schnittstellen werden überarbeitet. Das Arbeitsfeld liegt im Mikrobereich: Man konzentriert sich beim Feinschnitt auf den lokalen Zusammenhalt benachbarter Einstellungen. Im Blickfeld der Arbeit liegen einzelne Bildfelder vor und hinter den Schnitt- und Berührungsstellen.« (Schumm, Gerhard: Verlust von Sinnlichkeit. Filmmontage und elektronischer Schnitt. In: medien praktisch 4/1990, S. 42)

361 Die Einschätzung stützt sich auf Vorträge von Referenten sowie vor allem auf Diskussionsbeiträge von Mitarbeiterinnen und -arbeitern des Süddeutschen Rundfunks im Rahmen eines von März bis Juni 1993 im Haus des Dokumentarfilms in Stuttgart durchgeführten Workshops.

362 Paech, Joachim: Wiping – Godards Videomontage. In: Beller (Hrsg.): Handbuch der Filmmontage (1993), S. 250/251.

363 Paech, Joachim: Wiping – Godards Videomontage. In: Beller (Hrsg.): Handbuch der Filmmontage (1993), S. 244.

364 Rubin, Michael: Nonlinear. A Guide to Electronic Film and Video Editing. Los Angeles 1992, S. 56.

365 S. Frankfurter Rundschau v. 31. Oktober 1992.

366 Wenders, Wim: The Act of Seeing. Texte und Gespräche. Frankfurt a. M. 1992, S. 92/93; ähnlich S. 97/98 und S. 118/119.

367 Wenders, Wim: The Act of Seeing. Texte und Gespräche. Frankfurt a. M. 1992, S. 103/104.

368 Wenders zit. n. Kolditz, Stefan: Kommentierte Filmografie. In: Wim Wenders (1992), S. 206; Wenders, Wim: The Act of Seeing. Texte und Gespräche. Frankfurt a. M. 1992, S. 90.

369 Zit. n. Kolditz, Stefan: Kommentierte Filmografie. In: Wim Wenders (1992), S. 289.

370 Wenders, Wim: The Act of Seeing. Texte und Gespräche. Frankfurt a. M. 1992, S. 108/109; ich übernehme die Schreibweise aus dem Original, R. S.

371 Wenders, Wim: The Act of Seeing. Texte und Gespräche. Frankfurt a. M. 1992, S. 109.

372 Wenders, Wim: The Act of Seeing. Texte und Gespräche. Frankfurt a. M. 1992, S. 111; ich übernehme die Orthographie nach dem Original, R. S.

373 Wenders, Wim: The Act of Seeing. Texte und Gespräche. Frankfurt a. M. 1992, S. 111/112.

374 Wenders, Wim: The Act of Seeing. Texte und Gespräche. Frankfurt a. M. 1992, S. 99.

375 Messerschmid, Ulrich: Einführung in die technisch-physikalischen Grundlagen von HDTV. In: Zweites Deutsches Fernsehen: HDTV – ein neues Medium? (1991), S. 11; Rubin, Michael: Nonlinear. A Guide to Electronic and Video Editing. Los Angeles 1992, S. 13/14.

376 S. Keller, Ulrich: Text. In: Sander: Menschen des 20. Jahrhunderts (1980), S. 11–80.

377 Wenders, Wim: The Act of Seeing. Texte und Gespräche. Frankfurt a. M. 1992, S. 96+118.

378 Levi zit. n. Danquart, Didi: *Der Pannwitzblick*. Zur Entstehung und Intention des Films. In: Sierck/Danquart: Der Pannwitzblick (1993), S. 14.

379 Danquart, Didi: *Der Pannwitzblick*. Zur Entstehung und Intention des Films. In: Sierck/Danquart: Der Pannwitzblick (1993), S. 26/27.

380 Auf der Basis eines Aufsatzes von Vivian Sobchak, in dem am Grenzfall der Darstellung des Todes die moralische Verantwortung des Dokumentaristen gegenüber der dargestellten Wirklichkeit diskutiert wird, hat Bill Nichols eine Typologie des dokumentarischen Blicks entwickelt. Diese Typologie beschreibt das Verhältnis des filmischen Beobachters zu den dargestellten Personen. Neben dem zufälligen oder hilflosen Blick, der von einem Ereignis überrascht wird oder ihm gegenüber machtlos ist, dem parteiergreifenden oder humanitär intervenierenden Blick, der von Sympathie bestimmt wird und zur aktiven Unterstützung neigt, zeichnet sich der klinische oder professionelle Blick durch eine bewußte, aber distanzierte Beobachtung des Ereignisses aus. Die Neutralität gegenüber dem beobachteten Ereignis wird als konstitutiv für die Objektivität der Beobachtung verstanden. Moralische Zweifel werden mit dem Recht auf Wissen oder der Pflicht zur Information beschwichtigt. Nichols zählt Ärzte, Sozialwissenschaftler, Polizisten, Militärs und Journalisten als typische Berufsgruppen auf, die diesen Blick praktizieren. (Nichols, Bill: Representing Reality. Issues and Concepts in Documentary. Bloomington/Indianapolis 1991, S. 87/88)

381 Spielmann, Yvonne: Zeit, Bewegung, Raum: Raumintervall und visueller Cluster. In: montage/av 2/2/1993, S. 49.
Es gibt eine analoge Form der Steigerung der Komplexität des filmischen Raums auch unabhängig von elektronischen Medien, wenn in den Filmen Ogawas die Inszenierung eines Theaterstücks oder einer Legende so aufgenommen ist, daß der Filmzuschauer nicht entscheiden kann, wo die Filmbühne und die reale Szene gegeneinander abgegrenzt sind.

382 »Nur darf man das jetzt nicht so ernst nehmen mit dem Yamamoto-Film zum Beispiel. Video ist hier nur als Zwischenphase benutzt; alles was mir von meinen Videoaufzeichnungen gefallen hat, habe ich auf Film überspielt. ›Video‹ ist hier in ›Film‹ hinübergerettet worden. Ich würde Video nie und nimmer benutzen, wenn es damit nichts anderes zu machen gäbe als eben Video.« (Wenders, Wim: The Act of Seeing. Texte und Gespräche. Frankfurt a. M. 1992, S. 92)

383 Flusser, Vilém: Gesten. Versuch einer Phänomenologie. Düsseldorf/Bensheim 1991, S. 245.

384 Flusser, Vilém: Gesten. Versuch einer Phänomenologie. Düsseldorf/Bensheim 1991, S. 246/247 und Rubin, Michael: Nonlinear. A Guide to Electronic Film and Video Editing. Los Angeles 1992, S. 33.

385 Flusser, Vilém: Gesten. Versuch einer Phänomenologie. Düsledorf/Bensheim 1991, S. 248.

386 Flusser, Vilém: Gesten. Versuch einer Phänomenologie. Düsseldorf/Bensheim 1991, S. 248.

387 Flusser, Vilém: Gesten. Versuch einer Phänomenologie. Düsseldorf/Bensheim 1991, S. 249.

388 Zit. n. Amelunxen, Hubertus von/Ujica, Andrei: Eine Chronologie der Ereignisse vom 13.-27.12.1989. In: Amelunxen/Ujica (Hrsg.): Television/Revolution (1990), S. 23.

389 Die Darstellung folgt der Aufzeichnung eines Studiogesprächs mit dem Titel *Kamera und Wirklichkeit*, in dem die Sendungen und Veröffentlichungsstrategien des rumänischen Fernsehens diskutiert wurden. Neben Farocki und Ujica nahmen daran die Medienwissenschaftler Kittler, Schneider und Spangenberg sowie der ehemalige rumänische Kulturminister Andrei Plesu teil.

390 Schneider, Manfred: Das Gericht im Off. Das Gericht gegen die Ceausescus. In: Amelunxen/Ujica (Hrsg.): Television/Revolution (1990), S. 138; zur Chronologie der Ereignisse s. Amelunxen, Hubertus von/Ujica, Andrei: Eine Chronologie der Ereignisse vom 13.-27.12.1989. In: Amelunxen/Ujica (Hrsg.): Television/Revolution (1990), S. 11–24.

391 Schneider, Manfred: Das Gericht im Off. Der Prozeß gegen die Ceausescus. In: Amelunxen/Ujica (Hrsg.): Televison/Revolution (1990), S. 143/144.

392 An die Gewaltorgie im Brüsseler Heysel-Stadion vor einem Fußballspiel im Sommer 1985 erinnert Klaus Kreimeier als ein Ereignis, bei dem »sämtliche Erklärungsmodelle, Stilisierungsmuster und Darbietungsrituale« der Wiederaufbereitungsanlage Fernsehen kollabierten. (Kreimeier, Klaus: Fernsehen als Wiederaufbereitungsanlage. Von der Scherbenwelt zum Chaos-Kino. In: Heller/Zimmermann (Hrsg.): Bilderwelten – Weltbilder (1990), S.145)

393 Giesenfeld, Günter: Der Golfkrieg als Western. Das Hollywood-Syndrom. In: Felix/Zimmermann (Hrsg.): Medien-Krieg (1991), S. 21–28.

394 Hickethier, Knut: Fernsehen, Fern-Sehen und Golfkrieg. Die Inszenierungen der TV-Kriegsberichterstattung. In: Felix/Zimmermann (Hrsg.): Medien-Krieg (1991), S. 42.

395 Hickethier, Knut: Fernsehen, Fern-Sehen und Golfkrieg. Die Inszenierungen der TV-Kriegsberichterstattung. In: Felix/Zimmermann (Hrsg.): Medien-Krieg (1991), S. 45; Rechtschreibung nach dem Original, R. S.

396 Anders, Günther: Die Antiquiertheit des Menschen. Über die Seele im Zeitalter der zweiten industriellen Revolution. München 1961, S. 113+117.

397 Hickethier, Knut: Fernsehen, Fern-Sehen und Golfkrieg. Die Inszenierungen der TV-Kriegsberichterstattung. In: Heller/Zimmermann (Hrsg.): Bilderwelten – Weltbilder (1991), S. 40/41.

398 Greulich verweist auf eine Untersuchung von 1971, in der sich 56 % der Befragten in diesem Sinn für das Fernsehen aussprechen. (Greulich, Helmut: Ansichten eines Abtrünnigen. In: Zimmermann (Hrsg.): Fernseh-Dokumentarismus (1992), S. 141) Virilio nennt eine neuere Untersuchung und spricht von nur noch 65 %. (Virilio, Paul: Die beendete Welt beginnt. In: Amelunxen/Ujica (Hrsg.): Television/Revolution (1990), S. 147) Offensichtlich ist die Einschätzung der Prozentangaben eine Frage der Perspektive und Wertung.

399 Zu diesem umfassenden Konzept der Unterhaltung vgl. etwa Hügel, Hans-Otto: Ästhetische Zweideutigkeit der Unterhaltung. In: montage/av 2/1/1993, S. 119–141; speziell zum massenmedialen Charakter der Unterhaltung S. 137.

400 Hohenberger, Eva: Die Wirklichkeit des Films. Dokumentarfilm – Ethnographischer Film – Jean Rouch. Hildesheim/Zürich/New York 1988, S. 5/6.

401 Hohenberger, Eva: Die Wirklichkeit des Films. Dokumentarfilm – Ethnographischer Film – Jean Rouch. Hildesheim/Zürich/New York 1988, S. 26.

402 Hohenberger, Eva: Die Wirklichkeit des Films. Dokumentarfilm – Ethnographischer Film – Jean Rouch. Hildesheim/Zürich/New York 1988, S. 62.

403 Anders, Günther: Die Antiquiertheit des Menschen. Über die Seele im Zeitalter der zweiten industriellen Revolution. München 1961, S. 131; Hervorhebungen im Original, R. S.

404 Khuon zit. n. Hickethier, Knut: Die Welt ferngesehen. Dokumentarische Sendungen im frühen Fernsehen. In: Heller/Zimmermann (Hrsg.): Bilderwelten – Weltbilder (1990), S. 43/44.

405 Das Beispiel ist einem Bericht über die *Special Enquiry*-Serie entnommen. (Corner, John: Documentary Voices. In: Corner (Hrsg.): Popular Television in Britain (1991), S. 44)

406 Zahn, Peter von: Von den *Bildern aus der Neuen Welt* zu den *Reportern der Windrose*. Mein Doku-Stammbaum. In: Zimmermann (Hrsg.): Fernseh-Dokumentarismus (1992), S. 53.

407 Murrow zit. n. Stott, William: Documentary Expression and Thirties America. New York 1973, S. 87.

408 Murrow zit. n. Stott, William: Documentary Expression and Thirties America. New York 1973, S. 89.

409 Anders, Günther: Die Antiquiertheit des Menschen. Über die Seele im Zeitalter der zweiten industriellen Revolution. München 1961, S. 144.

410 Corner, John: Documentary Voices. in: Corner (Hrsg.): Popular Televison in Britain (1991), bes.S. 43/44.

411 Wagenführ zit. n. Hickethier, Knut: Die Welt ferngesehen. Dokumentarische Sendungen im frühen Fernsehen. In: Heller/Zimmermann (Hrsg.): Bilderwelten – Weltbilder (1990), S. 40, Hervorhebungen im Original, R. S.

412 Stott, William: Documentary Expression and Thirties America. New York 1973, S. 82.

413 Anders, Günther: Die Antiquiertheit des Menschen. Über die Seele im Zeitalter der zweiten industriellen Revolution. München 1961, S. 118, Hervorhebungen und Rechtschreibung nach dem Original, R. S.

414 Auf den Widerspruch zwischen dem Verhalten der Leute auf dem Bahnsteig und der berichteten Wirkung des Films hat Hartmut Bitomsky in seinem Film *Das Kino und der Wind und die Photographie* hingewiesen. Bitomsky interpretiert diesen Widerspruch als Diskrepanz zwischen der Wirkung eines Films und seiner Wahrheit. (Bitomsky, Hartmut: Das Kino und der Wind und die Photographie. Sieben Kapitel über dokumentarische Filme. In: Prischtat (Hrsg.): Die Wirklichkeit der Bilder (1992), S. 107)

415 Sadoul, Georges: Geschichte der Filmkunst. Frankfurt a. M. 1982, S. 27/28.

416 Nach Morins Interpretation beruhten die Reaktionen des Publikums von *Arrivée d'un Train en Gare de La Ciotat* auf der Teilnahme an der Darstellung, die er Projektion-Identifikation nennt. Diese Teilnahme ist sowohl als reale soziale Erfahrung als auch als Rezeptionserfahrung des Kinozuschauers möglich. Morin zitiert eine zeitgenössische Äußerung, daß man sich frage, ob man Zuschauer oder Akteur der Szene von bewundernswertem Realismus sei. Interessant ist die Wendung, die Morin dieser Äußerung gibt, denn er ist der Ansicht, daß der Kinematograph in einer Zivilisation erschienen sei, in der das Bewußtsein von der Irrealität des Bildes so sehr verwurzelt gewesen sei, daß die projizierte Vision, so realistisch sie erscheinen mochte, nur für praktisch real gehalten wurde. (Morin, Edgar: Le Cinéma ou l'homme imaginaire. Essai d'anthropologie sociologique. Paris 1985, S. 98)

417 Kittler, Friedrich: Draculas neues Vermächtnis. Eine Eurovision. In: Amelunxen/Ujica (Hrsg.): Television/Revolution (1990), S. 128.

418 Wulff, Hans J.: Phatische Gemeinschaft/Phatische Funktion. Leitkonzepte einer pragmatischen Theorie des Fernsehens. In: montage/av 2/1/1993, S. 152.

419 Grierson, John: Flaherty's Poetic *Moana*. In: Jacobs (Hrsg.): The Documentary Tradition (1979), S. 25.

420 Zit. n. Paech, Joachim: Der Schatten der Schrift auf dem Bild. Vom filmischen zum elektronischen »Schreiben mit Licht« oder »L'image menacée par l'écriture et sauvée par l'image même«. In: Wetzel/Wolf (Hrsg.): Der Entzug der Bilder (1994), S.227.

421 Hippel, Klemens: Parasoziale Interaktion. Bericht und Bibliographie. In: montage/av 1/1/1992, S. 135.

422 Der Mangel an qualitativer Rückkopplung der Zuschauerresonanz erklärt den Einschaltquotenfetischismus der Fernsehmacher. Die Einschaltquote muß den Programmgestaltern als die einzige zuverlässige Größe erscheinen, die Aufschluß über die Akzeptanz des Programms gibt.

423 Hippel, Klemens: Parasoziale Interaktion. Bericht und Bibliographie. In: montage/av 1/1/1992, S. 136.

424 Hippel, Klemens: Parasoziale Interaktion als Spiel. Bemerkungen zu einer interaktionistischen Fernsehtheorie. In: montage/av 2/2/1993, S. 130; Hervorhebungen im Original, R. S.

425 Wulff, Hans J.: Phatische Gemeinschaft/Phatische Funktion. Leitkonzepte einer pragmatischen Theorie des Fernsehens. In: montage/av 2/1/1993, S. 144.

426 Raymakers, Jan: Der Dokumentarfilm und der unterhaltende Fluxus. In: EDI-Bulletin 7–8/1992, S. 41.

427 Wulff, Hans J.: Phatische Gemeinschaft/Phatische Funktion. Leitkonzepte einer pragmatischen Theorie des Fernsehens. In: montage/av 2/1/1993, S. 152.

428 Wulff, Hans J.: Phatische Gemeinschaft/Phatische Funktion. Leitkonzepte einer pragmatischen Theorie des Fernsehens. In: montage/av 2/1/1993, S. 153, Hervorhebung im Original, R. S.

429 Wulff, Hans J.: Phatische Gemeinschaft/Phatische Funktion. Leitkonzepte einer pragmatischen Theorie des Fernsehens. In: montage/av 2/1/1993, S. 154; Rechtschreibung nach dem Original, R. S.

430 Die unterschiedlichen Rezeptionshaltungen drückt Ellis durch einen differenzierenden Sprachgebrauch aus. Den Kinozuschauer nennt er »spectator«, den Fernsehzuschauer »viewer«. Dabei wird nicht nur ein Unterschied im Grad der Bewußtheit und Aufmerksamkeit ausgedrückt, mit dem ein Ereignis wahrgenommen wird, sondern es werden gravierende soziale, kommunikative und interaktive Unterschiede beschrieben, die nicht nur auf der subjektiven Seite des Rezipienten, sondern auch bei der Produktgestaltung eine enorme Rolle spielen. Obwohl die Beschreibungen von Ellis den dokumentarischen Film nicht ausdrücklich einschließen, machen sie strukturelle Aspekte deutlich, die für die Erörterung der genreverändernden Einflüsse des Fernsehens auf den dokumentarischen Film von Bedeutung sind: Fernsehdokumentarfilme müssen den Zuschauer mindestens im gleichen Maß visuell und akustisch ansprechen sowie unterhalten.

431 Wulff, Hans J.: Phatische Gemeinschaft/Phatische Funktion. Leitkonzepte einer pragmatischen Theorie des Fernsehens. In: montage/av 2/1/1993, S. 160, Hervohebung im Original, R. S.

432 Die folgenden Ausführungen wurden angeregt durch die Teilnahme an einem Workshop zum Dokumentarfilm, der zwischen März und Juni 1993 vom Haus des Dokumentarfilms in Stuttgart veranstaltet wurde. Die vorgestellten und besprochenen Fernsehdokumentationen sind im Arichv des Hauses des Dokumentarfilms einsehbar.

433 Lediglich bei sieben von insgesamt sechsundfünfzig Dokumentationen der Reihe war keiner der drei Genannten als Autor beteiligt. (Müller, Jürgen K.: *Zeichen der Zeit* – eine Retrospektive. Renaissance einer Fernseh-Dokumentationsreihe. In: Zimmermann (Hrsg.): Fernseh-Dokumentarismus (1992), S. 108) Mit dem Namen des Redakteurs und dem Datum der Erstausstrahlung sind alle Beiträge dokumentiert in: Steinmetz, Rüdiger/Spitra, Helfried (Hrsg.): Dokumentarfilm als *Zeichen der Zeit*. Vom Ansehen der Wirklichkeit im Fernsehen. München 1989, S. 151/152.

434 Ertel in einem Vortrag am 15. Juni 1993 im Haus des Dokumentarfilms. Der Titel der Reihe wurde von einem »avantgardistisch-literarischen Paradeprogramm des Senders« aus dem Hörfunk übernommen. (Netenjakob zit. n. Müller, Jürgen K.: *Zeichen der Zeit* – eine Retrospektive. Renaissance einer Fernseh-Dokumentationsreihe. In: Zimmermann (Hrsg.): Fernseh-Dokumentarismus (1992), S. 111)

435 Ertel, Dieter: Anfänge eines sozialkritischen Dokumentarfilms im Fernsehen der fünfziger und sechziger Jahre. In: Heller/Zimmermann (Hrsg.): Bilderwelten – Weltbilder (1990), S. 51.

436 Ertel, Dieter: Anfänge eines sozialkritischen Dokumentarfilms im Fernsehen der fünfziger und sechziger Jahre. In: Heller/Zimmermann (Hrsg.): Bilderwelten – Weltbilder (1990), S. 53.

437 Müller, Jürgen K.: *Zeichen der Zeit* – eine Retrospektive. Renaissnance einer Fernseh-Dokumentationsreihe. In: Zimmermann (Hrsg.): Fernseh-Dokumentarismus (1992), S. 113.

438 Ertel zit. n. »Nahezu alles anders machen. Oder: Das Herangehen ist gültig geblieben. Tonprotokoll einer Diskussion mit Vertretern der ›Stuttgarter Schule‹.« In: Steinmetz/Spitra (Hrsg.): Dokumentarfilm als *Zeichen der Zeit* (1989), S. 36.

439 Müller, Jürgen K.: Zeichen der Zeit – eine Retrospektive. Renaissance einer Fernseh-Dokumentationsreihe. In: Zimmermann (Hrsg.): Fernseh-Dokumentarismus (1992), S. 114/115. Systematisch hat Chris Marker in einer Sequenz in *Lettre de Sibérie* die Wirkung des Kommentars bei der Bedeutungskonstitution der Bilder untersucht. Die Sequenz besteht aus drei Einstellungen: (1) ein schwerer schwarzer Personenwagen kreuzt mit einem Bus vor einem offiziellen Gebäude, (2) Arbeiter planieren Beton, (3) ein Mann mit Pelzmütze überquert die Straße und schaut in die Kamera. Die Sequenz ist dreimal hintereinander kopiert und mit folgenden Kommentarversionen unterlegt: »Zum Beispiel: Jakutsk, Hauptstadt der sozialistischen Sowjetrepublik Jakutien, ist eine moderne Stadt, wo komfortable Autobusse, die der Bevölkerung zur Verfügung stehen, ohne Unterbruch die starken Zyms, Triumphe des sowjetischen Automobilbaus, kreuzen. Im fröhlichen Wetteifer sozialistischer Arbeit machen die sowjetischen Arbeiter – von ihnen sehen wir eben einen malerischen Vertreter der nördlichen Landstriche – aus Jakutistan ein Land, in dem es sich gut leben läßt. Oder aber: Jakutsk mit seinem traurigen Ruf ist eine finstere Stadt, wo die Mächtigen, während sich die Bevölkerung mühsam in blutrote Busse zwängt, frech den Reichtum mit dem Luxus ihrer teuren und erst noch unbequemen Zymx heraushängen. In der Haltung von Sklaven geben sich die unglücklichen sowjetischen Arbeiter, unter denen wir einen beunruhigenden Asiaten erblicken, einer symbolischen Arbeit hin: der Nivellierung nach unten. Oder ganz einfach: In Jakutsk, wo moderne Häuser langsam die finsteren Quartiere verdrängen, kreuzt ein Autobus, der weniger voll ist als in Paris zu Stoßzeiten, einen Zym, einen hervorragenden Wagen, der wegen seiner Seltenheit den öffentlichen Diensten vorbehalten bleibt. Mit Hartnäckigkeit und Mut und unter harten Bedingungen geben sich die sowjetischen Arbeiter, von denen wir jetzt einen schielenden Jakuten vorbeigehen sehen, Mühe, ihre Stadt, die es nötig hat, zu verschönern. Doch auch die Objektivität ist nicht richtig. Sie verformt die sibirische Realität zwar nicht, aber sie hält sie, für die Zeit eines Urteils an und deformiert sie deswegen doch.« (Marker zit. n. Schaub, Martin: Filme als Briefe. In: Blümlinger/Wulff (Hrsg.): Schreiben Bilder Sprechen (1992), S. 113/114; Schreibweise nach dem Original, R. S.)

440 Zur Abgrenzung verschiedener Formen des dokumentarischen Fernsehens gegeneinander s. Zimmermann, Peter: Dokumentarfilm, Reportgae, Feature. Zur Stellung des Dokumentarfilms im Rahmen des Fernseh-Dokumentarismus. In: Heller/Zimmermann (Hrsg.): Bilderwelten – Weltbilder (1990), S. 99–113.

441 Müller, Jürgen K.: *Zeichen der Zeit* – eine Retrospektive. Renaissance einer Fernseh-Dokumentationsreihe. In: Zimmermann (Hrsg.): Fernseh-Dokumentarismus (1992), S. 132.

442 Zit. n. Gmelin, Otto: Aus: Philosophie des Fernsehens. Dokumentation der ARD und Portraits. In: Steinmetz/Spitra (Hrsg.): Dokumentarfilm als *Zeichen der Zeit* (1989), S.118. Das Beispiel ist der 1960 entstandenen und gesendeten Reportage *Tortur de France* entnommen. Im Vergleich mit den anderen bisher besprochenen Reportagen zeichnet sich *Tortur de France* durch einen sachlich-nüchternen Sprachstil aus. Selbst Zahlen, Leistungen und Namen der Sieger werden aufgezählt.

443 Gespräch mit Wildenhahn und Tuchtenhagen zit. n. Nestler, Peter: Arbeiten beim Fernsehen in Westdeutschland und Schweden. Gespräch mit Gisela Tuchtenhagen und Klaus Wildenhahn. In: Steinmetz/Spitra (Hrsg.): Dokumentarfilm als *Zeichen der Zeit* (1989), S. 143/144.

444 Nestler zit. n. Prischtat, Jutta (Hrsg.): Zeit für Mitteilungen (1991), S. 38.

445 Man kann den Unterschied anekdotisch pointieren. In der Tradition des Kulturfilms wurden von den Autoren der Stuttgarter Schule Städtebilder hergestellt. Das wurde aber bald aufgegeben.

Nach Ertels Darstellung (Vortrag am 15. Juni 1993 in Stuttgart) deswegen, weil sich die Stadtbewohner meist ungerecht dargestellt empfanden. Ertel selbst schilderte das Beispiel eines Films über die schwäbische Kleinstadt Besigheim. Nach der Ausstrahlung des Films sei ihm angedroht worden, mit Mistgabeln verjagt zu werden, falls Ertel es wagen sollte, die Stadt noch einmal zu betreten. Während Ertel mit den Bewohnern der Stadt Schwierigkeiten bekam, hatte Nestler Schwierigkeiten mit der Rundfunkanstalt. Die Dorfbewohner sollen sich dagegen anerkennend über seinen Film geäußert haben.

446 Konsequenter durchgeführt wurden die Prinzipien der beobachtenden Kamera sowohl hinsichtlich der Auswahl der Themen als auch hinsichtlich der zurückhaltenden, möglichst unauffälligen Aufnahmestrategie in der Reportage-Serie *Notizen vom Nachbarn*. Als Beispiel kann man Elmar Hüglers 1969 entstandenen Film *Ein Tanzkurs* nennen. Im Mittelpunkt der Beobachtung steht ein Tanzlehrer, der den Jugendlichen die Etikette des Umgangs der Geschlechter miteinander vermitteln will. Die Kamera folgt den Bewegungen des vor den nach Geschlechtern getrennten Gruppen agierenden Lehrer. Sein Bemühen vor den Jugendlichen, die ihre Kleidung, Haartracht und Gesten als sichtbare, aber doch verhaltene Zeichen ihrer Aufmüpfigkeit tragen, wirkt anachronistisch und unfreiwillig komisch. Das Bestreben, den für den Zuschauer wahrnehmbaren Eingriff des Autors ins Material zu reduzieren, kommt u. a. darin zum Ausdruck, daß das Material nicht kommentiert, sondern durch Zwischentitel gegliedert wird.

447 Brodmann zit. n. Rost, Andreas: Denn es gibt tausend Wege zum Wirklich-Realen. Eine stilkritische Analyse der »Stuttgarter Schule« und Produktionen der Hochschule für Film und Fernsehen. In: Steinmetz/Spitra (Hrsg.): Dokumentarfilm als *Zeichen der Zeit* (1989), S. 88.

448 Müller, Jürgen K.: *Zeichen der Zeit* – eine Retrospektive. Renaissance einer Fernseh-Dokumentationsreihe. In: Zimmermann (Hrsg.): Fernseh-Dokumentarismus (1992), S. 123.

449 Die Einschätzung übernehme ich von Müller, Jürgen K.: *Zeichen der Zeit* – eine Retrospektive. Renaissance einer Fernseh-Dokumentationsreihe. In: Zimmermann (Hrsg.): Fernseh-Dokumentarismus (1992), S. 125.

450 S. Liebnitz, Martina: Serienrezeption und gesellschaftliche Konsensbildung am Beispiel der DDR-Rezeption von *Lindenstraße*. In: Felix/Heller (Hrsg.): 3.Film- und fernsehwissenschaftliches Kolloquium/Marburg '90 (1993), S. 155–158; Klindworth, Gisela: Telnovelas in Mexico. In: 3.Film- und fernsehwissenschaftliches Kolloquium/Marburg '90 (1993), S. 248–251; Mikos, Lothar: Serie und Alltag. Die Wirklichkeit der Fernsehserien ist die ihrer Zuschauer. In: medien praktisch 3/1992, S. 9–14; Cieslik, Natalia: Beste Wohnlage. Produktion, Anspruch und Probleme der *Lindenstraße*. In: medien praktisch 4/1991, S. 19–23; Lang, Peter Christian: Wir wohnen alle in der *Lindenstraße*. Bemerkungen zum Fernsehen als moralische Anstalt. In: medien praktisch 4/1991, S. 23/24.

451 Cieslik, Natalia: Beste Wohnlage. Produktion, Anspruch und Probleme der *Lindenstraße*. In: medien praktisch (1991), S. 21–23. Unter dem Aspekt der Kontinuität der Personen kann man schon eher bei der *Fußbroich*-Serie, in der ein Vier-Personen-Haushalt beobachtet wird, von einem *Lindenstraßen*-Prinzip sprechen.

452 Doelker berichtet davon, daß der Schweizer Fernsehsender DRS von Sonnenaufgang bis Sonnenuntergang etwa zwölf Stunden lang live von einem Bauernhof im Zürcher Unterland sendete. Wenn da nichts auf dem Bauernhof passierte, passierte auch im Fernsehen nichts. »Vom wortkargen Frühstück der medienungewohnten Bauernleute bis zum schwierigen wetterabhängigen Bescheid, ob das Korn gemäht und eingebracht werden sollte, immer waren Kamera und Mikrophon und damit die Zuschauer dabei.« (Doelker, Christian: Kulturtechnik Fernsehen. Analyse eines Mediums. Stuttgart 1989, S. 149)

453 Zu Anspruch und Intention der *Lindenstraße* hat sich deren Autor, Produzent und Regisseur Hans W. Geißendörfer wiederholt geäußert: »Kritik, Aufklärung, Information, Stellungnahme, freie Meinungsäußerung, ja sogar Agitation, neben allen erzählerischen Tricks der Dramatisierung, der Emotionalisierung und der Spannung A nach B müssen innerhalb ... der Fernsehserie genauso möglich sein, wie das Erzählen und das Reden von sogenannten Tabus, die Rede über Skan-

dale, die Rede über Wunden und Fehler unserer Gesellschaft.« (Geißendörfer zit. n. Cieslik, Natalia: Beste Wohnlage. Produktion, Anspruch und Probleme der *Lindenstraße*. In: medien praktisch 4/1991 S. 20)
»Die Probleme der *Lindenstraße* können schließlich jedem von uns passieren oder sind uns bereits passiert. Jeder, der vor dem Bildschirm sitzt, soll sich in den Personen wiedererkennen, die er auf dem Bildschirm sieht.« (Geißendörfer zit. n. Liebnitz, Martina: Serienrezeption und gesellschaftliche Konsensbildung am Beispiel der DDR-Rezeption der *Lindenstraße*. In: Felix/Heller (Hrsg.): 3.Film- und fernsehwissenschaftliches Kolloquium/Marburg '90 (1993), S. 155)

454 Cieslik, Natalia: Beste Wohnlage. Produktion, Anspruch und Probleme der *Lindenstraße*. In: medien praktisch 4/1991, S. 21/22.

455 Anders, Günther: Die Antiquiertheit des Menschen. Über die Seele im Zeitalter der zweiten industriellen Revolution. München 1961, S. 129–134.

456 Anders, Günther: Die Antiquiertheit des Menschen. Über die Seele im Zeitalter der zweiten technischen Revolution. München 1961, S. 168/169.

457 Flusser, Vilém: Die Macht des Bildes. In: Amelunxen/Ujica (Hrsg.): Television/Revolution (1990), S. 124.

zu: 5. Dokumentarisierende Lektüre ...

458 Einen knappen Überblick über die Theoriediskussion gibt Lowry, Stephen: Film – Wahrnehmung - Subjekt. Theorien des Filmzuschauers. In: montage/av 1/1/1992, S. 117–122.

459 Bordwell, David: Kognition und Verstehen. Sehen und Vergessen in *Mildred Pierce*. In: montage/av 1/1/1992, S. 6.

460 Bordwell, David: Kognition und Verstehen. Sehen und Vergessen in *Mildred Pierce*. In: montage/av 1/1/1992, S. 6.

461 Bordwell, David: Kognition und Verstehen. Sehen und Vergessen in *Mildred Pierce*. In: montage/av 1/1/1992, S. 7.

462 Bordwell, David: Kognition und Verstehen. Sehen und Vergessen in *Midred Pierce*. In: montage/av 1/1/1992, S. 23.

463 Wuss, Peter: Der rote Faden der Filmgeschichten und seine unbewußten Komponenten. Topik-Reihen, Kausal-Ketten und Story-Schemata – drei Ebenen filmischer Narration. In: montage/av 1/1/1992, S. 31.

464 Wahrscheinlich ist die bevorzugte Beschäftigung mit dem *Direct Cinema* als exemplarischem Konzept des dokumentarischen Films auch damit zu erklären, daß die Krisenstruktur als das bevorzugte narrative Muster des *Direct Cinema* den dramen- und literaturgeschichtlich weit entwickelten Theorie der Fabelkonstruktion nahe verwandt ist. Offensichtlich folgt das Konzept der Krisenstruktur dem aus dem klassischen Drama bekannten Muster der Konfliktexposition, -entwicklung und -lösung.

465 Wuss, Peter: Der rote Faden der Filmgeschichten und seine unbewußten Komponenten. Topik-Reihen, Kausal-Ketten und Story-Schemata – drei Ebenen filmischer Narration. In: montage/av 1/1/1992, S. 29; die Orthographie des Filmtitels übernehme ich von Wuss, R. S.

466 Wuss, Peter: Ansatzpunkte für eine psychologisch orientierte Untersuchung der Gattungsspezifik des Films. In: Felix/Heller (Hrsg.): 3.Film- und fernsehwissenschaftliches Kolloquium/Marburg '90 (1993), S. 23.

467 Diese Besprechung ist zwar lange vor der hier referierten Ausarbeitung des kognitionspsychologisch fundierten Konzepts der Filmwahrnehmung erschienen. Die Anlage der Besprechung und bestimmte Formulierungen deuten jedoch darauf hin, daß es in Grundzügen bereits vorgelegen haben muß.

»Die ständige Wiederkehr von ähnlichen Strukturen, eben jenen Darstellungen von Biographie in Abbreviatur, schafft nämlich eine Tiefenstruktur für die Komposition, nach einem Prinzip, das ich unlängst anhand von Spielfilmen zu erklären versuchte. Innerhalb des Reizangebots, das der Film macht, werden bestimmte Konfigurationen so gehäuft, daß Reihen homologer Formen entstehen, die vom Rezipienten in einem Prozeß von Wahrscheinlichkeitslernen angeeignet werden. Dies geschieht auf einer niederen Stufe der sinnlichen Erkenntnis, im Bereich der Wahrnehmung, und es wird dem Zuschauer kaum bewußt, nichtsdestoweniger aber sehr wirksam. Im Falle der *Lebensläufe* dürfte über derartiges Wahrscheinlichkeitslernen von Tiefenstruktur ein dem Zuschauer ziemlich unbewußt bleibendes Erwartungsmuster entstehen, eine Art Phantom-Lebenslauf, enthaltend den latenten Entwurf eines Lebensplanes, wie er sich aus den Forderungen eines sinnerfüllten Daseins an den einzelnen auf der Leinwand ergibt.« (Wuss zit. n. *Lebensläufe* – Ein Film von Winfried Junge und Hans-Eberhard Leupold. In: Weimarer Beiträge 9/1982, S. 72) In der späteren Veröffentlichung weist Wuss darauf hin, daß er die Bezeichnung Tiefen- und Oberflächenstruktur zugunsten perzeptiv und konzeptuell geleiteter Strukturen fallen gelassen hat. (Wuss, Peter: Ansatzpunkt für eine psychologisch orientierte Untersuchung der Gattungsspezifik des Films. In: Felix/Heller (Hrsg.): 3.Film- und fernsehwissenschaftliches Kolloquium/Marburg '90 (1993), S. 25)

468 Die Zitate aus den *Lebensläufen* stammen aus einem von mir angefertigten Protokoll.

469 Wortlaut des Vorspanns:
»Im August 1961, wenige Tage nach Sicherung der Staatsgrenze der DDR zu Westberlin, begann das DEFA-Studio für Dokumentarfilme die Chronik einer Schulklasse.

Seitdem entstanden sechs Filme:
Wenn ich erst zur Schule geh' (61)
Nach einem Jahr (62)
Elf Jahre alt (66)
Wenn man vierzehn ist (69)
Die Prüfung (71)
Ich sprach mit einem Mädchen (75)

Aus diesen und vielen unveröffentlichten Materialien versuchte der Film *Anmut sparet nicht noch Mühe – Die Geschichte der Kinder von Golzow – Eine Chronik* (79)
den Weg der Gruppe zusammenfassend nachzuzeichnen.

Die folgende Dokumentation ergänzt die Chronik der Klasse durch Lebensläufe einzelner Schüler in einer Reihe von Porträts.

Sie gibt Einblick in das Leben von Menschen der Jahrgänge 1954/55, die zum Zeitpunkt des vorläufigen Abschlusses der Dreharbeiten 1981 um die fünfundzwanzig Jahre alt waren.

Die Wahl des Ortes Golzow, Kreis Seelow, im Bezirk Frankfurt/Oder und des Jahres 1961 für den Beginn der Chronik können als zufällig angesehen werden.

Auch die Auswahl von etwa der Hälfte der Schüler der Klasse für den Beobachtungsversuch war seinerzeit willkürlich.

Soziologisch ist die Dokumentation deshalb auch nicht repräsentativ.

Auswahl und Gestaltung des Gezeigten versuchen zu berücksichtigen, daß Personen und Handlungen nicht frei erfunden, sondern authentisch sind, und persönliche Interessen nicht verletzt werden dürfen.

Die Dokumentation hat den Charakter einer Werkstattfassung. Sie erhebt keinen Anspruch auf ausgereifte Gestaltung.

Der Bearbeitungsgrad gestattet, die Materialien zur Diskussion zu stellen. Sie sind Grundlage weiterführender Gestaltung und Fortsetzung der Chronik.

Die Geschichte der Kinder von Golzow stellt nach Kenntnis der Chronisten den in seiner Art ersten Versuch eines dokumentaren Langzeitprojekts in der Welt dar.« (Ich übernehme Schreibweise und Zeichensetzung nach dem Titelvorspann des Films, R. S.)

470 Bachtin zit. n. Wuss, Peter: Der rote Faden der Filmgeschichten und seine unbewußten Komponenten. Topik-Reihen, Kausal-Ketten und Story-Schemata – drei Ebenen filmischer Narration. In: montage/av 1/1/1992, S. 31.

471 Kreuzer, Helmut: Von der Nipkow-Scheibe zum Massenmedium. Hinweise zur Geschichte und Situation des Fernsehens und zu diesem Band. In: Kreuzer/Prümm (Hrsg.): Fernsehsendungen und ihre Formen (1979), S. 20.

472 Interview mit Marcel Ophuls zit. n. Informationsblätter des Internationalen Forums des jungen Films: *Hotel Terminus*. Berlin 36/1989; Hervorhebungen im Original, R. S.

473 Die Einschätzung stützt sich auf eine Diskussionsveranstaltung, die ich im Anschluß an eine Vorführung von *Lubitsch Junior* mit Mitarbeiterinnen und Mitarbeitern der vom Jüdischen Museum in Frankfurt/Main. veranstalteten Ausstellung »Die vergessenen Nachbarn« durchgeführt habe. Ziel des Projekts war die Erforschung der Geschichte der jüdischen Gemeinden in verschiedenen Stadtteilen Frankfurts. Neben der Auswertung von Dokumenten haben die Projektmitarbeiterinnen und -mitarbeiter in großem Umfang Zeitzeugeninterviews geführt.

474 De France, Claudine: Cinéma et Anthropologie. Paris 1982, S. 1.

475 Abgedruckt in: Jacobs (Hrsg.): The Documentary Tradition (1979), S. 25/26. Der Begriff war bereits vor Griersons Kritik in Gebrauch, so daß dieser für sich im strengen Sinn kein Ersterfindungsrecht beanspruchen kann. Allerdings hat Grierson die Bedeutung des Begriff über Jahrzehnte hinweg durch seine publizistische Tätigkeit in der filmtheoretischen Diskussion beeinflußt. Zur Geschichte des Begriffs »documentary« und seiner Bedeutung bei Grierson s. Winston, Brian: Claiming the Real. The Griersonian Documentary and its Legitimation. London 1995, S. 8–14.

476 Lüem, Barabra/Galizia, Michele: Versuch einer Typologisierung des Ethno-Films. In: Husmann (Hrsg.): Mit der Kamera in fremden Kulturen (1987), S. 34/35.
Einen historischen Überblick über den ethnographischen Film geben Brigard, Emilie: The History of Ethnographic Films. In: Hockings (Hrsg.): Principles of Visual Anthropology (1975), S. 13–43; Heider, Karl: Ethnographic Film. Austin/London 1976 und Petermann, Werner: Geschichte des ethnographischen Films. In: Friedrich u. a. (Hrsg.): Die Fremden sehen (1984), S. 17–53. Es wird von diesen Autoren selbst als Mangel empfunden (s. Brigard, Emilie: The History of Ethnographic Films. In: Hockings (Hrsg.): Principles of Visual Anthropology (1979), S. 43/44), was ihnen vorgeworfen wird, daß sie weitgehend begrifflos aufzählen. (Hohenberger, Eva: Die Fremde, die Wissenschaft und der Film. In: Zelluloid 23/1985, S. 20–26 und Hohenberger, Eva: Die Wirklichkeit des Films. Dokumentarfilm – Ethnographischer Film – Jean Rouch. Hildesheim/Zürich/New York 1988 sowie Kuhn, Annette: Kamera-Ich und Kamera-Auge. In: Paech/Borchers/Donnerberg u. a. (Hrsg.): Screen-Theory (1985), S. 231–248.

477 Worth, Sol: A Semiotic of Ethnographic Film. In: Gross (Hrsg.): Sol Worth (1981), S. 75/76 und Worth, Sol: Toward an Anthropological Politics of Symbolic Forms. In: Gross (Hrsg.): Sol Worth (1981), S. 104.

478 Arnheim, Rudolf: Kritiken und Aufsätze zum Film. Hrsg. v. H. Diederichs. Frankfurt a. M. 1979, S. 176.

479 Das Zitat spielt auf den Titel eines 1953 von Margret Mead und Rhoda Metraux herausgegebenen Buches an.

480 Zit. n. Diederichs, Helmut H.: Filmkritik und Filmtheorie. In: Jacobsen/Keas/Prinzler: Geschichte des deutschen Films (1993), S. 454.

481 Schlüpmann, Heide: Ein feministischer Blick. Dunkler Kontinent der frühen Jahre. In: Jacobsen/Kaes/Prinzler: Geschichte des deutschen Films (1993), S. 478. Neben Kracauers eigenen Arbeiten ist Batesons Aufsatz über den *Hitlerjungen Quex* im übrigen ein Beleg für die Produktivität des Ansatzes. (Bateson, Gregory: An Analysis of the Nazi Film Hitlerjunge Quex. In: Studies in Visual Communication 6/3/1980, S. 20–55)

482 Ähnlich geht Sorlin als Historiker bei der Beschäftigung mit Filmen davon aus, daß diese in einem ontologischen Sinn keine Bedeutung haben. Der Historiker beschäftigt sich nicht mit der Absicht eines Autors. Statt Interpretation und Ideologiekritik schlägt Sorlin ein Verfahren der strukturalistischen Lektüre vor, bei dem alle Elemente im Film thematisiert und ihre Beziehung zu anderen Materialien untersucht werden. (Sorlin, Pierre: The Film in History. Restaging the Past. Oxford 1980, S. 33/34)

483 Ich übernehme hier Odins Gleichsetzung von Film und Text, Zuschauer und Leser, ohne mich mit den grundlagentheoretischen Voraussetzungen dieser Gleichsetzung zu beschäftigen. Ähnlich verfahre ich mit bisweilen sehr eigenwilligen Neologismen, die ich übernehme, wenn sie mir präzise und nachvollziehbar scheinen. Das gilt für den Gebrauch von »fiktivisierend« anstatt von »fiktionalisierend«, weil es mir ausschließlich auf die Opposition zu »dokumentarisierend« ankommt. Ich vermeide Odins Wortbildungen aber dann, wenn das von ihm Gemeinte anschaulich und so dargestellt werden soll, daß sein Ansatz mit der von mir angestrebten Erörterung einer rezeptionsorientierten Theorie der dokumentarisierenden Lektüre kompatibel sein soll. In diesem Fall war mir die Nähe der Darstellung zur Alltagssprache wichtiger als der korrekte Gebrauch von Neologismen, die nur durch den Zusammenhang mit einer Grundlagentheorie gerechtfertigt sind.

484 Odin, Roger: Dokumentarischer Film – dokumentarisierende Lektüre. In: Blümlinger (Hrsg.): Sprung im Spiegel (1990), S. 128.

485 Zum Film als Quelle für den Historiker s. die Beiträge von Ferro und Sorlin in Rother, Rainer: Bilder schreiben Geschichte: Der Historiker im Kino. Berlin 1991 und die Einführung mit umfangreicher Bibliographie von Heß, Klaus-Peter: Film und Geschichte. Kritische Einführung und Literaturüberblick. In: film theory 13/1986, S. 13–44.

486 Zur lektüreinduzierenden Funktion des Vor- und Abspanns bei einem Film aus der Encyclopaedia Cinematographica des IWF vgl. die auf ein Sequenzprotokoll gestützte Einzelwerkanalyse von Hohenberger. (Hohenberger, Eva: Die Wirklichkeit des Films. Dokumentarfilm – Ethnographischer Film – Jean Rouch. Hildesheim/Zürich/New York 1988, S. 169)

487 Diesen Effekt kann ich aus den Erfahrungen der Arbeit mit dokumentarischen Filmen aus und über die Neonaziszene nur zum Teil bestätigen. Schüler, denen der Film *Wahrheit macht frei* vorgeführt wurde, begründeten ihre Überzeugung, daß es sich um einen authentischen Film handelt, mit dem Fehlen von Schauspielernamen und mit der Übereinstimmung der Darstellungen mit der Fernsehberichterstattung. Ich vermute, daß die Übereinstimmung mit der Fernsehberichterstattung im Vergleich mit dem Fehlen von Schauspielernamen das gewichtigere Kriterium in der Beurteilung dokumentarischer Authentizität ist. So vermutete ein Schüler bei dem den Darstellungskonventionen der Fernsehberichterstattung nicht konformen Interviewdokumentarfilm *Stau – Jetzt geht's los*, daß die interviewten Jugendlichen aus der rechtsradikalen Szene Schauspieler seien und der Film von Linken gemacht sei, um sich über die Neonaziszene zu mokieren. Die Pointe des Beispiels liegt nicht darin, daß sie als empirischer Befund gegen Odins Modell einer durch den Film induzierten dokumentarisierenden Lektüre spricht, sondern das Beispiel belegt, daß die Rezeption eines Films in welt größerem Maß von der Medienerfahrung des Rezipienten abhängig ist, als Odin ihr Rechnung trägt.

488 Odin, Roger: Dokumentarischer Film – dokumentarisierende Lektüre. In: Blümlinger (Hrsg.): Sprung im Spiegel (1990), S. 137/138.

489 Worth: Sol: A Semiotic of Ethnographic Film. In: Gross (Hrsg.): Sol Worth (1981), S. 76.

490 Hennys Gegensatz von »Hollywood-« und »epischem Stil« ist offensichtlich von Brechts Bestimmungen der dramatischen und epischen Form des Theaters beeinflußt. (Brecht, Bertolt: Gesammelte Werke Bd.17 (1977), S. 1009/1010)

491 Martinez setzt Film mit Text gleich und überträgt in seiner Argumentation text- und literaturwissenschaftliche Diskussionen auf den Film. (Martinez, Milton: Who Constructs Anthropological Knowledge? Towards a Theory of Ethnographic Spectatorship. In: Crawford/Turton (Hrsg.): Film

as Ethnography (1992), S. 156) Der Einfachheit halber übernehme ich diesen Sprachgebrauch, ohne mich mit grundlagentheoretischen Fragen dieses Theorietransfers zu beschäftigen.

492 Martinez, Milton: Who Constructs Anthropological Knowlwedge? Towards a Theory of Ethnographic Spectatorship. In: Crawford/Turton (Hrsg.): Film as Ethnography (1992), S. 157.
Im Begriff der »Sutur« »drückt sich der ständige Wechsel zwischen Unvollständigkeit/Vollständigkeit auf der Leinwand und der zwischen ihnen agierenden Ergänzungsleistung des Zuschauers aus. Daß der Begriff ursprünglich aus der Chirurgie kommt, ist nicht zufällig: wie eine Nadel verknüpft die Erzählung das Imaginäre des Zuschauers mit den Signifikanten des Textes, webt ihn quasi ein. Dieser Proze0 verläuft nicht nur dual zwischen Zuschauerblick und Objekt, sondern triadisch über die Kamera als ›unsichtbarem Dritten‹. Bei den meisten Dialogen blickt die Figur nicht direkt in die Kamera, sondern 30 Grad an ihr vorbei, also auch nicht in die Augen ihres vermeintlichen Gegenübers, und doch erlebt der Zuschauer dies als ›subjektive‹ Blickfolge, indem er an die Stelle des Abwesenden die real abwesende Figur setzt.« (Hohenberger, Eva: Die Wirklichkeit des Films. Dokumentarfilm – Ethnographischer Film Jean Rouch. Hildesheim/Zürich/New York 1988, S. 102)

493 Beispielhaft und stellvertretend Fiske, John: Populärkultur: Erfahrungshorizont im 20. Jahrhundert. Ein Gespräch mit John Fiske. In: montage/av 2/1/1993, S. 9; zur Einführung in den theoriegeschichtlichen Zusammenhang von Fiske eignet sich Müller, Eggo: »Pleasure and Resistance«. John Fiskes Beitrag zur Populärkulturtheorie. In: montage/av 2/1/1993, S. 52–66.

494 S. zu dieser Einschätzung Paech, Joachim: Ist Film lehrbar? Plädoyer für Filmdidaktik in Schule und Universität. In: medien praktisch 1/1987, S. 4.

495 Die folgenden Ausführungen basieren auf einem Vortrag, den ich mit Klaus-Peter Roth auf dem film- und fernsehwissenschaftlichen Kolloquium in Berlin unter dem Titel »Kommunale Kinoarbeit und Filmwissenschaft. Der Film zwischen Leinwand und Monitor« am 6. Oktober 1993 gehalten habe. (Roth, Klaus-Peter/Schändlinger, Robert: Kommunale Filmarbeit und Filmwissenschaft. Der Film zwischen Leinwand und Monitor. In: 6.Film- und fernsehwissenschaftliches Kolloquium/Berlin '93. Hrsg. Jörg Frieß, Stephen Lowry und Hans Jürgen Wulff. Berlin 1994, S. 43–53)

496 Die Tradition der ungenügenden Reflexion der technischen Bedingungen der Filmpraxis reicht bis in die Anfänge der Filmtheorie zurück. K. Sutko weist in seinem Vorwort zu dem zuerst 1927 erschienen Band filmtheoretischer Texte der russischen Formalisten auf die nichtigen Versuche hin, Meisterwerke zu chronometrisieren und eine frappierende Gesetzmäßigkeit festzustellen: »Jeder Akt dauert 11–12 Minuten. Schon fangen die theoretischen Gehirne an zu kochen, bereit, ein Film-›Gesetz‹ des Aufbaus eines Teils zu gebären; jedoch zeigt sich, daß solch ein ›Gesetz‹ lediglich auf der ziemlich konstanten Meterzahl jeder Filmrolle beruht.« (Sutko, K.: Vorwort. In: Beilenhoff (Hrsg.): Poetik des Films (1974), S. 9; Schreibweise nach dem Original, R. S.)

497 Kreft, Jürgen: Grundprobleme der Literaturdidaktik. Heidelberg 1977, S. 295.

498 Korte, Helmut: Filmgeschichte, Einzelwerkanalyse und die Möglichkeiten der elektronischen Datenverarbeitung. Plädoyer für einen Wechsel in der Filmgeschichtsschreibung. In: Hickethier (Hrsg.): Filmgeschichte schreiben (1989), S. 134.

499 Korte, Helmut: Filmgeschichte, Einzelwerkanalyse und die Möglichkeiten der elektronischen Datenverarbeitung. Plädoyer für einen Wechsel in der Filmgeschichtsschreibung. In: Hickethier (Hrsg.): Filmgeschichte schreiben (1989), S. 139.

500 Zur Begründung computergestützter Verfahren der Filmauswertung s. Giesenfeld, Günter/Sanke, Philipp: Ein komfortabler Schreibstift für spezielle Aufgaben. Vorstellung des Filmprotokollierungssystems »Filmprot« (Vers. 1.01). In: Korte/Faulstich (Hrsg.): Filmanalyse interdisziplinär (1991) S. 135–146; Faulstich, Werner/Poggel, Holger: Computergestützte Filmanalyse »CAFAS«. Ein EDV-Programm zur quantitativen Auswertung von Filmtranskripten. In: Korte/Faulstich (Hrsg.): Filmanalyse interdisziplinär (1991), S. 147–155; Ramsbott, Wolfgang/Sauter, Joachim: Visualisierung von Filmstrukturen mit rechnergestützten Mitteln. In: Korte/Faulstich (Hrsg.): Filmanalyse interdisziplinär (1991), S. 156–165.

501 Paech, Joachim: Das Sehen von Filmen und filmisches Sehen. Zur Geschichte der filmischen Wahrnehmung im 20. Jahrhundert. In: Hickethier (Hrsg.): Filmgeschichte schreiben (1989), S. 71.

502 Paech, Joachim: **Passion** oder die Ein**bild**ungen des Jean-Luc Godard. Schriftenreihe des Deutschen Filmmuseums. Hrsg. H. Hoffmann und W. Schobert. Frankfurt a. M. 1989, S. 8.; Hervorhebungen im Original R. S.
Paech deutet an, daß immer mehr und immer schneller aktuelle Filme als Videokopien auf den Markt kommen, um das in die Filmproduktion investierte Kapital in kürzerer Zeit zu amortisieren. Die Überprüfbarkeit der Aussagen der Filmwissenschaft ist bestenfalls ein Nebenprodukt dieses Verwertungsinteresses. (S. dazu auch Zielinski, Siegfried: Aufriß des internationalen Videomarkts. Zum Handel mit dem Spielfilm als weicher Ware. In: Arbeitsgemeinschaft der Filmjournalisten/Hamburger Filmbüro (Hrsg.): Neue Medien contra Filmkultur (1987), S. 77–87; Körte, Peter: Geschäft, Gedächtnis & Video. Ein boomender Medienmarkt. In: Frankfurter Rundschau v. 31. Mai 1994)

503 Paech: Nähe durch Distanz: Anmerkungen zur dispositiven Struktur von Bildern. In: Zweites Deutsches Fernsehen: HDTV – ein neues Medium? (1991), S. 43.

504 Interview von Karsten Witte mit Jean-Marie Straub und Danièle Huillet zit. n. Biedermann, Werner/Kürner, Peter: Kino- und Filmarbeit an der Volkshochschule. Frankfurt a. M. 1984, S. 19; Rechtschreibung nach dem Original, R. S.

505 Die Versuche von Ombredane werden beschrieben von Wilson, John: Comments on Work with Film Preliterates in Africa. In: Studies in Visual Communication 9/1/1983, S. 30-35. Die Darstellungen von Wilson werden ausführlich bei McLuhan als Beispiel dafür zitiert, daß die Filmwahrnehmung an die Beherrschung einer Schriftsprache als Voraussetzung geknüpft ist.
Ganz anders interpretiert Edgar Morin die entsprechende Erfahrung. Die Versuchsanordnung ist um eine Gruppe belgischer Studenten erweitert, deren Filmrezeption mit der der Afrikaner verglichen wird. Während sich die Wiedergabe der Seherfahrung dieser durch visuelle Genauigkeit und Detailliertheit auszeichnete, war die jener abstrakt und unzuverlässig. Daraus folgert Morin, daß die Afrikaner den Film sehen, während die belgischen Studenten, vertraut mit den dramaturgischen und rezeptiven Mustern, ihn fühlen (Morin, Edgar: Le Cinéma ou l'homme imaginaire. Essai d'anthropologie sociologique. Paris 1977, S. 114/115; Hervorhebungen im Original, R. S.).

506 Zielinski, Siegfried: Nicht mehr Kino, nicht mehr Fernsehen. Am Anfang einer neuen Form des Filmischen. In: Haberl/Schlemmer (Hrsg.): Die Magie des Rechtecks (1992), S.50.

507 Pausch, Rolf: Filmanalyse – interaktiv und multimedial. In: medien praktisch 2/1993, S. 11.

508 Pausch, Rolf: Filmanalyse – interaktiv und multimedial. In: medien praktisch 2/1993, S. 11.

509 Der komplexen Bedeutung des französischen »cinéma« entspricht sicher am ehesten ein differenzierender Gebrauch des deutschen »Film« (s. Blüher, Dominique: Le cinéma dans le cinéma – Zu Formen filmischer Selbstreflexion. In: Felix/Heller (Hrsg.): 3.Film- und fernsehwissenschaftliches Kolloquium/Marburg '90 (1993), S. 101). Über sprachliche Differenzen hinaus geht es allerdings um eine Form der pädagogischen Praxis und ihre curriculare Verankerung. Aumont spricht vom »l'enseignant de cinéma«, was nur schwer ins Deutsche zu übersetzen ist. Ganz sicher ist nicht allein der Filmwissenschaftler in einem akademischen Rahmen gemeint. Aber kann man von Kinolehrern in Analogie zum Deutsch-/Literatur-, Religions-, Musik-, Kunst- oder Sportlehrer sprechen?

510 Das Projekt wurde zwischen dem Ende der Sommerferien und dem Beginn der Herbstferien 1993 mit finanzieller Unterstützung der Hans-Böckler-Stiftung und der Hessischen Landeszentrale für politische Bildung von mir in Zusammenarbeit mit Josef Fenzl und Ilse Weißert durchgeführt.

511 Ein aktuelles Beispiel stellt die von Pausch vorgestellte computergestützte Unterrichtseinheit zur Filmgeschichte und -analyse dar. (Pausch, Rolf: Filmanalyse – interaktiv und multimedial. In: medien praktisch 2/1993, S. 11–14)

512 Vorgeführt in der Reihenfolge ihrer Aufzählung wurden die Filme *Mississippi Masala, Herr der Fliegen, Alarmstufe: Rot, Wahrheit macht frei, Stau – Jetzt geht's los, Unser Programm heißt Deutschland. Ansichten von Republikanern.*

513 Der Film ist einhundertfünfzehn Minuten lang und auf sechs Aktrollen von jeweils etwa zwanzig Minuten aufgeteilt. Durch die Praxis, Aktenden für die sogenannte Überblendung zu markieren, ist mit längerer Vorführerfahrung und bei genauer Kenntnis des Films eine für die Unterrichtszwecke ausreichende ungefähre Orientierung über die zeitliche Struktur des Films ohne aufwendige und umständliche Protokollierungsverfahren möglich.

514 Die Begriffe sind entnommen Albrecht, Gerd: Aufgaben (Ziele) der Filmanalyse. In: Albrecht u. a.: Handbuch Medienarbeit (1981), S. 29–60 und Albrecht, Gerd: Vom Königsweg zum Marterpfad? Soziologische Fragestellungen und Methoden der Filmanalyse. In: Korte/Faulstich (Hrsg.): Filmanalyse interdisziplinär (1991), S. 73–89.

515 Unter mediendidaktischen Gesichtspunkten war die Anwesenheit einer Kursteilnehmerin, die bei der Filmvorführung nicht dabei war, günstig. Selbst nachdem die zeitliche Struktur der Filmhandlung so vollständig rekonstruiert worden war, wie sich die Kursgruppe erinnern konnte, konnte sich diese Teilnehmerin von der Handlung des Films keine Vorstellung machen. Ihr Versuch, die Handlung mit den zur Verfügung stehenden Informationen zu rekonstruieren, löste wegen seiner Kolportagehaftigkeit große Heiterkeit aus. Unter mediendidaktischen Gesichtspunkten hätte man die Situation dazu nutzen können, die Kursgruppe mit der Schwierigkeit zu konfrontieren, den Film als visuell-akustische Erfahrung mit einer komplexen zeitlichen Struktur wiederzugeben, ohne ihn auf die Pointe eines Plots zu reduzieren. Allerdings war eine Intensivierung dieses Aspekts im Rahmen des Kursprojekts nicht vorgesehen.

516 Dies hätte eine Form der Auseinandersetzung mit dem Film sein können. Die Frage- oder Aufgabenstellung hätte sein können: »Erzähle die Geschichte so, wie du es möchtest«, oder: »Erfinde einen eigenen Schluß«. Das Verfahren kann auch so eingesetzt werden, daß von einem Film nur ein Ausschnitt gezeigt wird, der durch die Schülerinnen und Schüler ergänzt werden soll.

517 Gerade an dieser Aufgabe sollten sich die Teamer beteiligen. Die Gestaltung des Plakats begünstigt nicht mit der gleichen Ausschließlichkeit wie der Schulunterricht im allgemeinen sprachliche Formen der Auseinandersetzung und Darstellung, bei denen in der Regel die Lehrenden sehr einseitig dominieren und die Norm setzen. Im Unterschied dazu ermöglicht eine künstlerische Vorgehensweise die Erfahrung, daß bei dieser Aufgabe Fähigkeiten der Lehrenden begrenzt sind und sogar hinter denen der Schülerinnen und Schüler zurückbleiben können.

518 John Sayles beschreibt an einem Beispiel aus seinem Film *Eight Men Out* das Verfahren des psychologischen Realismus, bei dem die Mittel der Filmgestaltung dazu eingesetzt werden, dem Zuschauer ein intensives Gefühl für die emotionale Atmosphäre der filmischen Darstellung zu vermitteln. Die Verbitterung einer Figur, die sich vor Kränkung in einen Racheplan wandelt, wird durch einen Beleuchtungstrick atmosphärisch und für den Zuschauer kaum wahrnehmbar vermittelt. In dieser sehr langen Szene dreht der Kameramann das Licht kaum wahrnehmbar langsam herunter, so daß am Ende eine Gesichtshälfte der Figur völlig im Dunkeln liegt. Die Darstellung ist realistisch genug, um vom Zuschauer akzeptiert zu werden, hat aber einen künstlich erzeugten emotionalen Gehalt. (Sayles, John: Nicht wahrnehmen: fühlen. Ein Interview mit John Sayles von Frank Schnelle. In: epd Film 12/1993, S. 13)
Das beschriebene Beispiel veranschaulicht die im Zusammenhang mit den Experimenten von Ombredane erwähnte Unterscheidung zwischen dem Sehen und Fühlen eines Films. Der Zuschauer muß die sich verändernde Helligkeit nicht wahrnehmen, um die Veränderung der Stimmung zu fühlen. Man kann sich jedoch einen Zuschauer vorstellen, der die Veränderung der Lichtverhältnisse bemerkt und beobachtet, ohne die dramaturgisch angestrebte Wirkung zu fühlen. Kann man sagen, daß dieser Zuschauer die Darstellung nicht verstanden hat, weil er sie genauer beobachtet hat als der erste Zuschauer?

519 Im Gespräch mit Truffaut hat Hitchcock Spannung als Suspense im Sinn eines Informationsgefälles zwischen dem Zuschauer und den Figuren des Films definiert. Das Publikum weiß, daß die Bombe unter dem Tisch liegt, aber nicht die Filmfiguren, die, sich unterhaltend, an diesem Tisch

sitzen. »Bei der üblichen Form von Suspense ist es unerläßlich, daß das Publikum über Einzelheiten, die eine Rolle spielen, vollständig informiert ist. Sonst gibt es keinen Suspense.« (Zit. n. Wuss, Peter: Grundformen filmischer Spannung. In: montage/av 2/2/1993, S. 111)

520 Verwendet wird eine Schnittfolge, die als »rule of three« bereits in den zehner Jahren des 20. Jahrhunderts von Sanderson formuliert und konventionalisiert wurde (zit. n. Möller-Naß, Karl-Dietmar: Filmsprache. Eine kritische Theoriegeschichte. Münster 1986, S. 70/71). Nach einem Blick über die Szene in einer Totalaufnahme werden durch eine Halbtotale oder Aufnahme in Normalgröße die Handlungsträger in den Mittelpunkt gestellt, um schließlich durch eine Groß- oder Detailaufnahme die Aufmerksamkeit des Zuschauers auf die Einzelheiten zu lenken, die für die Handlung wichtig sind.

521 Die Funktion der Tongestaltung im Fernsehen zur Bindung des Publikumsinteresses hat John Ellis beschrieben. (Ellis, Jack: Visible Fictions. Cinema: Television: Video. New York 1992, bes. S. 128ff)

522 Wäre die Unterrichtsstunde nicht zu Ende gewesen, hätte sich hier für eine weitergehende Diskussion angeboten, den Authentizitätseindruck dieser Bilder zu erörtern. Der Autor ist sein eigener Kameramann und als Kamera hat er höchstens semiprofessionellen Ansprüchen genügendes Gerät. Ein zusätzlicher Kameramann hätte die Schwierigkeit erhöht, in der Szene akzeptiert zu werden. So würden die erschwerten Aufnahmebedingungen die mangelnde ästhetische Qualität als Beweis der Authentizität der Bilder erscheinen lassen. Einerseits wirken die Aufnahmen authentisch, weil sie nicht schön sind, andererseits deutet die Äußerung der Kursteilnehmerin an, wie sich unter dem Eindruck des Fernsehens die Zuschauererwartung verändert hat. Während Merkmale wie eine ruckende oder verwackelte Kamera, ein grobkörniger Schwarzweiß-Film, das Suchen nach der Bildschärfe und dem richtigen Bildausschnitt im Film als Hinweise auf eine dokumentarisierende Darstellungs- und Rezeptionsstrategie wahrgenommen werden, fehlen diese Hinweise unter dem Druck der Fernsehforderung nach einer Mindestsendequalität in Fernsehaufnahmen nicht selten. (S. Raymakers, Jan: Der Dokumentarfilm und der unterhaltende Fluxus. In: EDI-Bulletin 7–8/1992 1992, S. 40)

523 Eine Diskussion mit etwa vierzig Schülerinnen und Schülern einer gymnasialen Oberstufe, denen der Film im Rahmen eines Projekttages vorgeführt wurde, bestätigt diese Wirkung des Films. Niemand in ihrer Umgebung, meinten die Schülerinnen und Schüler, würde sich so äußern wie die Neonazis im Film. Die Schülerinnen und Schüler waren der Ansicht, daß jemand mit diesen politischen Überzeugungen im Umfeld der Schule isoliert wäre.

524 Als der Film im November 1992 im Berliner Ensemble, wo Heise als Regisseur tätig, aufgeführt werden sollte, riefen autonome antifaschistische Gruppen mit der Begründung, den Faschisten kein Rederecht und keine Propagandafreiheit zu gewähren, zum aktiven Boykott auf. Die Theaterleitung um Heiner Müller und Peter Zadek sagte daraufhin die Veranstaltung ab.

525 Die Alternative zur Originaltonsynchronaufnahme ist nicht notwendigerweise der Kommentar, wie er im Fernsehen verwendet wird, der in der Regel die Äußerungen der Interviewten zu Stichworten für den Journalisten degradiert. Vielmehr können zur Vermeidung der Schwierigkeiten, vor einer laufenden Kamera zu sprechen, Ton und Bild getrennt aufgenommen werden. So sind die Stimmen der zwei Männer, die in der Videoproduktion *Unser Programm heißt Deutschland* ihre Lebensgeschichte erzählen, aus dem Off zu hören, während der Zuschauer sie stumm in einem fahrenden Zug sitzen sieht.

526 Die Begründung, mit der die AG der Filmjournalisten den Deutschen Dokumentarfilmpreis 1992 an *Stau – Jetzt geht's los* verliehen hat, hebt genau den Gegensatz des Films zur gängigen Medienberichterstattung hervor: » ... der Film wird Widerspruch hervorrufen. Er erhebt Einspruch gegen die landläufige Berichterstattung der Medien. Dieser Einspruch ist notwendig und konstruktiv, weil er einer bequemen und leichtfertigen Ausgrenzung entgegenwirkt.« (Zit. n. der Pressemappe des Verleihs)

527 Trotz den Schwierigkeiten mit dem Film *Stau – Jetzt geht's los* bin ich der Überzeugung, daß der Film sich für ein Projekt »Erfahrungsbildung mit Medien zum Thema Rechtsradikalismus und Rassismus« eignet. Die Reaktionen im Kurs bestätigten ebenso wie die Bemerkungen in einer Diskussion nach einer Vorführung des Films vor einem Arbeitskreis von Lehrerinnen und Lehrern sowie Elternbeiräten die Einschätzung, daß *Stau – Jetzt geht's los* zu den gängigen, vor allem von den Normen des Fernsehens geprägten Rezeptionsweisen, quer liegt. Die durch den Titel geweckten Erwartungen wurden so sehr enttäuscht, daß die Teilnehmerinnen und Teilnehmer des Arbeitskreises nicht bereit waren, sich den Film nach der aus vorführtechnischen Gründen notwendigen Pause bis zu Ende anzusehen. »Da geht ja gar nichts los«, war eine Begründung.

Abkürzungen

Es wurden im Text, den Anmerkungen und im Register folgende Abkürzungen verwendet:

APO	Außerparlamentarische Opposition
ARD	Arbeitsgemeinschaft der öffentlich-rechtlichen Rundfunkanstalten der Bundesrepublik Deutschland
CBS	Columbia Broadcasting System
CNN	Cable News Network
DEFA	Deutsche Filmaktiengesellschaft (DDR)
EC	Encyclopaedia Cinematographica
FSA	Farm Security Administration
HDTV	High Definition Television (hochauflösendes Fernsehen)
IWF	Institut für den Wissenschaftlichen Film
KZfSS	Kölner Zeitschrift für Soziologie und Sozialpsychologie
NDR	Norddeutscher Runfunk
NWDR	Nordwestdeutscher Rundfunk
OED	Oxford English Dictionary
SAVICOM	Society for the Anthropology of Visual Communication
SDR	Süddeutscher Rundfunk
WDR	Westdeutscher Rundfunk
ZDF	Zweites Deutsches Fernsehen

Abbildungsnachweis

Bild 1:	Newhall, Beaumont: Geschichte der Photographie. München 1984.
Bild 2:	Newhall, Beaumont: Geschichte der Photographie. München 1984.
Bild 3:	Newhall, Beaumont: Geschichte der Photographie. München 1984.
Bild 4:	Magische Schatten. Ein Kinderbuch zur Entstehung des Kinos. Schriftenreihe des Deutschen Filmmuseums. Hrsg. von Hilmar Hoffmann und Walter Schobert. Frankfurt a. M. 1988.
Bild 5:	Newhall, Beaumont: Geschichte der Photographie. München 1984.
Bild 6:	E. J. Marey 1830/1904. La Photographie du Mouvement. Centre National d'Art et de Culture Georges Pompidou, Musée National d'Art Moderne. Paris 1977. (S. 58).
Bild 7 und 8:	Braun, Marta: Muybridge's Scientific Fictions. In: Studies in Visual Communication 10/3/1984, S. 8 und 9.
Bild 9:	E. J. Marey 1830/1904. La Photographie du Mouvement. Centre National d'Art et de Culture Georges Pompidou, Musée National d'Art Moderne. Paris 1977. (S. 42).
Bild 10:	Scharf, Aaron: Art and Photography. London 1969 (Abb. Nr. 183, S. 201).
Bild 11:	E. J. Marey 1830/1904. La Photographie du Mouvement. Centre National d'Art et de Culture Georges Pompidou, Musée National d'Art Moderne. Paris 1977. (S. 30).
Bild 12:	Scharf, Aaron: Art and Photography. London 1969 (S. 192).
Bild 14 und 15:	Gassner, Hubertus: Rodcenko Fotografien. München 1982.
Bild 16–20:	Reisz, Karel; Millar, Gavin: Geschichte und Technik der Filmmontage. München 1988.
Bild 21–26, 27:	Agee, James; Evans, Walker: Preisen will ich die großen Männer. München 1989.
Bild 28–32:	Originalaufnahmen.

Literaturverzeichnis

1. Film- und medientheoretische Literatur

1.1. Allgemein (Nachschlagewerke, historische Darstellungen, Filmtheorie, -analyse und -pädagogik)

Albersmeier, Franz-Josef/Roloff, Volker (Hrsg.): Literaturverfilmungen. Frankfurt a. M., 1989

Albrecht, Gerd: Aufgaben (Ziele) der Filmanalyse. In: Albrecht u. a.: Handbuch Medienarbeit (1981), S. 29–60

Albrecht, Gerd u. a. (Hrsg.): Handbuch Medienarbeit. Medienanalyse. Medieneinordnung. Medienwirkung. Opladen, 1981

Albrecht, Gerd: Vom Königsweg zum Marterpfad? – Soziologische Fragestellungen und Methoden der Filmanalyse. In: Korte/Faulstich (Hrsg.): Filmanalyse interdisziplinär (1991), S. 73–89

Arbeitsgruppe für kommunale Filmarbeit e. V. (Hrsg.): Perspektiven. Kommunale Filmarbeit in den 90er Jahren. Beiträge zu einem Symposion der Arbeitsgruppe für Kommunale Filmarbeit e.V. im Kino Arsenal am 7.Juni 1990 in Berlin. Frankfurt a. M., 1990

Arnheim, Rudolf: Film als Kunst. München, 1974

Arnheim, Rudolf: Kritiken und Aufsätze zum Film. Hrsg. v. H. Diederichs. Frankfurt a. M., 1979

Aumont, Jacques: Mon très cher objet. In: Traffic 6/1993, S. 53–69

Bawden, Liz-Anne (Hrsg.): Buchers Enzyklopädie des Films 2 Bände Edition der deutschen Ausgabe von Wolfgang Tichy. München/Luzern, 1983

Balázs, Béla: Der Geist des Films. Schriften zum Film Bd. 2. Hrsg. v. H. Diederichs und W.Gersch. München, 1984, S. 49ff

Bazin, André: Was ist Kino? Bausteine zur Theorie des Films. Hrsg. v. H.Bitomsky, H.Farocki, E.Kaemmerling. Köln, 1975

Beilenhoff, Wolfgang (Hrsg.): Poetik des Films. Deutsche Erstausgabe der filmtheoretischen Texte der russischen Formalisten. München, 1974

Beller, Hans (Hrsg.): Handbuch der Filmmontage. München, 1993

Beller, Hans: Aspekte der Filmmontage – Eine Art Einführung. In: Beller (Hrsg.): Handbuch der Filmmonatge (1993), S. 9–23

Beller, Hans: Montage-Experimente an der HFF München. In: Beller (Hrsg.) Handbuch der Filmmontage (1993), S. 155–177

Biedermann, Werner/Kürner, Peter: Kino- und Filmarbeit an der Volkshochschule. Frankfurt a. M., 1984

Blüher, Dominique: Le cinéma dans le cinéma – Zu Formen filmischer Selbstreflexion. In: Felix/Heller (Hrsg.): 3.Film- und Fernsehwissenschaftliches Kolloquium/Marburg '90 (1993), S. 101–107

Blümlinger, Christa (Hrsg.): Sprung im Spiegel. Filmisches Wahrnehmen zwischen Fiktion und Wirklichkeit. Wien, 1990

Blümlinger, Christa/Wulff, Constantin (Hrsg.): Schreiben Bilder Sprechen. Texte zum essayistischen Film. Wien, 1992

Bordwell, David: Kognition und Verstehen. Sehen und Vergessen in *Mildred Pierce*. In: montage/av 1/1/1992, S. 5–24

Bordwell, David/Thompson, Kristin: Film Art. An Introduction. New York, 1986

Bulgakowa, Oksana: Montagebilder bei Eisenstein. In: Beller (Hrsg.): Handbuch der Filmmontage (1993), S. 49–77

Burton, Julianne (Hrsg.): Cinema and Social Change in Latin America. Conversations with Filmmakers. Austin (Texas), 1986

Buselmaier, Michael (Hrsg.): Das glückliche Bewußtsein. Anleitungen zur materialistischen Medienkritik. Darmstadt/Neuwied, 1974

Carroll, Noel: Mystifying Movies. Fads & Fallacies in Contemporary Film Thcory. New York, 1988

Comolli, Jean-Louis: Technique et Idéologie. Caméra, perspective, profondeur du champ. In: Cahiers du Cinéma 229/1971, S. 4–21 + 230/1971, S. 51–57 + 231/1971, S. 42–49 + 233/1971, S. 39–45 + 234/235/1972, S. 94–100 + 241/1972, S. 20–24

Comolli, Jean-Louis: L'Animateur, l'appareil, les masses (Notes sur »Comment présenter le film, comment conduire la discussion dans un ciné-club«). In: Cahiers du Cinéma 244/1973, S. 16–24 + 247/1973, S. 56–65

Diederichs, Helmut H.: Filmkritik und Filmtheorie. In: Jacobsen/Kaes/Prinzler: Geschichte des deutschen Films (1993), S. 451–464

Eisenstein, Serge (Sergej): Gesammelte Aufsätze I. Zürich, o. J.

Eisenstein, Serge (Sergej): Dickens, Griffith und wir (zuerst 1944). In: Eisenstein: Gesammelte Aufsätze I (o. J.), S. 60–136

Eisenstein, Serge (Sergej): Montage 1938 (zuerst 1938). In: Eisenstein: Gesammelte Aufsätze I (o. J.), S. 229–280

Eisenstein, Serge (Sergej): Nicht bunt, sondern farbig (zuerst 1940). In: Eisenstein: Gesammelte Aufsätze I (o. J.), S. 285–291

Eisenstein, Serge (Sergej): Über den Bau der Dinge. in: Eisenstein : Gesammelte Aufsätze I. (o. J.), S. 178–228

Eisenstein, Sergej M.: Schriften 1. Streik. Hrsg. v. Hans-Joachim Schlegel. München, 1974

Eisenstein, Sergej: Zur Inszenierungsmethode eines Arbeiterfilms (zuerst 1925). In: Eisenstein: Schriften 1 (1974), S. 227–229

Eisenstein, Sergej: Das Mittlere von Dreien (zuerst 1934). In: Eisenstein: Schriften 1 (1974), S. 238–273

Eisenstein, Sergej: Montage der Attraktionen (zuerst 1923). In: Eisenstein: Schriften 1 (1974), S. 216–221

Eisenstein, Sergej: Zur Frage eines materialistischen Zugangs zur Form (zuerst 1924). In: Eisenstein: Schriften 1 (1974), S. 230–238

Eisenstein, Sergej: Zur Komposition des *Streik*-Finale (entstanden um 1933). In: Eisenstein: Schriften 1 (1974), S. 274–276

Eisenstein, Sergej M. Eisenstein.: Schriften 3. Oktober. Mit den Notaten zur Verfilmung von Marx' »Kapital« Hrsg. v. Hans-Joachim Schlegel. München, 1975

Eisenstein; Sergej M.: Yo – Ich selbst. Memoiren. Band 1 + 2. Hrsg. v. Naum Klejman und Walentina Korschunowa. Mit einer Einleitung von Sergej Jutkewitsch, Frankfurt a. M., 1988

Engell, Lorenz: Sinn und Industrie. Einführung in die Filmgeschichte. Frankfurt a. M./New York/Paris, 1992

Faulstich, Werner: Kleine Geschichte der ›Filmanalyse‹ in Deutschland. In: Korte/Faulstich (Hrsg.): Filmanalyse interdisziplinär (1991), S. 9–19

Faulstich, Werner: Leinwand und Bildschirm. Thesen zur Einführung. In: Haberl/Schlemmer (Hrsg.): Die Magie des Rechtecks (1992), S.9–19

Faulstich, Werner/Korte, Helmut (Hrsg.): Fischer Filmgeschichte Band 3: Auf der Suche nach Werten (1945–1960). Frankfurt a. M., 1990

Faulstisch, Werner/Korte, Helmut (Hrsg.): Fischer Filmgeschichte Band 2: Der Film als gesellschaftliche Kraft (1925–1944). Frankfurt a. M., 1991

Faulstich, Werner/Korte, Helmut (Hrsg.): Fischer Filmgeschichte Band 4: Zwischen Tradition und Neuorientierung (1961–1976). Frankfurt a. M., 1992

Faulstich, Werner/Poggel, Holger: Computergestützte Filmanalyse »CAFAS«. Ein EDV-Programm zur quantitativen Auswertung von Filmtranskripten. In: Korte/Faulstich (Hrsg.): Filmanalyse interdisziplinär (1991), S. 147–155

Felix, Jürgen/Heller, Heinz-B. (Hrsg.): 3.Film- und fernsehwissenschaftliches Kolloquium/Marburg '90. Münster, 1993

Giesenfeld, Günter/Sanke, Philipp: Ein komfortabler Schreibstift für spezielle Aufgaben. Vorstellung des Filmprotokollierungssystems »Filmprot« (Vers.1.01). In: Korte/Faulstich (Hrsg.): Filmanalyse interdisziplinär (1991), S.135–146

Grob, Norbert: Wenders. Berlin, 1991

Gross, Larry/Katz, John Stuart/Ruby, Jay (Hrsg.): Image Ethics. The Moral Rights of Subjects in Photographs, Film, and Television. New York/Oxford, 1988

Haberl, Georg/Schlemmer, Gottfried (Hrsg.): Die Magie des Rechtecks. Filmästhetik zwischen Leinwand und Bildschirm. Wien/Zürich, 1992

Hick, Ulrike: Die Rolle des Panoramas in der Vorgeschichte des Films. In: Felix/Heller (Hrsg.): 3. Film- und fernsehwissenschaftliches Kolloquium/Marburg '90 (1993), S. 65–72

Hick, Ulrike: Die optische Apparatur als Wirklichkeitsgarant. Beitrag zur Geschichte der medialen Wahrnehmung. In: montage/av 3/1/1994, S. 83–96

Hickethier, Knut (Hrsg.): Filmgeschichte schreiben. Ansätze, Entwürfe und Methoden. Dokumentation der Tagung der Gesellschaft für Film- und Fernsehwissenschaft. Berlin, 1989

Hickethier, Knut/Paech, Joachim (Hrsg.): Didaktik der Massenkommunikation. 4.Methoden der Film- und Fernsehanalyse. Stuttgart, 1979

Hickethier, Knut/Winkler, Helmut (Hrsg.): Filmwahrnehmung. Dokumentation der Gesellschaft für Film- und Fernsehwissenschaft-Tagung 1989. Berlin, 1990

Hiley, Nicholas: Der Erste Weltkrieg im britischen Film. In: Die letzten Tage der Menschheit. Bilder des Ersten Weltkriegs. Hrsg. v. Rainer Rother. Berlin, 1994, S. 215–226

Jacobsen, Wolfgang/Kaes, Anton/Prinzler, Helmut: Geschichte des deutschen Films. Stuttgart/Weimar, 1993

Kandorfer, Pierre: DuMont's Lehrbuch der Filmgestaltung. Theoretisch-technische Grundlagen der Filmgestaltung. Köln, 1990

Kessler, Frank: Attraktion, Spannung, Filmform. In: montage/av 2/2/1993, S. 117–126

Klejman, Naum J.: Der Aufbrüllende Löwe. Zur Entstehung, Bedeutung und Funktion einer Montage-Metapher, in: montage/av 2/2/1993, S. 5–34

Kluge, Alexander: Gelegenheitsarbeit einer Sklavin. Zur realistischen Methode. Frankfurt a. M., 1975

Kluge, Alexander: Die schärfste Ideologie, daß sich die Realität auf ihren realistischen Charakter beruft. In: Kluge/Eder: Ulmer Dramaturgien (1980), S. 119–125

Kluge, Alexander (Hrsg.): Bestandsaufnahme: Utopie Film. Frankfurt a. M., 1983

Kluge, Alexander/Eder, Klaus: Ulmer Dramaturgien. Reibungsverluste. München/Wien, 1980

Knilli, Friedrich (Hrsg.): Semiotik des Films. Mit Analysen kommerzieller Pornos und revolutionärer Agitationsfilme. München, 1971

Kolditz, Stefan: Kommentierte Filmografie. In: Wim Wenders (1992), S. 104–314

Korte, Helmut (Hrsg.): Film und Realität in der Weimarer Republik. Mit Analysen der Filme *Kuhle Wampe* und *Mutter Krausens Fahrt ins Glück*. Frankfurt a. M., 1980

Korte, Helmut: Filmgeschichte, Einzelwerkanalyse und die Möglichkeiten der elektronischen Datenverarbeitung. Plädoyer für einen Paradigmenwechsel der Filmgeschichtsschreibung. In: Hickethier (Hrsg.): Filmgeschichte schreiben (1989), S. 134–152

Korte, Helmut/Faulstich, Werner (Hrsg.): Filmanalyse interdisziplinär. Beiträge zu einem Symposium an der Hochschule für Bildende Künste Braunschweig. Beiheft 15 der Zeitschrift für Literaturwissenschaft und Linguistik. Göttingen, 1991

Kracauer, Siegfried: Theorie des Films. Die Errettung der äußeren Wirklichkeit (zuerst 1960). Frankfurt a. M., 1985

Kracauer, Siegfried: Von Caligari zu Hitler. Eine psychologische Geschichte des deutschen Films (zuerst 1947). Frankfurt a. M., 1984

Kuball, Michael: Familienkino. Geschichte des Amateurfilms in Deutschland. Band 1: 1900–1930 + Band 2: 1931–1960. Reinbek bei Hamburg, 1980

Kuchenbuch, Thomas/Henny, Leonard/De Leeuw, Sonja (Hrsg.): Aspekte einer wirkungsbezogenen Filmdramaturgie. Oberhausen, 1982

Kurowski, Ulrich: Lexikon Film. München, 1973

Lowry, Stephen: Film – Wahrnehmung – Subjekt. Theorien des Filmzuschauers. In: montage/av 1/1/1992, S. 113–128

Magische Schatten. Ein Kinderbuch zur Entstehung des Kinos. Schriftenreihe des Deutschen Filmmuseums. Hrsg. von Hilmar Hoffmann und Walter Schobert. Frankfurt a. M., 1988

Möbius, Hanno (Hrsg.): Versuche über den Essayfilm. Augen-Blick. Marburger Hefte zur Medienwissenschaft 10/1991

Möller-Nass, Karl-Dietmar: Filmsprache. Eine kritische Theoriegeschichte. Münster, 1986

Monaco, James: Film verstehen. Kunst, Technik, Sprache, Geschichte und Theorie des Films. Reinbek bei Hamburg, 1980

Morin, Edgar: Le Cinéma ou l'homme imaginaire. Essai d'anthropologie sociologique. Paris, 1977

Nichols, Bill (Hrsg.): Movies and Methods 1. Berkeley/Los Angeles/London, 1976

Nichols, Bill (Hrsg.): Movies and Methods 2. Berkeley/Los Angeles/London, 1985

Opfermann, H. C.: Die neue Schmalfilmschule. Harzburg, 1941

Paech, Joachim: Den Film lesen wie einen Text. Anmerkungen zum praktischen Umgang mit Filmen. In: medien praktisch 1/1986, S. 10–13

Paech, Joachim: Ist Film lehrbar? Plädoyer für Filmdidaktik in Schule und Universität. In: medien praktisch 1/1987, S. 4–8

Paech, Joachim: Passion oder die Einbildungen des Jean-Luc Godard. Schriftenreihe des Deutschen Filmmuseums. Hrsg. H.Hoffmann und W.Schobert. Frankfurt a. M., 1989

Paech, Joachim: Das Sehen von Filmen und filmisches Sehen. Zur Geschichte der filmischen Wahrnehmung im 20. Jahrhundert. In: Hickethier (Hrsg.): Filmgeschichte schreiben (1989), S. 68–77

Paech, Joachim: Nähe durch Distanz: Anmerkungen zur dispositiven Struktur von Bildern. In: Zweites Deutsches Fernsehen: HDTV – ein neues Medium? (1991), S. 43–53

Paech, Joachim/Borchers, Detlef/Donnerberg, Gabi u. a. (Hrsg.): Screen-Theory. Zehn Jahre Filmtheorie in England von 1971–1981. Osnabrück, 1985

Pasolini, Pier Paolo: Die Sprache des Films. In: Knilli (Hrsg.): Semiotik des Films (1971), S. 38–55

Pasolini, Pier Paolo: Ketzererfahrungen. »Empirismo eretico«. Schriften zu Sprache, Literatur und Film. Frankfurt a. M./Berlin/Wien, 1982

Pausch, Rolf: Filmanalyse – interaktiv und multimedial. In: medien praktisch 2/1993, S. 11–14

Peters, Jan Marie: Theorie und Praxis der Filmmontage von Griffith bis heute. In: Beller (Hrsg.): Handbuch der Filmmontage (1993), S. 33–48

Prokop, Dieter (Hrsg.): Medienforschung Bd.3. Analysen, Kritiken, Ästhetik. Frankfurt a. M., 1986

Ramsbott, Wolfgang/Sauter, Joachim: Visualisierung von Filmstrukturen mit rechnergestützten Mitteln. In: Korte/Faulstich (Hrsg.): Filmanalyse interdisziplinär (1991), S. 156–165

Reisz, Karel/Millar, Gavin: Geschichte und Technik der Filmmontage. München, 1988

Richter, Hans: Der Kampf um den Film. Für einen gesellschaftlich verantwortlichen Film. Frankfurt a. M., 1979

Richter, Hans: Filmgegner von heute – Filmfreunde von morgen. Frankfurt a. M., 1981

Roth, Klaus-Peter/Schändlinger, Robert: Kommunale Filmarbeit und Filmwissenschaft. Der Film zwischen Leinwand und Monitor. In: 6.Film- und Fernsehwissenschaftliches Kolloquium/Berlin '93. Hrsg. v. Jörg Frieß, Stephen Lowry und Hans Jürgen Wulff. Berlin, 1994, S. 45–53

Rotha, Paul: Rotha on the Film. A Selection of Writings about the Cinema. London, 1958

Rotha, Paul: The Film Till Now. A Survey of World Cinema. London, 1967

Sadoul, Georges: Geschichte der Filmkunst. Frankfurt a. M., 1982

Sanjines, Jorge: Revolutionary Cinema: The Bolivean Experience. In: Burton (Hrsg.): Cinema and Social Change in Latin America (1986), S. 35–86

Sayles, John: Nicht wahrnehmen: fühlen. Ein Interview mit John Sayles von Frank Schnelle. In: epd Film 12/1993, S. 10–18

Schaub, Martin: Filme als Briefe. In: Blümlinger/Wulff (Hrsg.): Schreiben Bilder Sprechen (1992), S. 109–118

Schlegel, Hans-Joachim: Eisensteins Weg von der »Revolutionierung des Theaters« zum Revolutionsfilm. Eine Einführung in *Streik*. In: Eisenstein: Schriften 1 (1974), S. 7–30

Schlegel, Hans-Joachim: Eisenstein und die »Zweite literarische Periode des Films«. Zur Theorie und Praxis filmsemiotischer Literaturinteressen. In: Albersmeier/Roloff (Hrsg.) Literaturverfilmungen (1989), S. 38–54

Schlüpmann, Heide: Schaulust und Ästhetik. Reflexionen zwischen Apparatusdebatte und feministischer Filmtheorie. In: Hickethier/Winkler (Hrsg.): Filmwahrnehmung (1990), S. 35-41

Schlüpmann, Heide: Ein feministischer Blick. Dunkler Kontinent der frühen Jahre. In: Jacobsen/Kaes/Prinzler: Geschichte des deutschen Films (1993), S. 465–478

Schumm, Gerhard: Feinschnitt – die verborgene Arbeit an der Blickregie. In: Beller (Hrsg.): Handbuch der Filmmontage (1993), S. 221–241

Sergej Eisenstein im Kontext der russischen Avantgarde 1920–1925. Ausstellung und Filme. Kinematograph Nr. 8. Schriftenreihe des Deutschen Filmmuseums. Hrsg. v. H.Hoffmann und W.Schobert. Frankfurt a. M., 1992

Sorlin, Pierre: The Film in History. Restaging the Past. Oxford, 1980

Sutko, K.: Vorwort. In: Beilenhoff (Hrsg.): Poetik des Films (1974), S. 7–11

Thiel, Wolfgang: Filmmusik in Geschichte und Gegenwart. Berlin, 1981

Thüna, Ulrich von: Die Kunst des Drehbuchschreibens. In: epd Film 8/1992, S. 6/7

Toeplitz, Jerzy: Geschichte des Films Band 2 1928–1933. Berlin, 1977

Toeplitz, Jerzy: Geschichte des Films Band 1 1895–1928. Berlin, 1979

Toeplitz, Jerzy: Geschichte des Films Band 3 1934–1939. Berlin, 1980

Toeplitz, Jerzy: Geschichte des Films Band 4 1939–1945, Berlin, 1983

Virilio, Paul: Krieg und Kino. Logistik der Wahrnehmung. Frankfurt a. M., 1989

Wenders, Wim: The Act of Seeing. Texte und Gespräche. Frankfurt a. M., 1992

Wim Wenders. Reihe Film 44. München/Wien, 1992

Winkler, Hartmut: Der Zuschauer und die filmische Technik. Apparatus-Theorien, Frankreich 1969–75. In: Hickethier/Winkler (Hrsg.): Filmwahrnehmung (1990), S. 19–25

Wulff, Hans J.: Der Plan macht's. Wahrnehmungspsychologische Experimente zur Filmmontage. In: Beller (Hrsg.): Handbuch der Filmmontage (1993), S. 178–189

Wuss, Peter: Filmwahrnehmung. Kognitionspsychologische Modellvorstellungen bei der Filmanalyse, in: medien praktisch 3/1992, S. VI–X

Wuss, Peter: Der rote Faden der Filmgeschichten und seine unbewußten Komponenten. Topik-Reihen, Kausal-Ketten und Story-Schemata – drei Ebenen filmischer Narration. In: montage/av 1/1/1992, S. 25–35

Wuss, Peter: Ansatzpunkte für eine psychologisch orientierte Untersuchung der Gattungsspezifik des Films. In: Felix/Heller (Hrsg.): 3.Film- und fernsehwissenschaftliches Kolloquium/Marburg '90 (1993), S. 18–25

Wuss, Peter: Grundformen filmischer Spannung. In: montage/av 2/2/1993, S. 101–116

Zielinski, Siegfried: Audiovisionen. Kino und Fernsehen als Zwischenspiele in der Geschichte. Reinbek bei Hamburg, 1989

Zielinski, Siegfried: Nicht mehr Kino, nicht mehr Fernsehen. Am Anfang einer neuen Form des Filmischen. In: Haberl/Schlemmer (Hrsg.): Die Magie des Rechtecks (1992), S. 41–58

1.2. Dokumentarfilm

Aitken, Ian: Film and Reform. John Grierson and the Documentary Film Movement. London/New York, 1992

Arbeitsgemeinschaft Dokumentarfilm (Hrsg.): Wege zum Zuschauer. Dokumentarfilmschaffende berichten und diskutieren über den Einsatz ihrer Filme. Hamburg, o. J.

Arbeitsgemeinschaft der Filmjournalisten (Hrsg.): Dokumentarfilm in der Kritik – Kritik des Dokumentarfilms. Protokoll des duisburger Seminars. Berlin, 1982

Balkenhol, Thomas: Pflicht und Kür der Dokumentarfilm-Montage. In: Beller (Hrsg.): Handbuch der Filmmonatge (1993), S. 123–143

Barnouw, Eric: Documentary. A History of the Non-Fiction Film. Revised Edition. Oxford, 1983

Barsam, Richard Meran: Nonfiction Film. A Critical History. New York, 1973

Barsam, Richard Meran (Hrsg.): Nonfiction Film. Theory and Criticism, New York, 1976

Beller, Hans: Westdeutscher Dokumentarfilm der 80er. Zum Stand eines bewegten Genres. In: EDI-Bulletin No. 7/8/1992, S. 43–49

Belz, Corinna: Die Arbeitsweise Peter Nestlers. In: Prischtat (Hrsg.): Zeit für Mitteilungen (1991), S. 153–164

Benson, Thomas W./Anderson, Carolyn: Reality Fictions. The Films of Frederick Wiseman. Carbondale, 1989

Beyerle, Mo/Brinckmann, Christine N.: Der amerikanische Dokumentarfilm der 60er Jahre. Direct Cinema und Radical Cinema. New York/Frankfurt a. M., 1991

Birri, Fernando: The Roots of Documentary Realism. In: Burton (Hrsg.): Cinema and Social Change in Latin America (1986), S. 1–12

Birri, Fernando: Filmschule Santa Fé. Bremen, 1992

Bitomsky, Hartmut: Über Humphrey Jennings und einige seiner Filme. In: Filmkritik 11/1975, S. 500–511

Bitomsky, Hartmut: Nanooks Lächeln. In: Blümlinger/Wulff (Hrsg.): Schreiben Bilder Sprechen (1992), S. 179–192

Bitomsky, Hartmut: Deutschlandbilder. In: Prischtat (Hrsg.): Die Wirklichkeit der Bilder (1992), S. 51–63

Bitomsky, Hartmut: Film=Geschichte. In: Prischtat (Hrsg.): Die Wirklichkeit der Bilder (1992), S. 25–40

Bitomsky, Hartmut: Das Kino und der Wind und die Photographie. Sieben Kapitel über dokumentarische Filme. In: Prischtat (Hrsg.): Die Wirklichkeit der Bilder (1992), S. 107–116

Bitomsky, Hartmut: Die UFA. In: Prischtat (Hrsg.): Die Wirklichkeit der Bilder (1992), S.117–130

Blue, James: One Man's Truth: An Interview with Richard Leacock. In: Jacobs (Hrsg.): The Documentary Tradition (1979), S. 406–419

Burton, Julianne: (Hrsg.) The Social Documentary in Latin America. Pittsburgh, 1990

Burton, Julianne: Democratizing Documentary: Modes of Address in the New Latin American Cinema, 1958–1972. In: Burton (Hrsg.): The Social Documentary in Latin America (1990), S. 49–84

Burton, Julianne: Toward a History of Social Documentary in Latin America. In: Burton (Hrsg.): The Social Documentary in Latin America (1990), S. 3–30

Büsing, Ute/Gembus, Gerhard/Klingelhöfer, Ralf u. a.: Film – Sprache der Betroffenen. In: Lindner (Hrsg.): Filmauge (1979), S. 117–124

Carls, Josefine/Steinert, Heinz: Militärästhetik. Über einige Probleme der dokumentarischen Methode am Beispiel von Frederick Wisemans *Basic Training*. In: Beyerle/Brinckmann (Hrsg.): Der amerikanische Dokumentarfilm der 60er Jahre (1991), S. 211–232

Corner, John (Hrsg.): Documentary and the Mass Media. London, 1986

Danquart, Didi: *Der Pannwitzblick*. Zur Entstehung und Intention des Films. In: Sierck/Danquart: *Der Pannwitzblick* (1993), S. 11–30

Decker, Christof: Grenzgebiete filmischer Referentialität. Zur Konzeption des Dokumentarfilms bei Bill Nichols. In: montage/av 3/1/1994, S. 61–82

Duisburger Filmwoche: 2.Duisburger Filmwoche 1978. Dokumentation. Duisburg, 1979

Duisburger Filmwoche: 3.Duisburger Filmwoche 1979. Dokumentation. Duisburg, 1980

Duisburger Filmwoche: 4.Duisburger Filmwoche 1980. Bilder aus der Wirklichkeit. Aufsätze zum dokumentarischen Film und Dokumentation, Duisburg 1981

Duisburger Filmwoche: 6.Duisburger Filmwoche 1982. Programmheft. Duisburg, 1982

Duisburger Filmwoche: 5.Duisburger Filmwoche 1981. Bilder, die wir uns nehmen. Aufsätze zum dokumentarischen Film und Dokumentation. Duisburg, 1983

Duisburger Filmwoche: 7.Duisburger Filmwoche 1983. Programmheft. Duisburg, 1983

Edmonds, Robert: About Documentary. Anthropology on Film. A Philosophy of People and Art. Dayton (Ohio), 1974

Freunde der Deutschen Kinemathek (Hrsg.): Der Dokumentarfilm – ein Modellseminar. Redaktion: Wilhelm Roth. Berlin, 1978

Grierson, John: Grierson on Documentary. Hrsg. v. Forsyth Hardy. New York, 1971

Grierson, John: Flaherty's Poetic *Moana*. In: Jacobs (Hrsg.): The Documentary Tradition (1979), S. 25/26

Grierson, John: Grierson on the Movies. Edited with an Intoduction by Forsyth Hardy. London/Boston, 1981

Guynn, William Howard: Toward a Reexamination of the Documentary Film: Theory and Text. Berkeley, 1980

Hardy, Forsyth: John Grierson. A Documentary Biography. London/Boston, 1979

Heimbucher, Achim/Hörmann, Günther (Hrsg.): Thema Dokumentarfilm. Offene Fragen zum Dokumentarfilm und Modelle langfristiger Filmarbeit. Ergebnisse von zwei Werkstattgesprächen. Bremen, 1984

Herlinghaus, Hermann (Hrsg.): Dokumentaristen der Welt in den Kämpfen unserer Zeit. Selbstzeugnisse aus zwei Jahrzehnten. Berlin, 1982

Hohenberger, Eva: Die Wirklichkeit des Films. Dokumentarfilm – Ethnographischer Film – Jean Rouch. Hildesheim/Zürich/New York, 1988

Hohenberger, Eva: Zwischen zwei Filmen. Eklektisches zur deutschen Dokumentarfilmgeschichte zwischen *Von wegen Schicksal* (1979) und *Hätte ich mein Herz sprechen lassen ...* (1990). In: Frauen und Film 52/1992, S. 80–82

Hoover, Dwight H.: *Seventeen*. The Genesis of the Idea and the Continuing Reaction. In: Taureg/Ruby (Hrsg.): Visual Explorations of the World (1987), S. 47–67

Hübner-Voss, Gabriele: Die Öffentlichkeit zu Gast. Überlegungen zu einer Erweiterung des dokumentarischen Blicks. In: Duisburger Filmwoche: 4.Duisburger Filmwoche (1981), S. 91–96

Informationsblätter des Internationalen Forums des Jungen Films: *Diaries, Notes and Sketches. Volume I. Reel 1–6. Lost. Lost. Lost.* Berlin, 14/1976

Informatiosnblätter des Internationalen Forums des Jungen Films: *Eadweard Muybridge, Zoopraxographer.* Berlin, 2/1976

Informationsblätter des Internationalen Forums des Jungen Films: *Quand tu disais, Valéry.* Berlin, 16/1976

Informationsblätter des Internationalen Forums des Jungen Films: *Nuestra Voz de Tierra, Memoria y Futuro.* Berlin, 48/1982

Informationsblätter des Internationalen Forums des Jungen Films: *Before the Nickelodeon – The Early Cinema of Edward Porter.* Berlin, 34/1983

Informationsblätter des Internationalen Forums des Jungen Films: *Nippon-Koku. Furuyashiki-Mura (Japan – Das Dörfchen Furuyashiki).* Berlin, 44/1984

Informationsböätter des Internationalen Forums des Jungen Films: *Magino-Mura Monogatari. Sennen Kizami No Hidokei (Geschichten aus dem Dorf Magino. Die Sonnenuhr mit tausendjähriger Einheit)*. Berlin, 27/1987

Informationsblätter des Internationalen Forums des Jungen Films: *Hotel Terminus*. Berlin, 36/1989

Jacobs, Lewis (Hrsg.): The Documentary Tradition. New York/London, 1979

Kaplan, E. Ann: Theories and Strategies of the Feminist Documentary. In: Rosenthal (Hrsg.): New Challenges for Documentary (1988), S. 78–103

Kluge, Alexander: Zu Klaus Wildenahn, »Industrielandschaft mit Einzelhändlern«. In: Duisburger Filmwoche: 4.Duisburger Filmwoche (1981), S. 26–38

Kreimeier, Klaus: Joris Ivens. Ein Filmer an den Fronten der Weltrevolution. Berlin, 1977

Kreimeier, Klaus: Darstellen und Eingreifen. Deutsche Dokumentarfilme auf der Duisburger Filmwoche/Gewerkschaften machen mit. In: Frankfurter Rundschau v. 16. November 1979 zit.n. Duisburger Filmwoche: 3.Duisburger Filmwoche (1980), S. 179–181

Kreimeier, Klaus: Plädoyer für das politische Subjekt. In: Duisburger Filmwoche: 4.Duisburger Filmwoche (1981), S. 12–25

Kreimeier, Klaus: Wenn der Film möglich ist, ist auch Geschichte möglich. Harun Farockis und Andrej Ujicas Filmschleife *Videogramme einer Revolution*: Chronologie der rumänischen Ereignisse. Frankfurter Rundschau v. 20. Februar 1993

Kreimeier, Klaus: Dokumentarfilm, 1892–1992. Ein doppeltes Dilemma. In: Jacobsen/Kaes/Prinzler: Geschichte des deutschen Films (1993), S. 391–416

Kuhn, Annette: Kamera-Ich und Kamera-Auge. In: Paech/Borchers/Donnerberg u. a.: Screen-Theory (1985), S. 231–248

Lebensläufe – Ein Film von Winfried Junge und Hans-Eberhard Leupold: Beiträge von Irene Knoll (S. 50–54), Irene Müller-Hartmann (S. 54–56), Rolf Richter (S. 57–60), Dieter Schiller (S. 60–63), Brigitte Thurm (S. 66–68), Peter Wuss (S. 69–72). In: Weimarer Beiträge 9/1982

Liermann, Peter: Film und Beobachtung. Zur Geschichte dokumentarischer Filmmethoden. In: Lindner (Hrsg.): Filmauge (1979), S. 65–103

Lovell, Alan/Hillier, James: Studies in Documentary. London, 1972

Lüdtke, Gerhard: Von der Weigerung in einen in verkehrter Richtung abfahrenden Zug einzusteigen. In: Duisburger Filmwoche: 4.Duisburger Filmwoche (1981), S. 39

Mamber, Stephen: Cinéma Vérité in America. Studies in Uncontrolled Documentary. Cambridge (Massachusetts), 1974

Marsolais, Gilles: L'Aventure du Cinéma Direct. Paris 1974

Möglichkeiten des Dokumentarfilms: Materialien zu Filmen von John Grierson und seiner Schule, Joris Ivens und Henri Storck, Heynowski & Scheumann u. a. Mit einem Anhang: Die Authentizität dokumentarischer Filmaufnahmen. Methoden einer kritischen Prüfung von Helmut Regel. Hrsg. v. den Westdeutschen Kurzfilmtagen. Redaktion: Wolfgang Ruf. Oberhausen, 1979

Morin, Edgar: Chronicle of a Film. In: Studies in Visual Communication 11/1/1985, S. 4–29

Netenjakob, Egon: Eberhard Fechner: Lebensläufe dieses Jahrhunderts im Film. Weinheim/Berlin, 1989

Nichols, Bill: Newsreel: Documentary on the American Left. New York, 1980

Nichols, Bill: The Voice of Documentary. In: Rosenthal (Hrsg.): New Challenges for Documentary (1988), S. 48–63

Nichols, Bill: Representing Reality. Issues and Concepts in Documentary. Bloomington/Indianapolis, 1991

Nichols, Bill: Geschichte, Mythos und Erzählung im Dokumentarfilm. In: montage/av 3/1/1994, S. 39–60

Odin, Roger: Film documentaire, lecture documentarisante. In: Université de St. Etienne (Hrsg.): Cinémas et Réalités (1984), S. 263–278

Odin, Roger: Dokumentarischer Film – dokumentarisierende Lektüre. In: Blümlinger (Hrsg.): Sprung im Spiegel (1990), S. 125–146

Paech, Joachim: Einleitung in »Realismus und Dokumentarismus«. In: Paech/Borchers/Donnerberg u. a. (Hrsg.): Screen-Theory (1985), S. 183–209

Paech, Joachim: Zur Theoriegeschichte des Dokumentarfilms. In: Journal Film Nr.23/Winter 1990–91, S. 26–29

Paech, Joachim: Der Schatten der Schrift auf dem Bild. Vom filmischen zum elektronischen »Schreiben mit Licht« oder »L'image menacée par l'écriture et sauvée par l'image même«. In: Wetzel/Wolf (Hrsg.): Der Entzug der Bilder (1994), S.213–233

Prischtat, Jutta (Hrsg.): Zeit für Mitteilungen. Peter Nestler. Dokumentarist. Essen, 1991

Prischtat, Jutta (Hrsg.): Die Wirklichkeit der Bilder. Der Filmemacher Hartmut Bitomsky. Essen, 1992

Rabiger, Michael: Directing the Documentary. Boston u. a., 1987

Reemtsen, Rolf: Die englische Dokumentarfilmschule in den dreißiger Jahren. Zur Begriffsbestimmung des Dokumentarismus im Film. Köln, 1976

Regel, Helmut: Die Authentizität dokumentarischer Filmaufnahmen. Methoden einer kritischen Prüfung. In: Möglichkeiten des Dokumentarfilms (1979), S. 165–176

Rosenthal, Alan: The New Documentary in Action: A Casebook in Film Making. Berkeley/Los Angeles, 1971

Rosenthal, Alan: The Documentary Conscience. Berkeley/Los Angeles/London, 1980

Rosenthal, Alan (Hrsg.): New Challenges for Documentary. Berkley/Los Angeles/London, 1988

Roth, Karl Heinz: Vernichtungspropaganda im Film. Geschichtlicher Hintergrund und Grenzen einer visuellen Auseinandersetzung. In: Sierck/Danquart: *Der Pannwitzblick* (1993), S. 33–46

Roth, Wilhelm: Der Dokumentarfilm seit 1960. München/Luzern, 1982

Rotha, Paul: Documentary Film. The Use of the Film Medium to Interpret Creatively and in Social Terms the Life of the People as it Exists in Reality (zuerst 1936). London, 1952

Rotha, Paul: Documentary is Neither Short Nor Long (zuerst 1946). In: Rotha: Rotha on the Film (1958), S. 227–235

Rotha, Paul: Films of Fact and Fiction (zuerst 1938). In: Rotha: Rotha on the Film (1958), S. 205–213

Rotha, Paul: Films and Other Visual Techniques in Education (zuerst 1946). In: Rotha: Rotha on the Film (1958), S. 88–97

Rotha, Paul: People to People (zuerst 1955). In: Rotha: Rotha on the Film (1958), S. 103–110

Rotha, Paul: Documentary Diary. An Informal History of the British Documentary Film, 1928–1939, New York, 1973

Rotha, Paul: Robert J.Flaherty: A Biography. Edited by J.Ruby. Philadephia, 1983

Rotha, Paul/Wright, Basil: Nanook and the North. In: Studies in Visual Communication 6/2/1980, S. 33–60

Rouch, Jean: The Cinema of the Future?. In: Studies in Visual Communication 11/1/1985, S. 30–35

Ruby, Jay: The Image Mirrored: Reflexivity and the Documentary Film. In: Rosenthal (Hrsg.): New Challenges for Documentary (1988), S. 64–77

Schmid, Lioba: Die englische Dokumentarfilmschule. In: Lindner (Hrsg.): Filmauge (1979), S. 104–114

Schneider, Norbert Jürgen: Handbuch Filmmusik II. Musik im dokumentarischen Film. München, 1989

Schreyer, Klaus: Über die Metaphysik der Wahrnehmung von Filmbildern bei Grabe und Troller. In: Zimmermann (Hrsg.): Fernseh-Dokumentarismus (1992), S. 197–220

Sierck, Udo/Danquart, Didi: *Der Pannwitzblick*. Wie Gewalt gegen Behinderte entsteht. Hamburg, 1993

Silva, Jorge/Rodriguez, Marta: Cine-Sociology and Social Change. In: Burton (Hrsg.): Cinema and Social Change in Latin America (1986), S. 25–34

Sjorensen, Bjorn: The Documentary Aesthetic of Humphrey Jennings. In: Corner (Hrsg.): Popular Television in Great Britain (1986), S. 47–63

Stüber, Jaimi: Textbuch zum Filmzyklus *Lebensgeschichte des Bergarbeiters Alphons S.* von Alphons Stiller, Gabriele Voss, Christoph Hübner. Bremen, 1980

Studies in Visual Communication: *Chronicle of a Summer*. (Themenheft). In: Studies in Visual Communication 11/1/1985

Swann, Paul: The Selling of the Empire: The Imperial Film Unit, 1926–1933. In: Studies in Visual Communication 9/3/1983, S. 15–24

Uhl, Jutta: Einige Betrachtungen zum süffisanten Umgang mit dem Wort: Beobachtung. In: Duisburger Filmwoche: 4.Duisburger Filmwoche (1981), S. 40–46

Université de St. Etienne (Hrsg.): Cinémas et Réalités. Saint-Etienne, 1984

Vaughan, Dai: The Aesthetics of Ambiguity. In: Crawford/Turton (Hrsg.): Film as Ethnography (1992), S. 99–115

Vertov, Dziga: Schriften zum Film. Hrsg. v. W. Beilenhoff. München, 1973

Voss, Gabriele: Prosper/Ebel – Chronik einer Zeche und ihrer Siedlung. Ein Tagebuch. In: Duisburger Filmwoche: 5. Duisburger Filmwoche (1983), S. 60–69

Wember, Bernward: Objektiver Dokumentarfilm? Modell einer Analyse und Material fur den Unterricht. Berlin, 1972

Wendt, Ulrich: Prozesse der Erinnerung.Filmische Verfahren der Erinnerungs-arbeit und Vergegenwärtigung in den Filmen *Shoah*, *Der Prozeß* und *Hotel Terminus*. In: Cinema 39/1993, S. 35–54

Wildenhahn, Klaus: Über synthetischen und dokumentarischen Film. Zwölf Lesestunden. Berlin, 1973

Wildenhahn, Klaus: Industrielandschaft mit Einzelhändlern. In: Duisburger Filmwoche: 3.Duisburger Filmwoche (1980), S. 182–199

Wildenhahn, Klaus: Filmstücke. Über mein dokumentarisches Arbeiten in einer öffentlich-rechtlichen Rundfunkanstalt. In: Zimmermann (Hrasg.): Fernseh-Dokumentarismus (1992), S. 149–165

Winston, Brian: Great Artist or Fly on the Wall: The Griersonian Accomodation and Its Destruction. In: Taureg/Ruby (Hrsg.): Visual Explorations of the World (1987), S. 190–204

Winston, Brian: Direct Cinema: The Third Decade. In: Rosenthal (Hrsg.): New Challenges for Documentary (1988), S. 517–529

Winston, Brian: Documentary: I Think We Are in Trouble. In: Rosenthal (Hrsg.): New Challenges for Documentary (1988), S. 21–33

Winston, Brian: The Tradition of the Victim in Griersonian Documentary. In: Rosenthal (Hrsg.): New Challenges for Documentary (1988), S. 269–287

Winston, Brian: Claiming the Real. The Griersonian Documentary and Its Legitimation. London, 1995

Wiseman, Frederick: Editing is a Four-Way Conversation. In: DOX 1/1994, S. 4–6

Youdelman, Jeffrey: Narration, Invention, and History. In: Rosenthal (Hrsg.): New Challenges for Documentary (1988), S. 454–464

Young, Colin: Observational Cinema. In: Hockings (Hrsg.): Principles of Visual Anthropology (1975), S. 65–79

Young, Colin: Documentary and Fiction, Distortion and Belief. In: Hockings/Onori (Hrsg.): Cinematographic Theory and New Dimensions in Ethnographic Film (1988), S. 7–30

1.3. Video und Fernsehen

Amelunxen, Hubertus von/Ujica, Andrei (Hrsg.): Television/Revolution. Das Ultimatum des Bildes. Rumänien im Dezember 1989. Marburg, 1990

Amelunxen, Hubertus von/Ujica, Andrei: Eine Chronologie der Ereignisse vom 13.–27. 12. 1989. Mit einem Nachtrag und einem Medien-Epilog bis Juni 1990. In: Amelunxen/Ujica (Hrsg.): Television/Revolution (1990), S. 11–24

Arbeitsgemeinschaft der Filmjournalisten/Hamburger Filmbüro (Hrsg.): Neue Medien contra Filmkultur? Redaktion: Kraft Wetzel. Berlin, 1987

Bluem, A. William: Documentary in American Television. Form, Function, Method. New York, 1972

Bolesch, Cornelia (Hrsg.): Dokumentarisches Fernsehen. Ein Werkstattbericht in 48 Portraits. München, 1990

Buselmaier, Michael/Buselmaier, Karin: Zur Dialektik der Wirklichkeit. Dokumentarische Fernsehsendungen. In: Arnold/Reinhardt (Hrsg.): Dokumentarliteratur (1973), S. 96–119

Cieslik, Natalia: Beste Wohnlage. Produktion, Anspruch und Probleme der *Lindenstraße*. In: medien praktisch 4/1991, S. 19–23

Corner, John (Hrsg.): Popular Television in Britain. Studies in Cultural History, London, 1991

Corner, John: Documentary Voices. In: Corner (Hrsg.): Popular Television in Britain (1991), S. 42–59

Danilenko, Leo: Die audiovisuelle Wahrnehmung: Auf dem Weg von der Television zur Telepräsenz. In: Zweites Deutsches Fernsehen: HDTV – ein neues Medium? (1991), S. 31–42

Danquart, Pepe: Geste und Sprache: oder über die Besonderheit im allgemeinen. In: Duisburger Filmwoche: 5.Duisburger Filmwoche (1983), S. 75–82

Diercks, Carsten: Die »entfesselte Kamera« wird gesellschaftsfähig. Die Entwicklung des »Pilottons« und die »Hamburger Schule«. In: Zimmermann (Hrsg.): Fernseh-Dokumentarismus (1992), S. 61–79

Doelker, Christian: Kulturtechnik Fernsehen. Analyse eines Mediums. Stuttgart, 1989

Eco, Umberto: Zufall und Handlung. Fernseherfahrung und Ästhetik. In: Prokop (Hrsg.): Medienforschung (1986), S.441–462

Ellis, John: Visible Fictions. Cinema: Television: Video, New York, 1992

Ertel, Dieter: Anfänge eines sozialkritischen Dokumentarfilms im Fernsehen der fünfziger und sechziger Jahre. In: Heller/Zimmermann (Hrsg.): Bilderwelten – Weltbilder (1990), S. 49–55

Ertel, Dieter: Von der Stuttgarter Schule zum Haus des Dokumentarfilms. In: Zimmermann (Hrsg.): Fernseh-Dokumentarismus (1992), S. 15–21

Felix, Jürgen/Zimmermann, Peter (Hrsg.): Medien-Krieg. Zur Berichterstattung über die Golfkrise. Augen-Blick. Marburger Hefte zur Medienwissenschaft 11/1991

Fiske, John: Television Culture. London/New York, 1987

Flusser, Vilém: Die Macht des Bildes. In: Amelunxen/Ujica (Hrsg.): Television/Revolution (1990), S. 117–124

Giesenfeld, Günter: Der Golfkrieg als Western. Das Hollywood-Syndrom. In: Felix/Zimmermann (Hrsg.): Medien-Krieg (1991), S. 21–28

Gmelin, Otto: Philosophie des Fernsehen. Heuristik und Dokumentation. Band I. Pfullingen, 1967

Greulich, Helmut: Ansichten eines Abtrünnigen. In: Zimmermann (Hrsg.): Fernseh-Dokumentarismus (1992), S. 139–148

Heller, Heinz-B.: Dokumentarfilm und Fernsehen. Probleme aus medienwissenschaftlicher Sicht und blinde Flecken. In: Heller/Zimmermann (Hrsg.): Bilderwelten – Weltbilder (1990), S. 15–22

Heller, Heinz-B.: Ästhetische Strategien als Politik. Aspekte des Fernsehdokumentarismus. In: montage/av 1/1/1992, S. 37–47

Heller, Heinz-B.: Dokumentarfilm und Fernsehen. Beschreibung eines Forschungsprojekts. In: Zimmermann (Hrsg.): Fernseh-Dokuemtarismus (1992), S. 347–355

Heller, Heinz-B./Zimmermann, Peter (Hrsg.): Bilderwelten – Weltbilder. Dokumentarfilm und Fernsehen, Marburg, 1990

Hickethier, Knut: Fiktion und Fakt. Das *Dokumentarspiel* und seine Entwicklung bei ZDF und ARD. In: Kreuzer/Prümm (Hrsg.): Fernsehsendungen und ihre Formen (1979), S. 53–70

Hickethier, Knut: Vom Ende des Kinos und vom Anfang des Fernsehens. Das Verhältnis von Film und Fernsehen in den fünfziger Jahren. In: Zwischen Gestern und Morgen. Westdeutscher Nachkriegsfilm 1946–1962. Schriftenreihe des Deutschen Filmmuseums. Hrsg. v. H.Hoffmann und W.Schobert. Frankfurt a. M., 1989, S. 282–315

Hickethier, Knut: Die Welt ferngesehen. Dokumentarische Sendungen im frühen Fernsehen. In: Heller/Zimmermann (Hrsg.): Bilderwelten – Weltbilder (1990), S. 23–48

Hickethier, Knut: Fernsehen, Fern-Sehen und Golfkrieg. Die Inszenierungen der TV-Kriegsberichterstattung. In: Felix/Zimmermann (Hrsg.): Medien-Krieg (1991), S. 35–47

Hippel, Klemens: Parasoziale Interaktion. Bericht und Bibliographie. In: montage/av 1/1/1992, S. 135–150

Hippel, Klaus: Parasoziale Interaktion als Spiel. Bemerkungen zu einer interaktionistischen Fernsehtheorie. In: montage/av 2/2/1993, S. 127–145

Hoffmann, Kay: Am Ende Video – Video am Ende? Aspekte der Elektronisierung der Spielfilmproduktion. Berlin, 1990

Kittler, Friedrich: Draculas neues Vermächtnis. Eine Eurovision. In: Amelunxen/Ujica (Hrsg.): Television/Revolution (1990), S. 125–131

Klindworth, Gisela: Telenovelas in Mexico. In: Felix/Heller (Hrsg.): 3.Film- und fernsehwissenschaftliches Kolloquium/Marburg '90 (1993), S. 248–251

Köhler, Margret: Realitätsprinzip. Zur Situation der alternativen Medienszene. In: medien praktisch 1/1989, S. 59/60

Körte, Peter: Geschäft, Gedächtnis & Video. Ein boomender Medienmarkt. In: Frankfurter Rundschau v. 31. Mai 1994

Kreimeier, Klaus: 1984ff   Notizen im Zwielicht. In: epd Film (eingestellt mit Heft 5/1992)

Kreimeier, Klaus: Die seltsame Zeit des zweiten Futur. Einige Anmerkungen zur Medienwerkstatt Freiburg. In: epd Film 6/1989, S. 15–17

Kreimeier, Klaus: Fernsehen als Wiederaufbereitungsanlage. Von der Scherbenwelt zum Chaos-Kino. In: Heller/Zimmermann (Hrsg.): Bilderwelten – Weltbilder (1990), S. 143–151

Kreuzer, Helmut: Von der Nipkow-Scheibe zum Massenmedium. Hinweise zur Geschichte und Situation des Fernsehens – und zu diesem Band. In: Kreuzer/Prümm (Hrsg.): Fernsehsendungen und ihre Formen (1979), S. 9–24

Kreuzer, Helmut/Prümm, Karl (Hrsg.): Fernsehsendungen und ihre Formen. Typologie, Geschichte und Kritik des Programms in der Bundesrepublik Deutschland. Stuttgart, 1979

Lang, Peter Christian: Wir wohnen alle in der Lindenstraße. Bemerkungen zum Fernsehen als moralische Anstalt. In: medien praktisch 4/1991, S. 23/24

Liebnitz, Martina: Serienrezeption und gesellschaftliche Konsensbildung am Beispiel der DDR-Rezeption von *Lindenstraße*. In: Felix/Heller (Hrsg.): 3.Film- und fernsehwissenschaftliches Kolloquium/Marburg '90 (1993), S. 155–158

Messerschmid, Ulrich: Einführung in die technisch-physikalischen Grundlagen von HDTV. In: Zweites Deutsches Fernsehen: HDTV – ein neues Medium? (1991), S. 7–18

Mikos, Lothar: Serie und Alltag. Die Wirklichkeit der Fernsehserien ist die ihrer Zuschauer. In: medien praktisch 3/1992, S. 9–14

Müller, Jürgen K.: *Zeichen der Zeit* – eine Retrospektive. Renaissance einer Fernseh-Dokumentationsreihe. In: Zimmermann (Hrsg.): Fernseh-Dokumentarismus (1992), S. 107–136

Nestler, Peter: Arbeiten beim Fernsehen in Westdeutschland und Schweden. Gespräch mit Gisela Tuchtenhagen und Klaus Wildenhahn. In: Steinmetz/Spitra (Hrsg.): Dokumentarfilm als *Zeichen der Zeit* (1989), S. 141–144

Netenjakob, Egon: Liebe zum Fernsehen und ein Portrait des festangestellten Filmregisseurs Klaus Wildenhahn. Berlin, 1984

Paech, Joachim: *Wiping* – Godards Videomontage. In: Beller (Hrsg.): Handbuch der Filmmontage (1993), S. 242–251

Proske, Rüdiger: Die Anfänge des Dokumentarfilms im Deutschen Fernsehen. In: Zimmermann (Hrsg.): Fernseh-Dokumentarismus (1992), S. 81–88

Raymakers, Jan: Der Dokumentarfilm und der unterhaltende Fluxus. In: EDI - Bulletin 7–8/1992, S. 36–42

Reimers, Karl Friedrich/Lerch-Stumpf, Monika/Steinmetz, Rüdiger (Hrsg.): Von der Kino-Wochenschau zum aktuellen Fernsehen. München, 1983

Rosenthal, Alan: Documentary Film on Television: An Introduction. In: Studies in Visual Communication 8/1/1982, S. 2–6

Rost, Andreas: Denn es gibt tausend Wege zum Wirklich-Realen. Eine stilkritische Analyse der »Stuttgarter Schule« und Produktionen der Hochschule für Film und Fernsehen. In: Steinmetz/Spitra (Hrsg.): Dokumentarfilm als *Zeichen der Zeit* (1989), S. 81–97

Rotermund, Bertram: Proletarische Öffentlichkeit statt Neue Medien! In: Arbeitsgemeinschaft der Filmjournalisten/Hamburger Filmbüro (Hrsg.): Neue Medien contra Filmkultur? (1987), S. 222–226

Roth, Wilhelm: Video alternativ. In: Arbeitsgemeinschaft der Filmjournalisten/Hamburger Filmbüro (Hrsg.): Neue Medien contra Filmkultur? (1987), S. 212–221

Roth, Wilhelm: Videoforum: Erinnerungen. In: epd Film 10/1993, S. 5

Rubin, Michael: Nonlinear. A Guide to Electronic Film and Video Editing. Los Angeles (Kalifornien), 1992

Schneider, Manfred: Das Gericht im Off. Der Prozeß gegen die Ceausescus. In: Amelunxen/Ujica (Hrsg.): Television/Revolution (1990), S. 133–145

Schumm, Gerhard: Der Film verliert sein Handwerk. Montagetechnik und Filmsprache auf dem Weg zur elektronischen Postproduction. Münster, 1989

Schumm, Gerhard: Verlust von Sinnlichkeit. Filmmontage und elektronischer Schnitt. In: medien praktisch 4/1990, S. 31–43

Spielmann, Yvonne: Zeit, Bewegung, Raum: Bildintervall und visueller Cluster. In: montage/av 2/2/1993, S. 49–68

Steinmetz, Rüdiger/Spitra, Helfried (Hrsg.): Dokumentarfilm als *Zeichen der Zeit*. Vom Ansehen der Wirklichkeit im Fernsehen. München, 1989

Tuchman, Gaye: Television News and the Metaphor of Myth. In: Studies in the Anthropology of Visual Communication 5/1/1978, S. 56–62

Videofront: Verleihkatalog der Medienwerkstatt Freiburg. Freiburg, 1985ff

Virilio, Paul: Die beendete Welt beginnt. In: Amelunxen/Ujica (Hrsg.): Television/Revolution (1990), S. 147–152

Wember, Bernward: Wie informiert das Fernsehen? München, 1976

Wulff, Hans J.: Parasoziale Interaktion als Teil der Fernsehkommunikation? Notizen zu einem fernsehtheoretischen Projekt. In: Felix/Heller (Hrsg.): 3.Film- und fernsehwissenschaftliches Kolloquium/Marburg '90 , 1993 S. 42–47

Wulff, Hans J.: Phatische Gemeinschaft/Phatische Funktion. Leitkonzepte einer pragmatischen Theorie des Fernsehens. In: montage/av 2/1/1993, S. 142–163

Zahn, Peter von: Von den *Bildern aus der Neuen Welt* zu den *Reportern der Windrose*. Mein Doku-Stammbaum. In: Zimmermann (Hrsg.): Fernseh-Dokumentarismus (1992), S. 51–59

Zielinski, Siegfried: Zur Geschichte des Videorecorders. Berlin, 1986

Zielinski, Siegfried: Aufriß des internationalen Videomarkts. Zum Handel mit dem Spielfilm als weicher Ware. In: Arbeitsgemeinschaft der Filmjournalisten/Hamburger Filmbüro (Hrsg.): Neue Medien contra Filmkultur? (1987), S. 77–87

Zimmermann, Peter: Dokumentarfilm, Reportage, Feature. Zur Stellung des Dokumentarfilms im Rahmen des Fernseh-Dokumentarismus. In: Heller/Zimmermann (Hrsg.): Bilderwelten – Weltbilder (1990), S. 99–113

Zimmermann, Peter: Television als Fata morgana. Die Nahostberichterstattung und die Spiegelungen des Antisemitismussyndroms. In: Felix/Zimmermann (Hrsg.): Medien-Krieg (1991), S. 7–20

Zimmermann, Peter (Hrsg.): Fernseh-Dokumentarismus. Bilanz und Perspektiven. München, 1992

Zimmermann, Peter: Der Apparat löscht sein Gedächtnis. Über dokumentarisches Fernsehen und strukturelle Amnesie. In: Zimmermann (Hrsg.): Fernseh-Dokumentarismus (1992), S. 23–36

Zweites Deutsches Fernsehen: HDTV – ein neues Medium? Interdisziplinäre Tagung an der Universität Konstanz 1990. ZDF Schriftenreihe Heft 41 Technik. Mainz, 1991

1.4. Ethnographischer Film

Aibel, Robert: Ethnographic Fiction as »Data of« and »Data about« Culture: George Rouquier's *Farrebique*. In: Taureg/Ruby (Hrsg.): Visual Explorations of the World (1987), S. 205–216

Asch, Timothy/Asch, Patsy: Film in Anthropological Research. In: Hockings/Onori (Hrsg.): Cinmeatographic Theory and New Dimensions in Ethnographic Film (1988), S. 165–187

Böhl, Michael: Entwicklung des ethnographischen Films. Die filmische Dokumentation als ethnographisches Forschungs- und universitäres Unterrichtsmittel in Europa. Göttingen, 1985

Bogaart, Nico C. R./Ketelaar, Henk W. E. R. (Hrsg.): Methodology in Anthropological Filmmaking. Papers of the IUAES-Intercongress Amsterdam 1981. Göttingen, 1983

Braun, Marta: The Photographic Work of E. J. Marey. In: Studies in Visual Communication 9/4/1983, S. 2–23

Braun, Marta: Muybridge's Scienctific Fictions. In: Studies in Visual Communication 10/3/1984, S. 2–21

Brigard, Emilie: The History of Ethnographic Films. In: Hockings (Hrsg.): Principles of Visual Anthropology (1975), S. 13–43

Crawford, Peter Ian: Film as Discourse: The Invention of Anthropological Realities. In: Crawford/Turton (Hrsg.): Film as Ethnography (1992), S. 66–82

Crawford, Peter Ian/Turton, David (Hrsg.): Film as Ethnography. Manchester, 1992

Dauer, Alfons Michael: Zur Syntagmatik des ethnographischen Dokumentationsfilms. Wien-Föhrenau, 1980

De France, Claudine (Hrsg.): Pour une Anthropologie Visuelle. La Haye, 1979

De France, Claudine: Cinéma et Anthropologie. Paris, 1982

Eaton, Mick (Hrsg.): Anthropology – Reality – Cinema. The Films of Jean Rouch. London, 1979

Der Film im Dienst der Wissenschaft: Festschrift zur Einweihung des Neubaus für das Institut für den Wissenschaftlichen Film. Göttingen, 1961

Filmforum Ethnologie und Dritte Welt: veranstaltet vom Kommunalen Kino Freiburg. 30. 4.–5. 5. 1991 (Programmheft)

Freunde der Deutschen Kinemathek (Hrsg.): Jean Rouch. Berlin, 1978

Friedrich, M. u. a. (Hrsg.): Die Fremden sehen. München, 1984

Fuchs, Peter: Über den ›wissenschaftlichen‹ Film. Ein Gespräch mit Peter Fuchs von R. Kapfer und R. Thoms. In: Friedrich u. a. (Hrsg.): Die Fremden sehen (1984), S. 91–100

Gardner, Robert: Die einfache Ringelblume. Robert Gardner und Akos Östör sprechen über *Forest of Bliss*. In: Kapfer/Petermann/Thoms (Hrsg.): Rituale von Leben und Tod (1989), S. 102–129

Heider, Karl G.: Ethnographic Film. Austin/London, 1976

Heider, Karl G.: Fieldwork with a Cinema. In: Studies in Visual Communication 9/1/1983, S. 2–10

Hockings, Paul (Hrsg.): Principles of Visual Anthropology. The Hague/Paris, 1975

Hockings, Paul/Onori, Yasuhiro (Hrsg.): Cinematographic Theory and New Dimensions in Ethnographic Film. Osaka, 1988

Hohenberger, Eva: Die Fremde, die Wissenschaft und der Film. In: Zelluloid 23/1985, S. 20–26

Husmann, Rolf (Hrsg.): Mit der Kamera in fremden Kulturen. Aspekte des Films in Ethnologie und Volkskunde. Emsdetten, 1987

Kapfer, Reinhard/Petermann, Werner/Thoms, Ralph (Hrsg.): Rituale von Leben und Tod. Robert Gardner und seine Filme. München, 1989

Kapfer, Reinhard/Petermann, Werner/Thoms, Ralph (Hrsg.): Jäger und Gejagte. John Marshall und seine Filme. München, 1991

Keifenheim, Barbara: »Wenn Bilder auf die Reise gehen … «. In: Husmann (Hrsg.): Mit der Kamera in fremden Kulturen (1987), S. 69–89

Koloß, Hans Joachim: Der ethnologische Film als Dokumentationsmittel und Forschungsmethode. Ein Beitrag zur anthropologischen Methode. In: Tribus 22/1973, S. 23–48

Koloß, Hans Joachim: The Ethnographic Film as a Medium of Documentation and as a Research Method. In: Bogaart/Ketelaar (Hrsg.): Methodology in Anthropological Filmmaking (1983), S. 87–92

Leroi-Gourhan, André: Cinéma et sciences humaines. Le film ethnographique existe-t-il? In: Revue de Géographie Humaine et d'Ethnologie 3/1948, S. 42–50

Loizos, Peter: Admissible Evidence? Film in Anthropology. In: Crawford/Turton (Hrsg.): Film as Ethnography (1992), S. 50–65

Lüem, Barbara/Galizia, Michele: Versuch einer Typologisierung des Ethno-Films. In: Husmann (Hrsg.): Mit der Kamera in fremden Kulturen (1987), S. 23–36

MacBean, James Roy: *Two Laws* from Australia, One White, One Black. In: Rosenthal (Hrsg.): New Challenges for Documentary (1988), S. 210–226

MacDougall, David: Beyond Observational Cinema. In: Hockings (Hrsg.): Principles of Visual Anthropology (1975), S. 110–124

MacDougall, David: Prospects of the Ethnographic Film. In: Nichols (Hrsg.): Movies and Methods (1976), S. 135–150

MacDougall, David: Der ethnographische Film als Forschungsmittel. Ein Interview mit David MacDougall. In: Friedrich u. a. (Hrsg.): Die Fremden sehen (1984), S. 109–119

MacDougall, David: Ein nichtprivilegierter Kamerastil. In: Friedrich u.a. (Hrsg.): Die Fremden sehen (1984), S. 73–83

MacDougall, David: Versuche mit dem inneren Kommentar. In: Trickster 16/1988, S. 46–61

MacDougall, David: Complicities of Style. In: Crawford/Turton (Hrsg.): Film as Ethnography (1992), S. 90–98

Martinez, Wilton: Who Constructs Anthropological Knowledge? Towards a Theory of Ethnographic Spectatorship. In: Crawford/Turton (Hrsg.): Film as Ethnography (1992), S. 131–161

Mead, Margret: Visual Anthropology in a Discipline of Words. In: Hockings (Hrsg.): Principles of Visual Anthropology (1975), S. 3–10

Oppitz, Michael: Kunst der Genauigkeit. Wort und Bild in der Ethnographie. München, 1989

Petermann, Werner: Geschichte des ethnographischen Films. In: Friedrich u. a. (Hrsg.): Die Fremden sehen (1984), S. 17–53

Petermann, Werner: Einstellungswechsel. Überlegungen zu einigen Grundfragen des ethnographischen Films. In: Trickster 16/1988, S. 74–82

Rollwagen, Jack: Anthropological Filmmaking. Anthropological Perspectives on the Production of Film and Video for General Public Audiences. Chur u.a., 1988

Rollwagen, Jack: The Role of Anthropological Theory in ›Ethnographic‹ Filmmaking. In: Rollwagen (Hrsg.): Anthropological Filmmaking (1988), S. 287–315

Rouch, Jean: The Camera and Man. In: Hockings (Hrsg.): Principles of Visual Anthropology (1975), S. 83–102

Rouch, Jean: Die Kamera und der Mensch (Übersetzung von Rouch: The Camera and Man (1975)). In: Freunde der Deutschen Kinemathek (Hrsg.): Jean Rouch (1978), S. 2–22

Ruby, Jay: Exposing Yourself: Reflexivity, Anthropology, and Film. In: Semiotica Vol. 30, no. 1/2, S. 153–179

Ruby, Jay: Ethnography as Trompe l'Oeil: Film and Anthropology. In: Ruby (Hrsg.): A Crack in the Mirror (1982), S. 121–131

Schlumpf, Hans-Ulrich: Warum mich das Graspfeilspiel der Eipo langweilt. Gedanken zur Wissenschaftlichkeit ethnologischer Filme. In: Husmann (Hrsg.): Mit der Kamera in fremden Kulturen (1987), S. 49–65

Strecker, Ivo: Die kurze Einstellung. In: Friedrich u. a. (Hrsg.): Die Fremden sehen (1984), S. 85–90

Strecker, Ivo: Deixis und die nichtprivilegierte Kamera. In: Husmann (Hrsg.): Mit der Kamera in fremden Kulturen (1987), S. 37–48

Taureg, Martin: The Development of Standards for Scientific Films in German Ethnography. In: Bogaart/Ketelaar (Hrsg.): Methodology in Anthropological Filmmaking (1983), S. 61–85

Taureg, Martin: Ist Wirklichkeit konservierbar? Zum Verhältnis von Realität und Repräsentation im ethnographischen Film. In: Blümlinger (Hrsg.): Sprung im Spiegel (1990), S. 211–226

Taureg, Martin/Ruby, Jay (Hrsg.): Visual Explorations of the World. Selected Papers from the International Conference on Visual Communication. Aachen, 1987

Wilson, John: Comments on Work with Film Preliterates in Africa (zuerst 1961). In: Studies in Visual Communication 9/1/1983, S.30–35

Wolf, Gotthard: Das Institut für den Wissenschaftlichen Film. 25 Jahre wissenschaftliche Filmarbeit. In: Der Film im Dienste der Wissenschaft (1961), S. 5–16

Wolf, Gotthard: Der wissenschaftliche Dokumentationsfilm und die Encyclopaedia Cinematographica. München, 1967

2. Sozialwissenschaftliche Literatur

2.1. Allgemein (Soziologie, Ethnologie, Anthropologie)

Amborn, Hermann: Handlungsfähiger Diskurs: Reflexionen zur Aktionsethnologie. In: Schmied-Kowarzik/Stagl (Hrsg.): Grundfragen der Ethnologie (1993), S. 129–150

Baker, Paul J.: Die Lebensgeschichte von W.I. Thomas und R.E. Park. In: Lepenies (Hrsg.): Geschichte der Soziologie Bd.1 (1981), S. 244–270

Bonß, Wolfgang: Die Einübung des Tatsachenblicks. Zur Struktur und Veränderung empirischer Sozialforschung. Frankfurt a. M., 1982

Chaney, David/Pickering, Michael: Authorship in Documentary: Sociology as an Art Form in Mass Observation. In: Corner (Hrsg.): Documentary and the Mass Medie (1986), S. 29–44

Clifford, James: Über ethnographische Autorität. In: Trickster 16/1988 S. 4–35

Endruweit, Günter/Trommsdorff, Gisela: Wörterbuch der Soziologie Band 1–3. Stuttgart, 1989

Fetscher, Iring: Die Wirksamkeit der Träume. Literarische Skizzen eines Sozialwissenschaftlers. Frankfurt a. M., 1987

Foucault, Michel: Die Ordnung der Dinge. Eine Archäologie der Humanwissenschaften. Frankfurt a. M., 1990

Fuchs, Stephan/Wingens, Martin: Sinnverstehen als Lebensform. Über die Möglichkeit hermeneutischer Objektivität. In: Geschichte und Gesellschaft 12/4/1986, S. 477–501

Fuchs, Werner u.a. (Hrsg.): Lexikon der Soziologie, Opladen, 1978

Geertz, Clifford: Dichte Beschreibung. Beiträge zum Verstehen kultureller Systeme. Frankfurt a. M., 1983

Geertz, Clifford: Die künstlichen Wilden. Der Anthropologe als Schriftsteller. München/Wien, 1990

Ginzburg, Carlo: Spurensicherung. Der Jäger entziffert die Fährte, Sherlock Holmes nimmt die Lupe, Freud liest Morelli – die Wissenschaft auf der Suche nach sich selbst. Teil I+II. In: Freibeuter 3/1980, S. 7–17 + 4/1980, S. 11–36

Gouldner, Alvin W.: Reziprozität und Autonomie. Ausgewählte Aufsätze. Frankfurt a. M., 1984

Gouldner, Alvin W.: Romantisches und klassisches Denken. Tiefenstrukturen in den Sozialwissenschaften. In: Gouldner: Reziprozität und Autonomie (1984), S.165–216

Habermas, Jürgen: Zur Logik der Sozialwissenschaften. Materialien, Frankfurt a. M., 1970

Habermas, Jürgen: Theorie des kommunikativen Handelns. Band 1: Handlungsrationalität und gesellschaftlicher Rationalismus + Band 2: Zur Kritik der funktionalistischen Vernunft. Frankfurt a. M., 1985

Kohl, Karl-Heinz: Exotik als Beruf. Erfahrung und Trauma der Ethnographie. Frankfurt a. M., 1986

Kohl, Karl-Heinz: Abwehr und Verlangen. Zur Geschichte der Ethnologie. Frankfurt a.M./New York, 1987

König, René (Hrsg.): Handbuch der empirischen Sozialforschung. Bd.I. Stuttgart, 1967

König, René Hrsg.): Handbuch der empirischen Sozialforschung. Bd.4 Komplexe Forschungsansätze. 3., umgearbeitete und erweiterte Auflage. Stuttgart, 1974

König, René: Die Beobachtung. In: König (Hrsg.): Handbuch der emprischen Sozialforschung Bd.I (1967), S. 107–135

König, René: Neuere Strömungen der Gemeindesoziologie. In: König (Hrsg.): Handbuch der empirischen Sozialforschung. Bd.4 (1974), S. 117–141

König, René: Soziologie und Ethnologie. In: Müller/Koepping/König (Hrsg.): Ethnologie als Sozialwissenschaft (1984), S. 17–35

Köpping (Koepping), Klaus-Peter: Feldfroschung als emanzipatorischer Akt? Der Ethnologe als Vermittler von Innen- und Außensicht. In: Müller/Koepping/König (Hrsg.): Ethnologie als Sozialwissenschaft (1984), S. 216–239

Köpping (Koepping), Klaus-Peter: Ethik in ethnographischer Praxis. Zwischen Universalismus und pluralistischer Autonomie. In: Schmied-Kowarzik/Stagl (Hrsg.): Grundfragen der Ethnologie (1993), S. 107–128

Lazarsfeld, Paul F.: Mit Merton arbeiten. In: Lepenies (Hrsg.): Geschichte der Soziologie Bd.1 (1981), S. 337–391

Lepenies, Wolf: Das Ende der Naturgeschichte. Wandel kultureller Selbstverständlichkeiten in den Wissenschaften des 18. und 19. Jahrhunderts. München/Wien, 1976

Lepenies, Wolf (Hrsg.): Geschichte der Soziologie. Studien zur kognitiven, sozialen und historischen Identität einer Disziplin Band 1–4. Frankfurt a. M., 1981

Lepenies, Wolf: Normalität und Anormalität. Wechselwirkungen zwischen den Wissenschaften vom Leben und den Sozialwissenschaften im 19.Jahrhundert. In: Lepenies (Hrsg.): Geschichte der Soziologie Bd.3 (1981), S. 227–251

Lepenies, Wolf: Die drei Kulturen. Soziologie zwischen Literatur und Wissenschaft. München/Wien, 1988

Lewis, Oscar: Die Kinder von Sánchez. Selbstporträt einer mexikanischen Familie. Frankfurt a. M., 1967

Lindner, Rolf: Die Entstehung der Stadtkultur. Soziologie aus der Erfahrung der Reportage. Frankfurt a. M., 1990

Lynd, Robert S./Lynd, Helen: Middletown. A Study in American Culture. New York, 1929

Mead, Margret/Metraux, Rhoda (Hrsg.): The Study of Culture at a Distance. Chicago, 1953

Merton, Robert K.: Social Theory and Social Structure. New York, 1968

Merton, Robert K.: Zur Geschichte und Systematik der soziologischen Theorie. In: Lepenies (Hrsg.): Geschichte der Soziologie Bd.1 (1981), S. 15–74

Merton, Robert K.: Auf den Schultern von Riesen. Ein Leitfaden durch das Labyrinth der Gelehrsamkeit. Frankfurt a. M., 1989

Müller, Ernst Wilhelm/Koepping, Klaus Peter/König, René (Hrsg.): Ethnologie als Sozialwissenschaft. Sonderheft 26 der Kölner Zeitschrift für Soziologie und Sozialpsychologie. 1984

Müller, Ernst Wilhelm: Ethnologie als Sozialwissenschaft. In: Müller/Koepping/König (Hrsg.): Ethnologie als Sozialwissenschaft (1984), S. 36–43

Müller, Klaus E.: Grundzüge des ethnologischen Historismus. In: Schmied-Kowarzik/Stagl (Hrsg.): Grundfragen der Ethnologie (1993), S. 197–232

Redfield, Margret (Hrsg.): Human Nature and the Study of Society. The Papers of Robert Redfield. Volumme 1. Chicago, 1962

Redfield, Robert: The Little Community. Viewpoints for the Study of the Human Whole. Chicago, 1955

Redfield, Robert: Social Science among the Humanities. In: Redfield (Hrsg.): Human Nature and the Study of Society (1962), S. 43–57

Redfield, Robert: Social Science as an Art. In: Redfield (Hrsg.): Human Nature and the Study of Society (1962), S. 57–62

Ruby, Jay (Hrsg.): A Crack in the Mirror. Reflexive Perspectives in Anthropology. Philadelphia, 1982

Schmied-Kowarzik, Wolfdietrich/Stagl, Justin (Hrsg.): Grundfragen der Ethnologie. Beiträge zur gegenwärtigen Theorie-Diskussion. Berlin, 1993

Smith, Russell J./Philipp, Ogden M.: North America. Its People and the Resources, Development and Prospects of the Continent as the Home of Man. New York, 1942

Steinert, Heinz: Über Objektivierung, Reifikation und die Ansätze einer reflexiven Sozialwissenschaft. In: Walter (Hrsg.): Sozialisationsforschung (1973), S. 103–117

Tugwell, Rexford G./Munro, Thomas/Stryker, Roy E.: American Economic Life and the Means of its Improvement. New York, 1925

Walter, Heinz (Hrsg.): Sozialisationsforschung. Band 1: Erwartungen, Probleme, Theorieschwerpunkte. Stuttgart, 1973

Weingarten, Elmar/Sack, Fritz: Ethnomethodologie. Die methodische Konstruktion der Realität. In: Weingarten/Sack/Schenkein (Hrsg.): Ethnomethodologie (1976), S. 7–26

Weingarten, Elmar/Sack, Fritz/Schenkein, Jim (Hrsg.): Ethnomethodologie. Beiträge zu einer Soziologie des Alltagshandelns. Frankfurt a. M., 1976

Wolff, Kurt H.: Surrender and Catch. Experience and Inquiry Today. Dordrecht, 1976

2.2. Visuelle Soziologie

Albrecht, Gary L.: Videotape Safari: Entering the Field with a Camera. In: Qualitative Sociology 8/4/1985, S. 325–344

Albrecht, Gerd: Sozialwissenschaftliche Ziele und Methoden der systematischen Inhaltsanalyse von Filmen. Beispiel: UFA-Tonwoche 451/1939 – Hitlers 50. Geburtstag. In: Moltmann/Reimers: Zeitgeschichte im Film- und Tondokument (1970), S. 25–37

Albrecht, Gerd: Vom Königsweg zum Marterpfad? Soziologische Fragestellungen und Methoden der Filmanalyse. In: Korte/Faulstich (Hrsg.): Filmanalyse interdisziplinär (1991), S. 73–89

Bateson, Gregory: An Analysis of the Nazi Film *Hitlerjunge Quex*. In: Studies in Visual Communication 6/3/1980, S. 20–55

Becker, Howard, S.: Exploring Society Photographically. Chicago, 1981

Bourdieu, Pierre u.a.: Eine illegitime Kunst. Die sozialen Gebrauchsweisen der Photographie (zuerst 1965). Frankfurt a. M., 1981

Burton, Emary C.: Sociology and the Feature Film. In: Teaching Sociology 16/3/1988, S. 263–271

Chalfen, Richard: A Sociovidistic Approach to Children's Filmmaking: The Philadelphia Project. In: Studies in Visual Communication 7/1/1981, S. 2–32

Chalfen, Richard: Exploiting the Vernacular: Studies of Snapshot Photography. Review Essay. In: Studies in Visual Communication 9/3/1983, S. 70–84

Chalfen, Richard: Picturing Culture through Indigenous Imagery: A Telling Story. In: Crawford/Turton (Hrsg.): Film as Ethnography (1992), S. 222–241

Cheatwood, Derral/Stasz, Clarice: Visual Sociology. In: Wagner (Hrsg.): Images of Information (1979), S. 261–269

Collier, John: Visual Anthropology: Photography as a Research Method. New York, 1967

Collier, John: Visual Anthropology. In: Wagner (Hrsg.): Images of Information (1979), S. 271–281

Curry, Timothy J.: A Rationale for Visual Sociology. In: International Journal of Visual Sociology 1/1984, S. 13–24

Denzin, Norman K.: Reflections on the Social Psychologists' Video Camera. Review Essay. In: Studies in Visual Communication 11/4/1985, S. 78–82

Goffman, Erving: Gender Advertisements. The Society for the Anthropology of Visual Communication (USA). 1976

Gross, Larry: Sol Worth and the Study of Visual Communication. In: Studies in Visual Communication 6/3/1980, S. 2–19

Gross, Larry (Hrsg.): Sol Worth. Studying Visual Communication. Philadelphia, 1981

Gross, Larry: Life vs. Art: The Interpretation of Visual Narratives In: Studies in Visual Communication 11/4/1985, S. 2–11

Harper, Douglas: Life on the Road. In: Wagner (Hrsg.): Images of Information (1979), S. 25–42

Harper, Douglas: Good Company. Chicago, 1982

Harper, Douglas: Meaning and Work: A Study in Photo Elicitation. In: International Journal of Visual Sociology 2/1984, S. 20–43

Henny, Leonard: Action Research with Film and Video. Utrecht, 1978

Henny, Leonard: Film und Video in der Soziologie. Utrecht, 1978

Henny, Leonard: L'Impact du Cinéma. Hollywood ou Brecht. Utrecht, 1978

Henny, Leonard: Theory and Practice in the Social Use of Photo. Film and Video. Utrecht, 1978

Henny, Leonard: Représentativité, Validité et Objectivité de Photo, Film et Video. Utrecht, 1979

Henny, Leonard: Raising Consciousness through Film (II). The Use of Audio-visual Media in International Development Education. Utrecht, 1980

Henny, Leonard: Editorial. In: International Journal of Visual Sociology 1/1983, S. 3–7

Henny, Leonard: A Rationale for Visual Sociology. In: International Journal of Visual Socioolgy 1/1984, S. 5/6

Henny, Leonard: Editorial In: International Journal of Visual Sociology 2/1984, S. 5–7

Henny, Leonard: Teaching Visual Sociology and Teaching Sociology Visually. In: International Journal of Visual Sociology 1/1985, S. 12–17

Henny, Leonard: Teaching Visual Sociology and Teaching Sociology Visually. In: Husmann (Hrsg.): Mit der Kamera in fremden Kulturen (1987), S. 173–179

Henny, Leonard: Aspekte der Filmwirkungsforschung I. Einfluß einseitiger und zweiseitiger Darstellung auf die Filmwirkung. Utrecht, o. J.

Henny, Leonard: Filmmakers as Part of a Revolutionary Intelligentsia. o. J.

Henny, Leonard: Research: The Effectivity of Films in Political Education. o. J.

Henny, Leonard/Curry, Timothy: Report on the First Conference on Visual Sociology in Winsor, Canada, August 1983. In: International Journal of Visual Sociology 1/1984, S. 7–12

Henny, Leonard/Pompe, Ton (Hrsg.): Comparisons in Social Documentary: Holland and Hungary. Documentation for the Dutch-Hungarian Symposium, May 2–5 1978. Utrecht, 1978

Heß, Klaus-Peter: Film und Geschichte. Kritische Einführung und Literaturüberblick. In: film theory 13/1986, S. 13–25, Bibliographie S. 27–44

Heusch, Luc de: The Cinema and Social Science. A Survey of Ethnographic and Sociological Films. Paris, 1962

Lewis, George C.: Imaging Society: Visual Sociology in Focus. In: International Journal of Visual Sociology 1/1983, S. 14–18

Lindner, Rolf (Hrsg.): Filmauge. Film und Video als Methode in den Sozialwissenschaften. Berlin, 1979

Mikos, Lothar/Kotelmann, Joachim: Video in den Sozialwissenschaften. In: Lindner (Hrsg.): Filmauge (1979), S. 133–150

Moltmann, Günther/Reimers, Karl Friedrich: Zeitgeschichte im Film- und Tondokument. 17 historische, pädagogische und sozialwissenschaftliche Beiträge. Göttingen/Zürich/Frankfurt a. M., 1970

Musello, Christopher: Family Photography. In: Wagner (Hrsg.): Images of Information (1979), S. 101–118

Musello, Christopher: Studying the Home Mode: An Exploration of Family Photography and Visual Communication. In: Studies in Visual Communication 6/1/1980, S. 23–42

Prendergast, Christopher: Cinema Sociology: Cultivating the Sociological Imagination through Popular Film. In: Teaching Sociology 14/4/1986, S. 243–248

Psathas, George: Review of Timothy J. Curry/Alfred C. Clarke »Introducing Visual Sociology« Dubuque (Iowa) 1983. In: Studies in the Anthropology of Visual Communication 5/1/1978, S. 70–72

Reimers, Karl Friedrich/Friedrich, Hans (Hrsg.): Zeitgeschichte in Film und Fernsehen/Contemporary History in Film and Television. Analyse – Dokumentation – Didaktik. München, 1982

Rother, Rainer: Bilder schreiben Geschichte: Der Historiker im Kino. Berlin, 1991

Schändlinger, Robert/Weißert, Ilse/Fenzl, Josef: Lernen mit Film zum Thema Rassismus und Rechtsradikalismus. Auswertung und Reflexion eines Projekts im HÖCHSTER BILDUNGSSCHUPPEN. Frankfurt a. M., 1993

Shinar, Dov: Visual Sociology and the »Humanization« of Social Research. Lessons from Recent Research in Israel. In: International Journal of Visual Sociology 1/1984, S. 25–39

Some Examples of Course Descriptions in the Field of Visual Sociology Around the World. In: International Journal of Visual Sociology 1/1985, S. 49–57

Stasz, Clarice: The Early History of Visual Sociology. In: Wagner (Hrsg.): Images of Information (1979), S. 119–136

Taureg, Martin: Für die Entwicklung der Visuellen Anthropologie. Ein Aufruf zur Diskussion und Mitarbeit. In: Kölner Zeitschrift für Soziologie und Sozialpsychologie 36/2/1984, S. 426–428

Taureg, Martin: Visuelle Soziologie – ein neues Fachgebiet. IV. Internationale Konferenz der International Visual Sociology Association, 19.–22.Juni 1986, Universität Bielefeld, Zentrum für Interdisziplinäre Forschung. In: film theory 13/1986, S. 3–5

Wagner, Jon (Hrsg.): Images of Information. Still Photography in the Social Sciences. Beverly Hills/London, 1979

Wagner, Jon: Perceiving a Planned Community. In: Wagner (Hrsg.): Images of Information (1979), S. 85–100

Worth, Sol: Margret Mead and the Shift from »Visual Anthropology« to the »Anthropology of Visual Communication« (zuerst 1980). In: Gross (Hrsg.): Sol Worth (1981), S. 185–199

Worth, Sol: Picturs Can't Say Ain't (zuerst 1975). In: Gross (Hrsg.): Sol Worth (1981), S. 162–184

Worth, Sol: A Semiotic of Ethnographic Film (zuerst 1972). In: Gross (Hrsg.): Sol Worth (1981), S. 74–84

Worth, Sol: Toward an Anthropological Politics of Symbolic Forms (zuerst 1972). In: Gross (Hrsg.): Sol Worth (1981), S. 85–107

Worth, Sol/Adair, John: Through Navajo Eyes. An Exploration in Film Communication and Anthropology, Bloomington/London, 1972

Worth, Sol/Ruby, Jay: An American Community's Socialization to Pictures: An Ethnography of Visual Communication. In: Gross (Hrsg.): Sol Worth (1981), S. 200–203

3. Literatur-, Fotografie-, Kunst- und Kulturgeschichte/-theorie

Agee, James/Evans, Walker: Preisen will ich die großen Männer. München, 1989

Anders, Günther: Die Antiquiertheit des Menschen. Über die Seele im Zeitalter der zweiten industriellen Revolution. München, 1961

Arnheim, Rudolf: Anschauliches Denken. Zur Einheit von Bild und Begriff. Köln, 1971

Arnold, Heinz Ludwig/Reinhardt, Stephan (Hrsg.): Dokumentarliteratur. München, 1973

Barthes, Roland: Die helle Kammer. Bemerkungen zur Photographie. Frankfurt a. M., 1985

Benjamin, Walter: Gesammelte Schriften. Werkausgabe. Frankfurt a. M., 1980

Benjamin, Walter: Der Autor als Produzent (zuerst 1934). In: Benjamin: Gesammelte Schriften Bd.5 (1980), S. 683–701

Benjamin, Walter: Charles Baudelaire. Ein Lyriker im Zeitalter des Hochkapitalismus. In: Benjamin: Gesammelte Schriften Bd.2 (1980), S.509–690

Benjamin, Walter: Das Kunstwerk im Zeitalter seiner technischen Reproduzierbarkeit (Erste und Zweite Fassung). In: Benjamin: Gesammelte Schriften Bd.2 (1980), S. 431–508

Benjamin, Walter: Zur Lage der russischen Filmkunst (zuerst 1927). In: Benjamin: Gesammelte Schriften Bd.5 (1980), S. 747–751

Brecht, Bertolt: Gesammelte Werke Band 12, 17, 18+19. Frankfurt a. M., 1977

Brix, Michael: »Let Us Now Praise Famous Men«. James Agees Prosa und Walker Evans' Bilder im Vergleich. In: Brix/Mayer (Hrsg.): Walker Evans (1990), S. 47–58

Brix, Michael: Walker Evans' photographisches Werk 1928–1938. Ein Feldzug gegen Richtig-Denken und Optimismus. In: Brix/Mayer (Hrsg.): Walker Evans (1990), S. 23–45

Brix, Michael/Mayer, Birgit (Hrsg.): Walker Evans – Amerika. Bilder aus der Depression. München, 1990

Curtis, James C./Grannen, Sheila: Let Us Now Appraise Famous Photographs. Walker Evans and Documentary Photography. In: Winterthur Portfolio 15/1/1980, S. 1–23

Dewey, John: Kunst als Erfahrung (zuerst 1934). Frankfurt a. M., 1988

Eco, Umberto: Das offene Kunstwerk. Frankfurt a. M., 1973

Evans, Walker: The Reappearence of Photography, in: Hound & Horn 5/1/1931, S. 125–128

Evans, Walker: Der unstillbare Blick. München/Paris/London, 1993

Feyerabend, Paul: Wissenschaft als Kunst. Frankfurt a.M., 1984

Feyerabend, Paul: Fortschritt in Kunst, Philosophie und Wissenschaft. In: Feyerabend: Wissenschaft als Kunst (1984), S. 85–106

Feyerabend, Paul: Wissenschaft als Kunst. In: Feyerabend: Wissenschaft als Kunst (1984), S. 15–84

Fiske, John: Populärkultur: Erfahrungshorizont im 20. Jahrhundert. Ein Gespräch mit John Fiske. In: montage/av 2/1/1993, S. 5–18

Fleischhauer, Carl/ Brannan, Beverly W.: Documenting America, 1935–1943. Berkeley/Los Angeles/Oxford, 1988

Flusser, Vilém: Gesten. Versuch einer Phänomenologie. Düsseldorf/Bensheim, 1991

Foucault, Michel: Was ist ein Autor? In: Foucault, Michel: Schriften zur Literatur. München 1974, S. 7–31

Freund, Gisèle: Photography & Society (zuerst auf Französisch 1936). London, 1980

Gaßner (Gassner), Hubertus: Die Reise ins Innere. »Amerika den Amerikanern vorstellen«. Die Fotografien der Farm Security Administration. In: Neue Gesellschaft für Bildende Kunst (Hrsg.): America (1980), S. 313–352

Gaßner (Gassner), Hubertus: Rodcenko – Fotografien. München, 1982

Günter, Roland: Fotografie als Waffe. Geschichte der sozialdokumentarischen Fotografie. Hamburg, 1979

Hauser, Arnold: Sozialgeschichte der Kunst und Literatur. München, 1978

Heiß, Christine: Amerika in der Depressionszeit. Dokumentarphotographie im Auftrag der Regierung. In: Brix/Mayer: Walker Evans (1990), S. 13–22

Höllerer, Walter: Die Leute von Serendip erkunden die Giftgasfabrik. In: Sprache im technischen Zeitalter 97/1986, S. 3–16

Howard, Mary D.: Jacob A. Riis and Lewis W. Hine. Art Imitates Life. In: International Journal of Visual Sociology 2/1985, S. 21–34

Hügel, Hans-Otto: Ästhetische Zweideutigkeit der Unterhaltung. In: montage/av 2/1/1993, S. 119–141

Hurley, Jack: Portrait of a Decade. Roy Stryker and the Development of Documentary Photography in the Thirties. Louisiana State University, 1972

Kant, Immanuel: Kritik der reinen Vernunft (zuerst 1781). Hamburg, 1976

Keller, Ulrich: Text. In: Sander: Menschen des 20. Jahrhunderts (1980), S. 11–80

Keller, Ulrich: Walker Evans: »American Photographs«. Eine transatlantische Kulturkritik. In: Brix/Mayer (Hrsg.): Walker Evans (1990), S. 59–77

König, Gerhard: Wort und Weise Serendip. Zur Genealogie eines Begriffs. In: Sprache im technischen Zeitalter 97/1986, S. 51–66

Kreft, Jürgen: Grundprobleme der Literaturdidaktik. Heidelberg, 1977

Kuchenbuch, Thomas: Bild und Geschichte. Geschichten in Bildern. Vom frühen Comic zum Fernsehfeature. Münster, 1992

Kuhn, Thomas S.: Die Entstehung des Neuen. Studien zur Struktur der Wissenschaftsgeschichte (zuerst 1977). Frankfurt a. M., 1992

Levine, Lawrence W.: The Historian and the Icon. Photography and the History of the American People in the 1930s and 1940s. In: Fleischhauer/Brannan: Documenting America (1988), S. 15–42

McLuhan, Marshall: Die Gutenberg-Galaxis. Das Ende des Buchzeitalters. Düsseldorf/Wien, 1968

Meltzer, Milton: Dorothea Lange. A Photographer's Life. New York, 1978

Miller, Norbert: Serendipity oder die Kunst der Aufmerksamkeit. In: Sprache im technischen Zeitalter 98/1986, S. 135–147

Müller, Eggo: »Pleasure and Resistance«. John Fiskes Beitrag zu Populärkulturtheorie. In: montage/av 2/1/1993, S.52–66

Neue Gesellschaft für Bildende Kunst (Hrsg.): America. Traum und Depression. 1920/40. Berlin, 1980

Newhall, Beaumont: Geschichte der Photographie. München, 1984

Pallowski, Katrin G.: Die dokumentarische Mode. In: Literaturwissenschaft und Sozialwissenschaften 1. Grundlagen und Modellanalysen. Stuttgart, 1971, S. 235–314

Riis, Jacob A.: How the Other Half Lives (zuerst 1890). New York, 1971

Sander, August: Menschen des 20.Jahrhunderts (zuerst 1929): Portraitphotographien von 1892–1952. Hrsg. v. Gunther Sander. Mit einem Text von Ulrich Keller. München, 1980

Schiller, Dan: Realism, Photography and Journalistic Objectivity in 19th Century America. In: Studies in the Anthropology of Visual Communication 4/2/1977, S. 86–98

Snyder, Joel: Documentary without Ontology. In: Studies in Visual Communication 10/1/1984, S. 78–95

Sontag, Susan: Über Fotografie. München/Wien, 1978

Stott, William: Documentary Expression and Thirties America. New York, 1973

Stryker, Roy Emerson/Wood, Nancy: In This Proud Land. America 1935–1943 as Seen in the FSA Photographs. New York, 1973

Terkel, Studs: Der große Krach. Die Geschichte der amerikanischen Depression. Frankfurt a. M., 1970

Trachtenberg, Alan: From Image to Story: Reading the File. In: Fleischhauer/Brannan: Documenting America (1988), S. 43–73

Tretjakov, Sergej: Den Schi-Chua. Die Geschichte eines chinesischen Revolutionärs. Bio-Interview (zuerst 1932). Darmstadt/Neuwied, 1974

Vowe, Klaus W.: Film und Literatur im Amerika der dreißiger Jahre. In: Weber/Friedl (Hrsg.): Film und Literatur in Amerika (1988), S. 135–151

Weber, Alfred/Friedl, Bettina (Hrsg.): Film und Literatur in Amerika. Darmstadt, 1988

Wetzel, Michael/Wolf, Herta (Hrsg.): Der Entzug der Bilder. Visuelle Realitäten. München 1994

Zweig, Stefan: Drei Meister. Balzac, Dickens. Dostojewski, Frankfurt a. M., 1951

Personenregister

In das Register wurden nur Namen aufgenommen, die im Text vorkommen. Nicht berücksichtigt sind Erwähnungen in den Anmerkungen.

Angaben in Klammern verweisen auf Bildunterschriften.

A

Adair, John *19*
Adams, Ansel *32*
Adorno, Theodor W. *180*
Agee, James *183ff, 188, 190*
Aibel, Robert *52f, 319f*
Allen, Woody *311*
Althans, Ewald *379, 381*
Althusser, Louis *267, 301, 316*
Amadou *79*
Amin, Idi *363f*
Anders, Günther *264, 268, 271f, 298ff*
Anstey, Edgar *137*
Antonio de, Emile *144*
Aristoteles *305*
Arnheim Rudolf *320*
Atget, Eugène *26*
Atrott, Hans Henning *248f*
Atsuta, Yuharu *322*
Auden, W.H. *132*
Aumont, Jacques *349ff, 358*

B

Bach, Johann Sebastian *190*
Balázs, Bela *130*
Balint, Michael *264*
Balzac, Honoré de *162, 163, 164*
Barbie, Klaus *199, 206*
Barnouw, Eric *155*
Bartes, Roland *301*
Baudelaire, Charles *154, 173*
Bazin, André *105*
Beethoven, Ludwig van *190*
Bejerano, Esther *314, 383, 379*
Benjamin, Walter *41, 130, 154*
Berghaus, Margot *15ff, 20, 25*
Bettelheim, Bruno *312*
Birri, Fernando *147f*
Bittorf, Wilhelm *281*
Blickensdörfer, Hans *284*
Bonß, Wolfgang *180ff*
Bordwell, David *302f*
Braun, Marta *66*
Brecht, Bertolt *224, 231*
Britten, Benjamin *132*
Brodmann, Roman *281ff, 289ff*
Brook, Peter *373*
Bühler, Karl *94*
Burton, Julianne *201*

C

Carls, Josefine *51f*
Cassavetes, John *245*
Cavalcanti, Alberto *131f*
Ceausescu, Elena + Nicolae *254ff*
Chalfen, Richard *19*
Christophersen, Thies *379, 381*
Clinton, Bill *262*
Collier, John *18*
Comolli, Jean-Louis *301, 331ff, 335*
Cooper, Merian *118*
Crawford, Peter Ian *218ff*
Curry, Timothy J. *20ff*
Czolgosz, Leon *110*

D

Daguerre, Louis *57*
Danquart, Didi *248f*
Danquart, Pepe *230f, 233*
De France, Claudine *225ff, 318*
Degener, Theresia *249*
Depardon, Raymond *328*
Dickens, Charles *167f*
Diercks, Carsten *136*
Dinescu, Mircea *256*
Döblin, Alfred *25*
Dongen, Helen van *120*
Drewniak, Boguslaw *317*
Duchamp, Marcel *(68)*

E

Eberhard, Fritz *281*
Eco, Umberto *306, 337f*

485

Eibl-Eibesfeldt, Irenäus 83f, 105, 192
Eisenstein, Sergej M. 100, 105, 124f, 127ff, 131, 133, 139, 306
Endruweit, Günter 15
Engels, Friedrich 161
Enzensberger, Hans Magnus 224, 231
Ertel, Dieter 281ff, 288
Evans, Walker 26, 29f, 34, 171f, 183ff, 188ff

F

Farocki, Harun 254
Farrell, Tom 243
Farrow, Mia 312, 316
Faulstich, Werner 352
Faurrisson, Robert 379
Fechner, Eberhard 144, 164, 167, 203ff
Fenzl, Josef + Rita 14
Ferro, Marc 323
Flaherty, Robert 35, 44, 53, 115, 117, 120, 211ff, 275, 318, 320, 324, 329
Flaubert, Gustave 172f
Foucault, Michel 51, 180

G

Galizia, Michele 319
Gardner, Robert 216f, 220
Gemballa, Gero 313f
Gfrörer, Jörg 313
Ginzburg, Carlo 178, 181
Godard, Jean-Luc 64, 75, 239, 243, 253
Goffman, Erving 16
Golding, William 373
Gouldner, Alvin W. 168ff, 173
Gregor, Ulrich 143f, 146
Grierson, John 35f, 38f, 89, 131, 193, 195, 208, 212, 275, 318
Gumm, Detlev 291, 296

H

Harper, Douglas 16f
Harrison, Marguerite 118
Harrisson, Tom 39f
Heider, Karl 81f, 102ff, 225
Heise, Thomas 384f, 387
Henny, Leonard 46f, 224, 333ff
Hine, Lewis 20, (21), 27, 171
Hohenberger, Eva 91ff, 96, 266ff
Holmes, Oliver Wendell 60, (61)
Horner, Yvette 285
Horton, Donald 275
Hübner, Christoph 145
Huillet, Danièle 354f
Humphrey, Hubert 101
Huxley, Julien 39

I/J

Jauss, Hans Robert 341
Iliescu, Ion 259
Irving, John 379, 381
Iser, Wolfgang 338
Ivens, Joris 45, 120, 134, 144, 208
Jennings, Humphrey 39ff, 132
Junge, Winfried 13, 307, 310

K

Kant, Immanuel 74
Kaufman, Michail 121
Keaton, Buster 114, 123
Keifenheim, Barbara 265
Kennedy, John F. 101
Khuon, Ernst von 268
Kissinger, Henry 240
Kittler, Friedrich 274f
Klee, Ernst 313
Klier, Michael 232
Kluge, Alexander 231
Knilli, Friedrich 356
Koloß, Hans Joachim 72ff

Koepp, Volker 14
Koeppen, Wolfgang 167
König, Gerhard 175
König, René 174f
Königstein, Horst 143f
Korte, Hartmut 351ff, 355f
Kracauer, Siegfried 60, 62, 105, 266, 321, 325
Kreft, Jürgen 351
Kreimeier, Klaus 156ff, 167f, 172, 192
Kuchenbuch, Thomas 97, 352
Kuhn, Thomas S. 50
Kühnen, Michael 378f
Küssel, Gottfried 379, 381
Kuleshov, Lev 104

L

Lacan, Jacques 92, 297, 339
Lamothe, Arthur 144
Lange, Dorothea 27, (28)
Lanzmann, Claude 144, 203, 205ff
Lauck, Gary alias Anthony Hancock 379f
Leacock, Richard 38, 100, 212
Lepenies, Wolf 165
LePlay, Frédéderic 180
Leroi-Gourhan, André 318f, 323
Levi, Primo 248
Lewis, Oscar 42f, 162f, 167
Lindner, Rolf 154
Lippmann, Walter 36, 38
Loizos, Peter 215ff
Lorentz Pare 208, 211
Loridan, Marceline 48
Lubitsch, Ernst 316
Lucas, George 241
Lüem, Barabra 319
Lumière, Auguste + Louis 63, 106ff, 113, 273
Lynd, Helen + Robert 30, 34

M

MacDougall, David + Judith 9, 82, 88ff, 95f, 99ff, 105, 141, 193f, 203
Madge, Charles 39ff
Maget, Marcel 53
Malinowski, Bronislaw 151ff, 277
Marey, Etienne-Jules 60ff, 64, 66, 68ff, (68), (69), 73
Marshall, John 93, 103f
Martinez, Wilton 335ff
Marx, Karl 45, 161
Mauss, Marcel 226
McLuhan, Marshall 64
McNaughton, R. Q. 104
Mead, Margret 153
Meir, Golda 240
Méliès, Georges 109, 112
Merton, Robert K. 174ff
Metz, Christian 301f
Montaigne, Michel 177
Morin, Edgar 47ff, 90, 196, 202, 217
Morse, Samuel F.B. 59
Murrow, Ed 270f
Muschg, Adolf 143
Muybridge, Eadward 60ff, 64ff, (65), (67), 70

N

Negt, Oskar 231
Nestler, Peter 285ff
Netenjakob, Egon 143, 149, 161
Neubauer, Harald 379
Newhall, Beaumont 32f, (68)
Nichols, Bill 194f, 199, 202f, 208, 211, 213
Niépce, Nicéphore 57
Novalis 168f

O

Odin, Roger 323ff, 328ff

Ogawa, Shinsuke 146f
Ohnesorg, Benno 291
Ophuls, Marcel 144, 199, 203, 206f, 313
Ozu, Yasujiro 322f, 325f

P

Paech, Joachim 238ff, 353ff
Painlevé, Jean 379
Paley, William 109
Park, Robert E. 22, 27, 153f, 162, 171, 177f
Parville, Henri de 106
Peleschjan, Artavazd 306
Polimanti, Oskar 70
Porter, Edwin S. 109ff, 115
Prokop, Dieter 13
Proske, Rüdiger 136
Pudovkin, W. I. 104, 139

R

Rabiger, Michael 174, 234
Radcliffe-Brown, Alfred R. 152f
Rakowitz, Irene 156, 158
Ray, Nicholas 243
Redfield, Robert 165f
Reeemtsen, Rolf 37
Regnault, Félix-Louis 64, 70
Reidemeister, Helga 156, 158
Reisz, Karel 120
Riis, Jacob 20
Rintelen, Anton 274
Robbins, Tim 312
Robinson, Sugar Ray 281
Rodcenko, Aleksandr 121ff
Rodriguez, Martha 148f
Roosevelt, Franklin D. 26, 29, 272
Roosevelt, Theodore 110
Rosenthal, Alan 301f
Roth, Klaus-Peter 14
Roth, Wilhelm 144, 232
Rotha, Paul 36, 89, 193, 318
Rouch, Jean 44f, 47ff, 53, 90, 196, 202, 212, 217, 319f

Rouquier, Georges 52f, 319f
Runge, Erika 46
Ryu, Chishu 322f

S

Sadoul, Georges 106, 108, 109
Samir 250
Sander, August 25f, 245, 247
Sanjinés, Jorge 148
Schier-Gribowski, Peter 282
Schlumpf, Hans-Ulrich 83ff, 87, 105, 192
Schmidt, Michael 378
Schmoller, Gustav 180, 182
Schnapper-Arndt, Gottlieb 180
Schoedsack, Ernest S. 118
Schütte, Wolfram 243
Seeber, Guido 114
Silva, Jorge 148f
Simmel, Georg 154, 177
Singer, Peter 248
Smith, Adolphe (24), 25
Sontag, Susan 312
Sorlin, Pierre 325
Stasz, Clarice 22
Steinert, Heinz 13, 51f
Stieglitz, Alfred 172
Stiller, Alphons 145
Storck, Henri 45
Stott, William 27, 30
Straub, Jean-Marie 354f
Strecker, Ivo 93ff, 98, 101f
Stryker, Roy E. 26f, 29ff, 34f
Swilowa, Elizaweta 121

T

Talbot, William Henry Fox 59
Taylor, Paul 27
Thomas, William 27, 166, 177ff
Thompson, Kristin 304
Thomson, John (24), 25
Tökes, László 255

487

Tretjakov, Sergej *41, 145, 224, 231*
Trommsdorff, Gisela *15*
Tuchtenhagen, Gisela *143, 214*
Tugwell, Rexford G. *26f*

U/V

Ujica, Andrei *254*
Ullrich, Hans-Georg *291, 295*
Vanderbilt, Paul *33f*
Vautier, René *146*
Vertov, Dziga *44, 46, 49f, 53, 121ff, 196, 202, 211f, 231, 306*
Virilio, Paul *300*
Voigt, Andreas *14*
Voss, Gabriele *145*

W

Wallraff, Günther *313f*
Walpole, Horace *176*
Watt, Henry *132, 137*
Webb *166*
Weiss, Peter *231*
Welles, Orson *270, 273*
Wember, Bernward *97, 352*
Wenders, Wim *242ff, 322, 326*
Whitman, Walt *171, 173*
Wildenhahn, Klaus *45, 143, 156, 159, 160, 163, 164, 167f, 170, 172f, 193*
Williams, Raymond *342*
Wilson, John *63*
Wiseman, Frederick *50f, 55*
Wohl, Richard R. *275*
Wolf, Gotthard *64, 71, 318*
Wolff, Kurt H. *183, 190f*
Wolsink, Gerrit Et *379*
Worth, Sol *19, 20, 319, 322, 331*
Wright, Basil *132*
Wulff, Hans J. *277ff*
Wuss, Peter *304ff, 313*

Y

Yamamoto, Yohji *242f, 251*

Z

Zahn, Peter von *269, 271*
Znaniecki, Florian *166*
Zola, Emile *161, 163, 167f, 173*
Zündel, Ernst *379*

Filmregister

In das Register wurden Filme und Fernsehsendungen aufgenommen, die im Text oder in den Anmerkungen erwähnt und zum Teil ausführlicher erörtert werden.

Seitenangaben in Klammern verweisen auf Abbildungen.

+ Alles andere. Ein Video über Frauen, ihre Schönheit und die
Unterschiede in der Gemeinsamkeit 250
    Schweiz 1992. 38 Minuten. Video. Realisation: Seefrauen; Produktion: Seefrauen Interkantonal, Videoladen Zürich

Anmut sparet nicht noch Mühe.
Die Geschichte der Kinder von Golzow. Eine Chronik 307, 429
    DDR 1979. 106 Minuten. Produktion: Gruppe »Dokument« des DEFA-Studios; Idee: Karl Gass; Buch: Hans-Eberhard Leupold, Winfried Junge; Regie: Winfried Junge; Kamera: Hans-Eberhard Leupold; Mitarbeit, Text, Sprecher: Uwe Kant; Redaktion: Andreas Voigt; historische Fachberatung: Dr. Erhard Trümpler; Dokumentation: Barbara Junge, Anneliese Dallmann; Schnitt: Charlotte Beck; Ton: Hans-Jürgen Mittag; Musik: Gerhard Rosenfeld; Produktion: Charlotte Galow

A propos de Nice 418
    Frankreich 1929. 26 Minuten. Regie: Jean Vigo; Kamera: Boris Kaufmann

Arrivée d'un Train en Gare de La Ciotat 63f, 107, 113, 273, 424
    Frankreich 1895. Produktion, Regie, Kamera: Louis Lumière

Aufzeichnungen zu Kleidern und Städten 242f, 245ff
    BRD/Frankreich 1988/89. 79 Minuten. Produktion: Road Movies Filmproduktion GmbH, Centre National d'Art et de Culture Georges Pompidou; Buch, Kommentar: Wim Wenders; Kamera: Robby Müller, Muriel Edelstein, Uli Kudicke, Wim Wenders (auch Video), Masatoshi Nakajima, Masashi Chikamori; Ton: Jean-Paul Mugel, Axel Arft, Reiner Lorenz; Musik: Laurent Petitgand; Schnitt: Dominique Auvray, Lenie Savietto, Anne Schnee

Ausfahrt der Chinakrieger von Bremerhaven mit der »Straßburg« am 31.7.1900 . . 114
    Deutschland 1900. 76 Meter. Produktion, Kamera: Guido Seeber

Autokult **288**
    BRD 1964. 44 Minuten. Produktion: SDR; Autor: Wilhelm Bittorf

Basic Training **50f**
    USA 1971. 89 Minuten. Regie, Produktion, Schnitt: Frederick Wiseman; Kamera: William Brayne

Before the Nickelodeon. The Early Cinema of Edwin Porter **407**
    USA 1982. 60 Minuten. Produktion: New York-Hollywood Feature Film Co., Film For Thought Inc.; Regie und Schnitt: Charles Musser; Buch: Warren D. Leight, Charles Musser; Kamera: Rob Issen; Ton Bill Uttley; Sprecher: Jay Leyda, Robert Altman, Louis Malle u.a.

Benny's Video **419**
    Österreich/Schweiz 1992. 105 Minuten. Produktion: Wega Film, Bernard Lang AG; Regie, Buch: Michael Haneke; Kamera: Christian Berger; Schnitt: Marie Homolkova; Ton: Karl Schifelner

Berlin – Die Sinfonie der Großstadt **418**
    Deutschland 1927. 74 Minuten. Regie: Walter Ruttmann; Buch: Walter Ruttmann, Karl Freund nach einer Idee von Carl Mayer; Kamera: Karl Freund, Reimar Kuntze, Robert Baberske, Laszlo Schäfer

Berlin – Ecke Bundesplatz **291, 293ff**
    BRD 1993. Serien zu jeweils 30 Minuten. Produktion: Känguruh-Film, WDR; Autoren: Detlev Gumm, Hans-Georg Ulrich; Montage: Simone Klier; Musik: Arpad Bondy; Redaktion: Ulrich Harbecke, Dieter Saldecki, Martin Wiebel

Beruf Neonazi **198**
    BRD 1993. 83 Minuten. Regie: Winfried Bonengel

Bilder aus der Neuen Welt **269**
    BRD ab Oktober 1955 monatlich. Jeweils etwa 30 Minuten. Produktion: NWDR; Peter von Zahn

Bis ans Ende der Welt **245ff**
    BRD/Frankreich/Australien 1991. 179 Minuten. Produktionsgesellschaften: Road Movies, Argos, Village Roadshow Pictures; Regie: Wim Wenders; Buch: Peter Carey, Wim Wenders; Produktion: Anatole Dauman, Jonathan Taplin, Wim Wenders; Kamera: Robby Müller; Schnitt: Peter Przygodda; Musik: Graeme Revell, Talking Heads, Kinks u.a.; HDTV-Design: Ken Naughton

Bob Roberts **312, 314f**
    USA 1992. 103 Minuten. Produktion: Polygram, Working Title, Live Entertainment; Regie, Buch: Tom Robbins; Kamera: Jean Lépine; Musik: David Robbins

Borinage 45
    Belgien 1933. 30 Minuten. Produktion: Club de l'Ecran, Brüssel; Regie, Buch, Kamera, Schnitt: Joris Ivens, Henri Storck

Calendar 419
    BRD/Kanada 1993. 70 Minuten. Produktion: Ego Film Arts Production im Auftrag des ZDF; Regie, Buch: Atom Egoyan; Kamera: Norayr Kasper, 8mm-Video: Atom Egoyan; Ton: Yuri Hakobian, Ross Redfern; Schnitt: Atom Egoyan

Celso and Cora 92
    Australien/Philippinen/Japan 1983. 109 Minuten. Produktion: Gary Kildea unter Beteiligung von Australian Film Commission/Institute of Philippine Culture, Ateneo-University (Manila)/N-AV Productions (Tokio); Regie, Kamera, Schnitt: Gary Kildea; Ton, Übersetzung, Mitarbeit vor Ort: Rowena Katalingkasan

Chronik der Anna Magdalena Bach 354
    BRD/Italien 1968. 94 Minuten. Produktion: Franz Seitz Film-Produktion, RAI, Straub-Huillet; Regie: Jean-Marie Straub; Buch: Jean-Marie Straub, Danièle Huillet; Kamera: Ugo Piccone

Chronique d'un Eté 47ff, 50, 55, 90, 195f, 202, 217
    Frankreich 1961. 85 Minuten. Regie: Jean Rouch, Edgar Morin; Produktion: Argos Film; Kamera: Roger Morillers, Raoul Coutard, J.-J. Tarbes, Michel Brault; Schnitt: Jean Ravel

Cinemafia 418
    Niederlande 1980/81. 33 Minuten. Produktion: Institut für Kulturanthropologie Leiden, Produktionsgruppe Busschots-Nijland; Regie: Roger und Robert Busschots in Zusammenarbeit mit Jean Rouch, Joris Ivens, Henri Storck; Kamera: Jean Rouch, Roger Busschots; Ton, Schnitt: Robert Busschots, Dirk Nijland

Coal Face 37, 132f, 418
    Großbritannien 1935. 11 Minuten. Produktionsgesellschaft: General Post Office Film Unit; Regie: Alberto Cavalcanti; Produzent: John Grierson; Lyrik: W.H.Auden; Musik: Benjamin Britten

Cocorico, Monsieur Poulet 320
    Niger/Frankreich 1974. 90 Minuten. Produktion: Institut de Recherche des Sciences Humaines (Niamey), Centre National de de la Recherche Scientifique – Secrétariat d'Etat à la Coopération (Paris); Regie: Dalarou (= Damaré Zika, Lam Ibrahim Dia, Jean Rouch); Kamera: Jean Rouch; Musik: Tallou Mouzourane; Schnitt: Christine Lefort; Ton: Moussa Hamidou, Hama Soumana

Crisis: Behind a Presidential Commitment **289**
    USA 1963. 54 Minuten. Produktion: ABC-News; Produzenten: Robert Drew, Gregory Shuker; Filmemacher: Richard Leacock, James Lipscomb, D.A. Pennebaker, Hope Ryden

Dann werden sie schon schießen … **399**
    BRD 1988/89. 60 Minuten. Produktion: Hochschule für Film und Fernsehen München; Regie: Thomas Riedelsheimer; Kamera: Friedemann Fromm u.a.; Ton: Roland Bode u.a.; Schnitt: Thomas Riedelsheimer

Das Leben des Jürgen von Golzow **14**
    Deutschland 1961–1994. 192 Minuten. Buch: Barbara und Winfried Junge; Kamera: Hans-Eberhard Leupold u.a.; Dokumentation, Schnitt: Barbara Junge; Grafik: Jürgen Brock, Joachim Geißler; Trickkamera: Jürgen Bahr; Musik: Gerhard Rosenfeld, Kurt Grottke; Produktion: Journal-Film, Klaus Volkenborn KG

Das Millionenspiel **274**
    BRD 1970. 95 Minuten. Produktion: WDR; Autor: Wolfgang Menge, Tom Toelle; Regie: Tom Toelle; Kamera: Jan Kalis; Schnitt: Günther Naumann

De Brug (Die Brücke) **45**
    Niederlande 1928. 11 Minuten. Regie: Joris Ivens

Démolition d'un Mur **107, 134**
    Frankreich 1895. Produktion, Kamera, Regie: Louis Lumière

Der ewige Jude **380**
    Deutschland 1940. Regie: Fritz Hippler; Skript (Drehbuch): Eberhard Taubert; Kamera: A. Endrejat, A. Hafner, R. Hartmann, F. C. Heere, H. Kluth, E. Strohl, H. Winterfeld; Musik: Franz R. Fiedl

Der große Cannes-Cannes **282f**
    BRD 1958. Produktion: SDR; Autor: Dieter Ertel

Der Herr der Ziegen **96**
    1984. Regie: Ivo Strecker

Der Leopard
(Original: **Il Gattopardo**) **328**
    Italien/Frankreich 1963. 161 Minuten. Regie: Luchino Visconti; Buch: Suso Cecchi d'Amico, Pasquale Festa Campanile, Massimo Franciosa, Enrico Medioli und Luchino Visconti nach dem gleichnamigen Roman von Giuseppe Tomasi de Lampedusa; Kamera: Giuseppe Rotunno; Darsteller: Burt Lancaster, Claudoa Cardinale, Alain Delon, Paolo Stoppa

Der Mann mit der Kamera
(Original: **Celovek s kinoapparatom**) 123f, 202, 410, 418
Sovjetunion 1929. 92 Minuten (bei 16 Bildern/sec). Regie: Dziga Vertov; Regieassistenz: Elizaweta Swilowa; Kamera: Michail Kaufman

Der mit dem Wolf tanzt
(Original: **Dances with wolves**) 355
USA 1990. 183 Minuten. Regie: Kevin Costner; Drehbuch: Michael Blake; Kamera: Dean Semler; Schnitt: Neil Travis; Musik: John Barry; Ton: Russell Williams; Bauten: Jeffrey Beecroft; Darsteller: Kevin Costner, Mary McDonnell, Graham Greene, Rodney A. Grant, Floyd Red Crow Westerman, Tantoo Cardinal, Robert Pastorelli, Charles Rocket, Jimmy Herman, Nathan Lee

Der Pannwitzblick 248
BRD 1991. 90 Minuten. Regie: Didi Danquart; Buch: Karl-Heinz Roth, Didi Danquart; Kamera: Ciro Capellari, Janucz Reichenbach; Schnitt: Simone Bräuer; Text: Christian Geissler; Musik: Cornelius Schwehr; Video-Kamera: Didi Danquart, Miriam Quinte; Ton, Licht: Lothar Leininger, Ute Holl; Videotechnik: Bertram Rotermund; FAZ-Technik: »Swiss Effects«, Tim Richardson

Der Polizeistaatsbesuch.
Beobachtungen unter deutschen Gastgebern 290
BRD 1967. 45 Minuten. Produktion: SDR; Buch und Regie: Roman Brodmann; Mitarbeit: Rainer C. M. Wagner; Kamera: Franz Brundeis, Michael Busse; Ton: Rainer Bosch, Klaus Schumacher; Schnitt: Dorritt Wintterlin; Sprecher: Alwin Michael Rueffer

Der Prozeß 203
BRD 1976–84. Drei Teile: 89, 92 und 88 Minuten. Produktion: NDR; Regie, Buch: Eberhard Fechner; Kamera: Frank Arnold, Niels-Peter Mahlau; Ton: Dieter Schulz; Schnitt und künstlerische Leitung: Brigitte Kirsche

Der Riese 233
BRD 1983. 82 Minuten. Regie: Michael Klier

Diary for Timothy 132f, 418
Großbritannien 1945. 39 Minuten. Produktion: Crown Film Unit; Regie: Humphrey Jennings; Schnitt: Alan Osbiston

Die Abschöpfer 313
Autor: Gero Gemballa

Die Herde (Sürü) **328**
Türkei 1978/79. 129 Minuten. Regie: Zeki Ökten; Autor: Yilmaz Güney; Kamera: Izzet Akay; Darsteller: Tuncel Kurtiz, Tarik Akan, Yaman Okay, Levent Inanir, Melike Demirag, Erol Demiröz

Die Hölle von Ueckermünde. Psychiatrie im Osten **313**
BRD 1993. 42 Minuten. Produktion: HR; Reporter: Ernst Klee; Kamera: Beatrice Weineck, Hans-Evert Vennegeerts; Ton: Manfred Gerlach, Roland Rocke; Schnitt: Rosemarie Schütte; Redaktion: Joachim Faulstich, Meinhard Schmidt-Degenhard

Die Kommissarin **418**
Sowjetunion 1967/1987. 109 Minuten. Produktion: Filmstudios M. Gorki 1967, Mosfilm 1987; Regie: Aleksandr Askoldov; Buch: Aleksandr Askoldov nach der Erzählung »In der Stadt Berditschev« von Vasillij Grossman; Kamera: Valeri Ginsburg; Musik: Alfred Schnittke; Ton: Nikolaj Scharyj

Die Krönung König Edwards VII **407**
Frankreich 1902. Produktion: Georges Méliès

Die Liebe zum Land,
Teil 1: Familienbetrieb mit 64 Stück Milchvieh und
Teil 2: Drei Treckerfahrer, ein Melker und ihre Frauen **45**
BRD 1973/74. 77 + 73 Minuten. Produktion: NDR Abteilung Fernsehspiel; Produzent: Dieter Meichsner; Regie: Klaus Wildenhahn; Exposé: Klaus Wildenhahn, Gisela Tuchtenhagen; Kamera: Thomas Hartwig; Ton: Klaus Wildenhahn; Schnitt: Gisela Tuchtenhagen

Die Milchstraße (Original: **La Voie Lactée**) **328**
Frankreich/Italien 1968. 105 Minuten. Regie: Luis Bunuel; Buch: Luis Bunuel, Jean-Claude Carrière; Kamera: Christian Matras; Darsteller: Paul Frankeur, Laurent Terzieff, Alain Cuny, Delphine Seyrig, Michel Piccoli

Die Misswahl. Beobachtungen bei einer Schönheitskonkurrenz **289**
BRD 1966. 43 Minuten. Produktion: SDR; Buch und Regie:: Roman Brodmann; Kamera: Rudolf Werner, Peter Rühle, Michael Busse; Ton: Karl-Heinz Heim, Siegfried Heim; Schnitt: Constanze Völz; Sprecher: Charles Wirths

Die Reporter der Windrose **269**
BRD ab Oktober 1961. NWDR; Ernst von Khuon

Die verlorene Ehre der Katherina Blum **355**
BRD 1975. 106 Minuten. Regie: Volker Schlöndorff, Magragrethe von Trotta

Dogon (Westsudan, Mittlerer Sudan) Herstellen eines Seiles **77ff**
BRD 1972. 10 Minuten. Produktion: Institut für den Wissenschaftlichen Film. Kamera: D. Luz, H. Schlenker; Editor: Gotthard Wolf

Drifters **38**
Großbritannien 1929. 50 Minuten. Produktionsgesellschaft: Empire Marketing Board, New Era Films. Regie, Buch: John Grierson

Eight Men Out **434**
USA 1987. Regie, Buch: John Sayles

Ein Arbeiterclub in Sheffield **285ff**
BRD 1965. 41 Minuten. Produktion: SDR; Regie, Buch: Peter Nestler; Kamera: Dirk Alvermann; Schnitt: Peter Nestler; Ton: Klaus Schumacher; Sprecher: Robert Wolfgang Schnell

Ein Großkampftag.
Beobachtungen bei einer Boxsportveranstaltung **281ff, 289**
BRD 1957. Produktion: SDR; Autor: Dieter Ertel

Ein Tanzkurs **427**
BRD 1969. Autor: Elmar Hügler

Emden geht nach USA **143, 149**
BRD 1975/76. Vierteiliger Dokumentarfilm: 1.Teil: *Abbauen. Abbauen*, 61 Minuten; 2.Teil: *Wir können so viel*, 62 Minuten; 3. Teil: *Voll rein*, 59 Minuten; 4. Teil: *Und nun kommst du*, 59 Minuten; und: *Im Norden das Meer, Im Westen der Fluß ...* , 66 Minuten. Produktion: NDR/WDR; Regie: Klaus Wildenhahn; Exposé: Klaus Wildenhahn, Gisela Tuchtenhagen; Kamera: Gisela Tuchtenhagen; Ton: Klaus Wildenhahn; Schnitt: Beate Hugk, Sybille Liebau; ausführende Produzenten: Klaus Schönfeldt (NDR), Angelika Wittlich (WDR)

Enough To Eat **37**
Großbritannien 1936. Produktionsgesellschaft: Realist Film Unit für Gas, Light & Coke Co.; Regie: Edgar Anstey unter Mitarbeit von Julien Huxley

Eruption du Mont-Pélé **407**
Frankreich 1902. Produktion: Georges Méliès

Explosion du Cuirassé ›Maine‹ en Rade de la Havane **407**
Frankreich 1898. Vier Filme von insgesamt knapp fünf Minuten Dauer. Georges Méliès

Faits Divers 328
    Frankreich 1983. 108 Minuten. Produktion: Antenne 2, Copyright Films; Kamera, Ton: Raymond Depardon; Schnitt: Francoise Prenant; unter Mitwirkung der Polizeibeamten des Kommissariats im 5. Arrondissement

Family Viewing 419
    Kanada 1987. 86 Minuten. Produktion: Ego Film Arts Production; Buch, Regie: Atom Egoyan; Kamera: Robert MacDonald, Peter Mettler

Farrebique ou Les Quatres Saisons 52ff, 319f
    Frankreich 1946. 100 Minuten. Produktionsgesellschaft: L'Ecran Francais und Films Etienne Lallier; Regie: Georges Rouquier; Buch: Georges Rouquier nach einer Idee von Claude Blanchard; Produktion: Jacques Giraud; Kamera: André Dautan; Zeitrafferaufnahmen: Daniel Sarrade, Maurice Delille; Musik: Maurice Sauguet

Feuertaufe 135
    Deutschland 1939/40. Regie: Hans Bertram

Football a.k.a. Mooney VS. Fowle 196
    USA 1961. 54 Minuten. Koproduktion von Time-Life Broadcast und Drew Associates; ausführender Produzent: Robert Drew; Filmemacher: James Lipscomb, Kamera *coach* Fowle: William Ray, Kamera *coach* Mooney: Abbot Mills, zusätzliche Kameras: Richard Leacock, D.A.Pennebaker, Claude Fournier

Forest of Bliss 216f, 220
    USA 1986. 90 Minuten. Produktion: Film Study Center der Harvard University; Produzenten: Robert Gardner, Akos Östör; Regie, Kamera, Schnitt: Robert Gardner; Ton-Aufnahme: Ned Johnston; Ton-Schnitt: Michel Chalufour

Full Metal Jacket 399
    Großbritannien 1987. 116 Minuten. Produktionsgesellschaft: Warner Bros.; Regie: Stanley Kubrick; Buch: Stanley Kubrick, Michael Herr, Gustav Hasford nach dem Roman »The Short-Timers« von Gustav Hasford; Kamera: Douglas Milsome; Schnitt: Martin Hunter; Ton: Edward Tise

Ganz unten 313
    BRD 1985. 100 Minuten. Produktion: Kaos Film- und Video-Team, Köln Pirat Film in Zusammenarbeit mit Radio Bremen; Regie: Jörg Gfrörer; Kamera: Jörg Gfrörer, Dieter Oeckl; Schnitt: Peter Kleinert, Tom Meffert; Ton: Jochen Schemm; Musik: Heinrich Huber, Mehmet Ipek

Geschichten aus dem Dorf Magino. Die Sonnenuhr mit tausendjähriger Einheit
(Original: **Magino-Mura Monogatari. Sennen Kizami No Hidokei**) 46
   Japan 1986. 222 Minuten. Produktion: Ogawa Productions; Regie, Buch: Shinsuke Ogawa; Kamera: Masaki Tamura; Musik: Masahiko Togashi; Ton: Yukio Kubota, Nobuyuki Kikuchi; Schnitt: Shinsuke Ogawa, Toshio Iizuka, Yoko Shiraishi

Goya 328
   DDR/UdSSR 1969–71. Unterschiedliche Laufzeiten: 134 Minuten + 161 Minuten. Regie: Konrad Wolf; Drehbuch: Angel Wagenstein nach dem Roman »Goya – oder Der arge Weg der Erkenntnis« von Lion Feuchtwanger; Kamera: Werner Bergmann, Konstantin Ryschow; Dramaturgie: Walter Janka, Alexander Dymschitz; Musik: Kara und Faradsh Karajew; Kostüme: Ludmila Schildknecht, Joachim Dittrich; Schnitt: Alexandra Borowskaja; Produktionsleitung: Herbert Ehlerh, Genrich Chochlow; Darsteller: Donatas Banionis, Olivera Katarina, Fred Düren, Tatjana Lolowa, Rolf Hoppe, Mieczyslaw Voit, Ernst Busch, Wolfgang Kieling, Gustaw Holoubek, Carmela

Grass 118
   USA 1924/25. 62 Minuten. Regie: Merian Cooper, Ernest S. Schoedsack; Titel, Schnitt: Terry Ramsaye, Richard Carven

Guber – Arbeit im Stein 83
   Schweiz 1979. 53 Minuten. Regie: Hans-Ulrich Schlumpf

Hätte ich mein Herz sprechen lassen... 159
   BRD 1989. 33 Minuten. Video. Regie: Petra Aßmann, Ilona Holterdorf, Eva-Maria Löhr

Herr der Fliegen (Original: **Lord of the Flies**) 372ff
   Großbritannien 1963. 90 Minuten. Produktionsgesellschaft: Two Arts; Regie: Peter Brook; Produktion: Allen Hodgson; Buch: Peter Shaffer; Kamera: Tom Hollyman, Gerald Feil

High School 50
   USA 1968. 74 Minuten. Produktion, Regie, Schnitt: Frederick Wiseman; Kamera: Richard Leiterman

Hospital 50
   USA 1970. Regie: Frederick Wiseman

Hotel Terminus. The Life and Times of Klaus Barbie 199, 203, 291, 313
   USA 1988. 267 Minuten. Produktion: The Memory Pictures Co., Marcel Ophuls; Regie, Buch: Marcel Ophuls; Kamera: Michael Davies, Pierre Boffety, Reuben Aaronson u.a.; Ton: Bernard Bats, Yves Zlotnicka, Francisco Adrienzen u.a.; Schnitt: Albert Jürgenson, Catherine Zins

Housing Problems 37, 137
 Großbritannien 1935. 26 Minuten. Produktion: Realist Film Unit für British Commercial Gas Association; Regie: Edgar Anstey; Arthur Elton

Huckinger März 145
 BRD 1974. 85 Minuten. Produktion: Hochschule für Film und Fernsehen München, Sozialistische Jugend »Die Falken« Bezirk Niederrhein; Regie: Gabriele Voss, Christoph Hübner

Ich klage an 249
 Deutschland 1941. 3407 Meter. Produktion: Tobis; Regie: Wolfgang Liebeneiner; Buch: Eberhard Frowein, Harald Bratt nach dem Roman »Sendung und Gewissen« von Hellmuth Hunger; Kamera: Friedel Behn-Grund, Franz von Klepacki; Musik: Norbert Schultze

Ici et Ailleurs 239
 Frankreich 1970–75. 60 Minuten. Video kopiert auf 16mm. Buch, Regie: Jean Luc Godard, Anne-Marie Miéville; Kamera: William Lubtchansky

Im Westen nichts Neues
(Original: **All Quiet on the Western Front**) . . . . (116)
 USA 1930. 140/125 Minuten. Regie: Lewis Milestone; Produktionsgesellschaft: Universal; Buch: Milestone, Maxwell Anderson, Del Andrews, George Abbott nach einem Roman von Erich Maria Remarque; Kamera: Arthur Edeson; mit Lew Ayers (Paul Bäumer), Louis Wolheim (Karczinsky), John Wray (Himmelstoß), Raymon Griffith (Gerard Duval), George ›Slim‹ Summerville (Tjaden), Russell Gleason (Müller), William Blakewell (Albert), Scott Kolk (Leer)

Industrial Britain 37
 Großbritannien 1933. 21 Minuten. Robert Flaherty, John Grierson

(It was) Just a Job 250f
 Schweiz 1991/92. 6 Minuten (Beta SP auf 35mm FAZ). Regie: Samir

Jaguar 320
 Frankreich 1954–67/1971. 140/110 Minuten. Produktion: Les Films de Pleiade; Regie, Kamera: Jean Rouch; Kommentar: von den Akteuren improvisiert

4 1/2jährige Microcephalin 249
 Deutschland 1939. Produktion: Berliner Charité

Japan – Das Dörfchen Furuyashiki
(Original: **Nippon – Koku Furuyashiki-Mura**) 146
 Japan 1982/83. 210 Minuten. Produktion: Ogawa Productions; Regie, Buch: Shinsuke Ogawa; Kamera: Masaki Tamura; Schnitt: Shinsuke Ogawa, Toshio Iizuka; Musik: Ichiro Seki; Ton: Nobuyuki Kikuchi; Grafik: Reiko Fujimori; Gedichttext: Michio Kimura

Kamera und Wirklichkeit. Rumänien 1989 . . . . **423**
  BRD 1992. 120 Minuten. Produktion: Harun Farocki Filmproduktion im Auftrag des SWF.
  Konzept, Regie: Harun Farocki, Andrei Ujica; Redaktion: Ebbo Demant

Kinoglaz (Dt.: **Kino-Auge**)
Erster Film aus der Serie *Das überrumpelte Leben* . . . . **(123)f, 212**
  Sowjetunion 1924. Regie und Buch: Dziga Vertov; Regieassistenz: Elizaweta Swilowa;
  Kamera: Michail Kaufman; Produktion: Staatsfilm

Kinopravda **410**
  Nachrichtenfilm-Magazin, von dem zwischen 1922–25 in unregelmäßiger Reihenfolge
  23 Ausgaben erscheinen. Sowjetunion. Drehbuch und Regie: Dziga Vertov; Produktion:
  Goskino

L'Affaire Dreyfus **407**
  Frankreich 1899. Etwa dreißig Minuten. Georges Méliès

La Paloma **203**
  BRD 1987/88. Zwei Teile zu je 89 Minuten. Produktion: Eberhard-Fechner-Film im Auftrag des WDR; Buch und Regie: Eberhard Fechner; Regieassistenz: Jannet Gefken-Fech-
  ner; Kamera: Frank Arnold, Niels-Peter Mahlau; Ton: Dieter Schulz; Schnitt und künstlerische Mitarbeit: Brigitte Kirsche

L'Arroseur Arrosé **107**
  Frankreich 1895. Produktion, Kamera, Regie: Louis Lumière

L'Avventura **306**
  Italien/Frankreich 1960. 145/102 Minuten. Produktionsgesellschaft: Produzioni Cinema-
  tografiche Europee (Rom), Société Cinématographique Lyre (Paris); Regie: Michelangelo
  Antonioni; Buch: Michelangelo Antonioni, Elio Bartolini, Tonino Guerra; Kamera: Aldo
  Scarvada; Schnitt: Eraldo da Roma

Law and Order **50**
  USA 1969. Regie: Frederick Wiseman

»Lebensgeschichte des Bergarbeiters Alphons S.«
Ein Bio-Interview in acht Filmen **145**
  BRD 1977. Die einzelnen Episoden sind auf acht jeweils etwa dreißig Minuten lange
  Filme aufgeteilt (Videofassung: 22 Stunden). Video. Regie: Christoph Hübner, Gabriele
  Voss; Produktion: Institut für Filmgestaltung Ulm, Hübner-Filmproduktion

Lebensläufe.
Die Geschichte der Kinder von Golzow in einzelnen Porträts 13, 291, 307ff, 429
  DDR 1980. 260 Minuten. Produktion: Gruppe »Dokument« des DEFA-Studios; Idee: Karl Gass; Buch: Winfried Junge, Hans-Eberhard Leupold; Mitarbeit Uwe Kant; Schnitt: Christel Hemmerling, Charlotte Beck; Kamera: Hans-Eberhard Leupold, Hans Dumke, Ch. Lehmann u.a.; Ton: K.-H. Schmischke, H. Heinke, R. Rolke, u.a.; Musik: Kurt Grottke, P. Gotthardt, Gerhard Rosenfeld

Le Chagrin et la Pitié (deutsch auch: **Das Haus nebenan**) 199, 203, 207
  BRD/Schweiz 1969. Nachgewiesen sind Versionen von 256, 270 und die deutsche Version von 219 Minuten Länge. Produktionsgesellschaft: Télé Vision Rencontre (Norddeutscher Rundfunk, Société Suisse de Radiodiffusion); Regie: Marcel Ophuls; Buch: Interviews Marcel Ophuls, André Harris; Kamera: André Gazut, Jürgen Thieme

Le Couronnement du Tsar Nicolas II 109
  Frankreich 1896. Louis Lumière

Le Déjeuner de Bébé (auch: **Le Gouter de Bébé**) 106
  Frankreich 1895. Produktion, Kamera, Regie: Louis Lumière

Le Joli Mai 195
  Frankreich 1963. 110 Minuten (ursprünglich ca. 180 Minuten). Produktionsgesellschaft: Sofracima; Regie: Chris Marker; Buch: Chris Marker, Catherine Varlin; Kamera: Pierre Lhomme; Musik: Michel Legrand; Sprecher: Yves Montand

Le médecin de Gafiré 328
  Niger/Mali/Burkina Faso 1983. 88 Minuten. Regie: Moustapha Diop, Gaston Kaboré (unterschiedliche Angaben)

Les Carabiniers 64, 75
  Frankreich/Italien 1963. 80 Minuten. Regie: Jean-Luc Godard; Produktion: Georges de Beauregard, Carlo Ponti; Buch: Jean-Luc Godard, Roberto Rossellini nach dem Stück »I Carabinieri« von Benjamin Joppolo; Kamera: Raoul Coutard; Schnitt: Agnès Guillemont

Lettre de Sibérie 426
  UdSSR/Frankreich 1957. 60 Minuten. Regie: Chris Marker

Le Voyage dans la Lune 109, 112
  Frankreich 1902. 16 Minuten. Produktion, Regie, Kamera: Georges Méliès

Los Inundados 147f
  Argentinien 1961. 87 Minuten. Regie: Fernando Birri

Louisiana Story 120, 213, 418
USA 1948. 78 Minuten. Regie und Produktion: Robert J. Flaherty; Produktionsgesellschaft: Standard Oil Company (US); Buch: Frances und Robert J. Flaherty; Kamera: Richard Leacock; Schnitt: Helen van Dongen; Musik: Virgil Thomson; mit Joseph Boudreaux (Junge), Lionel LeBlanc, Frank Hardy

Lubitsch Junior 316ff, 430
BRD 1990. 70 Minuten. Produktionsgesellschaft: die thede; Regie, Buch, Schnitt: Christian Bau, Jens Huckeriede, Manfred Oppermann, Jenny Ramcke, Peter Stockhaus; Musik: Roland Musolff

Man of Aran 321
Großbritannien 1932–34/1934. 76 Minuten. Produktion: Gainsborough Pictures für Gaumont-British Picture Corporation; Regie, Kamera: Robert J. Flaherty; Mitarbeit: John Goldman, Frances H. Flaherty; Musik: John Greenwood; Ton: H. Hand

Manhattan 328
USA 1978. 96 Minuten. Regie: Woody Allen

Mein Krieg 411
BRD 1989/90. 90 Minuten. Produktionsgesellschaft; Känguruh Film/WDR; Regie, Buch: Harriet Eder, Thomas Kufus; Kamera: Johann Feindt; Schnitt, Ton: Arpad Bondy

Midnight Express (dt. Titel: **12 Uhr nachts**) 376
Regie: Alan Parker; Drehbuch: Oliver Stone; Produktion: Alan Marshall, David Puttnam

Mississippi Masala 362ff, 374, 376f
USA 1991. 115 Minuten. Produktionsgesellschaft: Mirabei, Movieworks, Black River; Regie: Mira Nair; Buch: Sonti Taraporevala; Produktion: Michael Nozik, Mira Nair; Kamera: Ed Lachmann; Schnitt: Roberto Silvi; Musik: L. Subranamiam

Moana 35, 275, 318
USA 1926. 98 Minuten (bei einer Vorführgeschwindigkeit von 16 Bildern/sec). Produktion: Famous Players-Lasky; Regie, Buch, Kamera: Robert J. und Frances H. Flaherty

Monterey Pop 418
USA 1967. 79 Minuten. Produktion: Leacock-Pennebaker Foundation; Regie: D.A. Pennebaker; Kamera: Richard Leacock, Albert Maysles, D.A. Pennebaker

Nachrede auf Klara Heydebreck 414
BRD 1969. 62 Minuten. Produktion: NDR; Regie, Buch: Eberhard Fechner; Kamera: Rudolf Körösi; Ton: Dieter Schulz; Schnitt: Brigitte Kirsche

N!ai, the Story of a !Kung Woman 93
1952–53, 1957–58, 1978/1989. 59 Minuten. Produktion: John Marshall, Sue Marshall Cabezas; Regie: John Marshall, Adrienne Miesmer; Kamera: John Marshall, Ross McElwee, Mark Erder; Schnitt: John Marshall, Adrienne Miesmer; Ton: Anne Fischel, Adrienne Miesmer, Stan Level; ethnologische Beratung: Patricia Draper; Beratung, Übersetzung: Marjorie Shostak, Patricia Draper, Megan Biesele, Lorna Marshall; s. auch **The San**

Nanook 115, 117f, 320
USA 1922. 55 Minuten. Regie, Buch und Kamera: Robert J. Flaherty; Titel: Flaherty, Carl Stearns Clancy

Nick's Film – Ligthning Over Water 243
BRD 1979/80. 90 Minuten (es gibt eine Fassung von 116 Minuten Länge, die von Peter Przygodda geschnitten wurde). Produktion: Roadmovies Filmproduktion GmbH/Wim Wenders Produktion in Zusammenarbeit mit Viking-Film; Regie: Wim Wenders, Nicholas Ray; Kamera: Ed Lachmann, Martin Schäfer; Schnitt: Wim Wenders; Ton: Martin Müller, Maryte Kavaliauskas, Gary Steele

Nieuwe Gronden (Neue Erde) 418
Niederlande 1930–34. 28 Minuten. Produktion: Capi-Films; Regie, Buch: Joris Ivens; Kamera: Joris Ivens, John Fernhout, Joop Huiskens, Helen van Dongen; Schnitt: Helen van Dongen; Musik: Hanns Eisler

Night Mail 37, 132f, 418
Großbritannien 1936. 24 Minuten. Produktion: General Post Office Film Unit. Regie: Henry Watt, Basil Wright; Schnitt: R.Q. McNaughton; Ton: Alberto Cavalcanti; Lyrik: W.H.Auden; Musik: Benjamin Britten

Nuestra Voz de Tierra, Memoria y Futuro 148f
Kolumbien 1981. 100 Minuten. Produktion: Martha Rodriguez, Jorge Silva, mit Unterstützung des kubanischen Filminstituts ICAIC; Regie: Martha Rodriguez, Jorge Silva, mit Unterstützung der Indio-Gemeinde Coconuca/Cauca; Kamera: Jorge Silva; Musik: Jorge Lopez; Schnitt: Martha Rodriguez, Jorge Silva, Caita Villalon; Ton: Ignacio Jimenez, Eduardo Burgos, Nora Drufovka; Trick: Eusebio Ortiz; Masken: Ricardo Duque; Sprecher: Lucy Martinez, Benjamin Yepez, Santiago Garcia

Numéro Zéro 328
Frankreich. Raymond Depardon

Ödenwaldstetten 285ff
BRD 1967. 36 Minuten. Produktion: SDR; Regie, Buch: Peter Nestler in Zusammenarbeit mit Kurt Ulrich; Kamera: Kurt Ulrich, Peter Nestler; Schnitt: Peter Nestler; Ton: Klaus Schumacher; Musik: Dieter Süverkrüp; Sprecher: Karl Ebert

Oktober (Original: **Oktjabr**) 125ff, 418
Sowjetunion 1928. 110 Minuten. Regie, Drehbuch und Schnitt: Sergej M. Eisenstein; Produktion: Sovkino; Kamera: Edvard Tissé

Panzerkreuzer Potemkin (Original: **Bronenosec Potemkin**) 131
Sowjetunion 1925. 58 Minuten. Produktion: Goskino; Regie, Buch, Schnitt: Sergej M. Eisenstein; Kamera: Edvard Tissé

Passion 353
Frankreich/Schweiz 1982. 87 Minuten. Produktion: SARA-Film, SONIMAGE, Films A2 u.a.; Regie, Schnitt: Jean-Luc Godard; Kamera: Raoul Coutard; Ton: Francois Musy; Video: Jean-Bernard Menoud; Malerei: Yvonne Aubinel; Musik: W.A. Mozart, A. Dvorak, L.v. Beethoven u.a.

Paßt bloß auf. Ein Film aus der Kultur von unten . . . . 230 ,232f
BRD 1982. 75 Minuten. Medienwerkstatt Freiburg im Auftrag des ZDF

Primary 101, 195f
USA 1960. 54 Minuten. Produktion: Time-Life Broadcast. Ausführender Produzent: Robert Drew; Kamera: Richard Leacock, D.A.Pennebaker, Albert Maysles, Terry Filgate

Regen 45, 418
Niederlande 1929. 12 Minuten. Regie, Kamera: Joris Ivens; Musik: Hanns Eisler

Reporters 328
Frankreich 1980/81. 90 Minuten. Produktion: Bibliothèque Publique d'Information du Centre Georges Pompidou/Pari Films; Kamera, Ton: Raymond Depardon mit Unterstützung der Reporter der Agence Gamma; Schnitt: Olivier Froux

Rettet Eisenheim 46
BRD 1972/73. 45 Minuten. Regie: Jörg Boström, Roland Günter

Rien que les Heures 418
Frankreich 1926. 37 Minuten. Regie: Alberto Cavalcanti

Schuß Gegenschuß 411
BRD 1990. 95 Minuten. Produktionsgesellschaft: Dickerlitz; Regie, Buch, Schnitt: Niels Bolbrinker, Thomas Tielsch; Kamera: Niels Bolbrinker; Ton: Ulla Fels; Sprecher: Jenny Kippel, F.T. Marinetti, Dietmar Mues u.a.

See It Now 271
USA. CBS; Ed Murrow

Sein oder Nichtsein (Original: **To Be or Not to Be**) 316
USA 1942. 99 Minuten. Regie: Ernst Lubitsch; Produktion: Ernst Lubitsch, Alexander Korda; Drehbuch: Edwin Justus Mayer nach einer Idee von Lubitsch und Melchior Langyel; Kamera: Rudolph Maté; Bauten: Vincent Korda, Julia Heron; Musik: Werner Heymann; Darsteller: Carole Lombard, Jack Benny, Robert Stack, Felix Bressart, Lionel Atwill, Stanley Ridges, Sig Ruman, Tom Dugan

Sex, Lies and Videotape 419
USA 1988. 101 Minuten. Produktionsgesellschaft: Outlaw Production; Regie, Buch: Steven Soderbergh; Kamera: Walt Lloyd; Musik: Cliff Marinez; Ton: Paul Ledford

Shoah 203, 205, 291
Frankreich 1974–1985. Zwei Teile: 274 + 292 Minuten. Produktion: Les Films Aleph, Historia Films; Regie: Claude Lanzmann; Kamera: Dominique Chapuis, Jimmy Glasberg, William Lubchansky, Ton: Bernard Auboy, Michel Vionnet; Schnitt: Ziva Postec, Anna Ruiz

Sieg im Westen 135
Deutschland 1941. Produktion: Deutsche Filmgesellschaft, Noldan Filmproduktion; Regie: Svend Noldan, Fritz Brunsch; Kamera: Berichterstatter des Oberkommandos der Wehrmacht, der Propagandakompanien und des Filmdienstes des Heeres; Musik: Hans Horst Sieber, Herbert Windt

Smog 274
BRD 1973. 86 Minuten. Produktion: WDR; Autor: Wolfgang Menge; Regie: Wolfgang Petersen; Kamera: Jörg Michael Baldenius; Schnitt: Manfred Lütz; Musik: Nils Sustrate

Soldier Girls 52
USA 1981. 97 Minuten. Regie, Buch, Produktion: Joan Churchill, Nick Broomfield; Kamera: Joan Churchill; Ton: Nick Broomfield

Song of Ceylon 37f
Großbritannien 1934. 40 Minuten. Produktionsgesellschaft: General Post Office für Ceylon Tea Marketing Propaganda Board; Produktion: John Grierson; Regie, Buch, Kamera: Basil Wright; Sprecher: Lionel Wendt; Musik: Walter Leigh

Sortie d' Usine 107
Frankreich 1894. 5 Minuten (nachgewiesen sind verschiedene Versionen). Produktion, Regie, Kamera: Louis Lumière

Spanish Earth 120, 418
USA 1937. 41 Minuten. Produktion: Contemporary Historians; Regie: Joris Ivens; Kommentar, Sprecher: Ernest Hemingway; Kamera: John Ferno; Schnitt: Helen van Dongen; Musik: Marc Blitzstein, Virgil Thomson

Spare Time 42
    Großbritannien 1939. 18 Minuten. Produktionsgesellschaft: General Post Office Film
    Unit; Regie: Humphrey Jennings; Produktion: Alberto Cavalcanti

Special Enquiry 271
    Großbritannien 1952–1957

Stau – Jetzt geht's los 198, 383f, 386ff, 431, 435f
    BRD 1992. 83 Minuten. Regie und Buch: Thomas Heise

Streik (Original: **Stacka**) 128
    Sowjetunion 1925. 92 Minuten (bei 16 Bildern/sec). Regie und Schnitt: Sergej M. Eisenstein; Produktion: Goskino; Kamera: Edvard Tissé

Terrible Teddy, The Grizzly King 110
    USA 1901. Produktion: Thomas A. Edison; Regie, Kamera: Edwin S. Porter

The Battle of the Somme 114f
    Großbritannien 1916. Produzent: Woolfe H. Bruce

The Cameraman 114, 123
    USA 1928. 6995 feet (das entspricht im 35mm-Format bei einer Vorführgeschwindigkeit von 24 Bildern/sec ungefähr 75 Minuten). Produktion: Buster Keaton; Regie: Edward Sedgwick; Kamera: Elgin Lessley, Reggie Lenning; Schnitt: Hugh Wynn, Basil Wrangell

The Chair 195, 289
    USA 1963. 54 Minuten. Produktion: Time-Life, Drew Associates; Filmemacher: Richard Leacock, D.A. Pennebaker, Gregory Shuker

The Execution of Czolgosz with Panorama of Auburn State Prison 110
    USA 1901. Produktion: Thomas A. Edison; Regie, Kamera: Edwin S. Porter

The Great Train Robbery 112
    USA 1903. 10 Minuten. Produktionsgesellschaft: Edison Company; Regie: Edwin S. Porter

The Hunters 103
    USA 1955/58. 73 Minuten. Produktion: Film Study Center of the Peabody Museum, Harvard University; Regie, Buch, Kamera: John Marshall; Schnitt: John Marshall mit Robert Gardner; Ton: Daniel Blitz; ethnologische Beratung: Lorna Marshall

The Life of an American Fireman 111f
    USA 1903. Regie und Kamera: Edwin S. Porter

The Meo (aus der Serie: **Disappearing World**) 418
Großbritannien 1972. 53 Minuten. Produktion: Granada TV; Regie: Brian Moser; Kamera: Michael Davies; Schnitt: Dai Vaughan; Ton: Eoin McCann; Recherche: Chris Curling; ethnologische Beratung: Jacques Lemoine

The Plow That Broke the Plains 208, 211
USA 1936. 28 Minuten. Regie, Produktion, Drehbuch und Schnitt: Pare Lorentz; Produktionsgesellschaft: Resettlement Administration Film Unit; Kamera: Paul Strand, Ralph Steiner, Leo Hurwitz, Paul Ivan; Musik: Virgil Thomson; Sprecher: Thomas Chalmers

The Sampson – Schley Controversy 110
USA 1901. Der Film besteht aus drei Teilen, von denen die ersten beiden zusammen 68 feet lang sind und am 15.8.1901 veröffentlicht wurden. Der dritte Teil ist 29 feet lang und wurde am 18.9.1901 unter dem Titel *The Tea-Party* veröffentlicht. Produktion: Thomas A. Edison; Kamera, Regie: Edwin S. Porter

The San (Bushmen) 93, 103
Unter diesem Titel sind etwa zwanzig Filme zusammengefaßt, die aus dem von John Marshall aufgenommenen Filmmaterial hergestellt wurden. Darunter sind sechs Filme unter einem eigenen Sammeltitel *The !Kung Bushmen* zusammengefaßt. Produktion: Documentary Educational Resources (Watertown, Massachusetts), Laurence und John Marshall; Regie, Kamera: John Marshall; ethnologische Beratung: Lorna Marshall; s. auch N!ai, the Story of a !Kung Woman

The Wedding Camels 97
USA 1973/74–1976/1980. 108 Minuten. (Der Film ist Teil der Trilogie mit dem Titel *Turkana Conversations*) Produktion, Regie, Schnitt: David und Judith MacDougall; Kamera: David MacDougall; Ton: Judith MacDougall

Tiré dié (deutscher Verleihtitel: **Einen Groschen, bitte**) 147
Argentinien 1958. 33 Minuten. Regie: Fernando Birri und die Studenten vom Instituto de Cinematografia de la Universidad Nacional del Literal; Produktion: Institut für Filmkunst der staatlichen Universität

Titicut Follies 50
USA 1967. 89 Minuten. Regie: Frderick Wiseman

Töchter zweier Welten 214
BRD. Regie: Serap Berrakarasu

Tod und Spiele (Le Mans) 288f
BRD 1963. 46 Minuten. Produktion: SDR; Autor: Wilhelm Bittorf

Tokyo-Ga **244, 322f**
BRD 1983–85. 92 Minuten. Produktion: Wim Wenders Produktion, Gray City Inc., Chris Sievernich Produktion im Auftrag des ZDF; Buch: Wim Wenders; Kamera: Ed Lachmann; Schnitt: Wim Wenders, Solveig Dommartin, Jon Neuburger; Ton: Hartmut Eichgrün; Sprecher: Wim Wenders; Musik: »Dick Tracy«, Loorie Petitgand, Meche Mamecier, Chico Rojo Ortega

Tokyo Monogatari (dt. Titel: **Die Reise nach Tokyo**) **322**
Japan 1953. 139 Minuten. Regie Yasujiro Ozu; Produktionsgesellschaft: Shochiku; Drehbuch: Yasujiro Ozu, Kogo Noda; Kamera: Yushun/Yuhara Atsuta (unterschiedliche Angaben); Musik: Senjis Ito; Darsteller: Chieiko Higashiyama, So Yamamura, Kuniko Miyake, Chsishu Ryu, Setsuko Hara

To Live With Herds **90**
USA 1968/1972. 90 Minuten. Produktion, Regie, Kamera: David MacDougall; Schnitt: David und Judith MacDougall; Ton: Judith MacDougall

Tortur de France **288**
BRD 1960. 50 Minuten. Produktion: SDR; Buch und Regie: Dieter Ertel; Mitarbeit: Hans Blickensdörfer; Kamera: Willy Pankau; Ton: Siegfried Müller; Schnitt: Karl Heinz Jakob; Interviews: Hans Blickensdörfer

Unser Programm heißt Deutschland **434f**
BRD 1990. 55 Minuten. Produktion: Medienwerkstatt Franken

Unversöhnliche Erinnerungen **199**
BRD 1979. 92 Minuten. Produktion: Journalfilm Klaus Volkenborn; Regie, Drehbuch, Kamera: Klaus G. Volkenborn, Johann Feindt, Karl Siebig; Musik: Andi Brauer

Videogramme einer Revolution **254ff, 262**
BRD 1992. 107 Minuten. Produktionsgesellschaft: Harun Farocki Filmproduktion, Bremer Institut Film/Fernsehen; Regie, Produktion, Buch: Harun Farocki, Andrei Ujica; Schnitt: Egon Brunne; Sprecher: Thomas Schultz

Von wegen Schicksal **156, 158**
BRD 1979. 110 Minuten. Regie: Helga Reidemeister; Buch: Helga Reidemeister, Irene Rakowitz; Kamera: Axel Brandt; Ton: Katharina Geinitz, Schnitt: Elisabeth Förster

Wahrheit macht frei **314, 378, 380ff, 386ff, 431**
BRD/Schweden 1990. 60 Minuten. Produktion: Brigitta Karlström; Regie: Michael Schmidt

War Games (Wargames) **263, 274**
USA 1982. 112 Minuten. Regie: John Badham; Lawrence Lesker, Walter F. Parkes; Kamera: William Fraker; Musik: Arthur B. Rubinstein

Warheads 198
  BRD/Frankreich 1992. 182 Minuten. Regie: Romuald Karmakar

Warum ist Frau B. glücklich? 46
  BRD 1968. 43 Minuten. Regie, Buch: Erika Runge

Watership Down 376
  Großbritannien 1979. 92 Minuten. Regie: Martin Rosen

Wer Gewalt sät ... Von Brandstiftern und Biedermännern 232
  BRD 1993. 43 Minuten. Produktion: WDR; Regie: Gert Monheim; Kamera: Werner Mayer-Myrtenhain; Ton: Monika Herbrich; Schnitt: Susanne Schweinheim, Britta Sörensen; Redaktion: Elke Hockerts-Werner

Wolfskinder 203
  BRD 1991. 120 Minuten. Eberhard-Fechner-Filmproduktion im Auftrag des ZDF. Buch, Regie: Eberhard Fechner; Kamera: Karsten H. Müller, Oliver Hadji; Schnitt: Barbara Büscher-Grimm, Angelika Lüth; Ton: Heiner Reichel; Regieassistenz: Jannet Gefken; Produktionsleitung: Hartmut Fischer; Redaktion: Franz Neubauer

Workers and Jobs 37
  Großbritannien 1935. 10 Minuten. Produktion: General Post Office für Ministry of Labour; Regie: Arthur Elton

Zeichen der Zeit 281ff, 286, 288, 297
  BRD 1958–1973. SDR

Zelig 312, 316
  USA 1982. 79 Minuten. Regie, Buch: Woody Allen; Kamera: Gordon Willis; Schnitt: Susan E. Morse; Musik: Dick Hyman

Züri brännt 240
  Schweiz 1980. 90/100 Minuten, 16mm/Video. Produktion: Videoladen Zürich

Titel ohne filmbibliographische Abgaben

Animal Farm 376

Columbo 313

Dallas 291

Der Küfer 327

Der Stellmacher 327

Die Klasse von 1984 376

Holzfäller in der Manouane 327/28

Lindenstraße 291, 293f, 296, 427

Sportstudio 278

Unser Planet Erde 327

Sachregister

Die Zahlen in Klammern verweisen auf Abbildungen.

A

Abbildung, Abbild, abbildend *11, 15, 41, 43, 49ff, 58f, 63, 64, (69), 73ff, 80, 86ff, 102, 105, 106, 116, 160, 162, 168, 192, 228, 242, 274, 298, 315, 382, 392*
Abstraktion, abstrakt *72, 79, 152, 225, 307, 356*
Achsen-/Handlungsschema (180-Grad-Prinzip), Aufnahme-/Handlungsachse *108, 112, 118, 119, 138*
Ästhetik, ästhetisch *9, 11, 16, 25, 37, 45, 52f, 74, 82, 89, 91, 131, 134, 136f, 144, 199, 213, 223, 230, 232, 235, 271, 286f, 309, 341f, 348, 362f, 370, 384, 393*
Aktionsforschung (action research) *46, 224, 230*
Akustik, akustisch *37, 139, 255, 270, 381f, 389*
Amateur (Liebhaber) *134, 136, 138, 223, 240, 254ff, 342*
»American Journal of Sociology« *22, 23*
Analogie, analog *33, 50, 69, 73, 80, 86ff, 101, 141, 274, 302ff, 330, 340*
Analyse, analytisch *12, 16, 70, 81, 87, 95f, 178, 181f, 208, 225, 278, 297, 304, 330f, 341, 344, 348, 350ff, 356*
Angstlust *264f*
Anschaulichkeit, anschaulich *12, 27, 30, 86, 218, 237*
Anschauung *15, 27, 63, 72, 74, 154, 168, 171, 267f, 299, 302, 320*
Anschluß (Kontinuität) *21, 102, 105, 117, 141, 197, 236, 238*
Anthropologie, anthropologisch *22, 44, 47, 53, 151, 153f, 170, 215, 218, 225f, 228, 234, 336, 348*
Anthropologie, urbane/Großstadtsoziologie *16, 22, 23, 26, 30f, 42, 153, 178*
Anthropologie, visuelle *18, 21, 228*
Apparat, apparativ *17, 68, 84, 88, 93, 102, 107, 114, 123, 134, 163, 245, 265, 274, 279, 333, 356, 392*
Archiv (-ierung) *16, 33, 77, 144, 206f, 254, 294, 316*
ARD *32, 263, 292*
Aufnahmekapazität *49, 61, 82, 83, 85, 223*
Augenzeuge *264*
Ausdruck *43, 72, 83, 106, 108, 131, 137, 139, 148, 172, 225, 226, 247, 338, 354f, 370*
Authentizitätseindruck, -effekt *91f, 101f, 167, 189, 193, 195, 197, 215, 235, 251, 272, 312, 330, 392*
Avantgarde *40f, 49, 67f*

B

Band, Video-/Magnet- *229, 232, 234, 236, 238ff, 248, 253, 350ff, 354, 379*
Begleitpublikation *79, 216*
Belichtung *61, 108, 114, 124, 154*
Beobachter *39ff, 44, 82f, 93f, 98f, 103, 113, 175, 177, 195, 197, 199, 212, 217, 227, 259, 273*

Beobachter, Position des idealen Beobachters 91, 99, 141f, 375
Beobachtung, teilnehmende 16, 18, 27, 30, 44ff, 93, 150ff, 213
Bericht 20, 25, 40ff, 45f, 50, 63, 71, 270ff, 281, 287, 291, 296f, 310, 381, 383, 385
Beschreibung, dichte 217
Bewegungsaufzeichnung/-dokumentation (s. auch Chronophotographie, Kinematographie, Momentaufnahme) 62, 65f, 69, 71, 73, 76, 119, 228
Beweis (-kraft, -mittel) 9, 22, 61, 71, 73, 74, 81, 84, 102, 141f, 198, 268, 273, 391
Bewußtseinsbildung 23, 224, 333, 335
Bildästhetik, -aufbau/-gestaltung 37, 52, 124, 238, 247f, 250, 252, 282f, 290, 322
Bildausschnitt 51, 71, 72, 75, 82, 83, 84, 103, 114, 135, 172, 184, 189, 210, 314, 352, 384
Bildbearbeitung/-speicherung, elektronische 10f, 237f, 240f, 246f, 250, 252, 277, 299
Bildersoziologie 25
Bildfrequenz 62
Bildschirm 85, 139, 219, 248, 255, 257, 262, 268, 356
Biographie, biographisch; auch Lebenslauf, -geschichte 13, 21, 40, 46, 66, 79, 144, 145, 190, 199, 207, 218, 295, 307ff, 311, 312, 363, 366
Blick, filmdokumentarischer 13, 36, 48, 394
Blickzuweisung 93

C

Camera obscura 57ff
Canadian Gouvernement Motion Picture Bureau 38
Columbia Broadcasting System (CBS) 271
Chicago School of Sociology 22, 27, 153, 170f
Chronologie, chronologisch 40, 65, 85, 106, 145, 196f, 206, 209, 216, 282f, 290, 374, 394
Chronophotograph/-ie (s. auch Bewegungsaufzeichnung) 61, (68)
Cinema Action 146

Cinéma Vérité 46, 48ff, 136, 195f, 202f, 208, 211
Cable News Network (CNN) 270
Code, Codierung, codifiziert 64, 194, 302ff, 337f, 344, 355
Collage 40, 230, 240, 370
creative treatment of actuality/reality 36, 89, 193, 318
Crown Film Unit 131
Cutter/-in 113, 120, 132, 193, 237f

D

Daguerrotypie 59
Darsteller/performer (s. auch Schauspieler) 115, 118f, 198, 205, 253, 276f, 293f, 309, 312, 326
Daten 15f, 18, 73, 84, 87
Deixis, deiktisch 94ff, 97, 195
Detektiv 39, 177f, 207, 313
Dialog, dialogisch 100, 156, 157, 194, 216, 223, 230, 285, 338, 343, 375
Didaktik, didaktisch 70, 86, 145, 199, 334, 337, 346, 349, 356, 362, 377
Diegese, diegetisch 80, 92, 96f, 117, 138, 197, 367
Digitalisierung, digital 10f, 237, 240ff, 246f, 277
Diorama 57f
Direct Cinema 100f, 136, 196, 198, 202f, 211, 251, 288ff, 293, 314, 329
Diskurs, diskursiv 9f, 12, 55, 72, 89, 99, 117, 160f, 191, 194f, 207f, 218, 249, 253, 324, 326, 328, 332, 340f, 343ff, 347f, 350, 355, 391
D/dispositiv 348, 350, 354f, 358
Distribution 10f, 26, 38, 140, 229, 233, 235
»documentary expression« 27, 29
Dokument 10, 17, 25, 28, 42f, 54, 72, 179, 203, 259, 268, 318ff, 323, 325f, 328, 394
Dokument einer Kultur – Dokument über eine Kultur 53f, 319f, 322, 330f
Dokumentarfilm, beobachtender (observational mode of documentary) 52, 55, 82, 89ff, 91, 96, 98f, 100, 103, 192f, 200, 203, 208, 211, 214, 216, 220

Dokumentarfilm, erklärender (expository mode of documentary) *195, 200, 202, 208, 211, 216, 220, 228f, 265ff, 298*
Dokumentarfilm, reflexiver (reflexive mode of documentary) *55, 199, 201, 202, 217*
Dokumentarfilm, teilnehmender (interactive/participatory mode of documentary) *90, 103, 192, 200f, 203, 208, 211, 213f*
Dokumentarfilmmodi (modes of documentary) *195, 202, 211, 213, 215*
Dokumentarfilmschule, britische *36ff, 46, 89, 131, 137, 192f*
Dokumentarfilmtheorie, -diskussion *10, 51f, 36, 156, 158, 159, 221, 266, 298f, 302f*
Dokumentarisierend *311, 315, 323, 349*
Dokumentation (-sfilm, wissenschaftliche) *11, 16, 26, 29, 32, 42, 45, 60, 64, 68, 70, 71, 73ff, 77, 80, 83, 87, 141f, 188, 256, 312, 319, 327, 337, 377*
Dramatisierung; dramatization of actual material *36, 44, 45, 85, 118, 193*
Dramaturgie, dramaturgisch *52, 78, 99f, 108, 111, 116ff, 127, 158, 197, 230, 270, 281f, 288, 292f, 305, 322, 333f, 384*
Duisburger Filmwoche *156f*

E

Einheit, thematische *76*
Einstellung *67f, 76, 77, 83, 84, 85, 86, 96, 96, 110f, 112, 116f, 118, 133f, 146, 149, 204f, 214, 236, 238, 273, 306f, 352, 375, 384f*
Einstellung, kurze *101f, 120, 127, 134*
Einstellung, lange *84, 96, 99, 101f, 103, 120, 216, 220, 384*
Einstellungsdauer *97, 103, 352*
Einstellungsgröße *72, 75, 78, 83, 84, 97, 107, 113, 118, 149, 204, 273, 293, 315, 352*
Einstellungsgröße, Detail/Groß/Nah (-Aufnahme) *77, 78, 81, 97, 100, 104, 113, 117, 125f, 135, 147, 150, 210, 221, 257, 273, 282f, 292, 375*
Einstellungsgröße, Normale *97, 107*
Einstellungsgröße, Totale *77, 78, 97, 109, 112f, 117, 119, 205, 210, 273, 290*
Einstellungsgrößen, Wechsel der *78, 85, 109, 113f, 117, 120, 352, 375*
Einstellungsprofil *96f*
Einzelfall, Fallstudie, Einzel- *27, 30, 178, 218*
Elektronisch *221, 231, 233, 235, 236, 238ff, 242f, 245ff, 250, 252, 268, 354*
Empire Merketing Board (EMP) *131*
Empirie, empirisch *13, 18, 30, 47f, 69, 71, 73ff, 139, 165, 180ff, 307, 348, 391*
Encyclopaedia Cinematographica (EC); Enzyklopädiefilme *71f, 76, 81,83, 88, 226, 319*
Engagement (s. auch Parteilichkeit) *14, 45, 317, 329, 346, 360*
Episode, episodisch *64, 148, 175, 283, 309*
Ereignis, filmisches *80, 111f, 118, 197, 238*
Ereignis, krisenhaftes/Krisenstruktur *99ff, 196f, 288, 290, 293*
Ereignis, außer-/nichtfilmisches (reales/historisches) *86, 111, 114, 117, 119, 196f, 203, 290*
Ereignis, vor-/profilmisches (s. auch Inszenierung) *86, 117f, 203, 238, 315*
Erkenntnis *33, 39, 50, 60, 66, 68, 72, 74, 83, 128, 165, 171, 175, 177, 181, 183, 206, 224, 307, 311, 348, 358*
Erkenntnistheorie, -theoretisch *46, 72ff, 141, 155, 161, 199*
Erklärung *220, 303, 374, 376, 385, 394*
Erzählstandpunkt/point of view *194, 286, 340, 375, 389*
Erziehung *13, 26, 30, 35, 63, 357, 359, 372*
Ethnie, ethnisch *16f, 19, 70, 76f, 79, 218, 255*
Ethnograph *44, 48, 71, 73, 93, 101, 102f, 121*
»ethnographicness« (Ethnographizität) *81, 82f, 86, 97, 103*
Ethnographie, ethnographisch *22, 34, 36, 44, 64, 70ff, 76, 79, 81f, 88f, 118, 151, 152, 215, 218f, 225, 318, 320, 331, 335f, 345, 347f, 393*

ethnographischer Film 9, 55, 70ff, 82, 88, 89, 94f, 96ff, 99, 102ff, 140f, 144, 192, 220, 311, 318f, 336ff, 342f, 346
ethnographischer Film, Modi des ethnographischen Films 102, 215ff
Ethnologie, ethnlogisch 53, 70f, 119, 128, 149, 150, 152ff, 161, 318f
Ethnomethodologie 18, 70f
Experiment/experimentell 45, 47ff, 63, 68, 70f, 104, 129f, 141, 179, 231, 246, 338, 347f, 367
Exposition 97, 99f, 389

F

Fakt, -um, faktisch 41, 51, 73, 74, 81, 83, 87, 336, 338, 346
Farbe, -aufnahmen 57, 273, 312, 373
Farm Security Administration (FSA) 26, 29, 32ff, 184
Feature 261, 265, 284, 295, 311
Feldforscher 78, 93f, 96, 152
Feldforschung/-studie/- aufenthalt 16, 19, 27, 40, 44, 81, 145, 148f, 151, 154, 170, 181ff, 234
Fernsehbild 241, 246, 268, 275, 298
Fernsehen, dokumentarisches 265, 280, 281, 284f, 296f, 313, 359, 377, 382
Fiktion, fiktional 43, 52, 55, 85, 87, 90, 106, 108, 112f, 194, 221, 263, 267, 279, 291, 293, 296, 300, 301f, 304, 312, 315ff, 320, 323, 324f, 327f, 349, 359, 361, 391
Fiktionalisierung 52, 100f
Filmbild 43, 63, 87, 247, 250ff, 267f, 315, 331
filmischer Raum, filmische Zeit 80, 85, 86, 105f, 107ff, 112ff, 117, 119, 141, 239, 252
Filmgalgen 235ff
Filmmontage 239
Filmschnitt (s. auch Schnitt) 235, 236ff, 251
Filmtheorie/-wissenschaft 9, 11, 35, 46, 197, 240, 298, 302, 325, 327, 335, 340, 347, 349f, 352, 355f, 358
Filmveranstaltung, -vorführung, -vorstellung (s. auch Projektion) 47, 49, 63, 71, 221, 331ff, 342, 348, 350f, 359f, 362f, 366, 392

Flinte, fotografische 61, (62)
Format 65, 135, 240, 246, 248, 348f, 359, 373
Forschung 15, 17ff, 22f, 28, 30, 36, 40, 46, 53, 71ff, 75, 162, 166, 171, 177, 225, 393
Forschungsfilm/Film als Feldforschungsmittel 72, 74, 102
Forschungspraxis 16f, 19, 47, 75, 168, 180, 221, 225, 229, 234
Forschungsprozeß 17, 23, 72, 74, 81, 179, 183, 217, 226
Fotodrehbuch (»shooting script«) 30, 32
Fotograf/-in 18, 25ff, 29ff, 33, 35, 66, 172, 184, 253
Free Cinema 193

G

Gattung (s. auch Genre) 88, 108, 112, 164, 167, 192
Gefühl 17, 43, 58, 192, 342f, 352, 376f, 380
Gefühlsstruktur (structure of feeling) 342f, 347
Gegenschußaufnahme (reaction shot) 251, 293, 340
Gemeindestudie, -soziologie 183, 190
Gemeinwesen, Gemeinde 16, 18, 150
Gemeinschaft, phatische 277
Genre 10, 12, 38, 50, 89, 100, 136, 142, 144, 145, 191, 203f, 213, 215, 216, 218, 221, 234f, 278, 296, 302f, 307, 309, 311, 319f, 327ff, 331, 341, 359, 377, 383, 391f
Geschichte (Historie), Geschichtswissenschaft, geschichtlich 10ff, 20f, 23f, 26f, 34, 49f, 68f, 73, 175, 179, 198, 206, 229f, 247, 268, 275, 286, 300, 342, 349, 366f, 394
Geschichte des Films, Film-, filmhistorisch 46, 55, 108, 144, 155, 191, 195, 208, 234, 246, 311, 318, 325, 351ff, 357
Geschichts-/Gegengeschichtsschreibung 10, 43, 46, 144, 198, 204, 230, 353
Geschlecht, -sspezifisch 16f, 19, 32, 304, 337, 344, 359
Gespräch 13, 17, 30, 48f, 90, 97, 137, 144, 202ff, 207, 212, 244, 249f, 256, 268, 286, 322f, 363, 365, 368, 379, 385f

Geste/Gestik, Gestus *19, 95, 107, 144, 152, 178, 205, 208, 238f, 249, 251ff, 281, 283, 285, 322, 338, 380, 383*
Gleichzeitigkeit (Simultaneität, simultan) *140, 242, 251, 252, 290, 298*
Grammatik *84, 87, 88, 135, 303*
Guckkasteneffekt *107*

H

Haltung *10, 12, 178, 182f, 192, 203, 207, 212, 213, 252, 264, 266, 275, 279, 288f, 317, 342*
Handlung *18, 65, 78, 82, 112, 114, 121, 176, 216, 226f, 245, 334, 352, 366f, 372, 374, 376f, 388*
Handlungsverlauf *79, 82, 104, 111*
Hermeneutik, hermeneutisch *179, 182, 341*
High Definition Television (HDTV, hochauflösendes Fernsehen) *246*
Hörspiel *270f, 273*
Holocaust *30, 381*
Holismus, holistsich *81, 82, 104*
Hypothese, hypothetisch *13, 174f, 180, 391*

I/J

Identifikation *32, 91, 95, 100, 158, 190, 276, 333, 339f, 346, 347, 366, 372, 376f*
Identität *150, 158, 161, 242, 245, 252, 304, 316f, 339, 345*
Ideologie/-kritik *34, 51, 131, 267, 302, 321f, 325, 341ff, 346, 356f, 374, 377f, 382, 386f*
Illusion *57f, 62f, 90ff, 268, 272f, 275ff, 340, 345*
Illustration, illustriert *17, 22f, 25, 27, (61), 73f, 81, 184, 202, 207, 219, 345f*
Imagination, imaginativ/imaginär *79f, 92, 95f, 97, 197, 204, 206, 270, 275, 300, 340*
Indiz/Indizienparadigma/-wissenschaft *177, 178f, 182, 259, 328*
Industrial Light and Magic Studios *241*
Institut für den Wissenschaftlichen Film (IWF) *64, 71, 76, 83, 88, 225f, 318f, 327*
Institution, institutionell *50ff, 152, 223, 375, 277, 279ff, 284, 297, 362ff, 351*
Instrumentell, Instrument(alisierung) *68, 71ff, 74, 84, 176, 179f, 191, 224f, 225, 227, 231, 356, 363*
Inszenierung, inszeniert *44f, 49, 51f, 54, 78, 79, 81, 90, 107, 111f, 115, 118, 129, 158, 196, 202, 206f, 212, 227f, 238f, 243, 249, 251, 260, 262f, 270ff, 289, 291, 310, 312, 315, 323ff, 382, 388*
Intention, intentional *12, 34, 36f, 54, 87, 92, 102, 129, 160, 278, 311, 324, 332, 336, 338, 343*
Interaktion, interaktiv *17, 50, 79, 81, 82, 87, 90, 156, 192, 196, 203, 217, 225, 227, 230, 275f, 278, 280, 285, 298f, 338, 354, 383*
Interaktion, parasoziale *275ff*
»International Journal of Visual Sociology« *47*
Interview *17, 30, 42, 48f, 50, 53, 89, 100, 103, 137, 144f, 147, 156, 157, 162ff, 167, 196ff, 202f, 205ff, 214, 244, 282, 285f, 295f, 308, 310, 317, 346, 359, 377ff, 382ff, 388*
Journalismus, journalistisch, Journalist *22, 40, 41, 50, 59, 137, 154, 171, 207, 211, 268, 270, 271, 283, 286f, 302, 313, 378, 382*
Ironie, ironisch *124, 143f, 159f, 170, 206f, 221, 250, 275, 281, 284, 287, 312f, 343, 386*
jump cut (Zeit-/Raumsprung, Schnitt-/Anschlußfehler) *85, 117, 119, 239, 289, 367, 376*

K

Kadrierung *248, 250*
Kalotypie *60*
Kamera, 16mm *45f, 49f, 88, 133ff, 137, 193, 211f, 288, 314*
Kamera, 35mm *46, 211, 243, 245, 282*
Kameraarbeit, -führung *37, 51f, 82, 90, 92, 158, 250, 282f, 288, 290, 293, 346, 352, 375, 384*
Kameraaufzeichnung *76, 103, 141, 245, 267*
Kameraantrieb, Batterie *82, 135*
Kameraantrieb, Federwerk *93, 134, 138*

515

Kamerabewegung, -fahrt, -schwenk 78, 83, 91, 96, 105, 107, 114, 120, 137, 146ff, 249ff, 260, 292, 314, 328f, 380, 382
Kameramann, -frau 38, 78, 101, 110, 109, 113ff, 124, 135f, 193, 245, 255f, 278, 315, 322, 326, 329, 384
Kamerastandpunkt, -perspektive 49, 51, 63, 72, 75, 77, 83, 91f, 101, 114f, 117, 135, 172, 214, 256, 357, 375
Kamerastil 91, 104, 130, 214
Kamerastil, nichtprivilegierter 90ff, 95, 98, 101f, 105
Kameratechnik 49, 50, 93, 105f, 108, 117, 118, 130, 142, 144
Kategorie, kategorial 30, 33, 208, 213, 265, 297, 298, 341, 344, 393
Kinematographie, kinematographisch 43, 64, 66, 69ff, 106f, 109, 113, 228, 232, 323, 340
Kinoki/Kinoglaz/Filmauge 121ff
Kognitionspsychologie, -theorie/-teheoretisch 302, 304, 307f, 313
kognitiv, kognitivistisch 303, 304, 348,393
Kommentar 17, 36, 37, 42, 48, 50, 79, 89, 100, 103, 132, 134, 144, 194f, 208, 210f, 214, 216, 219ff, 240, 242, 252, 258, 281ff, 290, 296, 298, 308, 310, 314, 316, 328, 379,381f, 384, 388f
Kommentator 78, 202, 271, 282, 287, 308, 383
Kommentierung 16, 50, 206, 283
Kommunikation, kommunikativ 16, 18ff, 49, 87, 89f, 94ff, 195, 219f, 224, 227, 266f, 272f, 275, 277ff, 285, 296, 298ff, 302, 336ff, 348, 356, 361, 363, 393
Kommunikation, visuelle 19f, 228
Kompilation 144, 207, 295, 312
Konnotation, konnotativ 33, 203, 216, 219, 343, 345
Konservierung, konservieren(d), Konserve 9, 57, 60, 63f, 69f, 73, 80, 267, 274, 325
Konstitution der Erfahrung 191, 330, 349, 354, 363
Konstitution der Subjekt-Objekt-Beziehung 46, 181, 267

Kontextualisierung 81, 104f, 213, 216, 217, 221, 322f, 331, 343, 346f, 349, 359, 392
Kontinuität (Anschluß) (67), 92f, 99f, 111, 114, 118ff, 137 199, 238f, 354
Kopie, kopiert 168, 178, 242f
Krise 25ff, 30, 32, 35, 37, 252, 385
Kulturgeschichte/-geschichtlich, -historisch 63, 86, 166, 182, 274, 323, 391, 394
Kulturkreislehre 76, 81
Kunst(-/künstlerisch) 12, 27, 32, 35, 40ff, 53, 67, 160, 166, 168, 172f, 177, 179, 253, 300, 320, 330

L

Langzeitbeobachtung, filmdokumentarische 13f, 144, 147, 291ff
Laufgeschwindigkeit 137ff
Lebenswelt 16, 32, 34, 54, 30, 90, 145, 372
Leinwand 80, 85, 119, 204, 248, 253, 269, 352, 354, 389
Leitlinien zur völkerkundl. und volkskundl. Filmarbeit 75f, 78, 88
Lektüre 171, 324, 236f, 329, 331, 339, 341f, 344
Lektüre, dokumentarisierende 55, 221, 323ff, 328ff, 359, 391f
Lernen mit Film (s. auch Praxis, päd.) 305, 307, 309, 335, 360
Leser 95, 121, 161, 324, 337ff, 342, 345, 375
Lichtempfindlichkeit 57ff, 63, 116, 136, 223, 288f
Lichtstärke (der Objektive) 116, 136, 288
Linguistik, linguistisch 19, 33, 88, 277, 328
Literatur, literarisch 12, 26f, 40f, 55, 99, 121, 161f, 164f, 171f, 180, 190f, 218f, 247, 257, 283f, 302, 335, 342, 347, 351, 358, 373ff, 377
Live 235, 252, 255f, 261, 263, 265, 268, 269ff, 273, 275, 281, 293, 298, 311, 354
Lyrik, lyrisch 37, 45, 132, 210f

M

Manipulation, manipulativ *76, 110, 164, 176, 212, 241, 253, 321, 323, 330, 356ff, 360, 361, 384*
Mass Observation *39ff*
Massenmedium, -kommunikationsmittel *36, 38, 220, 230, 266, 268, 272, 275, 277, 280, 336*
Materialorganisation/-bearbeitung *48, 96ff, 101, 117f, 124, 159, 194, 198, 216, 231, 235f*
Medienkonzept, operatives *46, 224, 229f*
Medienwerkstatt Freiburg *230f*
Medienwissenschaft *10, 221, 223, 394*
Medien, neue/elektronische *10f, 140, 142, 244f, 299, 351*
Medizin *69, 181, 249*
Mehrfachbelichtung *108, 124*
Meinungsbildung *20, 23, 366*
Methode, methodisch *9, 12, 15, 18, 20, 22, 28, 30ff, 44, 47, 53, 64, 144, 150, 152, 177, 192, 224, 230, 346ff, 350ff, 356ff*
Mikrophon *138f, 215, 255, 284, 312, 314, 386*
Mikroskop *59, 73, 146*
mise en cadre *238*
mise en scène *193, 238*
Mobilität, Kamera- *82, 88, 229*
Moderator *264, 269, 278, 287, 298, 332, 334, 354, 365, 383*
Modus *12, 43, 52, 55, 155, 160, 191, 194, 208, 220, 327*
Momentaufnahme (s. auch Bewegungsaufzeichnung) *60, 205*
Monitor *239, 242, 245, 247ff, 351f, 354, 379*
Monographie, monographische Untersuchung *53, 180ff*
Monolog *100, 286*
Motiv (Thema und Antrieb) *12, 34, 54, 66, 31, 87, 177, 282, 311*
Musik *37, 51, 121, 131f, 144, 210f, 219, 285, 292, 312, 352f, 356f, 375, 382f*

N

Nachricht(en) *41, 105, 236, 257, 259, 261, 266, 279, 283, 298, 314, 356, 358, 383*
narrativ *17, 164, 304, 306, 308*
Naturalismus, naturalistisch *167, 171, 173*
Naturwissenschaften *40, 69f, 165, 178. 181*
Negativ *65, 241, 243*
Neorealismus, neorealistisch *89, 147, 148, 193, 325f*
Neutralität, neutral *34, 52, 70, 72, 81, 82, 89, 103, 105, 141, 192, 196, 202f, 216, 228, 352, 356*
»New Statesman« *39*
Norddeutscher Rundfunk (NDR) *143*
Nordwestdeutscher Rundfunk (NWDR) *136, 269*
Norm, normativ (ästhetisch, moralisch, politisch) *12, 31, 52f, 82, 88, 304, 314, 327, 332*

O

Objekt *40, 72, 81, 83, 87, 113, 121, 134, 141, 157f, 170, 183, 228, 267, 325, 338*
Objektiv *73, 76, 83f, 86, 106, 135f, 223, 245, 267, 273, 288, 315, 322*
Objektivbrennweite *76, 83, 105, 117, 315, 322*
Objektivität, objektiv *9, 23, 42, 66, 72f, 82, 87, 89, 95, 104f, 162, 171ff, 180, 193, 207, 221, 225, 245, 250, 302, 353, 391, 393*
Off *195, 242, 251, 258f, 283, 286, 292, 312*
öffentlich-rechtlicher Rundfunk, -s Fernsehen *262, 287, 378*
Öffentlichkeit; Gegen-; öffentlich *23f, 26f, 36, 42, 131, 160, 229, 233, 259f, 287ff, 291, 312, 331, 348f, 354, 363, 378*
Office of War Information (OWI) *35*
Ökonomie, ökonomisch *11, 26f, 30, 35, 42, 45, 131, 193, 294*
Ombredane, Experiment von *63, 355*
Operativität *49, 34, 135, 223, 229, 243*
Optik, optisch *139, 202, 252, 268*
Oral History *46, 144, 198ff, 204, 317*

Original *11, 178, 241ff, 289, 323, 325f, 372f, 377*
Oszillograph *73*

P

Pädagogik, pädagogisch *35f, 38f, 300, 326, 327 328, 329, 335, 343, 345, 347f, 356, 360, 378*
Paradigma, paradigmatisch *30, 50, 88, 108, 199, 235, 341, 345, 347*
Parallelmontage *101, 128, 132, 210, 214, 251*
Parteilichkeit (s. auch Engagement) *45, 156, 203*
Pay-TV *299*
Phänomen *32, 62, 74, 77, 79, 81, 87, 148, 152, 162, 171, 174f, 178, 182, 217, 219, 276, 311ff, 356, 378, 394*
Phantasie *41f, 170, 190, 224, 268f, 292, 303, 321, 369, 371, 373*
Poetik, poetisch *80, 168, 197, 221, 304*
Porträt *13, 25, 46, 59, 82, 185, 205, 242, 294, 307f, 337, 344*
Positivismus, positivistisch *22, 129, 180f*
Praxis, fotografische, Film-, Medien-, Video- *26, 38, 45, 49, 50, 73, 89, 159, 208, 215, 230f, 233, 235f, 241, 284, 302, 314, 319, 327, 349f, 355, 359f*
Praxis, wissenschaftl. *18, 23, 46, 69, 81, 179, 228, 307, 318, 348, 356, 391f*
Prinzip, Prinzipien *34, 42, 57f, 62, 72, 81f, 159, 182f, 185, 194, 236, 279f, 288ff, 293, 298f, 307, 309, 340, 361*
Produzent *10ff, 41, 53, 106, 140, 161, 233*
Projektion, Vorführung (s. auch Filmveranstaltung ...) *107, 109, 135, 146, 157, 204f, 253, 269, 273, 302, 330, 351, 353f, 358, 362f, 373, 379, 386*
Propaganda *29, 35, 115, 131, 249f, 334*
Psychoanalyse, -analytisch *178, 205, 267, 303, 317, 326f, 335, 339f, 348*
Psychologie, psychologisch *97, 181, 309, 320,332, 367, 372, 376, 384*
Publizistik, publizistisch *27, 36, 70, 161, 211, 281, 287*

Q

qualitative Verfahren *18, 182, 215, 352*
quantifizierende Verfahren, mathematisch-statistische/quantitative *11, 22, 27f, 69ff, 73, 179, 181ff*

R

Radio *31, 36, 38, 268, 270, 272ff, 366*
realer Raum *17, 19, 42, 58, 67, 69, 80, 86, 141*
reale Zeit *19, 32, 4f, 61, 66, 80, 86, 97, 105, 107, 113f, 117, 141, 293, 354, 391*
Realismus, realistisch *36f, 41, 49, 51f, 82, 89, 99f, 102ff, 131, 132, 160, 162ff, 168, 172, 272, 367, 372*
Realität, computergenerierte/virtuelle *10, 140, 299*
Realität/Wirklichkeit, filmische *84ff, 121, 221, 266f, 298*
Realität/Wirklichkeit, außer-/nichtfilmische *80, 86, 87, 106, 221, 267, 330, 391*
Realität, vorfilmische *86f, 102, 315, 330*
Realitätsaneignung/-darstellung (s. auch Wirklichkeitsdarstellung) *10, 12, 44, 63, 87, 108, 140, 142, 247, 265f, 329f, 361, 383*
Realitätseindruck (effet de réel), Wirklichkeits- *12, 63f, 74, 80, 83, 84, 91f, 102, 103, 106, 117, 134, 141, 267, 273ff, 330, 354, 391f*
Realitätsillusion *92, 142, 272f, 280, 302*
Realitäts-/Wirklichkeitsvermittlung *44, 139, 266, 279f, 287, 298ff*
Recherche *18, 39, 50, 137, 154, 207, 225, 302, 313f, 316f, 378, 383*
Recorder *138*
Reflexion, reflexiv *9, 11, 21, 27, 42f, 46, 49, 92, 145, 157, 183, 199, 202, 213, 215, 221, 245, 247f, 250f, 297, 323, 336, 338, 348, 355, 266, 377*
Reform *20, 22f, 37, 170*
Regisseur, -in *14, 54, 113, 132, 193, 259, 308, 322, 326, 328, 363, 372, 375, 384f*
Rekonstruktion, historisch-deskriptive *55, 106, 142, 155, 300*

Reportage *17, 135, 163, 183f, 188, 191, 235, 261, 265, 268ff, 272, 281ff, 288ff, 291, 295, 297, 311, 313f, 326ff, 359, 378, 381, 383f, 388f*
Reporter *26, 168, 269, 287f, 295, 298, 313, 383*
Repräsentativität, repräsentativ *22, 39, 49, 77, 102, 152, 157, 214, 226, 232, 253, 297, 377*
Reproduktion, reproduktiv *9, 51, 73, 142, 189f, 221, 267, 355*
Resettlement Administration *26*
Rezeptionserfahrung *85, 102, 303, 325, 331, 351, 357, 362f, 373, 392f*
Rezeptions-/Zuschauererwartung *54, 88, 92, 98, 118, 136, 160, 192, 233, 267, 292, 305ff, 317, 329ff, 341f, 347, 392f*
Rezeptionstheorie, Theorie des Filmverstehens/ der Rezeption *129f, 302, 337, 348, 376*
Rezeptionsweise, -gewohnheit, -haltung, -verhalten *41, 93, 275, 326, 332, 328, 333, 336, 341, 343ff, 346, 359, 361, 392*
Rezipient *10ff, 54, 92, 106, 137, 140, 215, 235, 272, 280, 304, 309, 330f, 333, 336ff, 341f, 344, 346f, 349, 356, 378, 392*
Rhythmus, rhythmisch *117, 132, 147, 210f, 254, 261, 284, 292, 295, 351*
Rohschnitt *235, 237*
Rolle *16, 49, 82, 89, 155, 157, 276, 277, 279, 295, 300, 304, 313f, 332, 337, 346f, 366, 369*
Roman *145, 161ff, 167, 171, 196f, 246, 249, 317, 373f, 376*
Romantik, romantisch *159f, 167ff, 172, 212*
Rückkopplung, feed back *140, 223, 234*
RuhrFilmZentrum *145*
»rule of three« *113*
Rumänien *280, 297, 300*
Rundfunk *269ff, 274, 280, 281*

S

Satire *125, 240*
Schauplatz *148, 268, 323, 325f*
Schauspieler (s. auch Darsteller) *95, 104, 315f, 322f, 326f, 372, 381*
Schema *34, 253, 350, 383*
Schneidetisch *157, 231*
Schnitt (s. auch Filmschnitt) *80, 82, 85, 99f, 112f, 119f, 132, 137, 204, 207, 209f, 215, 237f, 240, 259f, 290, 293, 328*
Schnittfehler, s. jump cut
Schrift *63, 97, 219, 226, 275, 284, 327, 354*
Schwarzfilm *92f, 292*
Schwarzweiß *190, 312, 322, 343, 373, 377*
Selbstreflexivität/Reflexivität *48f, 55, 99, 199*
Semiotik, semiotisch, -logisch *19, 301, 312, 304, 325, 337, 350*
Sendung *232, 235, 259ff, 266, 268f, 271, 274, 276, 278ff, 281, 185, 288, 191f, 297ff, 389*
Sequenz *48, 66, 78, 101, 110ff, 118f, 126, 128f, 133, 137, 205f, 215, 227, 236, 242, 246f, 249f, 281, 283ff, 288, 290f, 308, 310, 316, 328, 340, 348, 352, 357f, 373, 375, 378, 382f, 389*
Sequenzeinstellung *93, 102*
Serendipität (serendipitous activity/pattern) *174ff, 182*
Serie (Anordnung von Fotografien) *17, 32f, 60, 62, (65)f, 309*
Serie, Fernseh- *281ff, 285f, 288, 291ff*
Sherlock Holmes *177f*
Simulation *84, 96, 98, 138ff, 142, 260, 266, 270, 272f, 296, 298, 354, 383*
Simultaneität, s. Gleichzeitigkeit
Sinnestäuschung *62*
Slapstick *206*
Society for the Anthropology of Visual Communication (SAVICOM) *20*
Sozialforschung *18, 39, 180, 224*
Sozialgeschichte, -historisch *28, 53, 81, 194f, 280, 304, 325, 340, 342*
Soziographie, soziographisch *29, 46*
Soziologe/Sozialwissenschaftler *26f, 44, 47, 162, 165, 213*
Soziologie, visuelle *9, 15, 20ff, 23f, 34f, 44f, 47, 140f, 228, 394*
Spannung *13, 101, 197, 193, 206f, 288, 292f, 333*

Spielfilm 64, 85, 89, 90, 91, 98ff, 129, 145, 306, 311, 313, 318f, 342
Splitscreen, Screensplit 239f, 250, 252
Sprache, sprachlich 15, 18f, 50, 63, 75, 87f, 94f, 97, 146, 176, 194, 197, 218f, 245, 276, 285, 287, 289, 302, 304, 331, 340, 352, 358, 393
Sprache des Films/Filmsprache/Film als Sprache 84, 87f, 130, 244f, 247, 250, 252, 303f, 356f
Stativ 46, 82, 87, 107, 114f, 134, 211
Stereophonie 138ff
Stimme 132, 202, 292, 308, 312
Störung 255, 261, 277ff
Stringenz 30, 32, 92, 155, 166, 179, 183, 348, 393
Stroboskopie, stroboskopischer Effekt 62
Struktur 34, 37, 52, 79, 94, 96, 149, 164, 196f, 205, 218, 262, 265, 268, 276, 283, 295, 304ff, 313, 336, 340, 356, 376, 394
Strukturmerkmal 11, 90, 203, 220, 261, 266, 281, 285, 287, 291, 297f, 328, 336
»Studies in the Anthropology of Visual Communication« 20f
»Studies in Visual Communication« 20f
Studio 46, 58, 70, 72, 75, 107, 110f, 268ff, 272, 293, 315, 328
Stummfilm, stummer Film 78, 92, 139, 393
Stuttgarter Schule 281, 283f, 287ff
Subjekt 89, 181f, 195, 253, 302, 339f
Subjektivität, subjektiv 9, 11, 159, 163, 172, 197, 207, 245, 334, 356
Süddeutscher Rundfunk (SDR) 281, 286
Sujet 11, 31, 167
Surrealismus, surrealistisch (surreal) 40, 42, 91, 324
»surrender and catch« (Hingabe und Begriff) 183, 190f
Sutur 340
Symbol, symbolisch 11, 88, 126, 128f, 216, 219, 245, 340, 393
Synästhesie 139, 393
Synchronizität, synchron, synchronisieren 137ff, 255, 269, 298
Syntax 84, 87, 88

Szene 52, 99, 110, 133, 196, 206, 212, 236, 251, 253, 303, 323, 328, 382
szientistisch 181f

T

Tatsache(n) 110, 154, 181
Teichoskopie, Mauerschau 269f
Teleobjektiv 83, 135
Telekommunikation 299
Telepräsenz 140
Teleshopping 299
Teleskop 60, 73
Text (textlich) 27f, 36, 40, 74, 195, 209, 219f, 267, 269, 279, 281, 282f, 295, 298, 302, 324, 328, 333, 335ff, 339, 341, 345f, 350, 353, 374f, 377
Theater (stücke)/-technik 57, 95, 107f, 112, 119, 121, 133, 270, 358
Tiefenschärfe, Schärfentiefe 104, 163, 273
Timecode 236f, 240
Titel-/Vorspann 37, 40, 47, 59, 77, 248, 270, 284, 292, 309, 310, 312, 322, 327, 367, 370
Ton 46, 101, 131f, 134, 137, 139, 197f, 208, 216, 217, 234, 246, 255, 266, 320, 328, 352, 354, 373, 386
Tonaufnahme, Originalton 45, 133f, 136f, 258, 284, 286, 289f
Tonaufnahme, Pilot-Ton-Verfahren 136f
Tonaufnahme, Synchronton 45f, 49f, 88, 133f, 136f, 193, 197f, 202, 211f, 216, 221, 286, 288, 314, 384
Tonband 42f, 48, 137, 145, 147, 162f, 216
Totalität 179, 181, 226
Trägermaterial (materialer Träger) 57, 59, 63, 234f, 238f, 349, 351f
Trick 66, 84, 107f, 124, 202, 238, 240, 260, 312, 314
Typ, Typus; typisch 13, 17, 29f, 30, 46, 66, 154, 180f, 195, 196, 203, 278, 298, 304ff, 313, 325, 329, 344, 359
Typologie, typologisch 12, 155, 194f, 201f, 207f, 211, 213ff, 216, 218, 297, 318f, 323, 343, 344, 354f

U

Überblendung 239f
Übertragung 255ff, 260, 277f, 298, 318
Unterhaltung, -haltend, -haltsam (entertainment) 266, 278, 281, 284, 296, 312, 313, 316, 337, 342, 383
Unterricht 12, 38, 63, 339, 347ff, 359f, 362f, 365f, 368, 372f, 377, 386, 391f
Untertitel 100, 131, 251, 312, 373

V

Validität 23, 353
Verdichtung 80, 168, 235
Verhalten 16, 18, 31, 39, 48, 83, 152, 178, 182, 180, 180, 182, 193, 226f, 244, 275f, 289, 305, 360, 373
Verstand 31, 72, 74
Verstehen 216, 217, 218ff, 284, 302ff, 341
Video 10f, 15, 46, 23, 138, 145, 163, 221, 223ff, 254f, 299, 302, 329, 349, 351, 353f, 356ff, 361f, 373, 377
video on demand 299
Videoforum Freiburg 231
Videokamera 228, 234, 243ff, 256f, 258
Videomontage 236, 238ff
»Videosociology« 20f
»voice of documentary« 194f, 208
Völkerkunde/Volkskunde 70, 72, 75, 76, 170

W

Wahrheit 49f, 73, 75, 81, 86, 99, 150, 164, 199, 205, 207, 216, 221, 241, 267, 274, 302, 317, 323, 338, 379
Weitwinkelobjektiv, -aufnahme 83, 104, 135, 221, 386
Werbung 16, 357, 370, 372
Wert 12, 32, 37, 41, 53, 72, 172, 190, 215, 245, 275, 319, 321, 331, 341ff
Westdeutscher Rundfunk (WDR) 232, 275
Wiping (Videomontage) 239

Wirklichkeitsdarstellung (s. auch Realitätsdarstellung) 9f, 49f, 99, 102, 117, 141, 160, 167, 173, 221, 252, 266, 274, 299, 301, 342f, 355, 393
Wirklichkeitsgehalt 54, 75f, 80, 81, 86f, 267, 274
Wirkung, Intensität 10, 39, 256, 265, 267, 299
Wirkung, Reichweite 10, 36, 38f, 235, 236, 265f, 287, 299, 355, 362
Wirtschaft, wirtschaftlich 26, 30, 32, 37, 223, 282, 286, 320, 391
Wissen 18, 29, 95, 178, 303, 328, 332, 340, 344, 346f, 357
Wissenschaftlichkeit, Kriterien der 11, 31, 53, 75, 80, 81f, 84, 85, 86, 87, 97, 104f, 141, 184, 225, 337
Wochenschau 49, 124, 256, 281f, 312
Wort 33, 40, 42, 134, 137, 174ff, 218, 284, 330

Z

Zeichen 12, 19, 94f, 248, 302, 326f, 330
Zeigen 19, 94f
Zeitlupe/-raffer 71, 105, 125, 147, 282, 291, 382f
Zeitsprung s. jump cut
Zeitzeuge/-in 164, 205, 316, 379, 381
Zensur 45, 263, 270, 357, 378
Zentralperspektive 20, 57f, 69, 273
Zoom 83f, 96, 136, 204, 257, 328, 386
Zoopraxiskop 62, 83f
Zufall 59, 177, 179
Zuschaueradressierung, -ansprache 55, 195, 279
Zuschaueradressierung/-ansprache, direkt/indirekt 202, 272, 278, 281, 284f, 287f, 291, 298, 300, 328, 383
Zwischentitel 92, 100, 111, 115ff, 119, 125f, 216, 249

Forschungsfeld Kommunikation

UVK Medien

Herausgegeben von Walter Hömberg, Heinz Pürer und Ulrich Saxer

Band 1
Irene Neverla
Fernseh-Zeit
Zuschauer zwischen
Zeitkalkül und Zeitvertreib.
Eine Untersuchung zur
Fernsehnutzung
1992, 288 Seiten, frz. Broschur
ISBN 3-89669-166-X

Band 2
Wolfgang Flieger
Die taz
Vom Alternativblatt
zur linken Tageszeitung
1992, 344 Seiten, frz. Broschur
ISBN 3-89669-167-8

Band 3
Ulrich Saxer
Martina Märki-Koepp
Medien-Gefühlskultur
Zielgruppenspezifische
Gefühlsdramaturgie als
journalistische
Produktionsroutine
1992, 288 Seiten, frz. Broschur
ISBN 3-89669-168-6

Band 4
Wolfgang Pütz
Das Italienbild in der deutschen Presse
Eine Untersuchung
ausgewählter Tageszeitungen
1993, 296 Seiten, frz. Broschur
ISBN 3-89669-169-4

Band 5
Heinz Bonfadelli
Die Wissenskluft-Perspektive
Massenmedien und
gesellschaftliche Information
1994, 464 Seiten, frz. Broschur
ISBN 3-89669-170-8

Band 6
Gianluca Wallisch
Journalistische Qualität
Definitionen – Modelle – Kritik
1995, 304 Seiten, frz. Broschur
ISBN 3-89669-171-6

Band 7
Christoph Neuberger
Journalismus als Problembearbeitung
Objektivität und Relevanz in der
öffentlichen Kommunikation
1996, 432 Seiten, frz. Broschur
ISBN 3-89669-172-4

Bitte fordern Sie unser Gesamtverzeichnis an!

▲ UVK Medien
Verlagsgesellschaft mbH
(mit Verlagsprogramm Ölschläger)

Postfach 10 20 51
78420 Konstanz
Telefon 0 75 31/90 53-0
Telefax 0 75 31/90 53-98

UVK Medien im Internet: http://www.uvk.de

DRUCK-SACHE

Profile/Passagen/Positionen

Herausgegeben von Walter Hömberg

UVK Medien

Die Leistungen einzelner Journalisten und Publizisten gehen in der Medienflut unserer Tage meist unter. Diese Buchreihe stellt profilierte Autoren verschiedener Medien mit einer Auswahl ihrer Werke vor.
Darüber hinaus bietet sie ein Forum zur Diskussion aktueller Zeitfragen.

Band 1
Herbert Riehl-Heyse
Am Rande des Kraters
Reportagen und Essays
aus drei bewegten Jahren
1993, 160 Seiten, engl. Broschur
ISBN 3-89669-034-5

Herbert Riehl-Heyse ist leitender Redakteur bei der »Süddeutschen Zeitung« in München und Träger zahlreicher journalistischer Auszeichnungen. Für den Beitrag »Man schlägt den Sack und meint den Esel« aus diesem Band erhielt er den Medienpreis des Deutschen Bundestages.

»Herbert Riehl-Heyse überläßt es der Intelligenz des Lesers, die richtigen Schlüsse zu ziehen.«
Stuttgarter Zeitung

Band 2
Jürgen Leinemann
Gespaltene Gefühle
Politische Porträts
aus dem doppelten Deutschland
1995, 256 Seiten, engl. Broschur
ISBN 3-89669-035-3

Jürgen Leinemann arbeitet seit 1971 für den »Spiegel« – von 1975 bis 1989 als Reporter in Bonn und seit dem Fall der Mauer in Berlin. Für sein Porträt von Hans-Dietrich Genscher erhielt er 1983 den Egon-Erwin-Kisch-Preis.

»Wahrscheinlich der beste psychologische Porträtist deutscher Zunge.«
Bayerischer Rundfunk

Band 3
Peter Sartorius
Seiltanz über den Fronten
Als Augenzeuge bei
Krisen, Kriegen, Katastrophen
Herausgegeben und eingeleitet
von Walter Hömberg
1997, 246 Seiten, engl. Broschur
ISBN 3-89669-036-1

Peter Sartorius arbeitet als leitender Redakteur bei der »Süddeutschen Zeitung« in München. Für seine Reportagen wurde er mit dem Theodor-Wolff-Preis und mehrfach mit dem Egon-Erwin-Kisch-Preis ausgezeichnet.

DGPuK

Schriftenreihe der Deutschen Gesellschaft für

Band 1
Walter Hömberg (Hg.)
Journalistenausbildung
Modelle, Erfahrungen,
Analysen
(vergriffen)

Band 2
Ulrich Paetzold (Hg.)
Kabelkommunikation
Organisation und Programme
1978, 152 Seiten, br.
ISBN 3-89669-109-0

Band 3
Hans Bohrmann
Josef Hackforth
Hendrik Schmidt (Hg.)
Informationsfreiheit
Free Flow of Information
1979, 132 Seiten, br.
ISBN 3-89669-110-4

Band 4
Georg Wodraschke (Hg.)
**Medienpädagogik
und Kommunikationslehre**
1979, 288 Seiten, br.
ISBN 3-89669-111-2

Band 5
Wolfgang R. Langenbucher (Hg.)
Lokalkommunikation
Analysen, Beispiele,
Alternativen
1980, 314 Seiten, br.
ISBN 3-89669-112-0

Band 6
Joachim Westerbarkey (Hg.)
**Studienführer Publizistik/
Journalistik/Kommunikation**
(vergriffen)

Band 7
Günter Bentele (Hg.)
**Semiotik und
Massenmedien**
1981, 400 Seiten, br.
ISBN 3-89669-113-9

Band 8
Claus Eurich (Hg.)
**Lokales Bürgerfernsehen
und die Erforschung seiner
Wirkungen**
1980, 216 Seiten, br.
ISBN 3-89669-114-7

Band 9
Georg Wodraschke (Hg.)
**Jugendschutz und
Massenmedien**
1983, 256 Seiten, br.
ISBN 3-89669-115-5

Band 10
Ulrich Saxer (Hg.)
Gleichheit oder Ungleichheit durch Massenmedien?
1985, 224 Seiten, br.
ISBN 3-89669-116-3

Band 11
Winfried Schulz
Klaus Schönbach (Hg.)
Massenmedien und Wahlen
1983, 464 Seiten, br.
ISBN 3-89669-117-1

Band 12
Ulrich Saxer (Hg.)
Politik und Kommunikation
Neue Forschungsansätze
1983, 172 Seiten, br.
ISBN 3-89669-118-X

Band 13
Manfred Bobrowsky
Wolfgang R. Langenbucher (Hg.)
Wege zur Kommunikationsgeschichte
1987, 802 Seiten, br.
ISBN 3-89669-119-8

Band 14
Jürgen Wilke (Hg.)
**Zwischenbilanz
der Journalistenausbildung**
1987, 348 Seiten, br.
ISBN 3-89669-120-1

Band 15
Christian Breunig (Hg.)
**Studienführer Publizistik/
Journalistik/Kommunikation**
(vergriffen)

Band 16
Wolfgang R. Langenbucher (Hg.)
Paul F. Lazarsfeld
Die Wiener Tradition der
empirischen Sozial- und
Kommunikationsforschung
1990, 312 Seiten, br.
ISBN 3-89669-122-8

DGPuK
Publizistik- und Kommunikationswissenschaft

UVK Medien

Band 17
Dieter Roß
Jürgen Wilke (Hg.)
Umbruch in der Medienlandschaft
1991, 208 Seiten, br.
ISBN 3-89669-123-6

Band 18
Walter Hömberg
Michael Schmolke (Hg.)
Zeit, Raum, Kommunikation
1992, 416 Seiten, br.
ISBN 3-89669-124-4

Band 19
Günter Bentele
Manfred Rühl (Hg.)
Theorien öffentlicher Kommunikation
Problemfelder, Positionen, Perspektiven
1993, 544 Seiten, br.
ISBN 3-89669-125-2

Band 20
Louis Bosshart
Wolfgang Hoffmann-Riem (Hg.)
Medienlust und Mediennutz
Unterhaltung als öffentliche Kommunikation
(vergriffen)

Band 21
Lutz Erbring (Hg.)
Kommunikationsraum Europa
1995, 484 Seiten, br.
ISBN 3-89669-127-9

Band 22
Walter Hömberg
Heinz Pürer (Hg.)
Medien-Transformation
Zehn Jahre dualer Rundfunk in Deutschland
1996, 480 Seiten, br.
ISBN 3-89669-005-1

Band 23
Claudia Mast (Hg.)
Markt – Macht – Medien
Publizistik im Spannungsfeld zwischen gesellschaftlicher Verantwortung und ökonomischen Zielen
1996, 432 Seiten, br.
ISBN 3-89669-128-7

Band 24
Günter Bentele
Michael Haller (Hg.)
Aktuelle Entstehung von Öffentlichkeit
Akteure – Strukturen – Veränderungen
1997, 606 Seiten, br.
ISBN 3-89669-215-1

Band 25
Siegfried Quandt
Wolfgang Gast (Hg.)
Deutschland im Dialog der Kulturen
Medien – Images – Verständigung
1998, 472 Seiten, br.
ISBN 3-89669-228-3

Bitte fordern Sie unser Gesamtverzeichnis an!

UVK Medien
Verlagsgesellschaft mbH
(mit Verlagsprogramm Ölschläger)

Postfach 10 20 51
78420 Konstanz
Telefon 0 75 31/90 53-0
Telefax 0 75 31/90 53-99

UVK Medien im Internet: http://www.uvk.de

kommunikation

Beiträge aus der Hochschule
für Fernsehen und Film München

Band 1
Otto B. Roegele
Monika Lerch-Stumpf (Hg.)
**Neue Medien –
Neues Recht**
1981, 118 Seiten, br.
ISBN 3-89669-135-X

Band 2
Karl Friedrich Reimers
Christiane Hackl
Brigitte Scherer (Hg.)
**Unser Jahrhundert in
Film und Fernsehen**
Beiträge zu zeitgeschichtlichen
Film- und Fernsehdokumenten
1995, 304 Seiten, br.,
19 SW-Abb.
ISBN 3-89669-136-8

Band 3
Karl Friedrich Reimers
Monika Lerch-Stumpf
Rüdiger Steinmetz (Hg.)
**Von der Kino-Wochenschau
zum Aktuellen Fernsehen**
Zweimal Deutschland seit
1945 im Film und Fernsehen.
Teil 1
1983, 362 Seiten, br.,
11 SW-Abb.
ISBN 3-89669-137-6

Band 4
Karl Friedrich Reimers
Monika Lerch-Stumpf
Rüdiger Steinmetz (Hg.)
**Audiovisuelle Medien in
der Politischen Bildung**
Zweimal Deutschland seit
1945 im Film und Fernsehen.
Teil 2
1985, 354 Seiten, br.
ISBN 3-89669-138-4

Band 5
Karl Friedrich Reimers (Hg.)
**Zeichenentwicklung,
Bedeutungswandel,
Handlungsmuster**
1983, 150 Seiten, br.,
30 Farb-Abb.
ISBN 3-89669-139-2

Band 6
Walter Goedde
Wolfgang R. Bischoff (Hg.)
**Leitsätze zur
Kommunikationspolitik**
Urteile höchster Gerichte zu
Art. 5, Abs.1 und 2 GG
1982, 108 Seiten, br.
ISBN 3-89669-140-6

Band 7
Kurt Hentschel
Karl Friedrich Reimers (Hg.)
Filmförderung
Entwicklungen, Modelle,
Materialien
2. Auflage 1992
384 Seiten, br.
ISBN 3-89669-141-4

Band 8
Rüdiger Steinmetz
**Das Studienprogramm des
Bayerischen Rundfunks**
Entstehung und Entwicklung
des Dritten Fernsehprogramms
in Bayern 1961-1970.
Mit einem Geleitwort
von Otto B. Roegele
1984, 330 Seiten, br.
ISBN 3-89669-142-2

Band 9
Gottfried Kinsky-Weinfurter
**Filmmusik als Instrument
staatlicher Propaganda**
Der Kultur- und Industriefilm
im Dritten Reich und nach
1945
1993, 400 Seiten, br.,
100 SW-Abb.
ISBN 3-89669-143-0

Band 10
Rüdiger Steinmetz
Karl-Otto Saur (Hg.)
Fernsehkritik
Kritiker und Kritisierte
1988, 212 Seiten, br.
ISBN 3-89669-144-9

Band 11
Reinhold Kreile
Otto B. Roegele
Albert Scharf (Hg.)
**Geistiges Eigentum und
die audiovisuellen Medien**
UNESCO-Symposium zu aktuellen Fragen des Medienrechts
1985, 242 Seiten, br.
ISBN 3-89669-145-7

Band 12
Karl Friedrich Reimers
Rüdiger Steinmetz (Hg.)
Rundfunk in Deutschland
Entwicklungen und Standpunkte
1988, 186 Seiten, br.
ISBN 3-89669-146-5

audiovisuell

Herausgegeben von
Karl Friedrich Reimers und Albert Scharf

UVK Medien

Band 13
Norbert Jürgen Schneider
Handbuch Filmmusik I
Musikdramaturgie im Neuen
Deutschen Film
2., überarbeitete Auflage 1990
368 Seiten, br.
ISBN 3-89669-147-3

Band 14
Andrea Winkler-Mayerhöfer
Starkult als Propagandamittel
Studien zum Unterhaltungsfilm im Dritten Reich
1992, 160 Seiten, br.,
10 SW-Abb.
ISBN 3-89669-148-1

Band 15
Norbert Jürgen Schneider
Handbuch Filmmusik II
Musik im dokumentarischen Film
1989, 362 Seiten, br.
ISBN 3-89669-149-X

Band 16
Eberhard Opl
Das filmische Zeichen als kommunikationswissenschaftliches Phänomen
1990, 292 Seiten, br.
ISBN 3-89669-150-3

Band 17
Rüdiger Steinmetz
Helfried Spitra (Hg.)
Dokumentarfilm als »Zeichen der Zeit«
Vom Ansehen der Wirklichkeit im Fernsehen
2. Auflage 1992
196 Seiten, br., 17 SW-Abb.
ISBN 3-89669-151-1

Band 18
Rüdiger Steinmetz
Freies Fernsehen
Das erste privat-kommerzielle
Fernsehprogramm in
Deutschland
1996, 496 Seiten, br.
ISBN 3-89669-152-X

Band 19
Brigitte Scherer
Ursula Ganz-Blättler
Monika Großkopf
Ute Wahl
Morde im Paradies
Amerikanische Detektiv- und
Abenteuerserien der 80er
Jahre
2. Auflage 1995
304 Seiten, br., 17 SW-Abb.
ISBN 3-89669-153-8

Band 20
Patrick Hörl
Film als Fenster zur Welt
Eine Untersuchung des
filmtheoretischen Denkens von
John Grierson
1996, 480 Seiten, br.,
23 SW-Abb.
ISBN 3-89669-154-6

Band 21
Christiane Hackl
Elizabeth Prommer
Brigitte Scherer (Hg.)
Models und Machos?
Frauen- und Männerbilder
in den Medien
1996, 336 Seiten, br.,
11 SW-Abb.
ISBN 3-89669-155-4

Band 22
Michael Neubauer
Kameraleute im aktuelldokumentarischen Bereich
Qualifikationen – Tätigkeiten –
Perspektiven
1996, 304 Seiten, br.
ISBN 3-89669-156-2

Band 23
Karl Friedrich Reimers
Hermann Schmid (Hg.)
»Das wollen die Leute sehen«
Unterhaltung und Aktualität
im kommerziellen Fernsehen
erscheint Sommer 1998
ca. 400 Seiten, br,
ca. 15 SW-Abb.
ISBN 3-89669-218-6

CLOSE UP

Schriften aus dem Haus des Dokumentarfilms

Herausgegeben von Rolf M. Bäumer, Dieter Ertel,
Kurt Stenzel, Rainer C. M. Wagner und Peter Zimmermann

UVK *Medien*

Band 1
Peter Zimmermann (Hg.)
Fernseh-Dokumentarismus
Bilanz und Perspektiven
2. Auflage 1994
384 Seiten, br., 16 SW-Abb.
ISBN 3-89669-129-5

Band 2
Peter Zimmermann (Hg.)
Deutschlandbilder Ost
Dokumentarfilme der DEFA von der
Nachkriegszeit bis zur Wiedervereinigung
(vergriffen)

Band 3
Heinz-B. Heller
Peter Zimmermann (Hg.)
Blicke in die Welt
Reportagen und Magazine des nord-
westdeutschen Fernsehens in den 50er
und 60er Jahren
1995, 304 Seiten, br., 30 SW-Abb.
ISBN 3-89669-131-7

Band 4
Manfred Hattendorf
Dokumentarfilm und Authentizität
Ästhetik und Pragmatik einer Gattung
(vergriffen)

Band 5
Dieter Ertel
Peter Zimmermann (Hg.)
Strategie der Blicke
Zur Modellierung von Wirklichkeit in
Dokumentarfilm und Reportage
1996, 384 Seiten, br., 25 SW-Abb.
ISBN 3-89669-133-3

Band 6
Hans-Joachim Schlegel (Hg.)
Die subversive Kamera
Zur anderen Realität in mittel- und
osteuropäischen Dokumentarfilmen
erscheint Frühjahr 1998
ca. 250 S., br., ca. 30 SW-Abb.
ISBN 3-89669-134-1

Band 7
Erwin Leiser
Auf der Suche nach Wirklichkeit
Meine Filme 1960–1996
1996, 256 S., br., 24 SW-Abb.
ISBN 3-89669-208-9

Band 8
Robert Schändlinger
Erfahrungsbilder
Visuelle Soziologie und dokumentarischer Film
1998, 521 S., br., 32 SW-Abb.
ISBN 3-89669-214-3

Band 9
Kay Hoffmann (Hg.)
Trau – Schau – Wem
Digitalisierung und dokumentarische Form
1997, 282 Seiten, br., 33 SW-Abb.
ISBN 3-89669-223-2

Band 10
Rolf Aurich
Ulrich Kriest (Hg.)
Der Ärger mit den Bildern
Die Filme von Harun Farocki
1998, ca. 440 Seiten, br., ca. 40 SW-Abb.
ISBN 3-89669-226-7

Band 11
Eva Orbanz (Hg.)
**Helen van Dongen:
Robert Flahertys »Lousiana Story«**
1998, 160 Seiten, br., 100 SW-Abb.
ISBN 3-89669-230-5

Reihe
Praktischer Journalismus

Grundwissen

Claudia Mast (Hg.)
ABC des Journalismus
Ein Leitfaden für die
Redaktionsarbeit
7., völlig neue Ausgabe 1994
560 Seiten, br.
DM 39,80/ÖS 291/SFr 39,80

Hans-Joachim Schlüter
ABC für Volontärsausbilder
Lehrbeispiele und
praktische Übungen.
Mit einem Geleitwort
von Herbert Riehl-Heyse
2. Auflage 1991
256 Seiten, br.
DM 38,-/ÖS 278/SFr 38,-

Heinz Pürer (Hg.)
Praktischer Journalismus in Zeitung, Radio und Fernsehen
Mit einer Berufs- und
Medienkunde für Journalisten
in Österreich, Deutschland und
der Schweiz
2., überarbeitete und erweiterte
Auflage 1996
682 Seiten, br.
DM 54,-/SFr 49,-

Peter Zschunke
Agenturjournalismus
Nachrichtenschreiben
im Sekundentakt
1994, 272 Seiten, br.
DM 39,80/ÖS 291/SFr 39,80

Michael Haller
Recherchieren
Ein Handbuch für Journalisten
4., überarbeitete Auflage 1991
336 Seiten, br.
DM 32,-/ÖS 234/SFr 32,-

Ralf Blittkowsky
Online-Recherche für Journalisten
1997, 336 Seiten, br.
DM 45,-/ÖS 329/SFr 41,50,-

Michael Haller
Das Interview
Ein Handbuch für Journalisten
2., überarbeitete Auflage 1997
458 Seiten, br.
DM 46,-/ÖS 336

Ernst Fricke
Recht für Journalisten
Grundbegriffe und Fallbeispiele
1997, 402 Seiten, br.
DM 48,-/ÖS 350/SFr 44,50,-

Hermann Sonderhüsken
Kleines Journalisten-Lexikon
Fachbegriffe und Berufsjargon
1991, 160 Seiten, br.
DM 30,-/ÖS 219/SFr 30,-

Ressorts

Josef Hackforth
Christoph Fischer (Hg.)
ABC des Sportjournalismus
1994, 360 Seiten, br.
DM 39,80/ÖS 291/SFr 39,80

Karl Roithmeier
Der Polizeireporter
Ein Leitfaden für die
journalistische
Berichterstattung
1994, 224 Seiten, br.
DM 38,-/ÖS 278/SFr 38,-

Gunter Reus
Ressort: Feuilleton
Kulturjournalismus
für Massenmedien
1995, 320 Seiten, br.
DM 38,-/ÖS 278/SFr 38,-

Gottfried Aigner
Ressort: Reise
Neue Verantwortung
im Reisejournalismus
1992, 272 Seiten, br.
DM 39,-/ÖS 285/SFr 39,-

Presse

Michael Haller
Die Reportage
Ein Handbuch für Journalisten
3., überarbeitete Auflage 1995
336 Seiten, br.
DM 36,-/ÖS 263/SFr 36,-

Peter Brielmaier
Eberhard Wolf
Zeitungs- und Zeitschriftenlayout
1997, 268 Seiten, br.
DM 38,-/ÖS 277/SFr 35,-

Hörfunk

Bernd-Peter Arnold
ABC des Hörfunks
1991, 288 Seiten, br.
DM 38,-/ÖS 278/SFr 38,-

Robert Sturm
Jürgen Zirbik
Die Radio-Station
Ein Leitfaden für den
privaten Hörfunk
1996, 384 Seiten, br.
DM 60,-/ÖS 438/SFr 60,-

Udo Zindel
Wolfgang Rein (Hg.)
Das Radio-Feature
Ein Werkstattbuch
1997, 380 Seiten, br.
DM 45,-/ÖS 329/SFr 41,50,-

Norbert Bakenhus
Das Lokalradio
Ein Praxis-Handbuch für den
lokalen und regionalen Hörfunk
1996, 296 Seiten, br.
DM 38,-/ÖS 278/SFr 38,-

Antwort

UVK Medien
Verlagsgesellschaft mbH
Postfach 102051
D-78420 Konstanz

Bitte liefern Sie umseitige Bestellung mit Rechnung an:

Ort, Datum

Unterschrift

Heinz Günter Clobes
Hans Paukens
Karl Wachtel (Hg.)
Bürgerradio und Lokalfunk
Ein Handbuch
1992, 240 Seiten, br.
DM 19,80/ÖS 145/SFr 19,80

Claudia Fischer (Hg.)
Hochschul-Radios
Initiativen - Praxis - Perspektiven
1996, 400 Seiten, br.
DM 58,-/ÖS 424/SFr 52,50

Michael H. Haas
Uwe Frigge
Gert Zimmer
Radio-Management
Ein Handbuch für Radio-
Journalisten
1991, 792 Seiten, br.
DM 75,-/ÖS 548/SFr 75,-

Wolfgang Zehrt
Hörfunk-Nachrichten
1996, 240 Seiten, br.
DM 34,-/ÖS 248/SFr 34,-

Stefan Wachtel
**Sprechen und Moderieren
in Hörfunk und Fernsehen**
2., überarbeitete und erweiterte
Auflage 1995
192 Seiten, br.
DM 32,-/ÖS 234/SFr 32,-

Stefan Wachtel
Schreiben fürs Hören
Trainingstexte, Regeln und
Methoden
1997, 336 Seiten, br.
DM 42,-/ÖS 307/SFr 39,-

Fernsehen

Ruth Blaes
Gregor Alexander Heussen (Hg.)
ABC des Fernsehens
1997, 488 Seiten, br.,
25 SW-Abb.
DM 42,-/ÖS 307/SFr 39,-

Robert Sturm
Jürgen Zirbik
Die Fernseh-Station
Ein Leitfaden für das Lokal-
und Regional- fernsehen
erscheint Frühjahr 1998
ca. 350 Seiten, br.
DM 45,-/ÖS 329/SFr 41,50

Michael Steinbrecher
Martin Weiske
Die Talkshow
20 Jahre zwischen Klatsch
und News.
1992, 256 Seiten, br.
DM 36,-/ÖS 263/SFr 36,-

Hans Dieter Erlinger u.a. (Hg.)
**Handbuch des
Kinderfernsehens**
1995, 628 Seiten, br.,
35 SW-Abb.
DM 48,-/ÖS 351/SFr 48,-

UNI-PAPERS

Heinz Pürer
**Einführung in die
Publizistikwissenschaft**
Systematik, Fragestellungen,
Theorieansätze,
Forschungstechniken
6. Auflage 1998
208 Seiten, br.
DM 32,-/ÖS 234/SFr 29,-

Erhard Schreiber
**Repetitorium
Kommunikationswissenschaft**
3., überarbeitete Auflage 1990
368 5eiten, br.
DM 39,-/ÖS 285/SFr 39,-

Werner Früh
Inhaltsanalyse
Theorie und Praxis
3., überarbeitete Auflage 1991
268 Seiten, br.
DM 29,-/ÖS 212/SFr 29,-

Thomas Knieper (Hg.)
Statistik
Eine Einführung für
Kommunikationsberufe.
Mit einem Geleitwort
von Heinz Pürer
1993, 448 Seiten, br.
DM 39,-/ÖS 285/SFr 39,-

Klaus Merten
**Empirische
Kommunikationsforschung**
Darstellung, Kritik, Evaluation
2. überarbeitete und erweiterte
Auflage,
erscheint Sommer 1998
ca. 400 Seiten, br.
DM 42,-/ÖS 307/SFr 39,-

Jan Tonnemacher
**Kommunikationspolitik in
Deutschland**
Eine Einführung
1996, 296 Seiten, br.
DM 36,-/ÖS 263/SFr 36,-

BESTELLKARTE

Bitte liefern Sie mir zzgl. Versandkosten:
(ab DM 50.- ohne Versandkosten)

Anzahl   Autor/Titel

❑ Bitte informieren Sie mich über Ihre Neuerscheinungen.

Adresse und Unterschrift bitte auf der Vorderseite eintragen.